# Mannheimer Geographische Arbeiten

Herausgegeben von

Ingrid DÖRRER, Peter FRANKENBERG, Wolf GAEBE, Gudrun HÖHL und Christoph JENTSCH

Schriftleitung: Rainer J. BENDER

## Heft 25

1989

Im Selbstverlag des Geographischen Instituts der Universität Mannheim

# LANDESKUNDLICHER EXKURSIONSFÜHRER PFALZ

von

Rainer Joha Bender (Hg.)

Mannheim 1989

Bender, Rainer J. (Hrsg.):

Landeskundlicher Exkursionsführer Pfalz.

Mannheimer Geographische Arbeiten Heft 25, 1989.

ISBN 3-923750-24-2


*Umschlaggestaltung:* Sebastian Lentz, Marianne Mitlehner
*Satz:* Martina Herber, Sebastian Lentz, Petra Zimmermann
*Kartographie:* Werner Appel, Klaus Hünerfauth, Marianne Mitlehner, Claudia Möller
*Layout:* Sebastian Lentz
*Herstellung nach Satz:* Dissertationsdruck Darmstadt, 6100 Darmstadt


© Geographisches Institut der Universität Mannheim

Bestellungen an:
MANNHEIMER GEOGRAPHISCHE ARBEITEN
Geographisches Institut der Universität Mannheim
Schloß, Postfach 103462
6800 Mannheim 1

# VORWORT

Schon 1981 bestand im Geographischen Institut Mannheim der Wunsch, einen Exkursionsführer über das Umland des Universitätsstandortes herauszugeben. Bedingt durch die Arbeiten am Exkursionsführer zum 43. Deutschen Geographentag 1981 in Mannheim wurde dieses Projekt zurückgestellt. Zum diesjährigen 47. Geographentag in Saarbrücken erscheint nun der vorliegende »Landeskundliche Exkursionsführer Pfalz«. Damit werden zwei verschiedene Ziele verfolgt: zum einen soll den Geographentagsteilnehmern wie auch allen »interessierten Laien« die Möglichkeit gegeben werden, an Hand des Führers den dem Saarland benachbarten Raum der Pfalz näher kennenzulernen. Zum anderen wird hiermit erstmalig ein Werk vorgestellt, das die Pfalz unter *geographischen* Gesichtspunkten nach ihren Hauptlandschaften erschließt, nachdem vor kurzem ein *historischer* Exkursionsführer für den Regierungsbezirk Rheinhessen-Pfalz von Klaus KREMB und Peter LAUTZAS herausgegeben wurde. Diese beiden Werke sollten es dem Liebhaber der Pfalz ermöglichen, sich ergänzend zu den vorhandenen kunsthistorischen und Wanderführern ein facettenreiches Bild des Raumes zu machen.

Ein Exkursionsführer kann kein Ersatz für eine noch ausstehende umfassende »Landeskunde der Pfalz« sein. Vielmehr wurde hier versucht, alle Teilräume der Pfalz zu berücksichtigen. Dabei wurde den Autoren nur ein grobes formales Schema auferlegt. Was sie darüber hinaus thematisch und methodisch unter »Landeskunde« verstehen, blieb ihrem wissenschaftlichen Selbstverständnis wie auch ihrer fachspezifischen Ausrichtung überlassen. So stehen neben Beiträgen, die einen Raum eher querschnittsartig, »länderkundlich« im traditionellen Sinne vorstellen, solche die sich auf exemplarische Präsentation beschränken. Gegensätzliche Auffassungen sind besonders in den Überschneidungsgebieten verschiedener Exkursionen festzustellen, was dem Leser den Vergleich verschiedener geographischer Sichtweisen ermöglicht.

Einzelne Exkursionen überschreiten die Grenzen der Pfalz an solchen Stellen, wo dies die Autoren für sinnvoll hielten, um historische und funktionale Raumbeziehungen aufzuzeigen und zu erklären.

Nach zweijähriger Arbeit ist der Exkursionsführer rechtzeitig zum 47. Deutschen Geographentag fertiggestellt worden. Allen Autoren sei an dieser Stelle für ihre Mitarbeit herzlich gedankt. Mein besonderer Dank gilt dem Kollegen Sebastian Lentz, der das Lektorat und den Umbruch übernahm. Martina Herber und Petra Zimmermann bearbeiteten buchstäblich in letzter Minute noch eingegangene Manuskripte, die kartographische Gestaltung besorgten in dankenswerter Weise Werner Appel, Klaus Hünerfauth, Marianne Mitlehner und Claudia Möller.

Mannheim, im September 1989                                        Rainer Joha Bender

## Übersichtsskizze der Exkursionen

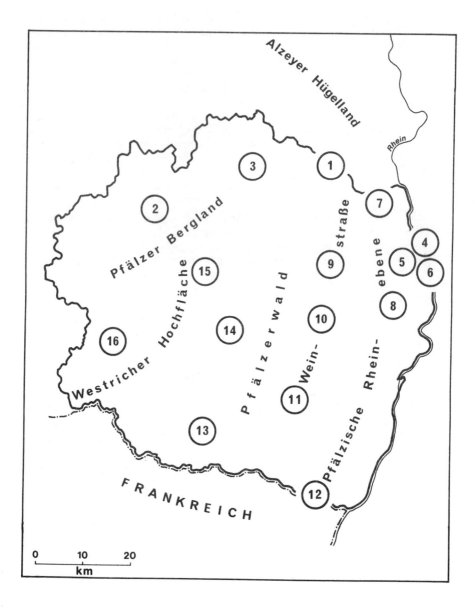

# INHALTSVERZEICHNIS

# Die Landschaften der Pfalz
# Eine Einführung in das Naturraumgefüge

von

Ingrid Dörrer

Wenn einleitend zu diesem Exkursionsführer die Landschaften der Pfalz vorgestellt werden, so geschieht dies nicht unter landeskundlichen Aspekten. Vielmehr wird der Weg versucht, eine Übersicht und gleichzeitig die Differenzierung des naturräumlichen Potentials pfälzischer Landschaften zu erarbeiten, gleichsam einen Hintergrund vorzustellen, auf den projiziert sich die einzelnen Exkursionsschwerpunkte zu einem räumlichen Gefügemuster ordnen.

In Weiterführung der Auffassung von O. MAULL (1929), daß durch die Konfiguration des Reliefs »Lebensräume« geschaffen werden, kann für den Bereich der Pfalz festgehalten werden, daß deutliche Abhängigkeiten zwischen Relief und Kulturraum zu erkennen sind, zumal dann, wenn die durch Relief und Gesteinsuntergrund bedingten weiteren physisch-geographischen Faktoren mit in die Betrachtung einbezogen werden. Die Projektion zahlreicher anthropogeographischer Faktorenkomplexe, z.B. Verteilung von Wald und offenem Land, Besiedlungsgang, Bevölkerungsverteilung und Wirtschafts- und Verkehrsstruktur auf das Grobmuster des Reliefs würden diese Abhängigkeiten auffallend bestätigen. Die große Leitlinie des Reliefs ist hierbei der offenkundige Gegensatz zwischen Bergland und Tiefland, der an der Grenze Pfälzerwald/Oberrheinisches Tiefland am deutlichsten in Erscheinung tritt, aber auch am Übergang Nordpfälzer Bergland/Alzeyer Hügelland zum Tragen kommt. Mit dem Rheinlauf und dem nahezu parallel dazu verlaufenden Gebirgsabfall des Pfälzerwaldes sind die Hauptleitlinien der Pfalz markiert. Demgegenüber sind die SW-NO-verlaufenden Furchen von Nahe und Glan und der Kaiserslauterer Senke von zweitrangiger Bedeutung.

Will man die Pfalz als Raumindividuum auffassen, so besteht ihre Kennzeichnung in der landschaftlichen Vielfalt, ist sie charakterisiert durch eine einmalige Verknüpfung von Landschaftseinheiten unterschiedlicher Prägung und unterschiedlicher Wertigkeit. Nirgends fallen die Grenzen der Pfalz mit den Grenzen naturräumlicher Einheiten zusammen. Alle Landschaftseinheiten finden ihre Fortsetzung jenseits der Grenzen und weisen somit fast unbemerkt auf Nachbarräume hin, zeigen Verflechtungen auf.

## 1. Die Reliefeinheiten der Pfalz - das Grundmuster einer räumlichen Gliederung

Das Grundschema einer geomorphologischen Raumgliederung der Pfalz ergibt sich aus der Zuordnung der Reliefeinheiten zu drei großen morphotektonischen Zonen: dem Oberrheingraben, der Pfälzer Mulde und dem Pfälzer Sattel, was landschaftlich dem Oberrheinischen Tiefland (mit Alzeyer Hügelland und Haardtrand), dem Pfälzerwald mit Zweibrücker Westrich und dem Nordpfälzer Bergland entspricht. Jede dieser morphotektonischen Einheiten erhielt ihre spezielle Prägung und räumliche Differenzierung durch unterschiedliche Art und Ausmaße der tektonischen Vorgänge, durch den verschiedenartigen Gesteinsaufbau und durch die zeitlich und räumlich unterschiedlich wirkende morphodynamische Prozesse. Da aber in der vorliegenden Darstellung die Beschreibung der Reliefeinheiten im Hinblick auf ihre raumprägende Bedeutung im Vordergrund steht, soll hier nicht weiter auf morphogenetische Fragestellungen eingegangen werden. Hingewiesen sei an dieser Stelle auf die der Arbeit beigegebene Abbildung, in der sowohl die physisch-geographischen Raumeinheiten der Pfalz als auch die diese bestimmenden Gesteine in generalisierter Form aufgezeigt sind. Da bei der Bezeichnung der einzelnen, in ihrer Abgrenzung wenig umstrittenen Landschaftsräume ein fast babylonisches Sprachgewirr herrscht und auch bei den verschiedenen Autoren unterschiedliche Raumbezeichnungen auftauchen, ist eine tabellarische Aufstellung der wichtigsten, im Gebrauch befindlichen Landschaftsnamen beigefügt (Tab. 1).

## a) Die Reliefeinheiten des Oberrheinischen Tieflandes

Die vom Rhein im Osten und vom Steilabfall des Pfälzerwaldes im Westen begrenzte Raumeinheit stellt einen individuell gestalteten Ausschnitt aus dem Oberrheinischen Tiefland dar. In direktem Zusammenhang mit der Herausbildung des Oberrheingrabens stehend, reihen sich - rheinparallel - Zonen unterschiedlicher Ausstattung, die es im folgenden darzustellen gilt.

Die 4-5 km breite Rheinniederung ist durch fluviatil-erosive Prozesse des weit in seiner Aue mäandrierenden Rheins geformt worden. Durch Laufverlegungen der stromabwärts wandernden Mäander entstand das die Rheinniederung begrenzende Hochufer als eine Folge aneinandergereihter Prallhangbögen. Dieser ca. 12 m hohe, 15-30$^0$ steile Erosionsrand des Hochgestades begrenzt das natürliche Überschwemmungsgebiet des Rheins. Die sehr wechselvollen Geländeformen, nämlich verlandete Flußschlingen unterschiedlichen Alters, Rinnen und Rücken, treten trotz der geringen Reliefunterschiede von 1-3 m klar in Erscheinung. Ältere, höhere und trockene Rinnen sind vielfach von jüngeren, tiefer eingesenkten und noch nassen Rinnen verlandeter ehemaliger Flußschlingen quer durchzogen. Vom Rhein abgeschnürte, teilweise mit stehendem oder schwach fließendem Wasser erfüllte Altwasserarme sind Zeugen des Flußverlaufs vor der Rheinkorrektion.

Die heutigen Verhältnisse eines zwischen Dämmen gezügelten, relativ gestreckt verlaufenden Rheins sind erst durch die TULLA'sche Rheinkorrektion (1817-1870) geschaffen worden. Der Rhein durchläuft heute die Strecke von Lauterburg (107 m NN) bis Worms (87 m NN) mit einem Gefälle von 0.021% (STÄBLEIN 1968). Die hierdurch ausgelöste verstärkte Tiefenerosion hat zu den vieldiskutierten Grundwasserabsenkungen in der Rheinaue geführt. Die Niederung ist heute durch ältere Deiche vor durchschnittlichen Hochwässern geschützt, der Rhein seiner natürlichen Überschwemmungsebene beraubt. Trotzdem führt Druckwasser während der Hochwasserphasen zu großflächigen Vernässungen und Überschwemmungen hinter den Deichen. Die jüngstquartären Rheinschotter der Niederung sind, trotz stark wechselnder Mächtigkeit, wirtschaftlich von großer Bedeutung. Durch den Kiesabbau wurde die Rheinaue zwischen Wörth und Ludwigshafen zu einer künstlichen Seenplatte umgewandelt.

Das sich westlich anschließende Vorderpfälzer Tiefland erscheint auf den ersten Blick als eine flachwellige schiefe Ebene, die am Haardtrand im W in ca. 150 m NN ansetzt und sich nach Osten, zunächst rascher, dann allmählich abschwingend, bis auf auf 110-100 m NN erniedrigt. Bei näherer Sicht allerdings (Vgl. Abb. 1) läßt sich eine rhyth-

*Tab. 1:* Zusammenstellung vergleichbarer, in Gebrauch befindlicher Pfälzer Landschaftsnamen

| Naturräumliche Haupteinheit | Naturräumliche Untereinheit |
|---|---|
| 22 * Nördliches Oberrhein-Tiefland (1,2,4,5,12) (nördl.) Oberrheinisches Tiefland (11, 13) Pfälzische Rheinebene (ohne Haardt) (6, 7) Vorderpfalz (6) | 220 Haardtrand (1,2,11,14) Haardt (6,7,9,10,14,15) Weinstraße (12) Vorhügelzone Vorderhaardt Schollenmosaik <br> 221 Vorderpfälzer Tiefland (1,2,4,5,9,11) Vorderpfälzisches Tiefland (3) Vorderpfälzer Rheinebene (12) Vorderpfalz (15) Rheinebene (6) <br> 222 Nördliche Oberrhein-Niederung (1,2,4) Oberrheinische Niederung (12) Oberrheinniederung (11, 13) Rheinniederung (15) Rheinauen (13) <br> 227 Alzeyer Hügelland (1,11) Rheinhessisches Tafel- und Hügelland (4, 5, 11, 12, 13) Rheinhessisches Plateau (16) |
| 17 * Haardtgebirge (1, 2, 5, 18) Pfälzerwald/Pfälzer Wald (6, 7, 9, 10, 11, 12, 13) Haardt (8, 14) Pfälzische Nordvogesen (22) Wasgenwald Pfälzisches Schichtstufenland (8, 16) | 170 Haardtgebirge (1) Haardt (5, 19) Pfälzerwald (Haardt) (2) geteilt in: Nördl. u. Mittl. Pfälzerwald (9) Nördl. u. Mittl. Pfälzerwald und Haardt (östliche Randzone) (12) Pfälzerwald (11) <br> 171 Dahner Felsenland (1, 10, 11, 13, 14) Dahn-Annweiler Felsenland (2) Südlicher Pfälzer Wald (9, 12) Wasgau (12, 19) Südpfalz (6) |
| 18 * Pfälzisch-saarländisches Muschelkalkgebiet (2, 12) Westrich (9, 13, 17) | 180 Zweibrücker Westrich (1,6,11) Westricher Hochfläche (12) Südwestpfälzische Hochfläche (6, 7) Westrich (9, 17, 22) |
| 19 * Saar-Nahe-Berg- und Hügelland (1, 11) Saar-Nahe-Bergland (2, 5, 9, 12, 13) Nordpfälzisches Bergland (6, 7, 16) Nordpfälzer Bergland (11) Pfälzer Bergland (12) Nordpfalz | 192 Kaiserslauterner Senke (1, 2, 5,6, 8, 11) Westpfälzische Moorniederung (6, 7, 22) Südwestpfälzische Moorniederung (16) Nordpfälzische Moorniederung (20) Westpfälzische Niederung (9) Westricher Niederung (12, 22) Landstühler Gebrüch (22) Pfälzer Gebrüch (6, 13) |

| Forts. Einheit 19 | 193 | Glan-Alsenz-Berg- und Hügelland (1, 5, 11)<br>Nordpfälzer Bergland (2, 5)<br>Nordpfälzisches Bergland (6, 7, 16)<br>Saar-Nahe-Bergland (9)<br>Westricher Bergland und<br>Nordpfälzer Bergland (12) |
|---|---|---|

**Verwendete Literatur**

| | |
|---|---|
| 1 = Handb. d. Naturr. Gliederung (1953-62) | 12 = Beeger und Anschütz (1985) |
| 2 = Pemöller (1969) | 13 = Leser (1971) |
| 3 = Schmithüsen (1952) | 14 = Ahnert (1955) |
| 4 = Klausing (1967) | 15 = Stäblein (1968) |
| 5 = Uhlig (1964 b) | 16 = Herchenröther (1935) |
| 6 = Häberle (1911, 1913 uaw.) | 17 = Schupp (1962), zitiert nach Liedtke (1968) |
| 7 = Spuhler (1957) | 18 = Thürach (1894) |
| 8 = Löffler (1929) | 19 = Buch (1938) |
| 9 = Liedtke (1968) | 20 = Reis (1903) |
| 10 = Faber (1959) | 21 = v. Gümbel (1894) |
| 11 = Dörrer (1972, 1981) | 22 = Thürach (1886, 1892) |

* Die Einteilung erfolgte nach dem Handbuch der Naturräumlichen Gliederung Deutschlands, hrsg. von E. MEYNEN et. al., Bad Godesberg 1953-62. Die Abgrenzungen der einzelnen Landschaftseinheiten sind nicht immer ganz identisch.

mische Aufeinanderfolge zweier westöstlich ausgerichteter Formeneinheiten erkennen. Wie entgegengerichtete Dreiecke verzahnen sich die am Haardtrand breit ansetzenden und zum Rhein hin eingeengten Riedelflächen und Platten und die sich zum Rhein hin fächerförmig ausbreitenden Schwemmfächer der Pfälzerwaldbäche.

Die das Vorderpfälzer Tiefland querenden Bäche und Flüsse haben einen eigenen Formenschatz entwickelt. Nach ihrem Austritt aus dem Gebirge gehen sie sehr rasch aus dem Zerschneidungsbereich in den Akkumulationsbereich über. So zerlegen sie am Haardtrand selbst die gehobenen Schollen nur in ein bewegtes Hügelland. Danach bewirkt die rasche Absenkung der Riedel nach Osten eine immer stärkere Ausbreitung der Niederterrassen-Schotterflächen in Richtung des Gefälles der Schwemmfächer, so daß sie in annähernd gleichem Niveau wie die Riedelsporne den Rand der Rheinniederung erreichen. Die nach Norden an Größe abnehmenden Schwemmfächer (Lauter-Schw. ca. 130 km², Queich-Schw. 65 km², Speyerbach-Schw. 64 km², Isenach-Schw. 13 km²; nach STÄBLEIN 1968, S. 14) zeigen neben der einheitlichen morphologischen auch eine einheitliche hydrographische Struktur. Meist gewinnen die Rinnen und Bäche am Rand des Schwemmfächers hydrologisch das Übergewicht. Auf den Schwemmfächern selbst findet sich ein Gewirr von Rinnen, Gräben und Bächen, wobei Wasserläufe versickern, ihr Wasser aber auch über Versumpfungszonen an andere Wasserläufe abgeben können. Dies gilt, trotz zahlreicher künstlicher Eingriffe in das hydrographische System, noch immer. Überschwemmungen der Niederungswiesen und Bruchwälder während der Hochwasserphasen sind nicht selten. Die meist nur 1-2 m eingetieften

## Abb. 1: Landschaftsgliederung auf der Basis des reliefprägenden Gesteinsuntergrundes

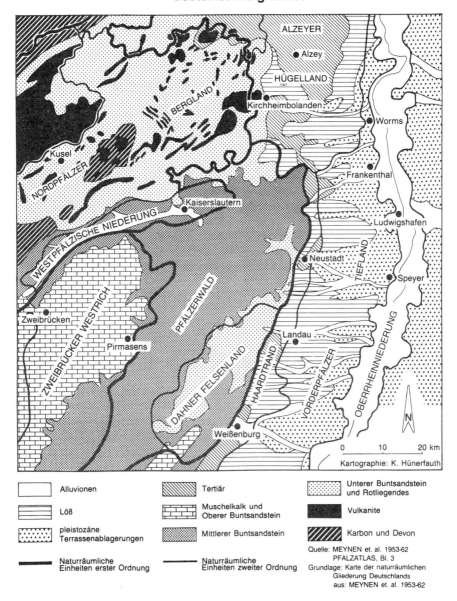

| | | |
|---|---|---|
| Alluvionen | Tertiär | Unterer Buntsandstein und Rotliegendes |
| Löß | Muschelkalk und Oberer Buntsandstein | Vulkanite |
| pleistozäne Terrassenablagerungen | Mittlerer Buntsandstein | Karbon und Devon |
| Naturräumliche Einheiten erster Ordnung | Naturräumliche Einheiten zweiter Ordnung | |

Quelle: MEYNEN et. al. 1953-62
PFALZATLAS, Bl. 3
Grundlage: Karte der naturräumlichen
Gliederung Deutschlands
aus: MEYNEN et. al. 1953-62

Bäche münden mit einer deutlichen Gefällszunahme in die Rheinniederung, wodurch unmittelbar am Rheinhochufer bis zu 10 m tiefe Schluchten entstanden sind. Vor allem am Rande der Schwemmfächer zur Rheinaue hin sind ausgedehnte Flugsandfelder mit aufsitzenden niedrigen Einzeldünen, aber auch Dünenfelder, anzutreffen. Als eine Besonderheit schiebt sich die Frankenthaler Terrasse zwischen Niederterrasse und Rheinaue. Sie setzt bei Speyer ein und zieht mit deutlicher Erosionsstufe, in einem flachen Bogen um die Neckarmündung nach Westen ausschwingend, bis nach Worms. Die lößfreie, schwach gewölbte Terrassenfläche weist einen relativen Höhenunterschied zur Rheinaue von 5 m auf und ist an ihrem westlichen Rand durch eine randparallele Rinne charakterisiert, in der die aus dem Pfälzerwald kommenden Bäche nach Norden verschleppt werden.

Der einheitliche Formencharakter der sich 20-40 m über die Schwemmfächer erhebenden Riedel und Platten des inneren Tieflandes ist durch die gemeinsame Lößdecke bedingt. Die Mächtigkeit der Lößüberlagerung schwankt lokal erheblich. Zwar sind bei Wollmesheim (NOTTMEYER 1954, S. 81) 30 m Löß und Lößlehm erbohrt worden, doch dürfte die mittlere Lößmächtigkeit nur bei 3-5 m liegen. Manche Lößprofile lassen durch eine Gliederung durch Verlehmungs- und Solifluktionshorizonte den Schluß auf drei Lößsedimentationsabschnitte zu (vgl. STÄBLEIN 1968). Unterlagert werden die Lösse von kaltzeitlichen Sanden und Schottern, wobei sich besonders im grabenrandnahen Bereich Abtragungsprodukte aus dem Pfälzerwald mit Ablagerungen des Rheins verzahnen. Die Frage, ob die Riedelflächen durch verschiedene Terrassenniveaus gegliedert sind (vgl. STÄBLEIN 1968) soll an dieser Stelle nicht erörtert werden.

Der an sich recht einförmige Reliefcharakter der Riedelflächen wird durch verschiedene Typen lößtypischer Kleinformen etwas aufgelockert. Dellen und Dellensysteme gliedern die Lößplatten in Gefällsrichtung, Kurzdellen lösen den Rand zu den Schwemmfächern hin auf. Dazu gesellen sich Trockentälchen und anthropogen bedingte Tilken in größerer Zahl.

Mit dem Wingertsberg (161 m) bei Herxheim, dem Galgenberg (161 m) bei Minfeld und dem Geisberg (152 m) bei Lautertal, die die Riedelflächen bzw. den Lauterschwemmfächer überragen, kündigt sich der Übergang zur Zone der Haardtrandhügel an. Als ca. 60 km langer, schmaler Saum zieht die durch ein deutlich bewegteres Relief gekennzeichnete Vorhügelzone des *Haardtrandes* von der elsässischen Grenze im Süden bis Neuleiningen im Norden. Die Abgrenzung zu den östlich anschließenden Riedelflächen des Vorderpfälzer Tieflandes ist unscharf und wird durch die einheitliche Lößauflage noch weiter verschleiert. Nur an wenigen Stellen, so z.B. zwischen Edesheim und Neustadt/W., setzen sich die Riedelflächen klar von den Randhügeln ab. Ansonsten läßt sich die Ostgrenze etwa mit der Linie Minfeld - Winden - Landau - Edenkoben - Bad Dürkheim festlegen. Die Westbegrenzung ist eindeutig. Der Randabfall des Pfälzerwaldes zum Oberrheingraben ist durch eine Reihe grabenrandparalleler Verwerfungen markiert, die sich teilweise ablösen oder überschneiden. So tritt das sich grabenwärts an die Hauptrandverwerfung anschließende, durch die Serie von Staffelbrüchen entstandene Schollenmosaik der Randscholle morphologisch als Hügelland mit tief eingesenkten Talabschnitten in Erscheinung. Unter Löß, fluviatilen Sanden und Schottern liegt, neben tertiären Grabensedimenten, ein Gewirr von steilgestellten, z.T. überkippten Schollen des eingebrochenen mesozoischen Schichtgebäudes vom Buntsandstein bis zum Jura. Petrographisch ist diese Vorhügelzone zweigeteilt. In unmittelbarer Nähe zum Gebirgsabfall handelt es sich um Buntsandsteinschollen, die von dem durch tektonische Beanspruchung entfärbten Haardtsandstein gebildet werden. Ein zweiter, niedrigerer Streifen hängengebliebener Schollen besteht aus Kalkbergen, zu denen z.b. auch die Kleine Kalmit zählt und die nördlich von Grünstadt in die Kalkplateaus des Alzeyer Hügellandes übergehen.

In deutlichem Gegensatz zu dem mauergleichen, geschlossenen Gebirgsabfall und der nur maximal 3 km breiten Vorhügelzone im Norden steht die stärkere Auflösung des Gebirgsrandes südlich von Albersweiler. Zwischen die weitständigen Resthügel vor allem aus Trifelssandstein sind breite Ausraumzonen im tonigen Unteren Buntsandstein und in den Rotliegend-Sedimenten eingeschaltet. Die Vorbergzone wird hier bis zu 10 km breit und geht ohne scharfe Grenze in das *Dahner Felsenland* über.

Das *Alzeyer Hügelland*, der Südteil des Rheinhessischen Tafel- und Hügellandes, schließt sich als letzte oberrheinische Landschaftseinheit im Norden an das Vorderpfälzer Tiefland an. Die Abgrenzung im Süden ist schwierig, kann aber in etwa am Nordrand des Isenach-Schwemmfächers gesehen werden. Die Westgrenze des in seiner Entwicklung in erster Linie mit dem Oberrheingrabenbruch und dem geologischen Mainzer Becken verknüpften Hügellandes ist dort zu suchen, wo durch wechselnden Gesteinsuntergrund und größere Höhen der Anstieg zum Nordpfälzer Bergland gegeben ist. Im Osten begrenzt die Rheinniederung die Raumeinheit, die Nordgrenze soll im vorliegenden Fall an der Pfrimm gesehen werden.

Am Aufbau des Alzeyer Hügellandes sind mehr oder minder horizontal gelagerte oligozäne und miozäne, im SO auch pliozäne Sedimente beteiligt, die sich zu dem (oligozänen) Sand- und Mergelstockwerk und dem darüberliegenden (miozänen) Kalkstockwerk (LESER 1969) ordnen. Diese Gesteinsabfolge ist morphologisch bedeutsam. Die widerständigen Kalke schützen die unterlagernden Tone und Mergel vor der Abtragung. Durch die Wechsellagerung von morphologisch harten und weichen Schichten ist auf der nach der Heraushebung durch Gewässer zerschnittenen Sedimentplatte eine Landschaft mit Schichtstufencharakter entstanden. Die zwischen die Kalkplateaus eingeschalteten Ausraumzonen liegen in den tertiären Mergeln und Sanden, während die pliozänen Sande das Hügelland im Südosten aufbauen.

Die Oberfläche des Alzeyer Hügellandes bedecken ausgedehnte Lößablagerungen unterschiedlicher Mächtigkeit. Die im Westen dünne, z.T. lückenhafte Lößdecke wird nach Osten hin immer mächtiger und am Ostabfall sind nicht selten 10-15 m dicke Gehängelößdecken zu finden. Zu beachten ist in diesem Gebiet auch die rezente Morphodynamik, die sich vor allem in Hangrutschungen und Bodenerosion bemerkbar macht. Die starke tektonische Beanspruchung dieses Raumes zeigt sich u.a. am Beispiel des *Eisenberger Beckens*. Es ist eine an Brüchen abgesunkene Scholle des Oberen Buntsandsteins, von pliozänen Sanden und Tonen überlagert, die den als Becken eingesenkten Südwestzipfel des Alzeyer Hügellandes bildet, geologisch aber noch zum Pfälzerwald gehört. Durch die geologische Konstitution ist dieses Becken von besonderer wirtschaftlicher Bedeutung, bedingt durch das Vorhandensein von lokalen Eisenerzen, Form- und Klebsanden, feuerfesten Tonen und Holzkohle.


Trotz aller Unterschiedlichkeit in Formengestalt und Formenvielfalt sind die Reliefeinheiten des Oberrheinischen Tieflandes durch die Komponenten der Ebenheit, der geringen Höhenlage und Höhenunterschiede, ja stellenweise sogar durch eine gewisse Monotonie, charakterisiert. Erst ganz im Westen werden die Reliefformen akzentuiert, treten größere relative Höhenunterschiede auf. Der mauergleiche Anstieg des Pfälzerwaldes am Haardtrand lenkt, ebenso wie das unmittelbar westlich des Alzeyer Hügellandes aufsteigende Donnersbergmassiv, den Blick auf einen zweiten Großraum anderer Prägung, die pfälzischen Bergländer und Hochflächenlandschaften.

## b) Die Reliefeinheiten der pfälzischen Bergländer und Hochflächenlandschaften

Die hier gewählte unkonventionelle Einteilung pfälzischer Landschaften in Raumeinheiten des Tieflandes und der Bergländer resultiert aus der Auffasung, daß Höhenlage, Reliefenergie, Zertalung, aber auch Gesteinsaufbau, sowohl für die Wirksamkeit anderer Geofaktoren als auch für die Raumnutzung von zentralerer Bedeutung sind als morphotektonische und morphogenetische Zusammenhänge. Die zu diesem Komplex zusammengefaßten Landschaftseinheiten des Pfälzerwaldes, des Zweibrücker Westrichs und des Nordpfälzer Berglandes müßten im Sinne einer exakten naturräumlichen Gliederung dem Oberrheinischen Tiefland als gleichwertige Haupteinheiten gegenübergestellt werden.

Gemeinsam ist diesen höhergelegenen Landschaftsteilen als morphotektonisches Hauptelement eine Sattel-Mulden-Struktur variskischer Streichrichtung. Am Rheingrabenrand streichen diese Sättel und Mulden an der SSE/NNW-verlaufenden Hauptrandverwerfung gleichsam in die Luft aus; aber auch im Innern der Bergländer sind die jüngeren rheinisch ausgerichteten Störungen morphologisch wirksam. Nach tektonischer Situation, Gesteinsaufbau und morphologischer Entwicklung sind das (jungpaläozoische) Nordpfälzer Bergland und die (mesozoische) Schichtstufen- und Hochflächenlandschaft des Pfälzerwaldes und des Zweibrücker Westrichs auszugliedern.

Der *Pfälzerwald*, an dessen Aufbau der Gesamtkomplex des Buntsandsteins beteiligt ist, erreicht im zentralen Teil Höhen um 600 m und kulminiert in Grabenrandnähe in der Kalmit mit 673 m. Die Grenzen des Pfälzerwaldes sind nach allen Seiten hin gut zu bestimmen, lediglich im Süden durchschneidet die Staatsgrenze ein Gebiet einheitlicher morphologischer Struktur. Nach Osten bildet die rebenbedeckte Vorhügelzone des Haardtrandes eine natürliche Begrenzung, im Westen geht der Pfälzerwald dort zu Ende, wo die Röt-Muschelkalkauflagen die Hochflächen bestimmen. Die Nordwest-Begrenzung ist durch den Abfall zur Westpfälzischen Niederung gegeben. Östlich von Hochspeyer biegt der Grenzverlauf nach Norden aus, um die Buntsandsteinbergländer des Diermsteiner und Stumpfwaldes mit einzuschließen.

In großräumigem Zusammenhang gesehen ist der Pfälzerwald als Nordwestflügel der oberrheinischen Gebirgsumrahmung und als östlichster Ausläufer des saarländisch-lothringischen Schichtstufenlandes zu definieren. Ein erster Blick, z.B. von einem der kulminierenden Berge, über die fast gleichbleibende, nur allmählich nach Westen einfallende Buntsandstein-Hochfläche des Pfälzerwaldes erweckt den Eindruck einer wohltuenden Großzügigkeit und Geschlossenheit. Als Hauptmerkmale des Reliefs werden massive, sargdeckelförmige Bergrücken, zahllose Kuppen und Rücken, die sich zu gesteinsbedingten Stufen und dazwischenliegenden mehr oder minder ausgeprägten Landterrassen ordnen, erkannt (vgl. LIEDTKE 1968, LÖFFLER 1929 u.a.). Die engen, steilwandigen Täler, die besonders im Ostteil, dort, wo sie sich entgegen der Abdachung eingesägt haben, tief eingesenkt sind, fallen bei einem solchen Überblick zunächst weniger auf. Das Talsystem, gekennzeichnet durch ein unterschiedliches Talbild, Gefällsunterschiede und differenzierte Hanggestalt in den einzelnen Teilbereichen des Pfälzerwaldes, ist jedoch ein äußerst markantes Reliefmerkmal. Die meist kerbtalförmig eingeschnittenen, tiefen Täler zerlegen das Bergland in einzelne Bergrücken und Riedel. Bedingt durch die größere Erosionskraft der dem Rhein zustrebenden Bäche und Flüsse ist die Wasserscheide weit nach Westen zurückverlegt und verläuft heute vom Erlenkopf im Süden über den Eschkopf und Johanniskreuz nach Norden zum Stumpfwald. Die Wasserdurchlässigkeit des Sandsteins und die geringen Abflußraten sind Gründe für die Steilheit der Talhänge selbst kleinster Gerinne. Die heutige Oberflächengestalt ist das Ergebnis eines langen komplizierten Entwicklungsganges mit wechselnder Morphodynamik (vgl. LIEDTKE 1968, AHNERT 1955, LÖFFLER 1929). Das heutige Reliefbild ist, trotz aller Unterschiedlichkeit der Oberflächenformen und Formengemeinschaften in den einzelnen Teilbereichen des Pfälzerwaldes, das einer weitgehend strukturbedingten morphologischen Raumeinheit.

Charakteristisch für den *Nördlichen* und *Mittleren Pfälzerwald* ist eine mehr oder minder dichte Folge von Schichtstufen und dazwischengeschalteten Landterrassen, bedingt durch die unterschiedliche morphologische Härte der einzelnen Schichtglieder vor allem des Mittleren Buntsandsteins. Hausberg-, Karneol-, Karlstal- und Rehbergstufe ordnen sich in weit ausschwingenden Bögen um die Achse der Westricher Mulde. Randlich treten noch Trifels- und Staufer-Stufe hinzu. Besonders der Mittlere Pfälzerwald ist der Bereich ausgedehnter, teils gut erhaltener, teils zerstörter oder verworfener Stufen und gut ausgeprägter Landterrassen, die nach LIEDTKE (1968) in eine Ausgangsrumpffläche als strukturbedingte Landschaftsteile eingearbeitet wurden. Dem relativ einfachen geologischen Bau entsprechen großzügige morphologische Leitlinien. Die höchsten Erhebungen des Pfälzerwaldes, nämlich Kalmit (673 m) und Kesselberg (663 m) in unmittelbarer Nähe des Steilabfalls und Eschkopf (608 m) und Weissenberg (609 m) im Inneren des Berglandes sind Zeugenberge der besonders widerständigen Karneolstufe.

Der flächenmäßig relativ kleine Nördliche Pfälzerwald erreicht eine durchschnittliche Höhe von 400 m, weist aber im Vergleich zu der Monotonie der Formengestalt des Mittleren Pfälzerwaldes ein bewegteres, vielgestaltigeres Relief auf. Besonders am nördlichen Gebirgsrand sind die dort auftretenden Stufen in Vorsprünge und Buchten gegliedert. Landterrassen sind selten.

Der südlich der Linie Pirmasens - Hinterweidenthal - Albersweiler anschließende, im Bereich der Aufwölbung des Dahner Sattels liegende *Südliche Pfälzerwald* weist einen weitaus mannigfaltigeren Formenschatz auf. Das bekannteste Teilgebiet, das *Dahner Felsenland*, das zu den schönsten Sandsteinlandschaften Deutschlands zählt, erhält seine Anziehungskraft durch das von HÄBERLE (1927, S. 226) so treffend beschriebene Zusammenspiel von weiten, flachen, feldüberzogenen Ebenheiten, die sich zu einer großen Verebnung zusammenschließen, und den diese Ebene überragenden zinnenartigen, waldbestandenen und oft burgengekrönten Felsen aus Trifelssandstein, die sich schließlich im Westen zur Trifelsstufe vereinigen. Die von HÄBERLE beschriebene Ebenheit ist in den leicht ausräumbaren tonigen Schichten des Rotliegenden und des Unteren Buntsandsteins angelegt und durchzieht das Dahner Felsenland in einer durchschnittlichen Höhe von 300 m (vgl. AHNERT 1955, LIEDTKE 1968). Reste der aufgelösten Trifelsstufe, geformt als Bergklötze, bizarre Felspartien, Pilz- und Tischfelsen, überragen die Ebene oft um mehr als 100 m. AHNERT (1955, S. 6 u. 9) bezeichnet daher das Dahner Felsenland als eine Zeugenberglandschaft, deren Berge und Felsen sich den drei Formentypen Kegelberg mit Felstürmen, Rücken mit Felsmauern und Bergklötze mit Felsnasen zuordnen lassen. Weiter im Westen folgen auf die die Grenze des Dahner Felsenlandes im eigentlichen Sinn bildende geschlossene Trifelsstufe die zerlappten und in Zeugenberge aufgelösten Karlstal- und Karneolstufe, während die Rehbergstufe nur noch streckenweise zu verfolgen ist.

Der Südliche Pfälzerwald findet mit dem *Oberen Mundatwald*, einer in der Verlängerung des Lembacher Grabens erhalten gebliebenen, jung gehobenen Scholle des Mittleren Buntsandsteins (Hohe Derst 561 m), seine Südbegrenzung.

In dem Maße, in dem der etwas tonige Untere Buntsandstein auf der Westabdachung an Raum gewinnt, zeigt das Verschwinden der geschlossenen Walddecke den Übergang zu dem saarländisch-lothringischen Schichtstufenland an. Hier beginnt der *Zweibrücker Westrich*, dessen tektonische Anlage dem Pfälzerwald ähnlich ist. Die leicht schräggestellten Schichten des Muschelkalks fallen zur Zweibrücker Mulde hin ein, SW/NO-gerichtete Landschaftsteile sind vorherrschend. Selbst die Oberflächenformen sind noch weitgehend gleich, da die Röt-Muschelkalk-Hochfläche breit vom Hauptbuntsandstein unterlagert ist. Dadurch kommt es zu dem markanten Gegensatz zwischen den steilwandigen, engen und bewaldeten Tälern im Buntsandstein und den weitgespannten Hochflächen, die eine Decke aus Röt bzw. Unterem, weiter im Westen auch Mittlerem Muschelkalk tragen. Diese reinen Muschelkalkplatten entsprechen am ehesten den Gäuflächen Frankens und Schwabens. Die Hauptschichtstufe wird durch den Oberen Muschelkalk aufgebaut und liegt jenseits der pfälzischen Grenzen. Der Untere Muschelkalk bildet, wenn überhaupt, nur eine untergeordnete Stufe von maximal 20 m relativer Höhe.

Die charakteristische Hochflächen-Platten-Landschaft, in der der Muschelkalk zum dominierenden Landschaftsfaktor wird, entwickelt sich aus einer Übergangszone (etwa zwischen Schopp - Rodalben - Lemberg), dem Holzland, heraus. Die Landterrasse spannt sich einheitlich über Röt und Unteren Muschelkalk hinweg von der Sickinger Höhe bis zum Blies-Westrich, zeigt aber eine deutliche Untergliederung. Die Außenbereiche weisen einen betonten Stockwerkbau durch den scharfen Unterschied zwischen steilen Talrinnen und Hochflächenresten auf. Die Taleinschnitte sind oft sehr markant und von der Hochfläche oft mit deutlicher Kante abgesetzt. An den bewaldeten Talhängen macht sich die unterschiedliche Gesteinshärte im Buntsandstein durch Leisten und Weitungen bemerkbar. Der Hauptteil der Hochfläche des Zweibrücker Westrichs, die eine durchschnittliche Höhe von 400 m aufweist, trägt ein Dach aus Unterem Muschelkalk. Ihren Charakter erhält sie durch die vorherrschende Flachwelligkeit und Gliederung durch Dellensysteme. Größere Höhendifferenzen treten nicht auf.

Das im jungpaläozoischen Sockel angelegte *Nordpfälzer Bergland* stellt sowohl geologisch-tektonisch als auch geomorphologisch eine spezielle Raumeinheit dar. Auffallend ist die gleichmäßige SW/NO-orientierte Anordnung der wichtigsten geologischen und geomorphologischen Bauelemente. Diese Anordnung kennzeichnet das Nordpfälzer Bergland als einen Ausschnitt aus dem Saar-Saale-Trog und gleichzeitig als südlichstes Glied des Rheinischen Schiefergebirges (HERCHENRÖTHER 1935). Die heute landschaftsbestimmenden tektonischen Teilglieder Nahemulde, Pfälzer Sattel und Vorhaardtmulde sind an der Wende Unter/Oberrotliegendes durch Faltung aus der Saar-Nahe-Senke hervorgegangen. Verbunden war dieser Faltungsvorgang mit intensivem Vulkanismus, dessen Gesteine der Landschaft des Nordpfälzer Berglandes ihren besonderen Charakter verleihen. Die ältesten Zeugen dieser Tätigkeit sind die als Intrusionsstöcke entstandenen, später herauspräparierten Porphyrstöcke, die durch Donnersberg (687 m),

Königsberg (568 m), Hermannsberg (536 m) und Potzberg (562 m) repräsentiert werden. Sie alle befinden sich auf einer Achse des Nordpfälzer Sattels. Etwas jünger sind die ausgedehnten Melaphyr- und Porphyritdecken des »Grenzlagers«, die den Übergang vom Pfälzer Sattel zur Nahemulde aufbauen. Vor allem Quarzporphyr-Härtlinge bilden weithin sichtbare Höhen, die ihre Umgebung in der Regel um mehr als 100 m überragen.

Trotz dieser Akzentuierung überwiegt aber im Nordpfälzer Bergland das flächenhafte Element in der Oberflächengestalt. Das durchschnittliche Niveau der weiten, in sich aber wieder differenzierten Ebenheit liegt bei 400 m, kann aber selbst auf engstem Raum beträchtlich schwanken. Angelegt sind diese Flächen über den Sandsteinen und Tonschiefern des permokarbonen Untergrundes. Hydrographisch gehört fast der ganze Raum dem Nahesystem an. Glan, Lauter und Alsenz bilden die Hauptentwässerungsadern. Der Talverlauf mancher Flüsse läßt die enge Bindung an Verwerfungen erkennen, so z.B. der markante Flußknick der Alsenz zwischen Alsenbrück und Imsweiler. Weiterhin charakteristisch ist der Wechsel von beckenartigen Talweitungen im permokarbonen Untergrund und Engtalstrecken, die sich bei der Querung der Zonen mit Eruptivgesteinen entwickeln. Alle diese Reliefelemente zusammen ergeben, trotz der zunächst recht deutlich wirkenden »zonalen« Grundstruktur, ein Landschaftsmosaik, das durch Kleinkammerung, Formen- und auch Farbenvielfalt den kennzeichnenden Reiz der Individualität erhält.

Zwischen Pfälzerwald im Süden und Nordpfälzer Bergland im Norden erstreckt sich, WSW/ONO-streichend, zwischen Kaiserslautern-Vogelweh und Kirkel westlich der Blies die *Westpfälzische Niederung* auf 38 km Länge mit einer Breite von wenigen Kilometern. Der Talboden, der durch nasse Wiesen und Flachmoore markiert wird, liegt bei ca. 230 m. Flache Talwasserscheiden von maximal 10 m Höhendifferenz gliedern die Niederung und begrenzen die Einzugsbereiche von Blies, Glan, Mohrbach und Lauter. Ein weiteres Kennzeichen der Moorniederung ist das inselartige Auftreten von flachen Buntsandsteinkuppen, den sogenannten Schachen, die als bewaldete Kuppen das Gebrüch überragen. Die von mehreren Flüssen gequerte, im Pleistozän durch fluviatile Prozesse wahrscheinlich langsam tiefergelegte und später vermoorte Niederung, die aus den drei Abschnitten Homburger, Vogelbacher und Landstuhler Bruch besteht, geht im Norden mit unscharfer Grenze über das Mackenbacher Stufenland in das Nordpfälzer Bergland über, dem sie - entsprechend der naturräumlichen Gliederung - auch zuzuordnen ist.

Mit der Darstellung morphologischer Raumeinheiten ist zunächst nur eine Komponente im Bewertungsschema des Naturraumpotentials pfälzischer Landschaften erfaßt. Es wird sich aber zeigen, daß sich die noch vorzustellenden Geokomponenten Boden, Klima und Vegetation bei räumlich-differenzierter Betrachtung zu Einheiten gleicher oder ähnlicher Abgrenzung ordnen. In besonderer Weise gilt dies für die Böden, deren Abhängigkeit vom bodenbildenden Gesteinsuntergrund maßgeblich wirksam wird.

## 2. Das bodengeographische Gefügemuster der Pfalz

Analog zu den Darlegungen im vorangegangenen Kapitel sollen hier nicht die Entstehungsbedingungen der Böden, sondern das räumliche Verteilungsmuster von Bodenarten und Bodentypen den Vorzug erhalten.

Der Zugehörigkeit der Pfalz zu der bodengenetischen Zone der Braunen Waldböden entsprechend herrschen im großen Überblick gesehen Braunerden, z.T. auch Parabraunerden, vergleyte und podsolierte Braunerden vor. Bei genauerer Betrachtung ergibt sich jedoch, daß Gesteinsuntergrund, Reliefgestalt, klimatische und hydrographische Situation in ihrem pedogenen Wirkungssystem ein weitaus differenzierteres Bild, zugleich aber ein logisches räumliches Gefügemuster von Bodenarten und Bodentypen bewirken. So lassen sich unschwer bodengeographische Raumeinheiten, wenn auch unterschiedlicher Größe und Struktur, ausgliedern.

Eine zwar eng begrenzte, aber sehr einheitliche bodengeographische Einheit ist mit der *Rheinniederung* gegeben. Zwischen dem Hochgestade im W und dem Stromlauf im O dominieren hydromorphe Böden verschiedener Ausprägung, die sich auf den jüngsten kiesigen, sandigen, schluffigen oder tonigen Alluvionen des Rheins entwickelt haben, in einem Gebiet, das bis zur Rheinkorrektion durch TULLA im vergangenen Jahrhundert noch regelmäßig überflutet und überschlickt wurde. Heute stehen nur noch die Bereiche innerhalb der Hochwasserdämme in direktem Einfluß der Auendynamik. Das Verteilungsmuster der verschiedenen hydromorphen Böden spiegelt ein Stück der Flußgeschichte wider; das Netz von unterschiedlich alten Altwasserarmen und abgeschnittenen Mäanderbögen wird zum gliedernden Element. Unterschiedlicher Verlandungsgrad, unterschiedlicher Grundwasserstand und unterschiedliche Bodenart prägen sich durch. Die geringsten Flurabstände des Grundwassers werden in der Regel unmittelbar am Übergang vom Hochgestade zur Rheinaue angetroffen, was sich bodengeographisch durch schmale Bänder von Moorböden, Bruchtorf und Niederungsmooren bemerkbar macht. Anmoorbildungen und Bruchtorf kleiden auch viele der verlandeten Rheinschlingen aus. Über Sand und Kies finden sich nährstoffreiche Auelehme und Schlicke, über tonig-schluffigem Substrat überwiegen die Gleye unterschiedlicher Profilmächtigkeit. Nur vereinzelt sind innerhalb der Rheinauen lehmig-sandige Ranker und Braunerden auf Diluvialkernen anzutreffen (z.B. bei Eich und Gimbsheim).

Eine weiter Einheit mit vorwiegend semiterrestrischen Böden stellt das Gebiet der *Westpfälzischen Niederung (Kaiserslauterner Senke)* dar. Der Niederungsbereich zwischen Pfälzerwald und Nordpfälzer Bergland wird nach Norden über Glan und Lauter zur Nahe bzw. auf dem Umweg über die Blies zur Mosel entwässert. Infolge der schlechten Vorfluterverhältnisse kam es besonders am Südrand zu großflächigen Vermoorungen. Nieder- und Anmoorböden und Gleye sind für diesen Bereich charakteristisch.

Eine vielgestaltigere bodengeographische Raumeinheit ist mit dem *Vorderpfälzer Tiefland* gegeben. Hier bedingt der regelhafte Wechsel von lößbedeckten Riedelflächen und lößfreien Schwemmfächern der Pfälzerwaldbäche einen ebensolchen Wechsel in den vorherrschenden Bodenarten und Bodentypen. Auf den Riedelflächen und -platten ist der Löß, trotz wechselndem Untergrund, das wichtigste bodenbildende Gestein. In günstigen Lagen haben sich die Braunen Rheintal-Tschernoseme gebildet. An verschiedenen Stellen ist jedoch auch degradierter (verbraunter) Tschernosem zu finden. Im übrigen sind Lößlehme, Parabraunerden und tschernosemähnliche Bildungen weit verbreitet. Es sind allesamt basenreiche, nährstoffreiche und fruchtbare Böden, deren Humushorizont durch intensive landwirtschaftliche Nutzung (Rigolen) weitestgehend abgetragen ist. Manche Lößplatten, so z.B. die Böhler und Schwegenheimer Lößplatte, sind von einem Filigrannetz sandig-lehmiger Gley- und Aueböden durchzogen, die sich entlang der nur wenig eingetieften Bachläufe entwickelt haben. Weniger einheitlich sind die Schwemmfächer gestaltet. Dominant sind besonders auf den größeren Schwemmfächern im Süden (Speyerbach-, Wieslauter-Schwemmkegel) basenarme sandig-lehmige bis kiesige Braunerden und Ranker, die mehr dem Typus der Skelettböden ähneln. Verbreitet sind aber auch mineralische Naßböden entlang der Bachläufe und auch auf größeren Flächen in der Mitte der Schwemmfächer (z.B. Queich-Schwemmfächer und Bienwald) sowie organische Naßböden in Senken und schlecht drainierten Gebieten. Am Ostrand der Schwemmfächer treten auf Flugsandfeldern und Dünen basenarme Sandböden vom Typ der Braunerde oder des Rankers, oft aber auch des Pseudogleys in den Vordergrund.

Zwischen Vorderpfälzer Tiefland und Rheinaue anzusiedeln ist eine kleine Einheit spezieller Prägung, die Einheit der *Frankenthaler Terrasse*. Auffallend ist hier eine recht deutliche Differenzierung zwischen feuchterem Westteil, wo in einer rinnenartigen Vertiefung, die den Erosionsrand zu den Lößplatten hin folgt, mineralische und organische Naßböden von feinsandig-lehmiger Bodenart auftreten. Der trockenere Ostteil ist durch sandig-lehmige Aueböden und Braunerde sowie lehmig graue Tschernoseme markiert.

Im Norden schließt sich als ein weiterer Teil des nördlichen Oberrheinischen Tieflandes die bodengeographische Raumeinheit des *Alzeyer Hügellandes* an. Hier erreichen die basenreichen Braunen Rheintal-Tschernoseme auf den lößüberkleideten Hügeln aus tertiären und pleistozänen Ablagerungen ihre größte Verbreitung. Die Böden sind in der Regel kalkhaltig, tiefgründig aber auch degradiert. In höheren Randlagen gehen sie in nährstoffreiche Braunerden über.

Am Übergang vom Oberrheinischen Tiefland zum Pfälzerwald findet sich mit dem Schollenmosaik des *Haardtrandes* eine Raumeinheit, deren einziges Merkmal der kleinflächige Wechsel von Bodenarten und Bodentypen auf sehr unterschiedlichem Ausgangsmaterial ist. Meist werden die Gesteinsgrenzen durch Hangkolluvium maskiert, so daß Bodenart und Gesteinsuntergrund nicht mehr in direktem Zusammenhang stehen.

Das Buntsandsteingebiet des *Pfälzerwaldes* stellt einen recht einheitlichen bodengeographischen Raum dar, der durch das Vorherrschen sandiger, in der Regel tonarmer, nährstoffarmer Böden vom Typus der Braunerden, podsolierten und stellenweise vergleyten Braunerden, Parabraunerden und Ranker charakterisiert ist. Eine gewisse Differenzierung erfolgt nur hinsichtlich des bodenbildenden Gesteins und dessen Verwitterungsanfälligkeit. So treten im östlichen Teil auf Unterem und den Trifelsschichten des Mittleren Buntsandsteins vorwiegend basenarme, tonarme bis lehmige Sande auf, die sich zu mehr oder minder tiefgründigen Braunerden entwickelt haben. Westlich einer Linie Hardenberg - Lambrecht - Erfweiler sind auf dem Mittleren Buntsandstein flach- bis mittelgründige podsolige oder pseudovergleyte Ranker oder Braunerden dominant. Es sind basenärmste Sande mit vorherrschender Einzelkornstruktur. Im Westen, im Übergang vom Mittleren zum Oberen Buntsandstein, werden die Sandböden lehmiger. Die beschriebenen Bodentypen überziehen die flächigen Teilbereiche. Als Folge der tiefen Zertalung überwiegen im Pfälzerwald die Hanglagen, die je nach Steilheit, Abtragungs- und Erosionsintensität, von Rohböden, Rankern und flachgründigen Braunerden eingenommen werden. Hangkolluvium ist fast überall ausgebildet. An feuchten Stellen sind Hanggleye und -pseudogleye anzutreffen. Stagnogleye kommen dagegen nur selten auf den Hochflächen vor. Kleinräumig auftretend, aber dennoch von großer Bedeutung sind die Höhenlehme von Trippstadt, Stolzenberg und Schopp. Es sind nährstoffreiche Braunlehme und Parabraunerden, die als sandige Lehme oder tonige Lehme ausgebildet sind.

Im *Zweibrücker Westrich* ist wiederum der regelhafte Wechsel unterschiedlicher Bodenarten und Bodentypen, abhängig von der topographischen Lage im Hochflächen-Täler-Relief, das entscheidende Kriterium der Abgrenzung der Raumeinheit. Die Hochflächen werden von den morphologisch harten Tonmergeln, Kalksteinen und Dolomiten des Unteren Muschelkalks gebildet. In der Regel sind die Verebnungsflächen von einer 1-2 m mächtigen Lößschicht überlagert; nur in den Erosionslagen der oberen Hangkanten tritt das Karbonatgestein bodenbildend auf. Entstanden sind hier vorwiegend flachgründige, kalkhaltige, dolomitische oder schluffige Lehmböden mit hohem Steingehalt. Es sind Rendzinen, die nach dem Substrat und dem Grad der Verbraunung differenziert werden und die besonders unter sommerlicher Austrocknung leiden. Die Hänge, im Oberen Buntsandstein und den unteren Partien des Unteren Muschelkalks gelegen, sind von Parabraunerden und Rankern überkleidet, die sandig bis lehmig-sandig ausgebildet sind.

Die Böden des *Nordpfälzer Berglandes* zu einer bodengeographischen Raumeinheit zusammenzufassen, findet die Berechtigung nur darin, daß zum einen, trotz aller Vielfalt des geologischen Untergrundes vorwiegend Braunerden auftreten, zum anderen sich in der Verteilung der Bodenarten und Bodentypen, entsprechend der in variskischer Streichrichtung angeordneten Untergrundgesteine, eine gewisse Ordnung in SW-NO-gerichteten Streifen ergibt. Darüber hinaus zeichnen die Böden in dem stark reliefierten Gelände die Oberflächenformen nach. Im NW sind auf den Melaphyren des Unteren Rotliegenden lehmig-sandige Braunerden und Ranker, seltener auch Pelosole und an den Hängen Pseudogleye verbreitet. Auf den südlich anschließenden Kuseler Schichten (ru) haben sich sandig-lehmige bis lehmig-sandige Braunerden und Ranker entwickelt. Braunerden und Pelosole sandig-schluffiger Prägung sind charakteristisch für die Gebiete der Waderner Schichten (ro). Die aus Rhyolithen aufgebauten höchsten Erhebungen (z.B. Donnersberg, Königsberg) tragen Rohböden bzw. flachgründige Ranker und Braunerden.

Die Böden der Pfalz, zusammengefaßt nach Raumeinheiten, lassen in erster Linie eine Abhängigkeit vom bodenbildenden Gesteinsuntergrund erkennen. Es handelt sich um Böden wechselnder Profiltiefe und auch unterschiedlicher Bodenfruchtbarkeit. In den meisten Räumen bilden sie, zusammen mit einer deutlichen Klimagunst, die Voraussetzung für eine intensive landwirtschaftliche Nutzung. Allein die Böden des Pfälzerwaldes sind als typische Waldstandorte durch eine geschlossene Walddecke markiert.

## 3. Das klimatische Geschehen in seiner raumdifferenzierenden Wirksamkeit

Im großen gesehen, gehört die Pfalz zum gemäßigt-atlantischen Klimabezirk Europas. Im klimaräumlichen Gefüge Südwestdeutschlands erfahren die pfälzischen Landschaften im Klimaatlas von Rheinland-Pfalz (1957) eine Einordnung in die Klimabezirke »Nördliches Oberrhein-Tiefland«, »Pfälzer Wald«, »Saar-Nahe-Gebiet« und »Rhein-Main-Gebiet«. Charakterisiert ist das Klima der Pfalz durch den klimatischen Übergang vom feucht-kühlen, ozeanisch getönten und daher relativ wintermilden Berglandklima zum sommerwarmen, ebenfalls noch wintermilden und niederschlagsarmen Beckenklima des Oberrheinischen Tieflandes.

Eine erste Kennzeichnung des Klimas in der Pfalz soll durch die Darstellung einzelner Klimaelemente geschehen, wobei festzustellen ist, daß im allgemeinen morphologische und Lagefaktoren regional die Wirkung aller Klimaelemente modifizieren.

Die mittlere Verteilung der *Windrichtungen* resultiert aus der mittleren Verteilung des Luftdrucks und gibt somit Hinweise auf vorherrschende Wetterlagen einerseits und reliefbedingte Abwandlungen andererseits. Als repräsentativ kann für die Pfalz die Höhenstation Kalmit gelten. Entsprechend der Lage im Westwindgürtel tritt eine Dominanz der Winde im SW-NW-Sektor auf, wobei im Winter Winde aus SW-W, im Sommer aus W-NW vorherrschen (vgl. GEIGER 1981, S. 69). Reliefbedingte Abwandlungen sind sowohl im Oberrheinischen Tiefland als auch in der Westpfälzischen Niederung festzustellen. Die Stationen Mannheim und Worms zeigen ein Zurückdrängen der Winde aus westlichen Richtungen und einen deutlichen Anteil der Winde mit meridionaler Komponente (S- und N-Winde), Kaiserslautern weist durch die abschirmende Wirkung des Pfälzerwald-Abfalls ein Vorherrschen der W-O-Komponenten auf. Die Station Bad Bergzabern zeigt eine Dominanz der SW- und NO-Anteile, was nach GEIGER (1981) auf ein ausgeprägtes Talwindsystem am Ausgang des Erlenbachs zurückzuführen ist. Für den mittleren Jahresgang der Windverteilung ist die im Frühjahr einsetzende Zunahme der westlichen und nordwestlichen Winde typisch. Diese erreichen im Sommer ihre größte Häufigkeit, während im Winter die Südwestwinde besonders stark vertreten sind. Eine Besonderheit bei Westwindwetterlagen ist die föhnartige Wetterlage am Haardtrand. Die nach Überqueren des Pfälzerwaldes absteigenden Winde trocknen aus, bedingen eine Auflösung der Wolkendecke und bringen damit sowohl eine föhnartige Erwärmung als auch eine erhöhte Sonneneinstrahlung mit sich, Komponenten, die das spezielle »Weinbauklima« der Pfalz mitbedingen.

Zur Kennzeichnung des Klimas einzelner Regionen dienen vor allem Angaben über den Jahresgang von Temperatur und Niederschlag.

Der Jahresgang der *Temperatur* ist in den verschiedenen Landschaftseinheiten der Pfalz im allgemeinen durch die Höhenlage mitbestimmt. In allen Jahreszeiten sind die tiefer liegenden Landschaftsteile wärmer, die Temperatur nimmt mit der Höhe ab. Doch schwankt der vertikale Temperaturgradient zwischen 0.4 ° C/100 m im Winter und 0.6-0.7 ° C/100 m im Sommer. Dies bedeutet, daß die Temperaturgegensätze zwischen Berg- und Tiefland im Sommer größer sind und sich im Winterhalbjahr annähern. Daraus resultiert auch eine höhere Jahresschwankung (bis 19 ° C) im kontinentalen Beckenklima des Tieflandes, die mehr auf einer stärkeren Erwärmung im Sommer denn auf niedrigen Wintertemperaturen beruht. Im mehr ozeanisch gefärbten Klima der höheren Bergländer beträgt die Jahresschwankung der Lufttemperatur weniger als 17-18 ° C. Feinere Unterschiede in der Temperaturverteilung sind z.B. durch die Abwandlung der Einflüsse der Luftmassen auf den Raum nach Überströmen von Bergländern oder die unterschiedliche Öffnung zu maritimen bzw. kontinentalen Luftmassen gegeben. Wie Abb. 2a zeigt, tritt im Sommer (Juli) das kontinental-warme Beckenklima des Oberrheinischen Tieflandes besonders deutlich hervor. Mit mehr als 19 ° C wird im Lee des Pfälzerwaldes das höchste Jahresmittel in Deutschland erreicht, mitbewirkt durch die örtliche Auflockerung der Bewölkung, die erhöhte Sonneneinstrahlung im Gefolge der föhnartig absteigenden Winde.

Die Temperaturdifferenz zwischen dem Tiefland und den höchsten Erhebungen im Pfälzerwald und im Nordpfälzer Bergland beträgt im Juli 4-5 ° C. Diese relativ deutli-

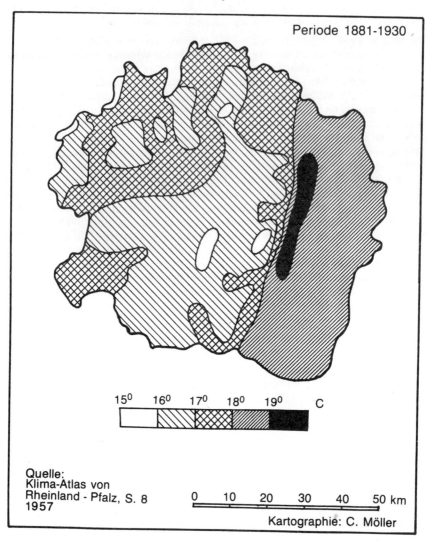

*Abb. 2a:* **Mittlere wirkliche Lufttemperatur im Juli**

Periode 1881-1930

15⁰ 16⁰ 17⁰ 18⁰ 19⁰  C

Quelle:
Klima-Atlas von
Rheinland - Pfalz, S. 8
1957

0  10  20  30  40  50 km

Kartographie: C. Möller

chen Temperaturgegensätze bilden sich schon im Frühjahr heraus, wenn sich die Niederungen rascher erwärmen als die Höhenlagen. Anders liegen die Verhältnisse im Winter (Januar) und im Herbst (Oktober). Zwar liegt das Monatsmittel im Januar mit Ausnahme des Oberrheinischen Tieflandes nur an wenigen Stellen (z.B. im Zweibrücker Westrich) über dem Gefrierpunkt, doch sind die Höhenlagen mit einem Mittel von -1 ° C bis weniger als -2 ° C in den höchsten Lagen relativ warm. Einfließende kontinentale Kaltluft, Ausbildung von Inversionen und Kaltluftansammlungen bewirken in

26

dieser Zeit die relative »Kälte« des Tieflandes. Im Herbst schließlich kühlen die Niederungen rascher aus, die Tagestemperatur nimmt mit der Höhe langsamer ab. Hochdruckwetterlagen geben Anlaß zu ausgedehnten Inversionen und Bildung von Nebel und Hochnebelfeldern.

Bei einer Betrachtung der Niederschläge kommt sowohl hinsichtlich des Jahresgangs als auch der Niederschlagshöhe der Luv-Lee-Effekt nicht nur in der großräumigen Betrachtung sondern auch in der kleinräumigen Differenzierung zum Tragen. Die Niederschläge resultieren in der Hauptsache aus dem zyklonalen Geschehen, werden aber, besonders im kontinentaleren Beckenbereich, durch sommerliche Gewitterregen ergänzt. Der Niederschlag gehört zu den Klimaelementen, die örtlich teilweise starke Abweichungen aufweisen, doch kann in dieser Übersicht darauf nicht eingegangen werden. Es soll vielmehr anhand des mittleren Verteilungsbildes das Charakteristische im Niederschlagsgeschehen dargelegt werden. Da die Niederschlagsverteilung eine Funktion der Lage zu den Aktionszentren und Strömungssystemen der Atmosphäre und der Abhängigkeit von der Seehöhe ist, unterscheiden sich die Jahresmengen der Niederschläge je nach Lage innerhalb des Großreliefs, wobei besonders die Luv-Lee-Wirkung des Pfälzerwaldes und des Nordpfälzer Berglandes (vor allem des Donnersbergmassivs) bei Westwetterlagen wichtig wird. Durch die Stationen Pirmasens (874 mm) und Bad Dürkheim (576 mm) wird dieser Gegensatz deutlich (vgl. Tab. 2).

*Tab. 2:* Klimawerte ausgewählter Stationen der Pfalz

| Station | Höhe m NN | Mittelwerte der Lufttemperatur in °C | | | Jahres-schwankung in °C | Jahres-nieder-schlag in mm |
|---|---|---|---|---|---|---|
| | | Jan | Jul | Jahr | | |
| [1] Kalmit ** | 673 | -1.8 | 15.0 | 6.4 | 16.8 | 634 |
| [3] Weinbiet * | 553 | -1.5 | 16.1 | 7.7 | 17.6 | (569) |
| [2] Neustadt/W * | 163 | 1.1 | 19.0 | 10.0 | 17.9 | 663 |
| [4] Bad Dürkheim * | 130 | 0.7 | 19.1 | 9.9 | 18.4 | 576 |
| [1] Landau *** | 158 | 0.8 | 19.0 | 9.8 | 18.2 | |
| [2] Bad Bergzabern * | 181 | 0.7 | 18.7 | 9.7 | 18.0 | 811 |
| [2] Alzey * | 173 | 0.3 | 18.1 | 9.3 | 17.8 | 488 |
| [2] Bad Kreuznach * | 136 | 0.6 | 18.2 | 9.4 | 17.6 | 535 |
| [5] Kaiserlautern * | 280 | 0.1 | 17.3 | 8.6 | 17.2 | 745 |
| [2] Pirmasens * | 398 | -0.3 | 17.3 | 8.7 | 17.6 | 876 |
| [2] Worms * | 91 | 0.8 | 19.2 | 10.2 | 18.4 | 581 |
| [1] Ludwigshafen *** | 102 | 1.3 | 19.9 | 10.5 | 18.6 | 530 |
| [1] Speyer *** | 105 | 0.8 | 19.1 | 9.8 | 18.3 | 562 |

Beobachtungszeiträume:   [1] Temperatur 1881-1930        [3] 1953-1970
                         Niederschlag 1891-1930     [4] 1952-1970
                         [2] 1951-1970              [5] 1951-1970, ohne 1952/53

*Quellen:* * GEIGER 1981; ** PEMÖLLER 1975; *** KLÖPPER 1957

*Abb. 2b:* **Mittlere Niederschlagssummen im Juli**

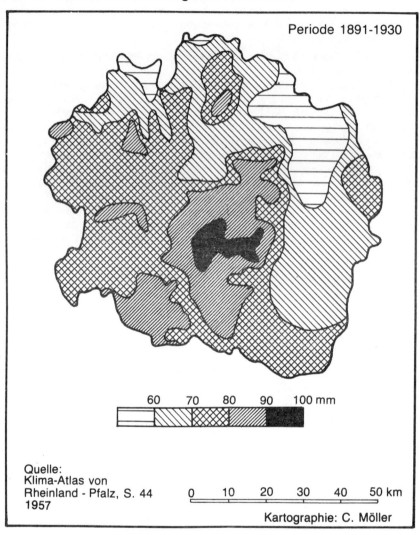

In Abb. 2b ist die Mittlere Niederschlagsmenge für Juli dargestellt. Die im Regenschatten von Pfälzerwald und Hunsrück gelegenen nördlichen Abschnitte des Oberrheinischen Tieflandes (nördlich von Neustadt) und das Alzeyer Hügelland sind mit 50-60 mm Niederschlag am trockensten. Dagegen erreichen die Regenfälle bei SW-Wind über die Zaberner Senke noch die Vorderpfalz und drücken die Niederschlagssummen dort deutlich in die Höhe. Mit 70-80 mm Niederschlag gehört dieses Gebiet in eine Gruppe zusammen mit dem Zweibrücker Westrich und dem westlichen Pfälzer-

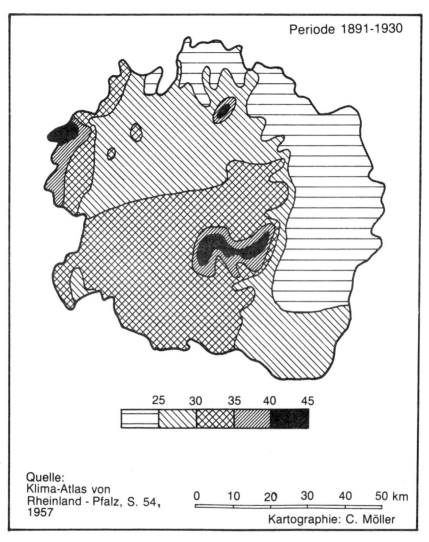

Periode 1891-1930

25   30   35   40   45

Quelle:
Klima-Atlas von
Rheinland - Pfalz, S. 54,
1957

0   10   20   30   40   50 km

Kartographie: C. Möller

wald. Nur der höhergelegene Mittlere und Nördliche Pfälzerwald erhält mit 80 bis über 90 mm mehr Niederschlag.

Auch die Verteilung des Jahresniederschlags folgt den gleichen Regeln. Die niederschlagsarmen Trockeninseln nordöstlich vor dem Pfälzerwald und Donnersberg erhalten weniger als 500 mm Niederschlag. Bad Bergzabern ist mit 865 mm Jahresniederschlag sehr regenreich. Im Jahresgang der Niederschläge zeichnet sich ein sommerliches Maximum von Juni bis August ab, bedingt durch die sommerlichen Konvektionsschauer. Die winterlichen zyklonalen Niederschläge halten zwar länger an, sind aber weniger ergiebig. Die absoluten Niederschlagsminima liegen in den Übergangsmonaten. Das Verhältnis zwischen Niederschlagsmenge im Sommerhalbjahr (April bis September) und Winterhalbjahr (Oktober bis März) charakterisiert den allmählichen Übergang vom atlantisch bedingten Klimatyp im Westen zum kontinental geprägten Beckenklima im Osten (vgl. Legende zu Abb. 3).

In Abb. 2c ist mit dem Trockenheitsindex ein abgeleiteter Kennwert des Klimas dargestellt. Der nach der Formel von REICHEL (vgl. Klimaatlas Rheinland-Pfalz, Erläuterungen S. 20, 1957) berechnete Trockenheitsindex setzt die mittlere Niederschlagsmenge, die mittlere Lufttemperatur und die mittlere Zahl der Niederschlagstage mit über 1.0 mm Niederschlag in Beziehung. Damit wird über den Wasser- und Wärmehaushalt indirekt auch die Verdunstung angesprochen. Da der Niederschlag das am stärksten berücksichtigte Element ist, prägt sich in der Darstellung die Niederschlagsverteilung (vgl. Abb. 2b) durch. Der Trockenheitsindex erhält dort niedrige Werte, wo das Wasserdargebot gering ist. Dies bedeutet aber zugleich höchste Werte der Trockenheit. Der niedrigste Wert (< 20) kennzeichnet die bereits ausgewiesenen Trockeninseln vor dem mittleren und nördlichen Haardtrand. Mit Werten von 20-25 zählen das gesamte Oberrheinische Tiefland einschließlich Alzeyer Hügelland und Teile des Nordpfälzer Berglandes zu den ausgesprochenen Trockengebieten. In diesen Gebieten ist sowohl während der Vegetationsperiode als auch während des gesamten Jahres mit teilweise negativer Wasserbilanz zu rechnen, auch wenn sich für die Vegetationsentwicklung die Situation durch die Sommermaxima des Niederschlags etwas mildert. In diesem Zusammenhang gesehen ist der Trockenheitsindex zugleich ein Maß für die Aridität bzw. Humidität eines Landstrichs.

Die kartographische Beschreibung des Klimas in der Pfalz wird durch eine Klimaeffektkarte (Abb. 2d) ergänzt, in der durch die Darstellung des *Beginns der Apfelblüte* ein Bild des Einzugs des Vollfrühlings (als phänologische Jahreszeit) in die Pfalz entworfen wird. Die Phänologie macht sich zu Nutzen, daß sich in dem Entwicklungsstand der Pflanzen der Einfluß verschiedener Klimaelemente summiert. Pflanzen sind in diesem Zusammenhang Indikatoren für die Gunst oder Ungunst des Wuchsklimas. Die Apfelblüte und damit der Vollfrühling setzen am frühesten an der Weinstraße ein (am 110. Tag nach Jahresbeginn, also am 20. April). Grund hierfür ist die etwas stärkere Erwärmung der Vorhügelzone gegenüber dem zum Teil kaltluftgefährdeten Vorderpfälzer Tiefland. Der sprichwörtlich frühe Blühbeginn an der Weinstraße ist ja weithin bekannt. Am Verlauf der Isophanen zeigt sich eine gewisse Benachteiligung der stromnahen Bereiche der Rheinebene (115. Tag) gegenüber dem Vorderpfälzer Tiefland, bedingt wahrscheinlich durch die tieferen Nachttemperaturen in Stromnähe. Mit zunehmender Höhenlage verzögert sich der Einzug des Vollfrühlings immer mehr. Die spätesten Gebiete mit dem mittleren Eintritt der Apfelblüte am 135. Tag (15. Mai) finden sich in den Höhenregionen des Mittleren Pfälzerwaldes. Die Westpfälzische Niederung erlebt den Einzug des Vollfrühlings am 120. Tag, d.h. nach dem 30. April, das Nordpfälzer Bergland 10 Tage, die Sickinger Höhe 5 Tage später. Da in den Gebieten des späten Einsetzens der Apfelblüte zugleich das Ende der Wachstumsphase früher liegt als in den bevorzugten Tieflandsgebieten, ist durch diese Ausführungen indirekt auch eine Aussage zur Länge der Vegetationsperiode gegeben, die im Pfälzer Raum zwischen 200 Tagen in den Bergländern und 250 Tage am Haardtrand und im Vorderpfälzer Tiefland beträgt.

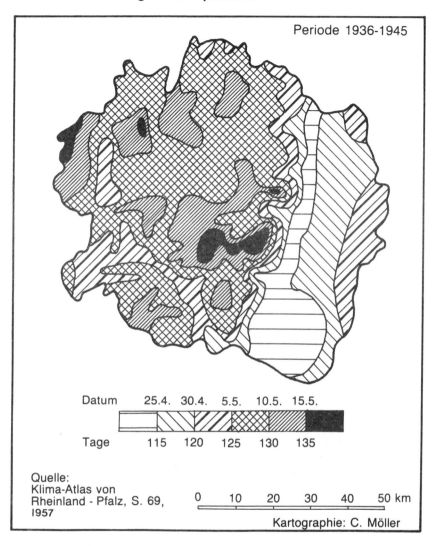

Periode 1936-1945

Datum   25.4.   30.4.   5.5.   10.5.   15.5.

Tage   115   120   125   130   135

Quelle:
Klima-Atlas von
Rheinland - Pfalz, S. 69,
1957

0   10   20   30   40   50 km

Kartographie: C. Möller

Die phänologischen Daten zeigen, wie überhaupt der jahreszeitliche Gang der einzelnen Klimafaktoren, daß Reliefgestalt und Höhenlage sowie Exposition zu den regenbringenden Winden zu räumlichen Differenzierungen im Witterungsgeschehen führen.
Dies erlaubt, besonders im Hinblick auf die Thematik der Charakterisierung des
physisch-geographischen Potentials pfälzischer Landschaften, eine klimatische Gliederung der Pfalz durch Erfassung des Zusammenwirkens von Temperatur und Niederschlag als den Hauptfaktoren des Klimageschehens anzustreben (vgl. u.a. UHLIG 1954,

31

## Abb. 3: **Klimatische Gliederung der Pfalz**

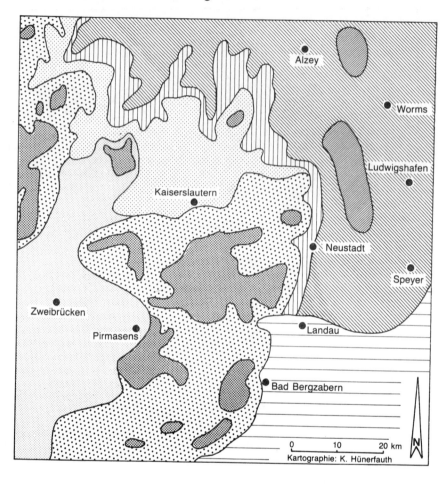

LESER 1969). Diese Methode, die allein auf der Auswertung der im Klima-Atlas von Rheinland-Pfalz (1957) vorgegebenen Klimadaten und der Klimakarte von H. BÖHM (1964) beruht, ist sicherlich problematisch, zumal keinerlei Berechnungen zugrunde gelegt wurden. Es wurden Schwellenwerte für Temperatur (Januar, Juli, Jahr), Jahresschwankung und mittlere jährliche Niederschlagsmengen gebildet, die in der Legende zu Abb. 3 wiedergegeben sind. Die Festlegung der Schwellenwerte und die Abgren-

32

| Klimatyp | Signatur | Mittelwerte der Lufttemperatur in °C Jan | Juli | Jahr | Jahresamplitude in °C | Jahresniederschlag in mm | Charakteristika des Klimatyps | Vorkommen |
|---|---|---|---|---|---|---|---|---|
| **I. Oberrheinisches Binnenlandklima** | | | | | | | | |
| 1. kontinentales Beckenklima (Grundtyp) | | 0 - 1 | 18 - >19 | >9 | 18 | 500 - 600 | niederschlagsarm, sommerwarm, wintermild, Niederschlagsmax. im Sommer (Schauer u. Gewitterregen) | Oberrheinisches Tiefland nördl. von Germersheim; östl. Alzeyer Hügelland |
| 2. Klima der Trockeninseln | | 0 - 1 | >18 | >9 | 17.5 | <500 | besonders trocken, ausgesprochene Leelagen | Vorderpfalz zw. Haßloch u. Ofstein, östl. von Alzey |
| 3. Klima des Hügel- u. Plateau-Landes = kontinentales Klima der Leelagen im mehr ozeanischen Bereich | | -0.5 - 1 | 17 - 18 | >8 | >17.5 | 500 - 650 | etwas feuchter als I.1, wintermild, sommerwarm, Niederschlagsmax. im Sommer | Vorhügelzone d. Haardtrandes nördl. Alberstweiler, Alzeyer Hügelland, Untere Abschnitte der Nahezuflüsse |
| 4. Ozeanisch getöntes Beckenklima (in Luvlage) | | -0.5 - 1 | 17 - >18 | >9 | >17.5 | 600 - 800 | niederschlagsreich, sommerwarm, wintermild, Winter- u. Sommerniederschläge annähernd gleich | Vorderpfälzer Tiefland u. Haardtrand südlich von Alberstweiler |
| **II. Westrheinisches Berg- und Hügellandklima** | | | | | | | | |
| 1. Ozeanisch getöntes Klima der Hochlagen der Mittelgebirge | | -1.8 - 0 | 15 - 17 | 6.4 - 8 | 16.8 - 17.5 | 850 | niederschlagsreich, sommer- und winterkühl, wenig sonniges Hochflächenklima, windreich | Hochlagen des Pfälzer Waldes und des Donnersbergmassivs |
| 2. Gemäßigtes Mittelgebirgsklima (Berglandklima) | | -1 - 0 | 16 - 17 | 7 - 8 | 17 - 17.5 | 700 - 850 | sommer- und winterkühl, etwas niederschlagsärmer als II.1 | Pfälzer Wald |
| 3. Ozeanisch getöntes Hochflächen- und Hügellandklima | | -0.3 - 1 | 17 - 18 | 7.5 - 9 | 16.5 - 17.5 | 750 | sommermild, winterkühl, mäßig niederschlagsreich, windreich | Westricher Hochfläche, SW-Teil des Nordpfälzer Berglandes, Westpfälzische Niederung |
| 4. Feuchtkühles Hügellandklima | | -1 - 0 | 16 - 18 | 8 - 9 | 17 - 17.5 | 650 - 750 | etwas sommermilder als II.2, winterkühl, mäßig niederschlagsreich | Glan-Alsenz-Bergland, Soonvorland |

zung der regionalen Klimatypen beruhen letztlich nicht immer auf dem Wandel der Klimaelemente, sondern beziehen Reliefgestalt und Höhenlage mit ein. Es handelt sich daher z.T. um orographisch bedingte regionale Klimatypen.

Das angestrebte Ziel, über die Großgliederung in Bergland- und Tieflandsklima hinaus, aufgrund des klimatischen Geschehens zu einer weiteren Differenzierung und damit klimatologischen Charakterisierung pfälzischer Landschaften zu kommen, ist mit der vorgestellten Methode hinreichend zufriedenstellend erreicht. Abb. 3 gibt sowohl die räumliche Verteilung als auch die Hauptmerkmale der einzelnen Klimatypen wieder. Innerhalb der zwei klimatischen Haupttypen *Oberrheinisches Binnenklima* und *Westrheinisches Berg- und Hügellandklima* gibt es jeweils einen Grundtypus nämlich den des Beckenklimas (I, 1) und des gemäßigten Mittelgebirgsklimas (II, 2). Die anderen Klimatypen sind als orographische oder expositionsbedingte Abwandlungen aufzufassen. Die in Abb. 3 ausgeschiedenen klimatischen Raumeinheiten würden unter ökologischen Gesichtspunkten durchaus noch weiteren Differenzierungen standhalten. So herrschen z.B. zwischen den Riedelflächen und den Schwemmfächern des Vorderpfälzer Tieflandes bedeutende wuchsklimatische Unterschiede. Die Riedelplatten profitieren bei Westströmung am stärksten von der Föhnwirkung und ragen bei Hochdruck aus den nächtlichen Kaltluftseen heraus. Die Schwemmfächer dagegen sind die Bahnen für die nachts aus dem Pfälzerwald abfließenden Talwinde. Diese kühlen die Niederungen nachts stark aus. Die Niederungen leiden häufiger unter Frost, Reif und Nebel als die Riedelflächen. Auch die Rheinniederung setzt sich klimatisch ab, da der ausgedehnte Wasserkörper Tageswärme speichert und dadurch die Nächte relativ mild sind. Die Tage dagegen sind relativ kühl, da aus dem feuchten Boden und der Vegetation viel Wasser in die Luft übergeht und dadurch Energie verbraucht wird. Im Alzeyer Hügelland sind (nach LESER 1969) z.B. die Plateauflächen im Sommer kühler als die weiten Talniederungen, was durchaus auch zu einer agrarklimatischen Differenzierung berechtigt. Recht deutlich sind expositionsbedingte Unterschiede in den steilwandigen Tälern des Pfälzerwaldes, wo die Pflanzenentwicklung an den nordexponierten Hängen stets um eine Woche hinter der an den südexponierten Hängen nachhinkt (SEITZ u.a. 1977). Viele solcher Beispiele ließen sich noch anführen. Es sei hier nur auf die zahlreichen Arbeiten zum Weinbauklima der Vorderpfalz verwiesen (TICHY 1955, GEIGER 1977, 1981). Zu einer Definition des ökologischen Potentials der pfälzischen Landschaften erscheint aber die in Abb. 3 wiedergegebene Differenzierung in acht verschiedene regionale Klimatypen ausreichend.


## 4. Die Vegetation als Indikator für die physisch-geographische Raumausstattung

Das heutige Vegetationsbild ist das Ergebnis jahrhundertelanger Tätigkeit des wirtschaftenden Menschen. Wo ursprünglich Wälder waren, sind heute Felder, Wiesen und Weinberge verbreitet. Und selbst die ausgedehnten Wälder des Pfälzerwaldes sind mehr oder minder von Nutzungsansprüchen geprägte Wirtschaftswälder. Soweit es sich in den waldfreien Gebieten nicht um Kulturland handelt, treten - teilweise recht interessante - Ersatzgesellschaften (z.B. Halbtrockenrasen) auf. Um jedoch die Indikatorwirkung der Vegetation in bezug auf das Naturraumpotential für alle pfälzischen Landschaften in vergleichbarer Weise ausleuchten zu können, ist es sinnvoll, sich an der Verbreitung der potentiellen natürlichen Vegetation zu orientieren.

Unter den im Bereich der Pfalz herrschenden klimatischen Bedingungen wäre die natürliche Vegetation ein Wald, der den mesophilen Edellaubwäldern (vgl. u.a. FREITAG 1962, ELLENBERG 1963), edaphisch bedingt auch den Eichen-Birkenwäldern, zugehören würde. Charakteristisch für alle Vegetationseinheiten der Pfalz ist zudem die Überlappung von Pflanzengesellschaften und Florenelementen mit gemäßigt-kontinentalem bzw. subatlantischem Hauptverbreitungsgebiet.

Entsprechend der zonalen Einordnung in das (westdeutsche) Buchengebiet (FREITAG 1962) wären Buchenwälder innerhalb der potentiellen natürlichen Vegetation dominant. Die Gebiete besonderer Standortgunst mit sommerwarmem, niederschlagsarmem Tieflagenklima und Böden guter Nährstoff- und Wasserversorgung gelten als Verbreitungsgebiet des zu den artenreichen mitteleuropäischen Buchenwäldern zählenden *Perlgras-Buchenwaldes*. Dieser Waldtyp nähme (vgl. Pfalzatlas, Karte 8, HAILER 1971) die Lößriedel des Vorderpfälzer Tieflandes, die Vorhügelzone des Haardtrandes, die Hochfläche des Zweibrücker Westrichs, die Ebenen und Talweitungen des Nordpfälzer Berglandes und die Lößplatten des Alzeyer Hügellandes ein. Zu finden wäre er aber auch auf den »Höhenlehminseln« des Pfälzerwaldes und auf der 300 m-Fläche des Südlichen Pfälzerwaldes. Auf besonders trockenen und warmen Standorten, besonders auf Kalkflächen und Kalkschollen des Alzeyer Hügellandes, des Zweibrücker Westrichs und der Vorhügelzone, würde inselartig der Subtypus des *Orchideen-Buchenwaldes* auftreten. Ausgeschlossen wären also die Gebiete ärmerer Böden und ungünstiger klimatischer Bedingungen. Die besonders nährstoffarmen »Buntsandsteinböden« des Pfälzerwaldes würden, in Verbund mit einem deutlich feuchteren und kühleren Klima, von artenarmen *Hainsimsen-Buchenwäldern* eingenommen werden. Mit den Eichen-Hainbuchenwäldern, besonders mit den *Traubeneichen-Hainbuchenwäldern*, aber auch *Stieleichen-Hainbuchenwäldern* auf basenarmen, mäßig nährstoffreichen Böden vorwiegend über basischen Eruptivgesteinen treten gemäßigt-kontinentale Vegetationselemente auf. Als Standorte sind die relativ warmen und mäßig feuchten Höhenzüge aus Melaphyr, Porphyrit und Kuselit des Nordpfälzer Berglandes zu nennen. *Buchen-Eichenwälder* würden auch die sauren Eruptivgesteine (vor allem Rhyolith-Gebiete) des Nordpfälzer Berglandes und die wechselnden Gesteinsschollen am Haardtrand besiedeln. Sie begnügen sich ebenfalls mit nährstoffarmen Böden.

Die mageren Böden der Schwemmfächer und Flugsandgebiete des Vorderpfälzer Tieflandes trügen artenarme Eichen-Birkenwälder, besonders *Stieleichen-Birkenwälder,* eine weitere subatlantische Pflanzengemeinschaft. Vor allem der Subtypus des *feuchten Stieleichen-Birkenwaldes* wäre auf den extrem sauren Gleyböden mit hohem Grundwasserstand vertreten. Als »azonale« Vegetationseinheiten treten in der Rheinniederung *Auenwälder*, in Feuchtgebieten Erlenbruchwälder, bachbegleitende Vegetationsbestände und in der Westpfälzischen Niederung Torfmoorbildungen auf.

Der Thematik dieser Arbeit folgend, nämlich dem naturräumlichen Moment den Vorzug zu geben, sind im folgenden die Landschaftseinheiten der Pfalz in ihrer Stellung innerhalb des Vegetationsgefüges zu kennzeichnen.

Das große zusammenhängende Waldgebiet des *Pfälzerwaldes* sticht auf jeder Vegetationskarte besonders ins Auge. Als potentielle natürliche Vegetation würde auf den absoluten Waldböden der Gesellschaftskomplex des artenarmen Hainsimsen-Buchenwaldes stocken. Der pflanzengeographischen Situation des ozeanisch getönten Klimas entspricht als reale Vegetation ein artenarmer, bodensaurer Eichen-Buchenwald, bei dem nutzungsbedingt die Eiche vielfach begünstigt wurde und daher heute teilweise überrepräsentiert ist. Reste des naturnah zusammengesetzten Waldes wachsen im Innern des Pfälzerwaldes, z.B. um Johanniskreuz, auf ebenen bis mäßig steilen Lagen. Höhenlage, Hangneigung, Exposition und Gründigkeit des Bodens variieren die allgemeinen Wuchsbedingungen. Das macht sich auch die Forstwirtschaft zunutze. Die ertragsschwachen Eichen-Buchen- und Hainsimsen-Buchenwälder auf flachgründigen, sonnseitigen Lagen sind meist in Kiefernforste umgewandelt, denen die Buche zwischen- oder unterständig beigemischt ist. Schattseitige Unterhänge mit tiefgründigerem Boden tragen häufig Fichtenwaldungen. Die Kiefer, die höchstens an wenigen Stellen standorttypisch ist, nimmt heute mehr als 50 % der Waldfläche ein. Ausgedehnte Kiefernforste finden sich vor allem in einem breiten Streifen am östlichen Gebirgsrand. Sie zeichnen die besonders nährstoffarmen, trockenen Sandböden über den Rehbergschichten nach. Zwischen die Kiefernforste und das Rebland der Vorhügelzone schiebt sich ein Gürtel aus Edelkastanienhainen. Der erst durch die Römer eingebrachte Baum ist ein Hinweis auf die relative Klimagunst dieses Landstrichs.

Die wasserreichen Täler der Pfälzerwaldbäche waren (nach HAILER 1981, S. 41) ursprünglich wohl Standorte einer Schwarzerlen-Aue bzw. eines Bacheschenwaldes. Als Ersatzgesellschaften treten entweder Wiesen oder Fichtenforste an ihre Stelle. Feuchte Hangstellen und Quellhorizonte fallen oft durch Erlenbrüche auf.

Auch in vegetationsgeographischer Sicht nimmt der Südliche Pfälzerwald, insbesondere das *Dahner Felsenland*, eine Sonderstellung ein. Als Folge des vielgestaltigeren Reliefs ist die Waldzone aufgelöst. Die Schatthänge der bewaldeten Felszone tragen Laubmischwälder oder Fichten- bzw. Tannenbestände. Die Tannenwälder können (nach HAILER 1981, S. 39) als nördlichste Ausläufer des geschlossenen natürlichen Tannenvorkommens der Vogesen angesehen werden, wobei es sich ursprünglich um Tannen-Buchen-Mischbestände gehandelt haben dürfte. Auf trockenwarmen Standorten, z.B. auf Felsburgen, und an südexponierten Hängen sind wärmeliebende Pflanzenarten gemäßigt-kontinentalen oder submediterranen Charakters häufig. Die Ebenheiten sind in Feldfluren umgewandelt, die feuchten Talgründe von Feuchtwiesen, Bruchwäldern oder Anmooren eingenommen.

Mit dem Untertauchen des Buntsandsteins des Pfälzerwaldes unter den Oberen Buntsandstein und Unteren Muschelkalk ändert sich, mehr noch als das Relief, das Vegetationsbild. Während im Pfälzerwald die Einheitlichkeit, nicht selten auch eine gewisse Eintönigkeit des Pflanzenkleides auffällt, bedingt das Hochflächen-Täler-Relief des *Zweibrücker Westrichs* einen fast rhythmischen Wechsel im Vegetationsmuster zwischen waldfreiem und bewaldetem Gelände. Die leicht gewellte Hochfläche trägt Ackerland, in den Tälern finden sich Wiesen und an den relativ steilen Talhängen stockt der Wald, der nur selten über die Hangschulter hinaufragt. Obwohl der Wald an den Hängen auf Buntsandstein wächst, ist er artenreicher als derjenige des Pfälzerwaldes. Dies ist auf einen gewissen Nährstoffeintrag in die Buntsandsteinböden durch Hangkolluvium aus dem Muschelkalk und Röt zurückzuführen. Der azidophile Hainsimsen-Buchenwald tritt daher zugunsten eines Lehm-Eichen-Hainbuchenwaldes und stellenweise sogar eines Perlgras-Buchenwaldes (HAILER 1981, S. 42) zurück. Vegetationsgeographisch bedeutsam sind heute Ersatzgesellschaften auf Standorten eines potentiellen Orchideen-Buchenwaldes, die verschiedene Assoziationen des Mesobrometums (vgl. u.a. OBERDORFER 1957) umfassen. Charakterpflanzen dieser Halbtrockenrasen auf edaphisch warmen Kalkstandorten sind zahlreiche Orchideen submediterraner Herkunft sowie unter anderem Aufrechte Trespe und Schmalblättriger Lein. Auch im Hinblick auf die Vegetation kann daher die Westrich-Hochfläche als typische Gäulandschaft angesprochen werden, die von einer gewissen klimatischen Gunst, mehr noch von der edaphischen Wärme der Kalkböden profitiert.

Vielfältigkeit im Vegetationsbild, ein Mosaik aus Wald, Wiese, Feld und Rebland, in das allein die SW-NO-ausgerichteten Landschaftstrukturen eine relative Ordnung bringen, machen die pflanzengeographische Raumeinheit *Nordpfälzer Bergland* aus. Wechselnder Gesteinsuntergrund, Qualität der Böden, Höhenlage und Exposition skizzieren das dominante Ordnungsschema, das bereits bei der Beschreibung der potentiellen natürlichen Vegetation wirksam wurde. Die welligen Ebenheiten und Talweitungen im Rotliegenden und Karbon, gekennzeichnet durch sommerwarmes, niederschlagsarmes Klima und Böden ausreichenden Nährstoffgehaltes, sind heute vorwiegend Wiesen- und Ackerland. In klimatisch bzw. edaphisch besonders günstigen Lagen, z.B. am Ostrand im Übergang zum Alzeyer Hügelland und in den zur Nahe geöffneten Unterläufen der nordpfälzer Flüsse, sind Obst- und Weinbau anzutreffen. Die »Höhengebiete« des Nordpfälzer Berglandes (z.B. Donnersberg, Königsberg, Potzberg) überragen die Ebenen als waldbedeckte Inseln und Höhenzüge. An die Stelle der Traubeneichen-Hainbuchenwälder sind auf den noch einigermaßen nährstoffreichen Böden naturnahe Wirtschaftswälder getreten, in denen die ehemals dominierende Buche durch Nieder- und Mittelwaldbetrieb stark zurückgedrängt worden ist. Edaphisch besonders benachteiligt sind die Böden über sauren Eruptivgesteinen, die auch heute noch ausgesprochene Waldstandorte eines azidophilen Eichen-Buchenwaldes darstellen. Allerdings ergeben sich in der Folge von Höhenlage, Reliefdifferenzierung, Hangneigung und Exposition Unterschiede in der Ausprägung. In höheren Lagen findet sich, bei ausgiebigen Niederschlägen, ein Hainsimsen-Buchenwald. Schatthänge bieten vereinzelt einem Eschen-Ahorn-Schluchtwald gute Wachstumsbedingungen, während in sonnseitigen Hangmulden auch ein Ahorn-Lindenwald anzutreffen sein kann. In exponierten Felslagen, z.B. am Donnersberg, wachsen submediterranes Felsenbirnengebüsch oder Ahorn-Eichenbusch (HAILER 1971), als wärmezeitliche Reliktgesellschaften (HAILER 1981). Stellenweise hat man versucht, die naturnahen Eichen-Buchenwälder wegen ihres geringen Ertrags in Nadelwälder umzuwandeln (z.B. Potzberggebiet, Donnersberg). Dies geschah jedoch nur mit relativ geringem Erfolg.

Die zwischen Pfälzerwald und Nordpfälzer Bergland gelegene *Westpfälzische Niederung* ist das kleinste Wuchsgebiet der Pfalz und stellt zugleich eine Singularität dar. Die ursprüngliche Vegetation war die eines Niederungs- oder Übergangsmoores, über deren Zusammensetzung wegen der seit 1745 planmäßig betriebenen Moorkultivierung kaum noch Aussagen möglich sind. Die aus dem ehemaligen Moor und heutigem Acker- und Wiesenland herausragenden »Schachen« waren einst mit Eichen-Buchenwald bestanden. Sie tragen heute meist Nadelholz. Das Gebiet ist so stark verändert, daß sich die potentielle natürliche Vegetation deutlich von der ursprünglichen natürlichen Vegetaion unterscheiden würde. Unter derzeitigen Bedingungen wäre die Herausentwicklung eines Eichen-Birkenwaldes denkbar (HAILER 1981).

Die Intensivlandwirtschaftsflächen der klimabegünstigten oberrheinischen Landschaften westlich des Hochgestades werden nur stellenweise von Waldbeständen unterbrochen. Am ehesten gilt dies noch im Bereich des *Vorderpfälzer Tieflandes*, in dem die waldbestandenen Dreiecksfluren der Schwemmfächer die Monotonie des Kulturlandes unterbrechen. Die Vorhügelzone des *Haardtrandes* erhält ihre Prägung durch den einheitlichen Rebenbestand, das *Alzeyer Hügelland* durch einen charakteristischen Wechsel von Reb-, Acker- und Wiesenland. Aus vegetationsgeographischer Sicht erscheint es daher sinnvoll, diese Landschaftseinheiten zusammen zu besprechen.

Die lößüberkleideten Riedelflächen des Vorderpfälzer Tieflandes wurden ebenso wie die lößbedeckte Vorhügelzone des Haardtrandes und die Löß- und Kalkflächen des Alzeyer Hügellandes als sehr warme, niederschlagsarme Gebiete erkannt, deren nährstoff- und ertragreiche Böden anspruchsvollen Feldfrüchten, wie Weizen und Zuckerrüben, aber auch Garten- und Handelsgewächsen, sehr gute Wachstumsbedingungen bieten. Im nicht kaltluftgefährdeten hängigen Gelände dominiert die Rebe. Als wichtige Ersatzgesellschaften des ursprünglichen Perlgras-Buchenwaldes, insbesondere aber des Orchideen-Buchenwaldes, sind die im Alzeyer Hügelland häufigeren, aber auch auf den Kalkhügeln der Vorbergzone verbreiteten Halbtrockenrasen zu nennen. Die kennzeichnenden Arten dieser Pflanzengesellschaften unterstreichen durch ihre Zugehörigkeit zum submediterranen bzw. gemäßigt-kontinentalen Florenelement die Wärmegunst dieser Gebiete.

Auf den sandigen und kiesigen Pleistozänablagerungen der Schwemmfächer im Vorderpfälzer Tiefland überlappen sich, je nach Basen- und Nährstoffgehalt, der dominierende (gemäßigt-kontinentale) Stieleichen-Birkenwald und der (subatlantische) Eichen-Birkenwald. Solche standortgerechten Wälder mit natürlicher Baumartenzusammensetzung finden sich vor allem im Bienwald, aber auch an zahlreichen anderen Orten. Zu diesem Gesellschaftskomplex gehört auf Dünen- und auf Flugsandflächen wohl auch eine Vegetationseinheit, die von Natur aus bereits mit Kiefern durchsetzt war. Als Ersatzgesellschaften dehnen sich heute aber auf diesen minderwertigen Böden Kiefernforste aus, die häufig unterwüchsig alle Baumarten der natürlichen Waldgesellschaft aufweisen. An staunassen Stellen sind kleinflächig Erlenbrüche eingestreut. Die zahlreichen Bachniederungen werden meist von Traubeneichen-Eschenauen begleitet. Ein Teil des ehemaligen Waldgebietes ist landwirtschaftlich benutzt. Sonderkulturen, besonders Spargel- und Tabakanbau, sind für diesen Raum charakteristisch.

Vor der Rektifikation des Rheins durch TULLA konnte die gesamte *Rheinniederung* bis zum Hochgestade als Überschwemmungsaue des Flusses gelten. In den Gebieten hoher Anlandung, die nur bei extremen Hochwässern überflutet waren, stockte ein Eichen-Ulmen- bzw. Eschen-Ulmen-Auenwald. Dieser Hartholzaue folgten stromabwärts die Gebiete tieferer Anlandung mit regelmäßiger Überflutung, die die Standorte des Silberweiden-Auenwaldes ausmachen (Weichholzaue). Heute ist die Auendynamik nur noch an wenigen Stellen innerhalb der Hochwasserdämme wirksam. Naturnahe oder natürliche Auenwälder sind nur noch kleinflächig erhalten und daher, selbst als alternde Bestände, unter Schutz gestellt. Im Bereich der Weichholzaue werden heute fast ausschließlich Kulturpappelbestände angetroffen. Durch Grundwasserabsenkung sind die Hartholzauen in ihrem Bestand besonders bedroht. Landseits der Hochwasserdämme fehlt die Überschwemmungsdynamik. Hier tritt zu Hochwasserzeiten allenfalls Druckwasser auf und überstaut diese Gebiete. Dort entwickeln sich die ehemaligen Auenwälder zu Stieleichen-Hainbuchenwäldern. Diese Sukzession ist noch in vollem Gange. Wegen der außerordentlichen Bodenfruchtbarkeit ist der größte Teil der Rheinniederung landwirtschaftlich genutzt. Die Felder und Wiesen geben der Rheinniederung zusammen mit den Seggen- und Röhrichtgesellschaften an feuchten Standorten ihr heutiges, eigenes Gepräge. An besonders feuchten Stellen, vor allem am »Fuße« des

Hochgestades kommt es zudem zur Ausbildung verschiedener Arten von Erlenbruch-wäldern.

Das Vegetationsbild pfälzischer Landschaften zeichnet recht deutlich die Standortver-hältnisse nach. Ertragsärmere Böden, windreiche und feuchte Höhenlagen bleiben dem Wald überlassen. Gleiches gilt für Gebiete hohen Grundwasserstandes. Nasse und kalt-luftgefährdete Talböden unterliegen der Wiesennutzung. In klimatisch und edaphischen Gunstgebieten herrscht dagegen meist intensiver Ackerbau und Sonderkulturanbau, wobei nicht selten auf künstliche Bewässerung zurückgegriffen werden muß.

## 5. Die Landschaften der Pfalz - eine abschließende Bewertung

Eine ihrer Aufgaben sieht die Geographie in der räumlichen Differenzierung der »wahr-nehmbaren konkreten geosphärischen Wirklichkeit« (SCHMITHÜSEN 1967, S. 126). Diese reale Wirklichkeit zeigt sich zunächst als eine große Mannigfaltigkeit von Einzel-erscheinungen und Faktorenkomplexen, die es zu ordnen und zuzuordnen gilt. Da-durch entstehen höchst komplexe Raumgebilde unterschiedlicher Größenordnung. Geht man über die reine Beschreibung hinaus, so ergeben sich Wirkungsgefüge, in de-nen die einzelnen Geofaktoren untereinander und der physisch-geographische Fakto-renkomplex mit dem anthropogeographischen in Wechselwirkung stehen und teilweise schon untrennbar miteinander verknüpft sind. Diese Wirkungssysteme sind Gegenstand ökologischer Forschung. Wie einleitend dargelegt, war hier nicht beabsichtigt, eine Gliederung der Pfalz in Landschaftsräume nach ihrem Totalcharakter zu erwirken, son-dern isomorphe Raumeinheiten gleichen Naturraumpotentials herauszuarbeiten. Ein-schränkend muß jedoch festgestellt werden, daß in Kulturlandschaften die Landesnatur »eine rein gedankliche Konstruktion ist, indem wir uns bemühen, aus dem Gesamtgefü-ge der geosphärischen Wirklichkeit das zu isolieren, was nicht vom Menschen be-stimmt ist« (SCHMITHÜSEN 1967, S. 127).

Im folgenden soll der Versuch unternommen werden, eine Differenzierung pfälzischer Landschaften nach ökologischen Gesichtspunkten durchzuführen. Dem heutigen An-spruch der Öffentlichkeit an die ökologische Forschung entsprechend müßten solche Aussagen über rein qualifizierende Fakten hinausgehen und auch quantifizierende In-halte aufweisen. Dies würde jedoch den Rahmen eines einleitenden Kapitels zu einem Exkursionsführer sprengen. Hier wurde der Weg gewählt, zunächst eine räumliche Gliederung nach einzelnen anorganischen Faktoren darzulegen und damit den anorga-nischen Komplex der Landesnatur zu erfassen. Das Relief und der oberflächennahe Ge-steinsuntergrund erwiesen sich als dominantes, stabiles ökologisches Hauptmerkmal. Boden-, Wasserhaushalts- und Klimaverhältnisse sind als weitgehend reliefgesteuert zu erkennen und stellen damit abhängige ökologische Merkmale dar. Somit kann durch die Korrelation der anorganischen Einzelfaktoren der jeweils wirksame anorganische Wirkungskomplex der Landesnatur erfaßt werden. Die räumliche Gliederung nach den potentiellen natürlichen Vegetationseinheiten beinhaltet zweierlei. Zum einen gibt sie Auskunft über das biotische Potential der jeweiligen Raumeinheit, womit der organi-sche Komplex der Landesnatur diskutiert wird. Zum anderen gibt die Vegetation Hin-weise auf Wuchsbedingungen und damit zugleich auf den anorganischen Faktoren-komplex.

Ordnet man die pfälzischen Naturräume nach ökologischen Gesichtspunkten, so sind sie zwei verschiedenen Makrochoren zugehörig (vgl. Tab. 3): der Makrochore des *Oberrheinischen Tieflandes* und der Makrochore der *pfälzischen Bergländer und Hochflächenlandschaften*. Makrochoren sind in diesem Zusammenhang definiert als »Großverbände räumlich miteinander verbundener und durch gemeinsame Hauptmerkmale gekennzeichnete Mesochoren« (LESER 1978, S. 225) und geben die regionische Dimension innerhalb des ökologischen Ordnungssystems wieder. Sie setzen sich aus einem Mosaik verschiedener, raumtypischer Mesochoren zusammen. Die Mesochoren oberer Ordnung wurden, der besseren Verständigung willen, mit den mehr oder minder anerkannten Namen pfälzischer Landschaften belegt [1]. Es ist aber festzustellen, daß die Grenzen der Mesochoren nicht zwingend mit denjenigen der naturräumlichen Einheiten (z.B. nach Handbuch der Naturräumlichen Gliederung 1957-62) identisch sind. Mesochoren enden dort, wo das typische Raummuster der sie aufbauenden Mikrochoren (Ökotopengefüge) bzw. der Mesochoren unterer Ordnung aufhört. LESER (1971) hat für die Pfalz auf der Basis von Relief- und Substratcharakter einen Katalog der ökologischen Grundeinheiten erstellt und die typischen Vergesellschaftungen von Ökotopengefügen zu Mesochoren erörtert. Es kann daher an dieser Stelle auf die Vorstellung aller Ökotopengefüge verzichtet werden, zumal für die vorliegende Fragestellung die »geographische« Dimension der »mittleren Maßstäbe« (LESER 1978, S. 224) der Mesochoren unterer und oberer Ordnung von praktischer Bedeutung ist. Für Raum- einheiten dieser Größenordnung stehen grundlegende Erscheinungen der Geofaktoren wie Relieftypen, Vegetationstypen, Wasserhaushaltstypen und Bodentypendifferenzierungen als ökologische Merkmale zur Kennzeichnung im Vordergrund. Diskutiert wird die Wirkung des Klimas als raumdifferenzierendes Merkmal in der »Mesochoren-Dimension«. Für die Landschaften der Pfalz wurde die klimatische Differenzierung jedoch als wichtig erkannt und ist daher in Tabelle 3 aufgenommen worden.

Die Kennzeichnung der ökologischen Raumeinheiten unterschiedlicher Ordnung erfolgt, um Wiederholungen zu vermeiden, in tabellarischer Form (Tab. 3). Das Gliederungsprinzip beinhaltet eine Zuordnung der Mesochoren oberer Ordnung (arabische Zahlen) zu den Makrochoren (römische Zahlen). Die die Mesochoren 1. Ordnungsstufe aufbauenden Mesochoren 2. Ordnung sind durch Kleinbuchstaben markiert. Die Ökotopgefüge sind, zumindest andeutungsweise, durch die Relief- und Bodentypenbeschreibung erklärt.

Es wurde darauf verzichtet, die ökologischen Raumeinheiten der Pfalz in ein Bewertungsschema nach Gunst und Ungunst der Landesnatur einzupassen. Dennoch lassen sich durch Kombination der in Tab. 3 zusammengestellten raumwirksamen Merkmale (einschließlich der heutigen Nutzung) Hinweise auf das nutzbare Potential gewinnen. Die Pfalz hat Anteil an den ausgesprochenen Gunstlandschaften des Oberrheinischen Tieflandes (z.B. Vorhügelzone, Lößriedel des Vorderpfälzer Tieflandes). Etwas weniger günstig sind die Naturraumbedingungen, abgeschwächt entweder durch Höhenlage, Substrat oder hydrographische Verhältnisse, auf der Westricher Hochfläche, in den Rheinauen und auf den Schwemmfächern des Vorderpfälzer Tieflandes. Als Gebiete mäßiger Gunst könnte man die niedrigen Hügelländer des Nordpfälzer Berglandes, die Ebenen im Dahner Felsenland und die Höhenlehminseln im Pfälzerwald zusammenfassen. Die ungünstigsten Bedingungen sind auf den Buntsandsteinflächen des Pfälzerwaldes und den Vulkanstöcken im Nordpfälzer Bergland sowie in der Westpfälzischen Niederung gegeben.

*Tab. 3:* Ökologische Raumeinheiten in der Pfalz

| Makrochore I: Oberrheinisches Tiefland | Relieftypus und Höhenlage über NN | oberflächennaher Gesteinsuntergrund | Bodentypen (nach Pfalzatlas Karte 5) | Klimatyp (nach Abb. 3) | potentielle natürliche Vegetation (nach Pfalzatlas, Karte 8) | heutige Nutzung |
|---|---|---|---|---|---|---|
| Mesochore 1: Rheinniederung | Feuchte Flußniederung mit Überschwemmungsaue, Altwasserarmen, abgeschnittenen Mäanderbögen u. niedrigen Terrassenplatten, 90-100 m | holozäne Alluvionen (Sand, Kies, Lehm) | mineral. u. organ. hydromorph., basenhaltige Böden, grauer Tschernosem auf Diluvialkernen | Typ I, 1; nebel-, kaltluft- u. schwüleanfällig | Hartholz- u. Weichholzaue im Überflutungsbereich; frischer Stieleichen-Hainbuchenwald | stellenweise geschützter Auenwald; Kulturpappelwälder, Acker- u. Wiesennutzung |
| Mesochore 2: Vorderpfälzer Tiefland | | | | | | |
| 2a Lößriedel und -platten | Flachwellige, sanft nach O einfallende Ebenheiten 120-150 m | Löß über verschiedenen pleistozänen u. tertiären Ablagerungen | basenreiche Braunerden, Parabraunerden u. Schwarzerden | Typ I, 1; nebel-, kaltluft- u. schwüleanfällig | Perlgras-Buchenwald | Intensiv-Landwirtschaft, künstliche Beregnung |
| 2b Schwemmfächer | ausdruckslose, flache, nach O einfallende u. sich verbreiternde Schotterfläche 100-120 m | pleistozäne Sande und Kiese (Terrassenablagerungen) Flugsande | basenarme Braunerden, Ranker u. Rohböden; Auenlehme und Gleye in den Tälern | Im N: Typ I, 1, im S: Typ I, 4; im Vergleich zu Riedelflächen leicht kaltluftgefährdet | Stieleichen-Birkenwald u. Stieleichen-Hainbuchenwald; Bachniederungen: Traubeneichen-Eschenaue | Großteils Waldland, teilw. geschützt; Forstwirtschaft, Sonderkulturanbau auf Flugsand |
| 2c Frankenthaler und Wormser Terrasse | Niederterrassenfeld mit Erosionsrinnen ca. 100 m | sandige u. kiesige Terrassenablagerungen | basenhaltiger grauer Tschernosem, Braunerde, Auelehme u. Gleye | Typ I, 1, nebel- u. kaltluftanfällig | Stieleichen-Birkenwald u. Stieleichen-Hainbuchenwald; Erlenbruch u. Eschenauen | Acker- u. Wiesenland |

41

Forts. Tab. 3

| | Relieftypus und Höhenlage über NN | oberflächennaher Gesteinuntergrund | Bodentypen (nach Pfalzatlas Karte 5) | Klimatyp (nach Abb. 3) | potentielle natürliche Vegetation (nach Pfalzatlas Karte 8) | heutige Nutzung |
|---|---|---|---|---|---|---|
| **Mesochore 3: Haardtrand** | | | | | | |
| 3a Vorhügelzone | Lößhänge u. steilhängige Hügel, 150-250 m | Löß über verschiedenem mesozoischen u. tertiären Untergrund | kleinflächiger Wechsel versch. Bodentypen: Schwarzerden, Para-braunerden, Rendzinen usw. | Im N: Typ I, 3, hohe Sonnenscheindauer, Föhneffekte (Weinbauklima]; im S: Typ I, 4 | Perlgras-Buchenwald, auf Kalk Orchideen-Buchenwald | Weinbau |
| 3b Oberer Haardtrand | Gebirgsanstieg, zerschnittene Steilhänge der Bruchstufe 250->500 m | verschiedene Schollen des eingebrochenen Schichtgebäudes, Buntsandstein | kleinflächiger Wechsel der Bodentypen: Braunerden, Rohböden; Hangkolluvium | Typ I, 3, in den Tälern Kaltluft, stellenweise ausgeprägte Hangwinde | Buchen-Eichenwald im Wechsel mit Hainsimsen-Buchenwald | Wald; vorherrschend Edelkastanien |
| **Mesochore 4: Rheinhessisches Berg- und Hügelland** | | | | | | |
| 4a Alzeyer Hügelland | Lößriedelland mit Kalkplateaus u. flachen Talwannen 120-300 m | Löß über tertiären Mergeln u. Sanden, miozäner Kalk | basenreiche Braune Tschernoseme (dominant), basenreiche Braunerden | Typ I, 3, stellenweise Typ I, 2 | Perlgras-Buchenwald, auf Kalk Orchideen-Buchenwald | Intensiv-Landwirtschaft |
| **Makrochore II Pfälzische Bergländer und Hochflächenlandschaften** | | | | | | |
| **Mesochore 1: Pfälzerwald** | | | | | | |
| 1a Mittlerer und Nördlicher Pfälzerwald (Pfälzerwald i.e.S.) | Zertalte Flächen u. Stufen, Bergrücken; tiefe steilwandige Täler; Höhen zw. 300 m im N und 600 m im Mittl. Pfw., Kalmit (673 m) | Mittlerer Buntsandstein | basenärmste Ranker, Braunerden u. Podsole auf Flächen u. Oberhängen; an Hängen u. in Tälern Pseudogleye u. Auelehme, vereinzelt »Höhenlehme« | Typ II, 1 und II, 2 | Hainsimsen-Buchenwald | ausgedehntes zusammenhängendes des Waldgebiet; Forstwirtschaft, »Erholungswald«, auf Höhenlehminseln Ackerbau |

| | Relief | Geologie | Böden | Klima | Vegetation | Nutzung |
|---|---|---|---|---|---|---|
| 1b Südlicher Pfälzerwald (Dahner Felsenland) | stark zertaltes u. zerriedeltes Buntsandsteingebiet; Flächen in 300 m, darüber Felsengipfel u. -grate | Oberrotliegendes, Unterer Buntsandstein, Trifelsschichten (sml) | basenarme Braunerden u. Ranker, in den Tälern Übergangsgleye | Typ II, 2, in den Tälern Kaltluftgefahr | Hainsimsen-Buchenwald; stellenweise armer Perlgras-Buchenwald | Wald, Acker, u. Wiesenland |
| **Mesochore 2: Linksrhein. Muschelkalkhochflächen** | | | | | | |
| 2a Zweibrücker Westrich | Hochflächen-Täler-Relief: Zertalter Buntsandsteinsockel mit Röt-Muschelkalkplatte 300-400 m | Unterer Muschelkalk u. Röt, unterlagert von Mittl. Buntsandstein | basenreiche Rendzinen u. Braunerden auf d. Hochfläche, an den Hängen Ranker u. Braunerden, in den Tälern Pseudogleye u. Gleye | Typ II, 3 | Perlgras-Buchenwald, auf d. trockenen Standorten Orchideen-Buchenwald | Hochflächen: Ackerland, an den Hängen Wald, in den Tälern Wiesen |
| **Mesochore 3: Nordpfälzer Bergland** | | | | | | |
| 3a Niedrige Berg- und Hügelländer | kleingekammertes zertaltes Berg- u. Hügelland aus paläozoischen Rumpfes, 300-400 m | Unterrotliegendes, vereinzelt Kuselit | basenhaltige Ranker, Braunerden u. Parabraunerden | Typ II, 3 + 4, stark expositionsabhängig | Perlgras-Buchenwald | vorwiegend landwirtschaftliche Nutzung |
| 3b Potzberg-Königsberg-Gebiet | Kuppenland mit Vulkanstöcken über zertaltem paläozoischen Rumpf, 400-567 m (Königsberg) | Rhyolithe u. Kuselit über Oberkarbon | basenarme Braunerden, Ranker u. Rohböden | Typ II, 3 | Traubeneichen-Hainbuchenwald, Buchen-Eichenwald | Waldgebiet durchsetzt von Rodungsfluren (Acker, Grünland) |
| 3c Donnersberg-Gebiet | Kuppenland mit Donnersbergmassiv, Vulkanstöcke über zerschnittenem paläozoischen Rumpf, 400 m, Donnersberg 687 m | Oberrotliegendes Rhyolith, Melaphyr, Kuselit usw. | basenhaltige Braunerden u. Pelosole auf ro; basenarme Ranker, Braunerden u. Parabraunerden auf Vulkangestein | Typ II, 4 + 1 | Traubeneichen-Hainbuchenwald u. Buchen-Eichenwald | Hoher Donnersberg: geschlossene Waldbedeckung; sonst Wald mit Acker und Grünland durchsetzt |

*Forts. Tab. 3*

**44**

| 3d Westpfälzische Niederung | langgestreckte, flache Talung mit mehreren Talwasserscheiden, ehemaliges Moorgebiet mit Buntsandsteinschachen u. randlich begrenzenden Bu-Höhen | Holozäne Moorbildung über Buntsandstein | Anmoor, Naßgleye, basenarme Ranker u. Braunerden | Typ II, 3, Frostgefährdung, Nebelhäufigkeit | fraglich, da anthropogen stark verändert, möglich: Stieleichen-Birkenwald | teilweise Forstwirtschaft, vorwiegend Wiesen, auch Ackerland |
|---|---|---|---|---|---|---|

Faßt man zusammen, so bleibt die eingangs genannte Feststellung: Das Charakteristikum der Pfalz ist die landschaftliche Vielfalt. Die Pfalz hat viele Gesichter und sie ist nach vielen Seiten ausgerichtet. Gleichsam die Hauptschlagader pfälzischer Landschaften ist das Rheintal. Hier pulsieren Wirtschaft und Verkehr. Die oberrheinischen Landschaften, alle ausgerichtet auf den Rhein, sind wirtschaftlich gesehen, am bedeutendsten. Für Pfälzerwald und Zweibrücker Westrich ist die natürliche Ausrichtung durch die Abdachung nach Westen gegeben. Sie blicken gleichsam weg vom pulsierenden Leben, sind wirtschafts- und verkehrsgeographisch ins Abseits geraten. Lediglich die nach Osten geöffnete Ausraumzone des Dahner Felsenlandes gewinnt bedingt Anschluß an das Geschehen am Oberrhein. Der Blick der nordpfälzischen Landschaftsteile ist, bedingt durch die variskisch geprägten Landschaftsstrukturen nach Nordosten, zur Nahe gerichtet. Und so ist letztlich nicht allein Gunst oder Ungunst des naturräumlichen Potentials für die wirtschaftliche Entwicklung pfälzischer Landschaften verantwortlich, sondern in verstärktem Maße auch die Lagebeziehung der Räume untereinander und zu anderen Regionen.

Anmerkung 1:

Wenn in dieser Arbeit die mehr oder minder gebräuchlichen Raumbezeichnungen verwendet werden, die sich auch teilweise in der Naturräumlichen Gliederung finden (vgl. auch Abb. 1), so geschieht dies nicht aus Unkenntnis der Diskussion um die pfälzischen Landschaftsnamen, die in jüngster Zeit vor allem durch BEEGER (z.B. 1985) erneut angefacht wurde. Seine Bemühungen sind durchaus verständlich, zumal - und hier sei auf die gewiß unvollständige Zusammenstellung vergleichbarer pfälzischer Landschaftsnamen (Tab. 1) verwiesen - ein- und derselbe Landschaftsbegriff, z.B. Haardt, für unterschiedliche Landschaftseinheiten Verwendung findet. Die von BEEGER vorgeschlagenen Landschaftsbezeichnungen entstammen raumplanerischer Intension. Für eine physisch-geographische Raumgliederung aber, wie sie hier erstellt wurde sind Raumbezeichnungen wie »Weinstraße« nicht sinnvoll. Und damit ist vielleicht das wesentliche Kriterium um die Diskussion um die Landschaftsbezeichnungen angedeutet. Verschiedene Arbeitsbereiche, sei es die Geographie und ihre Teildisziplinen, sei es die Raumplanung, sehen die Räume unter verschiedenen, ihnen eigenen Gesichtspunkten; sie zielen auf Namen, die ihren inhaltlichen Anliegen am ehesten entgegenkommen.

# 6. Literaturverzeichnis

AHNERT, F. (1955): Die Oberflächenformen des Dahner Felsenlandes. In: Mitt. d. Pollichia, 3. Reihe, Bd. 3, S. 116, Grünstadt.

ATZBACH, O. (1964): Geologische Übersichtskarte der Pfalz. In: Pfalzatlas, hrsg. v. W. ALTER, Karte 3 u. Textband I, Speyer, S. 545-552.

BEEGER, H. u. R. ANSCHÜTZ (1985): Die unfügsamen Pfälzer Landschaftsnamen - Vorschläge zur Neugestaltung. In: Pfälzer Heimat, 36. Jg., H. 2, S. 62-67.

BEHRMANN, W. u. O. MAULL (Hrsg.) (1929): Rhein-Mainischer Atlas für Wirtschaft, Verwaltung und Unterricht. Frankfurt/M.

BÖHM, H. (1964): Eine Klimakarte der Rheinlande. In: Erdkunde, Bd. 18, S. 202-206.

BURCKHARDT, H. (1971): Karten zum Klima der Pfalz. In: Pfalzatlas, hrsg. v. W. ALTER, Karte 7 u. Textband II, Speyer, S. 645-649.

DEUTSCHER WETTERDIENST (Hrsg.) (1957): Klima-Atlas von Rheinland-Pfalz. 77 Karten, 9 Diagramme und Erläuterungen. Bad Kissingen.

DÖRRER, I. (1972): Die Landschaften der Pfalz. In: Geogr. Rundschau, Bd. 24, S. 142-152.

DÖRRER, I. (1981): Die Landschaften der Pfalz - eine Einführung in das natur-, kultur- und wirtschaftsräumliche Gefügemuster. In: Pfälzische Landeskunde, hrsg. v. M. GEIGER et al., Bd. 1, Landau, S. 17-32.

ELLENBERG, H. (1963): Vegetation Mitteleuropas mit den Alpen in kausaler, dynamischer und historischer Sicht. - Einführung in die Phytologie, hrsg. v. H. WALTER, Bd. IV, 2, Stuttgart.

FABER, K.-G. (1959): Das Landschaftsbild des Pfälzerwaldes und seiner Randgebiete. In: - Ber. z. dt. Landeskunde Bd. 22, S. 161-177.

FEZER, F., GOSSMANN, H. u. R. SEITZ (1981): Einige Aspekte zum Klima von Pfälzerwald, Rheingraben und Odenwald. In: Festschrift zum 43. Dt. Geographentag, - Mannheimer Geogr. Arb. H. 10, Mannheim, S. 157-174.

FLOHN, H. (1954): Witterung und Klima in Mitteleuropa. - Forsch. z. dt. Landeskunde Bd. 78.

FREITAG, H. (1962): Einführung in die Biogeographie von Mitteleuropa unter besonderer Berücksichtigung von Deutschland. Stuttgart.

GEIGER, M. (1977): Das Geländeklima an der Weinstraße und im vorderpfälzischen Tiefland. In: - Heidelberger Geogr. Arb. Bd. 47, S. 105-134, Heidelberg.

GEIGER, M. (1981): Wetter und Klima in der Pfalz. In: Pfälzische Landeskunde, hrsg. v. M. GEIGER et al., Bd. 1, Landau, S. 67-94.

HÄBERLE, D. (1911): Der Pfälzerwald. In: Geogr. Zeitschrift, S. 297-310.

HÄBERLE, D. (1913): Die naturräumlichen Landschaften der Rheinpfalz. Ein Beitrag zur pfälzischen Heimatkunde. Kaiserslautern.

HÄBERLE, D. (1921): Die Westpfälzische Moorniederung (das Pfälzer Gebrüch). In: Zwölf länderkundliche Studien von Schülern A. Hettners ihrem Lehrer zum 60. Geburtstag, Breslau, S. 19-32.

HÄBERLE, D. (1927): In der Südpfalz. In: Geogr. Zeitschrift 3, S. 224-234.

HAILER, N. (1971): Die natürlichen Vegetationsgebiete. In: Pfalzatlas, hrsg. v. W. ALTER, Karte 8 u. Textband II, Speyer, S. 638-644.

HAILER, N. (1981): Die pflanzengeographische Situation der Pfalz. In: Pfälzische Landeskunde, hrsg. v. M. GEIGER et al., Bd. II, Landau, S. 33-46.

HARTMANN, F.K. u. G. JAHN (1967): Waldgesellschaften des mitteleuropäischen Gebirgsraumes nördlich der Alpen. Stuttgart.

HENDL, M. (1966): Grundriß einer Klimakunde der deutschen Landschaften. Leipzig.

HERCHENRÖTHER, L. (1935): Zur Morphologie des Nordpfälzischen Berglandes und des südlich angrenzenden Buntsandsteingebietes der Pfälzer Stufenlandschaft. - Badische Geographische Abhandlungen Bd. 13, Freiburg i. Br.

HÖHL, G., DÖRRER, I. u. W. SCHWEINFURTH (1983): Erläuterungen zur Geomorphologischen Karte 1 : 25000 der Bundesrepublik Deutschland GMK 25 Blatt 12 6714 Edenkoben (mit Karte). - Geomorphologische Detailkartierung in der Bundesrepublik Deutschland, GMK-Schwerpunktprogramm, Berlin.

HÜTTNER, R. et al. (1986): Geologische Übersichtskarte 1 : 200000, Bundesrepublik Deutschland CC 7110 Mannheim. Hannover.

ILLIES, H. (1962): Oberrheinisches Grundgebirge und Rheingraben. In: Geolog. Rundschau, Bd. 52, S. 317-332.

ILLIES, H. (1963): Der Westrand des Rheingrabens zwischen Edenkoben (Pfalz) und Niederbronn (Elsaß). In: Oberrhein. Geolog. Abhandlungen, Bd. 12, S. 1-23.

ILLIES, H. (1964): Bau und Formengeschichte des Dahner Felsenlandes. In: - Jahresber. u. Mitt. d. oberrhein. geolog. Vereins Bd. 46, Karlsruhe, S. 57-67.

ILLIES, H. (1967): Ein Grabenbruch im Herzen Europas. Erdgeschichte und Relief der Landschaft am Oberrhein. In: Geogr. Rundschau, Bd. 19, S. 281-293.

KLAUSING, O. (1967): Die naturräumlichen Einheiten auf Blatt 151 Darmstadt. - Geogr. Landesaufnahme 1 : 200000, Naturräumliche Gliederung Deutschlands, Bad Godesberg.

KLÖPPER, R. (1957): Landkreis und Stadt Ludwigshafen a.Rh., Regierungsbezirk Pfalz. - Die Landkreise in Rheinland-Pfalz Bd. 2, Speyer.

LAUER, W. u. P. FRANKENBERG (1986): Eine Karte der hygrothermischen Klimatypen von Europa. In: Erdkunde, Bd. 40, S. 85-94.

LAUTENSACH, E. (1953-62): 17 Haardtgebirge; 192 Kaiserslauterner Senke; 180 Zweibrücker Westrich. Handbuch der Naturräuml. Gliederung Deutschlands, hrsg. v. E. MEYNEN et al., Bad Godesberg, S. 265-268, 270-272, 288-289.

LESER, H. (1964a): Höhenschichtenkarte. In: Pfalzatlas, hrsg. v. W. ALTER, Karte u. Textband I, Speyer, S. 151-158.

LESER, H. (1964b): Geomorphologische Übersichtskarte. In: Pfalzatlas, hrsg. v. W. ALTER, Karte 4 u. Textband I, Speyer, S. 69-104.

LESER, H. (1966): Landformen und geologische Entwicklung. Zur geomorphologischen Übersichtskarte 1 : 300000 im Pfalzatlas. In: Pfälzer Heimat, Bd. 17, S. 61-66.

LESER, H. (1969): Landeskundlicher Führer durch Rheinhessen. Rheinisches Tafel- und Hügelland. - Sammlung geographische Führer Bd. 5, Berlin/Stuttgart.

LESER, H. (1971): Karte der naturräumlichen Gliederung. In: Pfalzatlas, hrsg. v. W. ALTER, Karte 6 u. Textband II, Speyer, S. 1035-1040.

LESER, H. ($^2$1978): Landschaftsökologie. Stuttgart.

LIEDTKE, H. (1967): Die Grundzüge der geomorphologischen Entwicklung im pfälzischen Schichtstufenland. In: Zeitschrift für Geomorphologie, NF Bd. 11, S. 332-351.

LIEDTKE, H. (1968): Die geomorphologische Entwicklung der Oberflächenformen des Pfälzer Waldes und seiner Randgebiete. - Arb. a. d. Geogr. Inst. d. Univ. d. Saarlandes Sonderband 1, Saarbrücken.

LIEDTKE, H. (1973): Klimatypen in Rheinland-Pfalz. In: - Topogr. Atlas Rheinland-Pfalz, hrsg. v. H. LIEDTKE et al., Neumünster, S. 24/25.

LÖBER, H. (1951): Die natürlichen Landschaften der Pfalz. In: - Jahresber. d. Pollichia Ludwigshafen, Ludwigshafen, S. 5-11

LÖFFLER, E. (1929): Die Oberflächengestaltung des Pfälzer Stufenlandes. In: - Forsch. z. dt. Landes- und Volkskunde Bd. 27, H. 1.

NOTTMEYER, D. (1954): Stratigraphische und tektonische Untersuchungen in der rheinischen Vorbergzone bei Siebeldingen und Frankweiler. In: - Mitt. d. Pollichia, III. Reihe, Bd. 2, Bad Dürkheim, S. 36-93.

OBERDORFER, E. (1957): Süddeutsche Pflanzengesellschaften. - Pflanzensoziologie Bd. 10, Jena.

OVERBECK, H. (1953-62): 18 Pfälzisch-saarländisches Muschelkalkgebiet; 19 Saar-Nahe-Berg- und Hügelland. In: Handbuch der Naturräumlichen Gliederung Deutschlands, hrsg. v. E. MEYNEN et al., Bd. 1, Bad Godesberg, S. 269-270, 278-281.

OTTENSTEIN, J. (1987): Bodengesellschaften des Vorderpfälzer Tieflandes und der Oberrheinniederung zwischen Speyer und Ludwigshafen (Exkursion C am 25. April 1987). In: - Jahresber. u. Mitt. d. oberrhein. geolog. Vereins NF 69, Stuttgart, S. 139-147.

PEMÖLLER, A. (1969): Die naturräumlichen Einheiten auf Blatt 160 Landau i.d.Pfalz. - Geogr. Landesaufnahme 1 : 200000, Naturräumliche Gliederung Deutschlands, Bad Godesberg.

PEMÖLLER, A. (1975): Landkreis Landau-Bad Bergzabern, Regierungsbezirk Rheinhessen-Pfalz. - Die Landkreise in Rheinland-Pfalz Bd. 8, Landau/Bad Bergzabern.

PLEWE, E. (1938): Geomorphologische Studien am pfälzischen Rheingrabenrand. - Badische Geogr. Abh. Bd. 19, Freiburg.

PLEWE, E. (1953-62): 220 Haardtrand; 221 Vorderpfälzer Tiefland. In: Handbuch der Naturräumlichen Gliederung Deutschlands, hrsg. v. E. MEYNEN et al., Bad Godesberg, S. 318-322.

ROTHE, P. (1981): Zur Geologie des Rhein-Neckar-Raumes. In: Festschrift zum 43. Dt. Geographentag, - Mannheimer Geogr. Arb. Bd. 10, Mannheim, S. 181-156.

RUNGE, F. (1980): Die Pflanzengesellschaften Deutschlands, eine kleine Übersicht. Münster.

SCHMITHÜSEN, J. (1952): Die naturräumlichen Einheiten auf Blatt 161 Karlsruhe. - Geogr. Landesaufnahme 1 : 200000, Naturräumliche Gliederung Deutschlands, Stuttgart.

SCHMITHÜSEN, J. (1953-62): 22 Nördliches Oberrhein-Tiefland; 222 Nördliche Oberrhein-Niederung. In: Handbuch der Naturräumlichen Gliederung Deutschlands, hrsg. v. E .MEYNEN et al., Bd. 1, Bad Godesberg, S. 317-318, 322-323.

SCHMITHÜSEN, J. ( 1967): Naturräumliche Gliederung und landschaftsräumliche Gliederung. In: Ber. z. dt. Landeskunde Bd. 39, S. 125-131.

SCHUPP, H. (1962): Zur Morphologie des mittleren Westrichs. In: Mitt. d. Pollichia Bd. 123, Grünstadt, S. 75-197.

SEITZ, R., OEHMANN, B. u. F. FEZER (1977): Klima des nördlichen Rheingrabens und seines Rahmens. In: Klimatologische Untersuchungen im Rhein-Neckar-Raum, hrsg. v. F. FEZER u. R. SEITZ, - Heidelberger Geogr. Arb. Bd. 47, Heidelberg, S. 23-50.

SPUHLER, L. (1957): Einführung in die Geologie der Pfalz. Speyer.

STÄBLEIN, G. (1968): Reliefgenerationen der Vorderpfalz. - Würzburger Geogr. Arb. Bd. 23, Würzburg.

STÖHR, W. et al. (1964): Bodenübersichtskarte der Pfalz. In: Pfalzatlas, hrsg. v. W. ALTER, Karte 5 u. Textband I, Speyer, S. 553-576.

STROBEL, H. (1959): Die pflanzengeographische Gliederung der Vorderpfalz. - Mitt. d. Pollichia, III. Reihe, Bd. 6, Grünstadt.

TICHY, F. (1955): Die Klimagunst der Vorderpfalz im Vergleich zu anderen deutschen Weinbaugebieten. In: Pfälzer Heimat, Bd. 6, S. 148-151.

UHLIG, H. (1953-62): 193 Glan-Alsenz-Berg- und Hügelland; Alzeyer Hügelland. In: Handbuch der Naturräumlichen Gliederung Deutschlands, hrsg. v. E. MEYNEN et al., Bd. 1, Bad Godesberg, S. 290-293, 332-333.

UHLIG, H. (1964a): Landkreis Bad Kreuznach, Regierungsbezirk Koblenz. - Die Landkreise in Rheinland-Pfalz Bd. 1, Speyer.

UHLIG, H. (1964b): Die naturräumlichen Einheiten auf Blatt 150 Mainz. - Geogr. Landesaufnahme 1 : 200000, Naturräumliche Gliederung Deutschlands, Bad Godesberg.

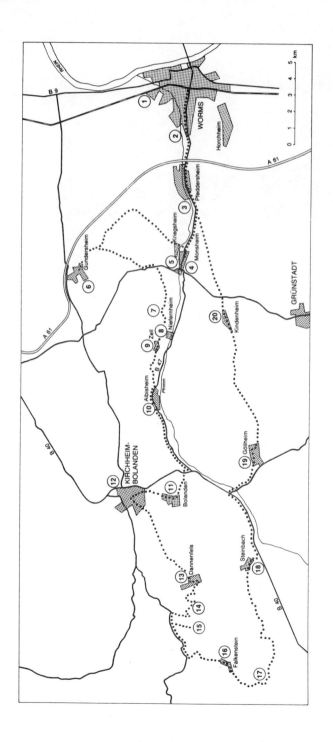

# Südliches Rheinhessen und Donnersberg-Raum

von

Eberhard Hasenfratz

## I. Haltepunkte

## II. Landschaften im Einzugsgebiet der Pfrimm

In ihrer naturräumlichen Ausstattung und kulturlandschaftlichen Entwicklung kontrastreiche Landschaften prägen das Exkursionsgebiet: Im Westen das waldreiche Nordpfälzer Bergland mit dem markant hervortretenden Donnersberg (687 m NN), das im Süden an die Ausläufer des Pfälzerwaldes grenzt und die östlich sich anschließenden, fast waldlosen und intensiv landwirtschaftlich genutzten Plateau- und Riedellandschaften des bis zur Nördlichen Oberrheinebene reichenden Rheinhessischen Tafel- und Hügellandes (Abb. 1). Das einzige, bedeutendere Fließgewässer im Exkursionsgebiet ist die Pfrimm, die südlich des Donnersberges im Grenzbereich Oberrotliegendes/Unterer Buntsandstein entspringt (298 m NN) und bis Marnheim in nordöstlicher Richtung durch eine Landschaft mit riedelartig zerschnittenen, weichen Gesteinen des Oberrot-

## Abb. 1: Orohydrographische Gliederung des Exkursionsgebietes
### (Nach LESER 1969, verändert)

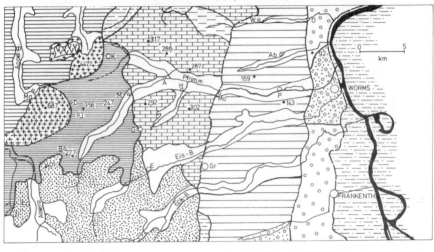

1a  Rhyolith des Donnersberges und des Kuhkopfes

1b  Palatinit (= basaltischer Andesit) des Hermanns-Berges

2  Rotliegend-Bergland; vorwiegend klastische Unterrotliegend-Sedimente der Kusel-, Lebach- und Tholey-Gruppe; lokal stark gegliedertes Relief

3  Rotliegend-Hügelland; Oberrotliegendes mit Schichten morphologisch hervortretender grobklastischer Sedimente (Rhyolithkonglomerat, Quarzitkonglomerat); weiche Geländeformen.

4  Buntsandstein-Bergland; z.T. grobklastischer Unterer Buntsandstein bildet stark zerlappte Schichtstufe; Trifels-Schichten (unterer Mittlerer Buntsandstein, stufenbildend) unmittelbar südlich des Quellgebietes der Pfrimm. Quellhorizont zwischen Oberrotliegendem und Unterem Buntsandstein und zwischen Trifels-Schichten und Unterem Buntsandstein.

5  Plateau-Landschaft im Tertiär. Miozäne Kalkplatte (Ceritien-Schichten im Exkursionsgebiet) über oligozänen weichen Mergeln, Kalken und Sanden. Quellhorizont im Liegenden der Kalkplatte.

6  Senken im Kalkplateau

7  Hügelland im Tertiärgebiet; oligozäne Sedimente ohne die miozäne Kalkplatte.

8  Riedelland; plio- und pleistozäne Sedimente (Klebsande, Freinsheim-Schichten, Terrassen-Ablagerungen der Pfrimm, Löß)

9  Terrassenplatten

10  Schwemmkegel

11  Holozäne Sedimente der Mäandersysteme des Rheins

12  Ausraumzonen

A = Albisheim, Ab = Abenheim, Bö = Börrstadt, D = Dannenfels, E = Eisenberg, G = Göllheim, Gr = Grünstadt, H = Harxheim, J = Jakobsweiler, K = Kirchheimbolanden, M = Marnheim, Ma = Marienthal, Mo = Monsheim, O = Osthofen, P = Pfeddersheim, W = Westhofen liegenden fließt. Aus diesem Gebiet erhält die Pfrimm die meisten Zuflüsse. Mit dem Eintritt in die Plateau-Landschaft des südlichen Rheinhessischen Tafel- und Hügellandes mit Höhen um 300 m NN biegt die Fließrichtung nach Osten um. Bei Monsheim beginnt eine Riedellandschaft mit Höhen um 150 m NN, die zur Nördlichen Oberrheinniederung ausläuft. Im Norden von Worms mündet die Pfrimm bei 90 m NN in den Rhein, nachdem ihr Unterlauf mehrfach durch Kulturmaßnahmen verändert wurde.

Der im Donnersberggebiet auffällige häufige Wechsel der Gesteinsarten und ihrer Lagerungsverhältnisse hat bei der Ausgestaltung des Reliefs in jüngeren geologischen Zeiträumen ein reichhaltiges Formeninventar auf kleinem Raum geschaffen. Die Gesteine haben jungpaläozoisches Alter und bilden im Rheinhessischen Tafel- und Hügelland das Liegende des eng an die Taphrogenese des Oberrheingrabens gekoppelten Ablagerungsraumes des Mainzer Beckens mit känozoischen Sedimenten. Dazwischen fehlt das gesamte Mesozoikum und das älteste Eozän. Man nimmt aus Analogieschlüssen an, daß die Trias bis zum mittleren Keuper abgelagert wurde, wieder der Abtragung anheimfiel und die übrigen Schichtglieder, wegen des festländischen Charakters des Raumes zu dieser Zeit, nicht zur Ablagerung kamen (ROHHAUSEN u. SONNE 1984, S. 12f). Die komplexe geologische Geschichte beginnt mit der Entstehung der Saar-Nahe-Senke, einem intramontanen Ablagerungsraum im variscischen Gebirge an der Wende vom Unterkarbon zum Oberkarbon, der im SW-Teil die lothringischen und saarländischen Steinkohlenlagerstätten enthält. Aufgefüllt mit Verwitterungsschutt vom Rheinischen Schiefergebirge im Norden und einem Hochgebiet im Süden, kommt es an der Wende vom Unterrotliegenden zum Oberrotliegenden zu einer tektonischen Belebung, die die Pfälzer Sattelzone entstehen läßt und damit zu einer Gliederung der Saar-Mulde und der Vorhaardt-Mulde. Die Vorgänge sind mit ausgedehnter intrusiver und effusiver Mobilisation von meist sauren bis intermediären Magmen verbunden, wie aus der Verbreitung der Rhyolithe, Rhyodazite, andesitischen und basaltischen Gesteine und der Pyroklastica geschlossen werden kann. Damit im Zusammenhang stehen in früheren Jahrhunderten regional bedeutsame hydrothermal entstandene Erz- und Minerallagerstätten (s. Beitrag LOOSE in diesem Band). Im Exkursionsgebiet sind es weitgehend abgebaute Lagerstätten mit Kupfer-, Eisen-, Kobalt- und Silbererzen im südwestlichen Teil des Donnersberges. Im Zuge der Uranprospektion sind im Wildensteiner Tal, im Bereich der Kupfererzlagerstätten bei Imsbach und in der Nachbarschaft des Rhyolithmassivs primäre und sekundäre Uranmineralisationen festgestellt worden (REE 1970; BÜLTEMANN, DREYER u. STREHL 1970). Diese Vorkommen sind allerdings nur von mineralogischem Interesse. Tektonisch liegt das Donnersberggebiet auf der SE-Flanke der Pfälzer Sattelzone, d.h., die Rotliegendschichten fallen im allgemeinen nach SE ein. Für das Gebiet südlich des Donnersberges trifft das zu; die Playa-Sedimente (früher »Rötelschiefer« = jüngstes Oberrotliegendes) fallen mit 6-12 ° nach SE ein (SCHWAB 1967), diskordant von Unterem Buntsandstein überlagert. Am NW-Rand des Donnersberges dagegen stehen die ältesten Gesteine des Rotliegenden im Gebiet an und zwar in steiler bis saigerer Lagerung. Es sind Arkosen, Tonsteine und Konglomerate der Kusel Gruppe (Unterrotliegendes) mit dem Feist-Konglomerat und dem Odenbacher Kalk-Kohlen-Flöz als Leithorizont (Ausführliche Angaben zur Lithostratigraphie und Tektonik sind SCHWAB 1967, LORENZ 1971 b und HANEKE 1984 zu entnehmen). Die komplizierten Lagerungsverhältnisse sind im wesentlichen der Intrusionstektonik des Donnersberg-Rhyoliths zuzuschreiben, daran beteiligt sind auch die vor der Rhyolith-Intrusion aktiven Schlote am NW-Rand des Donnersberges, so z.B. bei Bastenhaus, Falkenstein, Birnberg und Reiterhof (eingehend beschrieben bei LORENZ 1967, 1971 a,b). Der Donnersberg selbst stellt nach den Untersuchungen von HANEKE (1987) keine in sich geschlossene Intrusion dar, sondern kann nach umfangreichen Einmessungen des Fließgefüges des Rhyoliths in 15 einzelne Intrusivkörper untergliedert werden. Nach Erreichen der Oberfläche im Oberrotliegenden unterlag der Rhyolith unmittelbar der Abtragung; es entstanden Schuttfächer, aus deren Material sich das stellenweise Felsbastionen bildende Rhyolithkonglomerat zusammensetzt.

Die lithostratigraphisch und von den Lagerungsverhältnissen her leichter überschaubare Landschaft des südlichen Rheinhessischen Tafel- und Hügellandes beginnt östlich der Linie Kirchheimbolanden - Marnheim - Göllheim. Es handelt sich wohl auf weiten Strecken um eine tekonisch vorgezeichnete Grenze mit überwiegend SSE-NNW streichenden Verwerfungen. Eine generalisierte Einteilung der meist flach gelagerten Schichtenfolge in das oligozäne Mergeltertiär und das miozäne Kalktertiär ist bereits für eine großräumige morphologische Kennzeichnung ausreichend. Im Hangenden des Kalktertiärs folgen pliozäne Sedimente, die durch Verkarstung entstandene Hohlformen plombieren; darüber legt sich ein z.T. mächtiger Lößschleier. Die Ausgestaltung zum Tafel- und Hügelland hat sich weitgehend während des Pleistozäns vollzogen; so sind zahlreiche Gestaltungselemente auf Prozesse im Periglazial zurückzuführen, wie z.B. Dellen, Trockentäler, kryoturbat verformte Sedimentschichten, Eiskeile, Solifluktionsdecken etc. (BRÜNING 1977). Für die Hangformen bedeutsam und siedlungsgeographisch folgenreich für das relativ niederschlagsarme Rheinhessen ist der im Grenzbereich Mergel-/Kalkstockwerk ausgebildete Quellhorizont. Die Niederschläge durchsickern die klüftige miozäne Kalktafel der Plateaus und werden im Mergelstockwerk gestaut, gelangen aber auch in dazwischengeschaltete feinsandige Lagen, die dann als Gleitflächen eine Instabilität des Hanges bewirken können (KRAUTER u. STEINGÖTTER 1983, ANDRES 1977). Im Gegensatz zu den Vorkommen auf den Plateaus sind die plio- und pleistozänen Sedimente in der sich zwischen Worms und Monsheim ausdehnenden Riedellandschaft mächtiger entwickelt. Die nach E zunehmende Mächtigkeit dieser jungen Sedimente erklärt sich dadurch, daß das südliche Rheinhessen als Randschollentreppe des Oberrheingrabens vom jüngsten Miozän bis ins ältere Pleistozän reaktiviert war (ROTHAUSEN u. SONNE 1984, S. 69, WEILER 1953) und so als Sedimentfalle für die Zuflüsse aus dem Westen wirkte.

Durch die Reliefverhältnisse sind bereits Modifikationen der Klimaelemente vorgezeichnet und zwar derart, daß die im Westen barriereartigen Höhenzüge und Härtlingskuppen des Nordpfälzer Berglandes bei westlichen Strömungen orographische Effekte bewirken. So kontrastiert das Nordpfälzer Bergland mit Stauwirkungen und damit höheren Bewölkungsgraden, größerem Niederschlagsangebot, weniger Sonnenscheinstunden und tieferen Jahrestemperaturen mit dem durch erhöhte Strahlungseinnahme gekennzeichneten warmen, niederschlagsärmeren, kontinentalen Klima der Plateau- und Riedellandschaften. Diese stehen im Exkursionsgebiet durch die breiten Talräume der Pfrimm mit dem Kernraum der Oberrheinniederung in Verbindung (Abb. 2). Mit FLOHN (1954) kann man auch sagen, daß die allochthonen (fremdbürtigen) Eigenschaften in der Ausprägung des Klimas im Bergland stärker zur Wirkung kommen, während in den hier im Lee liegenden Landschaften mehr ein autochthoner (eigenbürtiger) Anteil mit ausgeprägtem Tagesgang der Klimaelemente durchschlägt.

Eine weitere morphologisch bedingte Differenzierung der Niederschlagsverhältnisse bewirkt der N-S verlaufende Plateaurand zum ca. 100 m tiefer liegenden Riedelland, indem er eine weitere Lee-Lage erzeugt. Dadurch erklärt sich die sich parallel zum Plateaurand erstreckende Zone mit Jahresniederschlagssummen unter 500 mm. LESER (1969) spricht deshalb im Hinblick auf die Niederschlagsminderung durch das Bergland im Westen und durch den Plateaurand von einer »doppelten Lee-Lage«. Eine weitere Nuancierung muß erwähnt werden, nämlich, daß die Plateaus im Winter etwas wärmer sind und im Sommer etwa um 1 °C kühler, während in den Talräumen im Sommer die Temperaturen etwas höher liegen und im Winter niedriger sind (KLUG 1961). Die abgemilderte Variationsbreite der mittleren Monatstemperaturen auf den Plateaus ist im wesentlichen dem Einfluß zyklonaler Westwetterlagen (WZ) zuzuschreiben, die nach HESS u. BREZOWSKY (1977) rund 15 % aller Westwetterlagen im Jahr ausmachen und im August (23,5 %) und im Juli (19,9 %) am häufigsten auftreten; untergeordnet haben auch WS-Lagen daran teil. Die merklich größeren Jahresschwankungen in den Talräumen weisen dagegen auf die Einwirkung antizyklonaler Wetterlagen hin, wobei S- und E-Wetterlagentypen hervorzuheben sind (vgl. KANDLER 1977).

Entsprechend den Wechselbeziehungen von Klima, Relief, hydrologischen Verhältnissen, Vegetation, Ausgangsgesteinen und anthropogenen Einwirkungen haben sich im Nordpfälzer Bergland und im Rheinhessischen Tafel- und Hügelland charakteristische Bodengesellschaften entwickelt. Nach der Übersichtskarte der Bodentypen-Gesellschaften von Rheinland-Pflaz 1 : 250.000 (STÖHR (Hg.) 1966) sind im Donnersberggebiet auf Rhyolith und Rhyolithkonglomerat überwiegend Ranker und basenarme Braunerden anzutreffen, während der Unterhang des Donnersberges auf der S-, SE- und E-Seite, außerhalb des Rhyoliths, von Staunässeböden eingenommen wird. Dort, wo südöstlich des Donnersberges die oberrotliegenden Playa-Sedimente ausstreichen sind basenreichere Braunerden verbreitet, stellenweise kommen Pelosole vor.

Den Plateaus und dem Riedelland sind Löß- und Lößlehmböden gemeinsam, wobei als Haupttypen der braune und degradierte Tschernosem und die Parabraunerde große Flächen einnehmen. Im Randbereich der Plateaus kommen auf Kalkstein und Löß bzw. Lößlehm über Kalkstein, Rendzina und Pararendzina hinzu, ebenso an den Plateauhängen auf Löß und Lößlehm über Mergel. In den Talräumen von Nebenbächen der Pfrimm sind auf akkumuliertem Material von den Plateaus und den Hängen basenreichere Braunerden vertreten. Gley- und Auenböden beschränken sich auf den Talraum im Unterlauf der Pfrimm im Riedelland und in der Oberrheinniederung. Die im Gegensatz zu den umgebenden Bergländern wahrscheinlich nur spärliche Waldverbreitung des Rheinhessischen Tafel- und Hügellandes im Postglazial, die Klimagunst, die überwiegend tiefgründigen, ertragsreichen Böden und der im Bereich der Plateaus ausgebildete Quellhorizont waren wesentliche Gründe für eine frühe Besiedlung. Neben den im östlichen Teil des Exkursionsgebietes gefundenen Werkzeugen aus dem Mittel- und Jungpaläolithikum (Früh- und Mittel-Würm), treten Siedlungsspuren aus dem Neolithikum (jüngeres Atlantikum bis älteres Subboreal) gehäuft im Grenzbereich Plateau/Riedelland auf und weisen auf eine dörfliche Siedlungsweise von Ackerbauern und Viehzüchtern hin. Die Siedlungen lagen am Hang und im Tal, ebenso wie die in der Bronze- und Eisenzeit. Mit Anbruch der Römerzeit änderte sich die Siedlungsweise; es entstanden aus Stein gebaute Einzelhöfe (Villen), von denen aus der Großgrundbesitz bewirtschaftet wurde. Sie lagen entweder zwischen dem Quellhorizont und dem Plateau oder zwischen Talaue und Hang. Ihre Bewohner lebten vom Ackerbau, Weinbau und von der Weidewirtschaft (KLUG 1959). Durch die Nutzung des Quellhorizontes entwickelte sich im Pfrimmtal abschnittsweise eine dreizeilige Anordnung der Siedlun-

## Abb. 2: Klimatische Gliederung des Exkursionsgebietes
(Quelle: KLUG 1961)

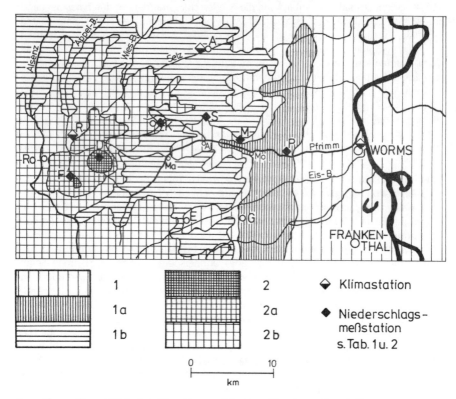

1

1a

1b

2

2a

2b

◈ Klimastation

◆ Niederschlags-
meßstation
s. Tab. 1 u. 2

0          10
├───────────┤
km

A = Alzey, Al = Albisheim, D = Dannenfels, E = Eisenberg, F = Falkenstein,
G = Grünstadt, K = Kirchheimbolanden, M = Mölsheim, Ma = Marnheim,
Mo = Monsheim, P = Pfeddersheim, R = Ruppertsecken, Ro = Rockenhausen,
S = Stetten,

gen, die im Tal und die in Quellmulden und -nischen, bevorzugt am südexponierten
Hang. Das Siedlungsbild veränderte sich nach Abzug der Römer durch die fränkische
Landnahme (um 500). Die Verbreitung der Gräberfelder des 6. und 7. Jahrhunderts und
die der '-heim'-Orte zeigt eine relativ dichte Besiedlung an. Im Gegensatz dazu begann
man im oberen Einzugsgebiet der Pfrimm erst im 10. Jahrhundert Siedlungs- und Ackerflächen zu schaffen; zu einer stärkeren Besiedlung kam es im 12. Jahrhundert (WEIDE-
MANN 1972). Verbreitet sind Ortsnamen-Endungen der Ausbauzeit auf -hausen,
-weiler, -stadt, -stein, -fels, -eck u.a.
Die naturräumlichen Unterschiede des Alt- und Jungsiedellandes kommen auch in den
über die Bodenschätzung ermittelten durchschnittlichen und bereinigten Ertragsmeß-

*Legende zu Abb. 2:*

Die Gliederung in Klimagebiete erfolgt aufgrund der kombinierten Darstellung von Niederschlag und Temperatur nach der Methode von HOFFMEISTER unter Verwendung einschlägiger Arbeiten in den Kreisbeschreibungen Kreuznach und Bingen von H. UHLIG, M. BÜRGENER und H. SCHAMP.

| Klimatyp (Grundtyp und Varianten) | Signatur | Mittelwerte der Lufttemperatur in °C | | | Jahres-amplitude in °C | Jahresnieder-schlag in mm |
|---|---|---|---|---|---|---|
| | | Jan | Juli | Jahr | | |
| I. Mittel- und Oberrheinisches Binnenlandklima (Grundtyp) | 1 | -0.5 - 1 | 18-19 | >9 | >17.5 | 500 - 550 |
| Niederschlagsarmes, recht sommerwarmes und wintermildes, geschütztes Becken- und Rebbauklima mit häufiger Aufheiterung und großem Anteil von Schauer- und Gewitterregen am Sommerniederschlagsmaximum. | | | | | | |
| Variante a: Trockeninseln | 1a | -0.5 - 1 | 18-19 | >9 | >17.5 | <500 |
| Besonders trockene Variante von I. in ausgeprägter Leelage | | | | | | |
| Variante b: Niederes Terrassen- u. Plateauland | 1b | 0 - 0.5 | 17 - 18 | 8 - 9 | >17.5 | 500 - 600 |
| Etwas feuchtere, recht wintermilde Variante von I. | | | | | | |
| II. Westrheinisches bzw. Mittelrheinisches Berg- und Hügellandklima (Grundtyp) | 2 | -1 - 0 | 16 - 16.5 | <8 | <17 | 650 - 750 |
| Mäßig niederschlagsreiches sommer- und winterkühles, wenig sonniges und relativ windreiches Hochflächenklima. | | | | | | |
| Variante a: | 2a | -1.5 - -1 | 15 - 16 | 7 - 8 | <17 | 700 - 800 |
| Stark gemäßigtes Mittelgebirgsklima, sommer- und winterkältere, windreichere und ziemlich sonnenscheinarme Variante von II. | | | | | | |
| Variante b: | 2b | 0 - 0.5 | 16.5 - 17 | >9 | <17 | 600 - 700 |
| Etwas windgeschütztere, sommermildere und sonnigere Variante von II. | | | | | | |

zahlen (bEMZ) für die einzelnen Gemeinden zum Ausdruck. In diesen Vergleichszahlen sind außer den natürlichen auch die wirtschaftlichen Ertragsbedingungen berücksichtigt. Sie dienen den Finanzämtern zum Bewerten der Landwirtschaft. Vergleichsgebiet (= 100) ist der Bereich um Hannover. So liegen im Exkursionsgebiet die Bewertungen für die landwirtschaftliche Nutzfläche der Gemeinden (ohne Weinbauflächen) im Plateau- und Riedelland zwischen 53 (Göllheim) und 83 (Pfiffligheim), dagegen im Donnersberggebiet zwischen 29 (Falkenstein) und 50 (Weitersweiler, Dreisen) Klimagunst und Ertragsverhältnisse haben schon im Mittelalter für die Landschaft zwischen Worms und Alzey den Namen *Wonnegau* entstehen lassen, eine Bezeichnung für ein Gebiet mit höchster Fruchtbarkeit (TUCKERMANN [2]1953, S. 105). Dieser Name lebt heute im Weinbaugebiet Rheinhessen als »Bereich Wonnegau« mit 6 318 ha Anbaufläche weiter. Die räumliche Verteilung größerer Weinbauflächen erstreckt sich auf günstig exponierte Flanken der Riedel und Hänge im Plateaugebiet, mit der Westgrenze am Wartberg bei Albisheim. Kleine Weinbauflächen findet man in Kirchheimbolanden südlich des Schillerhains. Bis zu Beginn der 80er Jahre wurde auch der südexponierte Hang des Schloßberges bei Bolanden von Reben eingenommen. Flurnamen belegen, daß das Rebland früher weiter nach Westen reichte; die Bodennutzungserhebung von 1954 verzeichnet z.b. Rebflächen auf den Gemarkungen Dannenfels, Jakobsweiler und Bennhausen. Daß auch Versuche mit Hopfenanbau gemacht wurden, geht aus dem LX. Heft der Beiträge zur Statistik des Königreichs Bayern für das Jahr 1893 hervor, wo z.B. für Bolanden 1 ha vermerkt ist, für Ramsen 0,5 ha und für Neuhemsbach sogar 4 ha. Im gesamten Exkursionsgebiet sind Obstbaumkulturen anzutreffen, im Riedland an den Hängen, in den Talgründen und in Dellen, seltener auf den Rücken der Riedel. Im Bereich der Plateaus tragen besonders die für den Weinbau weniger günstig exponierten Hänge und die Talgründe Obstbaumkulturen; die Plateaus sind ohne nennenswerten Baumbewuchs, da wegen der Klüfigkeit der Kalksteinplatte der Wasserbedarf nicht gedeckt ist und die Bäume aufgrund der vorherrschenden Westwinde Deformationen ausgesetzt sind. In der Umgebung des Donnersberges reicht das Klima der Plateaus in das östliche Vorland und weit in die Langmeiler Senke, so daß sich in der Schutzlage des Donnersbergleees und auch im Lee der Schichtstufe des Unteren Buntsandsteins Obstbaumkulturen entfalten konnten. Unter den Feldfrüchten stehen Braugerste, Weizen, Roggen und Zuckerrüben im Vordergrund, die vor allem auf den Riedelrücken, den Plateaus, im Pfrimmtal auf den flacheren, meist lößbedeckten Plateauhängen und in den Talgründen angebaut werden. Mit zunehmendem Niederschlagsangebot nimmt der Anteil des Dauergrünlandes an der landwirtschaftlich genutzten Fläche im Donnersberg-Umland zu.

## III. Exkursionsroute

### HP 1    Aussichtspunkte südwestlich von Worms-Herrnsheim

Zur Einordnung des Exkursionsgebietes in den größeren Raum eignet sich die Aussicht vom Kirchberg (ca. 140 m NN) unmittelbar südwestlich des Ortsteils Worms-Herrnsheim (1942 eingemeindet), markiert durch das weithin sichtbare Wormser Stadtkrankenhaus. Durch die Hochbauten ist der Blick etwas eingeschränkt. Freies Blickfeld nach Osten hat man von der Höhe unmittelbar nordöstlich der beiden Hochhäuser, nach Norden und Süden von der Parkhaus-Plattform zwischen den beiden Hochhäusern und Stadtkrankenhaus, nach Süden und Westen vom Weg an den Wasserhochbehältern westlich des Krankenhauses. Man überblickt die ganze Breite des Nördlichen Oberrhein-Tieflandes (ca. 30 km) mit seinen Randgebirgen. Im Osten im Vorderen Odenwald, der vorwiegend aus Plutoniten und Metamorphiten aufgebaut, kuppig und stark zerschnittenen ist, tritt als markante Erhebung der Melibocus hervor (517 m NN; Hessische Rheinebene um 100 m NN), bestehend aus Granodiorit oberkarbonischen Alters. Unmittelbar südlich davon kann man bei guter Sicht das Auerbacher Schloß wahrnehmen (340 m NN) und östlich vom Aussichtspunkt die Starkenburg auf dem Schloßberg (295 m NN) bei Heppenheim a.d. Bergstraße, einer Buntsandsteinscholle am Grabenrand. Vom Standort in südöstlicher Richtung fällt der große Rhyolith-Steinbruch am Wachenberg bei Weinheim auf, dann südlich davon weitere z.t. aufgelassene Steinbrüche im Rhyolith zwischen Schriesheim und Dossenheim. Im Raum um Heidelberg werden die paläozoischen Gesteine des Vorderen Odenwaldes vom Buntsandstein überlagert, was in der mehr geradlinigen Horizontbegrenzung zum Ausdruck kommt, die langsam zum Kraichgau hin abfällt.

Der Ostabfall des Pfälzerwaldes, geprägt durch die Morphologie des Buntsandsteins und die Grabentektonik, hat seine höchste Erhebung in der Kalmit (676 m NN) und ist etwas weiter westlich der Silhouette des Hambacher Schlosses (in südwestlicher Richtung vom Aussichtspunkt) auszumachen. Die Erhebung mit dem Hambacher Schloß, die dem Pfälzerwald vorgelagert erscheint, gehört zur westlichen Randscholle des Oberrheingrabens. Etwa 25 km in südwestlicher Richtung sieht man den Bismarck-Turm auf dem Peterskopf (487 m NN). Hier stehen in der Gipfelregion, neben einer geringmächtigen Auflage aus Oberem Buntsandstein (so), Karlstal-Schichten an (oberer Mittlerer Buntsandstein $sm_3$), die im Bereich der beiden Felszonen steilere Hänge ausbilden, unterlagert von den Rehberg-Schichten ($sm_2$) und Trifels-Schichten ($sm_1$). Morphologisch eindrucksvoll treten die Karlstal-Schichten im nördlich benachbarten Weilers-Kopf (470 m NN; Fernmeldeturm) hervor. Im Taleinschnitt der Isenach südlich davon liegt Bad Dürkheim mit seinen arsenhaltigen Solquellen, dessen hochgelegenen Stadtteile gerade noch zu sehen sind. Der nächste größere Taleinschnitt nördlich von Bad Dürkheim ist der des Eckbachs, gut kenntlich an dem Bergvorsprung mit der Burg Neuleiningen und dem gleichnamigen Ort mit der am Leininger Berg verlaufenden Autobahn (A 6). Die sich nach Norden anschließenden waldlosen Höhen gehören bereits zu den südrheinhessischen Kalkplateaus, unterbrochen durch den Taleinschnitt des Eisbaches nördlich Grünstadt und den der Pfrimm. Im Westen wird diese Plateau-Landschaft von den Rhyolith-Härtlingen Donnersberg und Kuhkopf überragt.

Die Begrenzung des Riedellandes ist, außer im Süden, gut zu sehen: Im Osten das Nördliche Oberrheinische Tiefland, im Westen die südrheinhessischen Kalkplateaus und im Norden das Kalkplateau bei Westhofen. Die Südgrenze bildet das Tal des Eckbaches, als naturräumliche Grenze nur durch Geländebegehung auszumachen. Die Ostgrenze des Riedellandes ist vom Kirchberg nach Norden tektonisch bedingt und als Stufe geringer Höhe ausgebildet, während zwischen Pfrimm- und Eisbachtal und südlich davon die Riedel sanft zur Frankenthaler Terrasse auslaufen. Der Übergang von der holozänen Oberrheinniederung zur pleistozänen Terrassenplatte ist hier nur schwach ausgeprägt und nur im Gelände nachzuvollziehen. Den Rheinstrom begleiten Hybrid-Pappel-Pflanzungen, Auwaldrelikte sind nur spärlich vertreten. In Höhe des Industriegebietes Worms Nord (auf einem Schwemmkegel der Pfrimm) führt die Eisenbahnlinie Worms-Darmstadt-Frankfurt bzw. Worms-Bensheim über den Rhein. Weiter südlich sieht man die Straßenbrücke (Nibelungenbrücke), eine der ersten Spannbetonbrücken, kenntlich an dem mächtigen Brückenturm auf der Wormser Seite. Nordöstlich vom Standort fallen in der Oberrheinniederung die Kühltürme und Reaktorgebäude des Kernkraftwerkes Biblis auf, und im Süden blickt man auf den Rhein-Neckar-Verdichtungsraum mit zahlreichen Fabrikschloten, deren Ausbreitungsformen der Abluftfahnen Hinweise auf die Temperaturschichtung in der unteren Troposphäre gestatten.

Die Aussichtspunkte selbst liegen am östlichen Ende des zwischen Pfrimm und Lochgraben verlaufenden Riedels, der durch zahlreiche Dellen gegliedert ist und im wesentlichen aus oberpliozänen Sanden besteht, auf die Terrassenablagerungen der Pfrimm folgen. Die pliozänen Sande werden an der Nordflanke des Riedels bei Abenheim abgebaut (östlich der Auffahrt zur A 61) und in einem Kalksandsteinwerk verarbeitet. In den höher gelegenen Teilen des Riedels stehen die Ablagerungen der Jüngeren Hochterrasse der Pfrimm an (Mindel-III-Stadial); ihre Verbreitung divergiert mit dem Verlauf des heutigen Pfrimmtals. Das kommt auch in der leichten Biegung der Riedel-Längsachse nach Norden zum Ausdruck (Nordelberg nördlich Kirschberg) und wird mit der Verschleppung der Pfrimm-Mündung durch den Rhein zu dieser Zeit erklärt. Eine stärkere Hebung nach Ablagerung dieser Terrasse bewirkte dann den heutigen Verlauf der Pfrimm (LESER 1969, S. 139). Ca. 300 m westlich des Stadtkrankenhauses sieht man, durch Gehölze etwas verdeckt, zwei Wasserhochbehälter mit einer Anlage zur Erhöhung des Wasserdruckes für die inzwischen entstandenen höhergelegenen Wohnbereiche. Die Behälter fassen 16 000 m $^3$ Wasser, eingespeist vom Grundwasserwerk Bürstädter Wald, was dem halben Tagesbedarf der Stadt Worms entspricht (Festschrift 1980). Beim Bau der Behälter und beim Verlegen der Transportleitungen in der Zeitspanne von 1960-62 konnte u.a. im Würm-Löß ein Tuffbändchen nachgewiesen werden (WEILER 1965; s.a. SEMMEL 1968, 1974). Als Hauptbodentypen (vgl. AGSTEN 1977) sind im Bereich des Kirschberges und auch sonst auf dem Riedel Pararendzina und auf langjährigen Weinbauflächen Rigosole entwickelt, während in den Tälchen und Dellen Braunerde und degradierte Steppenböden anzutreffen sind. In der weitgehend von Gehölzen ausgeräumten Riedelfläche fallen zahlreiche Kleinformen im Relief auf, z.B. Reche, terrassenartige Flächen und Stufen, die meist anthropogenen Urprungs sind, aber auch solche, die nach LESER (1969, S. 141) als Solifluktionsterrassen spätglazialen Alters einzustufen sind.

Von den Hochbehältern nimmt man einen Weg durch die Weinberge nach Süden bis zur Riedelkante. Man blickt in die inzwischen stark verbaute Pfrimmniederung, die dadurch ihre Funktion als Zufuhrweg für Frischluft bei austauscharmen Wetterlagen nicht voll erfüllen kann. Im Osten liegt der Ortsteil Worms-Hochheim (eingemeindet 1898), im Westen Worms-Leiselheim (1942 eingemeindet) und im Süden, den Unterhang des Reidels einnehmend, Pfifflgheim (1898 eingemeindet). Der Riedel südlich Pfifflgheim wird vom Turm der Kath. Kirche von Worms-Horchheim überragt (Stadtteil seit 1942), und im Westen beginnt westlich der Autobahnbrücke der Ortsteil Worms-Pfeddersheim (eingemeindet 1969).

## HP 2    Pfrimmniederung bei Worms-Pfifflgheim

In der Pfrimmniederung sind schwere Böden verbreitet. Es handelt sich um roten bis bräunlichen Gley und verwandte Bodentypen, die aus Auelehm hervorgegangen sind. Ihr Anteil an der LN von Pfifflgheim beträgt 9 %. Indirekte Hinweise auf die Böden haben sich in den Flurnamen erhalten: Zwischen Leiselheim und Pfifflgheim die Flur »Im Mersch«, »Im dörren Pfuhl« südöstlich der Diesterwegschule, »In den Erlen« und »In der Wasserrunst« südöstlich des Leiselheimer Sportplatzes. »Im Mersch«, auch mit »ö« geschrieben, tritt mehrmals auf. Die Niederterrassen-Stufe der Pfrimm läßt sich leicht westlich von Pfifflgheim zwischen Eisenbahnlinie und Pfrimm verfolgen, im Ortsbereich scheint sie anthropogen überprägt zu sein. Ab Leiselheim ist die Pfrimm begradigt und verläuft in einem Bachbett mit trapezförmigem Querschnitt mit relativ starkem Gefälle. Nach der Gewässergütekarte (1983) gilt die Pfrimm in diesem Abschnitt als »kritisch belastet«, das entspricht der Güteklasse II-III (zit. nach Landschaftsplan 1985).

Überquert man bei der Diesterwegschule die Pfrimm, gelangt man, vorbei an dem künstlich angelegten Weiher, durch Streuobstwiesen zum nördlichen Ortsrand von Pfiffligheim. Der dörfliche Charakter hat sich beiderseits der E-W-verlaufenden Landgrafenstraße teilweise erhalten. Botanisch bemerkenswert sind entlang der Pfrimm und entlang des nördlichen Dorfrandes üppig entwickelte nitrophile Ruderal-Gesellschaften, z.b. Kletten-Fluren, Beifuß-Fluren, Knoblauchsrauken-Saumgesellschaften, was auf eine hohe Wasser- und Nährstoffspeicherkapazität der Böden schließen läßt. Für den Bereich zwischen Ortsrand und Pfrimm verzeichnet die Bodenkarte (AGSTEN 1977) Naßgley und Gley. Von der Pfrimm abgezweigt verlief früher entlang des nördlichen Dorfrandes der Mühlgraben. Daß der Geländestreifen bis zur Pfrimm nicht bebaut wurde, hat seinen Grund in der früher gegebenen Hochwassergefahr; heute ist dieser Bereich Landschaftsschutzgebiet.

Der größte Teil der Pfiffligheimer LN erstreckt sich auf dem Riedel südlich der Ortslage. Man zweigt in der Höhe der Kirche nach Süden ab, überquert die B 47 und passiert den Bahnübergang beim ehemaligen Bahnhof. Es ist die im Jahre 1864 fertiggestellte Strecke Worms-Monsheim-Kaiserslautern (Mainz-Worms-Ludwigshafen: 1853). Oberhalb des Aussiedlerhofes gewinnt man einen Überblick: Zuckerrüben und Getreide herrschen vor, Weinbau (westlich vom Standort) tritt mit 16 ha stark zurück, der Obstbau liegt mit 3.4 % an der LN über den übrigen erwähnten Ortsteilen. Gewichtet nach Arbeitsaufwand und Flächenanteil ist die Zuckerrübe die Leitkultur; das trifft auch für die übrigen Ortsteile zu. In der Klassifizierung nach Betriebssystemen herrschen Marktfrucht-Dauerkulturbetriebe vor. Die folgenden Daten erlauben den Vergleich mit den übrigen erwähnten Ortsteilen.

| Ortsteil | LN in ha | Rebfläche in ha | bereinigte Ertragsmeßzahl/Landwirtsch. Vergleichszahl | Bodennutzungs system | Betriebs system |
|---|---|---|---|---|---|
| Herrnsheim | 1019 | 185 | 67/65 | Z | D-M |
| Hochheim | 119 | 49 | 79/73 | Z | D-M |
| Leiselheim | 65 | 30 | 80/74 | Z | DWE |
| Pfeddersheim | 1008 | 131 | 78/76 | Z | M-D |
| Pfiffligheim | 354 | 16 | 83/82 | Z | M-D |

LN = Flächen mit Bodenschätzung nach dem Bodenschätzungsgesetz, Z = Zuckerrübenbaubetriebe, D-M = Dauerkultur-Marktfruchtbetriebe, DWE = Weinbaubetriebe, M-D = Marktfrucht-Dauerkulturbetriebe

*Quelle:* OFD Koblenz 1986


HP 3   Pfrimm-Niederterrasse und Freinsheim-Schichten
(TK 25 6315 Worms-Pfeddersheim; a) R 34 47 050, H 54 99 500; b) R 34 46 800, H 54 99 400)

Die eingezäunten Aufschlüsse liegen unmittelbar südlich der B 47 am westlichen Ortsausgang von Worms-Pfeddersheim. In der Grube a) werden sporadisch Sande abgebaut; die Einfahrt befindet sich auf der Südseite.

Unter Aueboden steht der ca. 2 m mächtige Schotterkörper der Niederterrasse an, im wesentlichen zusammengesetzt aus Quarziten, Rhyolith und miozänen Kalken. Die Rhyolithe sind leicht an den kästchenförmigen Hohlräumen zu erkennen, die von herausgewittertem Feldspat herrühren. In die pleistozänen, früher als oberpliozän einge-stuften Freinsheim-Schichten (ROTHAUSEN u. SONNE 1984, S. 71) sind die Terrassen-sedimente wellen- und taschenartig eingenagt. Stellenweise treten in diesem Bereich netzförmige Infiltrationen aus Eisenoxidhydraten auf. Sonst sind diese Sande überwie-gend weiß bis rötlich, diagonal geschichtet und tonarm. Ihr Vorkommen erstreckt sich etwa in dem Streifen, der durch die Wormser Stadtteile Heppenheim, Pfeddersheim, Abenheim markiert ist, bis in den Raum Osthofen, mit einer Mächtigkeit bis 50 m. Als Liefergebiet vermutet man das Pfälzer Bergland (WEILER 1952, FALKE 1960, LESER 1967, BRÜNING 1977).

## HP 4   Monsheim

In der regionalen Vor- und Frühgeschichte nimmt der Raum Monsheim eine bedeuten-de Stellung ein; die Kontinuität der Siedlung von der Jungsteinzeit bis zur Merowinger-zeit ist anhand zahlreicher Wohnplätze und Grabfunde nachgewiesen. Zu den ältesten Funden gehört der in die Jungsteinzeit datierte Hinkelstein, ein fast 2 m hoher Menhir, der im Hof des Monsheimer Schlosses (im Westen des Ortes) Teil einer Mauer ist. Sein ursprünglicher Standort war auf dem Riedel nördlich von Monsheim bei der Straße nach Niederflörsheim. Wie bei vielen Altsiedelorten des Gebietes liegt die erste schrift-liche Erwähnung des Ortes als Munolfesheim in einer Schenkungsurkunde des Klosters Lorsch vor (767). Monsheim entwickelte sich zu einem Straßendorf, gehörte lange Zeit den Grafen von Leiningen und war bis ins 15. Jahrhundert in pfälzischem Lehen. Zur weiteren Geschichte sei auf KLUG (1959), ILLERT (1972) und MICHEL (1981) verwie-sen. Das Schloß wird bereits im 14. Jahrhundert erwähnt, wird aber 1651 für Otto Lud-wig von Wachenheim neu gebaut, dessen Grabmal an der Ev. Kirche (im Osten des Ortes) zu finden ist. Die Anlage dieser Kirche auf einem ehemals befestigten Friedhof reicht bis ins 15. Jahrhundert zurück (DEHIO/GALL 1961). In der 2. Hälfte des 18. Jahr-hunderts war Monsheim Innovtionszentrum für die pfälzische Landwirtschaft. Innovator war der Mennonit David Möllinger (1709-1787), der 1744 nach Monsheim kam (Hauptstraße 34) und die seit karolingischer Zeit übliche Dreifelderwirtschaft durch Be-bauung der Brache mit Esparsette (vermutlich *Onobrychis viciifolia*), Gipsdüngung und Düngung mit reichlich anfallender Jauche aus der Viehmast, was bisher in der Pfalz nicht üblich war, veränderte. Als Viehfutter konnte er außerdem die beim Bierbrauen (Treber) und bei der Branntweinherstellung aus Kartoffeln anfallenden Rückstände ver-wenden. Diese Impulse für Fruchtfolge- und Betriebssystem fanden bald Nachahmer; aus weitem Umkreis kamen Interessenten, die das Mustergut besuchten (SCHWERZ 1816, S. 170-180; HUPPERT 1966; Mennonitisches Lexikon, S. 152-153; MICHEL 1981).

Heute ist Monsheim eine Arbeiterwohngemeinde (1985: 2 333 Ew, Verbandsgemeinde-sitz) mit fächerartiger Ausbreitung der jüngeren Wohngebiete in östlicher Richtung von der Pfrimm bis fast zur Bahnlinie im Süden. Gute Böden des Riedellandes (bEMZ 77, LVZ 81) und günstige Expositionen weisen einerseits die Zuckerrübe als Leitkultur im Bodennutzungssystem aus und begünstigen andererseits den Weinbau mit ca. 1200-jähriger Tradition (145 ha, LN 411 ha). Bestimmendes Betriebssystem ist der Dauerkul-tur-Marktfruchtbetrieb. Die verkehrsgeographisch günstige Pfortenlage am Fuß der Pla-teaulandschaft im Pfrimmtal mit der Eisenbahnlinie Worms-Kaiserslautern, der Abzwei-gung nach Alzey-Bingen und der nach Grünstadt, sowie die hier am Plateauhang weit-gehend über das Riedelland N-S-verlaufende B 271 (Beginn der Weinstraße nach S) und die E-W durch den Ort verlaufende B 47 unterstreichen die Lagebedeutung Monsheims. Die Physiognomie des Ortes hätte vielleicht eine andere Entwicklung genommen, wenn man die im Jahre 1920 auf dem Gelände des heutigen Sportplatzes (im E des Ortes an der B 47) in einer Bohrung in 539 m Tiefe erschlossene Thermalsole für balneologische Zwecke genutzt hätte; doch dazu fehlte das Kapital. Am W-Rand der Wormser Senkungszone gelegen, schüttet das Bohrloch ca. 2000 m$^3$/d weiches Wasser, das auch u.a. für Industriebetriebe von Bedeutung gewesen wäre; aber bisher ist die Bohrung nicht aufgewältigt worden (vgl. WAGNER 1951 in MICHEL 1981).

HP 5   Kriegsheim - Oberpliozäne Klebsande
(TK 25 6315 Worms-Pfeddersheim; a) R 34 43 400, H 55 00 750; b) R 34 42 900, H 55 00 600)
Sandgruben der Fa. DIDIER-Wiesbaden. Anmeldung ist erforderlich.

Im NW des Ortes Kriegsheim fällt die durch die weiße Farbe der Klebsande weithin sichtbare Abbauwand der Sandgruben auf, überlagert von älteren Terrassenablagerungen der Pfrimm und Löß. Der Raum zwischen Abbau und Pfrimm wird von der Aufbereitungsanlage, bestehend aus Absetzbecken und Schuppen zum Trocknen des Kaolins, eingenommen. Es fallen etwa 10 % Kaolin an und ca. 80 % Quarzsand; ca. 10 % Sand von sehr feiner Korngröße wird nicht genutzt und wieder in der Grube deponiert. Das Kaolin nimmt die keramische Industrie ab. Früher wurde der Quarzsand an die Glasindustrie verkauft, heute sind die Wöllner-Werke in Ludwigshafen Abnehmer. Sie produzieren wässrige Lösungen von Alkalisilikaten (»Wasserglas«), Kaliwasserglas aus einer Schmelze aus Quarzsand und Pottasche und Natronwasserglas aus einer Schmelze aus Quarzsand mit Soda oder Glaubersalz und Kohle. Mit Wasserglas läßt sich z.B. die Entzündbarkeit von Textilien und Holz herabsetzen, Papier leimen, Keramik und Glas verbinden.
Die bis zu 30 m mächtigen, kalkfreien oberpliozänen Klebsande (»Weißes Pliozän«) sind älter als die Freinsheimer-Schichten und werden als fluviatil verlagerte und in einem ruhigen Gewässer abgesetzte Verwitterungsprodukte aus dem Rotliegenden und Buntsandstein der Pfalz aufgefaßt, die in einer tektonisch bedingten Depression abgelagert wurden (»Wormser Senkungszone«). Darauf folgen die 6-8 m mächtigen Sedimente der Jüngeren Hochterrasse der Pfrimm mit nach N abnehmender Mächtigkeit, die an der Basis taschen- und rinnenförmig in die Klebsande eingenagt und teilweise mit diesen vermischt sind. Ihre Zusammensetzung aus z.T. groben und oft nur kantengerundeten Geröllen spiegelt das Einzugsgebiet der Pfrimm wider: Z.B. ist unter den Magmatiten des Rotliegenden Rhyolith stark vertreten, daneben Buntsandstein und miozäne Kalke. Zum Hangenden nimmt die Größe der Gerölle ab, sandige Hochflutlehme stellen sich ein. In diesem Bereich des Terrassenkörpers wurden zahlreiche Säugerfossilien gefunden, die die stratigraphische Einordnung in das Mosbach II erlauben (WEILER 1953, ROTHAUSEN u. SONNE 1984, S. 72, 129). Über den darauffolgenden, einige Meter mächtigen rotbraunen Hochflutlehmen (Ostwand) liegt nach WEILER (1953) mittleres und junges Pleistozän und als Abschluß des Profils z.T. verschwemmter, verlehmter Löß, ca. 1.5-2 m mächtig. Diese Sedimentfolge ist auch gut in Aufschluß (b) zugänglich, wenn man dem von der Oberkante bis zur Liegendgrenze des Terrassenkörpers führenden Weg folgt. Ca. 2 m unter der Oberkante des Aufschlusses können aus einem wenige cm mächtigen Horizont die Lößschnecken Succinea oblonga und Pupilla muscorum aufgesammelt werden. Ausführliche Beschreibung und klimageomorphologische Interpretation des Profils enthalten WEILER (1952, 1953) und LESER (1967).

## HP 6 Aufgelassene Kalksteinbrüche südwestlich Gundersheim
(Gewann Hühnerscheere
TK 25 6315 Worms-Pfeddersheim; R 34 41 000, H 54 05 600/Naturschutzgebiet)

Man erreicht die Aufschlüsse nach Passieren der Bahnunterführung, über den parallel zur Bahnlinie WNW verlaufenden asphaltierten Fahrweg bis zur Gabelung am Ringofen und dann zu Fuß über den WSW verlaufenden Schloßweg (nicht befahrbar). Die Kalke wurden für die Zuckerfabrikation abgebaut, um Kohlendioxid und Kalkmilch (Ca-Hydroxid) herzustellen. Mit Kalkmilch werden die Verunreinigungen im Rohsaft gebunden und dann durch Einleitung von Kohlendioxid wieder als Kalk gefällt.

Aufgeschlossen ist Landschneckenkalk (Algenkalke), der stellenweise von fossilreichen, geschichteten Oberen Cerithien-Schichten überlagert wird. Beide Schichtglieder werden ins Ober-Oligozän gestellt (ROTHAUSEN u. SONNE 1984), abweichend von der stratigraphischen Gliederung von WAGNER (1938), WENZ (1921) und LEPSIUS (1883), die sie ins Miozän stellen. Bemerkenswert sind die ausgeprägten Verkarstungserscheinungen mit den meist mit Roterde ausgefüllten Spalten und dolinenartigen Hohlformen. Ein weiteres Vorkommen nennt LESER (1969) bei der Borkensteiner Mühle, 1 km südlich von Harxheim. Darin findet man auch Quarzsande als Rest einer ehemaligen Überdeckung mit oberpliozänen Sanden. Die zahlreichen in den Spalten gefundenen Wirbeltierreste gestatten eine zweifache stratigraphische Zuordnung der Spaltenfüllung in oberstes Pliozän und ältestes Pleistozän (ROTHAUSEN u. SONNE 1984). Tektonisch handelt es sich (FALKE 1960) bei diesem Plateaubereich um einen Horst am NW-Rand der Wormser Senkungszone, was auch die starke Abtragung der Cerithien-Schichten erklärt. Die z.T. mächtigen Würmlößprofile wurden 1983 von FRANKENBERG u. FRANKE nach Korngrößenanteilen und Kalkgehalt mit Hilfe einer Hauptkomponentenanalyse untersucht, um daraus Anhaltspunkte für den Ablauf der Landschaftsgeschichte in diesem Zeitabschnitt zu gewinnen.

## HP 7 Hangrutschungen zwischen Mölsheim und Zell

Das von Hangrutschungen betroffene Gelände, das hauptsächlich von Weinbergen eingenommen wird, umfaßt den Bereich von Mölsheim bist westlich Zell zwischen 235 m und 245 m NN (Ausstrich der Basis des Kalksteinstockwerkes) bis etwa 175 m NN. Hinweise geben bereits die zahlreichen Ausbesserungen der am Hang von Mölsheim nach Zell verlaufenden Straße, die auf weiten Strecken im Grenzbereich Kalk- und Mergelstockwerk verläuft, und der Straßen von Zell nach Harxheim und Niefernheim. Ein Gang durch die Weinberge im Gebiet des Silberbergs, des Kreuzbergs (Weinlage »Zeller Schwarzer Herrgott«) und südwestlich der beiden Zeller Kirchen zeigt ein unruhiges Kleinrelief. In der Ortslage von Zell konzentrieren sich die z.T. beträchtlichen Gebäudeschäden auf die Untergasse (südlich der Hauptstraße). Neubauten findet man nur nordöstlich der Hauptstraße und an der zum Plateau führenden Straße, die hier im standsicheren Kalkstockwerk verläuft. Nach KRAUTER/STEINGÖTTER (1983) u. HÄFNER (1987) sind mit dem mit etwa 3 ° nach Süden geneigten Schichtpaket drei Grundwasserstockwerke ausgebildet:

a) die kluftreichen und verkarsteten Sandsteine, die das Wasser an ihrer Basis als Schichtquellen austreten lassen,

b) der mittlere Grundwasserleiter im Bereich der Ortslage in ca. 18 m Tiefe, aus einer 1.5 m mächtigen Feinsandlage bestehend, und

c) ebenfalls eine Feinsandlage in 26 m Tiefe.

An der Liegendgrenze des mittleren Grundwasserleiters finden Gleitbewegungen statt, die vom Quellhorizont ausgehen und sich ins Hangende und Liegende ausdehnen. Seit 1903 wurden 48 Hangbewegungen registriert, an denen eine Masse von $4 \times 10^6$ m$^3$ beteiligt war. 1935 sollte eine Tiefdränage Abhilfe schaffen, nachdem ab 1927 die Schäden so gravierend waren, daß sogar das Verlassen der Dörfer Zell und Mölsheim erwogen wurde. Diese Maßnahme hatte nur mäßigen Erfolg. Wie ANDRES (1977) aufgrund einer Dokumentation der Schäden herausstellt, sind die Rutschungen nicht nur auf die besondere hydrogeologische Situation und die Niederschlagsverteilung bzw. -intensität zurückzuführen, sondern auch durch den wirtschaftenden Menschen begünstigt worden.

## HP 8   Quellgumpen bei Niefernheim
(TK 25 6314 Kirchheimbolanden; R 34 38 750, H 55 00 775)

Die Stelle liegt am Südufer der Pfrimm. Man erreicht sie, indem man von der B 47 nach Niefernheim abbiegt und den unmittelbar vor der Pfrimmbrücke nach Osten abzweigenden Fußweg benützt. Nach 250 m hat man eine mit verwildertem Baumbewuchs und Unterholz bestandene Verebnung erreicht (ca. 150 m NN), die im Süden von einer steilen Böschung begrenzt wird. Die Verebnung liegt 1-2 m über dem Niveau der Pfrimm und weist drei ovale Quelltümpel auf, die in die Pfrimm entwässern. Die Örtlichkeit hat den Flurnamen 'In den Löchern'; die Bevölkerung kennt sie auch unter dem Namen 'Hainlust'. Eine Gestaltung des Geländes durch den Menschen ist unverkennbar. Eine erste Beschreibung stammt von CERTAIN (1913), der in einer Skizze Quelltümpel verzeichnet, die heute verschwunden sind. In einem der Tümpel hat er eine Tiefe bis zum Beginn der Schlammschicht von 10,5 m gemessen; hier sind am 15. März 1912 drei hohe Erlen und einige Jahre davor zwei Pappeln eingesunken (ibid., S. 37). Erwähnt werden u.a. auch ein starker Schlammaustritt nach dem Erdbeben am 16. Nov. 1911 und Trübungen des Wassers bei Wetterwechsel (ibid., S. 38). Einige Indizien sprechen dafür (vgl. auch REIS 1921, SPUHLER 1957, KLUG 1959), daß es sich um Quellen handelt, die mit starkem Auftrieb an einer im Pfrimmtal W-E streichenden Verwerfung aufdringen: Das Kalk-Mergelstockwerk liegt südlich der Pfrimm in einem tieferen Niveau, so daß die wasserführenden Schichten auf die wasserstauenden Pelite des Oligozän treffen und das Wasser zum Aufsteigen zwingen. Neuere Ergebnisse von Lotungen sind bisher nicht bekannt geworden, ebenso stehen umfassende tektonische und hydrogeologische Untersuchungen noch aus.


## HP 9   Zell

Am Südhang des Osterberges gelegen, enthält die kleine Gemarkung (1,76 km$^2$) 75 ha Rebland und 81 ha Ackerland; davon entfallen 18 ha auf schwere Böden. Leitkultur ist die Zuckerrübe, nach der Systematik der Betriebe überwiegen Dauerkultur-Marktfruchtbetriebe (bEMZ 70; LVZ 62). Über 60 % der Erwerbstätigen sind Auspendler, etwa 50 % der in Zell Arbeitenden sind in der Landwirtschaft tätig.

Ortsname, ovaler Ortsgrundriß mit atypischer Lage der ev. und kath. Kirche am westlichen Ortsrand an der Straße Mölsheim - Einselthum (Hauptstr.), spärlicher Zuwachs an Neubauten im Vergleich zu den übrigen Gemeinden am südexponierten Hang des Kalkplateaus und stagnierende Einwohnerzahl (ca. 260 Ew) lassen eine von den übrigen Gemeinden abweichende Entwicklungsgeschichte vermuten (im wesentlichen nach

KLUG 1959, MORAW 1964, BIUNDO 1976): Um 760, in der Regierungszeit Pippins, läßt sich in der Nähe des heutigen Dorfes Zell der englische Priester Philipp in einer Einsiedelei nieder und errichtet eine Michaelskapelle. Topographische Anhaltspunkte gibt es nicht. Nach dem Tod Philipps und seiner Heiligsprechung siedelt sich eine klösterliche Gemeinschaft bei der Einsiedelei an, die schon vor 814 dem Kloster Hornbach bei Zweibrücken unterstand und zusammen mit dem Königshof in Albisheim Einfluß auf das dabei sich entwickelnde Dorf Zell nahm. Zell wird bereits Ende des 9. Jahrhunderts im Martyrolog des Klosters Lorsch erwähnt, als Dorf wird es 1135 erstmals genannt. 975/76 wird das Philippsstift gegründet und mit der Aufhebung des Stiftes 1550/53 (MORAW 1964, S. 85) nimmt die Bedeutung des Ortes Zell ab. Im 15. Jahrhundert bildet der Wallfahrtsort Zell mit Harxheim und Niefernheim eine Gemeinde mit gemeinsamer Gerichtsordnung, Weistum und Gemarkung; heute sind diese drei Gemeinden wieder unter dem Ortsnamen Zellertal zusammengeschlossen.

Die Blütezeit Zells fällt in die zweite Hälfte des 15. und den Anfang des 16. Jahrhunderts; sie geht zurück auf die 1407 neu ins Leben gerufene Philipps-Bruderschaft mit ca. 750 Mitgliedern, bestehend aus Bauern, Bürgern, Niederem Adel, Grafen und Fürsten, die sich als eine 'Gebetsgenossenschaft für Lebende und Tote' verstanden (ibid., S. 160/63, 164). Gründe für den Niedergang waren wirtschaftliche Schwierigkeiten, Kriegsauswirkungen, Lockerung des Zusammenhalts und abnehmende Mitgliederzahl bei der Philippbruderschaft und schließlich der Einzug der Reformation. Von den Stiftsgebäuden ist nur nördlich der katholischen Pfarrkirche (im Rokoko-Stil), die etwa am Ort der Stiftskirche St. Philipp 1744-49 errichtet wurde, der 'Stiftskeller' erhalten. Die evangelische Pfarrkirche stammt aus der 2. Hälfte des 17. Jahrhunderts. Daß nur noch spärliche Überreste vorhanden sind, liegt z.T. an den Hangrutschungen und andererseits daran, daß das Gebiet als militärisches Durchzugsgebiet stärkerer Zerstörungen ausgesetzt war (ibid., S. 24). Die heute als atypisch empfundene Lage der beiden Gotteshäuser erklärt sich aus der unabhängigen Entwicklung des zuerst entstandenen Philippsstiftes mit seinem Immunitätsbezirk gegenüber dem nach und nach sich entwickelnden Dorf (ibid., S. 141).

HP 10: Albisheim

Im Nordwesten umgeben von der charakteristischen Kulisse des Wartberges, mit dem rebenbestandenen südexponierten Hang und dem Wartturm (15.-16. Jahrhundert), dem Saukopf im Süden und dem Osterberg im Nordosten, liegt das Straßendorf Albisheim (1985: 1000 E.) bei der Mündung des Leiselbaches in die Pfrimm. Dieser Bach ist im Bereich des Kalkplateaus der einzige Zufluß, der im niederschlagsreichen Rotliegend-Bergland, am Kuhkopf-Massiv westlich Kirchheimbolanden, entspringt und durch seinen Verlauf den Wartberg von dem größeren Plateau im Norden und Osten abtrennt. Den Wartturm erreicht man über einen Fahrweg am Osthang des Wartberges von der B 47 aus. An der Abzweigung des Weges nach Westen zum Wartturm liegt ein kleiner Judenfriedhof (Schlüssel bei der Gemeindeverwaltung). Man gewinnt beim Aufstieg einen guten Einblick in die Hanggliederung. Der rebenbestandene Steilhang wird von Cerithienschichten gebildet, auf die bis zur Plateaukante die Corbiculaschichten folgen. Die Äcker nördlich des Weges entlang der Plateaukante sind in flachgründiger Rendzina mit großem Lesesteinanteil angelegt. Vom Wartbergturm blickt man über die Westgrenze der Kalkplateaus, die hier auch Westgrenze des Weinbaus und naturräumliche

Grenze ist, auf das tiefer liegende Hügelland im Bereich der oberen Pfrimm mit seinen ackerbaulich genutzten dunkelroten Böden aus Oberrotliegend-Sedimenten, die mit größeren Waldarealen auf konglomeratisch ausgebildeten Schichtgliedern und Rotliegend-Magmatiten abwechseln. Im Vordergrund, wo die Pfrimm in das Plateau eintritt, liegt Marnheim mit der Ruine einer vor dem 2. Weltkrieg das Pfrimmtal überquerenden Eisenbahnüberführung der Strecke Marnheim-Kirchheimbolanden, die 1874 eingerichtet wurde.

Für die Entwicklung Albisheims an der von Worms nach Westen führenden Königsstraße war der 835 bezeugte Königshof, das palatium regium, bedeutsam. Allerdings sind bisher keine Reste dieser Königspfalz gefunden worden. Aufgrund von Flurnamen (An der Hofstatt, Fronhof, An der Königsstraße, Auf der Königsstraße) ist ihre Lage in Gelände südlich und südwestlich der heutigen Molkerei wahrscheinlich. Von der mittelalterlichen Befestigung Albisheims, die noch bis zum Anfang des 18. Jahrhunderts vorhanden war, ist ebenfalls nichts mehr zu sehen (s.a. KLUG 1959, S. 131f).

Die günstigen Voraussetzungen für die Landwirtschaft, wie sie im Riedelland gegeben sind, werden hier überwiegend durch geneigtes bis hängiges Gelände (80 % des Ackerlandes), 35 ha schwere Böden, Anfälligkeit für Bodenerosion, wie sie besonders am Wartberg nach Starkregen zu beobachten ist, geschmälert. Das schlägt sich in der bEMZ von 56 und der LVZ von 61 nieder. Weinbau wird nur am Wartberg auf 47 ha betrieben. An erster Stelle (1979) steht die Braugerste, die mit 232 ha rund ein Drittel des Ackerlandes einnimmt, gefolgt vom Weizen (147 ha) und Hackfrüchten (132 ha), hier hauptsächlich Zucker- und Futterrüben. Von den 40 Betrieben (1979) bewirtschaftet die Hälfte eine LN von mehr als 15 ha. Der Marktfrucht-Dauerkulturbetrieb herrscht vor. Unter den am Ort Arbeitenden sind ca. 20 % in der Landwirtschaft beschäftigt, etwa 40 % in Handwerk und Industrie (u.a. Molkerei), ca. 50 % sind Auspendler mit Ludwigshafen, Worms und Kirchheimbolanden als wichtigsten Zielgemeinden. Bis in die 30er Jahre waren die Kalksteinbrüche am Saukopf mit einem Zementwerk an der Bahnlinie eine weitere Erwerbsquelle. Inzwischen ist dieser Bereich des Saukopfes wegen der bedeutenden Steppenheideflora Naturschutzgebiet. Früher wurden auch am Osterberg, in der Flur Bärenstall, die auf miozänen Kalken lagernden pliozänen Sande abgebaut und zur Glasherstellung ins Rheinland verkauft (KÖLLNER 1854).

## HP 11  Bolanderhof und Bolanden

Von Marnheim folgt man der Kaiserstraße (B 40) in Richtung Kirchheimbolanden. Östlich der Straße erhebt sich das Kalkplateau. Am Westhang verläuft die Trasse der ehemaligen Bahnstrecke Marnheim-Kirchheimbolanden und die Trasse der neuen Autobahn (A 63) Mainz-Kaiserslautern in den Sedimenten des Oligozäns. Hier sind im Frühjahr 1986 am Autobahneinschnitt östlich des Bolanderhofes am Hang des Hungerberges Rutschungen aufgetreten. Das Bolander Tal markiert in diesem Bereich den Verlauf einer vermuteten Verwerfung, die die tektonische Westgrenze des Mainzer Beckens zum Oberrotliegenden bildet, das hier teilweise von Löß und seinen Derivaten überdeckt wird.

Anfang des 12. Jahrhunderts kommt der Bolanderhof in den Besitz des Geschlechtes der Bolander, die bei den Höfen, im Tälchen am Westfuß des Hungerberges, die Wasserburg Altbolanden errichten. Spärliche Überreste sind noch zu sehen (K.D.). Wasser liefert ein Bach, der vom Goldbrunnen, 200 m nördl. des Bolanderhofs, gespeist wird.

*Abb. 3:* **Mittelalterliche Topographie von Bolanden**

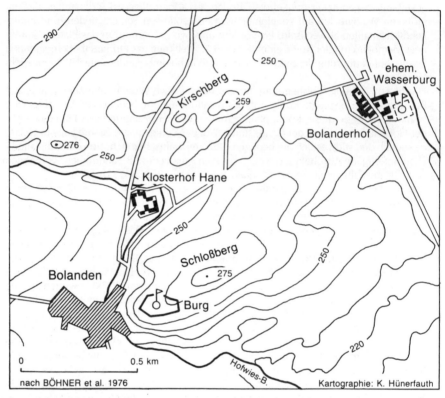

Um 1206, nach dem Bau der Burg Neubolanden auf dem Schloßberg (1 200 m süd-westl. des Bolanderhofs) wurde die Wasserburg bedeutungslos. Am Fuß des Schloßber-ges, im Tal des Hofwiesbaches, entstand das Dorf Bolanden, das 1333 erstmals erwähnt wird. Burg und Talort wurden 1689 zerstört. Mauerzüge der Burg sind noch erhalten. Der Aufstieg Bolandens zu einem Ort mit Marktfunktionen blieb aus, weil die Herr-schaft Bolanden schon 1220 in den Besitz des Reichsortes Kirchheim kam, der dann später eine größere Zentralität erlangte.

Älter als die Burg Neubolanden ist das ehemalige Kloster Hane ('Klosterhof' nördlich des Schloßberges), ein Prämonstratenserinnen-Kloster, das 1129 von Werner I. v. Bo-landen gegründet und im Zuge der Reformation 1564 aufgelöst wurde. Die renovierte ehemalige Klosterkirche und mittelalterliche Klostergebäude sind noch erhalten und werden landwirtschaftlich genutzt.

Der Weinbau spielt hier an seiner westlichen Verbreitungsgrenze eine unbedeutende Rolle und befindet sich im Rückzugsstadium. Hauptanbaufläche war der südexponierte Hang des Schloßberges und ein kleines Areal von Bolanden, am Wingertsberg. In den 50er Jahren waren noch 6 ha bestockt, 1964 nur noch 3 ha, 1986 wird noch 1 ha ange-geben. Die landwirtschaftliche Nutzfläche von Bolanden (1979: 807 ha) wird von 27

Betrieben bewirtschaftet, die fast alle Marktfruchtbetriebe sind, davon 12 Betriebe mit mehr als 30 ha Anbaufläche. Die Richtgröße liegt bei 14 ha. Allein 72 % der LN entfallen auf den Getreidebau, vorherrschend sind Weizen und Braugerste, rund 12 % auf Hackfrüchte und der Rest ist Grünland. Aufgrund des höheren Anteils an Peliten in den Oberrotliegendsedimenten machen schwere Böden 134 ha aus. Die mittlere bEMZ mit 49 und die LVZ mit 43 sind niedriger als bei den Gemeinden im Bereich des Plateau- und Riedellandes.

## HP 12   Kirchheimbolanden

Kirchheimbolanden liegt im Grenzbereich zweier Landschaften, dem offenen rheinhessischen Tafel- und Hügelland und dem Nordpfälzischen Bergland. Die Lage am Ostrand des bewaldeten Kuhkopfmassivs und im Lee des Donnersberges bewirkt eine klimatische Begünstigung, wenn maritime Witterungseinflüsse dominieren, was durch den jetzt allerdings stark rückläufigen Weinbau angedeutet wird (15 ha in den 50er Jahren, 4 ha 1986). Fruchtbare Böden, die bedingt durch die Lößüberdeckung, auch auf die hier verbreiteten magmatischen Gesteine des Rotliegenden übergreifen - und ausreichend Niederschläge, gaben der ursprünglichen Siedlung Kirchheim eine ausreichende Existenzsicherung durch die Landwirtschaft. Auch verkehrsgeographisch war die Lage des erstmals in karolingischer Zeit erwähnten Ortes nicht unbedeutend, z.B. die von Mainz über Kaiserslautern nach Metz führende Römerstraße, die heutige Kaiserstraße, die von Worms kommende Straße über Albisheim (Königshof) zum Donnersberg und weitere W-E verlaufende Höhenwege (s. DÖHN 1968, S. 59).
Im 12. Jahrhundert kam Kirchheim in den Besitz der Herren von Bolanden, danach übten die Grafen von Sponheim die Herrschaft aus. Das Stadtrecht wurde Kirchheim 1368 von Kaiser Karl IV. verliehen. Danach begann man die Stadt zu befestigen; ein Teil der Stadtmauer und drei Türme sind noch erhalten: der Rote Turm, der Graue Turm und der sog. Apothekerturm, alle westlich der Langstraße. Von den drei Stadttoren sind in der Langstraße das Obere Tor und das Untere Tor erhalten, beide mit barocken Helmen. Ein Wartturm (15. Jahrhundert) befindet sich im Schillerhain, auf der Höhe westlich der Stadt (über die Breitstraße zu erreichen). Durch Erbschaft gelangte Kirchheim Ende des 14. Jahrhunderts an die Grafen von Nassau-Saarbrücken, 1574 bis zur Französischen Revolution an das Haus Nassau-Weilburg und wurde zweite Landesresidenz ('kleine Residenz'). Kirchheim erhielt jetzt häufiger den Zusatz 'bei Bolanden', woraus sich im 19. Jahrhundert »Kirchheimbolanden« bildete und amtlich gültig wird. Im 18. Jahrhundert erfährt Kirchheimbolanden eine wesentliche Stadterweiterung (vgl. DÖHN 1968, S. 216f): Die 'Obere Vorstadt', die Vorstadt vor dem Unteren (südl.) Stadttor und die neue Allee, um 1820 auch als Pariser Straße bezeichnet, die südlich des Unteren Tores zum Schloß abzweigt. Fürst Karl August von Nassau-Weilburg läßt unter der Leitung von Guillaume d'Hauberat 1738-1740 das barocke Schloß erbauen. Von der ursprünglich dreiflügeligen Anlage ist nur noch der Ostflügel vorhanden. Der Schloßgarten hat sich inzwischen stark verändert; bemerkenswert sind der Baumbestand und einige Portale. In der Alleestraße (südlich des Schloßgartens) stehen noch Gebäude, die zum ehemaligen Küchengarten des Schlosses gehörten, darunter die Orangerie (1776). Nordwestlich des Schlosses steht in der heutigen Neumayerstraße noch das ehemalige fürstliche Ballhaus (1752). Etwa zur gleichen Zeit wie das Schloß entsteht die Schloßkirche (1739-1744), die heutige evangelische Pfarrkirche St. Paul, erbaut nach Plänen des

## *Abb. 4:* **Kirchheimbolanden um 1830**

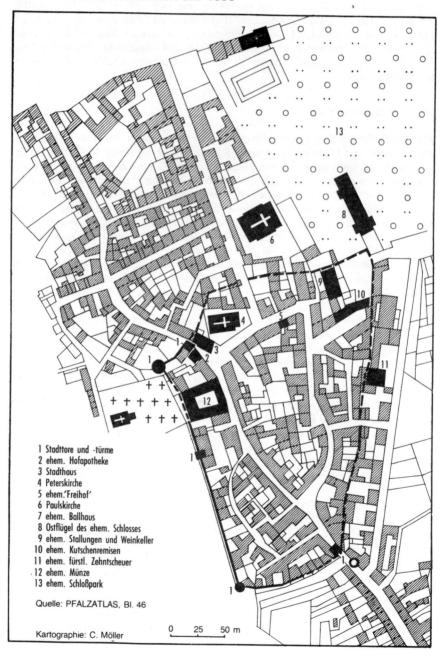

1 Stadttore und -türme
2 ehem. Hofapotheke
3 Stadthaus
4 Peterskirche
5 ehem.'Freihof'
6 Paulskirche
7 ehem. Ballhaus
8 Ostflügel des ehem. Schlosses
9 ehem. Stallungen und Weinkeller
10 ehem. Kutschenremisen
11 ehem. fürstl. Zehntscheuer
12 ehem. Münze
13 ehem. Schloßpark

Quelle: PFALZATLAS, Bl. 46

Kartographie: C. Möller

0   25   50 m

70

Weilburger Hofarchitekten Julius Ludwig Rothweil (Schlüssel im Pfarramt). Auf der Stumm-Orgel spielte Mozart Ende der 70er Jahre anläßlich eines Besuchs bei der Fürstin Caroline. Vor allem sind in der Amtsstraße, der früheren Prinzenstraße oder Prinzengasse, die auf die Neumayerstraße führt, einige Beispiele der Bausubstanz des Barock und Rokoko erhalten: z.B. das Haus Nr. 29 (1750 erbaut), das Geburtshaus von Georg von Neumayer (1826-1909), des Antarktisforschers, Geographen, Gründers und ersten Direktors der deutschen Seewarte. Ursprünglich war in diesem Haus die Amtsschreiberei untergebracht; Haus Nr. 14, ein ehemaliger Kavaliersbau aus der Rokokozeit, heute Heimatmuseum; Haus Nr. 1, ein um 1770 entstandener Rokokobau; außerdem z.B. die Häuser Nr. 31 in der Schloßgasse (Rokoko 1750-1760); Nr. 29 in der Langstraße, die 'Schwanenapotheke' (1725 erbaut); Nr. 6 in der Langstraße (1769), die ehemalige fürstliche Schreinerei. Weitere Häuser aus dieser Zeit sind in der Holzgasse, der Gutenberg- und Mozartstraße erhalten. Die Neue Allee mit Kavaliershäusern (nach 1760) läßt das Bemühen um eine einheitliche Gestaltung noch erkennen, wobei man vermutet, daß Joachim Friedrich Stengel Ideen dazu geliefert hat (ibid., S. 270/271). Im 19. Jahrhundert erweiterte sich die Stadt, an die südliche Vorstadt anschließend, westlich der seit 1871 bestehenden Eisenbahnlinie Kirchheimbolanden-Alzey, die ab 1874 den Anschluß nach Marnheim bekam und dadurch auch die Verbindung nach Kaiserslautern. Die relativ späte Anbindung an das Eisenbahnnetz brachte nicht den erhofften Bedeutungszuwachs, wie überhaupt die Industrialisierungsphase, ähnlich wie in anderen pfälzischen Kleinstädten, keine nennenswerten Veränderungen auf dem Wirtschaftssektor hervorrief.

Strukturwandel in der Landwirtschaft, schwache Ausstattung an Arbeitsplätzen im produzierenden Gewerbe und im tertiären Bereich verschärften noch die Lage in dem ohnehin strukturschwachen Raum. Inzwischen haben sich im Industrie- und Gewerbegebiet, zwischen B 40 und Eisenbahnlinie im Nordosten der Stadt, einige Fertigungsbetriebe niedergelassen (Lebensmittel-, Glas-, Textil-, Tubenindustrie, Wagenanhänger u.a.). Kirchheimbolanden erfuhr durch die Gebietsreform eine Aufwertung als Kreisstadt des neu aus den ehemaligen Landkreisen Rockenhausen und Kirchheimbolanden entstandenen Donnersbergkreises; außerdem ist die Stadt Sitz der gleichnamigen Verbandsgemeinde. Durch die Anbindung an die in naher Zukunft fertige A 63 erhofft man sich einen weiteren Zuwachs an Arbeitsplätzen. Man beginnt auch die reizvolle landschaftliche Lage des Ortes und die relativ gut erhaltene historische Bausubstanz des Ortes dem Tourismus zugänglich zu machen.


HP 13   Dannenfels


Dannenfels zeigt aufgrund seiner landschaftlich schönen Lage, abseits vom hektischen Verkehrsbetrieb und wegen seiner klimatischen Vorzüge im Windschatten des Donnersberg-Osthanges schon früh Entwicklungsansätze zu einem Ausflugs- und Erholungsort mit einem relativ hohen Anteil der Erwerbstätigen im Dienstleistungssektor. Bereits 1875 entstand hier ein Kurhotel am Berghang südwestlich des Ortes, die 'Villa Donnersberg', die nach dem 1. Weltkrieg als Kinderkurheim diente und neuerdings eine Klostergemeinschaft beherbergt. Von 1892/93 bis 1973 unterhielt die BASF im Nordwestteil des Ortes eine Lungenheilstätte, deren großzügig gebaute Anlage jetzt als Studienhaus genutzt wird. Andererseits ist Dannenfels durch den Obstbau und die Edelkastanien bekannt, was ebenfalls auf die lokale Klimagunst zurückzuführen ist. Hier sind besonders die Äpfel und Birnen hervorzuheben, die überwiegend in Niederstammanlagen gezogen werden. 1986 betrug die gesamte Obstanbaufläche 110 ha. Vermarktet wird das Obst seit 1969 über den Obstgroßmarkt in Weisenheim am Sand. Bemerkenswert ist auch der vor dem 2. Weltkrieg begonnene Erdbeeranbau, der 1965 seinen Höhepunkt mit 6,75 ha und 48 Anbauern erreichte, dann bis heute aber stetig zurückging. Eine Flurbereinigung und zwar die sog. 'beschleunigte Zusammenlegung', wurde 1959 durch das Kulturamt Worms durchgeführt, wobei aber nur 57 % der LN einbezogen waren. Die von Dannenfels bis zur östlichen Gemarkungsgrenze am Dörrbach verbreiteten Hangpseudogleye und Pseudogleye sind für den Ackerbau ungünstig; Versauerung und Zerstörung der Tonminerale mindern erheblich die Qualität dieser Böden. Lediglich Hangpseudogley eignet sich für Grünland. Dementspreched sind die mittlere bEMZ mit 36 und die LVZ mit 26 recht niedrig.

Die geschichtliche Entwicklung von Dannenfels beginnt um 1270 mit der Erbauung der Burg Tannenfels, von der nur noch ein Turmrest und der Halsgraben vorhanden sind. Man erreicht die Burg, wenn man von der Straße oberhalb der Kirche den nach Nordwesten abzweigenden Weg entlang am Waldrand nimt; nach ca. 500 m gelangt man im Wald an einen mit Buchen bestandenen Hügel. Seit 1525 ist die Burg zerstört. Im Jahre 1331 erhielt Graf Philipp von Sponheim von Kaiser Ludwig d. Bayer die Stadtrechte für Dannenfels. Eine entsprechende Entwicklung des Ortes blieb jedoch aus, weil Heinrich II. von Sponheim-Dannenfels nach Kirchheim, seinem neunen Herrschaftssitz, übersiedelte; dadurch verlor Dannenfels an Bedeutung. Es ist ohnehin fragwürdig, ob das Dorf aufgrund der verkehrsgeographisch abseitigen Lage, der Reliefverhältnisse und des Mangels an sonstigen natürlichen Lagevorteilen die Voraussetzung für eine Stadtentwicklung geboten hätte. Sehenswert ist die 1773 erbaute evangelische Kirche mit einer Stumm-Orgel von 1758. Der Kirchturm wurde erst 1782 abgebaut. Reste der Wehrmauer des ehemals befestigten Friedhofs sind noch vorhanden. Im Dannenfelser Forsthaus in der Hohlstraße wurde 1823 der Geologe Carl Wilhelm von Gümbel geboren, der sich um die Erforschung der Geologie von Bayern verdient gemacht hat.


## HP 14 Donnersberg - Keltischer Ringwall und Relikte jüngerer Besiedlung

Man verläßt Dannenfels nach Nordosten über die L 394 bis zur Eschdelle (Parkplatz). Hier findet man im näheren Umkreis, unterhalb des Rhyolith-Blockschuttes dunkle Tonsteine. Sie werden in die obere Kusel-Gruppe gestellt und enthalten das Odenbacher Kohlenflöz, das vorübergehend hier abgebaut wurde (HANEKE 1987, S. 20). Die Eschdelle ist Naturschutzgebiet und zeichnet sich durch einen Eschen-Ahorn-Schluchtwald mit reichem Vorkommen des Wilden Silberblattes (Lunaria rediviva) aus.

Auf der Weiterfahrt kommt man an den zu Dannenfels gehörenden Wohnplatz Bastenhaus, wo man nach S auf die Straße abbiegt, die zur Donnersberghochfläche führt. Am Waldrand liegt der Wohnplatz Gerhardshütte. Bastenhaus ist nach Sebastian Fischer benannt, einem Waldhüter, der sich hier zwischen 1768 und 1774 niederließ; einer seiner Söhne, Gerhard, siedelte sich 1772 südlich davon, in der Nähe eines Meilerplatzes an, daher 'Gerhardshütte' (R. ENGELS 1981, S. 61).

Bevor man die Hochfläche erreicht, schneidet die Straße zweimal den aus Rhyolithblockschutt bestehenden Ringwall. Ursprünglich bestand die Befestigung des keltischen Oppidums (n. H.J. ENGELS 1981, S. 156-164), die mit 8,5 km Länge ein Areal von 240 ha umschließt, aus einer ca. 4,5 m hohen Trockenmauer auf der Frontseite, in die im Abstand von 3 m ca. 40 cm dicke Holzpfosten eingelassen waren; zur Stabilisierung war jeder Pfosten mit zwei schrägliegenden Balken verbunden, die mit Steinen in dem hinter der Frontmauer angeschütteten 6 m breiten Wall verkeilt waren. Eine Steinpackung am Fuß dieses Walles sollte als Widerlager ein Abrutschen der Blockmassen unterbinden. Die Rekonstruktion eines Teils des Ringwalls östlich des Ludwigsturms vermittelt davon ein eindrucksvolles Bild. Hier ist die Hangneigung nicht so stark, so daß als zusätzlicher Schutz ein Graben von etwa 1 m Tiefe mit V-förmigem Querschnitt in das Gestein gehauen wurde. Diese Bautechnik trifft man bereits seit der späten Bronzezeit in unserem Gebiet an. Welcher keltische Stamm mit dem Oppidum in Verbindung zu bringen ist (Grenzgebiet der Treverer und Mediomatriker), läßt sich allein anhand des Fundmaterials nicht bestimmen; die Entstehung des Oppidums datiert man um 150 v. Chr. Ca. 1 100 m nördlich des Ludwigsturms gibt es eine noch ältere Wallanlage, die Schlackenwall genannt wird, weil sie vermutlich durch Brand der hölzernen Wallverbauung angeschmolzene Rhyolithstücke enthält, die auch zum Bau der großen und damit jüngeren Befestigunsanlage verwendet wurden (ibid., S. 163). 1974/75 wurden 560 m NNW des Ludwigsturmes die Überreste eines spätkeltischen Heiligtums ausgegraben, die sog. Viereckschanze (ibid. Grabungsbericht 1976). Insgesamt ergaben die bisherigen Grabungen noch keine Hinweise auf die Art und Weise des Niederganges des Befestigungswerkes, ebensowenig weiß man etwas über die Gründe des Fehlens von Siedlungsspuren bis ins Mittelalter.

Wesentlich jünger sind die Wallanlagen am Kübelberg, 1.5 km nordöstlich von Falkenstein, wo Pingsdorf-Keramik eine Datierung ins 10.-11. Jahrhundert ermöglichte. Unter dieser Bezeichnung versteht man eine in karolingischer Zeit hergestellte Irdenware, mit braunem Strichmuster; Hauptfundpunkt ist Pingsdorf bei Köln. In diese Zeit gehört auch die Anlage auf dem Herkulesberg, 1 km westlich von Jakobsweiler. Man sieht in ihnen Fluchtburgen der Höfebewohner in den Tälern.

Im Bereich des heutigen Waldhauses (Gaststätte) stand 1335 die Wallfahrtskapelle St. Jakob, deren Gründung durch Keramikfunde und den Fund einer Palmette ins 13. Jahrhundert datiert werden kann (R. ENGELS 1981, S. 14). 1370 errichtete hier der Paulinerorden ein Kloster, das bis 1544 bestand. Bei den Grabungen 1961 wurden Teile der Grundmauern freigelegt. Zu sehen sind heute noch Umwallungen von vier Klosterteichen: a) 400 m nordwestlich des Waldhauses, b) 300 m nordwestlich, heute noch als Löschteich genutzt und vom Eschbach gespeist, der beim Waldhaus entspringt, c) und d) 75 m nördlich des Waldhauses. Eine Sakramentsnische aus dem 14. Jahrhundert ist im Waldhaus in die Wand des Gastraumes eingelassen; eine emaillierte Pyxis (Behälter zum Aufbewahren geweihter Hostien um 1200) wird im Historischen Museum in Speyer aufbewahrt.

Danach wurde im letzten Viertel des 16. Jahrhunderts durch die Grafen von Nassau-Weilburg ein Jagdhaus mit Stallungen in den Gebäuden des Klosters eingerichtet, das in der Zeit des 30-jährigen Krieges verfiel (ibid., S. 22). 1670 werden an den Schweizer Peter Welter, aus der Umgebung von Bern stammend, Haus, Stallungen und 100 Morgen Wiese verpachtet, auch eine Melkerei war geplant (ibid., S. 29/30). Das Hofgut bestand, meist von Mennoniten bewirtschaftet, bis 1855, dann wurde es vom bayerischen Staat aufgekauft und die Ländereien aufgeforstet. Ackergrenzen (19. Jh.) findet man z.B. 200 m und 300 m NNW, zwei Lesesteinhaufen 275 m und 200 m nordwestlich des Fernsehturmes; auf den Lesesteinwall, der Wiesen und Ackerland des Hofgutes begrenzt hat, trifft man 75 m nördlich des Fernsehturmes und 350 m südöstlich davon auf den Lesesteinwall um das ehemalige Ackerland am Rainacker (ibid., Tafel 14; HANLE 1960, S. 112).

## HP 15   Mordkammerhof

Der Mordkammerhof, benannt nach dem gleichnamigen Tal, liegt 1500 m südlich von Marienthal. Seine Entstehung geht auf die zweite Hälfte des 18. Jahrhunderts zurück.Er war zuerst Wohnsitz einer Holzarbeiterfamilie (R. ENGELS 1981, S. 61). Über die Herkunft des Namens 'Mordkammer' gibt es bisher keine Einigung. Die Bezeichnung 'Mordkammer' gibt es übrigens auch für ein Tälchen 250 m westlich der B 47 bei Göllheim, das in Sedimenten des Oberrotliegenden angelegt ist und ebenfalls sumpfige Abschnitte aufweist.

Unmittelbar südöstlich des Mordkammerhofes sieht man eine Halde um einen verstürzten Schacht mit dunklen Tonsteinen der Oberen-Kusel-Gruppe; eine weitere Halde, die inzwischen bebaut ist, liegt gegenüber des Hofes am Fahrweg ins Mordkammertal. Das sind Bergbauspuren des erfolglosen Versuchs, die in einigen Bereichen der Donnersbergumrandung in steiler und gestörter Lagerung ausstreichenden Sedimente der Kusel-Gruppe mit dem Odenbacher Kohlenflöz zu erschließen und abzubauen. ROSENBERGER (1983, S. 95-97) berichtet von einem 14 m tiefen Schacht beim Mordkammerhof und einem 112 m langen querschlägigen, nach E vorgetriebenen Stollen westlich davon. Die 1857/58 begonnenen Erschließungsarbeiten erbrachten vier 65-70° nach SW einfallende Flöze von 20 m Mächtigkeit und weniger; auch weitere Versuche zwischen 1903 und 1908 und 1920/21 blieben ohne Erfolg. Seit März 1921 sind die Grubenbaue aufgelassen. Wegen der tektonischen Verstellungen handelt es sich wahrscheinlich um ein Flöz.

## HP 16   Falkenstein (Parkplatz im Burghof und oberhalb des Dorfes Falkenstein)

Die Lage der Burg Falkenstein und die des gleichnamigen Dorfes an steilem Hang zwischen Burgfelsen und Donnersberg-Nordwesthang vermittelt einen malerischen Anblick. Durch Werner I. von Bolanden um 1125 erbaut, bestand die Burg mit Befestigungsanlagen, die auch das Dorf einschlossen, bis zum Dreißigjährigen Krieg 1647, wo sie von den Franzosen eingenommen und die Befestigung geschleift wurde; die Burg brannte aus und verfiel. Eine Reihe von Ungunstfaktoren ließen die Entwicklung des Dorfes stagnieren: Nur 115 ha landwirtschaftsfähige Fläche mit minderwertigen Böden (basenarme Braunerden, z.T. podsolig, Ranker; 680 mm Jahresniederschlag) bei eine bEMZ von nur 29 und LVZ von 16,5, 50 % der Ackerfläche und 60 % der Grünlandfläche in hängiger bis steiler Lage und außerhalb der Landwirtschaft geringe Erwerbsmöglichkeiten am Ort (z.B. holzverarbeitender Betrieb im unteren Ortsteil). Der Auspendleranteil ist dementsprechend mit 64 % (1970) ziemlich hoch. In den letzten Jahren bahnt sich eine Besinnung auf den natürlichen Erholungswert der Landschaft, als ein noch relativ wenig genutztes Potential, an. Man öffnet sich durch attraktivere Gestaltung des Ortsbildes, Anpassung des Gaststättengewerbes an gehobenere Ansprüche und, besonders durch die seit einigen Jahren besucherfreundlich hergerichtete Umgebung der Burg und Burgruine, dem Fremdenverkehr (Tafeln zum geschichtlichen Werdegang, Bänke zum Verweilen, Parkmöglichkeiten, markiertes Wegenetz).

Die Geologie von Falkenstein und Umgebung hat zu einer neuen Sicht bei der Rekonstruktion der Genese des Donnersberggebietes während des Rotliegenden beigetragen, als in den 60er Jahren durch LORENZ (1967, 1968, 1971a) einige komplizierte tektonische Strukturen mit ihren pyroklastischen Gesteinen, Intrusiva und Effusiva als Vulkanschlote erkannt wurden, die durch spätere tektonische Ereignisse überprägt worden sind. Es sind das der Falkensteiner Schlot, der Birnbergschlot, der Bastenhauser Schlot und der vom Reiterhof, die vor der Intrusion des Donnersberg-Rhyoliths die somit noch nicht von der Intrusionstektonik des Rhyoliths beeinträchtigten Schichten perforiert haben. So ist die Burg Falkenstein auf intrusivem Rhyodacit erbaut (leicht zugänglich innerhalb der Ruine), einem dunkelgrauen, feinkörnigen Gestein, das einen größeren Anteil an dunklen Mineralen und einen niedrigeren $SiO_2$-Gehalt als Rhyolith aufweist. Man steht hier an der durch das Aufdringen des Rhyoliths tektonisch bedingten Südostgrenze des in SW-NE-Richtung 1520 m messenden Schlotes. Geschichtete pyroklastische Gesteine findet man z.b. am Weg, der am Fuß der Südwestseite des Burgfelsens ins Tal führt, im Tiefen Graben, ca. 500 m nordwestlich der Burgruine, Schlotbreccien sind z.b. etwa 175 m westlich des Wasserbehälters an der Straße zum Wochenendgebiet im Herztal aufgeschlossen (ibid., 1971a, S. 25-34).

HP 17  Falkensteiner Tal zwischen Birnberg und Wambacherhof

Der Hauptast des Falkensteiner Baches dürfte im Tälchen unmittelbar östlich des Ortes entspringen, etwa 400-450 m NN und mündet 245 m NN südöstlich des Wambacherhofes in den Imsbach, der der Alsenz zufließt. Nach ca. 1250 m südwestlichem Verlauf hat sich der Bach im Bereich des Birnbergschlotes in die Andesit-Laven des Birnbergs (SCHWAB 1967, S. 37) eingeschnitten, die teilweise beiderseits der Straße aufgeschlossen sind (z.B. R 5496600, H 3417750) und auf etwa 600 m die steilen Flanken des Tales bilden, zusammen mit rhyolithischen Tuffen auf den letzten 200 m der nordwestlichen Talflanke. Danach verläuft das Tal in südlicher Richtung auf ca. 360 m im Rhyodazit. Je näher die nun einsetzende Rhyolithbreccie an den Bach heranreicht, um so mehr bildet sich der Charakter eines schluchtartigen Engtals mit senkrechten Felswänden aus. Die östliche Felsbastion ist durch z.T. in die Felsen geschlagene Pfade erschlossen (Parkplatz). Aufschlußreich sind die Saumpfade im Bereich des Blockschuttmantels mit z.T. recht ansehnlichen, quaderförmigen Blöcken. Es fordert einige Mühe, aus der Rhyolithbreccie ein Handstück zu schlagen, weil dieses fast nur aus Rhyolithbruchstücken bestehende Gestein durch kieseliges Bindemittel zusammengehalten wird. 'Breccie' heißt das Gestein deshalb, weil die Komponenten wegen des kurzen Transportweges noch eckig sind. Geologisch handelt es sich um Verwitterungsschutt des Donnersberg-Rhyoliths, der sich gleich, nachdem der Rhyolith im Rotliegenden morphologisch in Erscheinung trat, als Schuttmantel um den Berg ansammelte. Mit ca. 30 m Mächtigkeit ist dieses Schichtpaket hier flach nach Süden geneigt. Verläßt man die Schlucht nach Süden, steht man in einem breiten, asymmetrischen Tal. Auf der westlichen Talflanke (Wambacherhof) stehen die auf die Rhyolithbreccie folgenden jüngeren Schichten oberrotliegenden Alters an und die östliche, bewaldete Talflanke erhält ihren steilen Böschungswinkel durch dort anstehende Laven des sog. Winnweiler Lagers.

## HP 18  Spendel-Tal und Waltari-Fels im Wildensteiner-Tal

Man erreicht das Spendel-Tal über Steinbach am Dg., indem man zunächst die Straße nach Dannenfels nimmt und dann, wenn die Kirche passiert ist, den spitzwinklig abzweigenden Fahrweg nach Nordwesten, am Sportplatz vorbei, einschlägt. Dieser Weg verläuft am Südwestrand des Riedels zwischen Spendel-Bach und Wildensteiner Bach.

Im Talraum des NW-WE verlaufenden Spendel-Tales, südlich und südwestlich der Waldabteilung Betzenkammer, liegen verstreut zahlreiche hellgelb bis rötliche Blöcke, einige von mehreren m³ Größe, aus feldspatführenden Sandsteinen und Konglomeraten, die teilweise durch nachträgliche Infiltration mit kieselsäurehaltigen Lösungen verquarzt wurden, meist aber noch das ursprüngliche Sediment erkennen lassen. Sie werden stratigraphisch der Kusel-Gruppe zugeordnet und sind im Kontakt mit dem intrudierenden Rhyolith verändert worden (Kontaktmetamorphose). Das schmale Sedimentband, mitten im Rhyolith, kann man bis in das Mordkammer-Tal verfolgen, wo an Wegeanschnitten im Umkreis des verbreiterten, sumpfigen Talbodens graue Ton- und Siltsteine anstehen (flachere Neigung des NW-Hanges als im Rhyolith; Quelle). Für die Interpretation der Intrusionstektonik des Donnersberg-Rhyoliths sind diese Sedimentvorkommen, von denen inzwischen noch weitere Fundpunkte bekannt sind, von Bedeutung (HANEKE, LORENZ u. STAPF 1983, HANEKE 1986).

Auf dem Rückweg folgt man dem am Donnersberg kreuzenden Fahrweg nach Norden, quer über den Riedel. Östlich davon liegt ein teilweise verfülltes Grubengebiet, aus dem HANEKE et al. (1983) Rhyolith mit Fluidaltextur beschreiben und damit zeigen, daß die sehr kieselsäurereiche Rhyolithschmelze (72 %), obwohl dadurch sehr zähflüssig, als Lava ausgeflossen ist. Verf. fand in diesem Gelände ebenfalls ein Bruchstück mit der den Fließvorgang abbildenden parallelen Anordnung von abwechselnd dunkleren und helleren Lagen.

Den eingeschlagenen Weg folgt man bis ins Wildensteiner-Tal (ca. 300 m vom letzten Aufschluß). Vor der Brücke über den Wildensteiner Bach zweigt ein in nordwestlicher Richtung leicht ansteigender Waldweg ab; nach etwa 50 m steht man vor dem Waltari-Fels, der erst im 20. Jahrhundert diesen Namen erhielt und früher Spitzfels genannt wurde (ENGELS, R. 1981, S. 134). Geologisch eindrucksvoll ist dieser Rhyolith-Fels, weil er hier, im Randbereich des Rhyolithmassivs, saiger stehendes Fließgefüge mit Querklüftung zeigt (HANEKE et al. 1983, S. 49/50). Von den wenigen Bergbauspuren nördlich des Spendel-Tales findet sich hier, gleich nordwestlich des Waltari-Felsens ein Stollenmundloch (eingezäunt) und gegenüber eine kleine, mit Bäumen bestandene Halde. Der Stollen war nach LORENZ et al. (1987, S. 64) auf eine hydrothermale Kupfervererzung angesetzt, die auch Uranpechblende führt. Eine Uranvererzung im mittleren Wildensteiner-Tal in violett-roten Schlieren des Rhyoliths beschreibt REE (1965).

## HP 19  Göllheim

Vom Donnersberg kommend, quert man die Langmeiler Senke, eine breite Ausraumzone in Oberrotliegend-Sedimenten, die im Westen zur Alsenz und im Osten zur Pfrimm entwässert. Die Talwasserscheide verläuft in der Nähe des Röderhofes. Die bewaldete Hügelkette nördlich davon (z.B. Eichhübel, Steinwald, Hainbuche südl. d. Hahnweilerhofes) markiert etwa das Ausstreichen des Quarzitkonglomerates, das durch Verwerfungen versetzt, einen ziemlich beständigen Horizont im Oberrotliegenden darstellt und bis zum Schloßberg bei Bolanden zu verfolgen ist. Im Süden wird das Oberrotliegende leicht diskordant vom Unteren Buntsandstein überlagert, der z.T. konglomeratisch ausgebildet ist. Die Grenze Oberrotliegendes/Unterer Buntsandstein ist in diesem Bereich in sehr groben Zügen durch die Waldverbreitung angezeigt; genauere Hinweise geben die zahlreichen Quellaustritte. Im Westen blickt man auf das waldlose Kalkplateau bei Göllheim mit dem großen Kalksteinbruch (miozäne Kalke) am Dachsberg (300 m NN) und der Zementfabrik (die schon auf Oberrotliegendem steht). Geologisch befindet man sich hier an der Südwestgrenze des Mainzer Tertiärbeckens (mit tektonisch bedingter Grenze zum Rotliegenden).

Südlich des Dachsberges, fast am Talschluß des in die Pfrimm entwässernden Lochbaches, liegt das Landstädtchen Göllheim (Verbandsgemeindesitz) mit 3170 Ew (1985; 1970: 2321 Ew). Aus dem Ortsgrundriß kann man einen haufendorfähnlichen, oval begrenzten Bereich mit zwei Stadttoren ausgliedern, das Dreisener Tor (1776) und das Kerzenheimer Tor (1771). Von der mittelalterlichen Ortsbefestigung des 819 zuerst erwähnten Dorfes ist nur noch der runde Ulrichturm (15.-16. Jh.) am nördlichen Ortsrand erhalten. Die Ortsentwicklung nahm ihren Fortgang im 19. bis Mitte des 20. Jhs. zunächst straßendorfartig entlang der Dreiserstraße und der Königskreuzstraße im Westen und entlang der Straße nach Kerzenheim. Bis heute sind die Räume dazwischen durch Querverbindungen erschlossen und mit Siedlungen aufgefüllt. Sehenswert sind das frühklassizistische Rathaus (1796) und das sog. Königskreuz (um 1300) in der gleichnamigen Straße, für Adolf von Nassau von seiner Gattin Imagina errichtet, der bei der Schlacht gegen den Gegenkönig Albrecht von Österreich am 2.7.1298 auf dem Hasenbühl fiel (SW des Ortsrandes). Die Kapelle wurde erst 1836 erbaut.

Die große Gemarkung Göllheim (18 km$^2$) erklärt sich aus der Übernahme von Gemarkungen wüstgefallener Orte im Mittelalter, des Dorfes Gundheim 2 km nordöstlich von Göllheim (Guntheimerhof, auf älteren Karten Gundheimerhof) und Staudernheim, im Gemeindewald westlich Göllheim (KLUG 1959, S. 161).

In der Landwirtschaft sind noch ca. 12 % der Erwerbstätigen beschäftigt. 1979 bewirtschafteten 49 Betriebe (davon 27 mit mehr als 20 ha) 1086 ha, davon 94 % Ackerland, der Rest ist Dauergrünland. Weizen und Gerste überwiegen mit 81 % der Getreideanbaufläche, Hackfrüchte treten mit 15 % zurück. Es herrschen nach dem Bodennutzungssystem Hackfrucht-Getreidebaubetriebe mit schwächerem Hackfruchtbau vor, 37 der Betriebe werden als Marktfruchtbetriebe eingestuft. Durch den Zuwachs an Arbeitsstätten (Kalkabbau und Zementfabrik, Sägewerk u.a.) hat sich die wirtschaftliche Situation wesentlich verbessert und durch den Weiterbau der B 47 in Richtung Eisenberg die Bedeutung Göllheims als Wohngemeinde erhöht, wie die starke Bevölkerungszunahme zeigt.

## HP 20   Die »Steinlöcher« bei Kindenheim

Von Göllheim nach Westen gelangt man über Biedesheim nach 7 km bis an den Friedhof von Kindenheim. Dort zweigt man den Fahrweg nach Südwesten ab, überquert den Weiden-Graben und wendet sich nach Osten, bis zu dem am Nordhang des Gerstenberges hochführenden Weg (der Gipfelbereich des Gerstenberges ist Bundeswehrgelände). In einem etwa 250 m breiten und 1 km langen, von Norden nach Süden verlaufenden Geländestreifen, östlich einer Delle, liegt das aufgelassene Abbaufeld zwischen 290 und 310 m NN.

Der Kalksteinabbau unter Tage war bis in die 30er Jahre eine Verdienstmöglichkeit der Maurer während des Winters (KLUG 1959, S. 168). Zu sehen sind die z.T. eingestürzten kammerartigen Hohlräume, Einsteigschächte und größere Öffnungen zum Fördern der gebrochenen Steine mit Hilfe von Seilwinden. Als Mauersteine waren besondes die harten, gelblichen Kalke der Corbicula-Schichten geeignet.

## IV. Karten und Literatur

Topographische Karten 1 : 25000, Blätter: 6312 Rockenhausen, 6313 Dannenfels, 6314 Kirchheimbolanden,6315 Worms-Pfeddersheim, 6316 Worms, 6413 Winnweiler, 6414 Grünstadt-West

Topographische Karten 1 : 50000, Blätter: L 6312 Rockenhausen, L 6314 Alzey, L 6316 Worms

Topographische Karten 1 : 100000, Blätter: C 6310 Bad Kreuznach, C 6314 Mainz, C 6710 Kaiserslautern, C 6710 Mannheim

Thematische Karten:

SCHARPF, K.-H. (1977): Geologische Karte von Hessen 1 : 25000, Blatt 6316 Worms mit Erläuterungen. Wiesbaden.

DREYER, G., FRANKE, W.R. u. K.R.G. STAPF (Bearb.) (1983): Geologische Karte des Saar-Nahe-Berglandes und seiner Randgebiete 1 : 100000. Mainz.

Geologische Übersichtskarte von Hessen 1 : 300000. Wiesbaden 1973.

STÖHR, W.Th. (Bearb.) (1966): Übersichtkarte der Bodentypen-Gesellschaften von Rheinland-Pfalz 1 : 250000. Mainz.

Landesvermessungsamt Rheinland-Pfalz (1966): Ringwälle auf dem Donnersberg 1 : 5000. Unter Mitwirkung des Saatlichen Amtes für Vor- und Frühgeschichte. Koblenz.


AGSTEN, K (Bearb.) (1977): Bodentypen-Gesellschaften. - Landschaftsplan Worms. S. 66-67, Worms.

ANDRES, W. (1977): Hangrutschungen im Zellertal (Südrheinhessen) und die Ursachen ihrer Zunahme im 20. Jahrhundert. - Mainz und der Rhein-Main-Nahe-Raum. Festschrift z. 41. dt. Geographentag, S. 267-276, Mainz.

BIUNDO, G. (1976): Zell. In: PETRY, L. (Hg.): Handbuch der historischen Stätten Deutschlands, Bd. 5: Rheinland-Pfalz, Saarland, S. 418/19, Stuttgart.

BRÜNING, H. (1977): Zur Oberflächengenese im zentralen Mainzer Becken. In: Mainz und der Rhein-Main-Nahe-Raum. Festschrift z. 41. dt. Geographentag, S. 227-243, Mainz.

BÜLTEMANN, H., DREYER, G. u. E. STREHL (1970): Neue Uranfunde im Bereich des Donnersberges, Rheinland-Pfalz. In: Der Aufschluß, 21. Jg., H. 6, S. 217-218.

CERTAIN, K. (1913): Die Quelltümpel 'in den Löchern' bei Niefernheim. In: Pfälzische Heimatkunde 9, Nr. 1, S. 36-40.

DEHIO/GALL (1961): Pfalz und Rheinhessen. - Handbuch der Dt. Kunstdenkmäler München/Berlin.

DÖHN, H. (1968): Kirchheimbolanden. Die Geschichte der Stadt. Kirchheimbolanden.

ENGELS, H.J. (1976): Der Donnersberg I: Die Viereckschanze. Grabung 1974/75. Akad. d. Wiss. u. d. Lit. Mainz, Wiesbaden.

ENGELS, H.J. (1981): Das keltische Oppidum auf dem Donnersberg. - Dannenfels-Chronik eines Dorfes, hrsg. von der Gde. Dannenfels anläßlich der 650-Jahrfeier der Stadterhebung, S. 156-165, Kirchheimbolanden.

ENGELS, R. (1981): Der Donnersberg III: Besitzverhältnisse, Besiedlung und Nutzung im 17.-19. Jahrhundert. Akad. d. Wiss. u. d. Lit. Mainz. Wiesbaden

FALKE, H. (1960): Rheinhessen und die Umgebung von Mainz. - Sammlung Geologischer Führer Bd. 28, Berlin.

Festschrift 75 Jahre Grundwasserwerk Bürstädter Wald, Stadtwerke Worms 1980.

FLOHN, H. (1954): Witterung und Klima in Mitteleuropa. - Forsch. z. dt. Landeskunde Bd. 78,.

FRANKENBERG, P. u. B. FRANKE (1983): Zur Landschaftsentwicklung des südlichen Rheinhessischen Tafel- und Hügellandes bei Gundersheim. - Ber. z. dt. Landeskunde Bd. 57, H. 1, S. 117-142, Trier.

HÄFNER, F. (1987): Zu lagerstättenkundlich-ingenieurgeologischen Problemen im Eisenberger Becken und Pfrimmtal. In: Geologische Exkursionen in der weiteren Umgebung von Bad Dürkheim. Sonderdruck aus Bd. 69 d. Jahresber. u. Mitt. d. Oberrh. Geol. Ver., S. 121-138.

HANEKE, J., LORENZ, V. u. K.R.G. STAPF (1983): Geologie und Grundwasser des Landschaftsschutzgebietes Donnersberg. In: STAPF, K.R.G. (Hg.): Das Landschaftsschutzgebiet Donnersberg in der Nordpfalz. Pollichia - Buch Nr. 4, S. 41-66, Bad Dürkheim.

HANEKE, J. (1987): Der Donnersberg. - Pollichia - Buch Nr. 10, Bad Dürkheim.

HANLE, A. (1960): Der Donnersberg. In: Mitt. d. Pollichia, III. Reihe, 7. Bd., S. 5-150, Bad Dürkheim.

HEEGE, Ch. u. Ch. NEFF (1913ff): Mennonitisches Lexikon. Bde. 1-4, Frankfurt.

HESS/BREZOWSKY (1977): Katalog der Großwetterlagen Europas (1881-1976). - Ber. d. dt. Wetterdienstes Bd. 15., Nr. 113, Offenbach a.M.

HUPPERT, V. (1966): Der Ackerbau in der Pfalz um 1816. In: Die BASF, H. 4, 16. Jg., Ludwigshafen.

ILLERT, G. (1972): Monsheim. - In: Führer zu vor- und frühgeschichtlichen Denkmälern Bd. 13. Südliches Rheinhessen, Nördliche Vorderpfalz, Worms, Kirchheimbolanden, Donnersberg, Eisenberg. Hrsg. v. Röm.-German. Zentralmuseum Mainz, S. 86-92, Mainz.

KANDLER, O. (1977): Das Klima des Rhein-Main-Nahe-Raumes. In: Mainz und der Rhein-Main-Nahe-Raum. Festschrift z. 41. dt. Geographentag, S. 285-298, Mainz.

KLUG, H. (1959): Das Zellertal. Eine geographische Monographie. Nachdruck 1985, Mainz.

KÖLLNER, A. (1854): Geschichte der Herrschaft Kirchheimbolanden und Stauf. Wiesbaden.

KRAUTER, E. u. K. STEINGÖTTER (1983): Die Hangstabilitätskarte des linksrheinischen Mainzer Beckens. In: Geol. Jb., C 34, S. 1-31, Hannover.

LESER, H. (1967): Beobachtungen und Studien zur quartären Landschaftsentwicklung des Pfrimmgebietes (Südrheinhessen). Arb. z. rhein. Landeskunde, H. 24, Bonn.

LESER, H. (1969): Landeskundlicher Führer durch Rheinhessen. Rheinhessisches Tafel- und Hügelland. - Sammlung Geographischer Führer Bd. 5, Berlin/Stuttgart.

LORENZ, V. (1967): Zur Genese neuentdeckter Vulkanschlote in der Umgebung des Donnersberges/Pfalz. In: Geol. Rdsch. Bd. 57, S. 189-198, Stuttgart.

LORENZ, V. (1968): Zur Geologie einiger Vulkanschlote im Rotliegenden der Umgebung des Donnersberges/Pfalz. - Unveröff. Diss., Mainz.

LORENZ, V. (1971a): Vulkanische Calderen und Schlote am Donnersberg/Pfalz. In: Oberrhein. Geol. Abh. Bd. 20, S. 21-41, Karlsruhe.

LORENZ, V. (1971b): Zur Stratigraphie und Tektonik des Oberrotliegenden in der Umgebung von Schweisweiler und Winnweiler/Pfalz. In: Abh. hess. L.-Amtes f. Bodenforsch. Bd. 60, S. 263-275, Wiesbaden.

LORENZ, V. et al. (1987): Das Rotliegende des Saar-Nahe-Gebietes in der Umgebung des Donnersberges. In: Geologische Exkursionen in der weiteren Umgebung von Bad Dürkheim. Sonderdruck aus Bd. 69 der Jahresber. u. Mitt. d. Oberrh. Geol. Ver., S. 53-76, Stuttgart.

MICHEL, P. (1981): Chronik von Monsheim. Geschichte eines rheinhessischen Dorfes. Monsheim.

MORAW, P. (1964): Das Stift St. Philipp zu Zell in der Pfalz. Heidelberg.

OBERFINANZDIREKTION KOBLENZ (1986): Datensammlung für die Bewertung der Landwirtschaft in Rheinland-Pfalz. Koblenz.

REE, Ch. (1965): Neue Uranfundpunkte am Donnersberg/Pfalz. In: Der Aufschluß Bd. 16, S. 16-38.

REE, Ch. (1970): Uranvorkommen im Saar-Nahe-Gebiet (Rheinland-Pfalz). In: Abh. hess. L.-Amt f. Bodenforsch. Bd. 56, S. 163-167, Wiesbaden.

REIS, O.M. (1921): Erläuterungen z. d. Blatte Donnersberg der geognostischen Karte von Bayern, München.

ROSENBERGER, W. (1983): Der Bergbau im Donnersberg. In: STAPF, K.R.G. (Hg.): Das Landschaftsschutzgebiet Donnersberg in der Nordpfalz, Pollichia-Buch Nr. 4, S. 92-105, Bad Dürkheim.

ROTHAUSEN, K. u. V. SONNE (1984): Mainzer Becken. - Sammlung Geol. Führer Bd. 38, Berlin.

ROTHAUSEN, K. et al. (1987): Das Mainzer Becken. In: Geologische Exkursionen in der weiteren Umgebung von Bad Dürkheim. Sonderdruck aus Bd. 69 d. Jahresber. u. Mitt. d. Oberrh. Geol. Ver., S. 91-108, Stuttgart.

SCHWAB, K. (1967): Zur Geologie der Umgebung des Donnersberges. In: Mitt. d. Pollichia, III. Reihe, 14. Bd., S. 13-55, Bad Dürkheim.

SEMMEL, A. (1968): Die Lößdecke im Dyckerhoff-Steinbruch bei Wiesbaden-Biebrich. In: Mainzer naturwiss. Arch. Bd. 7, S. 74-79, Mainz.

SEMMEL, A. (1974): Das Eiszeitalter im Rhein-Main-Gebiet. - Rhein-Mainische Forschungen H. 78, Frankfurt a.M.

SCHWERZ, J.N. (1816): Beobachtungen über den Ackerbau der Pfälzer. Berlin.

SPUHLER, L. (1957): Einführung in die Geologie der Pfalz. Speyer.

STAPF, K.R.G. (Hg.) (1983): Das Landschaftsschutzgebiet Donnersberg in der Nordpfalz. - Pollichia-Buch Nr. 4, Bad Dürkheim.

TUCKERMANN, W. (1953): Das altpfälzische Oberrheingebiet von der Vergangenheit zur Gegenwart. 2. Aufl. v. E. Plewe - Abh. d. Wirtschaftshochschule Mannheim, Bd. 1, Mannheim.

WEIDEMANN, K. (1972): Ausgewählte Beispiele zur frühmittelalterlichen Topographie an Pfrimm, Eckbach und Donnersberg. In: Führer zu vor- und frühgeschichtlichen Denkmälern Bd. 13, S. 67-82, Mainz.

WEILER, W. (1952): Pliozän und Diluvium im südlichen Rheinhessen. I. Teil: Das Pliozän und seine organischen Einschlüsse. In: Notizbl. hess. L.-Amt f. Bodenforsch. VI Bd. 3, S. 147-170, Wiesbaden.

WEILER, W. (1953): Pliozän und Diluvium im südlichen Rheinhessen. II. Teil: Das Diluvium. In: Notizbl. hess. L.-Amt f. Bodenforsch. Bd. 81, S. 206-235, Wiesbaden.

WEILER, W. (1965): Ein Tuffband mit 'Kissenboden' aus dem Jung-Pleistozän Südrheinhessens. In: Notizbl. hess. L.-Amt f. Bodenforsch. Bd. 93, S. 193-195, Wiesbaden.

WORMS - Landschaftsplan 1985 - Erläuterungsbericht.


STATISTIK VON RHEINLAND-PFALZ: Bde. 55, 167, 221, 233, 302, u. LIS.

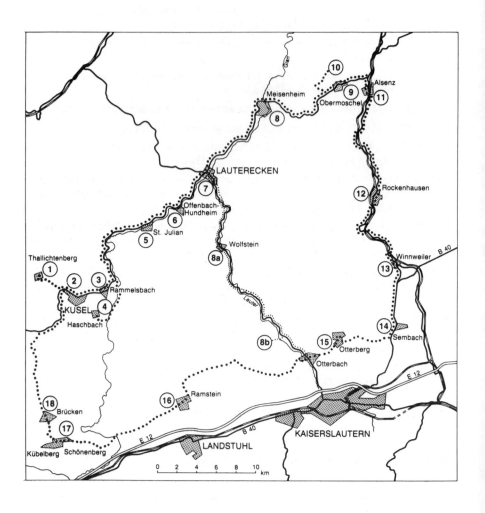

# Pfälzer Bergland

landschaftliche Vielfalt und wirtschaftliches Problemgebiet

von

Klaus Kremb [1]

## I. Haltepunkte

1. Thallichtenberg (Burg Lichtenberg)
2. Kusel
3. Rammelsbach
4. Remigiusberg
5. St. Julian, Ölmühle
6. Offenbach-Hundheim
7. Lauterecken
8. Meisenheim
   a. Wolfstein
   b. Katzweiler, Kühbörncheshof
9. Lettweiler, Neudorferhof
10. Obermoschel
11. Alsenz
12. Rockenhausen
13. Winnweiler
14. Sembach
15. Otterberg
16. Ramstein
17. Schönenberg-Kübelberg
18. Brücken

## II. Der Raum und seine Probleme

»Wer die landschaftlichen Schönheiten des (Pfälzer Berg-) Landes genießen will, der muß die Täler durchwandern. Hier liegen die Siedlungen, hier drängt sich der neuzeitliche Verkehr.« (HÄBERLE 1927, S. 59). So hat Daniel HÄBERLE, der Altmeister der pfälzischen Landeskunde, 1927 den geographischen Zugang zum Pfälzer Bergland umrissen.

HÄBERLE sprach allerdings noch vom *Nordpfälzer Bergland*, angelehnt an seine 1913 unternommene landschaftliche Gliederung der Pfalz. Deren Grundgerüst hat bis heute Bestand, obwohl die Nomenklatur mehrfach Neuansätze erfuhr (vgl. ANSCHÜTZ

---

[1] Dieser Beitrag ist Herrn Prof. Dr. Manfred Schick (Geographisches Institut der Technischen Hochschule Darmstadt) zum 65. Geburtstag gewidmet.

1977ff.) So findet sich im Handbuch der Naturräumlichen Gliederung Deutschlands (MEYNEN/SCHMITHÜSEN 1959, S. 290-293) für unseren Exkursionsraum die Bezeichnung *Glan-Alsenz-Berg- und Hügelland.* Hingegen greift UHLIG (1964, S. 6-14) in der Geographischen Landesaufnahme 1 : 200000 (Blatt 150 Mainz) wieder auf die alte Bezeichnung *Nordpfälzer Bergland* zurück und faßt darunter das Kirner Nahetal, die Glan-Alsenz-Höhen, die Potzberg-Königsberg-Gruppe, das Kuseler Bergland, das Donnersbergmassiv und das Porphyrbergland von Bad Münster am Stein.

Die folgende Darstellung hält sich dagegen an die von BEEGER (1987) verwendete Gliederung. Derzufolge umfaßt das Pfälzer Bergland zwei Teilregionen: das Westricher Bergland mit dem Mittelpunkt Kusel und das Nordpfälzer Bergland um den Donnersberg, wobei die Lauter die Grenze zwischen den beiden Regionen bildet.

Wie stark jedoch das Westricher und das Nordpfälzer Bergland eine Einheit darstellen, hat bereits HÄBERLE unterstrichen. Der gleichermaßen als Physio- wie als Anthropogeograph ausgewiesene Heidelberger Hochschullehrer schrieb die erste Monographie über das Pfälzer Bergland. Darin stellte er fest: »Entsprechend den (im Pfälzer Bergland) ganz verschieden auftauchenden Gesteinen ist es ein vielgestaltiges Land, wechselvoll in den Formen der Oberfläche, der Bodenkultur und Besiedlung. Aus vulkanischem Gestein, an dessen Vorkommen früher vielfach der alte pfälzische Bergbau gebunden war und neuerdings die Hartsteinindustrie anknüpft, besteht z.B. der mächtige Rücken des Donnersberges. Ebenso sind vulkanischen Ursprungs die kraftvollen Waldhöhengebiete des Lembergs, Königsbergs und Hermannsbergs mit ihren gerundeten Kuppen. Aus Sandsteinen dagegen bestehen die breiten felderbedeckten Höhenrücken, die in mächtigen, langgestreckten Zügen aus der mittleren Pfalz in nördlicher Richtung gegen Glan und Nahe ausstrahlen.« (HÄBERLE 1927, S. 53f). Diese geologisch-morphologischen Grundzüge sind seit HÄBERLE sehr verfeinert worden. Für den Bereich der Geologie wäre dabei vor allem auf die einschlägigen Beiträge von Mitarbeitern des Geologischen Instituts der Universität Mainz zu verweisen (zusammenfassend FALKE 1974). Welcher Fortschritt in der Detailkenntnis des Saar-Pfälzischen Rotliegenden zu verzeichenen ist, das zeigen insbesondere die Erläuterungen zur Geologischen Karte 1 : 25000 der Blätter 6410 Kusel von ATZBACH/SCHWAB (1971) und 6411 Wolfstein von ATZBACH (1986).

Ausschlaggebend für die Zweiteilung des Pfälzer Berglandes ist weniger die geologische Ausgangssituation als vielmehr das strukturräumliche Erscheinungsbild. Demzufolge gilt zwar das gesamte Pfälzer Bergland als strukturschwacher Raum, in seinem westlichsten Teil (Landkreis Kusel) jedoch mit dem Zusatz einer »besonders ungünstigen Struktur« (Staatskanzlei Rheinland-Pfalz, Karte 1). Dies hat vor allem im 19. Jh. seinen Ausdruck in einer spürbaren Überbevölkerung gefunden. In dieser Situation boten weder Landwirtschaft noch Bergbau und Hartsteinindustrie eine Perspektive. Ein Ausweg ergab sich jedoch in der Entstehung eines bald nahezu das gesamte Westricher Bergland umfassenden Wandermusikantentums.

Damit stellen sich als zentrale Fragen an den Exkursionsraum:
- Inwieweit ist die historische Passivräumlichkeit/Strukturschwäche des Pfälzer Berglandes auch heute noch erkennbar?
- Wie sind die inzwischen unternommenen Inwertsetzungsansätze zu beurteilen?

Die Beantwortung erfolgt auf einer insgesamt 20 Haltepunkte umfassenden Route. Dabei liegt der Schwerpunkt auf dem Westricher Bergland. Dies ist vor allem für den Kürzungsvorschlag der Fall (Haltepunkte 1-7, 8a, 8b, 16-18). Die Gesamtroute erfaßt dagegen auch weite Teile des Nordpfälzer Berglandes. Ausgespart werden jedoch der Donnersberg (siehe ersten Beitrag HASENFRATZ in diesem Band) und der Bergbau (siehe Beitrag LOOSE in diesem Band). Entsprechend der einleitenden Feststellung von HÄBERLE folgt die Exkursionsroute vorwiegend den großen Tälern: dem Glan, der Alsenz und der Lauter. Als weiterer Überblick über den gesamten Exkursionsraum mag die nachstehende Abbildung der Pendlerbeziehungen dienen. Sie stellt für die genannten Täler die Verflechtungen zwischen den jeweils benachbarten zentralen Orten unterer bzw. mittlerer Stufe dar und verdeutlicht zudem die im größten Teil des Exkursionsraumes spürbare Ausstrahlung von Stadt und Landkreis Kaiserslautern.

*Abb. 1:* **Pendlerverflechtungen im Pfälzer Bergland (1970)**

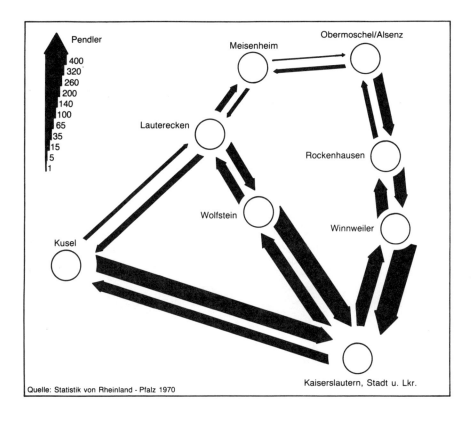

Quelle: Statistik von Rheinland - Pfalz 1970

85

# III. Exkursionsverlauf

HP 1  Thallichtenberg (Burg Lichtenberg)

Mit 425 m Länge ist die Burg Lichtenberg eine der größten Anlagen dieser Art in Deutschland. Errichtet wurde sie ab 1200 durch die Grafen von Veldenz/Mosel, die sich im Westricher Bergland in der Folge einen umfangreichen Territorialbesitz schufen. Deren Erben, die Herzöge von Pfalz-Zweibrücken, führten den Bau dann als Sitz ihres bis zur Französischen Revolution bestehenden Oberamtes Lichtenberg (Kernraum des heutigen Landkreises Kusel) fort. Plaziert ist die Burg auf einem Kuselitsporn (Aufschluß am Südhang des Burgberges an der Straße Thallichtenberg-Kusel). Von ihrem Bergfried aus ergibt sich ein aufschlußreicher Überblick über die geologisch-morphologischen Verhältnisse des Umlandes. Besonders ins Auge fällt dabei der Charakter des Westricher Berglandes als einer - regionalsprachlich - *buckligen Welt*. Die Gründe dafür liegen in der geologischen Mosaiksituation von permischen Subvulkaniten (vor allem Kuselit und Rhyolith), die als Härtlinge in den im Raum Thallichtenberg-Kusel-Altenglan nach NW einfallenden Schichten des Oberkarbons (Stefan) und Rotliegenden (Kuseler-, Lebacher-, Tholeyer- und Nahe-Gruppe) eingelagert sind. Bezüglich der vom Bergfried gut sichtbaren Erhebungen ergibt sich dabei folgendes Bild:

*Abb. 2:* **Topographisch-geologisches Grundgerüst des Westricher Berglandes im Umfeld der Burg Lichtenberg**

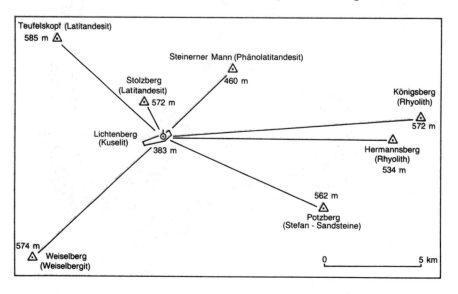

Ein Besuch der Burg Lichtenberg empfiehlt sich jedoch nicht nur unter geomorphologischen Gesichtspunkten. In der ehemaligen Zehntscheune der Burg ist nämlich ein überaus sehenswertes Museum untergebracht. In zwei Themenblöcken wird das Westricher Bergland anschaulich dargestellt:

86

Dem Naturraum widmet sich im ersten Obergeschoß eine Außenstelle des Pfalzmuseums für Naturkunde (Pollichia-Museum Bad Dürkheim). Sie dokumentiert hauptsächlich die geologischen Strukturen des Westrichs. Darüber hinaus führt diese Museumsabteilung in mehreren Themenschwerpunkten in grundlegende naturräumliche Systemzusammenhänge der Region ein, darunter Entstehung und Veränderung der Landschaft, Bedeutung der Fließgewässer und Wasserhaushalt, Steinbruch als Sekundärbiotop (siehe HP 4). Ganz andere Aspekte eröffnet das zweite Obergeschoß. Hier wird das Westricher Wandermusikantentum als sozialräumliches Phänomen (Höhepunkt um 1900) dargestellt, das dem Westricher Bergland auch die Bezeichnung *Musikantenland* eingebracht hat. (Vgl. dazu: ENGEL in: Landkreis Kusel 1985; Landkreis Kusel 1984; darin zählt SCHNEIDER zwischen Kusel, Landstuhl, Kaiserslautern, Rockenhausen und Meisenheim mehr als 50 Orte mit Wandermusikanten auf (vgl. Karte S. 73) und gibt z.b. für Jettenbach um 1880 den Musikantenanteil an den Erwerbstätigen mit über 40 % an.) Damit zählt das Wandermusikantentum zu den im 19. Jahrhundert vielfältigen Ansätzen in der Pfalz, aus der Not geborene Gewerbe zu installieren (Schuhproduktion in Pirmasens, Artisten in Alsenborn, Bürstenbinderei in Ramberg, Hausierhandel in Carlsberg und im Gossersweiler Tal, etc.).

## HP 2  Kusel

Mit einer Einwohnerzahl von knapp über 5100 (1981) zählt Kusel zu den kleinsten Mittelzentren in Rheinland-Pfalz. Trotzdem ist die Stadt »in den Bereichen Dienstleistungen, schulische Einrichtungen und Handel überdurchschnittlich ausgestattet« (HINKELMANN 1981, S. 165). Dies läßt ein Rundgang im Stadtkern deutlich erkennen (Route: Bahnhofstraße - Hintergasse - Trierer Straße - Landschaftsstraße - Marktplatz - Marktstraße - Weiherplatz - Marktstraße - Bahnhofstraße). Dabei wirkt sich die Einrichtung einer Fußgängerzone überaus positiv aus. Doch ist mit der Trierer Straße nur eine der drei Kuseler Hauptgeschäftsstraßen erfaßt. Eine weitere Attraktivitätssteigerung der Innenstadt geht von der 1982 begonnenen Innenstadtsanierung aus. Beispiele für gelungene Objektsanierungen sind in der Hintergasse, am Marktplatz und am Weiherplatz zu sehen. Die Bausubstanz dieses Bereiches stammt größtenteils aus der Wiederaufbauzeit Kusels nach der Zerstörung durch französische Truppen in den Revolutionskriegen (1794). Die wirtschaftliche Entwicklung Kusels wurde maßgeblich von Hugenotten und Wallonen beeinflußt, die das Textilgewerbe hierher brachten. Aus der anfänglichen Tirtey-Herstellung (ein halbwollenes Gewebe) erwuchsen mehrere Textilfabriken, die 1935 ca. 400 Personen beschäftigten.

Die städtebauliche Entwicklung Kusels setzt jedoch nicht nur in der Innenstadt neue Akzente, sondern ebenso am Stadtrand, in erster Linie mit dem 1983 eröffneten Hallenbad im Stadtteil Diedelkopf. Ausschlaggebend für diese Standortwahl ist die Anbindung an die »Herzog-Johannes-Quelle«, die schon einmal Ende des 16. Jahrhunderts als Salzsud genutzt, aber erst 1982 staatlicherseits als Heilquelle (eisenhaltiges Natrium-Chlorid-Wasser) anerkannt wurde. Eine darauf basierende Anerkennung und Entwicklung Kusels als Kurort liegt jedoch noch in weiter Ferne. In naher Zukunft konzentrieren sich die Wirtschaftsförderungsmaßnahmen vielmehr auf Industrieansiedlung (Ausweisung von zwei Industriegebieten im E und W der Stadt mit 22 bzw. 45 ha Fläche, wobei besonders westlich der Stadt in der Nähe der A 62 Landstuhl-Trier gute Chancen bestehen dürften.

## HP 3   Rammelsbach

Die gleiche Einstufung im Rahmen der »Gemeinschaftsaufgabe Verbesserung der regionalen Wirtschaftsstruktur« wie für die Kreisstadt Kusel gilt für das 2 km entfernte Rammelsbach (1988: 2000 Ew), womit zugleich die Voraussetzung für die Entstehung einer Industriegasse gegeben ist. Grundlage der Industrie in Rammelsbach sind die Hartsteinwerke. Sie wurden 1868 gegründet und erreichten ihren Beschäftigtenhöchststand um 1900. Damals waren in Rammelsbach etwa 900 Steinbrucharbeiter tätig. Möglich wurde dies durch die 1868 eröffnete Bahnlinie Landstuhl-Kusel. Bereits 8 Jahre später stand Rammelsbach an sechster Stelle im pfälzischen Güteraufkommen (SCHLEGEL/ZINK 1968, S. 187). In einem 1989 eröffneten *Steinbruchmuseum* im ehemaligen Verwaltungsgebäude des Steinbruches wird diese Zeit lebendig gehalten. Gegenwärtig (1989) sind im Hauptstandort Rammelsbach jenes Betriebes (weiterer Standort: Kreimbach im Lautertal zwischen HP 8a und HP 8b; Hauptverwaltung in Kaiserslautern) noch knapp über 50 Mitarbeiter tätig. Abgebaut werden Kuselite, beispielsweise zur Schotterung der Bundesbahnneubaustrecke Mannheim-Stuttgart. Um das Jahr 2000 wird der Rammelsbacher Betrieb jedoch wohl eingestellt. Damit ist dann eine Verlegung des Firmenschwerpunktes auf den Standort Kreimbach verbunden. In der Folge ergibt sich für das Rammelsbacher Steinbruchgelände die Chance der Renaturierung. Die entsprechenden landschaftspflegerischen Vorplanungen laufen bereits. (Frdl. Mitteilung von L. FALK, Kusel).

Der heute wichtigste Rammelbacher Betrieb ist deshalb auch keiner der Grundstoff-, sondern der Investitionsgüterindustrie: die Firma TDK. Sie siedelte sich 1986 auf dem Gelände einer Niederlassung der Grundig AG an, die Mitte der 1960er Jahre hier gegründet, 1984 aber wieder geschlossen wurde. So konnte im Kuseler Raum ein entscheidender Wirtschaftseinbruch aufgefangen werden. Über die grundlegenden Kenndaten des Betriebes informiert die folgende Tabelle.

| Betrieb | TDK - Recording Media Europe GmbH, Standort Rammelsbach |
|---|---|
| Weitere Standorte der TDK-Gruppe | Taiwan, Singapur, Süd-Korea, Hongkong, Australien, USA, Mexiko, Brasilien, Großbritannien |
| Hauptverwaltung | Tokio |
| Gesamtmitarbeiter | 18000 |
| Mitarbeiter in Rammelsbach | 310 |
| Betriebsgründung in Rammelsbach | 1986 |
| Produktionspalette in Rammelsbach | Audiokassetten, elektronische Bauelemente (Spulen) |
| Betriebsfläche | 80 ha |
| Rohstoffquellen | Rohstoffbezug bisher noch überwiegend aus Japan |
| Absatzmarkt | Verkauf durch TDK Electronic GmbH Ratingen in ganz Europa |
| Hauptgründe für die Ansiedlung in Rammelsbach | Verkehrsgünstige Lage (Autobahn- und Bundesbahnanschluß); schneller Produktionsstart durch Übernahme des Grundig-Werkes; guter Arbeitsmarkt |

## HP 4    Remigiusberg

Mit dem Remigiusberg tritt zu den hier deckungsgleichen Landschaftsnamen Westricher Bergland und Musikantenland ein dritter: *Remigiusland*. Damit wird Bezug genommen auf eine grundlegende historische Wurzel des Kuseler Raumes. Derzufolge soll dieses Gebiet durch eine Schenkung des Frankenkönigs CHLODWIG an Bischof REMIGIUS in Reimser Bistumsbesitz gelangt sein. Tatsächlich war dies jedoch erst ein rundes Jahrhundert später - um 590 durch König CHILDEBERT II. - der Fall. Über die Motive läßt sich nur spekulieren. Vieleicht geschah es in Erinnerung an die durch REMIGIUS vollzogene Taufe CHLODWIGS und damit die Grundlegung des Christentums im Fränkischen Reich. Die Beziehungen zwischen dem Remigiusberg und Reims bleiben bis 1552 bestehen. Seit Mitte des 10. Jahrhunderts ist das Remigiusland allerdings im Besitz des Reimser Saint-Remi-Klosters, das wohl schon bald darauf auf dem Remigiusberg eine Propstei (Ersterwähnung: 1127) einrichtete. Von der ursprünglich kreuzförmigen romanischen Pfeilerbasilika besteht nur noch ein Torso (in Gotik und Barock auf das verkürzte Mittelschiff und einen Turm reduziert bzw. verändert). Dennoch lohnt eine Besichtigung. Dabei rücken dann auch wieder die Grafen von Veldenz ins Blickfeld (Grabstein FRIEDRICHS d.J.), die die Vogtei über den Remigiusberg ausgeübt haben. Daher stammt auch die Burgruine östlich gegenüber der Kirche.

Der dortige Aufschluß zeigt den schon vom Lichtenberger Burgberg bekannten Kuselit. Er wird hier in einem bis zum Rammelsbacher Bruch ca. 4 km hinziehenden Streifen abgebaut. Für dessen südlichen (also der Propsteikirche zugewandten) Teil hat FALK eine geologische Lehrwanderung beschrieben (1984, S. 14-21). Dabei führt er unter anderem zu zwei Profilen, die die auf dem Kuselit aufliegenden Remigiusberger Schichten aus der Kuseler Gruppe des Unterrotliegenden zeigen. Deren Einbindung in die geologische Situation um den Remigiusberg zeigt die folgende Abbildung:

*Abb. 3:* **Geologischer NW-SE-Schnitt durch den Remigiusberg**
(nach FALK 1984, S. 12 und Geologischer Karte Bl. 6410 Kusel)

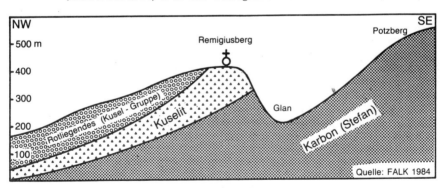

Wie in Rammelsbach wird auch hier wohl um das Jahr 2000 der Steinbruchbetrieb eingestellt sein. Dann soll der Remigiusberg als Landschaftsschutzgebiet ausgewiesen werden (Frdl. Mitteilung von L. FALK, Kusel). Die Steinbruchindustrie wird dann ebenso nur noch von historisch-geographischem Interesse sein wie heute der ehemalige Bergbau am Remigiusberg (Kalkbergbau in den Altenglaner Schichten der Kusel-Gruppe, Kalkbank von 1-2 m Mächtigkeit); Steinkohlenbergbau (Flözstärke maximal 40 cm im Karbon) (Über die Verbreitung und die wirtschaftsgeschichtliche Rolle des Bergbaus im 19. Jh.: SCHLEGEL/ZINK 1968, S. 136-145; siehe außerdem HP 8a.).

## HP 5    St. Julian (Museumsmühle)

Ein weiterer Aspekt historischer Wirtschaftsgeographie ist in St. Julian dokumentiert, denn um die Mitte des 18. Jahrhunderts war das mittlere Glantal eines der am dichtesten mit Mühlen besetzten kleinen Flußtäler im pfälzischen Raum (WEBER 1982, Karte). So verzeichnet WEBER für die Zeit um 1750 auf den 12 km zwischen Altenglan und St. Julian allein 11 Betriebe dieser Art (WEBER 1982, Textband, S. 1296). Dabei handelt es sich allerdings nicht nur um Mahlmühlen (Altenglan I, Ulmet I, Gumbsweiler I und II), sondern auch um kombinierte Mahl- und Ölmühlen (Petersbach, Ulmet II, Eschenau I und II, St. Julian), um Hammer- und Schleifmühlen (Altenglan II) oder Walkmühlen (Altenglan III). Dies wirft ein bezeichnendes Licht auf die Wirtschaftslandschaft dieser Zeit. Damals war im Bereich von St. Julian unter anderem der Anbau von Spelz (Dinkel), Raps und Rüben üblich. In der heute als Museumsmühle hergerichteten Mahl- und Ölmühle wurden diese Produkte verarbeitet (Vgl. WEBER 1985).

## Hp 6    Offenbach-Hundheim

Gegenwärtig umfaßt der Weinbau im Landkreis Kusel nur noch 1 ha. Bis in unser Jahrhundert hinein hat er sich auch in Offenbach-Hundheim gehalten. Ehemalige Weinberge sind noch am Ortseingang zu erkennen (KUNZ 1989). Im Mittelalter spielten sie für die Mönche der Offenbacher Benediktinerpropstei eine große Rolle. Deren eindrucksvolle Kirche ist zum Teil noch erhalten (Torso und Querhaus, Chor und Apsiden). Sie dient heute als Evang. Pfarrei und gilt als eines der wichtigsten Sakraldenkmäler aus der Zeit des Übergangs der rheinischen Spätromanik zur Gotik (DÖLLING 1978). Aus derselben Zeit stammt die Hirsauer Kapelle westlich des Ortsteiles Hundheim. Sie ist der kunstgeschichtlich wertvolle Rest (gotische Ausmalung, vgl. SCHINDLER 1965) einer zu Beginn des 17. Jahrhunderts untergegangenen Hofgruppe (Daß es sich dabei im Westricher Bergland keineswegs um einen Einzelfall handelt, zeigt die Siedlungswüstung Allweiler bei Rutsweiler im Lautertal. Von diesem Dorf ist nur die sog. Zweikirche erhalten geblieben). Mit diesen Baudenkmälern ist Offenbach-Hundheim einer der kunsthistorisch wichtigsten Orte am Glan. Offenbach erhielt zwar im Jahre 1330 die Stadtrechte, dies schlug sich jedoch nicht in einer entsprechenden Wirtschafts- und Bevölkerungsentwicklung nieder. Heute noch (1988) zählt Offenbach-Hundheim nicht mehr als 1400 Einwohner, wie überhaupt der Ort dörflichen Charakter bewahrt hat.

## HP 7    Lauterecken

In Lauterecken kreuzen sich die Bundesstraßen 420 (Saarland-Kusel-Rheinhessen) und 270 (Südwestpfalz-Kaiserslautern-Nahetal).Trotz dieser verkehrsgeographischen Bedeutung ist Lauterecken nur ein teilausgestattetes Mittelzentrum. Einwohnerzahl (1988: 2300) und die Ausstattung des Geschäftszentrums in der Hauptstraße belegen dies deutlich. Dementsprechend hat DUCKWITZ Lauterecken als »ländliche Kernsiedlung« eingestuft (DUCKWITZ 1971, Karte 26).

Das Zentrum Lautereckens ist der Veldenzplatz. Er weist zugleich auf die vom mittleren 16. bis zum ausgehenden 17. Jahrhundert dauernde Residenzzeit Lautereckens als Mittelpunkt des Fürstentums Pfalz-Veldenz hin, das weit verstreute Gebiete an der Mosel (Veldenz), am Glan (Remigiusberger Gebiet), im Pfälzer Wald (Gräfenstein) und im Nordelsaß (Lützelstein) umfaßte (BAUMANN 1974, S. 1216). Von den Schloßanlagen in Lauterecken existieren nur noch Reste (»Schloß Veldenz«).

## HP 8   Meisenheim

Als Residenz hat das 10 km glanabwärts gelegene Meisenheim eine weit bedeutendere Rolle als Lauterecken gespielt, obwohl die Stadt (Stadtrechte: 1315) fast immer nur Nebenresidenz gewesen ist, allerdings eines im südwestdeutschen Raum bedeutenden Herzogtums: Pfalz-Zweibrücken. Zuvor war es Hauptsitz der Grafen von Veldenz gewesen. Die Gräberepitaphien in der Schloßkirche belegen dies eindrucksvoll. Mit der Evang. Schloßkirche ist zugleich das herausragende Baudenkmal der an historischer Architektur reichen Stadt genannt, ein dreischiffiger spätgotischer Hallenbau mit 7/10-Chor und einer Einturmfassade. Damit kommt der Schloßkirche eine stadtbeherrschende Stellung zu. Der benachbarte Schloßbau (im wesentlichen aus dem 17. Jh.) tritt dagegen in seiner Wirkung deutlich zurück.
Entsprechend dieser Stadttopographie sollte ein Ortsrundgang an der Schloßkirche seinen Ausgangs- und Zielpunkt haben (s. auch Abb. 4). Der historische Stadtbereich ist dann auf der Route Amtsgasse-Untergasse-Rapportierplatz-Klenkertor-Obergasse-Amtsgasse erschließbar. Dabei wird zugleich die heutige unterzentrale Rolle Meisenheims (1987: 2970 Ew) deutlich. Demgegenüber weist das Altstadtbild (FRECKMANN 1982) noch in vielfältiger Weise auf die frühere Residenzfunktion hin. Das gilt neben der Schloßkirche vor allem für die zahlreichen Adels- und Bürgerhäuser sowie für das spätgotische Rathaus. Dadurch gleicht Meisenheim noch heute sehr stark der Stadtansicht, die MERIAN 1645 festgehalten hat.
Nicht auf dem beschriebenen Rundgang, sondern in der Saarstraße (nördliche Verlängerung der Obergasse), liegt die ehemalige Meisenheimer Synagoge, ein beachtlicher Bau der 1860er Jahre. »Entgegen der in der ländlichen Nahe-Glan-Region sonst üblichen Kleinsynagogen handelt es sich hierbei um ein städisches Gebäude« (FRECKMANN 1982, S. 18). Dies unterstreicht ein Vergleich mit der durch Barockfresken ausgeschmückten Dorfsynagoge von Odenbach (auf halbem Weg zwischen Lauterecken und Meisenheim gelegen). Damit wird zugleich auf die ehemals in der Nordpfalz sehr große wirtschaftliche Bedeutung der Juden hingewiesen (vgl. BENDER 1988; darin die Beiträge von KUKATZKI und WENDEL über Odenbach und die Karte der jüdischen Kultuseinrichtungen in der Pfalz im Anhang).

## HP 8a   Wolfstein

Stadttopographisch ist Wolfstein ein hervorragendes Beispiel für mittelalterliche Stadtgründungs- bzw. Stadterhebungspolitik. Mit Wolfstein sollte nämlich der Lautertalzugang zum Königsland um Kaiserslautern gesichert werden. In diesem Zusammenhang sind auch die beiden Burgen über Wolfstein, Alt- und Neu-Wolfstein, zu verstehen. Aus dem 1275 von RUDOLF VON HABSBURG erteilten Stadtprivileg konnte jedoch lediglich eine unterzentrale Funktion erwachsen. Gesichert wird diese heute vor allem durch das produzierende Gewerbe. Dessen Hauptträger ist die Karl Otto Braun KG.

Wirtschaftsgeographische Kenndaten der Karl Otto Braun KG, Wolfstein
(Frdl. Mitteilung der Betriebsleitung)

| Betrieb | Karl Otto Braun KG, Wolfstein |
|---|---|
| Weitere Standorte | Bridgeport, Conn., USA |
| Hauptverwaltung | Wolfstein |
| Gesamtmitarbeiter | 1 500 |
| Mitarbeiter in Wolfstein | 1 300 |
| Betriebsgründung in Wolfstein | 1903 |
| Produktionspalette in Wolfstein | Spezialgewebe für medizinische und technische Zwecke |
| Rohstoffquellen | Baumwolle: Tschad, Simbabwe, Westafrika<br>Zellwolle: Bundesrepublik Deutschland, Österreich, Finnland |
| Absatzmarkt | Weltweit (Exportanteil ca. 50 %) |
| Hauptgrund für die Ansiedlung in Wolfstein | Alteingesessene Unternehmerfamilie |

Neben dem gewerblichen Sektor spielt in Wolfstein auch das Schulwesen eine große Rolle, eine stadtbestimmende sogar. Über das ganze Stadtgebiet verteilen sich nämlich 22 Einrichtungen des Jugenddorfwerkes Wolfstein (Berufliches Bildungszentrum), das zum Christlichen Jugenddorfwerk Deutschland mit Sitz in Göppingen gehört, dem größten freien Bildungsträger der Bundesrepublik.
Hauptziel einer geographischen Wolfstein-Exkursion ist jedoch das Besucherbergwerk am südlichen Ortsende. Hier wurden bis in die 1960er Jahre bergbaulich die in den unteren Schichten der Kusel-Gruppe des Rotliegenden eingeschalteten (ca. 2,5 m mächtigen) Kalksteinlagen abgebaut und zu Brannt- sowie Bau- und Düngekalk verarbeitet. Das Besucherbergwerk dokumentiert dies in anschaulicher Weise (HÖG 1981).
Bereits im 19. Jh. eingestellt und zumeist nur wenige Jahrzehnte in Betrieb waren dagegen mehrere Kohlebergwerke im Karbon um die Rhyolithhärtlinge des Königs- und Hermannsberges westlich von Wolfstein, so etwa gegenüber dem Ort Oberweiler an der Straße von Wolfstein nach Lauterecken.

HP 8b   Katzweiler, Kühbörncheshof

Die agrarrevolutionäre Rolle der Mennoniten ist schon vielfach dargestellt worden, für den pfälzischen Raum nicht zuletzt durch HARD 1963 und BENDER 1976. Ihre vorwiegend im 17. und 18. Jahrhundert erfolgte Immigration war in vielerlei Hinsicht für die Entwicklung der pfälzischen Landwirtschaft von großer Bedeutung (BENDER 1976, S. 140). CORRELL gibt dazu einen ganzen Katalog von Neuerungen an, die durch die Mennoniten eingeführt wurden: Kleeanbau (?), Anbau von Esparsette, Sommerstallfütterung, Zucht der Glan-Donnersberger-Rinderrasse (?), Wiedereinführung von Jauchefaß und Güllewirtschaft, Runkelrübenanbau, Einführung der *Mannheimer Kartoffel* und Gebrauch des Gipsdüngers (nach: BENDER, ebenda). Ab der Mitte des 17. Jahrhunderts

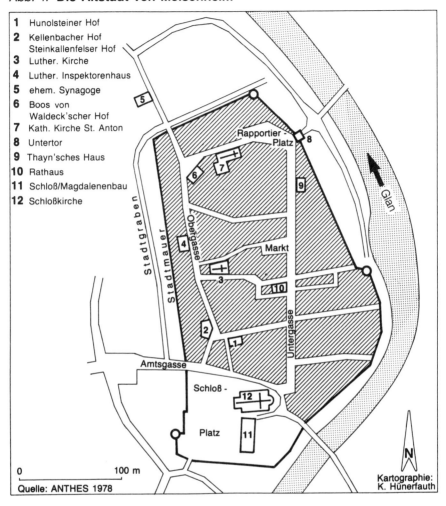

**Abb. 4:** Die Altstadt von Meisenheim

1 Hunolsteiner Hof
2 Kellenbacher Hof
   Steinkallenfelser Hof
3 Luther. Kirche
4 Luther. Inspektorenhaus
5 ehem. Synagoge
6 Boos von
   Waldeck'scher Hof
7 Kath. Kirche St. Anton
8 Untertor
9 Thayn'sches Haus
10 Rathaus
11 Schloß/Magdalenenbau
12 Schloßkirche

Rapportier-Platz

Glan

Stadtgraben

Stadtmauer

Obergasse

Markt

Untergasse

Amtsgasse

Schloß-

Platz

N

0        100 m

Quelle: ANTHES 1978

Kartographie:
K. Hünerfauth

mußten die Mennoniten wegen ihres Glaubens die Schweiz verlassen und wurden vor allem in der Kurpfalz aufgenommen, da, wie Kurfürst LUDWIG (1648-1680) in einem Erlaß betonte, »wir Menschen und Unterthanen bedürfen, die das verödete Land wiederum bauen und in Stand bringen« (nach: BENDER, ebenda). Ihre Ansiedlung erfolgte vorwiegend auf einzelstehenden Höfen, darunter im Lautertal auf dem Kühbörncheshof. Hier wurde 1715 eine Mennonitenfamilie auf den Lauterhöhen 2 km westlich von Katzweiler angesiedelt. In der Folge ist diese Siedlung zu einem Weiler gewachsen, der heute (1989) von 11 Familien bewohnt wird. Der agrarische Charakter der Siedlung hat sich dabei kaum verändert, sieht man von einigen Wohnungsneubauten ab. Da der

Kühbörncheshof als Gemeindezentrum der Mennoniten fungierte, steht hier auch eine Kirche, ein turmloser einstöckiger Krüppelwalmdachbau mit 3 Querachsen (erbaut 1832). Die Zahl der Gemeindemitglieder beträgt derzeit knapp über 100. Diese wohnen jedoch keineswegs alle auf dem Kühbörncheshof, sondern verteilen sich auch auf das nähere Umland bis nach Kaiserslautern.

## HP 9   Lettweiler, Neudorferhof

Im Gegensatz zum Kühbörncheshof bestand der Neudorferhof schon vor dem 30jährigen Krieg. Über verschiedene Besitzer ist er 1789 von einer Mennonitenfamilie gepachtet worden, die ihn 1803 kaufte (RÖDER 1986, S. 2). Die Kirche, ein Walmdachbau mit 3 Querachsen, wurde 1886 erbaut. Die Parallele zum Kühbörncheshof ist dabei unübersehbar. Dies gilt auch im Hinblick darauf, daß der Neudorferhof Mittelpunkt einer gleichnamigen Mennonitengemeinde ist, die derzeit (1989) etwa 70 Mitglieder umfaßt. Da auf dem Hof selbst nur 6 Familien leben, ist auch der Neudorferhof eine Diasporagemeinde, die bis nach Birkenfeld und Idar-Oberstein sowie auf die rechts der Alsenz gelegenen Appelbachhöhen (Schmalfelderhof, Morsbacherhof) reicht.

Besondere Aufmerksamkeit erlangte der Neudorferhof in den 1920er und 30er Jahren. 1923 entstanden hier die Vereinigten Gutsbetriebe Neudorferhof mit insgesamt 102 ha Feldern und 8 ha Weinbergen. Ausschlaggebend für diesen Zusammenschluß von 4 Familien waren allein betriebswirtschaftliche Gründe. So berichtete am 9. Februar 1933 die 'Frankfurter Illustrierte Zeitung' über jenes Unternehmen, dessen Gewinne entsprechend den Besitzanteilen ausgeschüttet wurden:»Die Mechanisierung der Ackerbewirtschaftung ist in Neudorf restlos durchgeführt. Der ausgezeichnete Maschinenpark wird von sachkundigen Händen bedient. Die Arbeitszeit konnte auf dem Neudorferhof gegenüber normalen bäuerlichen Wirtschaften auf ein Minimum von 8 Stunden pro Tag herabgesetzt werden.« (Nach: GERLACH 1985, S. 49) Insgesamt ist dieses Unternehmen jedoch eine Episode, denn es wurde 1947 wieder aufgegeben.

## HP 10   Obermoschel

Die geographisch beste Ansicht von Obermoschel hat man vom Neudorferhof kommend. So erschließt sich eindrucksvoll die Stadttopographie am Fuß des Landesberges. Ein Rundgang in der Stadt (1987: 1060 Ew, Stadtrechte 1349) (z.B. Marktplatz - Wilhelmstraße - Antongasse - Vogelgesang - Kirchplatz - Friedrichstraße - Marktplatz) ist geprägt von der Atmosphäre einer frühabsolutistischen Fürstenresidenz. Doch zeigt der Grundriß unübersehbar mittelalterliche Strukturen. Er weist Obermoschel als Talsiedlung zur veldenzischen, später pfalz-zweibrückischen, im Pfälzischen Erbfolgekrieg 1689 zerstörten Moschellandsburg aus. Kernstücke der Stadt sind der Marktplatz (Rathaus, 16. Jh.) und der Kirchplatz (Ensemble von freiherrlich-bernsteinischem Schloß, Prot. Kirche und Altem Gericht. (KREMB 1988, S. 55)

Geologisch gehört der Raum Obermoschel dem Unterrotliegenden (Kuseler- und Lebacher-Gruppe) an, das hier vulkanotektonisch überprägt ist. Nach KRUPP 1981 sind dabei vier Phasen entscheidend: 1. Sedimentation im Unterrotliegenden, Intrusion basaltischer Gänge, Zerblockung des Gebietes; 2. Intrusion eines andesitischen Magmas in einem tieferen stratigraphischen Niveau in Gestalt eines Lakkolithes, Aufwölbung der überlagernden Gesteinsschichten; 3. Calderaartiger Einbruch des Daches der Intrusion in einem Ringbruch (Durchmesser: ca. 2,5 km); 4. Eindringen hydrothermaler Lösungen mit Bildung subvulkanischer Erzvorkommen (KRUPP 1981, S. 22; über die bergbauliche Nutzung der Erzvorkommen siehe Beitrag LOOSE in diesem Band). Ein morphologischer Überblick vom Moschellandsberg über diese Caldera ist allerdings wegen der Bewaldung schwierig, anhand der nachstehenden Abbildung jedoch leicht nachzuvollziehen.

### *Abb. 4:* Querschnitt durch die Caldera von Obermoschel
(Nach: KRUPP 1981, Abb. 3)

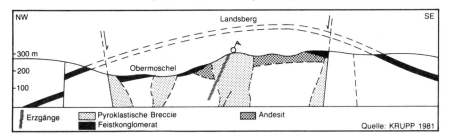

HP 11  Alsenz

Obwohl Alsenz (1987: 1 640 Ew) nur 3 km von Obermoschel entfernt ist, liegt es bereits deutlich außerhalb der vorstehend beschriebenen Caldera. Allerdings sind auch die um Alsenz aufgeschlossenen und fast die gesamte Abfolge des Unterrotliegenden umfassenden Gesteine vielfach vulkanisch durchsetzt. Dies ist nahezu im gesamten Alsenztal der Fall. Entsprechend vergleichbar sind die Inwertsetzungsformen. Dabei fällt zwischen Alsenz und Bayerfeld-Steckweiler besonders der Weinbau ins Auge. Im Gegensatz zu den bereinigten Weinbergsflächen zwischen Ober- und Niedermoschel sind die heutigen Weinbauareale südlich von Alsenz umfangmäßig etwa vergleichbar den brachliegenden, die vielfach noch deutlich als ehemalige Weinberge (Stützmauern) zu erkennen sind. Die 1970 begonnene Aufforstung der Alsenztalflanken hat inzwischen schon an mehreren Stellen eine erfolgreiche Renaturierung bewirkt.
Eine schon historische Inwertsetzung ist dagegen die Sandsteinindustrie, deren Blüte zwischen 1890 und 1900 lag. Ihre Entstehung hängt eng zusammen mit der Baukonjunktur des 19. Jahrhunderts. So führte beispielsweise die Alsenzer Firma »Karl Brixius, Steinhauerei & Steinbruchbesitzer« wesentliche Aufträge für die Fassadengestaltung des Berliner Reichstagsgebäudes aus. Entsprechend repräsentativ ist das 1896 in der Bahnhofstraße 14 in Alsenz erbaute Wohnhaus des Firmeninhabers. Außer diesem Unternehmen gab es in Alsenz damals noch etwa 10 weitere größere Betriebe und zahlreiche kleinere Werkstätten. Das Rohmaterial konnte in der Umgebung des Ortes leicht abgebaut werden. Doch beschränkte sich diese Industrie insgesamt nur auf ein halbes Jahrhundert. Im Ortsbild von Alsenz ist sie allerdings noch gegenwärtig, denn etwa 20 Gebäude, zumeist Wohnhäuser (vor allem in der Hauptstraße) weisen mit ihren Fassaden auf die Jahrhundertwende (ZEPP 1976).
Der historische Ortskern liegt allerdings abseits am Marktplatz. Ein hier angelegter Rundgang (Marktplatz - Kirchberg - Mühlstraße - Amthof - Marktplatz - Rathausplatz -

Marktplatz) ist geprägt von der Atmosphäre des spätabsolutistischen Amtssitzes. Das wertvollste Alsenzer Gebäude gehört der Renaissance an: das Rathaus aus dem 16. Jahrhundert mit seiner offenen Markt- und Gerichtshalle. Im wesentlichen mittelalterlich ist dagegen die Prot. Kirche, eine ehemalige Wehrkirche. Das Barockzeitalter repräsentieren vor allem die Synagoge und israelitische Schule (1765) bzw. der *Amthof* mit dem Gericht und Gefängnis (1776) sowie dem Amthaus (1785) (KREMB 1988, S. 54).

Die zentralörtliche Funktion von Alsenz (mit Obermoschel Unterzentrum mit Funktionsteilung) wird auf einem historischen Ortskern-Rundgang jedoch nur ansatzweise deutlich. Um sie voll erfassen zu können, muß man auch die Hauptstraße einbeziehen, die aber wegen ihrer Entstehungsgeschichte im 19. Jahrhundert erst im Anschluß an den vorstehend beschriebenen Rundgang absolviert wird. Dabei wird zugleich ersichtlich, wie stark sich Obermoschel und Alsenz nebeneinander und zum Teil gar gegeneinander entwickelt haben. Die historische Hypothek der im 18. Jahrhundert zwischen den beiden Orten verlaufenden Landesgrenze (Obermoschel: Herzogtum Pfalz-Zweibrücken, Alsenz: Fürstentum Nassau-Weilburg) ist selbst heute noch zu spüren.

## HP 12   Rockenhausen

Die einzige Stadt im mittleren Alsenztal ist Rockenhausen (1987: 5780 Ew). Sie war von 1900 bis 1969 Kreissitz. Dessen Ende kam mit der Auflösung des Landkreises Rockenhausen und Verschmelzung mit dem Landkreis Kirchheimbolanden zum Donnersbergkreis (Kreissitz: Kirchheimbolanden) im Zuge der rheinland-pfälzischen Verwaltungsreform. Geblieben ist lediglich das Amtsgericht, das nun für den gesamten Donnersbergkreis zuständig ist. Trotzdem ist die Stadt ein Mittelzentrum mit erheblichen Teilfunktionen.

Dies wird auf einem Altstadtrundgang (Marktplatz - Schloßstraße - Kreuznacher Straße - Parkstraße - Alleestraße - Luitpoldstraße - Marktplatz) deutlich. Dabei rückt auch die Rockenhausener Territorialgeschichte (Stadtrechte: 1332; »Schloß« als ehemals kurpfälzischer Amtssitz) ins Blickfeld (KREMB 1988, S. 50).

Bei einer stärkeren Konzentration auf die jüngsten städtebaulichen Entwicklungen wäre der beschriebene Rundgang von der Alleestraße in die Bergstraße fortzusetzen und damit in das Baugebiet *Bergstadt*, das als städtebauliche Entwicklungsmaßnahme für ca. 1600 Einwohner seit 1976 realisiert wird. In der Sozialstruktur dieses Wohnviertels dominieren Beschäftigte der ortsansässigen Betriebe. Der weitaus größte dieser Betriebe ist die Firma Keiper Recaro GmbH & Co (s. Tab.).

## HP 13   Winnweiler

Historisch-geographisch ist der Raum Winnweiler im 18. Jahrhundert durch eine im Vergleich mit Obermoschel, Alsenz und Rockenhausen ganz andere Territorialmacht geprägt worden, durch das Haus Habsburg, denn die Grafschaft Falkenstein gehörte mit ihrem Hauptort Winnweiler als Exklave zu Vorderösterreich. Das spürt man bereits in Schweisweiler (böhmisch geprägte Rokokokirche, Nepomukstatue auf der Alsenzbrücke). Ein Rundgang durch Winnweiler (Messeplatz - Schloßstraße - Marktplatz - Kirchstraße - Lorenz-Steinbrücker-Weg - Schloßstraße - Messeplatz) würde noch sehr viel stärker seine ehemals österreichische Oberamtsatmosphäre verspüren lassen, wenn das Schloß noch in seinem barocken Zustand erhalten wäre (KREMB 1988, S. 46).

Wirtschaftsgeographische Kenndaten der Firma Keiper Recaro GmbH & Co.,
Rockenhausen, (Frdl. Mitteilung der Betriebsleitung)

| Betrieb | Keiper Recaro GmbH & Co., Rockenhausen |
|---|---|
| Weitere Standorte | Bremen, Remscheid, Kaiserslautern, Kirchheim/Teck, Italien, Spanien, USA, Brasilien, Mexiko |
| Hauptverwaltung | Remscheid |
| Gesamtmitarbeiter | 4 200 |
| Mitarbeiter in Rockenhausen | 2 000 |
| Betriebsgründung in Rockenhausen | 1964 |
| Produktionspalette in Rockenhausen | Sitzelemente für die Automobilindustrie |
| Rohstoffquellen | Primärrohstoff: Stahl (Salzgitter) |
| Absatzmarkt | Gesamte europäische Automobilindustrie |
| Hauptgründe für die Ansiedlung in Rockenhausen | Arbeitskräftepotential, günstiges Bauland, Förderpräferenzen des Bundes und des Landes |

Winnweiler hat sein Gesicht in der pfalz-bayerischen Zeit des 19. Jahrhunderts sehr
stark verändert. Dies zeigt sich außer im ehemaligen Schloßareal (Schloßstraßenbie-
gung) insbesondere im *Ämterviertel* in der Jakobstraße (heutiges Vermessungsamt für
den Donnersbergkreis, Prot. Pfarramt, Verbandsgemeindeverwaltung; allesamt Gebäude im Stil der bayerischen *Behördenarchitektur*. Mit dem Vermessungsamt ist zugleich
auf ein wichtiges unterzentrales Funktionselement verwiesen. 1984/85 hat Winnweiler
(1987: 3 700 Ew) seine zentralörtliche Bedeutung erfolgreich stabilisiert und zwar durch
die Einrichtung einer verkehrsberuhigten Zone (Schloßstraße - Marktplatz), ein Projekt,
das in einer Veröffentlichung des Ministeriums für Wirtschaft und Verkehr Rheinland-
Pfalz überaus positiv beurteilt wurde. Danach sind kennzeichnend: »Ortsgerechter Ausbau mit wesentlich reduzierter Fahrbahn, verbreiterten Gehwegen und Parkplätzen für
den ruhenden Verkehr; Erhöhung der Verkehrssicherheit durch Geschwindigkeitsredu-
zierung und Abbau der Vorrangstellung für Kfz; zurückhaltende Gestaltung mit Pflaster
und Bepflanzung, die dem Straßenraum einen eigentümlichen Charakter verleiht.« (Ministerium für Wirtschaft und Verkehr Rheinland-Pfalz 1986, S. 34). Auf dem gewerblichen und industriellen Sektor besteht allerdings noch ein Nachholbedarf, der zwar
weniger ins Gewicht fällt als in Obermoschel und Alsenz, aber noch hat Winnweiler
lediglich zwei größere Betriebe aufzuweisen: eine Brauerei und eine Eisengießerei (zu
letzterer siehe Beitrag LOOSE in diesem Band). Die Fertigstellung der im Bau befindlichen Autobahn Mainz-Kaiserslautern könnte hier jedoch einen entsprechenden Schub
bewirken (vgl. Rheinland-Pfalz Staatskanzlei 1979).

HP 14   Sembach

Bis zu Beginn der 1950er Jahre war Sembach eine agrarwirtschaftlich geprägte Gemeinde. Mehr als die Hälfte der Erwerbstätigen hat damals seine Beschäftigung in der Land-

wirtschaft gefunden. Dann erfolgte jedoch 1951 eine tiefgreifende Änderung in der Wirtschafts- und Sozialstruktur, ausgelöst durch den Bau eines amerikanischen Militärflugplatzes. Zwar hatte es in der Weimarer Zeit und im Zweiten Weltkrieg schon einmal Feldflugplätze in Sembach gegeben, deren Auswirkungen waren jedoch vergleichsweise gering. 1951 setzte dagegen eine Dynamik großen Ausmaßes ein. Zunächst ging durch die Flugplatzanlage ein Drittel der LNF verloren, darunter Böden mit der Bodenwertzahl 85 (Löß) (LAUTENSACH-LÖFFLER 1965, S. 38ff.). Gleichzeitig begann die Einwohnerzahl spürbar zu steigen, bis 1989 auf 880. Dazu kommen 400 Mitglieder der Streitkräfte, die im Dorfbereich wohnen. (Eine weitaus größere Zahl von Militärangehörigen (3500) lebt in der zum Flugplatz gehörenden Housing Area, die jedoch nicht mehr auf Sembacher Gemarkung liegt.)

Einen gravierenden Verlauf nahm die Entwicklung der Landwirtschaft. Gab es in Sembach 1949 noch 67 Agrarbetriebe, so sind es 1989 noch 6, darunter 5 Vollerwerbsbetriebe. Sie bewirtschaften insgesamt 410 ha (davon 325 ha Acker- und 85 ha Grünland). Allerdings steht eine weitere Reduzierung der LNF bevor, davon ca. 10 ha durch den Autobahnbau Mainz-Kaiserslautern. Der größte ortsansässige Agrarbetrieb verfügt über rund 100 ha. Er befindet sich in der Friedhofstraße und ist durch seine Lage neben der Mennonitenkirche unschwer als mennonitischer Betrieb zu erkennen. Die mennonitische Immigration erfolgte hier bereits zwischen 1660 und 1710, vor allem aus dem schweizerischen Emmental, und wurde von den Grafen von Wartenberg in deren Dörfern (Wartenberg, Sembach, Fischbach b. Kaiserslautern und Diemerstein im Pfälzerwald) sehr gefördert. Gemeindezentrum wurde Sembach. Bereits 1777 erfolgte hier der Kirchenbau (5 Querachsen, Satteldach und wie auf dem Kühbörnches- und dem Neudorferhof turmlos). 1989 zählt die Gemeinde 200 Mitglieder und erstreckt sich auf zahlreiche Höfe und Dörfer der Umgebung.


HP 5    Otterberg

Was die Mennoniten für Sembach sind, das waren die Wallonen für Otterberg (1987: 4200 Ew). 1578/79 siedelte hier Pfalzgraf JOHANN CASIMIR etwa 100 wallonische Familien an (KALLER 1976, S. 205ff.). Daß er sich gerade für Otterberg entschied, hängt eng mit der 1561 aufgelösten Zisterzienserabtei zusammen, deren zwischen 1190 und 1252 erbaute Kirche (WERLING 1988) nach dem Speyerer Dom die zweitgrößte der Pfalz ist. Die leerstehenden Klostergebäude boten günstige Voraussetzungen zur Ansiedlung der Immigranten. Da diese vor allem Tuchmacher waren, gewann Otterberg sehr schnell an wirtschaftlicher Bedeutung, so daß schon 1581 die Stadterhebung erfolgte. Vor allem in der Hauptstraße ist das Ortsbild durch die einstige wirtschaftliche Prosperität noch heute geprägt. Aus dieser Phase, die mit Unterbrechungen bis ins 18. Jahrhundert reichte, stammen ansehnliche giebelständige (16./17. Jh.) und traufständige Häuser (17./18. Jh.) sowie das Rathaus von 1753. Der Einbruch kam im 19. Jahrhundert als die englische Konkurrenz auf den kontinentalen Markt drängte. Zwangläufig vollzog sich deshalb auch in Otterberg der Schritt zur industriellen Produktion. Die »Pfälzische Textilindustrie Otterberg AG« wurde gegründet. Ihr ehemaliges Direktionsgebäude ist heute Sitz der Stadt- und Verbandsgemeindeverwaltung Otterberg. Diese Umwidmung erfolgte 1975; ein Jahrzehnt vorher hatte die Textilfabrik ihre Produktion eingestellt, und der Betrieb war auf die Pegulanwerke Frankenthal übergegangen. Heute produziert er mit 230 Mitarbeitern Teppichböden (KALLER 1981, S. 450). Da er in der Stadtmitte liegt, berührt ihn auch ein Ortsrundgang (Kirchplatz - Wallonenstraße - Klosterstraße - Gerberstraße - Kirchplatz - Hauptstraße bis zur Verbandsgemeindeverwaltung - Hauptstraße zurück zum Kirchplatz).

## HP 15    Ramstein-Miesenbach

Naturräumlich ist Ramstein-Miesenbach wie Otterberg von einer Randsituation bestimmt. Während Otterberg bereits zum Pfälzerwald gehört, zählt Ramstein-Miesenbach nicht mehr zum Pfälzer Bergland, sondern zur Westricher Niederung. Beide Orte werden hier behandelt, weil sie sich gut mit Sembach vergleichen lassen. Denn auch Ramstein ist ein amerikanischer Luftwaffenstützpunkt, u.z. der größte in Europa (Gesamtfläche: 1 300 ha). Hier sind 17 000 Personen beschäftigt, darunter 10 700 Soldaten und 3 200 deutsche Zivilangestellte. Auch hier ging etwa ein Drittel der Gemarkungsfläche für die Anlage der Militärbasis verloren; allerdings handelte es sich in diesem Fall überwiegend um Wald und um Moorflächen im Landstuhler Bruch.

Durch die im Vergleich mit Sembach erheblich höhere Zahl der Flugplatzbeschäftigten ist Ramstein auch physiognomisch weit stärker überprägt. LAUTENSACH-LÖFFLER hat dies schon 1965 - 12 Jahre nach Inbetriebnahme des Flugplatzes - konstatiert, indem sie schrieb:»Die Zunahme der gewerblichen Betriebe, vor allem der Verkaufsgeschäfte und Gaststätten, ist ein unverkennbares Zeichen des wirtschaftlichen Auftriebs und der durch die amerikanische Wohnbevölkerung mitgeförderten Tendenz zur Verstädterung, die der Barbetriebe eine Negativwirkung der nahen großen US-Garnison.« (LAUTENSACH-LÖFFLER 1965, S. 33).

Ein Ortsrundgang (Parkplatz am Rathausring - Neuer Markt - Miesenbacher Straße - Gehweg diesseits der Bahnlinie - Schulstraße - Landstuhler Straße - Neuer Markt - Parkplatz am Rathausweg) läßt dies heute noch stärker empfinden. Er verdeutlicht außerdem die zentralörtiche Funktion von Ramstein-Miesenbach (1987: 7 500 Einw.) als Unterzentrum. Dies gilt insbesondere für den *Neuen Markt* mit Rathaus, Gemeindewerken und *Haus des Bürgers*, ein Mitte der 1980er Jahre entstandenes Ortszentrum. Planungsziel war dabei, zwischen altem und neuem Rathaus eine städtebauliche Einheit zu schaffen und zugleich Post, Busbahnhof u.a. zu integrieren. Wie stark dieses Zentrum angenommen worden ist, zeigt die Ausstattung mit Geschäften und einem Restaurant. Außerdem gibt der Rundgang einen Einblick in die Gewerbe- und Industriesituation (Textilfabrik in der Schulstraße). In diesem Zusammenhang sei deshalb auch auf das 61 ha große Industriegelände an der Spesbacher Straße in unmittelbarer Autobahnnähe (A 62 Landstuhl-Kaiserslautern-Trier) hingewiesen. Es bietet derzeit (1989) 500 Arbeitsplätze in 8 Betrieben, darunter vor allem ein Werk der Pegulan AG (siehe HP 15).

## HP 17    Schönenberg-Kübelberg, Ohmbachsee

Wie in anderen Teilen der Pfalz sind auch im Westricher Bergland in den letzten Jahren die Fremdenverkehrsbemühungen erheblich verstärkt worden. Dazu trug z.B. 1979 die Realisierung des *Westpfalz-Wanderweges* (675 km) in Verbindung mit einer Reihe von Pauschalangeboten unter dem Motto »Wandern ohne Gepäck« mit Übernachtung, Frühstück und Gepäcktransport bei; darunter der »Potzberg-Burg Lichtenberg-Wanderweg« (40 km in 3 Tagen), der »Glan-Lautertal-Höhenweg« (44 km in 3 Tagen) oder der »Musikanten-Wanderweg« (85 km in 6 Tagen).

Eine ganz andere Zielgruppe sind die Camper. Sie werden vor allem durch den *Campingpark Ohmbachsee* im Ortsteil Sand der Gemeinde Schönenberg-Kübelberg angesprochen. 1986 verzeichnete er die meisten Übernachtungen im Vergleich aller pfälzischen Campingplätze. Dieses hohe Camperaufkommen läßt sich nicht nur durch den Ohmbachsee (15 ha Wasserfläche) begründen, sondern auch durch die breite Palette der gebotenen Freizeit- bzw. Erholungsmöglichkeiten. Da der Platz erst 1984 eröffnet wurde, ist sein internationaler Bekanntheitsgrad noch relativ gering, denn der Ausländeranteil an den Übernachtungen liegt unter 50 % (vorwiegend Niederländer, Briten und Dänen) (JENTSCH 1988, S. 210-223). Im Rahmen einer geographischen Exkursion soll allerdings weniger der Campingsektor Gegenstand der Betrachtungen vor Ort sein, als vielmehr der Naherholungsverkehr am Ohmbachsee. Um beide Bereiche zu verbinden, empfiehlt sich ein Halt auf dem Parkplatz vor dem Campingparkeingang. Der Ohmbachsee liegt in ca. 600 m Entfernung.

## HP 18  Brücken

Mit dem letzten Exkursionspunkt beginnt sich die Route nicht nur zu schließen, sondern es rückt auch wieder der Ausgangsgedanke ins Blickfeld: die historisch-strukturelle Benachteiligung des Westricher Berglandes. Sie ist in Brücken in einer ganz besonderen Weise greifbar. 1935 waren nämlich im Landkreis Kusel insgesamt 3 500 Erwerbstätige als Diamantschleifer tätig. Die Pfalz - insbesondere die Nordwestpfalz - war damals ein »Billiglohnland«. Begonnen hat die Diamantenschleiferei hier 1887/88 in der Neumühle bei Brücken. Bereits 1890 besaß der Betrieb 41 Arbeitsplätze. Das Schleifergewerbe wurde hier von dem jüdischen Bäcker Isidor Triefus eingeführt, der über Kontakte mit seinen Geschwistern in London mit dem Diamantenhandel in Berührung kam. Er erlernte die Schleiferei in Hanau und richtete dann in einer ehemalige Getreidemühle bei Brücken den ersten Betrieb ein. Schon bald erfolgten weitere Betriebsgründungen. So bestanden in Brücken kurz vor dem Ersten Weltkrieg 7 Diamantenschleifereien mit ca. 180 Arbeitskräften. Den Höchststand erreichte dieses Gewerbe dann Mitte der 1930er Jahre mit 150 Betrieben in Brücken und der näheren Umgebung. Dabei handelt es sich um Lohnschleifereien, die im Auftrag niederländischer, belgischer und britischer Kaufleute Kommissionsware veredelten (BENDER 1978 und FASSLAND 1988). Heute (1989) gibt es noch 7 vom Verband der pfälzischen Diamant-Industrie vertretene Betriebe (Brücken 3, Schönenberg-Kübelberg 2, Waldmohr 1, Lautenbach/Saarland 1). (Frdl. Mitteilung des Verbandes der Pfälzischen Diamant-Industrie, Brücken)
Um die Geschichte dieses Wirtschaftszweiges anschaulich zu erhalten, ist in der alten Schule in Brücken ein entsprechendes Museum geplant. Es wird jedoch erst in den 1990er Jahren eröffnet werden, dann aber sicher zusammen mit dem Musikantenlandmuseum auf Burg Lichtenberg und dem Steinbruchmuseum in Rammelsbach einen wichtigen Beitrag zur historischen Geographie des Westricher Berglandes leisten, in dem das Problem der Strukturschwäche nicht nur ein gegenwärtiges ist.

# IV. Karten und Literatur

Generalkarte der Bundesrepublik Deutschland 1 : 200000, Bl. 15 und 18

Topographische Karte 1 : 100000, Blätter: C 6310 Bad Kreuznach und C 6710 Kaiserslautern

Topographische Karte 1 : 50000, Blätter: L 6310 Kirn, L 6312 Rockenhausen, L 6510 Landstuhl und L 6512 Kaiserslautern

Topographische Karte 1 : 25000, Blätter: 6212 Meisenheim, 6310 Baumholder, 6311 Lauterecken, 6312 Rockenhausen, 6410 Kusel, 6411 Wolfstein, 6412 Otterberg, 6413 Winnweiler, 6510 Glan-Münchweiler und 6511 Landstuhl

Geologische Karte von Rheinland-Pfalz 1 : 25000, Bl. 6410 Kusel und 6711 Wolfstein

Alsenz, Ortsgemeinde (Hrsg.) (1976): 1200 Jahre Alsenz - 775-1975. Beiträge zur Geschichte und Gegenwart der Gemeinde. Meisenheim/Glan.

ANSCHÜTZ, R. (1979/1982/1983): Die unfügsamen Pfälzer Landschaftsnamen, in: Pfälzer Heimat, Jg. 30, S. 44-51; Jg. 33, S. 20-28; Jg. 34, S. 115-121

ANTHES, G. (1978): Historischer Rundgang durch Meisenheim.- Meisenheimer Hefte, 1. Jg., H. 4

ATZBACH, O. (1986): Geologische Karte von Rheinland-Pfalz 1 : 25000, Erläuterungen Blatt 6411 Wolfstein, Mainz

ATZBACH, O. und K. SCHWAB (1971): Erläuterungen zur Geologischen Karte von Rheinland-Pfalz 1 : 25000, Blatt 6410 Kusel, Mainz

BAUMANN, K. (1974): Die Herrschaftsgebiete um das Jahr 1750, in: Pfalzatlas, Textband 2, Speyer,S. 913-1029

BEEGER, H. (Bearb.) (1987): Atlas Rheinhessen-Pfalz, Braunschweig

BENDER, R.J. (1976): Die Prägung der südpfälzischen Agrarlandschaft durch die Mennoniten im 18. und 19. Jahrhundert, in: Pfälzer Heimat, Jg. 27, S. 140-145

BENDER, R.J. (1978): Die Diamantenschleiferei in der Nordpfalz, ein Relikt kleingewerblicher Industrie, in: Zeitschrift für Wirtschaftsgeographie, Bd. 22, S. 13-18

BENDER, R.J. (Hrsg.) (1988): Pfälzische Juden und ihre Kultuseinrichtungen.- Südwestdeutsche Schriften Bd. 5, Mannheim

DÖLLING, R. ($^2$1978): Offenbach am Glan und Sponheim, Rheinische Kunststätten H. 151, Neuss

DUCKWITZ, G. (1971): Kleinstädte an Nahe, Glan und Alsenz, Ein historisch-geographischer Beitrag zur regionalen Kulturlandschaftsforschung, Bochumer Geographische Arbeiten, Bd. 11, Paderborn

ENGEL, A. (1974): Rockenhausen, Die Geschichte eines Landstädtchens, Rockenhausen

FALK, L. (Hrsg.) (1984): Der Remigiusberg in der Westpfalz, Natur-Landschaft-Geschichte, Pollichia-Buch Nr. 5, Bad Dürkheim

FALKE, H. (1974): Das Rotliegende des Saar-Nahe-Gebietes, in: Jahresber. u. Mitteil. d. oberrh. geol. Vereins, Jg. 56, NF, S. 21-34

FASSLAND, L. (1988): Zukunft mit den »Unbezwinglichen«, Die letzten Diamanten-schleifer im Westrich setzen auf Unikate, in: IHK Saar-Wirtschaft H. 12, S. 839f.

FETH, H. (1965): Ramstein, Ein Heimatbuch über die geschichtliche Entwicklung der Großgemeinde, in: Ortschroniken des Landkreises Kaiserslautern Bd. 4, Kaiserslautern

FRECKMANN, K. (1982): Meisenheim am Glan, Rheinische Kunststätten H. 268, Neuss

GERLACH, H. (1985): Hutterer und Bruderhöfe, Wechselbeziehungen zwischen der Pfalz und anderen Gebieten von der Reformation bis zur Gegenwart. In: Bayerisches Nationalmuseum (Hrsg.): Die hutterischen Täufer, Geschichtlicher Hintergrund und handwerkliche Leistung, Weierhof, S. 45-53

HÄBERLE, D. (1913): Die Natürlichen Landschaften der Rheinpfalz, Kaiserslautern

HÄBERLE, D. (1927): Im Nordpfälzer Bergland. In: Kurpfälzer Jahrbuch 1928, S. 53-63

HARD, G. (1963): Die Mennoniten und die Agrarrevolution, Die Rolle der Wiedertäu-fer in der Agrargeschichte des Westrichs, in: Saarbrücker Hefte, H. 18, S. 28-46

HINKELMANN, K. (1981): Kusel, Zentralörtliche Bedeutung einer Kleinstadt im Wirt-schaftsraum der Nordwestpfalz, in: Pfälzer Heimat, Jg. 32, S. 162-171

HÖG, G. (1981): Das Kalkbergwerk bei Königsberg, Ein technisches Kulturdenkmal, Wolfstein

JENTSCH, Chr. (Hrsg.) (1988): Fremdenverkehrsanalyse Pfalz 1987/88, Mannheim

KALLER, G. (1975/1981): Otterberg, Geschichte von Kloster und Stadt Otterberg, 2 Bde., Ortschroniken des Landkreises Kaiserslautern, Bde. 6 und 8, Otter-bach

KRANZ, F. (1937): Das Nordpfälzer Bergland, Landschaft und Mensch in Nordpfalz und Westrich, Kallmünz

KREMB, K. (1984): Das Glan-Nahe-Gebiet als Kleinstadtlandschaft, in: JÄTZOLD, R. (Hrsg.): Der Trierer Raum und seine Nachbargebiete, Trierer Geographische Studien, Sonderheft 6, Trier, S. 251-257

KREMB, K. (1988): Der Donnersbergkreis, Landeskundliche Erläuterungen für Einheimi-sche und Gäste, Kirchheimbolanden

KRUPP, R. (1981): Die Geologie des Moschellandsberg-Vulkankomplexes (Pfalz) und seine Erzvorkommen, in Mitteil. d. Pollichia, 69, S. 6-26

KUNZ, B. (1989): Der Landkreis Kusel, in: KREMB, K. und P. LAUTZAS (Hrsg.): Rheinhessen-Pfalz, Landesgeschichtlicher Exkursionsführer Rheinland-Pfalz Bd. 1, S. 270-284

Kusel, Landkreis (Hrsg.) (1984): Westpfälzer Musikantentum, Westricher Heimatblätter, H. 2/84, Kusel

Kusel, Landkreis (Hrsg.) (1985): Zum Beispiel, Der Landkreis Kusel, Landau

LAUTENSACH-LÖFFLER, E. (1965): Ramstein und Sembach, Zum Wandel der Lebensverhältnisse in zwei pfälzischen Flugplatzgemeinden, in: Mitteil. d. Pollichia, 3. Reihe, 12, S. 27-46

MATZENBACHER, H. (1975): Wolfstein, Kleine Stadt im Königsland, Wolfstein

Mennonitengemeinde Kühbörncheshof (Hrsg.) (1982): 150 Jahre Mennonitenkirche auf dem Kühbörncheshof, 4 gez. Bll.

MEYNEN, E. und J. SCHMITHÜSEN (Hrsg.) (1956): Handbuch der Naturräumlichen Gliederung Deutschlands, 3. Lief., Remagen

Rheinland-Pfalz, Ministerium für Finanzen (Hrsg.) (1988): Stadterneuerung 2, Mainz

Rheinland-Pfalz, Ministerium für Wirtschaft und Verkehr (Hrsg.) (1986): Straßenbau und Verkehrssicherheit, Mainz

Rheinland-Pfalz, Staatskanzlei (Hrsg.) (1979): Raumstrukturelle Auswirkungen der Autobahn Mainz-Kaiserslautern (A 63), Mainz

Rheinland-Pfalz, Staatskanzlei (Hrsg.) (1986): Raumordnungsbericht 1985 der Landesregierung Rheinland-Pfalz, Mainz

RÖDER, E. (1986): 100 Jahre Mennonitenkirche auf dem Neudorferhof, 8 gez. Bll.

SCHINDLER, O. (1965): Die Hirsauer Kapelle bei Hundheim, Der Turmhahn 9, H. 3/4, Speyer

SCHLEGEL, W. und A. ZINK (1968): 150 Jahre Landkreis Kusel, Beiträge zur Verwaltungs- und Wirtschaftsgeschichte von 1818 bis 1968, Otterbach

SCHWORM, E. (1987): Kusel, Geschichte der Stadt, Kusel

UHLIG, H. (1964): Die naturräumlichen Einheiten auf Bl. 150 Mainz, Geographische Landesaufnahme 1 : 200000, Bad Godesberg

WEBER, F.W. (1982): Das Wasser als Energiequelle in der vorindustriellen Zeit (um 1750), in: Pfalzatlas, Karte 98, dazu Textband 3, Speyer, S. 1286-1297

WEBER, F.W. (1985): Die Museumsmühle in St. Julian am Glan, Kreis Kusel, Otterbach

WERLING, M. (1988): Die Zisterzienserabtei Otterberg, Otterbach

ZINK, A. (1968): Die Chronik der Stadt Lauterecken, Lauterecken

# V. Hinweise

Museum Burg Lichtenberg: Geöffnet täglich von 10 bis 12 und von 14 bis 17 Uhr

Steinbruchmuseum Rammelsbach: Zur Zeit des Manuskriptabschlusses noch nicht eröffnet, deshalb Kontaktaufnahme mit Verbandsgemeindeverwaltung Altenglan (Tel. 06381/5001) zu empfehlen

Offenbach-Hundheim: Schlüssel zur Abteikirche im Evang. Pfarramt (gegenüber der Kirche) erhältlich; Schlüssel zur Hirsauer Kapelle bei Fam. Scheidt, Hirsauer Str. 10 (Tel. 06382/1569)

Propsteikirche Remigiusberg: Schlüssel in der benachbarten Gaststätte (Montag Ruhetag!)

Museumsmühle St. Julian: Vor einem Besuch Kontaktaufnahme mit der Kreisverwaltung Kusel (Kulturreferat Tel. 06381/440) oder Herrn E. Weber, St. Julian (Tel. 06387/465)

Besucherbergwerk Wolfstein: Geöffnet von Ende März bis Anfang November an allen Sonn- und Feiertagen von 13 bis 18 Uhr. Anmeldung geschlossener Besuchergruppen und Schulklassen (auch mit anderen Terminwünschen) bei der Verbandsgemeindeverwaltung (Fremdenverkehrsamt Tel. 06304/651)

Abteikirche Otterberg: Zur Zeit des Manuskriptabschlusses wegen umfangreicher Renovierungsarbeiten Besichtigung nicht unproblematisch; Führung nach Absprache mit der Verbandsgemeindeverwaltung Otterberg (Tel. 06301/60323)

Diamantenschleifermuseum Brücken: Zur Zeit des Manuskriptabschlusses noch in der Planungsphase; nähere Informationen über den Realisierungsstand durch den Verband der Pfälzischen Diamant-Industrie in Brücken (Tel. 06386/275)

Betriebsbesichtigungen durch interessierte Gruppen in den Firmen TDK Recording Media Europe GmbH, Rammelsbach (Tel. 06381/4260), Karl Otto Braun KG, Wolfstein (Tel. 06304/740) oder Keiper Recaro GmbH & Co., Rockenhausen (Tel. 06362/860) setzen in allen Fällen rechtzeitige Anfrage voraus

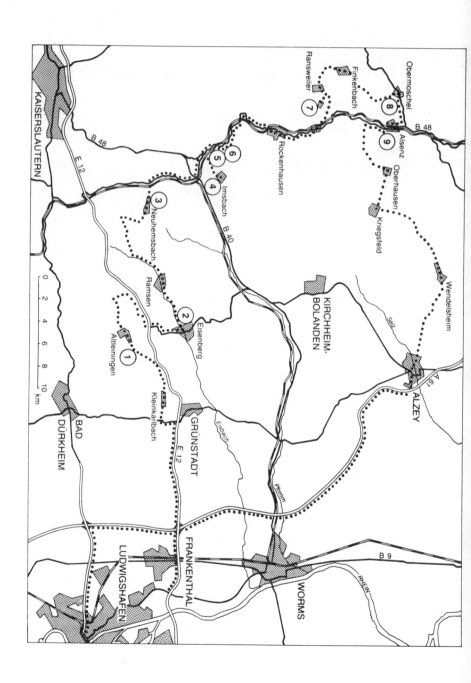

# Historischer Bergbau in der Nordpfalz

von

Rainer Loose

## I. Haltepunkte

1. Altleininger Drahtzug
2. Eisenberg (Eisengießerei Gebrüder Gienanth)
3. Neuhemsbach (Heinzental)
4. Imsbach (Besucherbergwerk Weiße Grube)
5. Winnweiler (Kupferschmelz)
6. Hochstein (Eisenschmelz)
7. Stahlberg
8. Obermoschel (Moschellandsberg)
9. Alsenz

## II. Einführung

### 1. Vorbemerkung

Die Exkursion führt zu ausgewählten Stätten des ehemaligen Bergbaus in der Nordpfalz, die hauptsächlich im 18. und 19. Jahrhundert Bedeutung für die Wirtschaft des Raumes erlangten. Sie spart die Orte des frühgeschichtlichen und mittelalterlichen Bergbaus (z.B. die Kupfergewinnung auf der Fohlenweide bei Göllheim, die Quecksilbererzeugung bei Kriegsfeld) aus, vor allem, weil die bisherigen archäologischen Sondierungen nicht ausreichen, um an ihnen etwa die Kontinuität des Bergbaus von der Römerzeit bis in die Zeit der Industrialisierung der Pfalz aufzeigen zu können.

### 2. Standortvoraussetzungen und -gegebenheiten

Die Pfalz ist reich an mineralischen Rohstoffen, jedoch arm, was die Ergiebigkeit der Lagerstätten betrifft. In der Vergangenheit hat dies zu einem wenig beständigen Bergbau auf metallische Erze, Halbedelsteine, Kohle und Farbstoffe geführt. Von größerer wirtschaftlicher Bedeutung waren lediglich die Lagerstätten von Steinkohle, Eisen-, Quecksilber-, Kupfer-, und Kobalterzen. Die Vorkommen sind hauptsächlich an die Formationen des permo-triadischen Deckgebirges der Nordpfalz und an die tertiären Beckenfüllungen des Oberrheingrabens und des Mainzer Beckens gebunden. Bei der *Steinkohle* bergen die Grenzschichten des obersten Karbons und des unteren Unterrotliegenden des Saarbrücker-Pfälzer-Sattels wenig mächtige Flöze, die nach ihren Hauptabbauorten Breitenbacher, Odenbacher, und Hoofer Flöz benannt worden sind. Nach SPUHLER (1965, S. 120) beruht die Bedeutung der Pfälzer Steinkohlen insbesondere auf der Tatsache, daß sie bei der Holzknappheit der Nordpfalz vielerorts den Bergbau

auf Eisen und Quecksilber (Schmiedekohlen, zum Rösten der Erze, Hausbrand) während des 18. und frühen 19. Jahrhunderts überhaupt ermöglicht haben, wofür insbesondere die Vielzahl der Abbaustellen (zeitweise bis zu 80 Gruben mit 2-6 Bergleuten) spricht.
Die Eisenerze erwiesen sich ihrem Ursprung nach a) als Verwitterungserze an alten Landoberflächen im Buntsandstein (z.b. Karlstalschichten im Stumpfwald und im Karlstal bei Trippstadt), b) als epithermale Erze im Anschluß an vulkano-tektonische Vorgänge (z.b. im Rhyolith des Donnersbergs bei Imsbach das Roteisenlager im Langental) und c) als hydrothermale Erze auf Gangspalten in Verbindung mit den tektonischen Bewegungen des Oberrheingrabeneinbruchs (Nothweiler in der Südpfalz, Altleiningen und Wattenheim). Das zweifellos ergiebigste Eisenerzlager war jenes von Imsbach-Langental, wo ein 2,5 km langes NNW-SSE streichendes, bis zu 2 m mächtiges Roteisenband den südlichen Teil des Donnersbergrhyolithmassivs quert. Es hat einen Fe-Gehalt von ca. 33 %. Andere bedeutsame Eisenerzabbaustätten im Bereich unserer Exkursionsroute lagen bei Wattenheim, bei Erzhütten im Kaiserslauterer Reichswald und bei Trippstadt südlich Kaiserslautern.
Unter den selteneren Metallen ist insbesondere das *Quecksilber* zu erwähnen. Im 18. Jahrhundert besaß hier die Nordpfalz Weltgeltung, denn nach Peru, Almadèn (Spanien) und Idria/Krain bildeten die Gruben am Potzberg bei Kusel, am Lemberg bei Bad Kreuznach, am Stahlberg bei Rockenhausen, am Stahlberg und Moschellandsberg bei Obermoschel, bei Obris, Mörsfeld, Münsterappel und Kriegsfeld die viertwichtigsten Vorkommen der damals bekannten Welt. Das häufigste Quecksilbererz ist Zinnober (HgS), das an Spalten aus der Tiefe empordrang und das umgebende Gestein imprägnierte, weshalb es stark schwankende Hg-Gehalte von 0,1 bis 18 %, im Schnitt oft nicht mehr als 1-3 % aufweist.

Nicht nur die Erzvorkommen bilden die lokale Grundlagen der Montanwirtschaft, sondern nicht weniger wichtig sind die Energiepotentiale, d.h. die thermische Energie zum Schmelzen und die Wasserkraft zum Aufbereiten (Pochen, Waschen der Erze, Antrieb der Blasebälge, Hammerbetrieb) der Erze. Unter diesen Standortfaktoren kommt der Wasserkraft bzw. dem Wasserangebot, prägende Bedeutung zu. Denn von allen bergwirtschaftlich bedeutsamen Faktoren haben sie die geringste Transferierbarkeit, obgleich Wasser, in Kanäle gepumpt, dorthin fließt, wo man es braucht. Aber beim damaligen Stand der Technik wäre der Bau von Kanälen in die Nähe der Gruben aufwendig und teuer gewesen, zumal Kohle und Erze vergleichsweise billig mit Fuhrwerken herantransportiert werden konnten. Ganz abgesehen davon, daß noch andere wasserkraftabhängige Gewerbe sich mit dem Bergbau die Wasserrechte teilten! Wasser und Wasserkraft stellen deshalb die minimierenden Faktoren der Standorte dar, denen früher die Hauptsorge der Hüttenwerksherren galt, auch um einen beständigen Betrieb während der sommerlichen Trockenperioden aufrechterhalten zu können. Die zahlreichen Wöge am Oberlauf der Flüsse sprechen davon eine beredte Sprache.
Die Energie zum Schmelzen oder Rösten der Erze, d.h. die Stein- und Holzkohle, war in der Nordpfalz nicht im Überfluß vorhanden, schon gar nicht die Holzkohle, die in den devastierten Wäldern nach den französisch-pfälzischen Kriegen von 1688-1697 kaum in ausreichender Menge für die Hüttenwerke erzeugt werden konnte. Der Zugriff auf die Holzbestände des Pfälzerwaldes entzog sich weitgehend den Bergwerksunternehmungen der Nordpfalz schon aufgrund anderer Herrschaftszugehörigkeit. Um die Energieverknappung zu überbrücken, haben deshalb die Landesherren im 18. Jahrhun-

dert verfügt, daß zum Schmelzofenbetrieb und zum Hausbrand Steinkohlen eingesetzt werden, was aber im Energiegewinnungsprozeß nur in beschränktem Maße möglich war, da die Nordpfälzer Steinkohle zuviel Schwefel enthielt und das Roheisen deshalb für den Schmiedebetrieb zu spröde war. In der Quecksilbererzeugung konnte die Steinkohle fast unbedenklich eingesetzt werden, vor allem als man die irdenen Retorten gegen gußeiserne auszutauschen begann (ab 1750).
Der Rohstoff *Kalk* zur Reduktion der Oxide entstammt Gruben der tertiären rheinhessischen Tafel bei Göllheim und Marnheim.

Kapital, Arbeitskräfte, technisches Wissen als weitere Standortvoraussetzungen treten, weil sie im Überfluß vorhanden sind oder weil sie Pullfaktoren sind, hinter die drei Grundelemente Erz, Kohle, Wasserkraft zurück. In den Bergbau investieren hauptsächlich Kaufleute in den Städten am Rhein ihr Geld, sowie Angehörige des Adels und des Hofstaates der Residenzen Mannheim, Zweibrücken, Gaugrehweiler und Kirchheimbolanden. Das technische Wissen bringen die von anderen Bergrevieren abgeworbenen oder zugewanderten Fachkräfte mit.

Wichtig zum Verständnis des historischen Bergbaus in der Pfalz sind auch die territorialen Zugehörigkeiten, die auf engem Raum wechseln und gegen Ende des Alten Reiches (1792/93) tiefgreifenden Veränderungen unterworfen waren. Von ihnen hingen entscheidend die wirtschaftlichen Rahmenbedingungen und Absatzbedingungen ab. Kennzeichnend für die Zeit vor der Intergration der Pfalz als Département Mont Tonnère in die Französische Republik ist aber nicht nur die territoriale Zersplitterung, sondern auch, da das Bergregal zu den landesherrlichen Prärogativen zählte, die Vielfalt bergwirtschaftlicher Erzeugungs- und Verarbeitungsstätten, denen freilich oft nur eine geringe Beständigkeit beschieden war, vor allem wenn ein Rohstoff in zureichendem Maße fehlte. In den Fällen, in denen die Herrschaft lediglich über Erz und Wasserkraft gebot, ist es, wie in Neuhemsbach oder in der Grafschaft Gaugrehweiler deshalb erst gar nicht zum Bau von Schmelzöfen oder Quecksilberlaboratorien gekommen. Die Bergrechte erwarben benachbarte Gewerkschaften und Hüttenherren, die die weniger glückhaften Unternehmungen nach und nach in ihre Abhängigkeit brachten, vor allem als mit der französischen Regierung die administrativen Schranken der kleinen Territorien fielen. Der französischen Verwaltung verdanken wir auch eine freie Marktordnung für einzelne Montanbereiche, vor allem für die Eisengewinnung, während andererseits die Kontinentalsperre den Quecksilberbergbau von seinem Hauptabsatzmarkt England abtrennte und damit dessen Niedergang einleitete. Der wirtschaftliche Nachteil war während dieser Zeit immerhin so groß, daß das Nordpfälzer Quecksilber sich nach 1815 gegen die Konkurrenz aus Übersee (Peru), Spanien und Krain nicht mehr dauerhaft behaupten konnte. Der Verfall zeichnete sich bereits 1817/18, zur Zeit der großen Hungersnot ab, als die Familie von Gienanth als einzige Abnehmer des Quecksilbers vom Stahlberg auftrat und den Bergleuten gleichsam zur Linderung ihrer Not zu einem billigen Preis ihre Produkte abkaufte. Spätere Versuche der königlichen Regierung der Pfalz, den Bergbau auf Quecksilber sowie auf andere Edelmetalle wieder aufzunehmen, erwiesen sich als Fehlschläge, ebenso wie die nationalsozialistischen Bestrebungen von 1933-1942.
Etwas anders verlief die Geschichte des Eisenerzbergbaus und der Eisengewinnung, die man unter dem Aspekt ihres Beitrages zur Frühindustrialisierung der Pfalz sehen muß. Doch hierzu Einzelheiten unter den betreffenden Haltepunkten.

# III. Exkursionsverlauf

## HP 1  Altleininger Drahtzug

In der Grafschaft Leiningen hat es an verschiedenen Plätzen Bergbauaktivitäten gegeben. Der Altleininger Drahtzug (heute: Drahtwarenfabrik Drahtzug Stein KG) stammt jedoch aus einer Zeit, in der der Bergbau bereits seinen Höhepunkt überschritten hatte. 1808 beantragte Ludwig (von) Gienanth beim Unterpräfekten in Kaiserslautern die Verlegung des Altleininger Hammers nach Schweisweiler an der Alsenz, weil das Kohlholz in der Leininger Gegend zu teuer sei und damit der Hammerbetrieb unrentabel werde. Stattdessen wolle er auf dem Altleininger Hammer einen Drahtzug einrichten, der mit Roheisenmasseln aus Hochstein und mit Steinkohle aus dem Saarbrücker Gebiet betrieben werden sollte. Am 28. Dezember 1811 erteilte dann Napoleon die Erlaubnis zum Bau des Drahtzugs. Im ersten Produktionsjahr 1811/12 erzeugten 10 Arbeiter rund 750 Zentner Draht aller Art. Das Roheisen wurde anfangs in Trippstadt (bis 1825), dann aus Hochstein bezogen, schließlich ab 1832 aus Eisenberg, wo nunmehr besser geeignetes Rundeisen verfügbar ist. Im Produktionsjahr 1833/34 kommt zur Drahterzeugung die Stiftenherstellung hinzu, ebenso werden aus Feindraht Strick- und Nähnadeln, sowie Kratzen für die Tuchweberei gefertigt. Der Großteil der Produktion wird in die Niederlande exportiert.

Gleichwohl zeigen die Produktionsdiagramme einen unsteten Verlauf, was hauptsächlich durch den Stillstand des Werkes infolge Wassermangels bedingt ist. Außerdem haben daran auch Holzkohlemangel und divergierende Qualitäten des verarbeiteten Roheisens ihren Anteil, so daß immer wieder Produktionsrückgänge und Absatzschwankungen eintreten, die an die Wirtschaftlichkeit des Betriebes rühren. Um 1848 greifen daher Überlegungen Platz, den Altleininger Drahtzug zu verkaufen. Zunächst überwiegt noch die Familientradition, die sich dem ältesten Gienanth'schen Unternehmen (Johann Nikolaus Gienanth übernimmt von Dudweiler kommend 1729 die Wattenheimer Schmelz und den Altleininger Hammer in Temporalbestand) besonders verpflichtet weiß. Der Einsatz des billigeren St. Ingberter Puddlingseisens durch Carl von Gienanth ab 1850 verhilft dem Drahtzug dann vorübergehend aus den wirtschaftlichen Schwierigkeiten. Allerdings nur für geraume Zeit! 1860 erfolgt das endgültige Aus und der Drahtzug wird an die Gebrüder Kuhn aus Grünstadt für rund 61 000 Gulden verkauft.

Die neuen Besitzer führen z.T. mit dem alten Personal den Betrieb weiter. Im Kuhn'schen Besitz bleibt die Drahtzieherei in Altleiningen bis 1941, wo ein erneuter Besitzerwechsel erfolgt. Georg Stein, der neue Inhaber des Drahzuges, führt das Werk in der Zeit des Wiederaufbaus zu wirtschaftlicher Blüte mit zeitweise über 500 Beschäftigten. Heute werden in den Drahtwerken Stein zu Altleiningen hauptsächlich für die Elektrodenfabrik Oerlikon Grünstadt Schweißdrähte und für Kühl- und Gefrierschrankhersteller kunststoffbeschichtete Gitter- und Korbeinsätze hergestellt.

## HP 2  Eisengießerei Gebrüder Gienanth, Eisenberg

Im oberen Eisbachtal sind - noch heute sichtbar - sämtliche Elemente der frühindustriellen Eisengewinnung auf kurze Distanz vereinigt: Eisenerzgruben im Stumpfwald und Kirchheimer Bürgerwald, die Wasserkraft des Eisbaches, Ausgleichsbecken der Wasserhaltung (Eiswoog, Stauteiche am Hofgut Walzwerk), Holzkohle, Eisenschmelz mit Hochofen zur Roheisengewinnung, Hammer- und Walzwerk zur Weiterverarbeitung des Roheisens, der Kisselhof zur Absicherung der Futterbasis für die Zugtiere und zur Bedarfsdeckung der Werksarbeiter mit Lebensmitteln u.a.m. Alles dies ist natürlich nicht von Anfang an vorhanden, sondern die einzelnen Elemente kamen im Laufe der Zeit, d.h. ab 1734, zu einem mit herrschaftlicher Bewilligung errichteten Großhammer hinzu. Das verarbeitete Roheisen dürfte anfangs von der Wattenheimer Schmelz bezogen, später als der Hammer (ab 1737-1770 Temporalbestand der Familie Gienanth, ab 1771 im Besitz des Kaiserslauterer Posthalters Franz Didier und Erben, dann ab 1800 wieder im Besitz der Familie Gienanth) in Gienanth'schen Händen ist, mit Roheisen aus Hochstein betrieben worden sein. Für den Bestand des Hammerwerkes war aber wegen der Transportkosten für das Roheisen und die Verhüttungskohle, sowie wegen der Binnenzölle in merkantilistischer Zeit ein eigener Hochofen erforderlich, den Franz Didier 1772 errichten ließ. Doch auch der neue Hochofen brachte dem Landesherrn und dem Unternehmer nicht den erhofften Gewinn, da die außenwirtschaftlichen Absatz- und Bezugsbedingungen in den engen Grenzen der pfälzischen Kleinterritorien vor der Besetzung durch die Franzosen (1792) einem kontinuierlichen Aufschwung im Wege standen, aber auch die Unfähigkeit der Betriebsführung die Gewinnkosten durch Innovationen (Einführung der Steinkohlenfeuerung) zu senken und allzu großzügige Geschäftsführung nach dem Tode Franz Didiers 1789 das Werk in Schulden stürzen. Auch dem Schwiegersohn Didiers, dem kurpfälzischen (fürstlich bretzenheimischen) Hofgerichtsrat Heinrich Rügemer aus Zwingenberg/Neckar, gelingt es nicht, das Eisenberger Werk aus der Krise zu führen, zumal schon bald nach der Übernahme die französischen Revolutionstruppen die Pfalz besetzen und das Werk unter Sequester stellen, weil der Erbbeständer jenseits des Rheins wohnte und deswegen der Erbbestand nicht in Privateigentum übergeführt werden konnte. Bei der Nationalgüterversteigerung im Jahre 1800 erwirbt Ludwig (von) Gienanth das Eisenberger Werk und den Fischerecker Hammer bei Kaiserslautern für 6000 fl. Unter dem neuen Besitzer wird Eisenberg zu einem leistungsfähigen Eisenhüttenwerk ausgebaut. Dem Hochofen und dem Groß- und Kleinhammerwerk fügt er über Grundstückskäufe in nächster Nähe des bestehenden Eisenhüttenwerkes weitere Werke an, so 1808 die Nächstmühle, in der 1811/12 ein erweitertes Kleinhammerwerk eingerichtet wird. 1829 beabsichtigt er die Erweiterung des Eisenberger Kleinhammers durch den Anbau eines Walzwerkes, was ab 1831 dann geschieht. Allerdings kann die angestrebte Jahresproduktion von 7500 Zentnern Walzeisen und Blech nicht erreicht werden, da die Gienanth'schen Hochöfen nicht die benötigten Mengen erzeugen und liefern können. 1841 werden gar nur 2000 Zentner Walzprodukte erreicht. Weil die Konkurrenz zunimmt, wird 1857 bei der Regierung der Pfalz in Speyer um die Bewilligung nachgesucht, das zum Ramsener Walzwerk gehörige ehemalige Kleinhammerwerk in einen Großhammer umbauen zu dürfen. Noch im selben Jahr werden die ersten Pflugscharen und Wagenachsen geschmiedet. 1912 wird die Produktion eingestellt und der Ramsener Hammer in das Hofgut Walzwerk umgewandelt, das zeitweise verpachtet war und schließlich 1966 verkauft wurde. Im Eisenhüttenwerk Eisenberg läßt Eugen von Gienanth 1867 den Hochofen ausblasen, weil die Konkurrenz durch die neuen Techniken Roheisen mit Kokskohle billiger einschmelzen konnte, als dies im rohstoffarmen und energiefernen Eisenberg möglich war. Anstelle der Roheisengewinnung setzte Eugen von Gienanth den Eisenguß, wozu er ein Kupolofenpaar von 3 Tonnen Stundenleistung installierte.

## Abb. 1: Die Gienanth'schen Unternehmen am Donnersberg und in Eisenberg (18./19. Jh.)

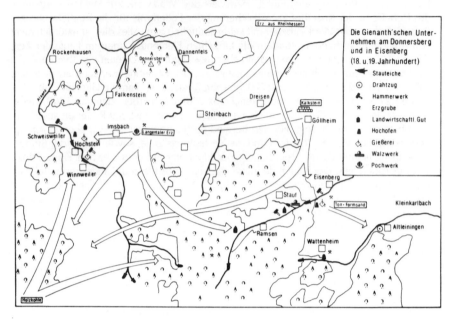

*Quelle:* LOOSE 1988

Bis 1939 konzentrierte sich die Eisengießerei hauptsächlich auf den Ofenguß. Als 1876 Eisenberg Eisenbahnanschluß erhielt, wurden auch Stichgleise zum Gienanth'schen Werksgelände gelegt, womit sich die Anlieferung von Eisenschrott und Koks, aber auch der Abtransport der Gießereierzeugnisse wesentlich vereinfachte und verbilligte. Nach dem Zweiten Weltkrieg stieg die Zahl der Mitarbeiter von 40-50 (1945/46) rasch auf 1000 (1959) an, was bei dem großen Ersatzbedarf für allerlei Eisenprodukte in der Zeit des Wiederaufbaus nicht weiter verwunderlich ist. Entsprechend stieg die verarbeitete Gußeisenmenge von wenigen hundert Tonnen (1946) auf ca. 18000 t (1960), 1970 auf ca. 32000 t und 1986 auf rund 35000 t bei etwa 500 Mitarbeitern.

In der Produktionspalette haben sich dabei auch Anpassungen und Neuorientierungen ergeben. So wurde die arbeitsintensive Ofengießerei 1960 aufgegeben und stattdessen der Formguß von Teilen für die Automobilindustrie aufgenommen, wobei die Großserien weitgehend automatisch von Hochleistungsformmaschinen gefertigt werden. Die Eisengießerei Gebrüder Gienanth hat sich trotz mancher Schwierigkeiten in den Zeiten der wirtschaftlichen Stagnation (1966/70, 1973/77, 1982/84) behauptet und zählt heute zu den 15 größten Kundengießereien der Bundesrepublik.

Die Eisengießerei Gebrüder Gienanth kann nach Voranmeldung bei der Geschäftsleitung besichtigt werden. Für die historische Erforschung der Alltagskultur mag besonders die Sammlung gußeiserner Ofenplatten und gußeiserner Küchengeräte von Interesse sein.

112

Auf der Fahrt das Eisenbachtal aufwärts passieren wir verschiedene Stauteiche, so den Woog beim Kleehof und den Eisenwoog beim Gasthaus Forelle, sowie den Billungsweiher oberhalb Neuhemsbach, die alle der Energiesicherung der von Wasserkraft getriebenen Hammerwerke und des Hochofengebläses dienten.

## HP 3    Neuhemsbach - Heinzental

Der Örtlichkeitsname »Hammermühle« auf der Topographischen Karte westlich von Neuhemsbach erinnert noch heute daran, daß hier früher ebenfalls die Eisenverarbeitung vertreten war. Die rechtlichen Rahmenbedingungen waren hierzu ein kleines Territorium, hier die Grafen von Sayn-Wittgenstein, und die Konzession (damals Privileg genannt) an einen Unternehmer, der 1748 Kapitän Schwartz hieß und versprach, in der Herrschaft Neuhemsbach ein »Eisen-Hammerschmidt-Werk« zu bauen. Die Baufortschritte waren aber so klein und die Produktion so niedrig, daß bald die Schulden überhandnahmen, worauf der Kapitän Schwartz sich aus der Herrschaft entfernte. Sein Sohn hat um 1760 versucht, die Schulden zu begleichen und ein neues Privileg zu erhalten. Wohl vergeblich, da die Hammermühle schon um 1762 in eine Mahl- und Sägemühle umgewandelt wurde.

## HP 4    Imsbach - Besucherbergwerk Weiße Grube

Das seit 1979 bestehende Besucherbergwerk *Weiße Grube* bei Imsbach am Donnersberg vermittelt einen Eindruck von der neuzeitlichen Kupfer- und Kobaltgewinnung in der Nordpfalz. Begonnen hatte der Erzbau um ca. 1718. Als erster Hauptunternehmer kann der Bergmeister Theophil Unger namhaft gemacht werden. Er kam vom Morsfelder Quecksilberbergbau und hat in Imsbach bis zu seinem Tode, 1730, gewirkt. Wie es scheint, hat Unger den Kupferbergbau rasch zu einer neuen Blüte geführt. Damals sollen monatlich 50 Zentner Kupfer und 12 Pfund Silber gewonnen worden sein. Dennoch scheint der Ertrag hinter den Investitionen zurückgeblieben zu sein, da das Imsbacher Kupferwerk über 2500 fl Schulden hatte, so daß Ungers Besitz versteigert werden mußte. Der Bergbau kam zum Stillstand. Die Kupferschmelz, die wertvollste Einrichtung der Gewerkschaft, gelegen an der Einmündung des Imsbachs in die Alsenz, auf der Gemarkung Hochstein, ersteigerte Johann Niclas Ginant von der Wattenheimer Schmelz um 1747. Im gleichen Jahr (1747) beginnt eine neue Kupfer- und Kobaltgewerkschaft, die sich mit wechselndem Erfolg um die Gewinnung des Kobalterzes bemüht, hauptsächlich um daraus die begehrte Farbe Kobaltblau herzustellen. Die Hauptabnehmer waren holländische Kaufleute. Kupfer fand sich dabei nur gelegentlich und anfangs noch in größeren Mengen als gegen Ende der Gewerkschaft um 1787. Verhüttet hat man die Kupfer- und Kobalterze in der neuen Kupferschmelz zwischen Winnweiler und Hochstein, dort, wo heute die Gienanth-Werke Hochstein eine Graugießerei unterhalten

Während der französischen Besetzung der Pfalz fehlte es nicht an Versuchen, den Kupfer- und Kobalterzbergbau wieder in Gang zu bringen. Ein beständiger Erfolg war diesen Bemühungen ebensowenig beschieden, wie später den bayerischen Versuchen zwischen 1842 und 1858. »Glück-auf« hatten hingegen die ab 1882 erneut einsetzenden Abbauversuche einer Gewerkschaft, die 1885 an die Gold- und Silberscheideanstalt Frankfurt/Main verkauft wurde. Die alten Stollen und Gruben wurden neu befahren

**Abb. 2: Einrichtungen des Montanwesens in der Grafschaft Falken-
stein in der 2. Hälfte des 18. Jahrhunderts**

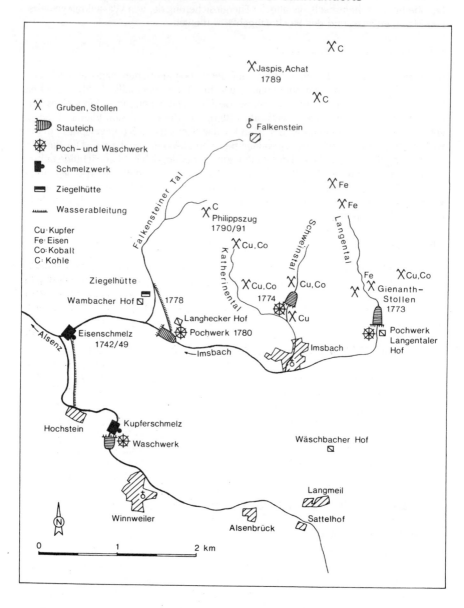

*Quelle:* LOOSE 1982

und es konnten zeitweise mit modernen Abbaumethoden größere Mengen Kupfererz mit fast 5 % Cu-Gehalt gefördert werden. Das Erz wurde nordöstlich des Dorfes Imsbach in einer Laugerei von taubem Gestein mit Salzsäure chemisch getrennt und das ausgefällte Kupfer mit Eisennägeln gebunden, die dann zu einer Kupferhütte (hier vor allem nach Braubach am Rhein) zur Raffination gebracht wurden. 1910 gewann man mit 40 Arbeitern rund 11500 Zentner Kupfererz. Ein Jahr später ruhte aber der Betrieb wieder, da keine ausreichenden Erze gewonnen werden konnten. Auch der Erste Weltkrieg vermochte hier nicht mehr einschneidend einzuwirken.

Das Besucherbergwerk Weiße Grube kann im Sommer besichtigt werden, gewöhnlich an den Wochenenden. Unter der Woche und während des Winterhalbjahres (01.10.-01.05.) kann man nur nach Rücksprache mit der Kreisverwaltung des Donnersbergkreises in Kirchheimbolanden (Tel. 06352/1712) oder der Gemeinde Imsbach (Tel. 06302/2304) die Weiße Grube betreten. Ohne Voranmeldung ist jederzeit der bergbaugeschichtliche Gruben-Rundwanderweg im Katharinen- und Langental ab Parkplatz Eisernes Tor nordöstlich Imsbach zugänglich. Für die Geologie und Mineralienkunde des Donnersberges sind auch die Sammlungen des Imsbacher Steinemuseums von Bedeutung. Es ist an Sonn- und Feiertagen ab 9 Uhr und samstags ab 14 Uhr geöffnet.

## HP 5    Winnweiler - Kupferschmelz

Am Standort Kupferschmelz können historische und gegenwärtige Probleme eines Montanunternehmens aufgezeigt werden. Die heutigen Gienanth-Werke Hochstein, Werk Kupferschmelz, gehen auf ein Kleinhammerwerk auf dem Terrain einer aufgelassenen Kupferschmelz der Imsbacher Gewerkschaft zurück. Diesen Kleinhammer errichtete 1806 Ludwig von Gienanth, um Roheisen der Hochsteiner Eisenhütte weiterzuverarbeiten. Als Nebenbetrieb der Gienanth'schen Eisenwerke wurde der Kleinhammer bis zum Ausblasen des Hochsteiner Hochofens, 1867, geführt. Die anschließende Umstellung auf reinen Gießereibetrieb hatte aber nur Bestand, weil die Eisenbahn den Transport der Massengüter Eisenschrott und Koks, sowie den Versand der Fertigerzeugnisse entscheidend verbilligt hatte. Mit der Eröffnung der Alsenztalbahn Hochspeyer - Münster am Stein, 1870, kamen diese Vorteile auch den Gienanth'schen Unternehmen in Hochstein und Winnweiler zugute. Für diesen Anschluß hatte Carl von Gienanth seit 1847 gekämpft. Wegen der beengten räumlichen Verhältnisse auf der Eisenschmelz verlagerte man nach und nach den Schwerpunkt der Gießerei auf die Kupferschmelz, die ein Anschlußgleis erhielt. Bis zum Ersten Weltkrieg betätigten sich die GienanthWerke hauptsächlich auf dem Sektor des Bauggusses (für Bahnhöfe, Brücken, Hochbauten), sowie zeitweise gleichrangig auf dem des Munitionsgusses. Zwischen den beiden Weltkriegen kann die Produktion trotz Inflation, Weltwirtschaftskrise und französischer Besatzung mehr schlecht als recht aufrechterhalten werden. Eine Besserung der Ertragslage bringen erst die Aufträge, die im Zusammenhang mit den nationalsozialistischen Autarkiebestrebungen und den Kriegsvorbereitungen zu sehen sind. Der Neubeginn nach 1945 bringt anfangs Schwierigkeiten, bei der Rohstoffversorgung, dann aber Probleme, die aus der schlechten Anbindung des Werkes ans überregionale leistungsfähige Straßennetz resultieren, schließlich ab den 1970er Jahren Umweltschutzauflagen, die zu starken Rationalisierungsmaßnahmen und zu hohen Investitionen zwingen, was einem kleinen Gießereibetrieb mit einem monatlichen Ausstoß von ca. 700 t bei etwa

200 Mitarbeitern große finanzielle Lasten aufbürdet. Hauptabnehmer der Gußwaren sind die Getriebemotoren-, die Werkzeugmaschinen-, die Landmaschinen- und die Automobilindustrie. Die Abhängigkeit von der Kundengießerei hat bisher den Standort Kupferschmelz erhalten und damit zur Kontinuität der Eisenindustrie am Donnersberg seit 1742 beigetragen.

Eine Betriebsbesichtigung kann schriftlich oder telefonisch bei den Gienanth-Werken Hochstein in 6752 Winnweiler/Pfalz vereinbart werden.

## HP 6   Hochstein - Eisenschmelz

Die Eisenschmelz in Hochstein stellt heute noch im wesentlichen ein Denkmal frühindustrieller Architektur dar, denn die Eisengewinnung bzw. die Eisenverarbeitung und die Eisengießerei als Nachfolgeaktivitäten ruhen hier seit 1867 bzw. wurden nach dem Ersten Weltkrieg zum Standort Kupferschmelz verlagert. Das einstige Eisenhüttenwerk Hochstein ist in seinem jetzigen Erscheinungsbild ein Werk des Ludwig von Gienanth (1767-1848), der den väterlichen Betrieb 1793 übernahm. Mit der relativ guten Nachfrage nach Eisen und Eisenprodukten während der französichen Besetzung (1792-1815) reiften bei ihm die Pläne zur Erweiterung des Hüttenwerkes, wozu er gezielt ab 1800 Grundstücke in Hochstein und Schweisweiler erwarb. Die bestehenden Werksanlagen auf der Eisenschmelz baute er den neuen Erfordernissen entsprechend um. Zwischen 1812 und 1821 wurden durchschnittlich 6000 Zentner Roheisen aus Imbacher Roteisenerzen erschmolzen, die auf den Groß- und Kleinhammerwerken zu Stabeisen, Blech und Stahl sowie im Gußbetrieb weiterverarbeitet wurden. Um diese Zeit waren auf dem Werk rund 40 Personen beschäftigt, in den Langentaler Eisensteingruben je nach Bedarf zwischen 60 und 90 Bergleute. An Gebäuden gab es den Hochofen, das Hammerwerk, das Faktorhaus mit Arbeiterwohnungen, das Herrenhaus, die Kohlenscheuer und den Lagerschuppen. Später (1870) kam noch eine Gießhalle hinzu. Nicht auf dem Werksgelände untergebracht waren die Zugpferde, die auf dem nahegelegenen Wambacher Hof versorgt und eingestallt wurden. Gleichzeitig diente der Wambacher Hof der Erzeugung von Nahrungsmitteln für die Werksangehörigen (Milch, Kartoffeln, Getreide, auch Schafwolle gab man ab). Wichtig ist die Stellung des Hochsteiner Werkes im Verbund der Gienanth'schen Unternehmen, die man kurz auf den Nenner »Roheisenerzeuger« reduzieren darf, auch wenn dies wegen der juristischen Selbständigkeit der Werke Eisenberg, Trippstadt und später auch von Schönau angezweifelt werden kann. Faktisch hat aber der Hochofen Hochstein stets größere Roheisenmengen nach Eisenberg und Trippstadt geliefert, die dort intern mit den Gegenlieferungen an Holzkohle, Draht und Blech verrechnet wurden.

Das Hochsteiner Eisenhüttenwerk geht auf Johann Niklas Ginant zurück, der 1742 mit den Schürfrechten auf Eisenerz in der österreichischen Reichsgrafschaft Falkenstein belehnt wurde. Dieser hat dann um 1747 auf dem Gelände der von den ersten Imbacher Kupfergewerkschaft errichteten Kupferschmelz den ersten Hochofen erbaut. Erzeugt wurden neben Stabeisen der verschiedensten Qualitäten, Blech, Stahl, auch gußeiserne Ofenplatten und Retorten für die Quecksilberlaboratorien der Nordpfalz (bis ca. 1815). In der bayerischen Zeit überwiegen der Spezialguß (u. a. für Brunnen) und die Ofenherstellung. Lange Zeit galten das Eisenhüttenwerk Hochstein und die dazugehörigen Eisensteingruben bei Imbach als größte Arbeitgeber des Raumes, die in den Dörfern am südwestlichen Donnersberg schon früh die Ausbildung einer neuen Sozialgruppe, die der Arbeiterbauern, begünstigte.

## HP 7   Stahlberg

Wohl kaum eine Siedlung der Nordpfalz ist in der Vergangenheit stärker vom Bergbau geprägt worden als die über dem Alsenztal 401 m hoch gelegene Gemeinde Stahlberg. Heute ist freilich vom einstigen Bergbau im Ortsbild nur wenig zu finden. Durchstreift man aber den Stahlberger Wald und den Roßwald bei der Einöde Neubau, so stößt man beinahe auf Schritt und Tritt auf Reste und Zeugen des ehemaligen Quecksilberbergbaus, auf Abraumhalden, verfallene Stollenmundlöcher, Grubenfeldsteine, Mauerreste von Quecksilberlaboratorien und von Grubenhäusern.

Die Blütezeit des Stahlberger Bergbaus liegt im 18. Jahrhundert. Der Neubeginn nach dem 30jährigen Krieg und den französischen Reunionskriegen datiert ziemlich genau auf das Jahr 1728, dem Jahr, von dem eine erste Bergrechnung erhalten ist. Darin heißt es, daß man außer Zubußen keine weiteren Einnahmen gehabt habe, der Bergbau also noch keinen Ertrag abwerfe. Ab 1732 machte zumindest die Grube St. Peter geringe

### *Abb. 3:* **Stahlberg - Sozialtopographie 1843**

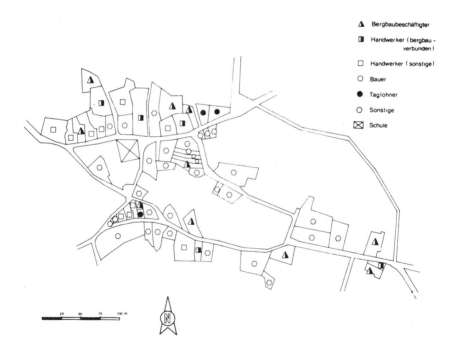

*Quelle:* LOOSE 1983

Gewinne, die aber nicht kontinuierlich flossen, sondern Jahr für Jahr unterschiedlich hoch ausfielen, manchmal auch ganz ausblieben. Schuld daran waren neben den schwierigen, weil rasch wechselnden, Erzörtern insbesondere soziale Spannungen zwischen den Gewerkschaften und den Bergleuten, die zu Streiks und Unruhen in Stahlberg führten, so 1748/50. Später wurde der Quecksilberbergbau immer mehr zum Spekulationsobjekt vermögender Adliger, von Hofbeamten und Kaufleuten aus Mannheim, Mainz, Worms und Frankfurt/Main, die hohe Renditen auf ihr angelegtes Kapital erwarteten, was natürlich bei dem unsteten Verlauf des Erzabbaus und der Ausbeute zwangsläufig zu Enttäuschungen führen mußte. Eine hohe Fluktuation unter den Gewerken und zögerlich gezahlte Zubußen sind ein Kennzeichen der Zeit bis 1793. Als die Franzosen die Verwaltung übernahmen und die Kontinentalsperrenpolitik Napoleons die Ausfuhr des Quecksilbers nach England verhinderte, ging es mit dem Nordpfälzer Quecksilberbergbau langsam, aber stetig zu Ende. Nur am Stahlberg und im Roßwald gruben noch einige wenige Bergleute (1852: 26) bis ca. 1860 nach Quecksilbererzen.

*Abb. 4:* **Stahlberg - Bauliche Entwicklung**

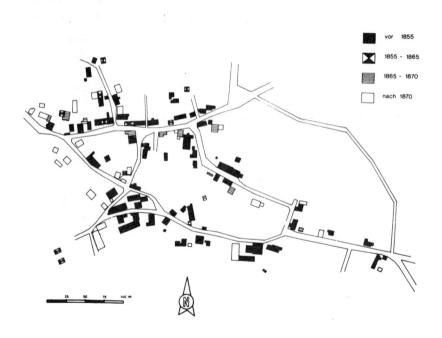

| | |
|---|---|
| ■ | vor 1855 |
| ⊠ | 1855 - 1865 |
| ▤ | 1865 - 1870 |
| □ | nach 1870 |

*Quelle:* LOOSE 1983

Verhüttet hat man die Quecksilbererze am Stahlberg in zwei Öfen oder sogenannten Laborierwerken mit einer wechselnden Zahl an Retorten. Um 1790 waren dies das Werk Fischer Muth mit 52 Retorten mit 20 Bränden zu je 25-30 Zentner Erz und 100 Zentner Steinkohle. Brenndauer 6-10 Stunden. Ausbeute pro Brand: 3 Pfund Quecksilber. Laborierwerk Erzengel: 44 Retorten, pro Quartal 2500-3000 Pfund je nach Erzqualität. Roßwald: 26 Retorten, pro Quartal 2500-3000 Pfund. Beschäftigte Arbeiter und Bergleute 1792/93: 210.

Während des Nationalsozialismus nahm man am Stahlberg die Quecksilberprospektion wieder auf. Doch die Arbeiten und Ausgaben standen in keinem Verhältnis zum Ertrag, so daß hier wie auch am Moschellandsberg und am Lemberg der Quecksilberbergbau 1942 eingestellt wurde.

## HP 8 Obermoschel - Moschellandsberg

In der Umgebung von Obermoschel sind zahlreiche Stollen und Gruben auf Steinkohle und Quecksilber abgeteuft worden. Der Moschellandsberg mit der Landsburg mag ein weiteres Beispiel für die Bergbauaktivitäten im Herzogtum Pfalz-Zweibrücken sein. Das Besondere an diesem Standort ist die Dichte der Pochwerke am Moschelbach, die darauf schließen läßt, daß hier nicht nur Landsberger Erze aufbereitet wurden, sondern auch andere Quecksilbergruben ihre Zinnobererze hier waschen und zerkleinern ließen. Außerdem war Obermoschel Sitz eines zweibrückischen Amtes, dem zeitweise die Aufgaben des Berggerichts übertragen waren.

Am Moschellandsberg wurde schon im Hochmittelalter nach Quecksilber und Silber gegraben. Das 15. und 16. Jahrhundert bringen die erste Blüte mit dem finanziellen Engagement Augsburger Handelshäuser. Aus allen deutschen Bergbaurevieren kamen damals die Bergsachverständigen, denen in Bergordnungen bedeutende Privilegien verliehen wurden, darunter die Sondergerichtsbarkeit (Berggericht), die Zollfreiheit und die Freizügigkeit. Eine zweite Blüte erlebte der Landsberg im 18. Jahrhundert. Die Gruben am Landsberg wurden nun in einem weitverzweigten Verbundsystem gebaut. Ende 1792 bestanden 18 Stollen und Schächte, in denen 208 Bergknappen arbeiteten. Die Zweibrücker Rentkammer nahm jährlich rund 6000 fl ein, und der Wert eines Stammes stieg 1774 von 500 fl auf 2000 fl (1786). Mit der Franzosenzeit erlosch das Interesse. 1800 überwiegen schon die Ausgaben die Einnahmen. Man gewann jährlich etwa 70000 Pfund Quecksilber (im Vergleich zu 1788, als es noch 202840 Pfund waren). Um 1860 baute auch am Moschellandsberg niemand die Gruben, obwohl noch 1836 eine englische Gesellschaft versucht hatte, mit großem Kapitaleinsatz den Quecksilberabbau aufrecht zu erhalten.

Die Autarkiebestrebungen der nationalsozialistischen Machthaber brachte 1934 noch einmal Kapital nach Obermoschel und dazu die Bergleute aus anderen deutschen Bergrevieren. Zwischen Ober- und Niedermoschel errichtete die Deutsche Montangesellschaft eine Quecksilberaufbereitungsanlage für die wiederbelebten Abbaue am Lemberg, Stahlberg und Moschellandsberg. Doch die Gehalte der geförderten Hg-Erze blieben so niedrig, daß der Aufwand selbst unter Kriegsbedingungen nicht mehr lohnte. 1942 stellte man den Grubenbetrieb und die Quecksilbergewinnung ein.

.

## Abb. 5: Der Bergbau bei Obermoschel und Alsenz
(nach SPRUTH 1977)

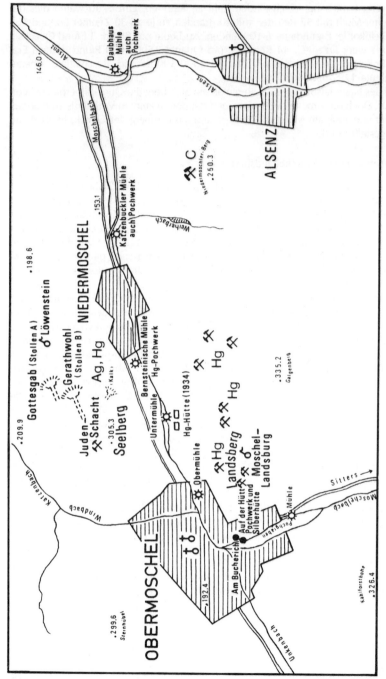

Auf dem Gemeindegebiet Alsenz existierten in der Vergangenheit einige ansehnliche Bergbaue auf Quecksilber und Buntmetalle, die aber in ihrer Wertigkeit hinter denen auf Steinkohle zurückstehen. Auf der Gemarkung streichen hier an mehreren Stellen Steinkohlen des Odenbacher Flözes (obere Kuseler Schichten des Unterrotliegenden) aus. Sie sind in der kleinen Herrschaft Alsenz der Fürsten von Nassau-Weilburg-Kichheimbolanden seit 1760 abgebaut worden. Das Interesse daran hatten hauptsächlich zwei große Energieverbraucher, die Saline zu Kreuznach und die Quecksilberlaboratorien der kurpfälzischen Ämter in der Nordpfalz, d.h. hauptsächlich das Laboratorium zu Mörsfeld. Die schwefelreiche Kohle war bedauerlicherweise nicht im Eisenhüttenwerk zu gebrauchen, da das Eisen durch den Schwefel zu spröde geworden wäre. Um 1770 erlebte die Grube eine Blütezeit. Danach ging es mit dem Werk bergab. Von 1808 bis 1847 gab es eine zweite Blüte, doch arbeiteten hier kaum mehr als 6 Bergleute, die jährlich etwa 3000 Zentner Steinkohle förderten, allerdings von Jahr zu Jahr mit fallender Tendenz. Die Baue der Alsenzer Steinkohlengrube, - im 19. Jahrhundert meist »Grube Weyerbach« ganannt, - hatte zwei Stollen, von denen der tiefere nordwestlich von Alsenz im Gewann Pechwiese und der obere im Feld von Leiters seinen Eingang hatte. Bedeutung hatte der Steinkohlenbergbau in der 1. Hälfte des 19. Jahrhunderts, vor allem für den Hausbrand der Bevölkerung, die sich keine teuren Saarkohlen leisten konnte. Mit der Eröffnung der Alsenzbahn 1870 konkurrierte die hochwertige Saarkohle trotz des höheren Preises erfolgreich, so daß auch der letzte Bergmann den Abbau einstellte.

# IV. Karten und Literatur

Generalkarte 1 : 200000, Blatt 15

Topographische Übersichtskarte 1 : 200000 (TÜK 200), Blätter:    CC 6310 Frankfurt/M. -West, CC 7170 Mannheim

Topographische Karte 1 : 25000 (TK 25), Blätter: 6312 Rockenhausen, 6314 Kirchheimbolanden, 6413 Winnweiler, 6414 Grünstadt, 6212 Meisenheim, 6213 Kriegsfeld

Geognostische Karte von Bayern 1 : 1000000 Blatt Donnersberg.

BURCKHART, K. u. W. ROSENBERGER (1966): Der Quecksilberbergbau in der Nordpfalz von 1933 bis 1942. In: Kreuznacher Heimatblätter 9, S. 36

CLOER, B. und U. KAISER-CLOER (1984): Eisengewinnung und Eisenverarbeitung in der Pfalz im 18. und 19. Jahrhundert.- Mannheimer Geographische Arbeiten Bd. 18, Mannheim

GIENANTH, K. von ([2]1952): Geschichte der Familie Guinand von 1655 bis 1952, Heidelberg

GIENANTH, U. von (1987): 250 Jahre Eisenwerk Eisenberg. Die Geschichte der Eisengießer-Familie Gienanth, Eisenberg/Pfalz

FUCHS, K. (1966): Der Quecksilberbergbau in der Pfalz von 1403 - 1942. In: Der Anschnitt 18, S. 30-34

KLUDING, J. (1923): Die geschichtliche Entwicklung des Steinkohlenbergbaus in der Pfalz bis 1920, Diss. Würzburg

LOOSE, R. (1980): Bergbau und Bevölkerung am Donnersberg um 1780/90. In: Jahrb. f. westdt. Landesgesch. 6, S. 157-185

LOOSE, R. (1981): Zu den Anfängen der Gienanth'schen Unternehmen am westlichen Donnersberg. In: Donnersberg-Jahrbuch, 4. Jg., S. 63-67

LOOSE, R. (1982): Wirtschafts- und Sozialformen des Nordpfälzer Bergbaus. Das Beispiel von Stahlberg und Imsbach zwischen 1720 und 1850. In: Der Anschnitt, 34. Jg., H. 3/1982, S. 118-127

LOOSE, R. (1983): Stahlberg. Eine historisch-sozialgeographische Skizze. In: Donnersberg Jahrbuch 1983

LOOSE, R. (1988): Der Bergbau in der Wirtschaft der Pfalz. In: Jahrb. f. westdt. Landesgesch. 14, S. 123-156

MARTIN , G.P. (1971): Die Alsenzer Steinkohlen-Grube und andere Bergbauversuche in den nassau-weilburgischen Ämtern Kirchheim und Alsenz (Pfalz), während der 2. Hälfte des 18. Jahrhunderts. In: Jahresber. u. Mitteil. d. oberrh. geol. Vereins NF 53, S. 153-170

MARTIN, G.P. (1976): Zur Geschichte des »Pfälzer« Quecksilber-Bergbaues: Die Schürfversuche im Wald Eichelscheid (Gemarkung Winterborn) in der ersten Hälfte des 18. Jh.. In: Mitteil. d. hist. Vereins der Pfalz, Bd. 76, S. 159-181

RAMSAUER, R. (1939): Zur Geschichte des Quecksilberbergbaues und der Quecksilberscheidekunst in der Nordpfalz. In: Technikgeschichte 28, S. 144-155

ROSENBERGER, W. (1971): Beschreibung rheinland-pfälzischer Bergamtsbezirke 3: Bergamtsbezirk Bad Kreuznach, Bad Marienberg

ROSENBERGER, W. (1976): Der Bergbau in Alsenz und Umgebung. In: Ortsgemeinde Alsenz (Hrsg.): 1200 Jahre Alsenz - 775-1975, Meisenheim/Glan, S. 252-257

SCHÄFER, R. (1959): Das Eisenberger Becken. Untersuchungen zur funktionalen Verknüpfung von Industrie- und Landschaftsbild unter besonderer Berücksichtigung der tongewinnenden und tonverarbeitenden Industrie, Diss. Heidelberg

SCHLUNDT, R. (1982): »Und hat sich das ertz wol erzaiget«. Nordpfälzer Bergbau der Herzöge von Zweibrücken-Veldenz im 15. und 16. Jahrhundert, Veröff. Pfälz. Ges. Förd. Wiss. in Speyer Bd. 67, Speyer

SCHMITT, E. (1968): Pfälzische Ofenplatten, München/Berlin

SILBERSCHMIDT, W. (1913): Die Regelung des pfälzischen Bergwesens, Leipzig

SLOTTA, R. (1974): Bemerkungen zur Architektur der Gienanth'schen Eisenwerke. In: Der Anschnitt 26, S. 10-25

SLOTTA, R. (1983): Technische Denkmäler in der Bundesrepublik Deutschland, Bd. 4, Veröff. Deutsch. Bergbau-Museum Bochum Nr. 26, Bochum

SPRUTH, F. (1977): Die Bergbauprägung der rheinpfälzischen Silberberggruben. Zur Geschichte des rheinpfälzischen Silber- und Kupferbergbaus bei Imsbach am Donnersberg und im Seelberg bei Obermoschel, Veröff. Deutsch. Bergbau-Museum Bochum Nr. 12, Bochum

SPRUHLER, L. (1940): Bergbau zu Imsbach am Donnersberg. In: Mitteil. Pollichia NF 8, S. 125-161

SPUHLER, L. (1957): Einführung in die Geologie der Pfalz, Veröff. Pfälz. Ges. Förd. Wiss., Bd. 34, Speyer

SPUHLER, L. (1965): Der Bergbau in der Pfalz. In: Pfalzatlas, Textband 4, S. 117-148

STURM, H. (1962): Die pfälzischen Eisenbahnen, Veröff. Pfälz. Ges. Förd. Wiss., Bd. 53, Speyer

WAGENBLASS, H. (o.J.): Der Eisenbahnbau und das Wachstum der deutschen Eisen- und Maschinenindustrie 1835 - 1860, Forsch. z. Sozial- u. Wirtschaftsgesch., Bd. 18, Stuttgart

WALLING, H. (1974): Der Eisenerzbergbau am Donnersberg bei Imsbach seit römischer Zeit. In: Mitteil. Pollichia 135 (= Reihe 3, Bd. 21), S. 19-38

WALLING, H. (1977): Der frühe Bergbau in der Pfalz. In: Mitteil. Hist. Verein Pfalz 75, S. 15-46

WALLING, H. (1980): Die Eisenerzgrube am »Eisenstein« bei Kirchheimbolanden. In: Pfälzer Heimat 31. Jg., H. 2, S. 63-65

WALLING, H. (1988): Mittelalterliche Quecksilbergewinnung. In: Pfälzer Heimat 39. Jg., H. 1, S. 1-4; betr. Raum Würzweiler - Ruppertsecken Nordpfalz

WEBER, D. (1987): Der Überrest des unterirdischen Eisenerzbaus »Stollen im Eisensteiner Kopf« bei Kirchheimbolanden. In: Pfälzer Heimat 38. Jg., H. 1, S. 27

WEBER, F. W. (1986): Der Drahtzug bei Altleiningen. In: Landkreis Bad Dürkheim (Hrsg.): Heimat-Jahrbuch 1987, Grünstadt, S. 96-100

WEDEMEYER, B. (1953): Die Familie Gienanth. Ein Kapitel aus der Entwicklung der pfälzischen Eisenindustrie. Diss. Göttingen

WEDEMEYER, B. (1964): Ludwig Freiherr von Gienanth. In: Pfälzer Lebensbilder 1, S. 167-190, Speyer

MANNHEIM INNENSTADT

NECKAR

RHEIN

500 m
0

# Mannheim
## Der Vergangenheit verpflichtet - der Zukunft aufgeschlossen

von

Gudrun Höhl

## I. Haltepunkte

## II. Zur Einführung

Vorweg sei genommen, daß dieser stadtgeographische Exkursionsführer durch Mannheim als ehemalige Festungs- und Residenzstadt, Handels- und Hafenstadt, als heutige Industrie- und Dienstleistungsstadt, als Kultur-, Schul- und Sportstadt kein Stadtführer im allgemeinen Sinne ist. Es ist aber erforderlich, die kunst- und baugeschichtlichen Stadtführer als zuverlässige Begleiter zur Hand zu haben und in ihnen die Daten nachzuschlagen. Denn jedes Bauwerk, jede Planungsidee, jeder Platz und jede Straße - sie alle leben aus ihrer Geschichte. Je tiefer diese zurückführt und je bewußter der Gestaltungswille sich äußert, umso vielgestaltiger entwickelt und wandelt sich das Erscheinungsbild einer Stadt, früher wie heute. Selbst bei einer so jungen, im Jahre 2007 erst vierhundertjährigen Stadt, aber einer ebenso eigenwilligen wie lebenstüchtigen, kommt dies deutlich zum Ausdruck, und sie fiebert bereits diesem Jahr entgegen, um wieder einen Schritt nach vorn zu tun, die Chance nützend wie bisher. Vielmehr soll hier das Gefüge der Stadt Mannheim, das Stadtganze wie seine Stadtteile mit Plätzen, Straßen und Gebäuden, beachtet werden. Im Widerspiel der Natur- und Menschenkräfte im zunächst recht unsicheren, aber doch auch Schutz bietenden Mündungswinkel zwischen Rhein und Neckar hat sich im Laufe des Geschehens eine so klare Strukturierung des wachsenden Stadtkörpers in fingerförmig ausstrahlende und bislang unbebaute Zwischenflächen füllende, verschieden alten Bebauungsgebiete ergeben, daß Mannheim ein lohnendes Objekt für eine stadtgeographische Betrachtung darstellt. Denn so wie die rasch wechselnde Güte des Baugrundes der Stadt im Verwilderungsbereich der beiden Flüsse und auf den sie begrenzenden Hochgestadeplatten den Ablauf der Bebauung, entsprechend dem Wohn- und Arbeitsbedarf sowie dem fortschreitenden technischen Können, geradezu vorschrieb, so erweiterte und füllte sich die Stadtfläche - Neues neben Altem in Baustil und Funktion, in Ästhetik und Nüchternheit.

Mannheim ist stolz auf manche städtebauliche Erlesenheit an Bauwerken, Straßenfluchten und Plätzen, muß sich aber gleichzeitig um die Lösung sozialer und wirtschaftlicher Probleme im Gefolge der Industrialisierung und Technisierung bemühen, ist ständig befaßt mit Verkehrsbewältigung und Stadterneuerung, mit Rückholung der stadtflüchtenden Bevölkerung durch Steigerung der Wohnqualität und des Stadtgrüns von Parkanlagen und innerstädtischen Plätzen, Seitenstraßen, Höfen und Hausfassaden, Balkonen und Dachterrassen. Mannheim ist gar nicht die graue Industriestadt trotz großer Industriekomplexe in den Industriebändern Nord und Süd. Auch über ihr wölbt sich blauer Himmel, und es läßt sich in ihr leben. Selbst die Geradheit der Quadratstadt ist durch Alleen und Baumbestände bis hin zum Verkehrsgrün wohltuend gemildert, wie viele Straßendurchblicke beweisen, je nach Blickrichtung und Lage mit der Schloßfassade oder den modernen Hochbauten von Versicherungen, Ämtern und Wohntürmen im abschließenden Hintergrund, oder mit dem Wasserturm bei den Planken, dieser zum Symbol Mannheims geworden.

So gesehen, bietet Mannheim die räumliche Geschlossenheit, die zu urbanem Lebensgefühl gehört, in der Innenstadt wie in den Stadtteilen, diese als verstädterte dörfliche Kerne mit jungen Wachstumsrändern, als Gartenvorstädte im Grünen, als Großwohnsiedlungen im Mischcharakter von Hoch- und Flachbauweise. Die soziale Komponente spricht aus jeder Art und formt die Gesichtszüge der Stadt, die zu lesen man sich bemühen soll.

Auch die Geschäftigkeit der Häfen an Rhein und Neckar, zusammen mit ihrem Ludwigshafener Gegenüber auf der linken Rheinseite, gehört zu Mannheim, ebenso wie die Schienen- und Straßennetze mit ihrer teilweisen Flächenmonotonie, doch belebt durch die inner- und zwischenstädtischen Rhein- und Neckarbrücken, auch wenn sie in Hauptverkehrszeiten manchmal eher als Engpässe wirken, trotz der eleganten, kreuzungsfreien Auf- und Abfahrten. Im Hintergrund der Hafenfronten ragt jeweils die Stadtsilhouette auf. Im Falle der rechtsrheinischen ist es die majestätische Schaufassade des Mannheimer Schlosses und der Westlichen Oberstadt, im täglichen Blickpunkt von linksrheinisch drüben. Doch etwas weiter zurück überragt moderne Funktionalität der Hochbauten die Nachbarstädte, der kommunalen Zukunft verpflichtet.

Die Geographie und mit ihr die Stadtgeographie hat von der Gegenwartsproblematik auszugehen. Deshalb ergaben sich zu Anfang eine leicht subjektiv gefärbte, aber objektiv bedachte Stellungnahme zu dem Phänomen Mannheim, dem man ob der unverblümten, herzlichen Offenheit seiner Menschen von Jahr zu Jahr mehr zugetan sein kann. So soll es auch mit den Bemerkungen zu einer stadtgeographischen Exkursion durch Mannheim sein. Das heutige Stadtbild als Ergebnis der wirkenden Kräfte früher und heute steht im Mittelpunkt der Betrachtung. Ausgewählte Standorte und vorgeschlagene Routen versuchen das Stadterlebnis nahezubringen. Reihenfolge und Kombination bleiben dem eigenen Belieben vorbehalten.

In der Innenstadt ist die Begehung zu Fuß wegen der üblichen Parkplatzschwierigkeiten vorzuziehen. Wie jede Innenstadt, ist auch die Quadratestadt im engeren Sinne fußläufig zu meistern, mit einem Zeitaufwand von zwei bis drei Stunden, bei allen individuellen Abkürzungsmöglichkeiten. Ein Stadtplan tut hier Wunder, ohne ihn ist nichts. Die inneren und äußeren Stadtteile sind automäßig gut zu erreichen, auch mit Straßenbahn und Bus. Auf dem Vorplatz des Hauptbahnhofs ermöglichen Verkehrsübersichtstafeln, Fahrplan und Fahrscheinautomat kurzfristige Orientierung über zeitlich ungebundene Stadtbegehung oder genüßliches, sichtintensives Fahren mit kleiner Stadtteil-Begehungsrunde an den Endhaltestellen von Bus oder Straßenbahn.

Die Standorte sind so gewählt, daß sie Einblick in verschiedenartige, einander benachbarte Funktionsräume der Innenstadt geben und in Stadtteilkernen mit Idee und Situation des heutigen Stadtgefüges vertraut machen. Anhand von Beispielen wird auf vergleichbare Ausprägungen hingewiesen. Auch wird stets Wert gelegt werden auf baulich-räumliche Kontinuität im Zusammenhang mit Nachfolgefunktionen des tertiären Sektors, damit zugleich auf innerstädtische Ausweitungs- und Verlagerungstendenzen, die eine Intensivierung der zentralörtlichen Nutzung der verfügbaren Stadtgemarkungsfläche anzeigen. Dies ist für Mannheim als zweitgrößte Stadt Baden-Württembergs, in der äußersten nordbadischen Ecke gelegen und daher mit dem Alltag grenzüberschreitender Problematik zwischen den Bundesländern Baden-Württemberg, Rheinland-Pfalz und Hessen ständig konfrontiert, nicht nur vielleicht eine Prestige-, sondern schlechthin eine Lebensfrage.

# III. Überblick über die vorgeschlagene Route

Es sind 48 Haltepunkte vorgesehen, von denen HP 1-13 die Quadratestadt, d.h. die Innenstadt von Mannheim, betreffen. Mit Schloß, Westlicher und Östlicher Oberstadt, Westlicher und Östlicher Unterstadt werden stadtgeographisch wichtige Kernpunkte nach physiognomisch-funktionellen Gesichtspunkten erörtert. Auch noch fußläufig sind der Friedrichsplatz (HP 14) mit dem städtebaulichen Ensemble Wasserturm, Rosengarten und Kunsthalle, sowie der Hauptbahnhof mit Bahnhofsvorplatz zu erreichen. Hier gibt es auch, abgesehen von den innerstädtischen Parkhäusern und Tiefgaragen, Parkmöglichkeit. Von hier ist mit dem Wagen immer streckenweise weiterzufahren in die innenstadtnahen und dann innenstadtfernen Stadtteile unter Einschaltung von kurzen, erholsamen Ausstiegen und Begehungen.

So schließt sich an den Hauptbahnhof-Vorplatz (HP 15) mit der Kreuzung Kaiserring und Bismarckstraße und dem Tattersall eine Fahrt durch die dichtbevölkerte Schwetzingerstadt (HP 16) aus der Industrialisierungsperiode an, hin zur Einmündung der seit kurzem zur Bundesstraße herabgestuften Autobahn in die prächtige Augustaanlage als Hauptachse der angesehenen Wohn-, Firmen-, Büro- und Banken-Gegend der Oststadt mit der in vollem Gange befindlichen Oststadterweiterung (HP 17). Zum nahegelegenen Oberen Luisenpark (HP 18), vielgerühmtes Bundesgartenschaugelände von 1975, sollte unbedingt der Weg zum Verweilen führen (beste Parkmöglichkeit). Der älteste Kern der Oststadt um Charlottenplatz-Christuskirche mit dem sternförmigen Straßensystem (HP 19) und den noch erhaltenen Bauten der Jahrhundertwende führt wieder hinaus auf den Ring, hier der Friedrichsring, mit dem neuen Nationaltheater am Goetheplatz (HP 20) und der teilweise erhaltenen älteren Ringbebauung entlang den hier ausmündenden S-, T-, und U-Quadtraten, wie auch der modernen Wohn- und Geschäftshausbebauung aus der Zeit des Wiederaufbaus und des Neubaus. Kurpfalzkreisel (HP 21) und Alter Meßplatz (HP 22) bilden die Brückenköpfe der Kurpfalzbrücke als der zentralen innerstädtischen Verbindung über den Neckar zwischen Quadratestadt und Neckarstadt.

Den Kern der belebten Neckarstadt-West bildet die Mittelstraße (HP 23), ein Stadtteil an der Wende des 19. zum 20. Jahrhundert entstanden, dichtbewohnt. Einen Ausgleich bietet das zweite Bundesgartenschaugelände von 1975, der Herzogenriedpark (HP 24), mit moderner Wohnbebauung. Ein Ausstieg dürfte hier nicht fehlen (beste Parkmöglichkeit).

Diese Bereiche zählen alle noch zu Mannheim 1, leiten aber bereits zu Mannheim Nord (postalisch Mannheim 31) über.

Um nunmehr charakteristische ältere, aber auch jüngere und jüngste Stadtteile der Außenzone im Bereich von Mannheim Nord kennenzulernen, sind etwas größere Entfernungen, aber ganz ohne Schwierigkeiten, zu überwinden.

Der jüngste, jedoch schon wieder rund zwanzigjährige Stadtteil Vogelstang (HP 26) war in Konzeption und Verwirklichung ein von Sachverständigen vieldiskutiertes und -besuchtes Modell einer Trabantenstadt, in nächster Nachbarschaft zu dem auf einem dörflichen Kern und großem Grundbesitz beruhenden heutigen Stadtteil Käfertal (HP 27). Auf seiner Gemarkung entstand im Zuge der Industrialisierung der heutige Stadtteil Waldhof (HP 28), zum heutigen Industrieband Nord gehörend, weshalb seit Beginn des 20. Jahrhunderts gerade dort die ursprünglich englische Idee der Gartenstadt bzw. in nachfolgender deutscher Variante die Gartenvorstadt ihren Ausgang nahm und zur schrittweisen Anlage des Stadtteils Gartenstadt führte, in deren Kerngebiet (HP 29) sich ein kleiner Rundgang mehr als lohnt. Vorbei an der schmucken Arbeitersiedlung im Mannheimer Norden, an der Schönau, mit Blick von der Straße aus auf die großen Industrieanlagen Boehringer und Papierwerke Waldhof-Aschaffenburg mit den Holzlagern (HP 30), alle hier standortgebunden am Altrhein, bietet das Ortsbild im Kern von Sandhofen (HP 31) einen interessanten Einblick in die ehemalige dörfliche Erwerbs- und Sozialstruktur von Tabakbauern, wenn auch heute nur noch weniger. Die neue Altrheinbrücke von Sandhofen auf die Friesenheimer Insel (HP 32) führt in ein industrielles Planungs- und Ansiedlungsgebiet mit den sich anschließenden Hafen- und Industriebereichen (HP 33 und 34). Aus Mannheim Nord über die Jungbuschbrücke, die westliche der drei innerstädtischen Neckarbrücken, in den Hafen- und Industriebereich im Stadtteil Jungbusch (HP 35) als das - zusammen mit der Unterstadt - früheste Gewerbe- und Industriegebiet Mannheims gelangt, trifft man auf den Luisenring und über den mit der Kurt Schumacher-Brücke von 1972 konzipierten Fly-Over im Rahmen des Brückenkopfes auf der Mannheimer Seite (HP 5) auf den Parkring, womit der vierteilige Ring entlang den ehemaligen Festungsbastionen um die Stadt durchfahren ist.

Das Beste ist nun, den Bereich der kreuzungslosen Mannheimer Auffahrten zur Konrad Adenauer-Brücke anzustreben - nicht auf sie hinaufzufahren - und die Rheinseite des Mannheimer Schlosses mit dem verbliebenen, den verkehrs- und städtebaulichen Belangen z.T. geopferten Schloßgarten (HP 36) zu genießen, unter dem schönen, alten Baumbestand zu parken und - mit Blick auf die vorüberziehenden Frachtkähne und die Ludwigshafener Rheinseite - auf einer der Bänke Platz zu nehmen. So weit von hier sind die Gaststätten und Cafés gar nicht, z.b. an Rheinpromenade und Stephanienufer oder in den schloßnahen Quadraten der östlichen Oberstadt, wie L 3, M 4 usw.

Man sollte den Süden Mannheims nicht vergessen. Er beginnt schon im Stadtteil Lindenhof (HP 37), einem der frühen industriellen Gebiete der Zwischenzone Mannheims. Der Lindenhof ist aber längst und je weiter nach Süden umso mehr zu einem bevorzugten Wohnviertel an Rhein und Waldpark entlang geworden. Dort, im Bogen der großen Rheinschleife, befindet sich auch das von der Stadt Mannheim gehütetste Stück Natur: das Landschaftsschutzgebiet Waldpark und das Naturschutzgebiet Reißinsel, ein Auenwald, der noch heute trotz Rheinkorrektion von Hochwässern heimgesucht wird. Wieder zurück in das ehemals von Rhein und Neckar verwildert durchflossene feste Land zum Stadtteil Almenhof (HP 39), dem zweiten für Mannheim typischen Beispiel einer Gartenvorstadt der zwanziger Jahre, hier im Bereich der großen Feldgemarkung des alten Dorfes Neckarau (HP 40), das in seinem dörfliche Kern zu einem Subzentrum herangewachsen ist.

Mit Neckarau beginnt längst das Industrieband Süd, zu dem vor allem der Stadtteil Rheinau und Rheinau-Hafen mit den vier Hafenbecken gehören. Die Route soll aber weder dorthin führen, auch nicht nach Casterfeld und Pfingstberg, noch nach dem ehemaligen Dorf Friedrichsfeld, das in der frühen badischen Eisenbahngeschichte eine gewisse Rolle als Umsteigestation für das damals benachteiligte Mannheim spielte. Heute ist es über die Stadtgemarkungsgrenze hinweg mit Edingen/Neu-Edingen und Neckarhausen zu einer Siedlungseinheit zusammengewachsen.

Vielmehr wird das seit 1985 in das Mühlfeld südöstlich Neuostheim verlegte Maimarktgelände (HP 41) im Winkel zwischen Osttangente und Autobahn in die Stadtexkursion mit einbezogen. Selbst im Vorbeifahren gelingt ein Blick auf das Gelände der größten Regionalschau der Bundesrepublik. Über den heutigen Stadtteil Seckenheim (HP 42) am linken Hochufer der großen Neckarschleife, in dem noch viele Dreiseithöfe der Tabakbauern erhalten sind, und, über die Brücke hinweg, die Landgemeinde Ilvesheim (HP 43) auf der rechten Neckarseite führt der Weg nach Feudenheim (HP 44), einem der heute als Wohn-Stadtteil begehrten alten Dörfer mit immer noch auffälligem Funktionswandel. An der Feudenheimer Au (HP 45), in den Frischluftschneisen vom Odenwald herab gelegen, entzünden sich unablässig die widersprüchlichsten Meinungen hinsichtlich ihres Umwelt- und Bebauungswertes. Neckar und Neckarkanal, Feudenheimer Schleuse und die Maulbeerinsel (HP 46) sind im Zusammenhang mit Neckarkorrektion und Neckarschiffahrt zu sehen. Der Weg nach der Innenstadt führt am Hauptfriedhof (HP 47) mit dem Israelitischen Friedhof vorbei, mit der sich sehr lohnenden Möglichkeit, die kunsthistorisch bedeutsamen Grabdenkmäler hochgestellter Stadtpersönlichkeiten nahe dem Haupteingang aufzusuchen. Von hier aus verläuft die Straße entlang dem Hochuferrand eines ehemaligen Neckarbogens mit dem Klinikum der Stadt Mannheim zur Friedrich Ebert-Straße und Friedrich Ebert-Brücke (HP 48), der östlichen der drei innerstädtischen Neckarbrücken, als Zwischennaht zwischen den Stadtteilen Neckarstadt-Ost und Wohlgelegen.

Die stadtgeographische Exkursion ist hiermit zu Ende. Je nachdem wie nun der Wunsch ist, in Mannheim noch zu bleiben oder schon wieder weiterzufahren, lassen sich leicht auf dem Stadtplan, der ja der unabdingbare Begleiter war, die Hauptorientierungspunkte, nämlich der Wasserturm, der Hauptbahnhof, das Schloß oder die Augustaanlage hin zur Autobahn finden.

Eines ist klar geworden. Mannheim hat dank seiner Industrie und seines Hafens, seiner Verkehrsgunst und seiner wirtschaftlichen wie kulturellen Aufgeschlossenheit ein Stadtbild in Wesen und Funktion geschaffen, das über eine große Anziehungskraft verfügt. Man nimmt sich immer vor, wiederzukommen; im Falle von Mannheim sollte man es tun.

## IV. Stadtgeographische Gesichtspunkte bei einer Betrachtung der baulichen Erscheinung Mannheims

Die manchmal dramatische Geschichte Mannheims und seines Raumes an Rhein und Neckar hat durch M. SCHAAB (1977) eine äußerst subtile, historische und geographische Kräfte sorgfältig abwägende, dennoch knapp gefaßte Bearbeitung über Typus und Individualität einer oberrheinischen Festungs-, Residenz- und Industriestadt erfahren. Da ohne Kenntnis der stetig wechselnden Kräftekonstellation das Phänomen Mannheim schwerlich zu beurteilen ist, sei auf diese Veröffentlichung besonders verwiesen, wie auch auf die hier beigegebene Zeittafel.

Mannheim hat nicht nur vier Kriegszerstörungen 1622, 1689, 1795 und 1943-45 durchstehen müssen, sondern hat auch viermal, nach Phasen der Stagnation, den Wiederaufbau und den Fortschritt gewagt. Manche Hausfassaden oder sogar Häusergruppen blieben erhalten. Aber das Bauantlitz hat sich im ganzen gewandelt und verjüngt. Dies ist nicht nur Kriegsergebnis, sondern auch ein Vorgang organischen Wachsens, ein Annehmen aufkommender Baustile, ein Mithalten im Modernisieren und Repräsentieren entsprechend dem sozialen Status und dem um sich greifenden Nutzungsanspruch einer prosperierenden Residenz-, Handels- und Hafenstadt, einer späteren Industrie- und Dienstleistungsstadt. Aus Bedarf und Bereitstellen ergibt sich ein nützliches Konkurrieren zwischen der Verantwortung gegenüber wertvollem Altbestand und erforderlicher Neugestaltung, gleich welcher Periode und Situation. Allein schon das Studium der beiden gewichtigen Mannheim-Bände der KUNSTDENKMÄLER VON BADEN-WÜRTTEMBERG (1982) belehrt darüber mit fast erdrückendem Material, über erhaltene und abgegangene Häuser, wozu die Jahre um 1771 und um 1900 für die geographisch wichtige zeitlich-räumliche Querschnittsmethode herangezogen werden. Dies trifft auch für den baugeschichtlich so beklagenswerten Aderlaß im heutigen Stadtbild infolge des Zweiten Weltkrieges zu, zeigt doch schon ein Blick auf die »Karte der Kriegsschäden in Mannheim 1939-1945«, Maßstab 1 : 50000 (Beilage zu: Die Stadt- und Landkreise Heidelberg und Mannheim III) erschreckend deutlich, daß von 100-prozentigen Gebäudeschäden fast die ganze Innenstadt betroffen war, bis auf die Quadrate G 7, H 7 und J 7 und die U-Quadrate, d.h. die an die ehemalige Befestigung innen angrenzende Westliche Unterstadt und den außen angrenzenden Jungbusch, z.T. auch die Östliche Unterstadt. Hier sind es kleinere Bereiche mit 30-50 % bzw. 50-80 % Beschädigung, in K 2 bis K 4 bis zu 30 %, in den U-Quadraten bis zu 50 %. Die Östliche Oberstadt war fast durchgehend 80-100 % zerstört, bis auf wenige Ausnahmen in den Planken oder sonst vereinzelt: Die an die Innenstadt anschließende Zwischenzone mit den Rheinhäfen, der Neckarstadt, der Oststadt, der Schwetzingerstadt und dem Lindenhof unterlag teilweise einer ebenso flächenhaften Zerstörung, die erst allmählich in den Stadtteilen der Außenzonen abklingt. Anders betrachtet: Von den 27 Quadraten der Westlichen Oberstadt (A 1-D 7), d.h. vom Schloß bis zu den verlängerten Planken mit der Rheinstraße, waren 4 Quadrate, nämlich A 1, D 1, D 3 und D 5 durch den Zweiten Weltkrieg zerstört und deswegen - wie nüchtern dabeisteht - »völlig abgeräumt« worden (siehe Kunstdenkmäler Mannheim Bd. II, Rubrik »abgegangene Häuser«).

Für die Straßen- und Brückenbauten des Mannheimer Brückenkopfes der 1972 fertiggestellten Kurt Schumacher-Brücke über Rheinhäfen und Rheinstrom nach Ludwigshafen wurden drei Quadrate C 9, D 8 und E 8 benötigt.

In der Westlichen Unterstadt mit den 44 Quadraten E 1-K 7 sind sind 7 Quadrate total zerstört und abgeräumt worden (E 1, F 3, F 5, F 6, H 4, H 5, H 6). Die Jungbuschquadrate sind geringer beschädigt. Die Östliche Oberstadt mit 36 Quadraten (L 1-O 7) wies 4 total zerstörte und abgeräumte Quadrate auf (L 2, L 3, N 1,N 2), die Östliche Unterstadt mit 38 Quadraten (P 1-U 6) 3 total zerstörte und abgeräumte Quadrate (P 1, Q 6, T 4-5). Die Zahl der erheblich bzw. gering zerstörten Quadate beträgt in der Westlichen Oberstadt 11 bzw. 4, in der Westlichen Unterstadt ) bzw. 6, in der Östlichen Oberstadt 11 bzw. 9, in der Östlichen Unterstadt 7 bzw. 10 Quadrate. Selbst heute noch finden sich Teilaufbauten und abgetragene Dachzonen. Die alten Formen wurden nicht mehr nachgebaut, was besonders bei Dächern eine Veränderung des gesamten Hauscharakters nach sich zieht. Umso mehr treten die erhaltenen Gebäudefronten, häufig gut restauriert, und erst recht die neuen Hausfronten in Erscheinung.

Barockbebäude (z.B. E 2, 8) bzw. barockisierte Häuser sind heutzutage in der ehemaligen Barockstadt leider an den Fingern abzuzählen, zweieinhalbgeschossig, d.h. Erdgeschoß, 1. Obergeschoß und Dachgeschoß mit Gauben und z.T. mehrachsigen Zwerchhäusern im Vollwalmdach oder im gebrochenen Mansarddach. Das Mannheim des 17. Jahrhunderts war vorwiegend von ebenerdigen, eingeschossigen Wohnbauten in traufseitiger Stellung zur Straße geprägt.

»Mehrgeschossig«, worunter meist zweigeschossig zu verstehen ist, zu bauen, bislang nur von der oberen Sozialschicht verwirklicht, wurde im 18. Jahrhundert erst allmählich zur Pflicht, um der jungen Stadt mehr städtisches Aussehen zu geben. Auch hierin zeigt sich seit der Residenzzeit ein für Mannheim typischer sozialer Grundzug.

Die Oberstadt, so bezeichnet nach dem Relief des Baugrundes der Stadt mit ihrem höchsten Terrain bei rund 97 m NN im Bereich des ehemaligen Dorfes Mannenheim bzw. der späteren Festung Friedrichsburg und des darauffolgenden Schlosses (Ostflügel), frei von Hochwässern des Rheins, wurde von Anfang an auch die soziale Oberstadt, nach der Schleifung auf ehemaligem Festungsgelände erbaut.

Die Bürgerstadt, zuerst außerhalb des Festungsgürtels der Friedrichsburg, später in die gemeinsame Befestigung einbezogen, war rein topographisch-geographisch die Unterstadt, von Neckarhochwässern heimgesucht, nur rund 92 m NN hoch gelegen und früh schon der Stadtbereich geringerer sozialer Stellung seiner meist gewerbetreibenden Bevölkerung. Das bedeutet aber nicht, daß es in der Unterstadt und im Jungbusch, besonders in deren erst im Laufe des 19. Jahrhunderts städtisch erschlossenen Quadraten zwischen niedergelegter innerer und äußerer Festungsmauer, d.h. vor allem in den Siebener-Quadraten (z.B. E 7, 20, ehemalige Reiß-Villa) nicht auch Adelspalais und großbürgerliche, herrschaftliche Wohnbauten (z.B. in R 1 entlang der Breiten Straße, das Bassermann'sche Haus) gegeben hätte, nicht nur in der Oberstadt und dort in Schloßnähe. Das 18., vor allem das 19. Jahrhundert war reich hierin, die Bankgebäude und die Villen der Bankiers, Industriellen und hohen Beamten nicht zu vergessen. Das 20. Jahrhundert aber ist seit der großen Zerstörung völlig verarmt. Was nicht inzwischen verändert und neu wieder aufgebaut wurde, ist nunmehr ausgelöscht und abgetragen. Ausnahmen gibt es, daß stehengebliebene Fassaden den Anfang zu historisch getreuem Wiederaufbau bildeten. Fast ist man erstaunt, daß noch so viel steht und wiedererstanden ist.

So ist es neben dem noch Älteren, in glücklichen Einzelfällen und mit großem künstlerischen Können restauriert und wiedererrichtet unter Anwendung neuester technischer Konservierungs- und Abgußmethoden, und dem Jüngeren, in die Zukunft Weisenden, dem Mannheim - eigentlich wie immer - heute den Vorzug gibt, die Bauperiode des ausgehenden 19. Jahrhunderts und der Jahrhundertwende, die einen ungemein lebendigen Eindruck einer baufreudigen und im ganzen wohlsituierten Mannheimer Bevölkerung vermittelt. Sicher, nicht alle diese Häuser befinden sich in bestem baulichem Zustand, der Krieg war zu hart und die Nachkriegszeit zu karg, als daß eine rasche Wiederherstellung und Verbesserung hätte Platz greifen können. Aber das ist in wahrstem Sinne offensichtlich, daß sehr viel schon getan ist, sowohl in kommunaler als auch in Eigeninitiative, gefördert durch Wettbewerbe und Preise für bestgelungene Hinterhofentkernung und -begrünung, Gebäudesanierung und -modernisierung. Der moderne Baustil mit eleganten Erkern und Balkonen fügt sich sogar bemerkenswert gut in die alte Häuserfront ein, z.B. in den H-, J- und K-Quadraten der Westlichen Unterstadt und den S-, T- und U-Quadraten der Östlichen Unterstadt, um nur zwei geschlossene, großflächige Beispiele genannt zu haben. Dennoch sind es die mehr oder minder erhalten gebliebenen und oft bestens restaurierten Orginalhaustypen, die das »alte« Mannheim aufscheinen lassen. In vielen Variationen und Spielarten treten die Bautypen der Vorgründerzeit und der Gründerzeit sowie der Kunstrichtung des Jugendstils entgegen, abgesehen von wenigen Bauten im Stile der Neurenaissance oder der Nachgotik, eher bei großen öffentlichen Bauwerken, Banken, aber auch Villen, besonders in der Oberstadt. Der spielerisch-kompositorischen Bewegtheit des architektonischen Formenschatzes dient in betontem Maße die Farbigkeit des mit Bedacht verwendeten Baumaterials. Einmal ist es der »rote«, »gelbe« und »weiße« Sandstein, wie es im kunsthistorischen Sprachgebrauch vereinfachend heißt, ohne sich auf die Herkunftsbezeichnung des in vielen Farben vorkommenden und deshalb stratigraphisch nicht immer leicht zuzuordnenden Keupersandsteins und Buntsandsteins des Kraichgaus, des Oden- und Pfälzerwaldes einzulassen. Er eignet sich vorzüglich wegen seiner Festigkeit und Bearbeitbarkeit, wenn auch gegen die Atmosphärilien letztlich nicht gefeit.

Zum anderen ist der Klinker als Baumaterial, ebenso »rot«, »gelb« und »weiß«, nicht nur flächenfüllend für die Hauswand der Obergeschosse, sondern auch als gestalterisches Element gern verwendet. Der Sockel des Hauses besteht meist aus rotem, rustiziertem Sandstein. Vergleichweise selten gibt es reine Sandsteinhäuser. Die vorgründerzeitlichen Hausfassaden sind fast durchweg unter Verputz gelegt. Sie sind »Putzbauten«, wie die heutigen Fassaden auch, soweit nicht Beton oder Wandverkleidungen als Baumaterial in Erscheinung treten sollen. So wie Klinker und Sandstein kombiniert werden, so auch Verputz und Sandstein, selbst Klinker. Verputzte helle Wandflächen lassen rotes oder gelbes Sandsteinmaterial noch besser aufleuchten, was bei vielen, mit großer Liebe renovierten Gebäuden auch dem heutigen Menschen etwas sagt.

Je nach Repräsentation und finanziellem Hintergrund sind oft sehr reich gestaltete Wohnhäuser und öffentliche Gebäude entstanden. Es muß ein schönes, individuelles Bauen ermöglichendes Mannheim gewesen sein, gerade auch »in den Quadraten«, obwohl die hochgestellte Bewohnerschaft der Oberstadt längst dabei war, in der Oststadt neu zu bauen, da Banken, Behörden und kulturelle Einrichtungen sich sukzessive in der Oberstadt, in Schloßnähe, niederließen, kaum Geschäfte. Daher rührt auch der noch heute sowohl sichtbare als auch spürbare Unterschied zwischen Ober- und Unterstadt. Die eine Attraktivität der Lage ergibt nicht die andere, bei aller Abschwächung von Gegensätzen und bewußter Stadtplanung, wie es unter anderem das Beispiel der Verlegung und Aufgliederung des Rat- bzw. Stadthauses und seiner kommunalen Funktionen auch in jüngster Zeit zeigt.

Der gründerzeitliche Stil liebt das Beschwingte: Erker auf Front und Ecke, mit und ohne Konsolen, durchgehend über mehrere Stockwerke oder nur in einem; Ecktürmchen, Veranden und Balkone, mit und ohne Maßwerk, Brüstungs- und Sturzspiegel, mit und ohne schmiedeeiserne Gitter und Geländer; ornamentierte Sohlbankgesimse, Giebel- und Fensterverdachungen in Dreiecks-, Segmentbogen- und waagerechter Form; Fenster- und Türumrahmungen; Voluten, Reliefs; Risalite, Lisenen und Pilaster. Wenn dann noch der Jugendstil dekorativen Einfluß nimmt oder gleich ein Jugendstilwohnhaus erbaut wurde, muß das Auge lang verweilen, auch wenn heute nicht immer alle Details mehr vorhanden sind.

Ganz abgesehen von dem städtebaulich einmaligen Jugendstilensemble am Friedrichsplatz und anderen historisch wertvollen Monumentalgebäuden, ist Mannheim sogar reich an unter Denkmalschutz stehenden Objekten gerade der Jahrhundertwende, z.B. in der Oststadt um den Charlottenplatz. Als einige Beispiele des Jugendstileinflusses seien die Gebäude J 1, 6, J 2, 8, J 6, 1 und 8/9, K 2, 1/2 und 33 sowie K 7 genannt, aber auch ausgesprochen das Quadrat U 4 mit den Hausnummern 3, 4/5, 14, 24 und 30, auch Q 2, 13 und 14. In der Oberstadt finden sich z.B. die Hausnummern 2 und 4/5 im Quadrat L 8. Der Jugendstil-Wohnhaustyp ist vertreten in L 4, 1 und M 5, 9, in G 7, 10, in J 7, 29 und wiederum im U-Quadrat mit U 1,4 und 21 sowie U 4, 19a.

Weiterhin etwas besonderes sind die stadtlandschaftlich sehr belebenden Zwerchhäuser und Dach- bzw. Mansardgauben als Einzel- oder Doppelgauben wie als Einzel- oder Mehrfach-Zwerchhäuser, vor allem dann, wenn sie sich zu einer ganzen Dachregion zusammenschließen. Nicht immer sind sie noch original vorhanden und nicht immer konnte man sich zu einem originalgetreuen Wiederaufbau entschließen. Allzu oft trat eine Dach-Kümmerform an ihre Stelle. Aber oft genug sind die Häuser als Ganzes noch oder wieder vorhanden. Es ist natürlich wieder die Unterstadt, die in ihren Randgebieten noch solche spezifischen Formen aufweisen kann, vor allem in den U-Quadraten reihenweise Dachgauben, mit Zwerchhäusern bei U 2, 1 und 4, bei U 3, 1 und 18, bei U 4, 30. In G 7, 29 sind die ursprünglichen Dachgauben erhalten. Die H- und J-Quadrate bieten in ihrer Geschlossenheit auch hierbei einiges. Außer Dachgauben und Zwerchhäusern sind es Laubengänge in den Höfen. Ein paar Beispiele seien auch hier herausgegriffen: in den H-Quadraten H 1, 14, H 2, 4 und H 2, 16 sowie in H 7 die Nummern 15, 23/24, 28, 31, die beiden letzten mit Laubengängen; in den J-Quadraten J 1, 3/4, J 6, 2 sowie J 7 die Häuser Nr. 3, 4, 7, 9, 13 mit Laubengängen im Hof, bei 13 sogar zweigeschossig. In den K-Quadraten sind Zwerchhäuser mit Dachgauben bei K 1, 17, K 2, 25 und 26 sowie K 4, 15 zu beobachten und sonst reihenweise die Dachgauben.

Über andere Stilarten braucht nicht weiter gesprochen zu werden. Mannheim ist eben eine moderne, im Vertikalen wie im Horizontalen geradlinige Stadt, die ihren Tribut der Vergangenheit gezollt und sich in ihrer Aufgeschlossenheit für Gegenwart und Zukunft wiedergefunden hat. Im Gegenteil, man schaut oft verwundert auf alte Abbildungen, auf ein Mannheim, das trotz Residenzcharakter und späterer Wirtschaftsentfaltung in seiner baulichen Erscheinung der Vergangenheit noch lange sehr verpflichtet war. Auch die Bauhöhe spielt dabei eine nicht geringe Rolle. Trotz stattlicher Großgebäude von Banken, Geschäftshäusern und Hotels noch bis zur Mitte des 20. Jahrhunderts sind erst jüngste öffentliche Gebäude und Wohnanlagen, und dies nur am Rande der Quadratestadt im engeren Sinne, emporgewachsen, z.b. das Collini-Center als Neckaruferbebauung Süd und die noch jüngere Neckaruferbebauung Nord, das Bürogebäude der Mannheimer Versorgungs- und Verkehrsbetriebe am Neckar, die Versicherungs- und Verwaltungsgebäude von Firmen in Bahnhofsnähe und am Beginn der Oststadterweiterung. Im ganzen hat Mannheims Bauhöhe zugenommen. Eine Fünf- bis Sechsgeschossigkeit ist es entlang den Hauptverkehrsadern auf jeden Fall geworden, z.b. am Kaiser- und Friedrichsring und in den beiden Innenstadtachsen Planken und Kurpfalz-/Breite Straße.

Daß dennoch das Schloß von seiner baulichen Würde eigentlich nichts eingebüßt hat, ist auch den Stadtplanern und Baudezernenten zu danken, auch dieses, daß Sorge getragen wird für vermittelnde Auffassungen, wozu die Neubebauung der kriegszerstörten Quadrate Gelegenheit gegeben hat, wie z.b. bei N 1, N 5, N 6, D 3, D 5 oder F 3.

Gar manches soll noch oder wieder auf historisch getreue oder wenigstens annähernde Form geprüft und vielleicht sogar realisiert werden, denn der schnelle Wiederaufbau mußte auch zu Konzessionen bereit sein.

Das alles macht Mannheim aus, das sich um seine Zukunft bemüht, in dem Bürgerinitiativen sehr lebendig sind und immer wieder ein Weg nach vorn gefunden wird.

# V. Auswahl stadtgeographisch wichtiger Daten in tabellarischer Form

Am zweckdienlichsten ist es vielleicht, auf eine eher tabellarische Übersicht des Stadtgeschehens zurückzugreifen, um einen Einblick so weit nötig zu erhalten. Auch das muß selbstverständlich Stückwerk bleiben, handelt es sich doch immer nur um ein ganzes Wirkungsgefüge von Faktoren und Erscheinungen markanter zeitlich-räumlicher Querschnitte im Ablauf der Entwicklung, um latente und offene Zustände, die neue Gegebenheiten schaffen. Wie schon darauf verwiesen, ist es bei dieser vergleichsweise jungen Stadt Mannheim, bei allem dörflichen Anfang, aber äußerst gezielter Planungsabsicht, einmal das Ineinandergreifen physisch-geographischer und historisch-machtpolitischer Fakten, zum anderen das Sichtbarwerden jeweiliger neuer Konstellationen, abhängig von Persönlichkeit und Zeitläuften. Auf diese Art und Weise sollte die tabellarische Zusammenstellung gelesen werden, auch ohne daß charakteristische Abschnitte eigens vermerkt werden. Die Epochen oder wenigstens Perioden scheinen deutlich auf, ebenso die Verlagerung der für uns Heutige schon so fern liegenden Schwerpunkte, wie Stadtgründung und Stadtaufbau, Privilegien und Rechte, auf scheinbar mehr Einzelheiten in Bezug auf Verkehrsausbau, Industrialisierung, Wahrnehmung und Behauptung von zentralen Funktionen. Es war dies wohl immer so, und erst allmählich bekommt das Alltägliche, selbst Miterlebte eine historische Patina, derart, daß solche Daten und Fakten in der Erinnerung stets zeitlich verschwimmen und es der intensiven Nachschlagarbeit in allen gängigen Unterlagen der Literatur und der städtischen Ämter bedarf. Vieles muß dabei der eigenen Initiative überlassen bleiben, dem Nachlesen in Büchern, Aufsätzen, Atlanten, Karten und Plänen. Die beigegebene Literaturauswahl ist auf Hinweise solcher Art abgestellt. Die Hauptwerke und Zeitschriftenreihen sind nachschlagenswert, da in ihnen eine überaus große Vielfalt von Einzelbeiträgen, die nicht alle gesondert angegeben werden konnten, zu finden ist. Aufgenommen wurden Beiträge, wenn sie, auf Spezialforschungen beruhend, weitgespannten Übersichten dienen, wie z.B. von R. HAAS, H. MEYER und M. SCHAAB. Auf Einzelverweise im Text wurde weitgehend verzichtet. Vorliegende Übersicht wurde zusammengestellt vor allem auf der Grundlage von WALTER (1907, 1949/59, 1952), SCHAAB (1977, 1982, 1984), Jubiläumsausgabe 350 Jahre Mannheim (1957), JACOB (1959, 1971), Chronik des Stadtarchivs in den Mannheimer Heften (1973 ff.), Sonderveröffentlichungen des Stadtarchivs Mannheim Nr. 12 (WATZINGER 1987), Nr. 15 (LINDEMANN), Nr. 16 (RIEGL/CAROLI 1987) und Nr. 17 (Festschrift Jüdisches Gemeindezentrum Mannheim F 3 1987), HAALAND (1987), Unterlagen der Stadt Mannheim und eigenen Arbeiten.

| | |
|---|---|
| 766 | Erste urkundliche Erwähnung des Dorfes Mannenheim im Lorscher Codex. Vermutete Lage an der Stelle des Ostflügels des heutigen Schlosses. |
| um 1275 | Verlagerung der Neckarmündung in den Rhein von Neckarau im Süden in den Norden Mannheims infolge großen Hochwassers. |
| 1606 | 16. März: Grundsteinlegung für die Festung Friedrichsburg durch Kurfürst Friedrich IV. von der Pfalz. Erbaut nach niederländischem Vorbild. Stadtanlage nach dem Schema von Neu-Hanau. |
| 1607 | 24. Januar: Verleihung der Stadtprivilegien durch Kurfürst Friedrich IV. Gewährung von Freiheiten zur Anwerbung von Ansiedlern (Bewohner des ehemaligen Dorfes, Glaubensflüchtlinge). Stadt und Festung rechtlich völlig getrennt. |
| 1613 | Verleihung des Rechts zur Abhaltung von zwei Jahrmärkten (1. Mai und 22. September) durch Pfalzgraf Johann II. von Zweibrücken. |
| 1622 | Erste Zerstörung von Stadt und Festung im Dreißigjährigen Krieg. Um 1633 Entwürfe von Modellhaustypen, abgestuft A - D (dreigeschossig bis zweigeschossig; Fassadengestaltung), 1677 dem Rat vorgelegt. |
| 1652 | Weitere Privilegierung durch Kurfürst Karl Ludwig zur Förderung des Wiederaufbaus: Gewerbefreiheit, Zuzüge. Seither konfessionelle Mischung der ursprünglichen calvinistischen Stadt. |
| 1660 | Judenkonzession durch Kurfürst Karl Ludwig für Ansiedlung und Gewerbe jüdischer Familien. |
| 1664 | Errichtung eines kurfürstlichen Schlosses in der Zitadelle unter Kurfürst Karl Ludwig. |
| 1665 | Abhaltung des Wochenmarktes auf Quadrat G 1 dreimal wöchentlich. |
| 1684 | Neuvermessung der Stadt (ohne Zitadelle). Verschiedene Zählungen und Bezeichnungen der Quadrate. 1811 Einrichtungen des heutigen Systems nach W. v. Traitteur: A-K, L-U. Nach 1900 letzte Ausweitung des Systems durch die L-Quadrate. Ausdehnung auf Jungbusch und Hafengebiet eingestellt. Seit 1774 Hausnummerierung im heute noch geltenden System. In der Innenstadt auch Straßennamen gebräuchlich, heute nur vereinzelt. |
| 1688 | Bau einer reformierten Doppelkirche in R 2. |
| 1689 | Zweite Zerstörung Mannheims im Pfälzischen Erbfolgekrieg (Orléansscher Krieg). 1692 »Neu-Mannheim« auf dem rechten Neckarufer errichtet (1697 zerstört). |
| 1699 | Wiederaufbau von Stadt und Festung. Erbauung der Doppelanlage in F 1 von Rathaus (1700), Turm (1701) und Unterer Pfarrkirche (1706). |
| 1709 | Festung Friedrichsburg mit Stadt vereinigt. Gemeinsame Befestigungsanlage mit 8 Bastionen und 3 Toren (Rheintor in B 6, Neckartor in K 1/U 1, Heidelberger Tor in M 6). Übertragung des Quadrateschemas auf die ganze Stadt. |
| 1715 | Stehende Schiffsbrücke über den Rhein. |

| | |
|---|---|
| 1720 | 12. April: Anordnung zur Verlegung der Residenz von Heidelberg nach Mannheim durch Kurfürst Carl Philipp. Grundsteinlegung für das Schloß (vollendet 1760). Eine der größten Barockschloßanlagen in Deutschland. Baubeginn des Kaufhauses auf N 1, später Rathaus (1910-1943), Kaufhausturm 1746 vollendet. 1731 Schloßkirche, 1733 Jesuitenkirche, 1739 Wallonisch-reformierte Kirche. |
| 1743 | Regierungsantritt von Kurfürst Carl Theodor. Blütezeit der Residenzstadt Mannheim. Hauptstadt der Kurpfalz. Schauspiel, Musik, Komposition, Orchester. 1756 Bildhauerakademie/ Antikensaal; 1758 Kupferstichkabinett; 1763 Hofbibliothek und Gründung der Pfälzischen Akademie der Wissenschaften; 1769 Zeichnungsakademie; 1772 Sternwarte; 1775 Umbau des Zeug- und Schütthauses in ein Theater; 1776 Stiftung des Theaters (1801 Hof- und Nationaltheater); 1777 Zeughaus. |
| 1778 | Verlegung der Residenz nach München. Antritt der bayerischen Erfolge durch Carl Theodor. Bis 1794 Hofhaltung von Elisabeth Augusta, Gemahlin Carl Theodors, im Schloß. |
| 1782 | Uraufführung »Die Räuber« von Friedrich Schiller im Nationaltheater. |
| 1795 | Dritte Zerstörung Mannheims in den Revolutionskriegen. |
| 1799 | Beginn der Schleifung der Festungsanlagen von Mannheim. Einebnung des Festungswalles, 1878 Stadtgraben völlig beseitigt. |
| 1803 | Übergang an Baden. 1806-1812 Residenz des Erbgroßherzogs Karl. Schloß 1819-1860 Witwensitz der Großherzogin Stephanie. 1811 Schloßgarten vollendet. 1809 Mannheim Sitz des Neckarkreis-Direktoriums. |
| 1816 | Bau des Neckarhafens. |
| 1817 | Erste Fahrt mit der Laufmaschine von Karl Freiherr Drais von Sauerbronn, Erfinder des Fahrrads. |
| 1827 | Beginn der Arbeiten am Friesenheimer Rheindurchstich im Zuge der Rheinkorrektion durch Tulla. 1862 beendet. |
| 1831 | Inkrafttreten der Rheinschiffahrtsakte. Mannheim bis 1910 Endpunkt der Großschiffahrt auf dem Rhein. Verteilermonopol für Massengüter nach Süddeutschland und z.T. Südosteuropa. Beginn der großen Wirtschaftsepoche. |
| 1834 | Grundsteinlegung für den Bau des Rheinhafens, 1840 vollendet. |
| 1840 | Eröffnung der ersten badischen Eisenbahnlinie Mannheim-Heidelberg. Einweihung des Freihafens am Rhein. |
| 1843 | Linksrheinische Mannheimer Rheinschanze: Ludwigshafen benannt (Stadterhebung 1859). |
| 1845 | Einweihung der ersten festen Neckarbrücke, 1890 Neubau. |
| 1848/49 | Mannheim als Mittelpunkt der politischen und revolutionären Bewegung. |
| 1852 | Beginn der Industrialisierung im Jungbusch, 1854 im Waldhof, 1859 im Lindenhof, in Neckarau und Rheinau. 1865 Badische Anilin- & Sodafabrik (1860 in Mannheim gegründet) nach Ludwigshafen verlegt. Einweihung der neuen Hauptsynagoge auf F 2. |
| 1867 | Eröffnung der Rheinbrücke für den Eisenbahnverkehr. |
| 1868 | Unterzeichnung der Revidierten Rheinschiffahrtsakte (»Mannheimer Akte«). 1979 Unterzeichnung eines Zusatzprotokolls zur Mannheimer Akte von 1868 in Straßburg: Einschränkung des in der internationalen Übereinkunft verankerten Rechts der freien Rheinschiffahrt auf die Vertragsstaaten und andere EG-Länder. |
| 1870 | Heutiger Verlauf von Rhein und Neckar in der Mündungsregion nördlich Mannheim. Neckarkorrektion unter Honsell. Beginn einer großflächigen Bautätigkeit. Erweiterung der Verkehrs-, Hafen- und Eisenbahnanlagen. |

| | |
|---|---|
| 1876 | Eröffnung des Neuen Hauptbahnhofs und des Mühlauhafens. 1884 erste Dampfstraßenbahn Mannheim-Feudenheim. |
| 1886 | Erste Fahrt von Carl Benz, Erfinder des Automobils, mit dem selbstkonstruierten Dreiradpatentmotorwagen. 1888 erste Automobilfahrt von Berta Benz von Mannheim nach Pforzheim. |
| 1889 | Beginn der Jugendstilperiode am Friedrichsplatz mit dem Bau des Wasserturms, 1903 des Rosengartes (1974 Anbau Mozartsaal), 1907 der Kunsthalle (1983 Erweiterungsbau). |
| 1895 | Beginn der Eingemeindungen: 1895 Friesenheimer Insel, 1897 Käfertal, 1899 Neckarau, 1910 Feudenheim, 1913 Sandhofen und Rheinau, 1929 Wallstadt, 1930 Seckenheim und Friedrichsfeld sowie die Gemarkungen Kirschgartshausen, Sandtorf und Straßenheim. |
| 1897 | Mannheim als Großstadt. Eröffnung des Rheinauhafens. |
| 1907 | 300jähriges Stadtjubiläum. Internationale Kunst- und große Gartenbauausstellung. Städtebauliche Gestaltung des Friedrichsplatzes. Eröffnung der Handelshochschule (1946 Staatliche Wirtschaftshochschule, 1967 Universität). Eröffnung des Industriehafens. |
| 1908 | Zweite Neckarbrücke, Jungbuschbrücke, dem Verkehr übergeben. |
| 1911 | Erster Aufstieg des von Johann Schütte in der Lanz-Werft in Mannheim-Rheinau konstruierten Luftschiffs Schütte-Lanz I (SL I) und Flug über Mannheim. |
| 1921 | Erster Bulldog durch Fritz Huber für die 1859 gegründete Landwirtschaftliche Maschinenfabrik Heinrich Lanz AG, seit 1967 John Deere Werke Mannheim. |
| 1925 | Dritte Neckarbrücke erbaut (heutige Friedrich Ebert-Brücke). |
| 1926 | Einweihung des Flugplatzes bei Neuostheim. |
| 1927 | Einweihung des ersten kommunalen Planetariums im Unteren Luisenpark. 1984 neues Planetarium auf dem Friedensplatz. |
| 1932 | Einweihung der neuen Rheinbrücke (Eisenbahn- und Straßenbrücke). |
| 1935 | Reichsautobahn-Einmündung in die Augustaanlage. 1988 Teilabschnitt BAB A 656 abgestuft zur Bundesstraße. Als Stadtstraße daher einzubeziehen in die Planung der östlichen Stadterweiterung. |
| 1936 | Plankendurchbruch und Neubebauung. |
| 1939-45 | Vierte Zerstörung der Stadt (über 51 %) im Zweiten Weltkrieg. |
| 1953 | Verlegung des Bibliographischen Instituts Leipzig nach Mannheim. |
| 1957 | 350jähriges Stadtjubiläum. Einweihung des Neuen Nationaltheaters auf dem Goetheplatz. Eröffnungsvorstellung am 175. Jahrestag der Uraufführung »Die Räuber« von Schiller (13. 01.). Einweihung des wiederhergestellten Zeughauses als Reiß-Museum. Erweiterungsbau 1988 eingeweiht. |
| 1959 | Neue Straßenbrücke über den Rhein (Konrad Adenauer-Brücke). |
| 1961 | Anlage der Erdölraffinerie Mannheim GmbH. |
| 1964 | Grundsteinlegung für den neuen Stadtteil Vogelstang. 1969 Einweihung. |
| 1968 | Eröffnung des ersten Containerterminals in einem Binnenhafen. |
| 1972 | Zweite Straßenbrücke über den Rhein (Kurt Schumacher-Brücke). |
| 1975 | Bundesgartenschau Mannheim im Oberen Luisenpark und im Herzogenriedpark. Einweihung des Fernmeldeturms und der Fußgängerzone in den Planken. 1976 Fußgängerzone Breite Straße. |

1980  Entscheidung für Mannheim als Sitz des Landesmuseums für Technik und Arbeit (LTA). 1985 Grundsteinlegung für LTA und Studio des Süddeutschen Rundfunks (Einweihung 1988). Fertigstellung des LTA 1990. Teil der Oststadterweiterung.

1983  Neues Fleischversorgungszentrum im Fahrlachgebiet. Ehemaliges Schlachthofgelände an Autobahnausfahrt: Versicherungs-, Büro- und Verwaltungsgebäude.

1985  Eröffnung der westlichen Riedbahneinführung. Mannheim endlich voller Durchgangsbahnhof. Verlegung des 372. Maimarktes vom Friedensplatz in das neue Maimarktgelände auf dem Mühlfeld bei Neuostheim im Zuge der Oststadterweiterung.

1987  Eröffnung der Schnellbahntrasse (Hochgeschwindigkeitsstrecke) Mannheim-Stuttgart im Teilstück Mannheim - Graben-Neudorf (Baubeginn 1976).

Dem ist anzufügen, was in den Jahren 1988 und 1989 projiziert wird und stellenweise schon verwirklicht wurde. Dies vollzieht sich z.T. in von Bund und Land gestützten Vorhaben, vor allem im »Rahmenkonzept für den Wirtschaftsstandort Mannheim« und im »Programm Einfache Stadterneuerung«. Ganz wesentlich ist hierbei die Ausrichtung auf das Jahr 1992, da der künftige europäische Binnenmarkt von einem wettbewerbsfähigen Mannheim einen zunehmenden Strukturwandel im Bereich alter und neuer Technologien verlangt, eine Umstrukturierung von einer Industriestadt zu einer Dienstleistungsstadt. Solche Vorgänge haben längst eingesetzt, wie die Projekte der Oststadterweiterung, der Bahnhofplatzum- und -neugestaltung (Euro-City-Center), der Wiedernutzungbarmachung (Recycling) aufgelassener Industrie- und Gewerbeflächen, der Zentralitätsverdichtung kultureller und administrativer Art in den Innenstadtquadraten und der Oststadt zeigen. Auch für das Jahr 2007 wird dieser Fortschritt in der Stadtentwicklung gezielt angestrebt. Überall hierbei ist die räumliche Komponente maßgebend. Aber es handelt sich eindeutig um eine funktionale Komponente, die Mannheim den Weg nach vorne weist.

*Tab. 1:* Anteil der deutschen und ausländischen Bevölkerung in ausgewählten Stadtgebieten Mannheims im Jahre 1988

| Stadtteil | Einwohner gesamt | Deutsche in % | Ausländer in % |
|---|---|---|---|
| Innenstadt | 25164 | 68.3 | 31.7 |
| davon: | | | |
| Westl. Oberstadt A-D | 3771 | 79.6 | 20.4 |
| Westl. Unterstadt E-K | 8914 | 57.4 | 42.6 |
| Östl. Oberstadt L-O | 3640 | 81.8 | 18.2 |
| Östl. Unterstadt P-U | 8159 | 68.2 | 31.8 |
| Schloßgebiet L 5-L 15 | 680 | 77.1 | 22.9 |
| Jungbusch | 4465 | 42.2 | 57.8 |
| Neckarstadt West | 18721 | 65.5 | 34.5 |
| Schwetzingerstadt West | 10988 | 83.7 | 16.3 |
| Waldhof | 5082 | 75.8 | 24.2 |
| Luzenberg | 2674 | 62.1 | 37.9 |

(Nach Unterlagen des Amts für Stadtentwicklung und Statistik der Stadt Mannheim 1988)

Auch dieses ist noch anzufügen, daß Mannheim nicht nur einen der größten und modernsten Binnenhäfen mit Containerterminal und Güterbahnhöfen der BRD besitzt, IC- und EC-Knotenpunkt im Fernverkehrsnetz ist und engsten Anschluß an das BAB-System hat, nicht zuletzt wegen seiner außerordentlich günstigen Verkehrslage, sondern daß es auch die größte Stadt des sechstgrößten, polyzentrischen Ballungsraumes der BRD, des auf drei Bundesländer übergreifenden Rhein-Neckar-Raumes, ist.

Nachdem die Einwohnerhöchstzahl mit 330845 Personen im Jahr 1971 bei einem Ausländeranteil von 10.34 % erreicht war, folgte zunächst ein kontinuierlicher Rückgang auf 301404 Einwohner (1984) bei gleichzeitigem Anstieg des Ausländeranteils auf 14.15 %, anschließend ein Anstieg der Gesamteinwohnerzahl auf 307359 Einwohner am Jahresende 1988 mit 16.13 % Ausländeranteil.

Stadtgeographisch wichtig ist die räumliche Aufgliederung, da sie das Erscheinungs- und Funktionsbild erklärt. Einige typische Beispiele mögen hierfür dienen (Tab. 1).

# VI. Standorte der Exkursion in Stichworten

Die Stadtexkursion ist zunächst als Stadtbegehung in der Innenstadt von Mannheim mit den Haltepunkten HP 1-13 sowie HP 14 (Friedrichsplatz) und HP 15 (Hauptbahnhofs-Vorplatz) gedacht. Stichpunktartige Erläuterungen sind vor dem Hintergrund des räumlichen und zeitlichen Niederschlags stadtbildender Vorgänge, wie sie in den vorangegangenen Kapiteln umrissen wurden, zu sehen. Da es sich bei der Innenstadt um die Quadrateeinteilung handelt, deren Anordnung vom Schloß aus gesehen westlich der Breiten Straße als der Nord-Süd-Achse die Buchstabenfolge A-K hat und östlich davon L-U, ist ein vorgeschriebener Weg von einem Standort zum anderen nicht weiter nötig. Denn das Alphabet wird konsequent eingehalten, und die Zählung der Quadrate beginnt pro Buchstabe stets an der Breiten Straße. Soweit Hausnummern nötig sind, sind sie westlich der Breiten Straße im Uhrzeigersinn, östlich von ihr entgegen dem Uhrzeigersinn zu finden.

Von HP 15 an wird es eine PKW- oder Busexkursion, in Streckenabschnitten gegliedert: Schwetzingerstadt und Oststadt (HP 16-21), Neckarstadt West und Herzogenried (HP 22-25), die Vogelstang und Käfertal (HP 26-27), der Waldhof mit Gartenstadt (HP 28-29), am Altrhein und in Sandhofen (HP 30-31), Friesenheimer Insel, Luzenberg und Industriehafen (HP 32-34), Jungbusch (HP 35), Schloß-Rheinseite und Schloßgarten (HP 36), der Mannheimer Süden mit Lindenhof, Waldpark und Reißinsel (HP 37-38), der Almenhof und Neckarau (HP 39-40), Maimarktgelände, Seckenheim/Ilvesheim, Feudenheim, die Au und Neckarkanal (HP 41-46), Hauptfriedhof, Wohlgelegen und Neckarstadt Ost (HP 47-48).

Je nach Zeit kann kombiniert werden (s. a. beide Übersichtsskizzen).

HP 1    Vor dem Ehrenhof des Schlosses (Stadtseite). Schloß und Oberstadt.

Blick auf die Breite Straße (Kurpfalzstraße), eine der beiden großen Innenstadtachsen im Schachbrettgrundriß der im 17. Jahrhundert angelegten und nach Aufhebung der Festungseigenschaft erweiterten Stadt. Beiderseits die Oberstadt mit vorwiegend Ämter-, Behörden und Kulturfunktionen. Nach dem Zweiten Weltkrieg Neubauten auf A 1 (Landgericht), L 1 (Staatliches Gesundheitsamt, Industrie- und Handelskammer Rhein-Neckar), L 3 (Finanzämter), B 1 (Handwerkskammer) u.a. Dreiflügelige Barock-Schloß-anlage 1720-1760 unter den Kurfürsten Carl Philipp und Carl Theodor. Schloß Ehrenhof im Mittelbau (Treppenhaus, Rittersaal), Seitenflügel mit Arkardengängen, Bibliothek und Schloßkirche. Wiederaufbau in drei Bauabschnitten, begonnen 1947. Ausbau des Ostflügels mit Schneckenhof für Staatliche Wirtschaftshochschule (Wiedereröffnung 1946, Nachfolgerin der 1907 gegründeten Handelshochschule). 1963 Erweiterung der Wirtschaftshochschule zur Universität neuer Art mit drei Dekanaten für Wirtschafts- und Sozialwissenschaften, Philosophisch-Philologische Wissenschaften und Rechtwissenschaften. 1967 Umbenennung in Universität, 1969 acht Fakultäten: Rechtswissenschaft; Betriebswirtschaftslehre; Volkswirtschaftslehre und Statistik; Sozialwissenschaften; Philosophie, Psychologie und Erziehungswissenschaft; Sprach- und Literaturwissenschaft; Geschichte und Geographie; Mathematik und Informatik. Einrichtung einer neunten Fakultät für Technik geplant. Zahl der Studierenden 1989: 12571. Bismarckstraße, aus der früheren Burggasse zwischen A 3 und L 3 1870-1895 entstanden; Durchbrüche 1900/02, Verbreiterung durch Abbruch der beiden Wachhäuschen nach 1945; heutige Hauptzufahrt nach Ludwigshafen über die Konrad Adenauer-Brücke (1959 erbaut).

HP 2   Westliche Oberstadt. Bretzenheim-Palais in A 2, Universitätsbibliothek in A 3, Jesuitenkirche und Sternwarte in A 4, Schillerplatz in B 3.

Das Bretzenheim-Palais als Beispiel eines hervorragenden, 1948/49 historisch wiedererrichteten Palais, erbaut 1782-1788. Seit 1899 Rheinische Hypothekenbank.
Neues Bibliotheks- und Hörsaalgebäude der Universität Mannheim, 1988 eingeweiht, 1989 eröffnet für Zeitschriftenabteilung und Lehrbuchsammlung. UB im Schloß: Monographien.
Jesuitenkirche unter Kurfürst Carl Theodor 1733-1760 erbaut, eine der schönsten südwestdeutschen Barockkirchen. Seit 1843 Pfarrkirche der Oberen Pfarrei. 1946 Beginn des Wiederaufbaus in historischer Form. 1960 Wiedereinweihung.
Sternwarte 1772-1774 für Hofastronom Christian Mayer errichtet. Internationale Bedeutung. 1780 Gründung der Pfälzischen Gesellschaft für Wetterkunde als dritter Abteilung der 1763 gegründeten Kurpfälzischen Akademie der Wissenschaften. Vor dem Eingang der Sternwarte 1989 Enthüllung einer Bronze-Gedenktafel mit der Aufschrift: »Der trigonometrische Punkt Sternwarte Mannheim ist Zentralpunkt der 1820 begonnenen Triangulierung, welche die Grundlage für die topographische Landesaufnahme und die Vermessung aller Flurstücke im Großherzogtum bildete.«
Schillerplatz in B 3 als heutige Grünanlage mit Schillerdenkmal anstelle des 1943 total zerstörten alten Hof- und Nationaltheaters, durch Umbau des alten Zeug- und Schütthauses entstanden. 1779 eröffnet. 13.01.1782 Uraufführung des Jugendwerkes von Schiller »Die Räuber«. A 3-, B 2- und C 3-Häuserfronten z.T. alt, wie B 2, 14/15/16. Auf B 4 gelungenes modernes Wohnensemble (1984).

HP 3/4   Zeughaus/Reiß-Museum in C 5 mit Ergänzungsbau in D 5, ehem. Kurfürstenschule in C 6, Rathaus in E 5.

1777-1778 klassizistischer Monumentalbau des durch den Umbau des alten Zeug- und Schütthauses zum Theater in B 3 notwendig gewordenen Zeughauses mit Hofgebäude. Nach der Kriegszerstörung historisch getreuer Wiederaufbau der Fassade mit moderner Innengestaltung. 1957 als Reiß-Museum der Stadt Mannheim für archäologische, stadtgeschichtliche, völkerkundliche und naturkundliche Sammlungen u.a. eröffnet (siehe auch B 4, 10/10a). Kultureller Mittelpunkt. Sitzungen des Gemeinderats, nach Fertigstellung des neuen Stadthauses auf N 1 Verlegung dorthin. Errichtung eines Ergänzungsbaus des Reiß-Museums für Archäologie und Völkerkunde auf D 5, eröffnet im November 1988. Platzwirkung weiterhin betont durch die ehem. Kurfürstenschule, heutige Werner-von-Siemens-Schule in C 6, 1904-06 erbaut.

Nach Abbruch des Quadrats E 5 im Zuge der westlichen Plankenerweiterung 1936 Neubau des Rathauses in E 5. Zu erwähnen sind der ehem. Fruchtmarkt zwischen D 4 und E 4 und die schmale Anlage der Zeughausplanken zwischen C 5/C 6 und D 5/D 6 als Hinweise auf die frühere Marktdifferenzierung. Beachtenswerte Hausfassaden im Umkreis: C 4, 9a + b, C 4, 11, D 6, 3, die Produktenbörse in E 4, 12-16 (1862 gegründet) und E 3, 16. In E 6 Spitalkirche mit kath. Bürgerspital.

HP 5  Rheinstraße. Brückenkopf der Kurt-Schumacher-Brücke.

Zur westlichen Oberstadt zählt noch die Seite der D-Quadrate. In D 7, 8 steht das 1863 im Schloß gegründete, 1903/05 erbaute Elisabeth-Gymnasium mit Jugendstilornamentik, ein Monumentalbau wie bei C 6 von Perry. Gegenüber die Doppelhausfassade von E 7, 23/24 als Jugendstilwohnhaus.

Der Brückenkopf der zunächst als Nordbrücke bezeichneten zweiten Rheinbrücke zwischen Mannheim und Ludwigshafen zeigt in seiner kunstvollen, kreuzungslosen Straßenführung sehr deutlich die Platzbeschränkung auf der Mannheimer Rheinseite. Eröffnung der Pylonbrücke im Jahre 1972, wie die Konrad Adenauer-Brücke erbaut von Wolfgang Borelly.

HP 6  Westliche Unterstadt. Die Siebener-Quadrate von E, F, G, H, J und K.

Die Westliche Unterstadt vermittelt infolge teilweiser Verschonung von Kriegszerstörungen guten Einblick in den Altbestand der gründerzeitlichen Bebauung. Im Rahmen des Programms der Einfachen Stadterneuerung wurde bisher, auch unter Privatinitiative, Objektsanierung und Wiederaufbau durchgeführt. Im Bereich der Flächensanierung steht heute das Zentralinstitut für Seelische Gesundheit in J 4/5, umgeben von Spielplätzen und Anlagen. Ausgewählte Beispiele für gelungene Objektsanierung und Neubau sind im Quadrat G 7, das als einziges Quadrat die typische Mittelgasse zeigt, die Hausnummern 12, 17/17a (Hofausbau) und 37/38, im Quadrat H 7 die Hausnummern 12/13 (Innenhofgestaltung mit Einfamilien-Reihenhäusern), 28 (alte Holzgalerien), 32-34 und 38, im Quadrat J 7 die Hausnummer 24 (Innenhof). Ein weiteres heutiges Kriterium für die Westliche Unterstadt ist der große Ausländeranteil mit 42.6 % 1988. Manche Straßen und Plätze sind durch Geschäfte und Bevölkerung eher südländisch, z.B. die Straße zwischen G 7 und H 7 oder zwischen J 3 und K 3. Zusammenhang zwischen Altbaubestand, billigen Wohnungen, Sanierungsbedarf, innerstädtischer Mobilität der deutschen Bevölkerung, Privatinitiative. Kerngebiet der Westl. Unterstadt, »die Filsbach«, mit lebendigem Begegnungszentrum.

HP 7  Jüdisches Gemeindezentrum Mannheim in F 3

Neuer städtebaulicher Akzent nach Baustil und Baumaterial. Auf drei Seiten typische Mannheimer Blockrandbebauung mit zurückversetzter Synagoge, dadurch Freiraum für Synagogenplatz. Auf F 3 in Zwischenlage zwischen lutherischer Trinitatiskirche und katholischer Unterer Pfarrkirche. Funktionelle Differenzierung des Gemeindezentrums mit Mehrzwecksaal, auch für nichtjüdische Veranstalter. Angeschlossen sind Alten- und Studentenwohnheim, Läden und Kindergärten. Einweihung am 13. September 1987 als feierliches Ereignis der Stadt Mannheim, frühere Hauptsynagoge bis 1938 auf F 2, 1946 in R 4, 24, 1956 in der Maximilianstraße 6, Oststadt.

In der Nähe auf E 2, 8 eines der wenigen erhaltenen Barock-Bürgerhäuser (Café Herrdegen).

HP 8   Marktplatz in G 1. Doppelanlage Altes Rathaus/Untere Pfarrkirche in F 1. Fußgängerzone Breite Straße.

Wochenmarktfunktion als eines der Hauptkriterien städtischer Privilegien. Buntes Markttreiben an den drei Markttagen Dienstag, Donnerstag und Samstag vor der weitgehend erhalten gebliebenen und erneut restaurierten Fassade einer typischen Mannheimer Bauweise: Doppelanlage mit Mittelturm. Altes Rathaus und Untere Pfarrkirche St. Sebastian, 1701-1711 erbaut, aus kurfürstlicher Zeit stammend. Unter G 1 heute Tiefgarage, seit 1975 Ausbau der Fußgängerzone Breite Straße als lebendiges Schmuckstück der Westlichen Unterstadt und als Verbindungsglied zur Östlichen Unterstadt. Hierhin ausgerichtet jeweils die Seitenstraßen der Quadrate von P-U ebenso als Fußgängerbereiche mit Geschäften und Gaststätten. R 1 völlig neu erbaut.

HP 9   Östliche Unterstadt. Doppelanlage Konkordienkirche/Schule. »Freßgasse« zwischen P und Q.

Auf die Östliche Unterstadt wurde im Rahmen der Haustypenbesprechung schon hingewiesen, besonders auf die eindrucksvoll renovierten Quadrate T und U, was durchaus auch für S, R und Q gilt. Doch hier und noch mehr in P ist ein fast gänzlicher Neuaufbau hinsichtlich Geschäfts- und Kaufhäusern vor sich gegangen. Aber es lohnt sich auch hier, die Quadratfronten nach älteren Hausfassaden zu begehen.
Im Kern der Östlichen Unterstadt liegt das Quadrat R 2, bebaut mit einer Doppelanlage mit Mittelturm wie auf F 1 am Markt. 1685 mit einer barocken Doppelkirche für Reformierte der deutschen und französischen wallonischen Gemeinde. Zusammenhang mit den erweiterten Privilegien von 1652, die Steuerbegünstigung und Gewerbefreiheit für fremde Ansiedler in der Stadt vorsahen. Vorbild für den Gebäudekomplex in F 1, später auch für das Alte Kaufhaus und das Neue Stadthaus auf N 1. 1718-1732 neu aufgebaut, 1821 Bezeichnung Konkordienkirche. Der Zwillingsbau ist heute Schulhaus.
Die »Freßgass« zwischen P und Q hat größte Geschäftsdichte, ist, neben der Breiten Straße, Haupteinkaufsstraße im Bereich der gesamten Unterstadt mit der für die Unterstadt charakteristischen Lebendigkeit. Als nördliche Parallelstraße zu der jetzigen Fußgängerzone jetzt auch Einbahn-Hauptverkehrsstraße. Verkehrsberuhigungsmaßnahmen.

HP 10   Kreuzung der beiden Innenstadtachsen Planken/Breite Straße (Kurpfalzstraße). Paradeplatz in O 1.

Räumliche und funktionale Mitte der Stadt. Kaufhaus-, Banken- und Firmensitzkonzentration. Frühe Citybildung beginnt um 1890, begleitet von Bevölkerungsschwund, Verlust der Wohnfunktion, Gegensatz von Tag- und Nachtbevölkerung, Branchenvielfalt.
Die Planken, früher auch »Alarmgasse«, dann von Planken und Zäunen im Mittelstreifen der Promenade begrenzt. Um 1900 zur Verkehrsstraße aufgewertet, 1975 Fußgängerzone mit Baumreihen und Straßenbahndurchfahrt. 1936 östlicher Plankendurchbruch, Straßenverbreiterung, Neubau von Geschäftshäusern und Banken (Heidelberger Straße zwischen ehemaliger innerer und äußerer Umwallung).
Breite Straße oder Kurpfalzstraße als Hauptachse vom Schloß nach dem Norden; Geschäftskonzentration zum Schloß allmählich nachlassend. Auch die westlichen Planken zeigen rasche Abnahme in der Geschäftsdichte. Ständige Bemühungen um Aufwertung

dieser Zone, ein Quadrat weit noch Fußgängerbereich. Der Paradeplatz, in Fortführung des aus der Zitadelle herausverlegten »Alarmplatzes«, seit langem zentrale Platzfunktion. Inzwischen, 1989, in historisierender Form fertiggestellt. Wiederaufstellung der Grupello-Pyramide.

## HP 11    Östliche Oberstadt. Neues Stadthaus auf N 1. Dalberghaus in N 3, 4.

Auf N 1 ursprünglich der Standort des Alten Kaufhauses, 1726-1746 als Doppelfassade mit Mittelturm nach den Vorbildern von Konkordienkirche auf R 2 und Altem Rathaus mit Unterer Pfarrkirche auf F 1 erbaut, 1910 bis zur Zerstörung im Zweiten Weltkrieg als Rathaus genutzt. Gänzlich abgetragen 1961. Baubeginn des Neuen Stadthauses nach dem preisgekrönten Entwurf von Carlfried Mutschler Ende 1987, Richtfest am 05. Mai 1989. Multifunktionale Nutzung mit Ratssaal und Bürgersaal u.a. Aufgreifen der für Mannheim charakteristischen Doppelfassade mit Mittelturm in neuzeitlicher Abwandlung. Der neugestaltete Paradeplatz als Pendant zum Gebäudekomplex. Dalberg-Haus in N 3, 4 als Beispiel eines Palais in der Oberstadt. In der Außenfassade historisch wiederaufgebaut. Ursprünglich das Wohnhaus des ersten Intendanten des alten Nationaltheaters, Wolfgang Heribert Reichsfreiherr von Dalberg.

## HP 12    Lauer'sche Gärten in M 6. Neubebauung N 5 und N 6. Kunststraße.

Bestes Beispiel einer Grünanlage im Bereich des inneren Bastionsgürtels, Mauerreste erhalten. An der nördlichen Seite von M 6 die Neubebauung auf N 6 im Klinkerstil (Holiday Inn Hotel mit Ladengalerie und Eigentumswohnungen, 1985), auf N 5 das 1987 erbaute Einkaufszentrum »Stadtgarten« in moderner Form. Scipio-Garten. Kunststraße zwischen den N- und O-Quadraten, als südliche Parallelstraße zur Fußgängerzone Planken heute innerstädtische Hauptverkehrsstraße. Gegenwärtige Maßnahmen zur Verkehrsberuhigung. Analog zu den Zeughaus-Planken entlang C 5 und C 6 hier die Kapuziner-Planken entlang N 5/N 6 und O 5/O 6. Bei N 4 der heute volkstümlich als Gockelsmarkt bezeichnete Platz mit dem Blumen-Peter-Denkmal und dem jährlichen Fest am ersten Oktober-Samstag, früher als Kapuzinerplatz bekannt.

## HP 13    Planken und Heidelberger Straße

Heutige Hauptgeschäftsstraße Mannheims, Fußgängerzone 1975 eröffnet als städtebauliche Maßnahme anläßlich der Bundesgartenschau in Mannheim. Kerngebiet der City. 1936 Plankendurchbruch am Heidelberger Tor. Ständige Neu- und Umbauten. Ausgreifen der Cityfunktion auf den Kaiser- und Friedrichsring. Als innere Ausweitung der Cityfunktion Entstehung von verschiedenen Typen von Geschäftspassagen hinsichtlich der Branchenvielfalt, der Durchgangs- und Kommunikationsgunst.

## HP 14    Friedrichsplatz mit Jugendstil-Anlage.

Früher vor den Toren der Stadt gelegener Wasen, eine Peunt. Die schlechte Trinkwasserqualität der Stadt erforderte eine grundsätzlich neue Konzeption der Trinkwasserversorgung durch Oskar Smreker, Erbauer des Wasserwerks Käfertal; seit 1888 in Betrieb. Erbauung des Wasserturms als Hochbehälter nach Entwürfen von Gustav Halmhuber 1886-1889, einer der bedeutendsten technischen Monumentalbauten der Jugendstilepoche. 1895 Springbrunnenanlage. 1901 Beginn der Umgestaltung des Friedrichsplatzes nach Plänen von Bruno Schmitz, 1903 Bau der Festhalle Rosengarten, 1907 der Kunsthalle, alles im Jugendstil. Mit dem Halbrund der Arkaden-Hausfronten bildet die gesamte Platzanlage ein verkleinertes Grundrißabbild der Stadt Mannheim. Wiederaufbau und Restaurierung der schönsten Jugendstil-Anlage um den Wasserturm als Wahrzeichen Mannheims. Das Kongreß- und Veranstaltungszentrum Rosengarten wurde 1974 durch den Mozartsaal vergrößert, die Städtische Kunsthalle 1983 durch einen vorgelagerten Erweiterungsbau.

HP 15   Hauptbahnhof, Bahnhofsvorplatz mit Bismarckstraße und Kaiserring.

Der Hauptbahnhof Mannheim, als Nachfolger des ersten Bahnhofs am nahegelegenen Tattersall (1840 1. Bahnlinie Mannheim-Heidelberg) 1871-1876 erbaut und mehrfach erweitert, ist heute Knotenpunkt für TEE, IC und EC und erlebt in jüngster Zeit eine gewisse Wiedergutmachung verkehrsmäßiger Benachteiligung seit den Anfängen des Eisenbahnzeitalters. Das heutige Problem der Stadtausweitung zur Ansiedlung zukunftsträchtiger Dienstleistungsbetriebe und Einrichtungen konzentriert sich u.a. auf das Areal nördlich und südlich des Hauptbahnhofs. Ziel ist die Schaffung eines Euro-City-Centers. Entlastung der Bismarckstraße und des Kaiserrings vom Hauptverkehr durch Untertunnelung des Hauptbahnhofs zur Südtangente.

HP 16   Schwetzingerstadt

Der heutige Stadtteil Schwetzingerstadt ist als geplanter Fabrikstadtteil im Bereich der früheren herrschaftlichen Schwetzinger Gärten entstanden, in dem die geschlossene Gebäudefront der Mietzinshäuser mit gewerblich verbauten Höfen noch heute maßgebend sind, darunter entlang der Schwetzinger und der Seckenheimer Straße noch schöne gründerzeitliche Wohnhäuser inmitten meist junger Bebauung infolge der Kriegszerstörung. 16.3 % Ausländeranteil.

HP 17   Oststadterweiterung. Ehem. Maimarktgelände. Fahrlachgebiet.

An die seit den siebziger Jahren des 19. Jahrhunderts geplante nach 1900 voll einsetzende Bebauung der noch heute als gehobenes Wohngebiet geltenden Oststadt, zunächst für die aus der Oberstadt ausgezogene Oberschicht, schließt sich seit ungefähr zwei Jahrzehnten in verstärktem Maße die Oststadterweiterung an. Sie stellt eines der Hauptprojekte der Stadtentwicklung dar. Inzwischen ist es zu vielfachen Veränderungen der bisherigen Nutzung gekommen. Rund um den und auf dem Friedensplatz entstanden Bauten, wie das Planetarium (1984), das Novotel, das Landesmuseum für Technik und Arbeit (Fertigstellung bis 1990), das Studio des Süddeutschen Rundfunks (1988), das Firmengebäude der Nixdorf Computer AG (1988). Das ehemalige Schlachthofgelände wurde für die Ansiedlung von Firmen-Verwaltungsgebäuden u.a. freigegeben. Ein neues Fleischversorgungszentrum enstand im benachbarten Fahrlachgebiet, das vor allem im Zusammenhang mit dem aufwendigen Großprojekt Fahrlachtunnel steht, um den Innenstadtverkehr zu entlasten. Die Herabstufung der direkt auf die Augustaanlage zuführenden Autobahn zur Stadtstraße erklärt sich durch die ungehinderte Planungsmöglichkeit der Stadt. Die weite Hinausverlagerung des Maimarktes auf das Mühlfeld, um dem Landesmuseum Platz zu machen, scheint bis jetzt kein Nachteil zu sein.

HP 18   Oberer Luisenpark.

Der 1892-1903 angelegte, 1896 nach der Großherzogin Luise von Baden benannte Park wurde im Jahr 1975 das Hauptgelände der Bundesgartenschau, die vom 18. April bis 19. Oktober stattfand. Auch jetzt noch genießt die große Parkanlage höchste Anerkennung. Zugleich ist sie einer der wichtigsten Frischlufträume im Zuge des Grüngürtels Mannheims. Charakteristisch ist der neue Fernmeldeturm (1975) am Rande der Anlage.

HP 19  Älterer Kern der Oststadt im Bereich von Christuskirche und Charlottenplatz.

Hier ist ein Vorherrschen schöner Etagenhäuser und Villen im Stil der Gründerzeit gegeben. Sternförmige Anlage des Straßennetzes um den Charlottenplatz. Christuskirche auf dem Werderplatz 1911 vollendet. Tertiäre Nachfolgefunktionen ordnen sich weitgehend in den Stil des Wohnstadtteils ein.

HP 20  Friedrichsring, Goetheplatz mit Nationaltheater, Collini-Center (Neckaruferbebauung Süd).

Der Friedrichsring weist auf seiner Innenstadtseite noch eine Reihe schöner gründerzeitlicher Etagenhäuser auf, besonders dort, wo die Straßen der T- und U-Quadrate einmünden. Von hier aus ließe sich auch leicht ein Blick in die Östliche Unterstadt werfen. Auf dem vom Verkehr stark umfahrenen Goetheplatz ist das neue Nationaltheater erbaut und am 13. Januar 1957 in Fortführung der Tradition mit den »Räubern« von Schiller, 175 Jahre nach der Uraufführung im Theater auf B 3, eröffnet worden. Das Nationaltheater umfaßt ein Großes Haus für Opern und ein kleines Haus für Schauspiel und kleine Opern. Internationale Besetzung und internationaler Ruf. Ebenso außerhalb der Quadratestadt liegt das moderne Collini-Center, im Gesamtprogramm als Neckaruferbebauung Süd geführt, 1975 fertiggestellt. Im 12-geschossigen Bürohaus ist das Technische Rathaus untergebracht, der Wohnturm steigt 32 Geschosse auf. Die erwartete Nutzung des Geschäfts-, Restaurant- und Freizeitsektors hat sich bislang nicht voll eingestellt. Der Fußgängersteg über den Neckar verbindet mit der Neckaruferbebauung Nord auf kürzestem Wege.

HP 21  Kurpfalzkreisel, Kurpfalz-Passage, Kurpfalzbrücke. Luisenring.

Die Breite Straße mündet zusammen mit den Parallelstraßen der K- und U-Quadrate in den Bogen von Friedrichs- und Luisenring ein. Das ehemalige Neckartor ist, wie das Rheintor und das Heidelberger Tor, völlig abgetragen. Deutlich aber geben die Straßen- und Brückenbezeichnungen Hinweise auf die historische Situation. Die heutige Kurpfalzbrücke, Nachfolgerin der alten Friedrichsbrücke, wurde 1950 dem Verkehr übergeben. Die Kurpfalz-Passage in K 1 ist mit der modernen Abschlußbebauung der Breiten Straße entstanden und wendet sich besonders an die Käufer aus Mannheims Norden.

HP 22/23  Neckarstadt West. Alter Meßplatz, Alte Feuerwache, Neckaruferbebauung Nord. Mittelstraße.

Die städtebauliche Qualifizierung Mannheims für die Bundesgartenschau hatte viele Projekte im Gefolge. Dazu gehört der Umbau des Alten Meßplatzes als Freizeitraum, ebenso wie Neckaruferbebauung Nord mit drei Wohntürmen und Terrassenhäusern, Gewerbeschulzentrum und Geschäften, 1974-1985 in drei Bauabschnitten erbaut. Ziel ist citynahes Wohnen im Grünzug entlang des Neckars und Entlastung in der Wohnraumproblematik der dichtbevölkerten Neckarstadt West und Ost, die direkt an das Industrieband Nord angrenzt. Die im Kern von Neckarstadt West auf den ehemaligen Neckarstädter Gärten angelegte Ansiedlung der Gründerzeit zeigt wie in der Schwetzingerstadt die geschlossene Mietzinshausfront mit auch heute noch sehr schön erhaltenen

# STADTKREIS MANNHEIM

Kirschgartshausen

Scharhof

Blumenau

Sandhofen

Schönau

(31)

(30)

Waldhof

(29)

Gartenstadt

(32)

(28)

Straßenheim

(33)

Luzenberg

(27)

(26)

Vogelstang

(34)

(24) (25)

Neckarstadt

Käfertal

Wallstadt

(23)

(35)

(22)

Jungbusch

Wohlgelegen

(48)

(47)

(45)

Feudenheim

NECKAR

(44)

Oststadt

(46)

(37)

Schwetzinger Stadt

Neuostheim

(43)

Lindenhof

(39)

Neuhermsheim

(41)

Seckenheim

(42)

(38)

Almenhof

Hochstätt

Suebenheim

(40)

Neckarau

Pfingstberg

Friedrichsfeld

0  1  2 km

Rheinau

Alteichwald

und renovierten Gebäuden. Die Mittelstraße als Hauptachse ist das beste Beispiel hierfür. Der Straßengrundriß in diesem Bereich gibt die ursprüngliche Gartenaufteilung wieder. Ganz anders ist die geplante Anlage vom Alten Meßplatz ausgehend, die fächerförmig sich nach Norden öffnet. Die Max-Josef-Straße mit ausgesprochen reich ornamentierten Gründerzeit- und Jugendstil-Wohnhäusern und schöner Allee trägt zum angenehmen Wohnumfeld der Neckarstadt bei. Städtebaulich setzt die 1911/12 erbaute gründerzeitliche Alte Feuerwache, wieder ein Perry-Bau wie die Elisabeth-Schule in E 7 und die Werner von Siemens-Schule in C 6. Die Alte Feuerwache, die 1975 auf die Feuerwachen Mitte und Nord aufgeteilt wurde und im Zuge der Neckaruferbebauung Nord abgerissen werden sollte, wurde auf Beschluß von 1979 zum Kultuzentrum Alte Feuerwache ausgebaut und 1981 eingeweiht.

Der Ausländeranteil steht mir 34.5 % der Stadtteilbevölkerung an 3. Stelle nach Jungbusch und Westlicher Unterstadt.

HP 24/25   Neuer Meßplatz. Herzogenriedpark. Herzogenriedbebauung. Integrierte Gesamtschule Herzogenried.

Ausdruck der Industrieregion in Mannheim Nord sind nicht nur die großen Industrieareale, sondern gerade auch der Charakter der Wohnstadtteile und der zugehörigen Erholungsfreiflächen. Auch hier wurde die Bundesgartenschau zum Initiator: Ausbau des 1928 angelegten Herzogenriedparks als zweites Gelände neben dem Luisenpark, die verschiedenartige Bebauungsweise Am Brunnengarten, Am Stein-, Sonnen-, Wein- und Schulgarten. Verschieden Bauphasen. Käthe Kollwitz-Grundschule (1975), Integrierte Gesamtschule Herzogenried (1975). Leistungszentrum Eissport im Park (1982). Neuer Meßplatz mit Frühjahrs- und Herbstmesse (Jahrmarktprivileg von 1613).

HP 26   Stadtteil Vogelstang

Alter Flurname. Lage im Nordosten, ca. 6 km von der Innenstadt entfernt. Siedlungsanfang mit einer Handvoll von Häusern aus den zwanziger Jahren. 1964 Bauleitplanung. Kernbebauung mit drei 22-geschossigen Wohntürmen, Ketten- und Einzelhausbebauung, City-Kauf (1969 eingeweiht), Ärzte- und Bürohaus, Schulen und Gemeindezentren, Freizeitanlagen. Später Gewerbegebiet angeschlossen. Modell einer Trabantenstadt mit internationaler Beachtung. Im Jahr 1988 ca. 15 000 Bewohner. Direkte Verkehrsanbindung.

HP 27   Stadtteil Käfertal.

Ehemaliges Dorf mit großer Gemarkung. Früher Beginn der Industrialisierung vor allem auf an Waldhof abgetretenen Gemarkungsfläche. 1897 Eingemeindung. Dörflicher Kern im Grundriß sichtbar. Junge Siedlungsgebiete.

HP 28/29/30   Siedlungstypen um die Hessische Straße und den Speckweg. Gartenstadt. Waldhof.

Nähe zum Arbeitsplatz und Wohnen im Grünen als Grundlinien im Industrieband Mannheim Nord. Östlich der Hessischen Straße die Siedlung Sonnenschein mit Straßennamen, wie Große Ausdauer, Guter Fortschritt, Eigene Scholle, Neues Leben. Der Speckweg zieht zwischen den Industrieanlagen von Daimler-Benz AG und Drais-Werke GmbH hindurch. Bopp & Reuther, Boehringer Mannheim GmbH, Papierwerke Waldhof-Aschaffenburg AG u.a. schließen sich an. Westlich über die Bahnlinie dehnt sich das Waldhofgebiet bis zum Altrhein aus. Das Kerngebiet der Gartenstadt im Waldhof ist der erste Beginn der 1899 von England herübergekommenen Gartenstadtbewegung, in Deutschland 1902 zur Gartenvorstadt-Bewegung geworden. 1910 Gründung der Gartenvorstadt-Genossenschaft. 1912/14 Baubeginn. 1914-1930 Kernzone mit Halbkreis und Achse (Westring und Wotanstraße). Der spiegelbildliche Halbkreis wurde nicht mehr ausgeführt. Besonders sehenswert ist die Heidestraße. Ständige Erweiterung, auch durch Nebenerwerbssiedlungen, wie Neueichwald- und Kirchwaldsiedlung. Nähe des Käfertaler Waldes.

## HP 31   Stadtteil Sandhofen

Mannheim-Sandhofen, 1913 eingemeindet, 888 im Lorscher Codex erstmals erwähnt, südlicher Ausbauort von Scharhof. Industrieansiedlung auf der großen Gemarkung am Altrhein entlang. Dörflicher Kern um Rathaus und Dreifaltigkeitskirche noch gut erkennbar. Ehemals bedeutende Rolle im Tabakanbau und -handel. Noch heute die schönen Tabakscheunen im Klinkerbau am Westrand des Dorfes entlang dem Hochufer zu sehen (Blick von der Kirche aus). In der Ober-, Unter-, Hinter- und Ausgasse Dreiseithöfe mit Tabakschuppen. Zum Teil noch Tabakanbau.

## HP 32/33/34   Friesenheimer Insel. Luzenberg. Industriehafen.

Die Friesenheimer Insel ist einerseits ein Werk des früher sehr verwilderten Rheins, indem er sich in Hochwasserzeiten häufig ein neues Flußbett suchte und Ortschaften wie Friesenheim oder Edigheim je nachdem links- oder rechtsrheinisch zu liegen kamen, andererseits ein Werk des korrigierenden und regulierenden Menschen. Die Tulla'sche Rheinkorrektion, 1827-1862 im Bereich der Friesenheimer Insel, sowie die endgültige Verlegung der Neckareinmündung in den Rhein nördlich Mannheims durch Honsell (Neckarspitze) um 1870 haben Rhein- und Neckarlauf festgelegt und damit die Möglichkeit zu den verschiedenen Hafenanlagen im Norden gegeben. Im Süden entstanden die vier Becken des Rheinau-Hafens im Zusammenhang mit dem Industrieband Süd. Die Friesenheimer Insel ist Industrie-Erwartungsland. Erste Industrieansiedlungen und Versorgungseinrichtungen sind das Heizkraftwerk Nord mit Müllverbrennung, die Erdölraffinerie Mannheim AG, das Muskatorwerk, aus dem Stadtinnern hinausverlagerte Betriebe, Ingenieurbüros, Speditionen, Verkaufslager u.a. Der große Schuttberg ist längst im Begrünungsstadium. Friesenheimer Insel 1895 eingemeindet.
Neben dem Staatshafen (1840), Mühlauhafen (1876), Handelshafen (1899) wurde der Industriehafen (1907) in Betrieb genommen, um dem Strukturwandel Mannheims von einer Residenz-, Hafen- und Handelsstadt zur Industriestadt vorausschauend Rechnung zu tragen. Ständiger Ausbau und Modernisierung des Hafens und der Brücken (Diffené-Drehbrücke).
Industriegebiet Luzenberg. Ehemaliger Wasserturm mit Schulhaus im Jugendstil.

## HP 35   Stadtteil Jungbusch

Gebiet zwischen Luisenring und Handelshafen, ab Mitte des 19. Jahrhunderts bebaut als gehobenes Wohnviertel der Gründerzeit. Auch Gewerbe- und Industrieviertel. Hinausverlagerung der Industrie nach Mannheim Nord. Mit der Zeit Hafenviertel. Denkmal des für den Jungbusch typischen Sackträgers von früher. Allmählich soziale Randlage, ungepflegter Altbaubestand, billige Mieten, Ausländerzuzug. 1988 höchster Ausländeranteil mit 57.8 %. Aufnahme in das Programm Einfache Stadterneuerung. 1988 Auszeichnung des Bewohnervereins Jungbusch durch den Ministerpräsidenten von Baden-Württemberg für vorbildliche kommunale Bürgeraktion.

HP 36    Schloßbereich Rheinseite. Konrad Adenauer-Brücke. Schloßgarten (s. Übersichtsskizze 1).

Die Rheinseite des Schlosses als ehemalige Gartenseite, architektonisch durch Mittelpavillon hervorgehoben. Schloßgarten, auf Wunsch von Großherzogin angelegt, 1811 vollendet, durch die Rheinbrückenauffahrt der 1959 neu erbauten Konrad Adenauer-Brücke stark beansprucht. Rheinvorlandstraße, Rheinpromenade und Stephanienufer.

HP 37/38    Stadtteil Lindenhof. Waldpark und Reißinsel.

Der Lindenhof im älteren Teil gehört noch zu der ab ca. 1880 bebauten Zwischenzone mit früher Industrialisierung, z.T. noch erhaltene, gut renovierte gründerzeitliche Wohnhäuser. Geschlossene Häuserfronten. Meerfeldstraße als Subzentrum. Diskussion über eine z.T. unterirdisch führende Straßenbahnlinie bzw. eine Buslinie. Bessere Verkehrsanbindung im Zusammenhang mit Großprojekt Euro-City-Center auf der West-(Rück-) Seite des Hauptbahnhofs. Weiter nach Süden Auflockerung des Sadtteils bis in die jüngste Villenzone im Niederfeld.

Der Waldpark und die nach ihrem Stifter benannte Reißinsel sind Auenwaldgelände, das unter Landschafts- bzw. Naturschutz steht; der Kern der Reißinsel ist 1982 mit 77 ha zum Schutzwald erklärt worden. Problematik wegen des Anspruchs der Großstadtbevölkerung auf Naherholung, hier am häufigsten aufgesucht.

An der Meerfeldstraße zum Almenhof der Industriekomplex des heutigen US-Konzerns John Deere, vorm. Landmaschinenfabrik Heinrich Lanz, der erste Hersteller von Bulldogs und Mäzen des Schütte-Lanz-Luftschiffs.

HP 39/40    Die Stadtteile Almenhof und Neckarau.

Wie im Norden die Gartenstadt, ist im Süden der Almenhof auf der Gemarkung eines alten Dorfes entstanden. Der Almenhof, in Industrienähe gelegen, ist die zweite geplant angelegte Gartenvorstadt in Mannheim, hier in der geometrischen Form eines Quadrats. Anfangs der zwanziger Jahre begann die genossenschaftliche Bebauung nach vorgeschriebenem Haustyp mit Gartenanteil. Das Wohnen im Grünen und ganz in der Nähe zur Innenstadt führte zu einer stetigen Erweiterung, später auch ohne genossenschaftliche Bindung.

Das alte Dorf Neckarau, aus einem Königshof im Bereich der ursprünglichen Neckarmündung hervorgegangen, wird bereits im 9. Jahrhundert mehrfach genannt. Der Kern zwischen Friedrich- und Fischerstraße verrät noch heute den dörflichen Grundriß. Trotz seines heutigen Erscheinungsbildes als Subzentrum sind noch manche bäuerlichen Fassaden und Hofanlagen erhalten.

HP 41-46    Maimarktgelände im Mühlfeld. Stadtteil Seckenheim, Landgemeinde Ilvesheim. Stadtteil Feudenheim, die Au und der Neckarkanal.

Im Zuge des Großprojekts der Oststadterweiterung wurde die Verlegung des Maimarktes, 1984 zum letzten Mal auf dem Friedensplatz als 371. Maimarkt, angeordnet. 1985 wurde der 372. Maimarkt im Mühlfeld bei Neuostheim eröffnet. Als größte Regionalmesse der BRD auch hier mit voller Anziehungskraft wirksam, trotz größerer Entfernungen. Erhebliche Verbesserung des Zubringerdienstes während der Maimarkttage. Derzeitige Besucherzahl über 400000. Hervorgegangen aus landwirtschaftlichem Markt mit Tierschauen. Heute international bestückte Reitturniere mit dem Großen Badenia-Preis. Entsprechend der heutigen Messestruktur ist der Maimarkt eine moderne »Ausstellung für Landwirtschaft, Handel, Handwerk und Industrie«. Gleichzeitig mit dem Maimarkt findet die Frühjahrsmesse auf dem Neuen Meßplatz statt, der dort noch die Herbstmesse folgt. Der Maimarkt-Dienstag, der Schlußtag, ist ab 12 Uhr mittags »nationaler Feiertag« der Mannheimer.

Der Stadtteil Seckenheim, ebenso im 9. Jahrhundert im Lorscher Codex erwähnt, hat seinen dörflichen Charakter am Hauptplatz und in den Seitenstraßen sehr gut bewahrt. Dreiseitgehöfte. Tabakscheunen. Seckenheim, auf dem linken Neckarufer gelegen, Ilvesheim auf dem rechten. Ebenso dörfliche Siedlung mit Schloß. Zum Landkreis gehörig.

Feudenheim ist 766 als Vitenheim (Personenname Vito) genannt. Auch hier dörflicher Charakter, aber Ausbau zum Subzentrum. Dreiseithöfe. Die Feudenheimer Au, in einer Flußschlinge des verwilderten Neckars gelegen, ist eine Frischluftquelle ersten Ranges für die Stadt Mannheim. Auf erbittert geführte Bauvorhaben erfolgen eben solche Abwehrgefechte aus ökologischen Gründen. Die Neckarkorrektion wurde bereits im 17. Jahrhundert in Angriff genommen, Ende des 18. Jahrhunderts durch Dyckerhoff endgültig durchgeführt. 1921/35 entstand der Neckarkanal als Großschiffahrtsstraße bis nach Heilbronn, später bis Plochingen. Große Feudenheimer Schleuse seit 1973 in Betrieb.

HP 47   Hauptfriedhof Mannheim. Israelitischer Friedhof.

Künstlerische Grabdenkmäler hochgestellter Persönlichkeiten in der Nähe des Haupteingangs an der Röntgenstraße. Käufliche Broschüre.

HP 48   Friedrich Ebert-Brücke.

1845 wurde die Kettenbrücke bzw. Friedrichsbrücke, heute Kurpfalzbrücke, als mittlere der drei Neckarbrücken erbaut, und zwar als erste feste Brücke in Mannheim. Die Friedrich Ebert-Brücke war die zweite feste Neckarbrücke, in den zwanziger Jahren erbaut und in den fünfziger Jahren wiederaufgebaut. Auch sie bewältigt täglich einen enormen Verkehrsstrom der Einpendler aus dem Hessischen, dem Odenwald und der Bergstraße. Sie liegt an der Nahtstelle zwischen Neckarstadt Ost und Wohlgelegen, dieses vorwiegend ein neuzeitliches Gewerbegebiet. Sie verbindet den Mannheimer Norden mit der Innenstadt.

# VII. Literaturauswahl

BENDER, R.J. (1977): Räumlich-soziales Verhalten der Gastarbeiter in Mannheim. In:
- Mannheimer Geogr. Arb. H. 1, Mannheim, S. 165-201.

FACIUS, F. (1976): Mannheim, Baden und der Oberrhein. In: Mannheimer Hefte, S. 32-43.

FACIUS, F. (1978): Wegbereiter und Gestalter der Mannheimer Hafenanlagen im 19. und 20. Jahrhundert. In: Mannheimer Hefte, S. 94-100.

FRIEDMANN, H. (1968): Alt-Mannheim im Wandel seiner Physiognomie, Struktur und Funktionen (1806-1965). - Forsch. z. dt. Landeskunde Bd. 168, Bad Godesberg.

FRIEDMANN, H. (1973): Der Grundriß Alt-Mannheims - Muster einer idealtypischen Stadtanlage. In: - Erdkundliches Wissen (Beih. d.Geogr. Zeitschr.) Bd. 33, Wiesbaden, S. 163-176.

GANS, P. (1979): Bevölkerungsgeographische Veränderungen in der westlichen Unterstadt Mannheims zwischen 1970 und 1976. In: - Mannheimer Geogr. Arb. H. 2, Mannheim, S. 41-84.

GORMSEN, N. (1981): Probleme, Grenzen und Chancen des Städtebaues der Achtziger Jahre. Dargestellt am Beispiel der Stadt Mannheim. In: - Mannheimer Geogr. Arb. H. 12, Mannheim, S. 1-36.

HAALAND, D. (1987): Der Luftschiffbau Schütte-Lanz Mannheim-Rheinau (1909-1925). Die Geschichte einer innovativen Idee als zeitlich-räumlicher Prozeß. - Südwestdeutsche Schriften Bd. 4, Mannheim.

HAAS, R. (1978): Die Bewohner des Mannheimer Schlosses 1725-1975. In: Mannheimer Hefte, S. 23-29.

HAAS, R. u. W. MÜNKEL (1981): Wegweiser zu den Grabstätten bekannter Mannheimer Persönlichkeiten. Mannheim.

HAHN, B. (1986): Der geförderte Wohnungsbau in Mannheim 1850-1985. - Südwestdeutsche Schriften Bd. 3, Mannheim.

HÖHL, G. (1972a): Mannheim. In: - Deutschland neu entdeckt. Die Bundesrepublik im farbigen Senkrechtluftbild, hrsg. v. S. SCHNEIDER u. E. STRUNK, Nr. 61, Mainz.

HÖHL, G. (1972b): Das Stadtteilgefüge von Mannheim und Ludwigshafen im geographischen Vergleich. In: Geogr. Rundschau, Bd. 24, S. 125-134.

HÖHL, G. (1973): Mannheim. Geographische Probleme der Stadt und des Raumes. In: Baden-Württemberg, Bd. 20, H. 1, S. 5-7.

HÖHL, G. ($^2$1974): Geographische Problematik des Rhein-Neckar-Raumes. In: Der Rhein-Neckar-Raum. - Monographien deutscher Wirtschaftsgebiete Bd. 11, hrsg. v. H.HORAK u. H. PLASS, Oldenburg, S. 11-16.

HÖHL, G. (1976): Der Standort der Universität Mannheim. In: Die Universität Mannheim in Vergangenheit und Gegenwart, hrsg. v. E. GAUGLER et al., Mannheim, S. 59-67.

HÖHL, G. (1979): Mannheim. - Eine Stadtgeographie. In: - Farbbildreihen, Teil II: Stadtgeographische Interpretation von 40 Dias, hrsg. v. d. Landesbildstelle Baden, Karlsruhe, S. 31-111.

HÖHL, G. (1981a): Große Stadtexkursion Mannheim-Ludwigshafen. Einführende Gedanken zu einem Stadtvergleich anhand stadtlandschaftlicher Strukturprofile. In: - Mannheimer Geogr. Arb. H. 9, Mannheim, S. 1-10.

HÖHL, G. (1981b): Der Almenhof, ein Mannheimer Stadtteil. Portrait einer Gartenvorstadt. In: Festschrift zum 43. Dt. Geographentag 1981, - Mannheimer Geogr. Arb. H. 10, Mannheim, S. 53-65.

JACOB, G. (1959): Mannheim einst und jetzt. Geschichte einer Stadt in Bildern. - Meyers Bildbändchen N.F. 18, Mannheim.

Jüdisches Gemeindezentrum Mannheim F 3. Festschrift zur Einweihung am 13. September 1987, 19. Ellul 5747, hrsg. v. Oberrat der Israeliten Badens, Karlsruhe. - Sonderveröffentlichung des Stadtarchivs Mannheim Nr. 17, Mannheim 1987. (Darin v.a. die Beiträge von F. TEUTSCH, V. KELLER, K.O. WATZINGER und K. SCHMUCKER).

Jubiläumsausgabe. 350 Jahre Mannheim. - Reihe deutscher Städtebücher, Mannheim 1957.

KLEISS, M. (1981): 200 Jahre Societas Meteorologica Palatina. In: Mannheimer Hefte, S. 26-29.

HUTH, H. et al. (1982): Die Kunstdenkmäler des Stadtkreises Mannheim. Bd. I und II. - Die Kunstdenkmäler in Baden-Württemberg, hrsg. v. Landesdenkmalamt Baden-Württemberg, München.

LINDEMANN, A.-M. (1986): Mannheim im Kaiserreich. - Sonderveröffentlichung des Stadtarchivs Mannheim Nr. 15, Mannheim.

Mannheimer Adreßbücher 1961-1989. Mannheim.

Mannheimer Chronik, zus.gest. v. Stadtarchiv Mannheim. In: Mannheimer Hefte, 1973/74-1989.

Mannheimer Geographische Arbeiten H. 1ff, 1977ff., hrsg. v. Geographischen Institut der Universität Mannheim, Mannheim.

Mannheimer Hefte. Im Auftrag der Stadtverwaltung Mannheim und in Verbindung mit der Gesellschaft der Freunde Mannheims und der ehemaligen Kurpfalz hrsg. v. H. FUCHS et al., Mannheim, 1973/74ff.

Mannheimer Morgen. Unabhängige Tageszeitung, 35.-44. Jg., 1980ff.

Mannheim illustriert, Jahrgänge 1980ff, Mannheim.

MEYER, H. (1987): Mannheim im 19. und 20. Jahrhundert. Ein kurzer Gang durch 187 Jahre Stadtgeschichte. In: Mannheimer Hefte, S. 72-80.

PLEWE, E. (1957): Mannheim in seinem Raum. In: 350 Jahre Mannheim. Jubiläumsausgabe. - Reihe deutscher Städtebücher, Mannheim, S. 52-57.

PLEWE, E. (1963): Mannheim-Ludwigshafen. Eine Stadtgeographische Skizze. In: Festschrift zum 34. Dt. Geographentag 1963, München/Heidelberg, S. 126-153.

PROBST, H. (1988): Neckarau. Bd. I., hrsg. v. Verein Geschichte Alt-Neckarau e.V., Mannheim.

RIEGL, I. u. M. CAROLI (1987): Mannheim ehemals, gestern und heute. Das Bild einer Stadt im Wandel der letzten 100 Jahre. - Sonderveröffentlichungen des Stadtarchivs Mannheim Nr. 16, Mannheim.

SCHAAB, M. (1977): Mannheim. Typus und Individualität einer oberrheinischen Festungs-, Residenz- und Industriestadt. In: Mannheimer Hefte, S. 7-17.

SCHAAB, M. (1984): Die bauliche Entwicklung des 19. Jahrhunderts in den Dörfern und Kleinstädten im rechtsrheinischen Teil des Mannheimer Umlandes. In: - Südwestdeutsche Schriften Bd. 1, Mannheim, S. 63-81.

STAATL. ARCHIVVERWALTUNG BADEN-WÜRTTEMBERG (Hrsg.) (1970): Die Stadt- und die Landkreise Heidelberg und Mannheim. Amtliche Kreisbeschreibung. Bd. III: Die Stadt Mannheim und die Gemeinden des Landkreises Mannheim. Karlsruhe.

STADT MANNHEIM (Hrsg.) ($^2$1987): Mannheimer Stadtkunde. Mannheim.

STADT MANNHEIM (Hrsg.) (1987): Neue Stadtqualität in Mannheim. Dez. IV., November 1987, Mannheim.

STRIGEL, A. (1927): Geologische Gestaltung der Landschaft um Mannheim. In: Badische Heimat Bd. 14, S. 13-28.

WALTER, F. (1907): Mannheim in der Vergangenheit und Gegenwart. Jubiläumsausgabe der Stadt. Bearb. i.A. d. Stadt Mannheim, 3 Bde, Mannheim.

WALTER, F. (1949 u. 1950): Schicksal einer deutschen Stadt. Geschichte Mannheims 1907-1945. Bearb. i.A. d. Stadt Mannheim, Fortsetzung d. Jubiläumswerkes, 2 Bde, Frankfurt/Main.

WALTER, F. (1952): Aufgabe und Vermächtnis einer deutschen Stadt. Drei Jahrhunderte Alt-Mannheim. Neubearb. d. Jubiläumswerkes i. A. d. Stadt Mannheim, Frankfurt/Main.

WATZINGER, K.O. (1952): Die jüdische Gemeinde Mannheims in der Weimarer Republik. In: Mannheimer Hefte, S. 70-94.

WATZINGER, K.O. (1981): Die jüdische Gemeinde Mannheims in der großherzoglichen Zeit (1803-1918). In: Mannheimer Hefte, S. 91-114.

WATZINGER, K.O. ($^2$1987): Geschichte der Juden in Mannheim 1650-1945. Mit 52 Bibliographien. - Veröffentlichungen des Stadtarchivs Mannheim Bd. 12, Stuttgart u.a.

Planungs- und Statistikunterlagen der Stadtverwaltung Mannheim.

Bauleitplan Mannheim. Grundlagenkarten und Erläuterungen. Mannheim 1964.

# LUDWIGSHAFEN INNENSTADT

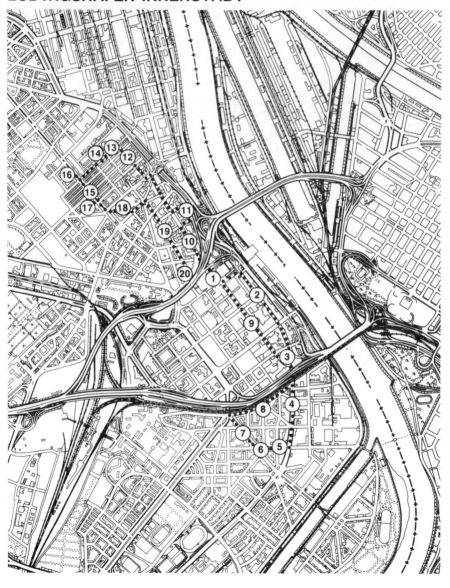

# Ludwigshafen
## Eine junge, von der Chemie geprägte Stadt

von

Barbara Hahn

## I. Haltepunkte

1. Stadtmuseum im Rathaus Center
2. Rundgang Innenstadt
3. Rundgang Hemshof
4. Hauptbahnhof - Willersinnweiher
5. Willersinnweiher
6. Oppau - Edigheim - Pfingstweide
7. Pfingstweide
8. Oggersheim
9. Ruchheim
10. Ruchheim - Maudach - Gartenstadt
11. Gartenstadt
12. Gartenstadt - Mundenheim - Parkinsel - Südstadt - Innenstadt

Zur besseren Orientierung auf dem nebenstehenden Exkursionsroutenplan sind im Text die Standorte mit entsprechenden fortlaufenden Nummern versehen.
GLIEDERUNG DER EXKURSION:
Die Exkursion ist in zwei Teile untergliedert. Für den Vormittag wird eine Fußexkursion durch die Innenstadt und die angrenzenden Stadtteile Nord/Hemshof und die Südstadt vorgeschlagen. Diese Stadtteile sind im Rahmen der Stadtgründung und der Industrialisierung planmäßig angelegt worden. Eine anschließende Busfahrt führt in die später zu Ludwigshafen eingemeindeten Vororte.

## II. Einführung

Ludwigshafen ist eine der wenigen Stadtgründungen des Industriezeitalters in Deutschland. Häufige Flußbettverlagerungen und Überschwemmungen haben lange Zeit die Entstehung von Siedlungen in der Rheinniederung verhindert. 1608 wurde im Bereich der heutigen Innenstadt auf der linken Rheinseite die *Rheinschanze* als westliche Absicherung der rechtsrheinisch gelegenen Friedrichsburg angelegt. Napoleon wandelte die *Rheinschanze* später in eine Zollstelle um, der 1808 die erste zivile Ansiedlung und bald ein kleiner Hafen folgte. 1816 fielen die linksrheinischen Gebiete der ehemaligen Kurpfalz an das Königreich Bayern. Von Anfang an arbeitete Bayern systematisch auf eine Stadtgründung auf der linken Rheinseite hin. 1824 wurde durch ein außergewöhnlich starkes Hochwasser ein großes und tiefes Hafenbecken ausgekolkt, das fortan von den Schiffern gerne als Winter- und Schutzhafen aufgesucht worden ist. Schon bald transportierte die ab 1838 gebaute Bexbacher Bahn saarländische Kohle bis zum Ludwigshafener Hafen. Gleichzeitig erleichterte die Mitte des 19. Jahrhunderts von Tulla durchgeführte Rheinkorrektur die Schiffahrt auf dem Rhein (FISCHER, KLÖPPER, S. 49-58, STAATLICHES HAFENAMT)

Kohle und Wasser stellten die beiden wichtigsten Standortbedingungen für die Ansiedlung von chemischer Industrie dar. 1851 verlegten die Gebrüder Giulini ihre Schwefelsäurefabrik von Mannheim nach Ludwigshafen, da sich hier bessere Aussichten für eine Vergrößerung der Werks boten. 1835 wurde die Gemarkung Ludwigshafen, bestehend aus den Fluren des Hemshofs, der Gräfenau, des Rohrlacher-, Gander- und Ankerhofs und aus einem Teil der Gemarkung Mundenheim, gegründet, die schließlich 1859 Stadtrechte erhielt (KLÖPPER, S. 60). Die günstigen Standortbedingungen und die Förderung von Industrieansiedlungen durch den bayerischen Staat und die Stadtväter zogen sehr schnell weitere Unternehmen an. Bereits 1858 errichtete die Pforzheimer chemische Firma Benckiser eine Niederlassung in Ludwigshafen und 1865 verlegte die Badische Anilin- und Sodafabrik ihre Produktion von Mannheim nach Ludwigshafen. Bis 1862 wurden in Ludwigshafen 16 chemische Fabriken angesiedelt (BREUNIG, S. 38-46). In den umliegenden Gemeinden stand mit der verarmten Landbevölkerung ein großes Arbeitskräftereservoir zur Verfügung. Die Fachkräfte kamen zumeist aus dem renommierten chemischen Institut der Universität Heidelberg. Mit dem Ausbau zur Industriestadt nahm die Bevölkerung explosionsartig zu. 1840 lebten auf dem späteren Stadtgebiet erst ca. 90 Menschen. 1855 waren es 2 290 und 1890 schon 28 712 Einwohner (FISCHER, S. 93). Die Volkszählung im Jahre 1987 stellte 156 601 Einwohner auf einer allerdings zwischenzeitlich stark vergrößerten Gemarkung fest. [1]

Die Stadt Ludwigshafen ist heute nicht mehr nur auf die Rheinniederung beschränkt. Die Vororte Oggersheim, Ruchheim, Mundenheim und Rheingönheim liegen auf der Niederterrasse. Die Böden werden hier von grauen, in oberen Lagen rötlichen, mittel- bis feinkörnigen Sanden oder einem Gemisch aus Lehm, Sand und Kies gebildet, die stellenweise von einer dünnen Lößschicht überzogen sind. Dicht unter der Oberfläche befinden sich Ton- oder Mergelnester. Auf der Niederterrasse wird hauptsächlich Gemüse angebaut (BARTH, S. 5, KLÖPPER, S. 21).

Die Stadt Ludwigshafen verdankt der Lage im Oberrheingraben ein mildes Klima. Frosttage sind außerordentlich selten und die durchschnittliche Julitemperatur liegt bei ca. 19 Grad, die Jahresniederschlagssumme beträgt 580 mm. Die geschützte Lage zwischen den Mittelgebirgen führt zu austauscharmen Wetterlagen, die, in Verbindug mit den Emissionen von Staub und Schadstoffen der ansässigen Industrie, häufig zu bedenklichen Smogsituationen führen können (STADT LUDWIGSHAFEN 1977, Kap. 4.4).


# III. Exkursionsverlauf

## HP 1  Stadtmuseum im Rathaus Center

Das Stadtmuseum befindet sich im 1. OG des Rathaus Centers (Öffnungszeiten des Stadtmuseums: Di 9.30 - 21 Uhr, Mi - So 9.30 - 17 Uhr, Mo geschlossen). Ein großes Modell der Stadt Ludwigshafen gibt hier einen guten Überblick über Grund- und Aufriß der *Innenstadt* und der *angrenzenden Stadtteile* im Jahre 1909.

Die Anlage der Innenstadt Ludwigshafens war erst durch die Rheinkorrektion durch Tulla und die damit verbundene Tieferlegung des Rheinbetts und Senkung des Grundwasserspiegels möglich geworden. Dennoch waren gewaltige Aufschüttungsarbeiten nötig,

[1] Dieser Beitrag geht im folgenden nicht weiter auf die Industrie der Stadt Ludwigshafen ein. Siehe hierzu Beitrag von W. Gaebe im selben Heft.

*Abb. 1:* **Altrheinarme im Raum Ludwigshafen**

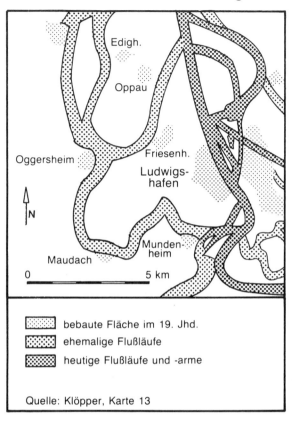

Edigh.

Oppau

Oggersheim

Friesenh.

Ludwigs-
hafen

N

Maudach

Munden-
heim

0                       5 km

bebaute Fläche im 19. Jhd.

ehemalige Flußläufe

heutige Flußläufe und -arme

Quelle: Klöpper, Karte 13

um den 1843 von dem Eisenbahninspektor Denis entworfenen Plan realisieren zu können. Zuvor hatten lediglich von dem Standort der ehemaligen Rheinschanze bei der
heutigen Kaiser-Wilhelm-Straße (zuvor Brückenstraße) eine Straße in Richtung Oggersheim und in Richtung Mundenheim (früher Dammstraße, heute Ludwigstraße) geführt.
Denis entwarf in Anlehnung an das rechtwinklige Straßenraster des auf der anderen
Rheinseite liegenden Mannheims ein System ebenfalls rechtwinkliger Baublöcke, dessen Straßen parallel zur Brücken- oder zur Dammstraße verliefen. Wie in Mannheim
erhielten die einzelnen Baublöcke in Ludwigshafen zunächst nur Nummern; die Straßennamen wurden erst 1885 eingeführt (KLÖPPER, S. 87f.).Als problematisch erwies
sich schon sehr früh der Standort des Bahnhofs am nördlichen Rand der Innenstadt. Die
von der Rheinbrücke in einem Bogen verlaufende Eisenbahnlinie hemmte die bauliche
Ausdehnung der Stadt und rief mit zunehmender Motorisierung besonders Probleme für
den in nördlicher Richtung fließenden Verkehr hervor. Obwohl schon in den 20er Jah-

ren eine Verlegung des Bahnhofs diskutiert wurde, konnte erst 1969 der neue Bahnhof westlich der Innenstadt eröffnet werden. Am Standort des alten Bahnhofs wurde in den folgenden Jahren das Rathaus Center gebaut.

Im Norden schließt sich der Stadtteil Nord/Hemshof an die Innenstadt an. Der Name dieses Stadtteils geht auf einen Gutshof zurück, der in der Nähe der heutigen Kreuzung von Prinzregenten- und Hemshofstraße lag und erstmals im Jahre 770 in den Urkunden des Klosters Lorsch erwähnt wurde.

Die Ansiedlung der BASF im Hemshof im Jahre 1865 ließ den Bedarf an Wohnraum zwischen dem Firmengelände und dem Bahnhof explosionsartig ansteigen. 1871 erarbeitete der damalige Bezirksschaffner Steinhauer einen Alignementplan für den Hemshof, der eine Kombination des damals schon vorhandenen Wegenetzes und eines rechtwinkligen Straßenrasters darstellte. Der Plan wies keine Grünflächen aus und Art und Maß der Bebauung wurden der Initiative der Eigentümer überlassen. Die sehr große Nachfrage nach Wohnraum förderte das Spekulantentum und eine unkontrollierte Bebauung. Der Hemshof, bald der dichtbesiedelste Stadtteil Ludwigshafens, zeichnete sich durch eine Blockrandbebauung mit stark verbauten Innenhöfen aus. Das Modell läßt im nördlichen Teil des Stadtteils eine regelmäßig angelegte Siedlung kleiner Arbeiterhäuser mit großen Gärten erkennen, die die BASF hier ab 1872 anlegen ließ.

Die junge Stadt Ludwigshafen dehnte sich in der Anfangsphase nur recht langsam nach Süden aus. In dem Bestreben, in Ludwigshafen den einkommensstärkeren Bevölkerungsschichten guten Wohnraum in einem attraktiven Stadtteil bieten zu können, wurde ab 1891 die von dem Karlsruher Professor Baumeister entworfene Südstadt angelegt. Ein rechtwinkliger Grundriß wird hier von einem System von Diagonalstraßen überlagert.

## HP 2 Rundgang durch die Innenstadt und die angrenzende Südstadt

Rathaus Center (1) - Ludwigstraße (2) - Berliner Platz (3) - Mundenheimer Straße (4) - Rottstraße (5) - Schützenplatz (6) - Wittelsbacher Straße (7) - Bleichstraße (8) - Berliner Platz (3) - Bismarckstraße (9) - Rathaus Center (1)

Das Rathaus Center wurde 1979 am früheren Standort des Hauptbahnhofs eröffnet. Die städtischen Behörden sind in einem 15geschossigen Hochhaus angesiedelt, während im Erdgeschoß 22800 m$^2$ dem Einzelhandel zur Verfügung stehen. Derzeit gibt es 62 Geschäfte im Rathaus Center (Stand Januar 1989). In den ersten Jahren nach der Eröffnung waren die Umsätze des Centers geringer als erwartet und einige Einzelhändler verließen das Center wieder. Inzwischen steht aber mit neuen Geschäften eine Angebotspalette bereit, die der Nachfrage besser entspricht. Für die nächsten Jahre ist eine weitere Diversifizierung des Angebots geplant. Gleichzeitig sollen hochwertige Güter helfen, kaufkräftigere Kunden anzulocken. In Richtung Innenstadt gruppieren sich die Geschäfte um ein großes Atrium, an das in der direkten Verlängerung der Bismarckstraße eine überdachte Ladenstraße anschließt, die sich im Norden des Centers zur Prinzregentenstraße im Hemshof öffnet. Das Center hat täglich ca. 30000 Besucher, wobei jedoch der Anteil derjenigen, die das Center nur als Durchgang benutzen, unbekannt ist (Angaben der CENTER VERWALTUNG).

In den 70er Jahren sind die Ludwigstraße zwischen Bahnhofstraße und Wredestraße und die Bismarckstraße zwischen Rathausplatz und Kaiser-Wilhelm-Straße in Fußgängerzonen umgewandelt worden. Die Bismarckstraße ist die belebtere der beiden Fußgängerzonen. Sie weist deutlich mehr Geschäfte auf und Fußgängerzählungen haben dementsprechend auch eine stärkere Frequentierung feststellen können. Als nachteilig wirkt sich auf die Ludwigstraße aus, daß sie noch von Straßenbahnen befahren wird und daß die Fußgängerzone hier nicht direkt an das Rathaus-Center anschließt, sondern durch den Ludwigsplatz von diesem getrennt ist. Der Ludwigsplatz weist darüber hinaus keine geschlossenen Ladenfronten auf. Dagegen geht der attraktiv gestaltete Rathausplatz direkt in die Fußgängerzone der Bismarckstraße über. Um den Fußgängern einen Wechsel zwischen den beiden Fußgängerstraßen außerhalb des breitmaschigen Staßenrasters zu ermöglichen, wurde mit dem Bürgerhof, zuvor Standort einer Brauerei, eine zentral gelegene Verbindung zwischen den beiden Straßen angelegt. In beiden Fußgängerstraßen fällt auf, daß die oberen Etagen der vier- bis fünfstöckigen Häuser häufig von Wohnungen genutzt werden.

Vor der Eröffnung des Rathaus Centers war der Berliner Platz am südlichen Ende der beiden Geschäftsstraßen der wichtigste Standort des Einzelhandels in der Innnenstadt. Mit der Eröffnung des Rathaus-Centers und des damit verbundenen Umzugs einiger Geschäfte, darunter des Kaufhofs, vom Berliner Platz in das neue Center, hat eine Verlagerung der Fußgängerströme in Richtung Rathausplatz stattgefunden. Dagegen hat sich in Richtung des neuen Hauptbahnhofs bislang kein Geschäftsbereich herausbilden können, da einerseits das Fahrgastaufkommen des Bahnhofs gering und andererseits die Entfernung zwischen den traditionellen Geschäftsstraßen und dem neuen Bahnhof relativ groß ist.

Die Umgestaltung der Ludwigshafener Innenstadt und die Eröffnung des Rathaus Centers haben positive Auswirkungen auf den Einzelhandel gehabt. In Ludwigshafen erhöhte sich die Einzelhandelsfläche in der Innenstadt von rund 87000 m$^2$ im Jahre 1979 auf 120000 m$^2$ im Jahre 1985, während in der Mannheimer Innenstadt der entsprechende Wert von 290000 m$^2$ auf 270000 sank. Gleichzeitig stiegen die Umsätze in Ludwigshafen sehr viel stärker als in Mannheim (BECHTEL u. STADT LUDWIGSHAFEN 1987).

In der für gehobenere Bevölkerungsschichten Ende des vergangenen Jahrhunderts planmäßig angelegten *Südstadt* (s.o.) erinnert besonders die als Allee angelegte Wittelsbacher Straße mit ihren aufwendigen Fassaden noch heute an ein typisch großbürgerliches Viertel des 19. Jahrhunderts. Sie gilt, ebenso wie die benachbarten Straßen, als bevorzugtes Wohngebiet. Mit zunehmender Nähe zur Innenstadt ist diese Exklusivität allerdings inzwischen verlorengegangen.

## HP 3   Rundgang durch den Hemshof

Rathaus Center (1) - Prinzregentenstraße (10) - Abstecher in die Carl Bosch-Straße (11) - Böhlstraße (12) - Anilinstraße (13) - Abstecher in den IV. Gartenweg (14) - Leuschnerstraße (15) - Abstecher in die Wislicenusstraße (16) und in die Bürgerstraße (17) - Goetheanlage (18) - Hartmannstraße (19) - Europaplatz (20) - Rathaus Center (1)

Schon seit den 50er Jahren reifte in der Stadt Ludwigshafen die Erkenntnis, daß die städtebauliche und soziale Situation im Hemshof auf Dauer nicht tragbar sei. 1967 stellte ein Gutachten fest, daß in 39 Erhebungsblöcken 75 % aller Mietwohnungen aus der Zeit vor dem ersten Weltkrieg stammten. Das gesamte Gebiet wies eine durchschnittliche GFZ von 1,4 auf, wobei sechs Baublöcke eine GFZ von 2,0 oder mehr hatten. Von den 5461 Wohnungen wurden nur 26 % als einwandfrei bzw. mit wirtschaftlich vertretbaren Mitteln modernisierbar ausgewiesen. Dagegen wurden 13 % der Wohnungen als abrißbedürftig bzw. nur bedingt modernisierbar und 60 % als sanierungsbedürftig eingestuft (REINHARD, S. 100f). Darüber hinaus fehlte eine Anbindung an die städtischen Grün- und Erholungsflächen. Fußgängerbereiche und Kinderspielplätze waren kaum vorhanden. Industriebetriebe, Verkehrsanlagen und ein überaltertes Heizsystem riefen Lärm-, Geruchs- und Rauchbelästigungen hervor. In vielen Wohnungen und Arbeitsstätten waren Belüftung, Belichtung und Besonnung unzureichend. Ein undifferenziertes und unregelmäßiges Straßensystem mit insgesamt 48 Kreuzungen und Einbiegemöglichkeiten nach allen Richtungen erzeugte viele Gefahrenpunkte. Mit rund 200 Einzelhandelsgeschäften bestand ein deutliches Überangebot, das noch aus der Zeit stammte, als viele Angestellte der BASF nach der Arbeit auf dem Weg zum Bahnhof hier einkauften. Außerdem war der Ausländeranteil in diesem Stadtteil überdurchschnittlich hoch, ebenso der Anteil schulpflichtiger Kinder und alter Menschen. Am 15.11.1971 wurde ein ca. 50 ha großes Areal mit Wirkung vom 3.6.1972 zum Sanierungsgebiet erklärt. Um das Stadtbild zu erhalten, sollte soweit wie möglich eine Objektsanierung durchgeführt werden.

Eine im Jahre 1984 von der Stadt Ludwigshafen durchgeführte Gebäude- und Wohnungszählung hat festgestellt, daß seit 1968 ca. 280 Gebäude mit 1300 Wohnungen abgerissen und rund 960 Wohnungen neu erstellt worden sind. Während 1968 nur 4 % der Wohnungen über Zentralheizung und Bad verfügten, waren es 1984 46 % und 75 % konnten 1984 ein Bad, aber keine Zentralheizung, aufweisen. Bei 55 Gebäuden mit 360 Wohnungen waren Grundrißveränderungen vorgenommen worden. Rund drei Viertel aller modernisierten Häuser gehörten Privatleuten. Die Maßnahmen sind mit Mitteln aus dem Städtebauförderungsgesetz, aus dem Modernisierungs- und Energiespargesetz und durch die Bundesanstalt für Arbeit (Arbeitsbeschaffungsmaßnahmen, Zuschüsse für Personalkosten) bezuschußt worden. Drei Viertel aller Modernisierungsmaßnahmen sind jedoch ohne Inanspruchnahme öffentlicher Mittel durchgeführt worden (STADT LUDWIGSHAFEN 1985a).

Als früherer Hauptverbindungsweg zwischen dem Bahnhof und dem Eingang zum Firmengelände der BASF hat sich die Prinzregentenstraße zur Haupteinkaufsstraße des Hemshofs entwickeln können. Obwohl die Anzahl der Geschäfte inzwischen zurückgegangen ist, übt sie diese Funktion noch heute aus. Im Rahmen der Sanierungsmaßnahmen ist die Straße in eine Fußgängerzone, aufgelockert durch kleine Grünanlagen und Kinderspielplätze, umgewandelt worden. Sie ist heute ein beliebter Treffpunkt der Anwohner. Charakteristisch für die Prinzregentenstraße sind drei- bis viergeschossige private Mietshäuser mit kleinen Geschäftslokalen im Erdgeschoß. Backsteinfassaden mit Fenstergewänden aus Sandstein prägen in Farbe und Form das Erscheinungsbild dieser Straße sowie der abzweigenden westlichen Nebenstraßen. In diesem Bereich des Hemshofs ist der Typus der Objektsanierung vorherrschend, während östlich der Prinzregentenstraße der Typus der Flächensanierung dominiert. In der Prinzregentenstraße fällt das Haus Nummer 35 auf, das 1988 im Fassadenwettbewerb der Stadt Ludwigshafen den ersten Preis belegen konnte. Die Entkernung der Hinterhöfe ist inzwischen in vielen Fällen erfolgreich abgeschlossen worden. So ist z.B. in der Mitte des ganzen, früher stark verbauten Baublocks zwischen Marienstraße und Kanalstraße eine Grünanlage mit Kinderspielplätzen für alle Anwohner entstanden (guter Einblick von der Marienstraße). An der Kreuzung Rohrlachstraße/Prinzregentenstraße fällt ein einstöckiges, traufständiges Haus mit einem Neo-Renaissance-Giebel auf. Dieses Haus stand einst auf der

Abrißliste. Dank heftiger Bürgereinwände wurde die 'Idylle im Herzen des Hemshofs' aber sogar unter Denkmalschutz gestellt.

Nördlich der Fabrikstraße wird der Stadttteil noch heute vom Werkswohnungsbau der BASF geprägt. Die ab 1872 entstandenen und noch heute westlich der Rollestraße erhaltenen Arbeiterhäuser, verfügen über je vier Wohneinheiten, bestehend aus Erd- und Dachgeschoß, mit jeweils einem eigenen Eingang. Im Erdgeschoß befinden sich ein Zimmer, die Küche und das WC und im Obergeschoß zwei weitere Zimmer. Die Wohnfläche beträgt ca. 60 m². Jeder Wohneinheit ist ein eigener Garten zugeordnet. Ergänzt wurde die Arbeiterkolonie um die Jahrhundertwende durch Beamtenhäuser im IV. Gartenweg Nr. 4-14. Die großzügigen Doppelhäuser für Direktoren der BASF sind über eine Veranda zu betreten. Jede Wohneinheit hat eine Wohnfläche von ca. 210 m², verteilt auf sechs Wohnräume und zahlreiche Nebenräume sowie mehrere Personalkammern.

Auf der anderen Seite der Leuschnerstraße befindet sich an der Wislicenusstraße ein großer Baublock, den die BASF in den 20er Jahren errichtet hat. Der monumentale Komplex umschließt mehrere, für die damalige Zeit typische Wohnhöfe mit Rasenanlagen. In der Bürgerstraße ließ die BASF um 1911 Häuser für Aufseher und Meister im Berliner Laubenhausstil errichten. Jedes Haus umfaßt vier Wohneinheiten auf je zwei Ebenen. Die 67 m² großen Wohnungen sind in dreieinhalb Zimmer, Wohnküche und WC unterteilt (STADT LUDWIGSHAFEN, BAUVERWALTUNGSAMT, S. 6-9 u. 12-13).

Zurückgekehrt in den Hemshof fällt der in eine große Spielanlage umgewandelte Goetheplatz auf. Gleichzeitig erzeugt eine bemalte Brandmauer eine illusionistische Wirkung. Die gesamte Häuserzeile der östlichen Straßenseite der von dem Platz abzweigenden Gräfenaustraße ist abgerissen worden, um Raum für die Anlage öffentlicher Grünanlagen zu schaffen. Ein Fußweg, der parallel zur Hartmannstraße durch die Grünanlage verläuft, bietet den Fußgängern eine gute Alternative zur Hartmannstraße. Die Hartmannstraße führt auf den Europaplatz, der durch den Gegensatz der Sandsteinfassade des alten Stadthauses Nord und des modernen Backsteinbaus der Kreisverwaltung geprägt ist.

## Fahrt vom Hauptbahnhof zum Willersinnweiher

Lorientallee - Rohrlachstraße - Bürgermeister-Grünzweig-Straße - Erzbergerstraße - Ebertstraße-Fichtestraße - Leuschnerstraße - Rutheplatz - Carl-Bosch-Straße - Luitpoldstraße - Weiherstraße
Der Hauptbahnhof eignet sich besonders als Ausgangspunkt für die Busexkursion, da hier genügend Parkraum zur Verfügung steht.

Die Verlegung des Bahnhofs an den jetzigen Standort im Jahre 1969 erforderte den Bau einer über den Bahnhof führenden Stadtbrücke, über die der Verkehr zwischen der Konrad Adenauer-Brücke bzw. der Innenstadt und den westlichen Vororten oder dem Autobahnkreuz Ludwigshafen heute störungsfrei verläuft.

Östlich der Rohrlachstraße wurde 1983 der Friedenspark auf dem ehemaligen Gelände der Firma Grünzweig und Hartmann angelegt. Dieser Grünzug am südlichen Ende des Hemshofs erstreckt sich bis zum Europaplatz. Sehr viel bedeutender ist allerdings der westlich der Erzbergerstraße gelegene 177457 m² große Ebertpark, angelegt für die Landesgartenschau 1925. Die im rechten Winkel auf die Erzbergerstraße führende, 42 m breite Ebertstraße öffnet sich halbkreisförmig zum Ebertpark. Die Bedeutung der

Parkanlage für die Stadt sollte so unterstrichen werden. Gleichzeitig ist an der Ebertstraße eine Großsiedlung mit 450 Wohnungen errichtet worden. Dreigeschossige Häuserzeilen mit nur wenig geneigten Ziegeldächern werden von flachgedeckten Turmbauten mehrfach unterbrochen. Monumentale Durchgänge geben von der Ebertstraße einen Blick in die großen Wohnhöfe frei (STADT LUDWIGSHAFEN, BAUVERWALTUNGS-AMT, S. 25-27).

Das erstmals im Jahre 770 erwähnte *Friesenheim* liegt auf einer kleinen Erhebung in der Rheinniederung. Dennoch hat der Ort in seiner Geschichte sehr häufig unter Hochwasserkatastrophen leiden müssen. Friesenheim hatte sich zunächst entlang der Durchgangsstraße nach Oggersheim, der heutigen Luitpoldstraße, entwickelt. Später bildete sich hierzu eine Parallelstraße heraus. Nach der Ansiedlung der BASF erfuhr die ehemalige Bauerngemeinde einen schnellen Aufschwung. Bereits am 1.1.1892 wurde Friesenheim zu Ludwigshafen eingemeindet. Den späteren Siedlungserweiterungen wurde zumeist ein rechtwinkliger Grundriß zugrunde gelegt. Die Häuser der schmalen, teilweise verkehrsberuhigte Luitpoldstraße erinnert noch heute an ihren früheren bäuerlichen Charakter. Der Hauptdurchgangsverkehr verläuft jetzt über die parallel zur Luitpoldstraße verlaufende Sternstraße. Am Ruthenplatz und den sternförmig von diesem Platz abzweigenden Straßen hat sich ein Subzentrum herausgebildet, das allen Ansprüchen des täglichen Bedarfs gerecht wird (NOLLERT).

## HP 5  STANDORT WILLERSINNWEIHER

Der Willersinnweiher (22) sowie der angrenzende Begütenweiher, Großparthweiher und Kratz'scher Weiher liegen im Bereich der nördlichen Altrheinschleife Ludwigshafens. Bereits in den 50er Jahren ist hier mit dem systematischen Ausbau eines Naherholungsgebiets, das heute mit seinen Fortsetzungen nach Oppau und Edigheim ca. 280 ha umfaßt, begonnen worden. Hierzu gehörten Aufforstungsarbeiten, die Einrichtung eines Freibades und weitere Sport- und Freizeiteinrichtungen sowie die Anlage mehrerer Kleingartenanlagen. Dem Strandbad Willersinn gegenüber befindet sich die weitläufige Anlage des Tennisclubs der BASF. Das Mäanderinnenfeld wird von Getreidefeldern ausgefüllt (STADT LUDWIGSHAFEN 1956, S. 51f. u. DIES. 1973, S. 77).

Fahrt durch Oppau und Edigheim zur Pfingstweide

Langgartenstraße - Friesenheimer Straße - Edigheimer Straße - Ostringplatz - Prager Straße

*Oppau* und *Edigheim* lagen bis zu einer Flußbettverlagerung des Rheins im Jahre 890 rechts des Rheins. Bedingt durch die direkte Nachbarschaft zum Werksgelände der BASF erfuhr besonders Oppau sehr bald nach der Werksansiedlung einen Wandel von einer Bauerngemeinde in eine Arbeitergemeinde. Oppau war Ende des vergangenen Jahrhunderts eine sehr reiche Gemeinde, da der Gemeindekasse durch Landverkäufe an die BASF und durch den Verkauf der *Friesenheimer Insel* an die Stadt Mannheim im Jahre 1896 große Einnahmen zugeflossen waren. Oppau hat, ebenso wie die angrenzenden Gemeinden, unter mehreren großen Katastrophen leiden müssen. 1882 richtete ein Hochwasser in Oppau und Friesenheim sehr großen Schaden an. 1921 wurden bei einer Explosion auf dem Werksgelände der BASF mehr als 500 Menschen getötet, fast 80 % der Gebäude Oppaus zerstört und der Rest schwer beschädigt. Der Anteil älterer Häuser in Oppau ist daher außerordentlich gering. In Edigheim sind noch einige weni-

# Übersichtsskizze Ludwigshafen und Umland

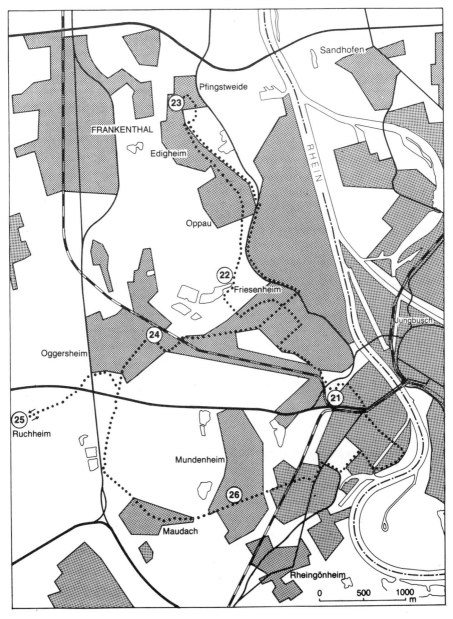

Sandhofen

Pfingstweide

**23**

FRANKENTHAL

Edigheim

RHEIN

Oppau

**22**

Friesenheim

Jungbusch

**24**

Oggersheim

**21**

**25**

Ruchheim

Mundenheim

**26**

Maudach

Rheingönheim

0   500   1000
m

ge, im traditionellen Baustil der Region errichtete Bauernhäuser zu finden. Häufiger ist hier aber der Typus des 1,5stöckigen Giebelhauses vertreten, das von Arbeiterbauern als verkleinerte Ausgabe der älteren Bauernhäuser errichtet worden ist. 1928 wurde Edigheim zu Oppau eingemeindet und Oppau gleichzeitig zur Stadt erhoben, 1938 wurde schließlich Oppau zu Ludwigshafen eingemeindet.

## HP 6   Pfingstweide

Die *Pfingstweide* (23) war früher Allmendgebiet von Edigheim und lag vor der Rheinregulierung im Überschwemmungsgebiet des Rheins. Infolgedessen durfte das Weidenutzungsrecht erst ab Pfingsten wahrgenommen werden. Zwischen 1968 und 1976 errichteten hier die Wohnungsbaugesellschaften der BASF (GEWOGE) und der Stadt Ludwigshafen (GAG) gemeinsam eine Großwohnsiedlung. Insgesamt sind 2536 Zwei- bis Fünfzimmerwohnungen gebaut worden (GAG: 43 %, GEWOGE: 57 %). Außerdem hat die GEWOGE 85 Einfamilienhäuser erstellt. Bei den mehrgeschossigen Bauten können drei Typen unterschieden werden: viergeschossige aneinandergekettete Wohnhäuser, die eine Hofbildung ermöglichen, Punkthochhäuser mit neun Geschossen und Kettenhäuser mit sieben bis siebzehn Geschossen. Insgesamt findet eine Verdichtung von der Peripherie zum Zentrum statt. Die innere Erschließung erfolgt über zwei Straßenringe, von denen die Wohnstraßen abzweigen. Ein zusätzliches Wegenetz, das durch die Grünanlagen führt, macht die Fußgänger von den Fahrstraßen unabhängig. Den Mittelpunkt der Pfingstweide bildet ein überdachtes, leider etwas unfreundlich wirkendes Ladenzentrum, in dem sich Geschäfte des täglichen Bedarfs befinden. Das Ladenzentrum ist mit vier Fußgängerbrücken an die Wohnbebauung angeschlossen. Probleme, die in den vergangenen Jahren in Großwohnsiedlungen anderer Städte aufgetaucht sind, sind vergleichsweise selten beobachtet worden. Es hat hier weder größere Leerstandsquoten gegeben, noch waren die sozialen Probleme auffallend. Der Grund hierfür dürfte wahrscheinlich in der Tatsache begründet sein, daß ein nicht unerheblicher Teil der Wohnungen von Werksangehörigen der BASF, also einer relativ gut verdienenden Bevölkerungsschicht, bewohnt ist. Allerdings haben bei Befragungen im Jahre 1987 mehr als 80 % der Befragten die Bebauung als zu dicht, hoch und massig bezeichnet. Der Stadtteil ist über die Schnellstraßen L 453, L 523 und E 12 sehr gut mit dem Pkw zu erreichen, einen direkten Anschluß des öffentlichen Nahverkehrs in die ca. 8 km entfernte Innenstadt gibt es jedoch nicht (FÜHRER, KEIL, SPEER).

## Fahrt nach Oggersheim

Brunckstraße - Sternstraße - Mannheimer Straße - Niedererdstraße (Wallfahrtskirche)

Die Fahrt über die Brunckstraße führt direkt am Werksgelände der BASF vorbei. Die Sternstraße ist heute die wichtigste Durchgangsstraße Friesenheims in Ost-West-Richtung. Sobald sich die Bebauung der Sternstraße bei der Ortsausfahrt Friesenheim lichtet, fallen in Fahrtrichtung auf der rechten Straßenseite vier Wohnhochhäuser (An der Froschlache) auf. Hier hatte die Stadt in den 60er Jahren Gelände am Rande des Erholungsgebietes des nördlichen Teils der Großen Acht für den Bau von ca. 400 Wohnungen freigegeben. Die 21geschossigen Wohnhochhäuser sind zwischen 1964 und 1970 von der GEWOGE errichtet worden (BASF, S. 26-29).
Mit der Überquerung der Bahnlinie wird die Niederterrasse erreicht, die hier ca. 5 m

über der Rheinniederung liegt. Die trockene Lage hat schon sehr früh zur Besiedlung angeregt. So konnten hier Gräber aus der Bronzezeit (ca. 1800 v.Chr. bis etwa 1200 v.Chr.) gefunden werden.

## HP 7   Oggersheim

Das 1938 zu Ludwigshafen eingemeindete *Oggersheim* (24) ist bereits vor 1317 zur Stadt ernannt worden. Das genaue Datum der Stadtgründung ist nicht bekannt. Seine Blütezeit erlebte Oggersheim im 18. Jahrhundert. Ab 1720 hatte Erbprinz Josef Karl Emanuel von Sulzach ein kleines Schloß und auch eine Wallfahrtskirche in der Form der Kapelle von Loretto errichten lassen. Das Schloß wurde von den Nachfolgern des schon bald verstorbenen Karl Emanuel mehrfach erweitert und schließlich von dem in Mannheim residierenden Kurfürsten Karl Theodor käuflich erworben. Ab 1768 bewohnte die Kurfürstin Elisabeth Auguste 25 Jahre lang das Oggersheimer Schloß und führte hier ein recht prunktvolles Leben. Auch die Lorettokapelle wurde während der Zeit der Kurfürstin erweitert und spiegelt seitdem den Übergang vom Spätbarock zum Klassizismus wider. 1793 wurde das Oggerheimer Schloß von Aufständischen niedergebrannt.

Für den flächigen Ortskern Oggersheim konnte eine Kontinuität des Grundrisses seit dem Mittelalter nachgewiesen werden. Baulicher Mittelpunkt der Altstadt ist der Schillerplatz, auf dem das im Jahre 1840 errichtete Rathaus steht. Dieses ist der historische Standort eines Rathauses aus dem Jahre 1371. Die ältesten noch vorhandenen Bürgerhäuser, die aus der ersten Hälfte des 18. Jahrhunderts stammen, sind in der Kreuzstraße, Aichgasse und in der Kronengasse zu sehen. Der Stadtkern von Oggersheim weist baulich ein sehr heterogenes Bild auf. Die Reste älterer Bauernhäuser wechseln mit kleineren, ebenfalls giebelständigen Wohnhäusern der Arbeiterbauernbevölkerung (beste Beispiele in der I. und II. Altstadtgasse) und mit jüngeren traufständigen Häusern ab. Rund um den Schillerplatz und in den angrenzenden Straßen werden die Erdgeschosse vom Einzelhandel genutzt, das Angebot geht aber nur selten über die Deckung des täglichen Bedarfs hinaus (KREUTER u. KLÖPPER, S. 84f.).

### Fahrt von Oggersheim nach Ruchheim

Niedererdstraße - Don Carlos-Straße - Weimarer Straße - Schillerstraße - Ruchheimer Straße - Ruchheimer Schloß

Schon im 18. Jahrhundert wurden von Oggersheim sternförmig Straßen zur Rheinschanze, nach Frankenthal, Dürkheim über Maxdorf und nach Mutterstadt angelegt. Die spätere Entwicklung Oggersheims vollzog sich entlang den nach Westen, also trockener gelegenen Ausfallstraßen und zwischen denselben. Mit wachsendem Abstand von der Altstadt lockert sich die Bebauung deutlich und geht schließlich in eine Einzelhausbebauung mit teilweise großen Gärten über. Schon bald nach der Ortsausfahrt Oggersheim fallen rechts und links der Straße kleinparzellierte Felder, die auf den Anbau von Sonderkulturen hinweisen, auf. Auf vielen Feldern wird in Glashäusern oder unter Folien angebaut. Bei der Ortseinfahrt Ruchheim wird zwar zunächst ein noch im Bau befindliches Neubaugebiet durchfahren, schon bald weisen aber zahlreiche landwirtschaftliche Anwesen auf den agraren Charakter der Siedlung hin.

## HP 8   Ruchheim

Die auf einen fränkischen Ursprung zurückgehende Siedlung *Ruchheim* (25) wurde erst 1970 zu Ludwigshafen eingemeindet und ist somit der jüngste Stadtteil der Industriestadt. Das Ruchheimer Schloß befindet sich im Mittelpunkt der Siedlung in unmittelbarer Nähe der Kreuzung von Oggersheimer Straße, Mutterstadter Straße und Fußgönheimer Straße. Das heutige Bauwerk ist erst zu Beginn des 18. Jahrhunderts, zunächst in der Form eines Wasserschlosses, errichtet worden. Seit 1971 ist dieses Gebäude Sitz der Gemeindeverwaltung. Im Kern Ruchheims sind noch zahlreiche, für die Region typische Dreiseitgehöfte zu finden. Jedes besteht aus einem größeren und einem kleineren, langestreckten, giebelständig zur Straße stehenden Gebäude. Beide Gebäude werden in ihrem vorderen Teil als Wohnung genutzt, an die sich Ställe und Schuppen anschließen. Den hinteren Abschluß des durch die Gebäude gebildeten Hofraums bildet eine Scheune; von der Straße wird der Hof durch eine große Toreinfahrt abgeschirmt. Das kleinere der beiden Wohngebäude diente als Altenteil oder als Wohnraum für Dienstpersonal. Ab ca. 1870 wandelte sich Ruchheim von einer Bauerngemeinde zu einer Arbeiterbauerngemeinde. Die Arbeiter in den neu entstandenen chemischen Fabriken bewirtschafteten weiterhin einen kleinen Acker oder zumindest doch einen größeren Gemüsegarten. Charakteristisch für diese Sozialschicht waren winzige giebelständige Häuser, die durch schmale Höfe, die hinter ebenso kleinen Toreinfahrten liegen, mit häufig fast identischen Häusern verbunden sind (z.B. Mutterstadter Straße) (BARTH u. KLÖPPER, S. 86 u. S. 92).

Die Landwirtschaft spielt noch heute eine große Rolle in Ruchheim. 54 der insgesamt 148 landwirtschaftlichen Betriebe Ludwigshafens waren 1985 in Ruchheim zu finden. Sie bewirtschafteten eine Fläche von 788 ha, das entspricht ca. 85 % der Gemarkungsfläche. Ein hoher Grundwasserstand bot stets gute Voraussetzungen für die Anlage von Feldbrunnen und für eine künstliche Bewässerung. Seit dem Zweiten Weltkrieg fand eine zunehmende Konzentration auf den Anbau von Gemüse statt, während Viehwirtschaft und Milchproduktion ganz aufgegeben wurden. Gleichzeitig wurde immer mehr zu Aussaat und Anpflanzung unter Glas und vor allem unter 'mobilen' Plastikfolien übergegangen. Die Folien gewähren dem jungen Gemüse einen Windschutz und erzeugen einen Wärmegewinn von ca. 2-3 °K sowie höhere Luft- und Bodenfeuchte. Die Erntetermine können um 10-14 Tage vorgezogen werden. Gleichzeitig verursachen aber ein größerer Wasserbedarf und ein sinkender Grundwasserspiegel immer größere Probleme bei der Bewässerung in der ganzen Vorderpfalz. Dem zur Lösung dieses Problems gegründeten *Beregnungsverband Nördliche Vorderpfalz*, der sein Wasser aus dem Altrhein südlich von Ludwigshafen bezieht, ist Ruchheim seit 1978 angeschlossen. In Ruchheim werden heute Salat, Weiß- und Rotkohl, Wirsing, Kohlrabi, Zwiebeln, Tomaten, Erdbeeren, vor allem aber Blumenkohl angebaut. Ruchheim stellt das größte zusammenhängende Anbaugebiet für Blumenkohl in der Bundesrepublik Deutschland dar. Pro Jahr werden hier fünf bis sechs Mio. Stück geerntet. Das Ruchheimer Gemüse wird auf den Obst- und Gemüsegroßmärkten von Maxdorf und Schifferstadt vermarktet. Hauptabnehmer sind Handelsketten und Supermärkte (BARTH, PLANUNGSBÜRO U. u. K. SCHARA, S. 41-43 u. S. 53; STADT LUDWIGSHAFEN 1985b, S. 3).

Fahrt von Ruchheim zur Gartenstadt über Maudach

Oggersheimer Straße - Ruchheimer Straße - Speyerer Straße - Breite Straße - Maudacher Straße

Die Fahrt über die Speyerer Straße läßt gut den ca. 5 m großen Niveauunterschied zwischen Niederterrasse, auf deren Rand die Fahrbahn verläuft, und der links neben der Straße liegenden Rheinniederung, hier mit dem Parkwald Maudacher Bruch bestanden, erkennen. Ebenfalls auf der linken Seite ist das Wasserwerk II der Stadt Ludwigshafen zu sehen. Hier wird seit 1970 die Hälfte des Ludwigshafener Trinkwassers aus Tiefen von 200 und 320 m gewonnen (Angaben der technischen Werke Ludwigshafen). Das Maudacher Bruch bildet die südliche Schleife der durch die Altrheinarme geformten 'Großen Acht'. Früher befand sich in der ehemaligen Rheinschlinge ein Bruchwald und eine Niedermoorvegetation. In den 20er und 30er Jahren wurde hier Torf gewonnen. Eine Grundwasserabsenkung um ca. 3 m hat jedoch zu einer Austrocknung des Niedermoores und der darunter anstehenden Torfschicht geführt. Die Vegetation konnte sich den veränderten Standortbedingungen nicht anpassen. Zahlreiche Bäume starben ab oder stürzten um, da sie nur noch ungenügend im Boden verankert waren. Seit den 50er Jahren ist durch Aufforstungsmaßnahmen und die Anlage von Wegen ein attraktives Naherholungsgebiet entstanden, das heute eine Größe von 360 ha hat. Die Ursprünge des bei der Ortsausfahrt Maudach zu sehenden Hügels in der Altrheinschleife gehen auf eine alte Mülldeponie zurück, die ebenfalls aufgeforstet worden ist (STADT LUDWIGSHAFEN 1979 u. DERS. 1956, S. 51). In Maudach selbst erzeugt die Aneinanderreihung der kleinen Arbeiterbauernhäuser einen recht monotonen Eindruck.

## HP 9  Gartenstadt

- Parkmöglichkeit in der Salzburger Straße

Wie in vielen anderen deutschen Städten griffen auch in Ludwigshafen wenige Jahre nach der Jahrhundertwende städtebaulich interessierte Bürger die Gartenstadtidee des Engländers Ebenezer Howard auf. Bereits 1913 überließ die Stadt Ludwigshafen der 1909 gegründeten 'Baugenossenschaft Ludwigshafen a. Rh.'(später 'Baugenossenschaft Gartenstadt') auf Mundenheimer Gemarkung an der Wachenheimer Straße ein Gelände für den Bau der ersten Siedlungshäuser einer späteren *Gartenstadt* (26). 1914 wurden hier Reihenhäuser, teilweise mit Schuppengebäuden zur Vorrats- und Kleintierhaltung versehen, errichtet. Im Erdgeschoß der zweigeschossigen Häuser befinden sich ein Zimmer und eine Arbeitsküche, im Dachgeschoß zwei weitere Zimmer. Die Wohnfläche einer Wohneinheit beträgt ca. 51 m$^2$. Jeder Wohnung ist ein großzügiger Garten zugeordnet.

Während des Ersten Weltkrieges kam die Bautätigkeit zwar zum Erliegen, nach 1920 ist die Gartenstadt aber sehr zügig ausgebaut worden und hat sich so sehr bald zu einem eigenen Stadtteil entwickeln können. Die Jahre 1935 bis 1939 können als die Zeit der stärksten Bautätigkeit bezeichnet werden. In diese Zeit fällt auch der Bau der Ostmark-Siedlung, die sich südlich der Maudacher Straße unweit der Wachenheimer Straße befindet. In Anlehnung an die Angliederung Österreichs an Deutschland im April 1938 sind die Straßennamen nach Landschaften und Städten in Österreich gewählt. Die Anordnung der zweistöckigen Mehrfamilien-Reihenhäuser schafft hier interessante Außenräume. Die ansonsten schlichten Außenfassaden werden gelegentlich durch säulengestützte Vordächer und erkerartige Vorbauten aufgelockert (BELLAIRE u. STADT LUDWIGSHAFEN, BAUVERWALTUNGSAMT, S. 14-16 u. S. 32f.).

Fahrt von der Gartenstadt zur Südstadt über Mundenheim und die Parkinsel zurück zur Innenstadt

Maudacher Straße - Oberstraße - Mundenheimer Straße - Böcklinstraße - An der Kammerschleuse - Parkstraße - Schwanthaler Allee - Wittelsbacher Straße - Mundenheimer Straße in Richtung Innenstadt

Lange Zeit herrschte ein gespanntes Verhältnis zwischen der alten, bereits im Lorscher Kodex erstmals erwähnten Ortschaft Mundenheim und dem benachbarten Ludwigshafen, da Mundenheim für die Gründung der neuen Gemeinde 126 ha hatte abtreten müssen. Zusätzlich wurde das Verhältnis dadurch belastet, daß Mundenheim, schon sehr bald zu dem prosperierenden Ludwigshafen eingemeindet werden sollte. Da sich die Mundenheimer jahrelang erfolgreich gegen diesen Schritt wehrten, konnte es die Eingemeindung bis 1899 hinauszögern. Ludwigshafen hatte danach die Möglichkeit, sich endlich auch in Richtung Süden zu entwickeln (FAUCK). Der unregelmäßige Verlauf der Straßen im Kern Mundenheims erinnert noch heute an die alte Ortschaft. Erweiterungen des Grundrisses erfolgten weitgehend im Rechtwinkelsystem. In Mundenheim sind die beiden Betriebe Giulini und Raschig ansässig. An letzterem führt die Exkursionsroute vorbei. Gegenüber des Firmengeländes sind mit dem Südwest-Stadion, einem Hallenbad, Eisstadion und Rollschuhbahn mehrere großflächige Sporteinrichtungen der Stadt konzentriert.

Der Bau des Luitpoldhafens und der damit verbundene Durchstich des Rheinbogens hat Ende des vergangenen Jahrhunderts die sogenannte Parkinsel entstehen lassen. Der auf der zum Rhein zugewandten Seite der Insel gelegene Stadtpark ist ein ehemaliger Auwald. Bereits 1900 ist dieser von der Stadt Ludwigshafen in einen Stadtpark umgewandelt worden und somit die Ansiedlung von Industrie an diesem Teil des Rheinufers verhindert worden. Der mit kostbaren ausländischen Bäumen ausgestattete Park hat heute einen hohen Freizeitwert. Etwas problematisch ist allerdings die schlechte Anbindung an das innerstädtische Straßennetz. Die Wohnhäuser der Parkinsel sind größtenteils um das Jahr 1930 gebaut worden.

## IV. Karten und Literatur

- Amtliche Stadtkarte Ludwigshafen am Rhein 1 : 15000

- Topographische Karte 1 : 25000, Blätter: 6416 Mannheim-Nord, 6516 Mannheim-Südwest, 6515 Bad Dürkheim-Ost

BARTH, F. (²1986): Ruchheim gestern und heute. - Veröffentlichungen des Stadtarchivs Ludwigshafen a. Rh., Bd. 4, Ludwigshafen.

BASF (Hrsg.) (1976): 110 Jahre BASF-Werkswohnungsbau 50 Jahre GEWOGE. Ludwigshafen.

BECHTEL, R. (1980): Cityverlagerung in Ludwigshafen. Staatsexamensarbeit, vorgelegt bei Prof. Dr. Chr. Jentsch, Geographisches Institut Universität Mannheim. Mannheim. (unveröff.)

BELLAIRE, W. u.a. (1969): Unsere Gartenstadt. Bausteine zur Geschichte des jüngsten Ludwigshafener Stadtteils. Ludwigshafen.

BREUNIG, W. (1986): Vom Handelsplatz zur Industriestadt. Wirtschaftsentwicklung in Ludwigshafen am Rhein 1820-1920. Ludwigshafen.

FAUCK, S. (1984): Stadtgründung und Eingemeindung - als Beispiel Ludwigshafen und Mundenheim 1853 und 1899. In: Institut für Landeskunde und Regionalforschung der Universität Mannheim (Hrsg.): Der Rhein-Neckar-Raum an der Schwelle des Industrie-Zeitalters. - Südwestdeutsche Schriften, H. 1, Mannheim, S. 49-61.

FISCHER, H. (1981): Ludwigshafen am Rhein. Von der Gewerbe- und Industrieansiedlung des 19. Jahrhunderts zur gegliederten Großstadt. In: DÖRRER, I. (Hrsg.): Mannheim und der Rhein-Neckar-Raum. Festschrift z. 43. dt. Geogr. tag 1981.- Mannheimer Geographische Arbeiten H. 10, Mannheim, S. 93-103.

FÜHRER, U. (1987): Ludwigshafen Pfingstweide: Eine sozialgeographische Untersuchung über Zufriedenheitspotentiale in einer randstädtischen Großwohnanlage. Diplomarbeit am Geographischen Institut der Universität Mannheim, vorgelegt bei Prof. Dr. W. Gaebe, (unveröff.)

KEIL, I. (1978): Ludwigshafen-Pfingstweide. - Eine sozialgeographische Untersuchung. - Staatsexamensarbeit, vorgelegt bei Prof. Dr. Chr. Jentsch, Geographisches Institut der Universität Mannheim.

KLÖPPER, R. (1957): Landkreis und Stadt Ludwigshafen am Rhein. Speyer.

KREUTER, K. ($^3$1973): Aus der Chronik von Oggersheim. Kaiserslautern.

NOLLERT, K. (1973): Entwicklung und Struktur des Ludwigshafener Stadtteils Friesenheim. - Staatsexamensarbeit, vorgelegt bei Frau Prof. Dr. G. Höhl, Geographisches Institut der Universität Mannheim, (unveröff.).

PLANUNGSBÜRO U. u. K. SCHARA (1978): Die Landwirtschaft im Stadtgebiet von Ludwigshafen. Ludwigshafen.

REINHARD, W. (1980): Stadterneuerung im Ludwigshafener Stadtteil Nord/Hemshof. Eine sozialgeographische Analyse. - Europäische Hochschulschriften, Reihe XXII, Bd. 50, Frankfurt/Main.

SPEER, A. (1976): Ludwigshafens Stadtteil Pfingstweide. In: BASF (Hrsg.): 110 Jahre Werkswohnungsbau 50 Jahre GEWOGE. Ludwigshafen.

STAATLICHES HAFENAMT LUDWIGSHAFEN AM RHEIN (1950): 125 Jahre Rheinhafen Ludwigshafen. Ludwigshafen.

STADT LUDWIGSHAFEN (1956): Wirtschaftsplan 1956. Ludwigshafen.

DIES. (1972): Hemshof Sanierung - Beiträge zur Stadtplanung, Nr. 2.

DIES. (1973): Grünflächen und Freiräume in Ludwigshafen am Rhein. Bestand und Bedarf. - Informationen zur Stadtentwicklung, Nr. 7.

DIES. (1977): Flächennutzungsplan Ludwigshafen/Rhein. Ludwigshafen.

DIES. (1979): Ökologische Studie Maudacher Bruch. - Informationen zur Stadtentwicklung Nr. 1.

DIES. (1985a): Die Modernisierung von Wohngebäuden im Sanierungsgebiet Nord/Hemshof. - Informationen zur Stadtentwicklung Nr. 6.

DIES. (1985b): Entwicklung und Strukturwandel in der Landwirtschaft 1949-1985. - Informationen zur Stadtentwicklung Ludwigshafen Nr. 8.

DIES. (1987): Die Entwicklung der Einzelhandelsstandorte im Rhein-Neckar-Raum 1967 bis 1984. - Informationen zur Stadtentwicklung Ludwigshafen Nr. 5.

STADT LUDWIGSHAFEN, BAUVERWALTUNGSAMT (1983): Entwicklung des Wohnungsbaus in Ludwigshafen bis 1945. Ludwigshafen.

VERLAG FÜR ARCHITEKTUR IN ZUSAMMENARBEIT MIT DER STADT LUDWIGSHAFEN (Hrsg.) (1986): Journal Ludwigshafen. Wiesbaden.

Blumenau

Sandhofen

Schönau

Pfingstweide

Edigheim

Waldhof

Gartenstadt

③

②

Oppau

④

①

Luzenberg

Straßenheim

Vogelstang

Neckarstadt

Käfertal

Wallstadt

Friesenheim

Wohlgelegen

Jungbusch

Feudenheim

NECKAR

Oststadt

⑤

Schwetzinger Stadt

Neuostheim

Mundenheim

Lindenhof

Neuhermsheim

Seckenheim

Almenhof

⑦

Hochstätt

Suebenheim

⑥

Neckarau

Rheingönheim

0    500    1000
              m

Pfingstberg

⑧

Friedrichsfeld

RHEIN

# Mannheim - Ludwigshafen

## Ökonomische und städtebauliche Probleme des industriellen Strukturwandels

von
Wolf Gaebe, Jürgen Münch, Hans Skarke

## I. Haltepunkte

1. Industriehafen/Friesenheimer Insel (Mannheim)
2. Industriebrache Strebelwerk/Diffenéstraße (Mannheim)
3. Sandhofer Straße/Altrhein (Mannheim)
4. BASF (Ludwigshafen)
5. Rheinufer-Süd (Ludwigshafen)
6. Industriepark-Süd/Alcan (Ludwigshafen)
7. Gewerbegebiet Neckarau (Mannheim)
8. Friedrichsfeld (Mannheim)

## II. Strukturveränderungen und Anpassungsprobleme alter Industriestandorte

Tiefgreifende wirtschaftliche Strukturveränderungen werden auf kommunaler Ebene sichtbar, wirtschaftlich im Verlust an Betrieben und Arbeitsplätzen (Gewerbeerosion), städtebaulich in leeren Gebäuden und brachliegenden Flächen. Die Städte sind unterschiedlich betroffen. Mannheim und Ludwigshafen haben als alte Industriestandorte erhebliche Probleme, den Strukturwandel zu bewältigen.

Mannheim erlebte durch die Industrialisierung einen Aufschwung in der zweiten Hälfte des 19. Jahrhunderts (1850: 22000; 1900: 141000 Einwohner). Die Stadt wurde innerhalb weniger Jahrzehnte ein bedeutender Handels- und Industriestandort. Dabei verbreiterte sich das Produktionsspektrum seit der Jahrhundertmitte, unter anderem durch die Maschinenbaufabriken Lanz (1842 als Handelsunternehmen gegründet, 1867 Aufnahme einer eigenen Produktion) und Vögele (1836 gegründet, 1875 aus der Innenstadt nach Neckarau verlagert), durch französische Filialgründungen, wie die Spiegelmanufaktur der Gesellschaft St. Gobain (1853) und die Gummiwaren Fabrik Hutchinson, Smith & Corporation (1860) im heutigen Industriehafen und durch den Verein Chemischer Fabriken (1827 gegründet, 1854 Hauptwerk Wohlgelegen).
Ein weiterer Ausbauschub vollzog sich seit der Mitte der 70er Jahre bis zum ersten Weltkrieg. Die Industrieproduktion verlagerte sich von der Leichtindustrie und der Nahrungs- und Genußmittelindustrie zur Investitionsgüterindustrie (Maschinenbau) und Grundstoff- und Produktionsgüterindustrie (Chemische Industrie) (Tab. 1).
Mannheim wurde um die Jahrhundertwende Standort von Großbetrieben nachdem die Industriehäfen am Friesenheimer Altrhein und in der Rheinau fertiggestellt waren: Beispiele sind das Zellstoffwerk Waldhof, große Getreidemühlen, die Vereinigten Jutespin-

nereien, der Verein Deutscher Ölfabriken, die Süddeutschen Kabelwerke. Außerdem ließen sich einige Unternehmen der Elektrotechnik nieder, unter anderem die BBC (1900 von Frankfurt nach Mannheim verlagert).

*Tab. 1:* Strukturwandel im Rhein-Neckar-Gebiet 1882-1907

| Branchen | Erwerbstätige der Kreise Mannheim, Ludwigshafen und Speyer | | | |
| | in 1000 | | in % | |
| | 1882 | 1907 | 1882 | 1907 |
|---|---|---|---|---|
| Bergbau, Hüttenwesen | — | 0.2 | — | 0.2 |
| Bauindustrie, Steine u. Erden | 6 | 17 | 20 | 19 |
| Metallverarbeitung, Maschinenbau | 4 | 22 | 13 | 26 |
| Chemische Industrie, Heiz- u. Leuchtstoffe | 3 | 11 | 12 | 12 |
| Textilindustrie | 1 | 4 | 4 | 4 |
| Restliche Leichtindustrie | 10 | 22 | 34 | 26 |
| Nahrungs- u. Genußmittelindustrie | 5 | 11 | 17 | 13 |
| Erwerbstätige insgesamt | 29 | 87 | 100 | 100 |
| Einwohnerinsgesamt | 150 | 358 | | |

*Quelle:* INSTITUT FÜR WIRTSCHAFTSGESCHICHTE DER AKADEMIE DER WISSEN-SCHAFTEN DER DDR 1985, S. 294

Voraussetzungen der Industrieentwicklung in Ludwigshafen (seit 1853 selbständige Gemeinde, seit 1859 Stadtrechte) waren Hafenanlagen und ein Eisenbahnanschluß. Sie ermöglichten relativ billige Transporte. Eines der ersten Unternehmen (1851) war die Chemische Fabrik Giulini. Die Firmengründer betrieben vorher eine Drogenhandlung und seit 1823 in Mannheim eine Schwefelsäurefabrik. Günstigere Standortbedingungen auf dem linken Rheinufer veranlaßten sie, die Produktionsstätte in Mannheim zu verkaufen und in Ludwigshafen neue Fabrikationsanlagen zu errichten. 1858 gründete eine weitere chemische Fabrik die Pforzheimer Firma Benckiser in Ludwigshafen einen Betrieb. Die Bedeutung der Ludwigshafener Niederlassung wuchs ständig, 1888 wurde auch der Pforzheimer Betrieb nach Ludwigshafen verlagert. Bereits 1865 siedelte sich die in Mannheim gegründete BASF an, nachdem sie in Mannheim das für eine Erweiterung notwendige Gelände nicht erhalten hatte.

Die Entwicklung der Nachbarstädte Mannheim und Ludwigshafen wurde durch die Industrie bestimmt. Die Veränderungen der Beschäftigtenstruktur seit 1970 verdeutlichen den wirtschaftlichen Strukturwandel (Tab. 2). In Mannheim ist jedoch die Strukturverschiebung vom sekundären zum tertiären Sektor weit stärker als in Ludwigshafen. 59 % aller Beschäftigten sind hier noch im sekundären Sektor tätig.

Auch innerhalb des Verarbeitenden Gewerbes kam es zu einer Strukturverschiebung aufgrund unterschiedlicher Wachstums- und Schrumpfungsprozesse der einzelnen

*Tab. 2:* Wirtschaftlicher Strukturwandel in Mannheim und Ludwigshafen 1950-1987

| | sekundärer Sektor | | | | tertiärer Sektor | | | |
|---|---|---|---|---|---|---|---|---|
| | 1950 | 1961 | 1970 | 1987 | 1950 | 1961 | 1970 | 1987 |
| Mannheim | 61 | 58 | 55 | 40 | 39 | 42 | 45 | 60 |
| darunter | | | | | | | | |
| Verarbeitendes Gewerbe | 49 | 49 | 46 | 33 | | | | |
| Ludwigshafen | 70 | 72 | 68 | 59 | 30 | 28 | 32 | 41 |
| darunter | | | | | | | | |
| Verarbeitendes Gewerbe | 57 | 63 | 60 | 52 | | | | |

*Quelle:* STATISTISCHE LANDESÄMTER VON BADEN-WÜRTTEMBERG UND
RHEINLAND-PFALZ

Branchen (Tab. 3). Dabei sind in allen Branchen erhebliche Arbeitsplatzverluste festzustellen, allein in der Elektrotechnik nahm die Beschäftigung zu. Trotz rückläufiger Beschäftigungsentwicklung verstärkt sich in Ludwigshafen aufgrund der positiven Entwicklung der BASF (über 50000 Arbeitsplätze) die Dominanz der Chemischen Industrie.
Mannheims Industrie entwickelt sich differenzierter: während die Chemische Industrie
und vor allem die Elektrotechnik relativ an Bedeutung gewinnen, bleiben trotz hoher
Arbeitsplatzverluste der Stahl-, Maschinen- und Fahrzeugbau die bedeutendsten
Branchen.

Hohe Arbeitsplatzverluste in der Industrie sind Ausdruck erheblicher Anpassungspro-
bleme bei einem sich beschleunigenden Strukturwandel. Sowohl in Mannheim als auch
in Ludwigshafen (abgesehen von der BASF) dominieren alteingesessene Unternehmen
mit einem hohen Teil Produkte im absteigenden Teil des Produktzyklus - in der Sätti-
gungs- und Schrumpfungsphase - und scharfer Konkurrenz auf dem Weltmarkt. Diese
Firmen unternehmen zwar viel, um Produkte und Produktionsverfahren zu modernisieren. Sie können sich dann möglicherweise behaupten, haben aber kaum neue Wachs-
tumschancen. Es fehlen moderne Industrien mit innovativen Produkten, technologie-,
innovations- und forschungsintensive Betriebe, z.B. der Meß-, Regel- und Kommunika-
tionstechnik, der Luft- und Raumfahrt.

Viele Betriebe in Mannheim und Ludwigshafen konnten sich nicht den veränderten
technologischen Erfordernissen und Marktbedingungen anpassen. Sie mußten schließen oder gingen in Konkurs.

Durch Liquidationen, Konkurse und Stillegungen wurden Flächen freigesetzt. Nicht der
Vorgang ist bemerkenswert, sondern nur Umfang und Geschwindigkeit der Veränderungen. So weisen alte innerstädtische Industrie- und Gewerbegebiete in Mannheim
und Ludwigshafen Spuren eines funktionalen und baulichen Verfalls auf. Brachliegende
Gewerbeflächen und Infrastruktur (Bahnanlage, Verladeeinrichtungen), leerstehende
Gebäude, marginale und temporäre Nutzungen weisen auf städtebauliche Mißstände
und Schwierigkeiten der Wiederverwertung. Das Erscheinungsbild steht im Widerspruch zu den Standortanforderungen potentieller Nutzungen. Denn für moderne Industrien gewinnt neben den klassischen Standortfaktoren (Verkehrsanbindung, Boden und
Arbeitskräfte) die Umweltqualität an Bedeutung. Aus kommunaler Sicht ergibt sich so-

*Tab. 3:* Beschäftigungsentwicklung und Strukturwandel im Verarbeitenden Gewerbe in Mannheim und Ludwigshafen 1970-1987

| Branchen | Beschäftigte in Mannheim | | | Beschäftigte in Ludwigshafen | | |
|---|---|---|---|---|---|---|
| | 1970 | 1987 | 1970-1987 in % | 1970 | 1987 | 1970-1987 in % |
| Chemische Industrie, Mineralölverarbeitung | 9 | 12 | - 7 | 78 | 83 | - 7 |
| Kunststoff-, Gummiverarbeitung | 4 | 3 | - 37 | 0.1 | 0.1 | - 35 |
| Steine u. Erden, Glasindustrie | 3 | 1 | - 79 | 3 | 1 | - 77 |
| Metallerzeugung, -bearbeitung | 5 | 2 | - 72 | 2 | 1 | - 40 |
| Stahl-, Maschinen-, Fahrzeugbau | 42 | 39 | - 33 | 8 | 7 | - 20 |
| Elektrotechnik, Feinmechanik | 17 | 28 | 15 | 3 | 4 | 10 |
| Holz-, Papier-, Druckindustrie | 9 | 7 | - 44 | 2 | 1 | - 76 |
| Leder-, Textil-, Bekleidungsindustrie | 3 | 1 | - 71 | 1 | 1 | - 32 |
| Nahrungs- u. Genußmittelindustrie | 8 | 7 | - 43 | 3 | 2 | - 32 |
| Verarbeitendes Gewerbe insgesamt | 100 | 100 | - 29 | 100 | 100 | - 13 |

*Quelle:* STATISTISCHE LANDESÄMTER VON BADEN-WÜRTTEMBERG UND RHEINLAND-PFALZ

mit ein erheblicher städtebaulicher, infrastruktureller und ökologischer Sanierungs- und Umbaubedarf als Voraussetzung für eine strukturelle Modernisierung (vgl. REISS-SCHMIDT 1987, S. 109).

An ausgewählten Beispielen sollen die ökonomischen und städtebaulichen Probleme des industriellen Strukturwandels in Mannheim/Ludwigshafen und Planungsvorstellungen der Kommunen aufgezeigt werden.

# III. Exkursionsroute

## HP 1 Industriehafen/Friesenheimer Insel

Bis gegen Ende des letzten Jahrhunderts wurde durch den staatlichen Ausbau der Hafenanlagen in Mannheim in erster Linie der Großhandel gefördert. Für den industriell-gewerblichen Bereich wurde wenig getan, es fehlten vor allem Ansiedlungsmöglichkeiten für große Betriebe, die neben einer Straßen- und Bahnverbindung Zugang zum billigen Wassertransport suchten. Die Stadt Mannheim entschloß sich deshalb 1891 den Floßhafen im Altrhein zu einem Industriehafen auszubauen.

In Verbindung mit dem Industriehafen wurde die Eingemeindung der nördlich des Stadtgebietes liegenden Friesenheimer Insel betrieben. Auf der bis dahin landwirtschaftlich genutzten Insel sollte Industrie angesiedelt und eine dringend notwendige Kläranlage gebaut werden. 1895 erfolgte die Eingemeindung der Friesenheimer Insel, 1905 wurden die städtischen Kläranlagen an der Diffenéstraße in Betrieb genommen (TOLXDORF 1961, S. 22). Im Industriehafen siedelten sich bis 1907 51 Industriebetriebe, unter anderem der Metallerzeugung- und verarbeitung, der Herstellung von Nahrungs- und Genußmitteln, Textilien und der Bauindustrie, an (etwa 47 ha), 18 Handels- und Transportbetriebe, insbesondere der Handel mit Bau- und Brennstoffen (etwa 10 ha) (SCHOTT 1957, S. 78 f.).

Die Friesenheimer Insel wird heute weitgehend durch Industrie, Ver- und Entsorgungseinrichtungen geprägt: eine alte Industriezone entlang des Hafenbeckens, im Norden eine Erdölraffinerie auf einem Gelände von 123 ha, im Nordosten eine Müllverbrennungsanlage (Fernheizwerk), eine Mülldeponie und alte Kläranlagen. Die Insel ist durch drei Brücken mit dem übrigen Stadtgebiet verbunden, ein zentrumsnaher Standort mit guten überregionalen Verkehrsverbindungen.

Die Nutzungsfunktion bestimmt den Industriehafen. Hohe Produktions-, Lager- und Verwaltungsgebäude begrenzen breite, für den Schwerlastverkehr angelegte Straßen mit z.T. parallelen Gleisen und frei geführten Rohrleitungen. Die Hafenbecken und Kais mit Gleisen und Verladeeinrichtungen säumen eindrucksvolle Mühlenbauten aus der Gründerzeit und der Bauhausperiode. Grün findet sich bis auf wenige Ausnahmen nur auf brachliegenden Flächen.

Die jüngere Entwicklung von Industriehafen und Friesenheimer Insel ist geprägt durch eine starke Abnahme industrieller Arbeitsplätze und erhebliche Veränderungen der Branchenstruktur. Zwischen 1970 und 1987 gingen etwa 7 300 Arbeitsplätze im Verarbeitenden Gewerbe verloren, fast zwei Drittel aller industriellen Arbeitsplätze. Heute gibt es hier noch etwa 4 000 Beschäftigte in der Industrie. Von dem starken Beschäftigungsrückgang waren am stärksten betroffen die metallerzeugenden, -bearbeitenden und -verarbeitenden Betriebe (Gießereien, Stahl-, Maschinen- und Fahrzeugbau). Von 5 800 Arbeitsplätzen 1970 blieben nur noch 530 übrig (-91 %). Im Nahrungs- und Genußmittelgewerbe gingen im selben Zeitraum etwa zwei Fünftel der Arbeitsplätze verloren, insgesamt etwa 1 160. Der einzige Industriezweig mit einem Arbeitsplatzzuwachs war die Kunststoff- und Gummiverarbeitung (+ 120). Die unterschiedlichen Wachstums- und Schrumpfungsprozesse haben zu starken strukturellen Veränderungen geführt: Im einst dominierenden Metallgewerbe (1970 mehr als 50 % der Arbeitsplätze) waren 1987 nur noch 13 % der Arbeitsplätze zu finden, im Nahrungs- und Genußmittelgewerbe (1970: 25 %) dagegen 41 %, in der Chemischen Industrie und Mineralölverarbeitung 24 % (1970: 11 %) und in der Kunststoff- und Gummiverarbeitung 14 % (1970: 4 %). Räumlichen Niederschlag findet die Abnahme der Industriearbeitsplätze in einem je nach Gebäudealter und Dauer der Stillegung starken Verfall der Gebäude und Flächen, in »industrial blight«, verursacht durch fehlende oder unzureichende Erhaltungs- und Modernisierungsinvestitionen und Standortveränderungen. So erfolgten seit 1969 elf Standortveränderungen, verbunden mit einem Verlust von 3 854 Arbeitsplätzen (Tab. 4). Die beiden Verlagerungen gehen auf mangelnde Erweiterungsmöglichkeiten zurück, die Stillegungen auf die mißglückte oder versäumte Anpassung an veränderte Marktbedingungen, aber auch auf veränderte Standortbedingungen im Konzernverbund.

Tab. 4:Arbeitsplatzverluste im Industriehafen 1969-1988

| Gründe | Betriebe | Branchen | Arbeitsplätze |
|---|---|---|---|
| 1. Stillegung/Konkurs | 5 | Maschinenbau | 730 |
| | 2 | Stahlbau | 2740 |
| | 2 | Nahrungsmittel | 154 |
| 2. Verlagerung | 2 | KFZ-Teile | 230 |
| Insgesamt | 11 | | 3854 |

Quelle: IG METALL 1985/86, SKARKE 1987, MANNHEIMER MORGEN (29. 08. 85)

Erhebliche Probleme verursachen die durch die Verlagerungen und Stillegungen freige-
wordenen Flächen (vgl. Abb. 1), sie können nur nach hohen Investitionen wieder genutzt werden. Eine rasche Wiedernutzung erschweren nicht nur die hohen Kosten für
Abriß und Umbau der Gebäude sowie Altlastensanierungen, sondern auch das Angebot
billiger, unbelasteter Flächen in anderen Gewerbegebieten, das unattraktive Umfeld
und die ungünstige Bewertung der un- oder untergenutzten Flächen.
Eine flächendeckende Untersuchung 1985 der Industrie- und Gewerbebrachen in
Mannheim ergab im Industriehafen 12 Flächen mit zusammen 29.6 ha, davon waren
22.1 ha völlig ungenutzt und 7.5 ha nur zum Teil genutzt (u.a. Lagerflächen, Verwerter-
betriebe (Rohstoffrecycling)). Die lange Dauer der Nichtnutzung, mehr als zwei Drittel
der Flächen lagen mehr als 5 Jahre brach (DIETERICH 1985, S. 247), weist auf einen
kommunalen Handlungsbedarf hin. Durch kommunale Revitalisierungsmaßnahmen
sollen die größten Brachflächen im Industriehafen, die ehemaligen Betriebsflächen der
Strebelwerk GmbH wieder genutzt werden. Das Strebelwerk, Hersteller von Heizkes-
seln und Radiatoren, wurde 1900 in der Hansastraße gegründet. 1912 entstand das
Werk Industriehafen (Diffenéstraße), das in den 60er Jahren stark ausgeweitet wurde.
1974 ging das Unternehmen in Konkurs, 2500 Arbeitsplätze gingen verloren, beide
Werke, I (Hansastraße/Industriestraße) mit etwa 7 ha und I (Diffenéstraße) mit 18.4 ha,
wurden stillgelegt. Die Stadt Mannheim erwarb das Werk I aus der Konkursmasse, ließ
das Gelände freiräumen und verbesserte durch eine neue Erschließungsstraße die Anbindung nach Norden. Durch die Ausweisung als Gewerbegebiet (GE) sollten vor allem
verlagerungsbedürftige Betriebe der Innenstadt und Neckarstadt gewonnen werden. Bisher wurden hier fünf Betriebe mit ingesamt etwa 60 Arbeitsplätzen angesiedelt.

HP 2   Industriebrache Strebelwerk/Diffenéstraße

Werk II an der Diffenéstraße auf der Friesenheimer Insel ging zunächst in das Eigentum
einer Großbank über, die nach dem Bau der Rudolf Diesel-Straße zur Erschließung des
Geländes die Fläche verkaufen wollte. Bis 1987 wurden zwei Grundstücke mit zusammen 3.8 ha verkauft und ein weiteres Grundstück mit etwa einem ha in Erbpacht vergeben. 1987 erwarb die Stadt Mannheim die übrige Fläche; dafür und für angrenzende
Bereiche wurden »Vorbereitende Untersuchungen« nach § 4 Abs. 3 Städtebauförderungsgesetz (bzw. § 141 BauGB) durchgeführt.
Allein die Rudolf Diesel-Straße erschließt das ehemalige Werksgelände. Rückwärtige

**Abb. 1: Standortveränderungen im Industriehafen Mannheim 1969-1988**

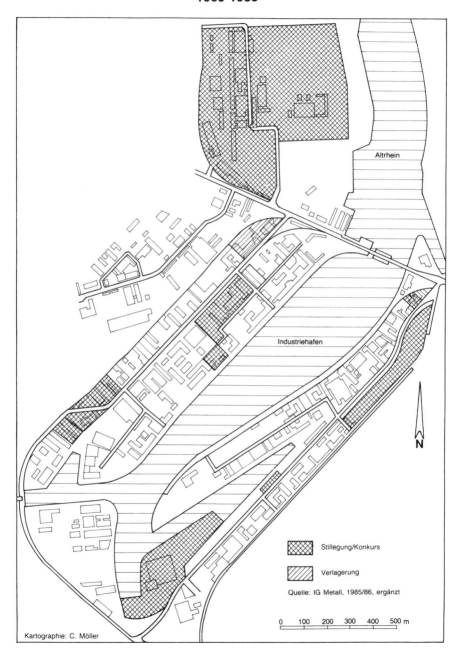

Altrhein

Industriehafen

N

Stillegung/Konkurs

Verlagerung

Quelle: IG Metall, 1985/86, ergänzt

0  100  200  300  400  500 m

Kartographie: C. Möller

Hallen können nur über teilweise unbefestigte oder stark beschädigte Werksstraßen erreicht werden. Fehlende Straßen-, Wege- und Hallenbezeichnungen erschweren die Orientierung. Von drei Lagerplätzen abgesehen liegen die unbebauten Flächen brach. Überwachsene Freiflächen mit wilden Schutt- und Müllablagerungen, Resten von Fundamenten und Verbotsschildern »Betreten verboten - Einsturzgefahr« verstärken den desolaten Gesamteindruck.

Das Altlastenkataster der Stadt Mannheim weist für den Bereich des ehemaligen Strebelwerks starke Bodenverunreinigungen durch Flüssigkeiten aus. Verunreinigungen durch Mineralöle, Altöle und andere grundwasergefährdende Stoffe werden durch ehemalige Tankstellen, Faß- und Tanklager, eine Spritzerei und Trafostationen vermutet; abgelagerte Gießereisande finden sich im nordöstlichen Teil des Geländes. Die Gebäudenutzungskartierung (Abb. 2) weist außer einem Wohnhaus und einem privat genutzten Garagengebäude nur gewerbliche Nutzung aus. Leerstehende Gebäude erklären sich aus fehlender Nachfrage, vor allem aber aus Mängeln, die eine Nutzung nahezu ausschließen.

Das Spektrum der auf diesem Gelände vertretenen Betriebe reicht von Zweigbetrieben und Lagern Mannheimer Großunternehmen über Speditionen und Handel (Möbel, Gebrauchtwagen u.a.) zu Dienstleistungen (Abfallbeseitigung, Proberäume für Rockgruppen u.a.). Die meisten Betriebe sind Zweigbetriebe und hier erst wenige Jahre tätig. Mehr als zwei Drittel der Beschäftigten arbeiten in drei Betrieben mittlerer Größe, die übrigen in Klein- und Kleinstbetrieben. Da Lagerfunktionen dominieren, werden viele Betriebsstätten nur temporär genutzt. Knapp die Hälfte der Betriebe ist durch lokale Verflechtungen mit dem Hauptbetrieb, mit Abnehmern oder Lieferanten stark an den Standort gebunden.

Gebäude und Grundstücke sind nur begrenzt nutzbar, dies zeigt der hohe Anteil flächenextensiver Nutzung und die Funktion der Betriebe. Standortschwächen und städtebauliche Mängel geben Hinweise auf den Sanierungsbedarf des Geländes (MÜNCH 1988). 1989 erklärte deshalb auch der Mannheimer Gemeinderat das ehemalige Strebelwerkgelände zum Sanierungsgebiet. Im nördlichen Teil ist eine Erweiterung der Müll- und Schuttdeponie geplant, die im östlichen Teil durch landschaftsgestalterische Maßnahmen an ein Waldstück mit Silberweiden angepaßt werden soll. Der südliche und südöstliche Teil soll Industriefläche bleiben. Außer der Bestandssicherung eines mittleren Betriebes bieten sich hier Verlagerungsmöglichkeiten für sanierungsbetroffene Betriebe und Raum für Neuansiedlungen (STADT MANNHEIM 1986). Die Kosten betragen voraussichtlich etwa 21.9 Mio. DM.

In der nordöstlichen Ecke des Strebelgeländes führt ein Weg durch eine städtische Grünanlage zu einem schon zum Teil begrünten Schuttberg. Auf dem gegenüberliegenden Altrheinufer ist an der Sandhofer Straße eines der ältesten Mannheimer Industriegebiete erkennbar.

HP 3  Sandhofer Straße/Altrhein

Das Industriegebiet Sandhofer Straße/Altrhein ist mit 8100 Beschäftigten 1988, etwa 13 % der Mannheimer Beschäftigten im Verarbeitenden Gewerbe, einer der bedeutendsten Industriestandorte der Stadt.

Die günstige Lage am Altrhein, Wasserweg, Brauchwasserlieferant und Vorfluter zugleich, und die Nähe zur Chemischen Industrie in Mannheim-Ludwigshafen bestimm-

*Abb. 2:* **Industriebrache Strebelwerk - Gebäudenutzung 1988**

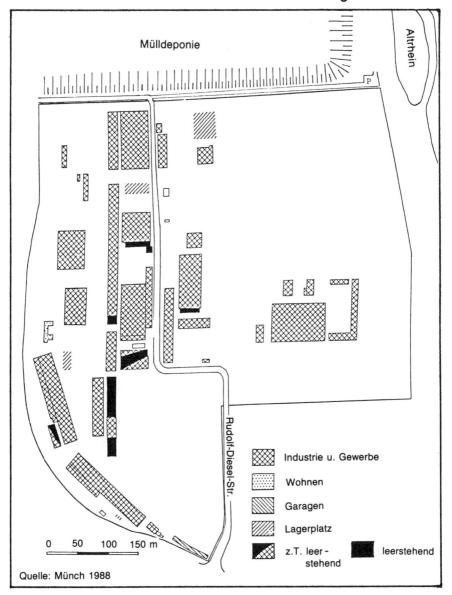

Mülldeponie

Altrhein

Rudolf-Diesel-Str.

Industrie u. Gewerbe

Wohnen

Garagen

Lagerplatz

z.T. leer-
stehend

leerstehend

0  50  100  150 m

Quelle: Münch 1988

181

ten seit der Mitte des 19. Jahrhunderts Ansiedlungen großflächiger Industriebetriebe entlang der Sandhofer Straße von Süden nach Norden.: Betriebsstätten der Vereinigten Glaswerke, der Chemischen Fabrik Weyl GmbH, der Boehringer Mannheim GmbH und der Papierwerke Waldhof-Aschaffenburg AG.

1852 wurde die Spiegelmanufaktur Waldhof, die erste Spiegelfabrik Deutschlands, von der französischen »Manufacture des Glaces« (St. Quirin) gegründet. Für die mitgebrachten Arbeiter entstand eine Siedlung mit eigener Kirche und Schule, bis 1914 die sogenannte Franzosenkolonie. Zunächst wurden außer Spiegelglas (1930 Produktionseinstellung) Gläser mit und ohne Drahteinlage hergestellt, nach der Jahrhundertwende vor allem Gußglas. 1936 wurde das Unternehmen von den Vereinigten Glaswerken (VEGLA) Aachen übernommen, eine Tochtergesellschaft des französischen Chemiekonzerns St. Gobain. Nach 300 bis 400 Arbeitsplätzen im 19. Jahrhundert und einem Beschäftigungshöchststand von etwa 700 Beschäftigten 1925 fertigen heute etwa 200 Beschäftigte überwiegend Glas für die Bauindustrie. Das Erscheinungsbild des Geländes bestimmen große Produktionshallen und parkartige Erweiterungsflächen mit hohem Baumbestand, offensichtlich fehlt seit langem ein Erweiterungsbedarf.

Die Chemische Fabrik Lindenhof (heute Chemische Fabrik Weyl GmbH) wurde 1877 aufgrund einer Erweiterung des Mannheimer Stadtteils Lindenhof an die Sandhofer Straße verlagert. Seit 1905 gehört das Werk zur Rütgers-Werke AG in Berlin, heute Frankfurt. Das Produktionsprogramm umfaßt chemische und pharmazeutische Produkte sowie Holzschutzmittel. Die Teerverarbeitung zu Grundstoffen für die pharmazeutische, kosmetische, Farbstoff- und Chemische Industrie soll in den nächsten Jahren aus dem Mannheimer Werk an andere Betriebe des Unternehmens abgegeben werden, da als eine Folge der Stahlkrise weniger Teer anfällt. Vom Wegfall der Teerdestillation sind etwa 70 der 400 Beschäftigten betroffen. Durch neue Produkte und Erweiterungen sollen Entlassungen weitgehend vermieden werden.

1873 wurde die 1859 gegründete Chininfabrik E.F. Böhringer & Söhne von Stuttgart nach Mannheim verlagert, zunächst auf die aufgegebene Fläche einer Zinkhütte im Jungbusch, wo schon die heutige BASF ihren Standort hatte, bevor sie 1865 verlagert wurde. Doch bereits nach wenigen Jahren wurde aufgrund fehlender Erweiterungsmöglichkeiten ein neuer Standort gesucht. Er wurde auf einem etwa 30 ha großen Gelände am Altrhein gefunden, das auf etwa 56 ha erweitert werden konnte. Von damals etwa 60 Mitarbeitern entwickelte sich Boehringer zum größten Chinin-Hersteller der Welt. Intensive Forschung und internationales Marketing erklären den Aufstieg zu einem pharmazeutischen Großunternehmen mit etwa 5 200 Beschäftigten. Diagnostica (1988 mehr als die Hälfte des Umsatzes) bilden vor Therapeutica die wichtigste Produktgruppe. Boehringer gehört als größter deutscher Anbieter von Diagnostica und diagnostischen Geräten der klinischen Chemie weltweit zu den fünf größten Anbietern dieser Produkte. Therapeutica verloren an Bedeutung durch Nachahmerprodukte nach Ablauf des Patentschutzes. Veränderte Abrechnungsmöglichkeiten bei Medikamenten treffen insbesondere Boehringer, da ausschließlich rezeptpflichtige Medikamente hergestellt werden. Durch verstärkte Forschungsanstrengungen (1984: 209 Mio. DM, 1989: 380 Mio. DM) sollen neue Präparate entwickelt werden, für die bis zum Ablauf des Patentschutzes die Preise nicht gebunden sind. Sichtbarer Ausdruck der Forschung sind neue Laborgebäude im rückwärtigen Teil des Geländes (Nutzfläche: 5 900 m$^2$, etwa 260 Arbeitsplätze).

Das letzte Glied der Kette größerer Industriebetriebe am Altrhein bildet die Zellstoff-fabrik Waldhof AG mit einem ausgedehnten Holzlager. 1884 entstand hier die erste großindustrielle Zellstoffproduktion Deutschlands. Als sich die süddeutschen Bezugs-quellen des Rohstoffs Holz erschöpften, wurden Betriebe in Rußland, Böhmen und Finnland aufgekauft oder neu errichtet. Vor dem Zweiten Weltkrieg gehörte Zellstoff Waldhof zu den größten europäischen Zellstoffherstellern. Aufgrund der Schwerpunkt-verlagerung des Unternehmens nach Nordosten wurde 1931 die Hauptverwaltung von Mannheim nach Berlin verlegt. Nach 1945 gingen die Betriebe im Osten verloren, der Hauptsitz zog nach Wiesbaden und kehrte erst 1960 nach Mannheim zurück. Durch eine neue Wachstumsstrategie wurden Unternehmen aufgekauft und neue Produkte aufgenommen, vor allem durch Aufnahme der Papierverarbeitung als dritter Stufe (nach Zellstoff- und Papierproduktion) die vertikale Integration ausgebaut. Die Zellstoffabrik Waldhof wurde wieder der größte deutsche Zellstoffhersteller und einer der größten Pa-piererzeuger. Seit Mitte der 60er Jahre verschlechterte sich die Ertragslage, es fehlten Eigenmittel für die erforderlichen Investitionen. 1970 erfolgte die Fusion mit der Aschaf-fenburger Zellstoffwerke AG zur PWA Papierwerke Waldhof-Aschaffenburg AG, Haupt-sitz München. Im Rahmen der dezentralen Unternehmensorganisation behielt der Standort Mannheim mit 2300 Arbeitsplätzen eine herausragende Bedeutung und eine relative Selbständigkeit.

Die Exkursionroute führt nun nach Ludwigshafen zum Hauptsitz der BASF, der Badischen Anilin- und Soda-Fabrik. Ludwigshafen, »Stadt der Chemie«, ist die steuerstärkste Gemeinde des Landes Rheinland-Pfalz mit knapp 160000 Einwohnern 1988.

## HP 4   Badische Anilin- und Soda-Fabrik (BASF)

Da die BASF, 1865 in Mannheim gegründet, hier auf Betreiben des Vereins Chemischer Fabriken, der Konkurrenz befürchtete, ein vorgesehenes Gelände nicht erhielt, erwarb sie ein Grundstück am gegenüberliegenden bayerischen Rheinufer, nahe den zur Ge-markung Ludwigshafen gehörenden *Hemshöfen*. Ein chemischer Betrieb mit der vertika-len Produktionsabfolge vom Grundstoff zum fertigen Farbstoff stellte damals in Deutschland ein neuartiges Konzept dar. Durch die industrielle Nutzung der Schwefel-säurekontaktverfahren, der Chlorverflüssigung und der Indigosynthese entwickelte sich die BASF schnell zu einem Großbetrieb; auf 220 ha Betriebsfläche wurden 1904 fast 8500 Arbeiter und Angestellte beschäftigt (PLEWE 1954, S. 195). Mit der großtechni-schen Umsetzung der Ammoniaksynthese kam zur Farbenherstellung die Herstellung von Düngemitteln hinzu. 1913 entstanden die ersten Anlagen im neuen Werk Oppau. Stand bisher die isolierte Forschung im Vordergrund, wurde sie zunehmend durch die systematische Erforschung chemischer Verbindungen ausgeweitet, u.a. Kunststoffe, Lö-sungsmittel, Pharmazeutika. Die zentralen Forschungseinrichtungen sind bis heute am Standort Ludwigshafen geblieben.

Die BASF besitzt etwa 6700 Patente und Patentanmeldungen in der Bundesrepublik und etwa 35000 im Ausland. Die Betriebsflächen in Ludwigshafen und Oppau sind längst zu einem Werk zusammengewachsen. Mit mehr als 300 Produktionsbetrieben stellt der BASF-Standort Ludwigshafen den größten Industriestandort der Bundesrepu-blik dar und den größten chemischen Betrieb der Erde. Eine Fahrt entlang des Betriebs-geländes macht die Ausmaße deutlich: eine Fläche von knapp $7 \, km^2$ bei einer Rheinfront von fast 5.4 km. 1987 wurden im Werk Ludwigshafen über 6000 Produkte hergestellt. Von den knapp 63000 Ludwigshafener Industriebeschäftigten arbeiten etwa 90 % in der Chemischen Industrie, davon allein 52000 in der BASF. Zum Industrieumsatz von 19.8 Mrd. DM (1986) trug die Chemische Industrie etwa 19 Mrd. DM bei, davon mehr als 90 % die BASF. Etwa drei Viertel des Gewerbesteueraufkommens der Stadt (260 Mio. DM) entfallen auf die BASF. Bezogen auf die Einwohnerzahl erreicht das Nettosteueraufkommen in Ludwigshafen die zweite Stelle in der BRD nach Frankfurt. Aufgrund der Ertragskraft der BASF liegt das Bruttosozialprodukt der Stadt Ludwigshafen 1984 mit knapp 70000 DM je Einwohner erheblich über dem Bundesdurchschnitt von knapp 30000 DM.

## HP 5    Entwicklungsbereich Rheinufer-Süd

In städtebaulich zentraler Lage am südlichen Rheinufer, nicht weit von der Innenstadt Ludwigshafens, befindet sich ein weiterer Industriestandort des 19. Jahrhunderts. 1881 wurde am damaligen Stadtrand die Maschinenbaufabrik Sulzer errichtet (Hauptsitz Winterthur/Schweiz), 1885 die Walzmühle und um die Jahrhundertwende der Luitpoldhafen, Standort weiterer gewerblicher Betriebe, fertiggestellt. Bis 1925 wurden die Maschinenfabrik und die Walzmühle, inzwischen die größte Mühle Europas, stark erweitert. Gleichzeitig erfolgte aber die Ausweitung des Stadtteils Süd nach Süden. Mit der zunehmenden Bebauung änderte sich die zunächst günstige Lage der Industriebetriebe. Aus einem peripheren Standort wurde ein zentraler Standort umgeben von Wohngebieten.

Die Walzmühle wurde 1962 aufgrund des Nachfragerückgangs und der veränderten Standortgunst stillgelegt (Mühlen arbeiten heute kostengünstiger nahe der Getreideerzeugung). Sie wurde bis 1985 als Kraftfutterwerk, Getreideumschlags- und Lagerplatz genutzt. Die Maschinenfabrik Sulzer ging 1940 in den Besitz der Halbergerhütte GmbH (Brebach/Saar) über. Sie hatte zwei Betriebe in Ludwigshafen: die Halbergerhütte (Gießerei), spezialisiert auf Gußteile für die Autoindustrie, und die Halberg-Maschinenbau. Die Halbergerhütte wurde 1988 mit 570 Arbeitsplätzen stillgelegt, Halberg-Maschinenbau, Hersteller von Pumpen und Steuerungselementen, ist mit etwa 850 Beschäftigten der größte metallverarbeitende Betrieb in Ludwigshafen. An den Hüttenbetrieb schließt sich der Betriebshof der Verkehrsbetriebe Ludwigshafen an, dessen Verlagerung nach Rheingönheim beabsichtigt ist. Durch die Stillegungen (Walzmühle, Halbergerhütte) und die beabsichtigte Verlagerung wird eine Fläche von nahezu 20 ha an einem herausragenden Standort frei. Die Stadt Ludwigshafen hat deshalb die förmliche Ausweisung eines Sanierungsgebietes nach § 141 Abs. 2 BauGB beschlossen.

Das Sanierungsgebiet (28.6 ha) schließt neben der erwähnten Fläche auch das bisher extensiv genutzte Westufer des nördlichen Luitpoldhafens ein. In vorbereitenden Untersuchungen zum Entwicklungsbereich Rheinufer Süd wurden die Sanierungsziele genannt (STADT LUDWIGSHAFEN 1988, S. 58): Bestandssicherung der Halberg-Maschinenbau, Standorte für hochwertige umweltverträgliche Arbeitsplätze (z.B. Dienstleistungen, Forschungseinrichtungen) und Wohnungen in städtebaulich ansprechender Form sowie Kultur- und Freizeiteinrichtungen. Durch eine Begrünung soll das Stadtklima verbessert und in Verbindung mit der Rheinufergestaltung, mit Verkehrsberuhigungsmaßnahmen und der Aufwertung des Stadtteilzentrums Mundenheimer Straße die Attraktivität des Standortes erhöht werden. Im Mai 1989 erwarb eine Schweizer Immobiliengesellschaft das Grundstück der Walzmühle. In enger Zusammenarbeit mit der Stadt soll in den nächsten beiden Jahren das Nutzungskonzept - hochwertige Arbeitsplätze und attraktive Wohnungen - erarbeitet werden. Das Investitionsvolumen soll, verteilt auf 6 bis 8 Jahre, etwa 180 bis 200 Mio. DM betragen. Zur Zeit werden die Walzmühle und der VBL-Betriebshof auf den Erhaltungswert überprüft. Dagegen ist der Abriß der Verladeeinrichtungen am Ufer beabsichtigt, um eine Erweiterung der Rheinuferpromenade zu ermöglichen.

## HP 6   Industriepark Süd/Alcan

Eine weitere Reaktivierung einer Industriebrache wird im Süden von Mundenheim geplant. Auf dem etwa 25 ha großen Gelände der stillgelegten Alcan-Aluminiumhütte soll der *Industriepark Süd* entstehen. Die Aluminiumhütte war Ende der 60er Jahre als selbständiges Unternehmen von dem Ludwigshafener Chemieunternehmen Gebr. Giulini GmbH errichtet worden. Die Entwicklung des Betriebes bestimmten seit Beginn die schwankenden Weltmarktpreise für Aluminium und relativ hohe Stromkosten. 1978 mußte Konkurs angemeldet werden. Die Aluminiumhütte wurde vom kanadischen Alcan-Konzern übernommen, doch die Standortschwächen blieben. Mehr und mehr bestimmten die Energiekosten und nicht die Märkte den Standort der Aluminiumerzeugung. Anfang der 80er Jahre entstanden neue Aluminiumhütten in Erdölförderländern, unter anderem in Dubai, Bahrein und Venezuela. Die Folge waren weltweite Überkapazitäten. Bis zur Stillegung 1987 konnte bei Alcan die Produktion nur durch Strompreissubventionen aufrecht erhalten werden.
Übernimmt Alcan die Altlastensanierung, so übernimmt die Stadt die Aufbereitung und Verwaltung des Grundstücks. Die Planung sieht drei Zonen mit einer nach Emissionen gestaffelten gewerblichen Nutzung vor. Die am wenigsten störenden Betriebe werden am Westrand angesiedelt, dann folgen »Betriebe mit mittleren Emissionen« und in der Mitte des Geländes störende Betriebe. Die Bewohner sollen künftig nicht mehr belastet werden, die Erschließungsstraßen begrünt und wie Alleen gestaltet werden. Das »Salmuth-Wäldchen« am nördlichen Ende des Geländes soll erhalten bleiben und ein verrohrter Wassergraben wieder freigelegt werden. Auch die Kleingärten westlich der Hütte bleiben. Die vorgesehene Begrünung soll ein attraktives Gewerbeumfeld schaffen. Die Pläne werden überarbeitet und Ende 1989 offengelegt. Das wichtigste Kriterium bildet die Umweltverträglichkeits-Prüfung (UVP).

## HP 7   Gewerbegebiet Neckarau

Die ersten Ansiedlungen im Gewerbegebiet Neckarau erfolgten in den 70er Jahren des 19. Jahrhunderts, die meisten in den 20er und 30er Jahren dieses Jahrhunderts. In die erste Phase fällt die Ansiedlung der heutigen Firma Braas GmbH (1873 als Rheinische Gummi- und Celluloid-Fabrik gegründet) und der Vögele AG (1836 gegründet, 1875 von der Innenstadt nach Neckarau verlegt) auf Flächen von 8 bzw. 10 ha. Diese flächenmäßig größten Betriebe bilden heute mit Gebäuden aus der Gründerzeit und dem unter Denkmalschutz gestellten Wasserturm (auf einem ehemaligen Teil des Braas Geländes) die architektonisch markanten Eckpunkte im Norden (Vögele AG) und Süden (Braas GmbH) des Gewerbegebietes Neckarau.
Obwohl das Gewerbegebiet innenstadtnah liegt und innerstädtisch und überregional hervoragend angebunden ist, entspricht es baulich und infrastrukturell nicht den Stand-

*Abb. 3:* **Gewerbegebiet Neckarau 1989**

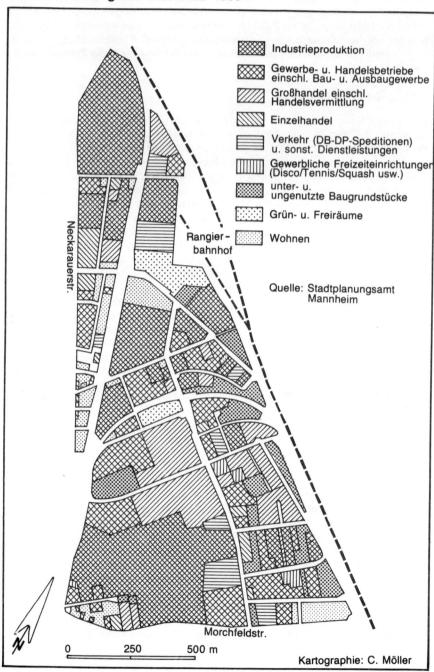

Industrieproduktion

Gewerbe- u. Handelsbetriebe
einschl. Bau- u. Ausbaugewerbe

Großhandel einschl.
Handelsvermittlung

Einzelhandel

Verkehr (DB-DP-Speditionen)
u. sonst. Dienstleistungen

Gewerbliche Freizeiteinrichtungen
(Disco/Tennis/Squash usw.)

unter- u.
ungenutzte Baugrundstücke

Grün- u. Freiräume

Wohnen

Rangier-
bahnhof

Quelle: Stadtplanungsamt
Mannheim

Neckarauerstr.

Morchfeldstr.

0          250          500 m

Kartographie: C. Möller

ortanforderungen moderner dienstleistungs- und technologieintensiver Unternehmen. Bei einer zunehmenden Diskrepanz zwischen Standortanforderungen und Standortbedingungen kennzeichnen das Gewerbegebiet Neckarau starke Fluktuationen, Brachen und Leerstand, aufgrund unzureichender Erhaltungs- und Modernisierungsinvestitionen. Verursacht werden diese Verfallserscheinungen durch starke Arbeitsplatzverluste und erhebliche Veränderungen der Wirtschaftsstruktur. Von 1970 bis 1987 hat die Zahl der Arbeitsplätze im Gewerbegebiet Neckarau um rund 3 700 auf 6 000 (- 38 %) abgenommen. Stark betroffen ist das Verarbeitende Gewerbe mit einem Rückgang von 3 450 Arbeitsplätzen, fast der Hälfte der Arbeitsplätze von 1970. Aber auch die Beschäftigungsentwicklung im tertiären Bereich war rückläufig (- 14 %). Dies ist auf die sehr starken Arbeitsplatzverluste des Verkehrsgewerbes zurückzuführen (- 73 %), die durch den Beschäftigungszuwachs in den Dienstleistungen nicht kompensiert werden konnten. Der Handel konnte die Beschäftigung (etwas mehr als 1 500) in etwa halten, es läßt sich jedoch eine deutliche Verschiebung in den südlichen Teil des Gewerbegebietes feststellen. Insgesamt läßt sich von 1970 bis 1987 ein Bedeutungszuwachs des tertiären Sektors feststellen: Sein Anteil stieg von 25 % auf 35 % aller Beschäftigten.

Die starken industriellen Arbeitsplatzverluste verteilen sich ungleich auf die einzelnen Branchen. Am stärksten betroffen ist die kunststoffverarbeitende Industrie (- 87 % von 1970 bis 1987), der Stahl-, Maschinen- und Fahrzeugbau (- 43 %), die Metallerzeugung und -bearbeitung (- 38 %) und die Elektrotechnik, Feinmechanik und EBM-Waren (- 18 %). 1987 waren 44 % der Beschäftigten in der Elektrotechnik und 30 % im Stahl-, Maschinen- und Fahrzeugbau tätig, während auf die früher dominierende Kunststoffverarbeitung nur noch etwas mehr als 8 % der Beschäftigten entfielen.

Problematisch ist die verstärkte Ansiedlung von Handelsbetrieben im südlichen Teil des Gewerbegebietes Neckarau ohne ein ökonomisches und städtebauliches Nutzungskonzept. Die Zahl der Handelsbetriebe nahm von 16 Betrieben (1970) auf 41 (1987) zu, die Zahl der Arbeitsplätze von 660 auf 1 190. Der Anteil des Handels an der Beschäftigung in diesem Gewerbegebiet hat sich fast verdreifacht (von 13 % auf 37 %). Diese Betriebe werden auf Industrieflächen (nach der Baunutzungsverordnung) errichtet, die in Mannheim kaum verfügbar sind.

Um der ungeplanten Entwicklung entgegenzusteuern, soll im Rahmen eines Modellvorhabens des Bundesbauministeriums das Umfeld so verbessert werden, daß das Gewerbegebiet Neckarau als guter Standort für hochrangige Arbeitsplätze angesehen wird. Dies setzt positive städtebauliche und wirtschaftliche Impulse voraus. Beabsichtigte Maßnahmen reichen von der innergebietlichen Erschließung, über Umbau, bauliche und architektonische Neugestaltung, Erhaltung und Restaurierung bauhistorisch wertvoller Substanz und das Angebot brachliegender und altlastenfreier Gewerbeflächen (Flächenrecycling, Baulückenschließung) bis zur aktiven Förderung von Verlagerung und Neuansiedlung von Produktions- und Dienstleistungsbetrieben. Im Zentrum der Maßnahmen steht eine 3.5 ha große Fläche der Firma Braas, die von der Landes-Entwicklungs-Gesellschaft (LEG) des Landes Baden-Württemberg gekauft wurde. Nach dem Abriß der alten Gebäude und der Neuerschließung des Areals soll es ausländischen Investoren für EG-Niederlassungen angeboten werden. Man erhofft sich dadurch Impulse für eine Revitalisierung des Gebietes.

Die heutige Friedrichsfeld GmbH geht auf eine Mitte des 19. Jahrhunderts gegründete Ziegelei und Kalkbrenneri zurück. Seit den 70er Jahren wurden Tonrohre hergestellt, seit den 80er Jahren Steinzeug für die Chemische Industrie. 1885 wurden 160 Personen beschäftigt, 1900 500 und 1925 950. Das Unternehmen erreichte bei einzelnen Produkten fast eine Monopolstellung. Auch nach 1945 behielt Friedrichsfeld eine starke Marktstellung. Moderne Werkstoffe, die heute Steinzeug ersetzen, waren noch nicht entwickelt. Substitutionen wurden durch die starke Nachfrage zunächst überkompensiert, die Kapazität reichte nicht, den Bedarf zu decken. Bis etwa 1960 gab es nur die beiden Geschäftsbereiche Steinzeugrohre für die Kanalisation und Steinzeug für die Chemische Industrie. Es kam erst zu einer Diversifizierung durch Kunststoffbauprodukte und Oxidkeramik als Steinzeug an Bedeutung verlor. Die Nachfrage nach kleinen Steinzeugrohren verlagerte sich von Mitte der 60er Jahre bis Mitte der 70er Jahre fast ganz auf Kunststoffrohre. Auch im chemischen Apparatebau wurde Steinzeug ersetzt, hier universell beständiges Steinzeug durch preiswertere, speziell beständige moderne Werkstoffe wie Metalle, Metallegierungen und Kunststoffe. Traditionelle Geschäftsbereiche machten Verluste.

Ab 1979/80 begann die Umstrukturierungsphase. Ertragsschwache Bereiche wurden aufgegeben, neue Produkte aufgenommen. Das Produktionsprogramm verschob sich von Massengeräten zu Spezialitäten. Friedrichsfeld präsentiert sich heute als ein moderner marktorientierter Hersteller von High Tech-Produkten, unter anderem der Medizintechnik, mit einer starken Marktstellung bei korrosionsbeständigen und verschleißfesten Materialien. Die Umstrukturierung war mit einem Abbau der Abeitsplätze von 1 350 auf 800 verbunden. Die Konsolidierungsphase ist abgeschlossen, das Unternehmen tritt in eine neue Expansionsphase ein. Abriß (neue Produktionen waren in den alten Bauten z.T. nicht möglich), Um- und Neubauten machen die interne Umstrukturierung auch äußerlich sichtbar.

# IV. Literatur

BASF AG (Hrsg.) (1989): Daten und Fakten 1988/89. Ludwigshafen.

BOEHRINGER GmbH (Hrsg.) (1984): 125 Jahre - 125 Geschichten, Jubiläumsausgabe. - boehringerkreis Bd. 1, Mannheim.

BREUNIG, W. (1986): Vom Handelsplatz zur Industriestadt. Wirtschaftsentwicklung in Ludwigshafen am Rhein 1820-1920. - Veröffentlichungen des Stadtarchivs Ludwigshafen a.Rh. Bd. 12, Ludwigshafen.

DIETERICH, H. (1985): Umwidmung brachliegender Gewerbe- und Verkehrsflächen. Ergebnisbericht, unveröff. Manuskript, Dortmund.

FISCHER, H. (1981): Ludwigshafen am Rhein. Von der Gewerbe- und Industrieansiedlung des 19. Jahrhunderts zur gegliederten Großstadt. In: DÖRRER, I. (Hrsg.): Festschrift zum 43. Dt. Geographentag 1981. - Mannheimer Geogr. Arb. H. 10, Mannheim, S. 93-103.

FRIEDRICHSFELD GmbH (Hrsg.) (o.J.): Strukturwandel und Strukturpolitik am Beispiel eines Unternehmens. Mannheim.

GAEBE, W. (1981): Industrieentwicklung in Mannheim. In: DÖRRER, I. (Hrsg.): Festschrift zum 43. Dt. Geographentag 1981. - Mannheimer Geogr. Arb. H. 10, Mannheim, S. 64-79.

IG METALL, VERWALTUNGSSTELLE MANNHEIM (1985/86): Entwicklung einer Region am Beispiel der Mannheimer Metallindustrie. Unveröff. Manuskript, Mannheim.

INSTITUT FÜR WIRTSCHAFTSGESCHICHTE DER AKADEMIE DER WISSENSCHAFTEN DER DDR (1985): Produktionskräfte in Deutschland 1870 bis 1917/18. Berlin.

MÜNCH, J. (1988): Vorbereitende Untersuchungen Industriebrache Friesenheimer Insel. Unveröff. Manuskript, Mannheim.

OTT, H. (1979): Die wirtschaftliche und soziale Entwicklung von der Mitte des 19. Jahrhunderts bis zum Ende des 1. Weltkriegs. In: LANDESZENTRALE FÜR POLITISCHE BILDUNG BADEN-WÜRTTEMBERG (Hrsg.): Badische Geschichte. Vom Großherzogtum bis zur Gegenwart. Stuttgart, S. 103-142.

PLEWE, E. (1954): Die Industrie von Mannheim-Ludwigshafen. In: Geographische Rundschau, H. 6, S. 193-198.

REISS-SCHMIDT, S. (1988): Freiraumrückgewinnung als Chance alter Industrieregionen: Konzept und Praxis des KVR. In: Seminarbericht der Gesellschaft für Regionalforschung Bd. 25, S. 83-117.

SCHOTT, S. (1957): Ausgewählte Schriften. - Beiträge zur Statistik der Stadt Mannheim H. 52, Mannheim.

SKARKE, H. (1987): Die Entwicklung des Industriestandortes Mannheim. - Materialien zur Geographie Bd. 9, Mannheim.

STADT LUDWIGSHAFEN (Hrsg.) (1903): Geschichte der Stadt Ludwigshafen am Rhein. Ludwigshafen.

STADT LUDWIGSHAFEN (Hrsg.) (1953): 100 Jahre Ludwigshafen am Rhein. Ludwigshafen.

STADT LUDWIGSHAFEN (Hrsg.) (1988): Entwicklungsbereich Rheinufer-Süd. Probleme - Ziele - Lösungsmodelle - Sanierungsgebiet. Ludwigshafen.

STADT LUDWIGSHAFEN (Hrsg.) (1989): Ludwigshafen. Wirtschaft und Wirtschaftsförderung. Ludwigshafen.

STADT MANNHEIM (Hrsg.) (1973): Ergebnisse der Arbeitsstättenzählung vom 27. Mai 1970. Strukturdaten der Arbeitsstättenzählung in mehrstufiger kleinräumiger Gliederung. - Beiträge zur Statistik der Stadt Mannheim H. 68, Mannheim.

STADT MANNHEIM (Hrsg.) (1986): Begründung zum Entwurf des Bebauungsplanes Nr. 31.2/10 vom 07. 07. 1986. Mannheim.

STATISTISCHES LANDESAMT BADEN-WÜRTTEMBERG (Hrsg.) (1989): Gemeindeblätter der Arbeitsstättenzählung 1987, Bezirke 312, 812, 832.

TOLXDORF, L.A. (1961): Der Aufstieg Mannheims im Bilde seiner Eingemeindungen (1895-1930). - Veröffentlichungen der Wirtschaftshochschule Mannheim, Abhandlungen Bd. 9, Mannheim.

WYSOCKI, J. (1984): Spuren. 100 Jahre Waldhof - 100 Jahre Wirtschaftsgeschichte. Mannheim.

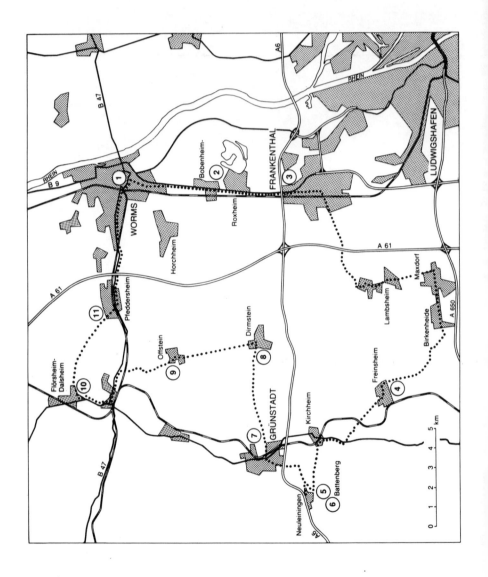

# Nördliche Vorderpfalz

## Die Kulturlandschaft im Bann der ehemaligen Reichsstadt Worms

von

Eberhard Hasenfratz

## I. Haltepunkte

## II. Exkursionsverlauf

### HP 1  Worms

Die nördlich und südlich von Worms breit entwickelte, hochwasserfreie Niederterrasse mit schwach ausgeprägtem Hochgestade verschmälert sich im Stadtgebiet. Lößbedeckte Riedel reichen hier zwischen der Pfrimm im Norden und dem Eisbach im Süden nahe an den Rhein heran. Günstige Voraussetzungen für die Stadt waren einerseits die Nord-Süd am Fuß der Riedel entlangführenden Verkehrsverbindungen, die bei Worms aufgrund der schmalen Niederterrasse gebündelt wurden, andererseits die über das Eisbachtal und das Pfrimmtal leicht durchgängige Riedellandschaft mit hochwertigen, leicht bearbeitbaren und ertragssicheren Böden aus Löß. Außerdem erschließt die das Kalkplateau durchquerende Pfrimm den Zugang zur Langmeiler Senke, einer Ausraumzone, die wiederum eine Verbindung zum Nordpfälzer Bergland und zur Kaiserslauterer Senke herstellt. Hinzu kommt die Lage der Stadt an einem Rheinübergang, so daß ihr Lagewert im Zentrum eines Wegenetzes als wirksamste Komponente günstige Voraussetzungen bot. Zahlreiche Funde, die z.T. den Zeitraum vom Neolithikum bis zur Latènezeit umspannen (ca. 4000 Jahre), sind z.B. aus der Gewann »Der Adlerberg« im Süden der Stadt (ca. 500 m nordwestlich des Flughafens), aus dem Norden der Stadt im heutigen Industriegebiet (»Rheingewann«) und aus dem Westen der Stadt (im westl. Teil des Pfrimmparks, südl. der Westendschule und ca. 400 m nordwestl. des Hauptbahnhofs) bekannt geworden und unterstreichen den Stellenwert des Siedlungsraumes. Man kann davon ausgehen, daß auch der Riedelrücken im Bereich des Domes in diesem Zeitraum besiedelt war, aber die Siedlungsspuren aufgrund der Siedlungskontinuität verwischt sind. In diesem Bereich ist das keltische »Babetomagus« zu suchen, das nach dem 1. Jahrhundert n.Chr. vom Stamm der Vangionen besiedelt war, dann unter Kaiser Augustus als Grenz- und Truppenstandort einen Bedeutungszuwachs erfuhr und schließlich, nachdem der Limes errichtet war, als civitas vangionum seinen Rang festigen konnte.

Das inzwischen relativ gut bekannte Straßennetz der römischen Stadt, das sich vielfach bis heute in der Straßenführung erhalten hat, läßt allerdings das römische Raumordnungprinzip mit Cardo und Decumanus nicht eindeutig wiedererkennen, wie es in anderen Städten mit römischer Geschichte ausgeprägt ist. Die nordnordöstlich verlaufende Kämmerer-, Valckenberg - Speyerer Straße, wie auch die parallel dazu geführte Römerstraße östlich davon, könnten als Cardo gewertet werden und die Hagenstraße und Andreasstraße - Wollstraße, beide Straßenzüge kommen dem ehemaligen Forum und Tempelbezirk im heutigen Dombereich am nächsten, wären als Decumanus denkbar. Die römische Stadt hatte einen ungefähr rechteckigen Grundriß mit nordöstlicher Längsachse von ca. 1 300 m Länge und einer mittleren Breite von ca. 500 m; nach Süden hatte sie eine größere Ausdehnung als die mittelalterliche Stadt in den Grenzen des inneren Mauerrings (DEHIO/GALL 1961, S. 69).

Seit dem 4. Jahrhundert war die civitas Bischofssitz. Nach den Zerstörungen im 3. und 4. Jahrhundert war die Stadt Zentrum des Burgunderreiches, das 410 gegründet, schon 436 durch die Hunnen wieder zerstört wurde. Auf diese kurze Epoche bezieht sich das um 1200 erstmals schriftlich fixierte Nibelungenlied. Gegen 500, unter der Herrschaft der Franken, gehörte zum Wormsgau auch Mainz; in Worms-Neuhausen bestand zu dieser Zeit eine merowingische Königspfalz. Durch diese Entwicklung gewann die jetzt »Wormatia« genannte Stadt an Einfluß. So entstand unter der Königin Brunichildis um 600 die erste Kathedrale. Vorher war die Marktbasilika des römischen Forums, an dessen Stelle etwas später die Königspfalz trat, die erste Bischofskirche. In der folgenden Zeit erfuhr Worms eine weitere Aufwertung durch die zahlreichen hier abgehaltenen Reichstage z.Zt. Karls des Großen (bis 803), der die Kaiserpfalz zu seiner bevorzugten Residenz wählte.

Um den unter den politisch schwächeren Nachfolgern Karls des Großen zu mächtig gewordenen Gaugrafen wirksam entgegenzutreten, gestanden die Ottonen den Bischöfen größere Rechte im profanen Bereich zu. So nahm Bischof Burchhard I. (1000-1025) als Nachfolger von Bischof Hildebold, dem ersten Kanzler, ausgestattet mit allen Hoheitsrechten über die Stadt und den Wormsgau, als Initiator zahlreicher raumwirksamer Maßnahmen eine bedeutende Stellung ein. Auf ihn geht die Neuordnung des öffentlichrechtlichen Bereichs zurück, die Fertigstellung der Stadtbefestigung, der Neubau des Domes und einige weitere Kirchenbauten. Nach der Beilegung des Investiturstreites (11./12. Jahrhundert) mit dem Wormser Konkordat 1122, durchlief Worms unter hohenstaufischer Herrschaft eine Blütezeit, die sich in der bisher größten, mit einer zweiten Ringmauer geschützten Stadterweiterung niederschlug (Abb. 1). In den folgenden Jahrhunderten bremsten innere Spannungen und der Einfluß von Kurpfalz und Kurmainz die hoffnungsvolle Weiterentwicklung der Stadt. Erst um 1500 erlebte Worms wieder einen geistigen Aufschwung unter Bischof Johann von Dalberg, der zugleich Kanzler des Kurfürsten Philipp des Aufrichtigen von der Pfalz und der Universität Heidelberg war, ein bedeutender Humanist, der unter anderem mit J. Wimpfeling, J. Reuchlin, C. Celtis, R. Agricola in Verbindung stand und Heidelberg, Worms und sei-

1 Dom St. Peter
2 St. Andreas
3 Liebfrauen
4 St. Martin
5 St. Paulus
6 Synagoge
7 Judenfriedhof
8 Bischofshof
9 Stadttore und Türme:
  Pfauentor
  Fischerpforte
  Rheinpforte
  Martinstor
  Neutor
  Andreastor
  Leonhardstor

Quelle: ILLERT 1979
Kartographie: C. Möller

0          400
          m

ne Residenz Ladenburg zu Schwerpunkten des Humanismus ausbaute. Zwei weitere Ereignisse von überragender und folgenreicher Bedeutung waren der Reichstag von 1495, auf dem u.a. der Ewige Landfriede verkündet und das Reichskammergericht gegründet wurde, und von 1521, auf dem Martin Luther vor Kaiser Karl V. seine Lehre bekannte. Mit dem Dreißigjährigen Krieg begann der Niedergang der Stadt. Eine Gelegenheit, die einstige Bedeutung wiederzuerlangen bot 1659 Kurfürst Karl Ludwig von der Pfalz, der Worms zur Residenzstadt der Kurpfalz erheben wollte, doch das wurde von der Stadt abgelehnt. Anstelle von Worms wurde Mannheim zur Residenz ausgebaut.

Nach der Zerstörung im »Pfälzischen Erbfolgekrieg« 1689 durch Mélac erholte sich die Stadt langsam. Es entstanden zahlreiche Bauwerke im Barockstil, doch durch die Französische Revolution kam der endgültige Niedergang, mit dem auch das Bistum Worms aufhörte zu existieren.

In den 30er Jahren des 19. Jahrhunderts begann mit dem Aufbau der Lederindustrie,

195

hinzu kamen die Textilindustrie, Brauereien und Mühlen, ein neuer wirtschaftlicher Aufstieg, der auch die kulturelle Aufwärtsentwicklung nach sich zog. Bis um 1900 hatte sich die Stadt nach Westen ausgedehnt. 1898 vergrößerte sich die Gemarkung durch die Eingemeindung von Hochheim, Neuhausen und Pfiffligheim, 1942 durch Herrnsheim, Horchheim, Leiselheim und Weinsheim und 1969 durch Abenheim, Heppenheim a.d.W., Ilbersheim. Pfeddersheim, Rheindürkheim und Wiesoppenheim. Die im Zweiten Weltkrieg erlittenen Verluste, über die Hälfte der Bausubstanz, besonders die der Altstadt, war zerstört, hat die Stadt überwunden.

Heute ist Worms mit ca. 73 000 Einwohnern ein Mittelzentrum mit Teilfunktionen eines Oberzentrums in der Peripherie des Rhein-Neckar-Verdichtungsraumes und zu diesem hin orientiert. Zu den größten Arbeitgebern gehört die chemische Industrie, gefolgt von Maschinenbau und Kunststoffverarbeitung. Kurz nach 1970 ist die Lederindustrie erloschen.

Man kann den Stadtrundgang im westlichen Bereich des inneren Mauerringes beginnen (1). [1] Nordwestlich des Dom-Westchores ist ein Mauerzug dieser Befestigung erhalten, die schon vor 900 erwähnt wird. In den Mauerzug ist eine römische Mauer aus sorgfältig zugehauenen quaderförmigen Kalksteinen einbezogen, die bisher als »Reste der römischen Stadtmauer« eingestuft wurde. Nach GRÜNEWALD hält dieser Befund einer kritischen Überprüfung nicht stand; viel wahrscheinlicher ist es, analog zu anderen rheinischen Städten, daß auch in Worms ein dem Militär unterstehendes, weiträumiges, auch die Bischofskirche einbeziehendes, mit Mauern umgebenes Kastell bestanden hat, das die Einwohner der Stadt im Kriegsfall aufnehmen konnte (GRÜNEWALD 1986, S. 71-73).

Über den Platz der Partnerschaft gelangt man zum Dom St. Peter (2), der unter den Domen am Mittel- und Oberrhein zwar zu den kleinsten zählt, aber als bedeutendes Beispiel des ausgereiften romanischen Baustils gilt. Wie bei Renovierungsarbeiten 1906/07 nachgewiesen werden konnte, sind unter dem Dom Mauerreste des Forums und der Gerichtsbasilika (im Ostteil), einer dreischiffigen Halle, erhalten; sie werden als nicht älter als 90 n. Chr. datiert (GRÜNEWALD 1986, S. 29). Das heute bestehende Bauwerk wurde unter Bischof Burchard (1000-1025) am Ort der merowingischen Bischofskirche begonnen. Die erste Weihe fand 1018 statt. Doch zwei Jahre später stürzte der Westchor wegen des labilen Baugrundes ein. Diese Schwachstelle machte sich weiter bemerkbar, bis man um 1900 den Westchor abtrug und die Fundamente verstärkte. Der größte Teil der doppelchorigen Basilika mit dem Querschiff im Osten ist im wesentlichen dem 12. Jahrhundert zuzuordnen. Die Besonderheit wird in der stark differenzierten Gliederung des Grundrisses und der Baumasse im frühromanischen Stil gesehen, der sich mit den malerischen und plastischen Formen der Spätzeit verbindet und wegen der relativ kurzen Bauzeit zu einer großen Einheit verschmolzen ist (DEHIO/GALL 1961, S. 72). Später kamen Anbauten hinzu, so z.B. der 1813 abgebrannte und dann abgetragene Kreuzgang, von dem noch wenige romanische und gotische Spuren vorhanden sind, die Nikolauskapelle, ursprünglich romanisch, dann im gotischen Stil erweitert, das Südportal, die St. Georgskapelle mit einem Altar um 1590, der das Jahr 1689 überdauerte und die St. Annenkapelle (beide um 1320-1325) und an der Nordsei-

---

[1] Für den folgenden Innenstadtrundgang sind an den entsprechenden Stellen Hinweise (Zahlen in Klammern) gegeben, die sich auf die Übersichtsskizze 1 der Innenstadt von Worms beziehen und die Lokalisierung der einzelnen Standorte erleichtern sollen.

## Übersichtsskizze 1 - Innenstadt Worms

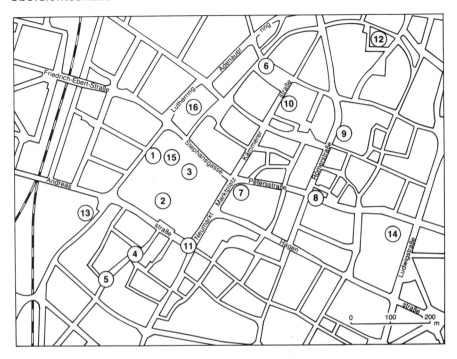

te die Marienkapelle, die zu den jüngsten baulichen Zusätzen gehört. Aus der Fülle der kunstgeschichtlichen Denkmäler ragt der Hochaltar von Balthasar Neumann im Ostchor heraus (DEHIO/GALL 1961, S. 68-91; ILLERT F.M. 1964).

Nördlich des Domes befindet sich der Heylshofgarten, wo einst bis 1689 die Kaiserpfalz und der Bischofshof standen (3). Hier bekannte 1521 Martin Luther vor Kaiser Karl V. seine Lehre. Den Neubau des Bischofshofes (1719) überließ Bischof Karl Josef von Erthal französichen Emigranten, was mit ein Anlaß für die Zerstörung 1794 durch die Franzosen war. Anfang des 19. Jahrhunderts wurde die Ruine abgetragen. An der östlichen Grenze des Gartens sind die Fundamente der ehemaligen Hofkirche St. Stefan kenntlich gemacht.

Über den Südwest-Ausgang des Heylshofgartens überquert man den Domplatz und die Andreasstraße und kommt zur Magnuskirche (hinter der Jugendherberge) (4). Sie ist eine im 11. und 12. Jahrhundert erweiterte, anfangs aus einem rechteckigen Raum bestehende karolingische Kirche. Von hier ging in Worms die Reformation aus (1521). Sie ist die älteste evangelische Kirche im südwestdeutschen Raum, die zwar mehrfach zerstört wurde (1689, 1945), aber im wesentlichen ihre Form behielt.

Benachbart ist das ehemalige St. Andreasstift (5), dessen Pfarrkirche einst die Magnuskirche war. Das Andreasstift wurde vor 1000 als Bergkloster vor der Stadt gegründet (in der Nähe des Stadttheaters) und dann 1020 durch Bischof Burchard an den jetzigen Ort,

197

innerhalb der Stadtmauer, verlegt. Die Auflösung des Kollegiatsstiftes, das katholisch blieb, erfolgte 1802. Seit Ende der 20er Jahre unseres Jahrhunderts dient das Andreasstift der Stadt Worms als Museum für Vor- und Frühgeschichte, römische und fränkische Zeit, mittelalterliche und neuzeitliche Stadtgeschichte (Öffnungszeiten: Mai-Sept. tägl. außer Mo 10-17 h; Okt.-April Di-Sa 14-16 h, So 10-12 h u. 14-16 h; Tel.: 06241/ 83 33 34).

Etwa in der selben Zeit baute Bischof Burchard am Ort der abgetragenen Salierburg eine Pfeilerbasilika, das Kollegiatsstift St. Paulus. Wesentliche Teile der heute noch vorhandenen romanischen Bausubstanz stammen von einem Neubau um 1200. Heute ist St. Paulus Dominikanerkloster (östl. der Römerstraße). Im Nordosten des Domes am Ludwigsplatz befindet sich die Stiftskirche St. Martin (6), die man entlang dem westlichen inneren Mauerring erreicht. Es handelt sich um eine dreischiffige Pfeilerbasilika mit geradem Chorabschluß, der »Wormser Schule«. Sie soll über dem Kerker des Hl. Martin Ende des 10. Jahrhunderts gegründet worden sein und war bis ins 15. Jahrhundert Grablege der Kämmerer von Worms gen. v. Dalberg.

Die Gedächtniskirche der Reformation, die Dreifaltigkeitskirche (7), wurde am Ort des 1689 zerstörten Rathauses (»Münze«) von 1709-1725 durch den Kapitän-Ingenieur Villiancourt erbaut. Nach der Zerstörung 1945 erhielt die Kirche eine neue Innenausstattung. Durch den Verlust unwiederbringlicher Baudenkmäler aus der Zeit vor 1689, von denen nur einige Kirchen eine Ausnahme machen, stellt die romanische Hauswand eines Stadthauses aus dem 13. Jahrhundert an der Kreuzung von Römer- und Peterstraße eine Besonderheit dar (8); ebenso der gut erhaltene Renaissance-Bau, das »Rote Haus« (1624 erb.), neben der 1744 erbauten Friedrichskirche der reformierten Gemeinde, benannt nach König Friedrich II., in der Römerstraße. (9)

In der Kämmererstraße in Höhe des Ludwigplatzes standen ursprünglich die beiden Domherrenhöfe v. Wambold und v. Wessenberg (10), von denen nur der erste aus der 1. Hälfte des 18. Jahrhunderts, ein Barockbau, erhalten ist. Der v. Wessenberg'sche Hof mußte 1880 dem Neubau der Post weichen. Gut erhalten ist aus dieser Zeit der Barockbau der Adlerapotheke (11), das ehemalige Palais Prittwitz, das um 1720 entstanden ist. Im nördlichen Bereich des inneren Mauerringes liegt der Synagogenbezirk (Abb. 2) mit dem Ghetto (der heutigen Judengasse) (12). In den 70er Jahren wurde das Gebiet saniert. Nachrichten über die Anfänge der jüdischen Gemeinde in Worms sind nicht vorhanden. Der erste Synagogenbau ist für das Jahr 1034 bezeugt, doch ist dieser Gründungsbau 1096 bei Beginn des ersten Kreuzzuges beschädigt und 1146 ganz zerstört worden. Einen größeren spätromanischen Bau errichtete man 1174/75 und dazu zehn Jahre später eine Badeanstalt (Mikwe). 1213 wurde rechtwinklig an die Männersynagoge der Frauenbau angefügt. Es folgten erneute Zerstörungen 1349 und 1615, verbunden mit Verfolgungen der Juden. Im Jahre 1623/24 wurde die Raschikapelle, ein Lehrhaus, errichtet, benannt nach dem Rabbiner Raschi (1040-1105), eigentlich Rabbi Salomon ben Isaak aus Troyes, der sich als Talmudkommentator einen Namen machte und in Worms an der Talmud-Hochschule studiert hat (BÖCHER 1960; REUTER 1985). Nach der Zerstörung in der »Reichskristallnacht« wurde die Synagoge wieder aufgebaut und 1961 eingeweiht. 1982 ist das Raschi-Haus (südl. d. Synagoge) fertiggestellt worden; es beherbergt das Stadtarchiv und das Judaica-Museum (Öffnungszeiten: tägl. außer Mo 10-12 h u. 14-17 h; Synagoge tägl. zu den angeg. Zeiten; Tel.: 06241/85 33 45). Der alte Wormser Judenfriedhof »Heiliger Sand« (13) liegt heute im Stadtgebiet nordwestlich des Andreasstiftes zwischen Andreasring und Eisenbahn. Bis zur Errichtung des äußeren

## Abb. 2: Das Wormser Judenviertel 1760

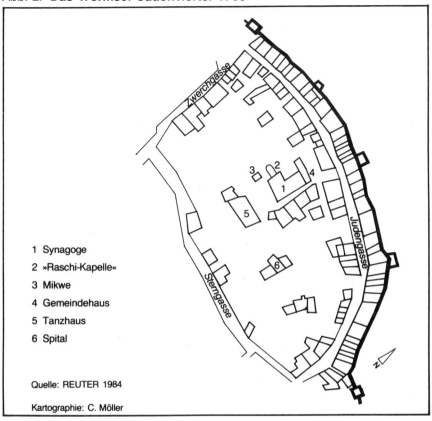

1 Synagoge
2 »Raschi-Kapelle«
3 Mikwe
4 Gemeindehaus
5 Tanzhaus
6 Spital

Quelle: REUTER 1984

Kartographie: C. Möller

Mauerrings im 14. Jahrhundert befand er sich außerhalb des inneren Mauerrings. Die ältesten Grabsteine sind aus dem 11. Jahrhundert. Damit ist der »Heilige Sand« der älteste europäische Judenfriedhof.

Im Osten, am Torturmplatz (14), erhält man einen guten Einblick in die Befestigungsanlage mit Rheintor, Bürgerturm, Torturm, Fischerpförtchen und Mauer mit Wehrgang. Überreste des äußeren Mauerrings sind nur im Judenfriedhof und nördlich der Liebfrauenkirche zu finden.

Vom Torturmplatz geht man durch die Peterstraße und Stephansgasse bis zum Kunsthaus Heylshof (15), einer Privatstiftung. An diesem Ort hat Freiherr C.W. v. Heyl zu Herrnsheim 1884 ein Wohnhaus nach den Plänen des Schweizer Architekten Bluntschli bauen lassen. Das Grundstück hatten seine Vorfahren 1802 vom französischen Staat gekauft. Im Zweiten Weltkrieg wurde das Gebäude zerstört und nicht mehr nach dem ursprünglichen Plan, sondern zweigeschossig aufgebaut. Bemerkenswert sind die schmiedeeisernen Tore von Bussmann. Im Gebäude sind u.a. erlesene Gemälde-, Porzellan-, Gläser- und Keramikexponate zu sehen (Öffnungszeiten: Mai-Sept. tägl. außer Mo 10-17 h; Okt.-April Di-Sa 14-16 h, So 10-12 h u. 14-16 h; Tel.: 06241/22000). Das Lutherdenkmal (16) erinnert an das religions- und weltgeschichtlich bedeutsame Ereignis auf dem Reichstag 1521. Martin Luther ist hier im Kreise seiner weltlichen und geistlichen Wegbereiter dargestellt. Das Denkmal wurde von Ernst Rietschel entworfen und z.T. verwirklicht. Nach seinem Tod 1861 führten seine Schüler Donndorf, Kietz und Schilling die Arbeiten fort. Die Einweihung war am 25. Juli 1869.

Das im Empire-Stil erbaute Schloß Herrnsheim mit dem wahrscheinlich auf Pläne des Hofgartenintendanten (seit 1804) Friedrich Ludwig Sckell zurückgehenden Schloßpark, hatte Vorläufer in einer Burg, die um 1460 Phillip Kämmerer von Worms im Norden der Dorfbefestigung errichtete. Von dieser Befestigung zeugen noch der Storchen- und Schillerturm und Abschnitte des Grabens. Nach der Zerstörung 1689 entstand an der Stelle ein 1714 von den Herren von Dalberg errichtetes Schloß mit den 1776 erbauten Wirtschaftsgebäuden. Der Baumeister war Johann Kaspar Herwarthel. 1794 wiederum zerstört, errichtete Emmerich Joseph von Dalberg 1811 die heute von der Stadt Worms genutzten Gebäude.

Auf dem Weg nach Worms-Hochheim trifft man auf die Ev. Bergkirche St. Peter (1) [1], die um 1010 von Bischof Burchard erbaut wurde. Sehenswert ist die römische Krypta unter dem östlichen Schiff mit konisch zulaufenden Säulen und Würfelkapitellen. Etwas jünger ist die Pfarrkirche Maria Himmelskron, die Kirche des Ende des 13. Jahrhunderts von Ritter Dirolf und seiner Frau Agnes erbauten Dominikanerklosters Himmelskron, das 1563 aufgelöst wurde (südwestl. d. Bergkirche).

Ein schönes Ensemble bilden die Gebäude am Karlsplatz (2), der 1888-1890 von Stadtbaumeister Hofmann erbaute, ca. 60 m hohe Wasserturm, das Eleonoren-Gymnasium und die 1912 nach dem Plan des Architekten Friedrich Pützer fertiggestellte Lutherkirche mit Reminiszenzen an den Darmstädter Jugendstil.

Nordwestlich des Karlsplatzes liegt die um die Jahrhundertwende entstandene Arbeitersiedlung, die im Volksmund »Krautschou« genannt wird (3). Die Initiative geht zurück auf Frh. v. Heyl, der 1895 Kapital und Grundstücke im Liebenauer Feld bereitstellte. Zwei Jahre später wurde eine »Aktiengesellschaft zur Erbauung billiger Wohnungen, namentlich zum besten von Arbeitern in Worms am Rhein« gegründet. Es kamen Pläne von Stadtbaumeister Karl Hofmann zur Ausführung, der 1908 an der TH Darmstadt ordentlicher Professor der Baukunst wurde. Er entwarf 1 1/2-stöckige Landhäuschen mit Vorgarten und kleinem Nutzgarten, massivem Erdgeschoß und Kniestöcken, die zunächst in Holzfachwerk gearbeitet waren, ab 1904 aber ebenfalls massiv ausgebaut wurden. Da die Einfamilienhäuser kaum gefragt waren, wurden in allen Häusern zwei selbständige Wohnungen eingeplant. Bis zum Ersten Weltkrieg waren 112 Häuser mit 224 Wohnungen gebaut (AKTIENGESELLSCHAFT ZUR ERBAUUNG BILLIGER WOHNUNGEN 1948, S. 14; REUTER 1985, S. 124/125).

Im Norden der Stadt zwischen innerem und äußerem Mauerring liegt von Weinbergen umgeben die spätgotische Liebfrauenkirche, von 1298-1802 Liebfrauenstift (4). Die Erwähnung als »vetus monasterium« und christlich-fränkische Gräberfunde lassen den Schluß auf eine Anlage hohen Alters zu. Der bereits angefangene Bau der Kirche (1276-1300) wurde wieder abgetragen, um durch eine größere Kirche die zahlreichen

---

[1] Im folgenden beziehen sich die hinweisenden Zahlen in Klammern auf die Übersichtsskizze 2 zum Stadtgebiet von Worms

## Übersichtsskizze 2 - Stadtgebiet Worms

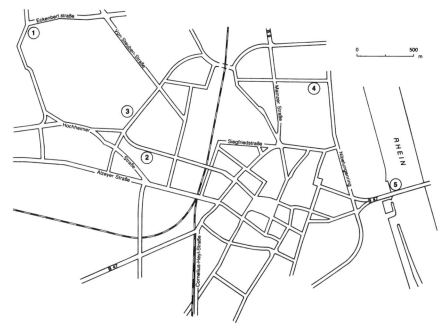

Besucher aufnehmen zu können. Der Bau war im 15. Jahrhundert vollendet (DEHIO/ GALL 1961, S. 79/80). Zu erwähnen ist noch, daß die Liebfrauenkirche der weltberühmten Weinlage »Liebfrauenmilch« ihren Namen gab.

Von der Nibelungenbrücke (5) hat man einen guten Überblick über die Stadt und das Hinterland bis zum Donnersberg. Bis 1900 bestand eine Schiffsbrücke, der eine in historisierendem Stil gebaute steinerne Straßenbrücke mit zwei, den Wormser Stadttoren ähnelnden Brücken folgte. Den Zweiten Weltkrieg überstand nur der Brückenturm auf der Wormser Seite; die zerstörte Steinbrücke wurde durch eine Brücke in der damals noch neuen Spannbeton-Bauweise ersetzt.

### HP 2 Bobenheim-Roxheim

Die beiden im Zuge der Gebietsreform 1969 zur verbandsgemeindefreien Großgemeinde Bobenheim-Roxheim (ca. 10000 Ew) verbundenen Ortschaften haben sich auf der pleistozänen Terrasse des Rheins (»Frankenthaler Terrasse«) am Rand zur holozänen Rheinaue entwickelt. Laufveränderungen und die Tulla'sche Rheinkorrektion im 19. Jahrhundert vergrößerten die Distanz der Siedlungen zum Rheinstrom auf 4 km. Verlandete Altrheinarme, teilweise sind sie Naturschutzgebiete wie der Hintere Roxheimer Altrhein, die Große Ochsenlache bei Roxheim, lassen noch den ehemaligen Verlauf der Mäander erkennen. Von den zahlreichen Hochwasserkatastrophen, die bis ins 19. Jahrhundert die Dörfer heimsuchten, ist die in den Jahrbüchern des Klosters Fulda 886 bezeugte am bedeutendsten gewesen, weil der damals noch stark mäandrierende

Rheinstrom seinen Lauf nach Osten verlagerte, so daß seitdem Edigheim und Oppau auf der linken Rheinseite liegen. Der Deichbau, mit dem man erst im 15. Jahrhundert begann (BIUNDO 1973, S. 68), brachte nicht den erhofften Schutz. Schwerste Schäden richtete das Hochwasser von 1882/83 an, das Bobenheim teilweise zerstörte und in Roxheim die am südlichen Ortsrand gelegene, »Paris« genannte Siedlung (32 Häuser) vernichtete. Die Einwohner dieses Ortsteils wurden in der »Ludwigsau« wieder angesiedelt; eine Gedenktafel am Haus der Bäckerei Weiler weist darauf hin (BIUNDO 1973, S. 96). Bis zur Fertigstellung des Frankenthaler Kanals in den 80er Jahren des 18. Jahrhunderts hatte Roxheim eine regionale Bedeutung als natürlich geschützte Schiffsanlegestelle. Bereits Ende des 16. Jahrhunderts entstand der Johann-Kasimir-Kanal, der von Frankenthal ausging, offenbar in östlicher Richtung das Bett der Isenach nützend, dann in nördliche Richtung umbog und östlich an Mörsch vorbei, in den südlichen Teil des Roxheimer Altrheins mündete, wo eine Umschlagstation entstand. Der Altrheingraben zwischen Roxheim und Frankenthal entspricht noch weitgehend dem Verlauf dieses Kanals (auf TK 25, Ausg. 1986 »Mörschbach«). In den politischen Wirren des 17. Jahrhunderts verlor der Kanal immer mehr an Bedeutung und verschlammte mangels Wartung.

Bobenheim und Roxheim werden bereits im 8. Jahrhundert im Lorscher Codex erwähnt und hatten um das Jahr 1000 enge Bindungen an Stadt und Bistum Worms. Mit Leiselheim, Pfiffligheim, Hochheim, Wies-Oppenheim, Weinsheim und Mörsch gehörten sie zu den sogenannten Rheindörfern, die seit dem 13. Jahrhundert je zur Hälfte im Besitz der Herren von Stauf und des Hochstiftes Worms waren. Gegen Ende des 14. Jahrhunderts gelangte der staufische Anteil an die Herrschaft Sponheim, dann an Nassau. Ab 1705 besaß das Hochstift Worms allein die Rheindörfer. Der gegen den Willen des Wormser Bischofs von Nassau um 1566 eingeführten Reformation folgte die Rekatholisierung (BIUNDO 1973, S. 96).

Einige Hofanlagen auf der Gemarkung sind mit der geschichtlichen Entwicklung von Bobenheim und Roxheim eng verbunden:
Der 1 km nördlich von Bobenheim gelegene Nonnenhof, auch Littersheimer Hof genannt, ist ein schon im 8. Jahrhundert erwähnter Siedlungsplatz des Dorfes Littersheim, das zu einem unbekannten Zeitpunkt teilweise wüstgefallen ist. Der Nonnenhof stellt somit eine partielle Ortswüstung dar. Die stattliche Geviertanlage war 1683 im Besitz des Klosters Maria-Münster zu Worms und gehört heute Frh. v. Heyl in Worms.
Eine weitere alte Hofanlage, die Scharrau, liegt östlich Roxheim über dem Altrhein, die früher zur Gemeinde Scharren, heute Scharhof (nördlich Sandhofen) gehörte. Sie kam 1230 in den Besitz des Klosters Schönau bei Heidelberg, dann nach Auflösung des Klosters unter die kurpfälzische Geistl. Güterverwaltung und wurde vom französischen Staat 1800 beschlagnahmt und versteigert. Heute ist die Hofanlage im Besitz der Familie Willersinn.
Ein beliebtes Ausflugsziel (Gutschenke »Zum Jagdhorn«) stellt das Hofgut Petersau dar, etwa 4 km östlich von Roxheim am Rheinstrom. Es war gegen Ende des 18. Jahrhunderts im Besitz des Jesuitenkollegiums in Mannheim und wurde 1802 als Nationalgut vom französischen Staat versteigert. Nach mehrfachem Besitzerwechsel kam das Hofgut 1934 in die Hände der Frau von Opel. Außer dem umfänglichen landwirtschaftlichen Betrieb gibt es seit 1962 hier die Firma Chio-Chips. Die Gebäude des in einer symmetrischen Viereckanlage gebauten Gutshofes stammen aus der 2. Hälfte des 18. Jahrhunderts. Vor dem Hofeingang steht ein Bildstock mit der Jahreszahl 1755, der in Reliefdar-

stellung die Stigmatisierung des hl. Franziskus zeigt (BIUNDO 1973, S. 423f.; ECKARDT 1939, S. 453).

Aufgrund der Lage in der Peripherie des Verdichtungsraumes Ludwigshafen-Mannheim sind Teile der Gemarkung, die von Rheinauen eingenommen werden, im regionalen Raumordnungsplan als Naherholungsgebiete ausgewiesen. Die Eignung für die Naherholung liegt einerseits in den vorhandenen Altrheinarmen mit ihrer noch relativ reichhaltigen Fauna und Flora begründet, die teilweise unter Naturschutz gestellt sind, andererseits sind es die durch Kies- und Sandausbeute entstandenen Baggerseen (Sekundärbiotope), die zu Freizeitaktivitäten einladen. Entscheidend für die Nutzung der Naherholungsgebiete ist eine Infrastruktur, die imstande ist, den Besucherstrom so zu leiten, daß die Landschaft die Nutzungsansprüche verkraften kann. Nur so ist eine perennierende Nutzung als Naherholungsgebiet zu verantworten. So hat der Verkehrsverein in Roxheim sich 1950 zum Ziel gesetzt, den Baggersee der Fa. Willersinn-Scharrau, den »Silbersee«, zu einem Strandbad auszubauen. Das Gelände umfaßt 80 ha Wasserfläche und eine ungefähr ebenso große Strandfläche. Anfang der 60er Jahre kamen sanitäre Anlagen hinzu, außerdem wird das Baden seit 1968 von der DLRG beaufsichtigt. In den 60er Jahren diskutierte man den Bau einer internationalen Begegnungsstätte am Silbersee durch den CVJM, doch der Plan wurde bald zurückgezogen; auch das Vorhaben der Fa. Willersinn, am Silbersee einen Zeltplatz und ein viergeschossiges Hügelhaus mit Appartments als Zweitwohnungen einzurichten, wurde 1970 durch die Schutzgemeinschaft »Roxheimer Altrhein« verhindert (BIUNDO 1973, S. 286f.).

Auf eines der wichtigsten Feste in Roxheim muß noch hingewiesen werden: Das Gondelfest. Es findet seit 1951 jährlich am 1. Sonntag im Juli statt, mit Festzug zu Wasser, Fischerstechen, bengalischer Beleuchtung, Preisfischen, Feuerwerk u.a.

In Rahmen der Naherholung soll für Bobenheim, außer seinen Rheinauen, der stark besuchte Vogelpark mit Gaststätte im Südosten des Dorfes erwähnt werden.

Die Landwirtschaft, zu der 1970 8 % der Erwerbstätigen zählten, ist durch Intensivfruchtbetriebe charakterisiert; rund 22 % (1979) der Ackerfläche (1 296 ha) entfallen auf Feldgemüsebau. Es besteht eine Gemüseverwertungsgenossenschaft, deren Mitglieder Gesellschafter eines ortsansässigen Tiefkühl- und Frostereibetriebes sind. Früher waren die Gemeinden durch ihren Gurkenanbau bekannt, der inzwischen als zu arbeitsaufwendig aufgegeben wurde. Von den 51 Betrieben (1979) haben 29 Betriebe eine LN größer als 20 ha. Hackfrüchte sind mit 29 % am Ackerland beteiligt, nicht ganz die Hälfte der Hackfruchtfläche (377 ha) nehmen Kartoffeln ein; die Getreideanbaufläche macht 43 % des Ackerlandes aus, vorherrschend ist der Weizenanbau. Die mittlere bereinigte Ertragsmeßzahl (bEMZ) erreicht 67, die landwirtschaftliche Vergleichszahl (LVZ) 70.

Von den größeren Unternehmen sind für Bobenheim ein Kies- und Kalksandsteinwerk zu nennen, ein Werk für Stahlbeton-Fertigteile, zwei Bauunternehmen und der Massa-Markt. In Roxheim sind unter anderem die oben genannte Tiefkühlkost-Firma, Maschinenfabriken, Elektrogerätebau und als eine der größten Firmen die Kiesbaggerei und das Spezialsandwerk der Gebrüder Willersinn KG ansässig.


## HP 3    Frankenthal

Schon in karolingischer Zeit urkundlich erwähnt, lag das Dorf Frankenthal bis zur Hochwasserkatastrophe im Sommer 886 zunächst unmittelbar am Rheinstrom. Im Jahre

1119 gründete Erkenbert aus dem Geschlecht der Kämmerer von Worms gen. Dalberg das Augustinerchorherrenstift Großfrankenthal, das, nachdem es durch den Bauernkrieg stark beschädigt war, 1562 aufgelöst wurde. Kurfürst Friedrich III. gestattete im selben Jahr 60 niederländischen Familien calvinistischen Glaubens die Ansiedlung im ehemaligen Stift, dessen Gebäude im 18. Jahrhundert abgetragen wurden; die Kirche überdauerte nach dem Brand als Ruine. Teile des Langhauses mit dem Portal sind noch erhalten und beherbergen das Erkenbert-Museum (nördl. des Rathausplatzes). Mit der Ansiedlung der Calvinisten und etwas später wallonischer Flüchtlinge aus Heidelberg begann die Periode wirtschaftlichen Aufschwungs durch die Tuch-, Samt- und Seidenmanufakturen. Pfalzgraf Johann Kasimir verlieh 1577 die Stadtrechte. Der Johann-Kasimir-Kanal, der bei Roxheim in den Rhein mündet, entstand; Erwerbsuchende aus Westfalen ließen sich in Frankenthal nieder. Die künstlerische Gestaltung der Erzeugnisse erforderte Maler, unter denen besonders der Hauptmeister der sogenannten *Frankenthaler Maler*, Gilles van Coninxloo (1544-1607) Berühmtheit erlangte. Ebenso blühte das Gold- und Silberschmiedehandwerk. Kurfürst Friedrich IV. baute Frankenthal 1608-1620 zur linksrheinischen Festung aus. Mehrfache Belagerungen und Besetzungen während des 30-jährigen Krieges und die Zerstörung 1689 durch die Franzosen brachten den Niedergang der Stadt.

Eine zweite Blütezeit bahnte sich unter den Kurfürsten Karl Philipp und besonders unter Karl Theodor an. Frankenthal wurde als regelmäßige Anlage mit geradlinig begrenzten Baublöcken und einer neuen Stadtbefestigung wiederhergerichtet, mit dem ehemaligen Augustinerchorherrenstift im Zentrum, von dem einst die erste Blütezeit ausging. Von ehemals 6 Toren der Stadtbefestigung sind noch das Wormser Tor, erbaut 1770-72, und das Speyerer Tor erhalten, ein klassizistischer Bau des Mannheimer Architekten Nicolas de Pigage, 1772-73 errichtet (BIUNDO 1976, DEHIO/GALL 1961, ECKHARDT 1939). Eine entscheidende Aufwertung Frankenthals war die 1758 erfolgte Erhebung zur dritten Haupt- und Residenzstadt der Kurpfalz durch Kurfürst Karl Theodor. Paul Hannong, der in Straßburg schon Fayencefabriken besaß, gründete 1755 die Frankenthaler Porzellanmanufaktur, die, später in kurfürstlichem Besitz, bis zur Französischen Revolution bestand; in den 60er Jahren kamen unter anderem Seidenfabriken hinzu, 1774 wanderte der Glockengießer Schrader nach Frankenthal aus und stellte außer Glocken auch Feuerspritzen, Pumpen, Messingleuchter u.a. her; die Buchdruckerei Gnegel, 1782 gegründet, wurde berühmt als »Typographische Pflanzschule« (ILLERT 1957). Der inzwischen unbrauchbar gewordenen Johann-Kasimir-Kanal wurde ersetzt durch den 1772-81 erbauten Kanal, der in gerader östlicher Richtung nach 4.5 km in den Rhein mündet. Neben seiner wirtschaftlichen Nützlichkeit trug der Kanal auch zur Entwässerung bei, so daß auch landwirtschaftliche Nutzfläche gewonnen wurde. Heute ist der Kanal durch Straßen überbaut, lediglich ca. 750 m westlich seiner ehemaligen Mündung, dort ist inzwischen ein Hafen angelegt worden, erinnert ein 500 m langes Teilstück an die frühere Anlage. Auch das Kanalzollhaus, ein langgestreckter, eingeschossiger Bau mit Mansardendach und Toreinfahrt über der Mittellinie des Kanals, unmittelbar westlich des ehemaligen Hafenbeckens, fiel den letzten Kriegsereignissen zum Opfer (ECKARDT 1939). Durch die Französische Revolution und die napoleonischen Kriege war wiederum der Niedergang der Stadt vorgezeichnet. Im Jahre des Anschlusses der Pfalz an das Königreich Bayern 1816 wird Frankenthal Sitz eines Bezirksamtes. Die Fertigstellung der Eisenbahnlinie Ludwigshafen-Worms 1853 begünstigte den weiteren wirtschaftlichen Aufschwung; allein vier heute noch produzierende bedeutende Maschinenfabriken entstanden in der zweiten Hälfte des 19. Jahrhunderts.

Heute ist Frankenthal Mittelzentrum (1986: 47 400 Ew) mit 48 Betrieben der verarbeitenden Industrie, 324 Handwerkerbetrieben, 15 Verbrauchermärkten, 78 Großhandels-
betrieben u.a. Eingemeindet sind seit 1920 Mörsch, Flomersheim und Studernheim und
seit 1969 Eppstein (STADT FRANKENTHAL 1977 und 1986).
Erwähnenswert ist das Erdgasvorkommen im Frankenthaler Raum, das 1958 mit 7 Bohrungen in einer Sattelstruktur mit NW-Achsenstreichen in miozänen und jüngeren
Schichten des Tertiärs erschlossen wurde (bis 1961: 20 033 000 m$^3$); die Sattelstruktur
wird auf Salzlager in den Corbicula-Schichten (Unter-Miozän) zurückgeführt (DOEBL
1981, S. 219).

## HP 4   Freinsheim

Geologisch betrachtet liegt Freinsheim (ca. 3 600 Ew) am Fuß der Vorbergzone, in der
hauptsächlich miozäne Kalke ausstreichen. Unmittelbar westlich des Ortes verläuft die
NNE-streichende Verwerfung der Randscholle, die die östliche Grenze zur Zwischenscholle bildet. Die Gemarkung von Freinsheim erstreckt sich auf der Zwischenscholle,
die durch mächtige, pliozäne Sande mit Ton- und Lehmeinschaltungen gekennzeichnet
ist und eine flachere, riedelartige Oberflächengestaltung aufweist. Ein westlich des Ortes (Talweidgraben) und ein südlich davon entspringender Wasserlauf vereinigen sich
2 km talabwärts zum Fuchsbach, der durch Frankenthal zum Rhein fließt. Der unmittelbar südlich des Ortes, außerhalb der mittelalterlichen Befestigung entspringende Bachlauf wird von dem sogenannten *Guten Brunnen* gespeist, dessen Wasser zunächst in
den kreisrunden Wassergraben der ehemaligen Wasserburg geleitet wird. Heute steht
dort anstelle der Wasserburg ein Wohnhaus in klassizistischem Baustil, das Schlößchen
genannt, das über eine Brücke (1779 entst.) erreicht werden kann. Hier in der Bachniederung vermutet man auch den alten Siedlungskern mit der Wasserburg, die zuerst
1146 bezeugt ist, während der Ort Freinsheim schon im 8. Jahrhundert genannt wird.
Im Westen Freinsheims, bei der Obstmarkthalle, hat man ein in das 6./7. Jahrhundert
datiertes fränkisches Gräberfeld gefunden; die damit in Verbindung stehende Hofstelle
lag in der Bachniederung und ist wüst gefallen, nur der Flurname »Kapellenhof« weist
noch auf diesen zweiten Siedlungskern hin. Bis zum Ende des 14. Jahrhunderts im Besitz einiger Adelsfamilien, gehörte Freinsheim seit 1410 zur Kurpfalz. Man nimmt an,
daß es erst in dieser Zeit zu einer Siedlungsverdichtung kam, die mit dem heutigen
Ortskern lagemäßig übereinstimmt (WEIDEMANN 1972, S. 132/133).
Freinsheim erhielt 1471 städtische Vorrechte, die aber 1525 wegen der Solidarität der
Freinsheimer Bürger mit den aufständischen Bauern wieder aberkannt wurden. Der
heute in den Raumoprdnungsplänen als Kleinzentrum ausgewiesene Ort hatte wieder
in der 1. Hälfte des 18. Jahrhunderts Verwaltungsfunktionen als Sitz eines kurpfälzischen Unteramtes und danach zwanzig Jahre als Sitz eines Oberamtes.
Die kulturhistorische Bedeutung liegt in der weitgehenden Erhaltung der mittelalterlichen Stadtmauer (15. Jahrhundert) mit sieben Türmen, dem Eisentor im Nordosten des
alten Ortskernes und zahlreichen Wohnbauten aus dem 17. und 18. Jahrhundert. Hervorzuheben sind der zentral gelegene spätgotische Bau der Ev. Kirche mit dem von Zeller 1720-1732 erbauten Rathaus in der Nachbarschaft, der Barockbau des Ev. Pfarrhau-
ses (1717) in der Hauptstraße 19, der ehemalige Nagel'sche Hof (Hauptstraße 27), ein
spätklassizistischer umgebauter Wohnbau mit einem Tor (Ende 16. Jahrhundert), der
ehemalige Enkenbacher Klosterhof, ein spätbarocker Wohnbau (um 1720), der alte

Um die Altstadt mit ihrem hohen städtebaulichen Wert durch Angleichung an die heutigen Wohnansprüche unter Wahrung der Geschlossenheit des Ortsbildes und des historisch gewachsenen Aufbaus »am Leben« zu erhalten, strebte die Gemeinde Freinsheim, seit der Gebietsreform 1969 Verbandsgemeindesitz, nach Verleihung der Stadtrechte 1979, die Sanierung der Altstadt an. Außer der Erhöhung des Wohnwertes für die Altstadtbevölkerung hatte diese Maßnahme weitere positive Folgen, die sich im Ansteigen des Tagestourismus äußern und dadurch auch eine Belebung des Gaststättengewerbes und eine Steigerung des Absatzes Freinsheimer Weine bewirkt haben. Der Fremdenverkehr mit längerer Verweildauer ist dagegen weniger ausgeprägt, wobei die Abseitslage des Ortes (trotz Anbindung an das Eisenbahnnetz 1877) und das Fehlen von Wald- und Wasserarealen eine abträgliche Rolle spielen (BENDER/KOLLHOFF 1985, S. 54/55). Der Weinbauort hat 128 landwirtschaftliche Betriebe (1979), davon haben 60 % eine LN unter 5 ha. Außer den Weinbauflächen, die 429 ha einnehmen (1986), fallen noch 237 ha Obstbauflächen (1986) ins Gewicht; der Anbau auf dem Ackerland ist mit 34 ha (1979) unbedeutend.

Etwas über die Hälfte der 1 806 Erwerbstätigen (1970) sind Auspendler, von denen wiederum knapp die Hälfte Mannheim/Ludwigshafen als Zielort haben (ca. ein Drittel davon arbeitet in der BASF). Rangmäßig folgen Frankenthal, Bad Dürkheim und Grünstadt als Zielorte.

## HP 5/6    Neuleiningen und Battenberg

Vom südöstlichen Turm der Burg Neuleiningen blickt man auf den Rand des Oberrheingrabens bei Battenberg und der sich östlich anschließenden Vorbergzone (Randscholle), die vom Eckbach gequert wird. An der Straße durch das Eckbachtal nach Altleiningen sind südlich Neuleiningen die Oberen Karlstalschichten (oberer Mittlerer Buntsandstein) aufgeschlossen (ND); im Hangenden folgt das in diese Schichten eingenagte Hauptkonglomerat. Der gegenüberliegende Hang hat bezeichnenderweise den Namen »Kieselberg«. Auf dem Hauptkonglomerat liegen die Zwischenschichten (Oberer Buntsandstein). Unterhalb der Autobahn, unter anderem nördlich von Neuleiningen trifft man auf Aufschlüsse im ockerfarbenen Meeressand (Oligozän). Ob es sich um Unteren oder Oberen Meeressand handelt, ist durch das Fehlen von Fossilien nicht zu entscheiden (ROTHAUSEN/SONNE 1984, S. 109). Auf dem Südteil des Grünstadter Berges, nördlich der Autobahn, werden im Steinbruch »Auf der Platte« (Heidelberger Zementwerke) miozäne Kalke abgebaut. Ein bemerkenswerter Aufschluß im Meeressand, der schon seit 1913 als Naturdenkmal geschützt ist, befindet sich an der Straße unterhalb der Burgruine Battenberg, bekannt unter dem Namen »Battenberger Blitzröhren«. Der Name stammt aus dem Anfang des 19. Jahrhunderts, als man noch nicht wußte, daß es sich um röhrenförmige Brauneisenanreicherungen aus wässrigen Lösungen mit einem $Fe_2O_3$-Gehalt von rund 21 % handelt (STAPF/LANG 1972, S. 144/145). Damit eventuell gekoppelt (STAPF/LANG 1972, S. 146) sind die Ockererden (Eisenoxidhydrate), die auf der Gemarkung Battenberg bereits im 18. Jahrhundert bekannt waren und abgebaut wurden, wie aus GATTERERS TECHNOLOGISCHEM MAGAZIN (1792) hervorgeht.

Burg und Ort Neuleiningen gehen auf die Gründung des Grafen Friedrich III. von Leiningen aufrund der Erbteilung zurück, der am Rheingrabenrand, auf einem Bergvor-

## *Abb. 3:* Die Altstadt von Freinsheim - Sanierungszustand 1982

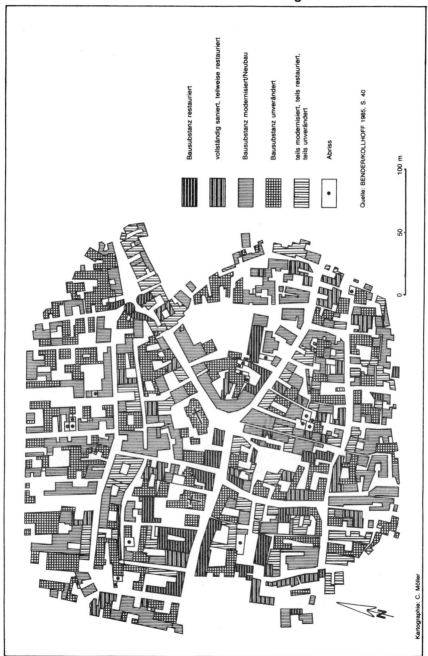

Kartographie: C. Möller

sprung nördlich des Eckbaches auf der Gemarkung Sausenheim von 1238-1241 die Burg Neuleiningen errichten ließ, bei der sich, unmittelbar südlich anschließend, der Marktort mit planmäßig angelegten Straßenverläufen entwickelte. Die zu Beginn des 12. Jahrhunderts erbaute Herrenburg Altleiningen liegt 5.5 km südwestlich davon. Eine weitere Gründung der Grafen von Leiningen erfolgte im 13. Jahrhundert südlich von Neuleiningen bei dem auf der Hochfläche gelegenen Ort Battenberg, der selbst, wie ein fränkisches Gräberfeld südöstlich der Martinskirche beweist, eine alte, im Mittelalter befestigte Siedlung darstellt und schon im 8. Jahrhundert in den Urkunden des Klosters Lorsch erwähnt ist. Eine Entwicklung zum Marktort wie bei Neuleiningen blieb durch die Dominaz Neuleiningens aus (Stadtrechte seit dem 14. Jahrhundert); auch eine zeitweilige Verlegung der Residenz nach Battenberg während des 30jährigen Krieges bis zur Mitte des 18. Jahrhunderts konnte eine solche Entwicklung nicht mehr bewirken, ähnlich wie bei der Siedlungsentwicklung von Bolanden und Kirchheimbolanden (WEIDEMANN 1972, S. 79-81).

Neuleiningen kann man als Beispiel einer südexponierten Akropolislage betrachten. Im trapezförmigen Grundriß liegt die Burg in der Nordwestecke, westlich davon erstreckt sich die großflächig angelegte Vorburg. Die noch gut erhaltene Ortsbefestigung mit Mauertürmen und ursprünglich zwei Toren stammt aus dem 15.-17. Jahrhundert. Bemerkenswert ist die Burganlage, die im Grundriß einem Quadrat mit runden Ecktürmen nahekommt. Die kastellartige Bauweise ist in der Pfalz sonst nicht vertreten. Nach WILL (1978 in HOTZ 1981, S. 168) ist sie mit dem im Mittelmeerraum häufiger vorkommenden Kastelltyp verwandt, der auch bei Kreuzfahrerburgen zu finden ist und bei Burgen in Frankreich z.Zt. Philipps II. August (1180-1223) und Ludwigs IX. (1226-1270); es gilt als erwiesen, daß aufgrund der Befestigungsart die Burg Neuleiningen von französischen Werkleuten erbaut wurde (WILL 1978 in STEIN 1981, S. 86). Im Areal der Vorburg lag auch die Burgkapelle St. Nikolaus, aus der später die Kath. Pfarrkirche hervorging, deren westlicher Teil des Langhauses noch aus dem 13. Jahrhundert stammt. In Neuleiningen bestand auch ein Karmeliter-Kloster Hl. Kreuz, ein Männerkloster, das 1316 von Graf Friedrich V. von Leiningen gegründet und 1468 wieder aufgelöst wurde. Die Hl. Kreuzkapelle, seit 1555 protestantisch, wurde in der Französischen Revolution zerstört, dann 1822 zur Synagoge mit Judenbad und Judenschule umgebaut (KAUL 1976, S. 256). 1854 waren in Neuleiningen 680 Katholiken, 50 Protestanten und 154 Juden ansässig (LANDKREIS FRANKENTHAL o.J., S. 164).

Aufgrund seiner reizvollen landschaftlichen Lage mit weitläufigen Waldarealen, der wertvollen historischen Bausubstanz und der leichten Erreichbarkeit über die Autobahn zählt Neuleiningen (1977: 719 Ew) zu den Erholungsorten mit Prädikat im weiteren Verdichtungsraum Rhein-Neckar.


## HP 7  Grünstadt

Ähnlich wie z.B. bei Dirmstein und Freinsheim ist auch Grünstadt aus mehreren, in fränkischer Zeit bestehenden Siedlungszellen hervorgegangen, von denen Gräberfelder bekannt sind. So wurde ein Gräberfeld im Umkreis der St. Martinskirche im Süden Grünstadts entdeckt, dann im Norden der Stadt, 450 m nördlich des Bahnhofs, wo sich heute der St. Peterspark befindet und im Nordwesten der Stadt, im Bereich des heutigen Friedhofs.

Im Peterspark stand die älteste Kirche des Ortes, die Pfarrkirche St. Peter, wahrscheinlich im 9. Jahrhundert entstanden. Aus den schriftlichen Überlieferungen geht hervor, daß hier um 900 ein Fronhof und 14 Bauernhöfe im Besitz des Petersklosters Weißenburg im Elsaß bestanden. Im Süden der Stadt lassen sich dem Gräberfeld, auf dem die Kirche St. Martin wahrscheinlich schon vor der ersten urkundlichen Erwähnung 1121 errichtet wurde, Hofstellen zuordnen, von denen eine als königliches Hofgut 875 durch König Ludwig den Deutschen der Benediktinerabtei Glandern in Lothringen (bei Metz) geschenkt wurde (SCHULZE 1972, S. 113). Seit 1471 war Grünstadt zunächst durch einen Graben geschützt, dem später Befestigungen mit Mauern, Türmen und Toren folgten, die im 19. Jahrhundert abgetragen wurden. Die Befestigungen umschlossen ein Dorf mit staßendorfartigem Grundriß, wobei die Altgasse (heute Hauptstraße, z.T. Fußgängerzone), die ehemals die beiden Siedlungszellen verband, die Hauptachse war. Die Besitzungen und Rechte der Abtei Glandern in Grünstadt gingen 1549 pfandweise und 1735 ganz an die Leininger Grafen. Ab 1556 galt die kaiserliche Erlaubnis, in Grünstadt zwei Jahrmärkte und einen Wochenmarkt abzuhalten. Es wurde dafür ein neuer Marktplatz errichtet, der heutige Schillerplatz (350 m nordöstlich des Bahnhofs in der Fußgängerzone). Von der Brandschatzung 1689 erholte sich der Ort und wurde, nach der Zerstörung Alt- und Neuleiningens, Wohnsitz für die Leininger Grafen und ihre Beamten. Dazu wurde der Untere Hof, das frühere Hofhaus der Abtei Glandern, 1698 zu einem Schloß umgebaut, versehen mit einem Lustgarten, der 1783 zusammen mit dem van Recum'schen Garten von Friedrich Ludwig von Sckell (zu dieser Zeit Gartenbaudirektor der Pfalz und Bayerns) als Garten im englischen Stil angelegt wurde. Eine weitere Nutzungsänderung des Unteren Hofes vollzog sich im Zuge der Veräußerung der Gebäude durch die französische Regierung um 1800, wobei van Recum die Gebäude günstig für seine Porzellanfabrik erwerben konnte, die er von Frankenthal nach Grünstadt verlegte. Nach seinem Tod 1801 führten die Erben bis 1812 das Werk weiter, dann kam es in den Besitz der Gebrüder Bordollo, die seit 1819 auch Steingut herstellten. Der Bau des Oberen Hofes (Neugasse) fällt in das Jahr 1716 und ist durch die kunstvolle barocke Toreinfahrt berühmt geworden (ECKARDT 1939, S. 265-269).

Grünstadt mit ca. 12000 Einwohnern stellt heute ein aufstrebendes Mittelzentrum dar und ist außerdem Verbandsgemeindesitz. Sausenheim im Süden und Asselheim im Norden sind seit 1969 eingemeindet. Zu den größeren Unternehmen gehören das 1905 von Karl Fliesen gegründete, heute zu den Didier-Werken gehörende Schamottewerk, eine Wellpappen-, Keramik-, und Steingut- sowie eine Malzfabrik, außerdem Druckereien, eine Großbuchbinderei, ein amerikanisches Truppenversorgungslager (EES-Center) u.a.

## HP 8   Dirmstein

Auf den flachgeneigten, südost- und südexponierten, lößbedeckten Hangbereichen des Eckbachtales um Dirmstein sind drei fränkische Gräberfelder nachgewiesen, etwa 250 m westlich des nordwestlichen Dorfrandes, südlich des Friedhofes im Gebiet des ehemaligen Bahnhofes und im Osten Dirmsteins, ca. 300 m nördlich des ehemaligen Bischöflichen Schlosses, denen nach WEIDEMANN (1972, S. 68f.) noch im heutigen Ortsbild Siedlungszellen zugeordnet werden können. So waren z.B. die Hofstellen im Osten des Dorfes ursprünglich im Besitz der Herren von Dalberg und gingen 1240 in den Besitz des Bischofs von Worms über, der dort eine vierseitige Wasserburg mit runden Türmen errichtete, die 1525 von den Bauern zerstört wurde. Erhalten ist nur noch der südöstliche Turm. Nach Instandsetzung diente die Burg im 16. Jahrhundert als bischöfliche Sommerresidenz; im Pfälzischen Erbfolgekrieg (1689) wurde sie verschont und war 1693-1703 Unterkunft der Wormser Jesuiten, deren Kollegium ausgebrannt war. Danach wieder unter bischöflicher Verwaltung, beschlagnahmten (1792/93) und versteigerten die Franzosen das seit 1801 in Privatbesitz befindliche Anwesen (ECKARDT 1939, S. 186/187). Unmittelbar nördlich der Wasserburg stand, zuerst 1142 erwähnt, die Pfarrkirche St. Peter mit Friedhof (sog. Untere Kirche), die 1808 abgebrochen wurde. Wohl aufgrund der Wasserburg war das sich ursprünglich als Straßendorf entwickelnde Niederdorf nicht befestigt, während die haufendorfartige Anlage des Oberdorfes seit 1628 mit Mauern, Gräben und Toren versehen war. Seit Beginn des 15. Jahrhunderts sollen in Dirmstein 22 Adelsfamilien gewohnt haben (ECKARDT 1939, S. 179 u. 183).

Das Ortsbild wird beherrscht von der Simultankirche St. Laurentius, die nach Plänen von Balthasar Neumann 1742-1745 gebaut wurde. Der Turm stammt noch von der Vorgängerkirche, der mittelalterlichen Lorenzkirche (1689 ausgebrannt), die wiederum auf die seit 1240 bezeugte Laurentiuskapelle zurückweist. Mit zu den ältesten Bauwerken gehört die gegenüber dem Westportal der Laurentiuskirche liegende ehemalige Spitalkapelle St. Magdalena aus dem 13. oder 14. Jahrhundert.

Von den ehemaligen Adelsschlössern sind vor allem das 1736 begonnene Sturmfeder'sche Schloß zu nennen, dann das Quadt'sche Schloß (Obertor Nr. 6) ebenfalls aus dem 18. Jahrhundert und schließlich das Koeth-Wanscheid'sche Schloß aus der 1. Hälfte des 18. Jahrhunderts am NW-Rand des Oberdorfes. Die Anlage kam 1802 in den Besitz von Joseph von Camuzzi, der, nördlich und westlich an das Anwesen anschließend, einen Park im englischen Stil anlegen ließ, der sich heute, wie auch das Schloß, in schlechtem Zustand befindet.

### *Abb. 4:* Koeth-Wanscheid'sches Schloß in Dirmstein

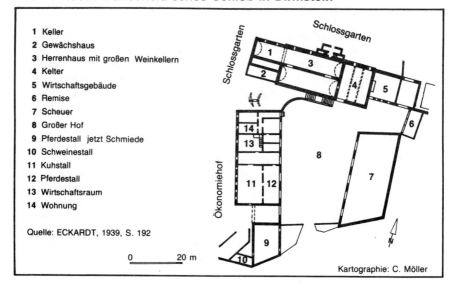

1 Keller
2 Gewächshaus
3 Herrenhaus mit großen Weinkellern
4 Kelter
5 Wirtschaftsgebäude
6 Remise
7 Scheuer
8 Großer Hof
9 Pferdestall jetzt Schmiede
10 Schweinestall
11 Kuhstall
12 Pferdestall
13 Wirtschaftsraum
14 Wohnung

Quelle: ECKARDT, 1939, S. 192

0 ____ 20 m

Schlossgarten
Schlossgarten
Ökonomiehof

Kartographie: C. Möller

## Abb. 5: Ehemalig bischöfliches Schloß in Dirmstein

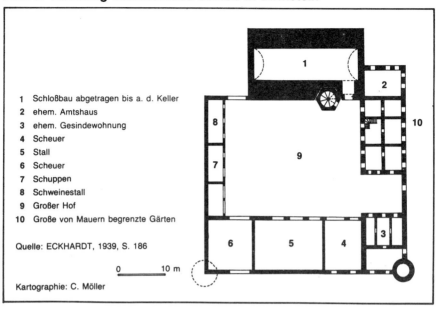

1 Schloßbau abgetragen bis a. d. Keller
2 ehem. Amtshaus
3 ehem. Gesindewohnung
4 Scheuer
5 Stall
6 Scheuer
7 Schuppen
8 Schweinestall
9 Großer Hof
10 Große von Mauern begrenzte Gärten

Quelle: ECKHARDT, 1939, S. 186

0     10 m

Kartographie: C. Möller

Von der von 1778-1788 bestandenen bischöflichen Fayence-Fabrik sind Erzeugnisse im Historischen Museum der Pfalz in Speyer zu sehen. Nördlich des Sturmfeder'schen Schlosses stößt man auf das »Gasthaus zum Luitpold«, das zwischen 1725 und 1750 entstanden ist (ECKARDT 1939, S. 189-199). Zur Zeit ist in Dirmstein eine Ortskernsanierung im Gange.

Erwähnenswert ist eine schwefelwasserstoffhaltige Quelle, die NNW von Dirmstein im Tal des Floßbaches entspringt, der sogenannte Schwefel-Brunnen. Solche Quellen sind in der Umgebung nicht so selten (Offstein, östl. Bechtheim, im Seebachtal zwischen Osthofen und Westhofen, Freinsheim u.a.). Der $H_2S$-Gehalt rührt vermutlich von Reaktionen mit Pyrit($FeS_2$)-haltigen Sedimenten her. Der Schwefel-Brunnen von Dirmstein muß allerdings überregionale Bedeutung gehabt haben, denn er wird bereits zu Beginn des 19. Jahrhunderts erwähnt und soll zu Kurzwecken verwendet worden sein (HÄBERLE 1912, S. 11 u. 15; FREY 1836, S. 339; PAULY 1817, S. 73; CAMMERER [9]1845, S. 97).

Heute ist Dirmstein eine Gemeinde mit ca. 2 700 Einwohnern, mit einer Mischung aus Qualitätsweinbau, Landwirtschaft, wenig Industrie, Handel und Gewerbe. Fast 30 % der LN (1986) werden vom Weinbau eingenommen, ca. 20 % der LN entfallen auf den Zuckerrübenanbau und der Rest auf Getreide, vorwiegend Weizen und Gerste. Die mittlere bEMZ beträgt 79, die LVZ 76. Dem Betriebssystem nach herrschen Dauerkultur- und Marktfruchtbetriebe vor; von 84 Betrieben (1979) haben 37 Betriebe eine LN größer als 15 ha.

## HP 9   Offstein

Das 771 erstmals urkundlich als »Offstein« belegte Dorf liegt im Eisbachtal zwischen Heppenheim a.d. Wiese im Osten und Obrigheim im Südwesten. Seit der Gebietsreform gehört die Gemeinde zur Verbandsgemeinde Monheim im Landkreis Alzey-Worms. WÖRNER (1887, S. 109) erwähnt noch die Reste einer Burg im Osten des Ortes zwischen dem Eisbach und der nach Heppenheim a.d. W. führenden Straße, die inzwischen verschwunden sind; eine schriftliche Nachricht bezeugt die Burg bereits 1329.

Zugänglich ist heute noch eine schwefelwasserstoffhaltige Quelle (»Schwefelbrunnen«), die zwischen der Rosengartenmühle und dem ehemaligen Bahnübergang zwischen Heppenheim a.d. W. und Offstein auf einem Acker entspringt und gefaßt ist. Ihr Wasser soll früher zur Behandlung von Halsleiden verwendet worden sein (HÄBERLE 1912, S. 21).

Überregional bekannt ist Offstein durch die 1883 gegründete Zuckerfabrik in Neuoffstein (Ortsteil von Obrigheim/Pfalz), deren 105 ha großes Werksgelände südwestlich von Offstein liegt. Sie gehört seit 1926 zur Süddeutschen Zucker-AG mit Sitz in Mannheim. Einzugsgebiete der Zuckerfabrik sind Rheinhessen und die Vorderpfalz, wo auf 12 800 ha ca. 3 300 Landwirte mit dem Unternehmen vertraglich geregelt Zuckerrüben anbauen, die während der Kampagne von Ende September bis Ende Dezember zu 55 % mit der Bahn und zu 45 % über die Straße im Werk Offstein angeliefert werden (das Werk zu Worms wurde 1975 stillgelegt). Es werden in diesen drei Monaten pro Tag 10 000 t Rüben verarbeitet, wobei man um 1 t Zucker zu produzieren ca. 7 t Rüben braucht. Mit 250 Beschäftigten in der Kampagne und 240 in der übrigen Zeit des Jahres (Überholung und Modernisierung der Anlage) ist die Zuckerfabrik ein wichtiger Arbeitgeber. Außer dem hohen Schornstein fallen vor allem die vier Silos auf, von denen jeder 25 000 t Zucker fassen kann. Das bei der Produktion freigesetzte Wasser - in 1 kg Rüben sind 770 g Wasser enthalten - und das Wasser, mit dem die Rüben gereinigt werden, wird in einer 50 ha großen Anlage wieder aufbereitet. Dabei fallen auch ca. 100 000 t an den Rüben haftende Ackererde an, die wieder ausgefahren werden (SÜDDEUTSCHE ZUCKER-AG, o.J.). Außer der Zuckerfabrik haben sich in Offstein metallverarbeitende Betriebe niedergelassen.

Auf den hervorragenden Böden (mittlere bEMZ = 81, LVZ = 82) der Gemarkung werden auf 20 % der Ackerfläche (1979) Zuckerrüben angebaut, die übrige Ackerfläche wird hauptsächlich von Getreide eingenommen, vorwiegend Gerste, dann Roggen und Weizen. Die Sonderkulturfläche enthält (1986) zu 14 % der LN Weinbau und zu 10 % der LN Obstbau. Bewirtschaftet wird die LN von 49 Betrieben (1979), von denen 39 eine LN kleiner als 15 ha haben. Vorherrschend ist nach der Gliederung der Betriebssysteme nach der Struktur des Standarddeckungsbeitrages der Dauerkultur-Marktfruchtbetrieb.

## HP 10   Dalsheim

Dalsheim ist seit der Gebietsreform 1969 mit Niederflörsheim vereinigt und Ortsteil der Gemeinde Flörsheim-Dalsheim, die zur Verbandsgemeinde Monsheim gehört. Der Ort liegt am Ostfuß der miozänen Kalkplatte, die hier durch den Westrand der Wormser Senkungszone begrenzt wird. Die Ortslage mit dem rechteckigen, alten Ortskern erstreckt sich zwischen der B 271 im Westen und der Eisenbahnlinie Monsheim-Alzey im

Osten. Gut erhalten ist die Befestigung des alten Ortskerns aus dem 14./15. Jahrhundert mit sieben noch erhaltenen Türmen und Wehrmauer. Die beiden Tore im Osten und im Westen wurden in den 30er Jahren des 19. Jahrhunderts abgetragen (WÖRNER 1887, S. 32/33), ebenso wurden 1840 der mit Ulmen (»Effen«) bestandene Wall und der Graben geschleift. Weiter wird von den Ruinen einer Burg berichtet (WÖRNER 1887, S. 32/33), die sich im Nordwesten bei der Kath. Kirche St. Peter und Paul (gut erhaltener romanischer Turm mit Dämonenfratzen) befinden, auf deren Grundmauern Wohnungen gebaut sind, ebenso wurden die Wirtschaftsgebäude zu Wohnungen umgebaut. Heute weist nur noch ein Wappen mit der Jahreszahl 1592 an der Mauer des oberen Schloßgartens im Norden auf die Herren von Rodenstein hin. Sehenswert ist auch der jüdische Mittelpunktsfriedhof, der 'extra muros' an der nördlichen Stadtmauer angelegt wurde.

Seit 765 wird Dalsheim als »Dagolfesheim« urkundlich bezeugt. In der Gemarkung hat damals schon der Weinbau eine Rolle gespielt, denn es ist in den Schenkungen an das Kloster Lorsch oft die Rede von Weinbergen (ILLERT 1976, S. 68). Aufgrund der beiden fränkischen Gräberfelder im Nordwesten des Ortes und im Nordosten, südlich des neuen Friedhofs, die im 6. und 7. Jahrhundert datiert sind, konnte der Siedlungsgang noch weiter zurückverfolgt werden. Während bei dem Gräberfeld im Nordwesten später die Kirche St. Peter und Paul (Turm aus dem 12. Jahrhundert) gebaut wird, gibt die Flurbezeichnung »Im Geisenheimer Feld« einen Hinweis auf die dort ehemals bestandenen Hofstellen, die dem Gräberfeld südlich des neuen Friedhofs zugeordnet werden können. Zu welchem Zeitpunkt sich die beiden Hofsiedlungen zusammengeschlossen haben, ist urkundlich nicht belegbar, kann aber entsprechend vergleichbarer Siedlungsentwicklungen für das 11.-12. Jahrhundert wahrscheinlich gemacht werden (WEIDEMANN 1972, S. 72/73). Der Ortsteil Dalsheim ist durch den Weinbau geprägt; über die Hälfte der LN (1986: 344 ha) werden von Rebland eingenommen, überwiegend mit den Rebsorten Müller-Thurgau und Silvaner.

## HP 11   Pfeddersheim

Pfeddersheim liegt 6 km westlich vom Stadtzentrum Worms im Pfrimmtal und ist seit 1969 Stadtteil von Worms. Der alte, rechteckige Ortskern mit seiner weitgehend erhaltenen Stadtmauer mit neun Voll- und neun Halbtürmen erstreckt sich nördlich der Pfrimm in Ost-West-Richtung. Die Stadt mit einem Bevölkerungsstand von ca. 7000 Einwohnern (1986: 6100 Ew) ist weit über den alten Ortskern hinausgewachsen. Ausgedehnte Wohngebiete breiten sich südlich des Ortskernes auf der Niederterrasse der Pfrimm und der sich anschließenden Riedelflanke und entlang der Bahnlinie Worms-Monsheim-Alzey bzw. der alten B 47 aus. Östlich des Ortes überbrückt die A 61 das Pfrimmtal. An größeren Betrieben ist eine seit 1879 hier im westlichen Teil der Gemarkung ansässige Maschinenbaufabrik für Brauereiabfüllanlagen zu nennen und ein Depot der Bundeswehr im Nordostteil des Ortes, das eine große Fläche einnimmt. Auf diesem Gelände bestand von 1871 bis zum Ende des letzten Krieges eine Konservenfabrik. Zielgemeinden der Berufspendler sind vor allem Worms, Ludwigshafen, Mannheim und Frankenthal.

Unter den landwirtschaftlichen Betrieben dominieren die Marktfrucht-Dauerkulturbetriebe, wobei außer dem Weinbau (1986: 131 ha) der Zuckerrübenanbau auf den hochwertigen Böden (bEMZ 78, LV 76) eine wesentliche Rolle spielt.

*Abb. 6:* **Mittelalterliche Topographie von Pfeddersheim**

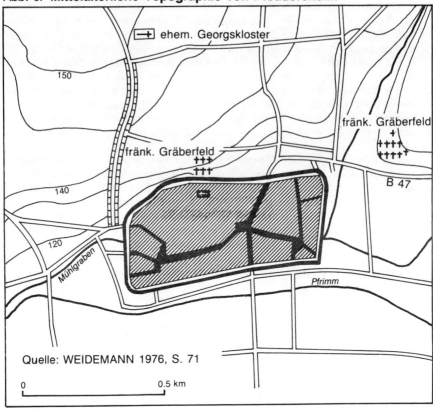

Quelle: WEIDEMANN 1976, S. 71

Der Siedlungsgang Pfeddersheims, das in der schriftlichen Überlieferung erstmals 754 genannt wird, ist zunächst eng mit den Besitzungen der Kirche von Metz in diesem Gebiet gekoppelt. Im 10. Jahrhundert gründete hier die Benediktinerabtei Gorze (südwestl. v. Metz) das Kloster Georgenberg, eine bis um 1550 existierende Benediktinerpropstei, die im Norden von Pfeddersheim, an der Straße nach Mörstadt, etwa östlich des Wasserbehälters bestanden hat. Oberflächlich ist davon nichts mehr erhalten. Die Beziehung zum Kloster Gorze ist bemerkenswert, weil von diesem die von Cluny unabhängige Klosterreformbewegung im 10./11. Jahrhundert ausging, die Gorzer Reform, die besonders im deutschen Gebiet wirksam wurde, vom Episkopat und dem lothringischen Adel befürwortet wurde und dem ottonischen Reichskirchensystem entsprach. Um 1190 ging der Besitz der Kirche von Metz an die Herren von Bolanden über, die in Pfeddersheim schon Höfe besaßen, die auf älteren, vom König vergebenen Reichsbesitz zurückgehen (WEIDEMANN 1972, S. 70). So lassen sich in Pfeddersheim zwei Grundbesitzeinheiten nachweisen, der Metzer Hof und das Gut des Reiches, auf die die beiden heute noch feststellbaren Siedlungskerne hinweisen, einer am Ortsrand von

Pfeddersheim, wo auch die Reichsburg gestanden hat und der zweite etwa 300 m westlich davon, südlich der Kirche; gestützt wird diese Feststellung durch ein fränkisches
Gräberfeld nördlich der Kirche und östlich des heutigen Friedhofs, am Südwesthang des
Hochberges (WEIDEMANN 1972, S. 71/72). Der alte Ortsgrundriß mit den Befestigungen bildet sich langsam heraus, nachdem König Albrecht I. von Habsburg nach 1304
die Höfe zum Reichsbesitz machte und Pfeddersheim zur Reichsstadt mit Oppenheimer
Recht aufwertete.

Nach der Französischen Revolution gehörte Pfeddersheim ab 1816 mit der Provinz
Rheinhessen zum Großherzogtum Hessen-Darmstadt, verlor 1874 die Bezeichnung
»Stadt«, weil es den vorgeschriebenen Bevölkerungsstand nicht erreichte. Seit 1954 darf
Pfeddersheim wieder den Stadt-Titel führen.

# IV. Karten und Literatur

Topographische Karten 1 : 25000, Blätter: 6315 Worms-Pfeddersheim, 6316 Worms,
6414 Grünstadt-West, 6415 Grünstadt-Ost, 6416 Mannheim-Nordwest

DREYER, FRANKE, STAPF (1983): Geologische Karte des Saar-Nahe-Berglandes und
seiner Randgebiete 1 : 100000. Mainz.

SCHARPFF, H.J. (1977): Geologische Karte von Hessen 1 : 25000, Blatt 6316 Worms
mit Erläuterungen. Wiesbaden.

STÖHR, W.TH. (1966) Übersichtskarte der Bodentypen-Gesellschaften von Rheinland-
Pfalz 1 : 250000. Mainz.


AKTIENGESELLSCHAFT ZUR ERBAUUNG BILLIGER WOHNUNGEN namentlich zum
Besten von Arbeitern in Worms am Rhein (1948): Festschrift zum fünfzigjäh-
rigen Jubiläum 1897-1947. Worms.

BENDER, R.J. u. M. KOLLHOFF (1985): Stadtsanierung Freinsheim. - Materialien zur
Geographie H. 1, Mannheim.

BITTDORF, A. (1977): Die Altstadtsanierung von Worms. Eine sozialgeographische Untersuchung. Statsexamensarbeit, Geogr. Inst. d. Univ. Mannheim,
Mannheim.

BIUNDO, G. (1973): Bobenheim-Roxheim. Aus der Geschichte einer Großgemeinde.
Bobenheim-Roxheim.

BIUNDO, G. (1976): Bobenheim, Dirmstein, Frankenthal, Roxheim. In: Handbuch der
historischen Stätten Deutschlands, hrsg. v. PETRY, Bd. 5: Rheinland-Pfalz
und Saarland, Stuttgart.

BÖCHER, O. (1960): Die Alte Synagoge zu Worms. - Der Wormsgau, Beiheft 18,
Worms.

BÖCHER, O. ([2]1987): Der Alte Judenfriedhof zu Worms. - Rheinische Kunststätten
H. 148, Köln.

BOOS, H. (1901): Geschichte der rheinischen Städtekultur von den Anfängen bis zur Gegenwart mit besonderer Berücksichtigung von Worms. 4. Teil, Berlin.

CAMMERER (⁹1845): Das Königreich Bayern. Kempten.

DEHIO/GALL (²1961): Handbuch der Deutschen Kunstdenkmäler. Pfalz und Rheinhessen. München/Berlin.

DOEBL, F. (1981): Erdöl und Erdgas in der Vorderpfalz. In: Pfälzische Landeskunde, hrsg. v. M. GEIGER et al., Bd. 1, Landau, S. 217-230.

ECKARDT, A. (1939, Nachdr. 1982): Die Kunstdenkmäler der Pfalz. Bd. VIII: Stadt und Landkreis Frankenthal. München/Berlin.

FREY, M. (1836/37): Versuch einer geographisch-historisch-statistischen Beschreibung des Rheinkreises. Bd. II: Gerichtsbezirk von Frankenthal. Speyer.

GATTERERS TECHNOLOGISCHES MAGAZIN II (1792): Gewinnung und Bereitung einer gelben Farberde zu Battenberg im Fürstentum Leiningen. Memmingen, S. 30ff.

GRÜNEWALD, M. (1986): Die Römer in Worms. Worms.

HÄBERLE, D. (1912): Die Mineralquellen der Rheinpfalz. Kaiserlautern.

HOTZ, W. (1981): Pfalzen und Burgen der Stauferzeit. Geschichte und Gestalt. Darmstadt.

ILLERT, F.M. (1953): Frankenthal im geschichtlichen Bild des Rhein-Neckar-Raumes. Frankenthal.

ILLERT, F.M. (1964): Worms am Rhein. Führer durch die Geschichte und Sehenswürdigkeiten der Stadt. Worms.

ILLERT, G. (1976): Dalsheim, Worms. In: Handbuch der historischen Stätten Deutschlands, hrsg. v. PETRY, Bd. 5: Rheinland-Pfalz und Saarland, Stuttgart.

KAUL, Th. (1976): Battenberg, Neuleiningen. In: Handbuch der historischen Stätten Deutschlands, hrsg. v. PETRY, Bd. 5: Rheinland-Pfalz und Saarland, Stuttgart.

LANDKREIS FRANKENTHAL (PFALZ) (o.J.): Frankenthal.

LESER, H. (1969): Landeskundlicher Führer durch Rheinhessen. - Sammlung geographischer Führer Bd. 5, Berlin/Stuttgart.

OBERFINANZDIREKTION KOBLENZ (1986): Daten für die Bewertung der Landwirtschaft in Rheinland-Pfalz. Koblenz.

PAULY, P.A. (1817): Gemälde von Rheinbayern. Frankenthal.

REGIONALER RAUMORDNUNGSPLAN RHEINPFALZ (1978). Raum Vorderpfalz. 1. Entwurf.

REUTER, F. (1984): Warmaisa. 1000 Jahre Juden in Worms. In: Der Wormsgau, Beiheft 29, Worms.

REUTER, F. (1985): Worms - ehemals, gestern und heute. Ein Stadtbild im Wandel der letzten 100 Jahre. Stuttgart.

REUTER, F. (1987): Worms- Dom, Museen, Stadt. Speyer.

SCHULZE, H. (1972): Zur frühmittelalterlichen Topographie von Grünstadt (Kr. Frankenthal). In: - Führer zu vor- und frühgeschichtlichen Denkmälern Bd. 13, Mainz, S. 111-113.

STADT FRANKENTHAL (1977): 400 Jahre Frankenthal 1577-1977. Frankenthal.

STADT FRANKENTHAL (1986): Daten-Fakten-Zahlen. Faltblatt der Stadtverwaltung.

STAPF, K. u. W. LANG (1972): Natur und Landschaft im Raume Grünstadt. In: - Mitt. d. Pollichia III. Reihe, Bd. 19, Bad Dürkheim, S. 134-153.

STEIN, G. (1981): Burgen und Stadtbefestigungen, Schlösser und Festungen. In: Pfälzische Landeskunde, hrsg. v. M. GEIGER et al., Bd. 3, Landau, S. 77-99.

SÜDDEUTSCHE ZUCKER-AG, Werk Offstein (o.J.): Ein Unternehmen stellt sich vor.

WEIDEMANN, K. (1972): Ausgewählte Beispiele zur frühmittelalterlichen Topographie an Pfrimm, Eckbach und Donnersberg. In: - Führer zu vor- und frühgeschichtlichen Denkmälern Bd. 13, Mainz, S. 67-82.

WILHELM, D. (1971): Worms, Mittelstadt am Rande des Rhein-Neckar-Ballungsraumes. - Der Wormsgau, Beiheft 24, Worms.

WILL, R. (1978): Les châteaux de plan carée de la plaine du Rhin et le rayonnement de l'architecture militaire royal de France au XIIIe siècle. In: cahiers Alsaciens d'archéologie d'art et d'histoire, Jg. XXI, S. 65-86.

Statistik von Rheinland-Pfalz, Bde. 167, 221, 233, 302, 304.

Statistischer Bericht der Stadt Worms 1983-1984. Worms.

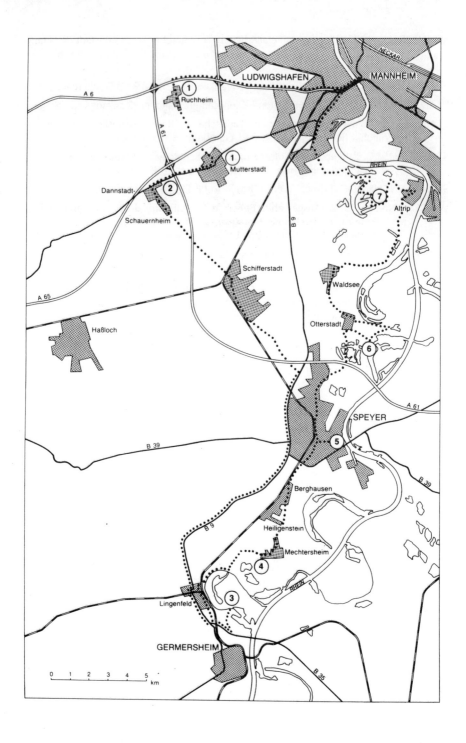

# Die mittlere Vorderpfalz und Speyer
## Nutzungswandel in der Vorderpfälzer Rheinebene

von

Bruno Cloer und Christoph Jentsch

## I. Haltepunkte

1. Ruchheim/Mutterstadt
2. Dannstadt Großmarkt
3. Insel Grün: Hafen Germersheim, Daimler-Benz Großlager
4. Naherholungsgebiet Mechtersheim
5. Speyer: Parkplatz am Dom für Innenstadtrundgang
6. Reffenthal mit Binsfeld und Otterstadter Altrhein
7. Blaue Adria. Parkplatz Nähe Strandhotel

## II. Betrachtungsziel der Exkursion

Natur- und Kulturlandschaft der Rheinebene in der Aue und auf der linksseitigen Niederterrasse.

Einzelprobleme des Raumes:

- Die Siedlungen der linksrheinischen Achse und die Suburbanisierung.
- Die stadtnahe Agrarlandschaft des Gemüseanbaus.
- Die Stellung des 2000-jährigen Speyer im Umfeld der linksrheinischen Verdichtung.
- Die Auenlandschaft der Altrheinarme als Hinterlassenschaft der Oberrhein-Korrektion und ihre moderne Inwertsetzung: Freizeit - Industrie - Entsorgung.
- Die Maßnahmen der Naturerhaltung und des Hochwasserschutzes.

Das linksseitige Oberrheinische Tiefland zwischen Ludwigshafen und Germersheim gliedert sich in mehrere natürliche Landschaften, die von der alluvialen Rheinaue über die Niederterrasse, die lößbedeckte Hochterrasse bis zur Vorhügelzone des Haardtrandes reichen.

Während die alluviale Rheinaue erst vom beginnenden 19. Jahrhundert an für die Besiedlung und Wirtschaft in Wert gesetzt werden konnte, handelte es sich bei der Niederterrasse um eine trockene Schotterebene, die einen waldfreien Altsiedelraum darstellt. Dieses Niederterrassenfeld, das sich im Raum Speyer mit dem Schwemmfächer des Speyerbaches verschneidet, ist am breitesten im Westen von Ludwigshafen entwickelt, um in der Gegend von Worms unter den Aufschüttungen des Eisbaches zu verschwinden. Die auf das Ende der Glazialzeit zu datierende Terrasse wird auch als die Frankenthaler Terrasse bezeichnet und hat keine direkte Entsprechung in anderen Niederterras-

*Abb. 1:* **Naturräumliche Übersicht und geländeklimatische Situation des mittleren Vorderpfälzer Tieflandes**

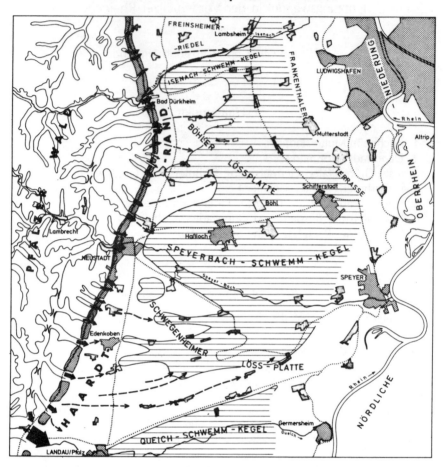

*Quelle:* GEIGER 1977

senfeldern am Rhein. Bezeichnenderweise folgen den jeweiligen Absätzen zur Aue bzw. zum nächsthöheren Niveau Siedlungsreihen, an die sich auch die Straßensysteme seit früher Zeit anlehnen.

Diese rheinparallele Gliederung wird jeweils durch die Aufschüttungen der Nebenbäche unterbrochen, von denen die Queich mit ihrer Mündung bei Germersheim, der Speyerbach mit seinem Verlauf durch Speyer, die stärker nach Norden verschleppte Isenach sowie der Eisbach mit seiner Mündung bei Worms die bedeutendsten sind. Eine weitere Quergliederung dieses Abschnitts der Oberrheinebene ergibt sich durch die als Riedel stehengebliebenen pliozänen Sandablagerungen, die dem Buntsandsteingebiet

*Legende zu Abb.1:*

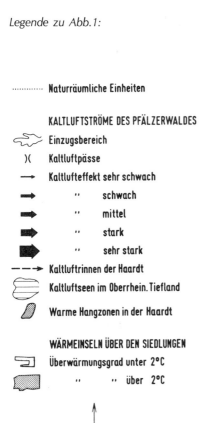

.......... **Naturräumliche Einheiten**

**KALTLUFTSTRÖME DES PFÄLZERWALDES**

**Einzugsbereich**

)( **Kaltluftpässe**

→ **Kaltlufteffekt sehr schwach**

➡ "  **schwach**

➡ "  **mittel**

➡ "  **stark**

➡ "  **sehr stark**

- - -→ **Kaltluftrinnen der Haardt**

**Kaltluftseen im Oberrhein. Tiefland**

**Warme Hangzonen in der Haardt**

**WÄRMEINSELN ÜBER DEN SIEDLUNGEN**

**Überwärmungsgrad unter 2°C**

"  "  **über  2°C**

↑
N

|———————|———————|
0                5 km

des Pfälzerwaldes entstammen und von dort vor dem Eiszeitalter in den Oberrheingraben verfrachtet worden sind. Darüber hinaus zeigen sich diluviale Flugsandfelder, die durch ihre Bestockung mit Trockenwald im Landschaftsbild auffallen. Dazu gehört z.B. der recht ausgedehnte Speyerer Stadtwald im Nordwesten der Stadt.

Ganz anderer Art sind die Waldreste im Auengebiet im Bereich von Altrheinarmen, deren Bestände sich aus Erlen, Pappeln und Weiden zusammensetzen und einen hohen Grundwasserstand in diesen Bereichen signalisieren. In unberührter Form sind diese Rheinauenwälder im Bereich der Vorderpfalz an keiner Stelle mehr anzutreffen, da nach der Rheinkorrektion durch Tulla die landwirtschaftliche Nutzung alsbald gegen den Strom hin vorgeschoben wurde. Außerdem wurden die außer Funktion gesetzten alten Rheinschlingen zur Kies- und Sandgewinnung vergeben, eine Nutzung, die auch heute noch im großen Stil weiter verfolgt wird. Durch die Kiesausbeutung haben sich dann in unmittelbarer Nachbarschaft des Rheins wieder offene Wasserflächen ergeben, die heute der Naherholung am Wasser dienen. Bemühungen, eine naturnahe Stromlandschaft wiederherzustellen, kollidieren auch mit industriellen Nutzungsansprüchen besonders im Süden der Stadt Speyer, wo die vormalige Insel Flotzgrün eine Sondermülldeponie der BASF und südwestlich davon die Insel Grün ein Industriegebiet sowie den Rheinhafen der Stadt Germersheim beherbergen.

In diesem etwa 30 km langen Abschnitt des Oberrheins zwischen Germersheim und Ludwigshafen bildet die Stadt Speyer den einzigen natürlichen linksrheinischen Brückenkopf mit der Möglichkeit der Rheinüberquerung seit der planmäßigen Inkulturnahme der Landschaft. An dieser Stelle tritt das Hochgestade am nächsten an den Rhein heran, eine Möglichkeit, wie sie erst 40 km unterhalb bei Worms in wieder ähnlicher Weise gegeben ist. Demzufolge sind Speyer und Worms die ältesten städtischen Siedlungsplätze in diesem Abschnitt und liegen auch nicht zufällig wie Straßburg und Mainz auf der linken Rheinseite, die zufolge des Reliefs und der Bodenbeschaffenheit gegenüber dem rechtsrheinischen Ufer immer den Vorzug besaß.

Heutige Bedeutung und Probleme ergeben sich allerdings vor allem aus der Randlage zum Verdichtungsraum Rhein-Neckar, der seine Wachstumspole im Industriezeitalter in den Städten Mannheim und Ludwigshafen mit ihrer Industrie entwickelt hat. Hat sich zwar im Bewußtsein der Bevölkerung des ehemals rheinübergreifenden Territoriums der Kurpfalz die Stadt Mannheim als der oberzentrale Einkaufsort behaupten können, so hat das nach der Mitte des 19. Jahrhunderts entstandene Ludwigshafen mit seinen heute über 60000 industriellen Arbeitsplätzen die entscheidende Rolle als Arbeitsort der vorderpfälzischen Bevölkerung übernommen. Der Suburbanisierungsprozeß dieser Industriestadt hat nicht bei den nach und nach eingemeindeten bäuerlichen Vororten halt gemacht, sondern in einem Umkreis von 20 km nach Westen und Südwesten das altbesiedelte Vorland nachhaltig verändert. So ist bei einer Exkursion im südlichen Umfeld von Ludwigshafen an praktisch jeder Ortschaft das bauliche Wachstum zu beobachten, das exogen gesteuert ist und den Charakter der vormals landwirtschaftlich geprägten Straßendörfer grundlegend gewandelt hat. Gute Beispiele für den Suburbanisierungsprozeß bieten die Orte Ruchheim (heute Stadtteil von Ludwigshafen), Mutterstadt und die Doppelgemeinde Dannstadt-Schauernheim. Alle diese Orte haben zwischen 1950 und 1987 ihre Einwohnerzahl mehr als verdoppeln können, was vor allen Dingen durch Angliederung ausgedehnter Neubaugebiete in vorwiegend regelmäßiger Form um den Ortskern herum erfolgt ist. Die Siedlung Limburgerhof gar ist eine Schöpfung des Industriezeitalters und geht ausschließlich auf die Siedlungspolitik der BASF zurück. Hier wie in Schifferstadt macht sich die Lage an der wichtigsten und ältesten Bahnstrecke der Pfalz bemerkbar. Eher stockend dagegen hat sich das Wachstum der Gemeinden im Umfeld von Speyer vollzogen. Die seit der Gebietsreform 1969 in der Gemeinde Römerberg vereinigten Orte Berghausen, Heiligenstein und Mechtersheim haben ihre Einwohnerzahlen vergleichsweise geringfügig gesteigert. Ähnliches gilt für die in Frühzeiten als Fischerdorf angelegte Ortschaft Lingenfeld, die im Einflußbereich des schwächeren Wachstumspols Germersheim liegt. Für die fehlende sprunghafte Entwicklung dieses mehr als 20 km von Ludwigshafen entfernten ländlichen Raumes dürfte auch die Tatsache verantwortlich sein, daß Speyer bis zuletzt nicht mit der Stadtregion Mannheim-Ludwigshafen und der dortigen Verdichtung eng verflochten war.
Dafür hat Speyer in Anknüpfung an seine historische Bedeutung mit einer hervorragenden Verkehrslage in den letzten 50 Jahren eine eigenständige Aufwärtsentwicklung erlebt. An der Stelle eines römischen Kastells war eine fränkische Siedlung entstanden, die in der Zeit der Salier den Mittelpunkt des Heiligen Römischen Reiches Deutscher Nation beherbergte. Die industrielle Entwicklung mit Anschluß an die Rheinschiffahrt hat Speyer zu einem voll ausgebauten Mittelzentrum mit über 44000 Einwohnern werden lassen. Die Erklärung zur kreisfreien Stadt und die Angliederung des Hinterlandes an den Landkreis Ludwigshafen mag sich dann aber mit einer gewissen Isolation bemerkbar machen, die erst allmählich überwunden wird. So sind die differenzierten Suburbanisierungserscheinungen am Rande des Verdichtungsgebietes als für die Siedlungsentwicklung im allgemeinen prägend festzuhalten. Die landwirtschaftlichen Betriebe in den kleinbäuerlichen Ortschaften sind durch die Siedlungsausweitungen in ihrer Wirtschaftsausübung nachhaltig beeinflußt worden, eine Entwicklung, die durch Flurbereinigungs- und Aussiedlungsmaßnahmen nur geringfügig verbessert werden konnte. Indessen hat die Möglichkeit des Übergangs zum spezialisierten Freilandgemüseanbau auch den kleineren Betrieben das Überleben gesichert, so daß sich im westlichen Hinterland von Ludwigshafen eines der bedeutendsten Spezialkulturanbaugebiete auf Ge-

## Abb. 2: Siedlungsfunktionen und Sonderkulturbereiche in der nördlichen Vorderpfalz

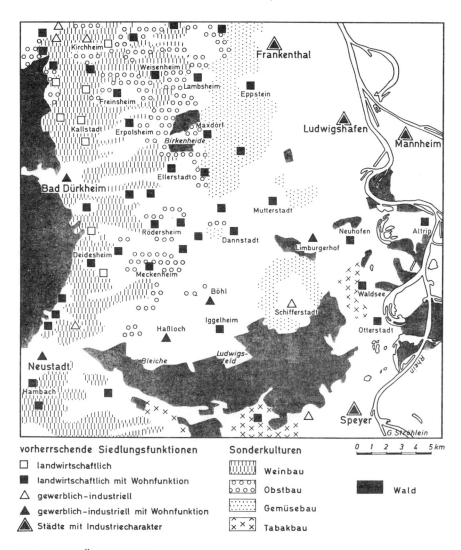

vorherrschende Siedlungsfunktionen

☐ landwirtschaftlich
■ landwirtschaftlich mit Wohnfunktion
△ gewerblich-industriell
▲ gewerblich-industriell mit Wohnfunktion
▲ Städte mit Industriecharakter

Sonderkulturen

▦ Weinbau
▨ Obstbau
▢ Gemüsebau
▨ Tabakbau

■ Wald

0 1 2 3 4 5 km

*Quelle:* STRÖHLEIN 1972

müse herausgebildet hat.

Das spezialisierte Freilandgemüseanbaugebiet westlich und südlich von Ludwigshafen kann in seiner Flächengröße nicht genau beschrieben werden, da es in den letzten Jahren durch den Aufbau des Beregnungsverbandes noch weiter gewachsen ist und die Betriebsstandorte der Anbauer am Rande auf viele Gemeinden verteilt sind. Das Kerngebiet jedoch liegt im Landkreis Ludwigshafen, der allein die Hälfte der vorderpfälzischen Anbauflächen beherbergt. Im Osten wird das Gebiet von der Siedlungsagglomeration um Ludwigshafen und die Rheinaue begrenzt, im Westen stößt das Gemüseanbaugebiet an die auf Obst- und Weinbau spezialisierten Gemeinden. In gewisser Weise deckt sich die Anbauzone mit dem 1965 durch das Land und die betroffenen Landkreise gegründeten *Wasser- und Bodenverband zur Beregnung der nördlichen Vorderpfalz*, der im Endausbau etwa 16.000 ha landwirtschaftlich genutzter Fläche mit Beregnungswasser versorgen kann. Mit dem 1961 aufgestellten Generalplan wurde die Beregnungsbedürftigkeit dieses mit unter 600 mm Jahresniederschlag trockensten Gebietes der Pfalz festgehalten. In der Vegetationsperiode besteht in den Gemeinden im Hinterland von Ludwigshafen ein Feuchtigkeitsdefizit von 100-200 mm, das sich im Falle beabsichtigter Ertragssteigerungen aber noch höher stellt. Vor der Organisation des Beregnungsverbandes wurden die im Gemüsebau benötigten Wassermengen jeweils individuell durch Pumpen dem Grundwasser entnommen, wobei häufig kontaminierte Wässer der oberen Grundwasserhorizonte gefördert wurden und der Grundwasserspiegel in den Schotterkörpern gravierend abgesenkt wurde. Deshalb wird das Wasser heute dem Otterstadter Altrheinarm entnommen und durch Pumpwerke in ein nahezu 400 km langes Leitungsnetz eingespeist.

Der spezialisierte Gemüseanbau in der Vorderpfalz hat zumindest für den Raum um Schifferstadt eine mehrhundertjährige Tradition, denn in Teilen ist in ihm die Funktion der Nachfolgekultur für den zurückweichenden Weinbau zu sehen. So traten bereits am Ende des 17. Jahrhunderts Schifferstadter Gemüsehändler auf den Märkten mit hier produziertem Gemüse, in der Folge zumeist Rettich, in Erscheinung. In den letzten Jahrzehnten wurde die Produktionspalette erheblich erweitert und erstreckt sich auch auf in Mode gekommene Gemüsearten der wärmeren Zonen wie Brokkoli, Chinakohl oder Zucchini. Von der Ausdehnung der Flächen her bilden die Grundlagen der Anbau von Frühkartoffeln, Zwiebeln und Spinat, die in beträchtlichem Umfang über Vertragsanbau in die Konservenindustrie geliefert werden.

Eine weitere Innovation im Gemüseanbau stellt der Folienanbau dar, mit dem im Frühjahr mehrwöchige Ernteverfrühungen erzielt werden können. Bedingt auch durch die thermische Begünstigung der Oberrheinebene werden alljährlich Anfang März die zum Teil maschinell angepflanzten Gemüsefelder mit Folie bedeckt und bleiben so für die drei nachfolgenden Monate. Es kann nicht unerwähnt bleiben, daß diese Art des Anbaus im Verein mit erhöhtem Einsatz von Düngemitteln, Pestiziden und Herbiziden die Ausgleichsfunktionen der offenen Flächen als regionale Grünzüge und in ihrem ästhetischen Wert beeinträchtigen.

Für ein Gemüseanbaugebiet dieser Ausdehnung spielt unter dem Konkurrenzdruck innerhalb der EG eine straffe Vermarktungsorganisation die entscheidende Rolle. Entgegen früheren Zeiten, als der direkte Gemüseverkauf vom Erzeuger zum Endverbraucher über die Beschickung von Märkten erfolgte, beherrscht heute der Absatz über große Vermarktungsgenossenschaften die Szene. Weniger als 10 % des erzeugten Gemüses wird noch direkt vermarktet. Bis zum Jahre 1988 vollzog sich der Gemüseabsatz in der Pfalz im wesentlichen über die Erzeugergenossenschaften Südpfalz (Landau), Maxdorf und Schifferstadt. Am 22.4.1988 wurde nach einer Fusion der Erzeugermärkte Schifferstadt und Landau der neue *Pfalzmarkt* bei Mutterstadt eröffnet. Damit wurde ein Versteigerungszentrum in unmittelbare Nähe der Kreuzung der Autobahnen A 61 und A 65

## Abb. 3: Beregnungsflächen in der nördlichen Vorderpfalz

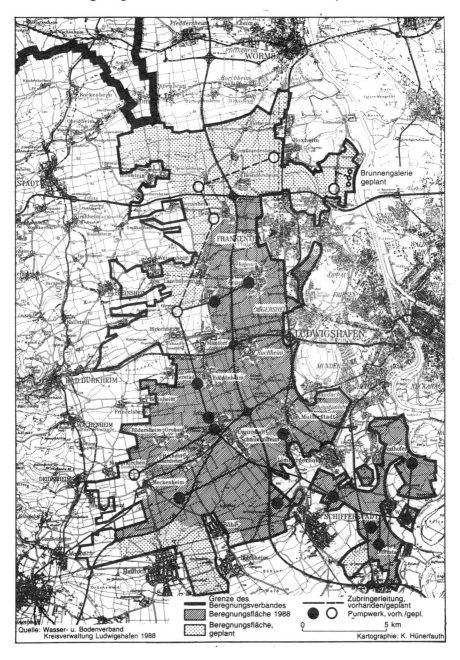

Brunnengalerie geplant

Grenze des Beregnungsverbandes

Beregnungsfläche 1988

Beregnungsfläche, geplant

Zubringerleitung, vorhanden/geplant

Pumpwerk, vorh./gepl.

0          5 km

Quelle: Wasser- u. Bodenverband
Kreisverwaltung Ludwigshafen 1988

Kartographie: K. Hünerfauth

225

gelegt, um den Transportweg zum Endverbraucher weiter zu verkürzen und damit auch der erwarteten Steigerung im Gemüsekonsum Rechnung zu tragen.

Die größten neuzeitlichen Veränderungen im Exkursionsgebiet hat die Rheinauenlandschaft erfahren. Bis in das beginnende 19. Jahrhundert war der Rhein im gesamten pfälzischen Abschnitt zwischen der Lautermündung und Worms sehr stark verwildert und bedrohte in seinem mäandrierenden Verlauf mit häufig wechselndem Stromstrich die in der Aue gelegenen Ortschaften durch seine fast regelmäßigen Hochwässer. Vom 16. Jahrhundert an, als sich bedingt durch Klimaschwankungen die Wasserführung zeitweilig erhöhte, sind wiederholte Zerstörungen von Dörfern in der Rheinaue belegt. Mit fortschreitender Wassertechnik wurde der Plan gefaßt, eine vollständige Korrektion des Stromes vorzunehmen, mit der der badische Ingenieur Tulla betraut wurde. Dazu waren länderübergreifende Verträge zwischen Baden und Bayern notwendig, die 1817-1832 abgeschlossen werden konnten. Dennoch dauerte es ein weiteres halbes Jahrhundert, bis die vielfältigen Maßnahmen der Durchstiche und Dammbauten beendet waren. Ziel der Rheinkorrektion war nicht nur der Hochwasserschutz durch Tieferlegung der Stromsohle, sondern auch der Zugewinn landwirtschaftlich genutzter Flächen, da eine stark angewachsene Bevölkerung eine Intensivierung der Landwirtschaft notwendig machte. Stellenweise entstanden in dieser Zeit in der Aue Einzelhöfe zur Bewirtschaftung des Landes nach der Rodung der Auwälder. Schließlich hatte die Rheinkorrektion das positive Nebenergebnis, daß nunmehr die Großschiffahrt auf dem Strom möglich wurde, wovon besonders Mannheim als Verkehrs- und Handelsplatz profitierte.

Negative Auswirkungen dieser groß angelegten Flußbaumaßnahmen waren einerseits der Niedergang von Salmfischerei, Vogelfang und Goldwäscherei, andererseits die Grundwasserabsenkung, die sich vor allem als Spätfolge bemerkbar machte. Weitere gravierende Veränderungen der Rheinauenlandschaft erfolgten im Industriezeitalter durch die noch andauernde Abbauwirtschaft von Kies und Sand. Die Lagerstätten dieser Baustoffe waren in den Mäanderbögen besonders reichhaltig und durch die Begradigung des Stromes nun leicht zugänglich. Nach der Auskiesung sind große offene Wasserflächen entstanden, die sich für die wasserbetonte Freizeitnutzung anbieten. Diese Entwicklung ist im ganzen Bereich zwischen Germersheim und Worms spontan und unplanmäßig verlaufen, so daß der von den Gebietskörperschaften 1966 gegründete Verein »Erholungsgebiet in den Rheinauen e.V.« nur mehr einen gewissen Ordnungsrahmen herstellen konnte.

Die meist in kommunalem Besitz befindlichen, durch die Rheinkorrektion zugewonnenen Flächen werden aber auch anderweitig genutzt: Auf der Insel Flotzgrün südlich von Speyer betreibt die BASF eine Sondermülldeponie, die wegen der Nähe des Vorfluters als besonders empfindlich angesprochen werden muß (siehe auch Exkursion BEEGER in diesem Band). Die Insel Grün dagegen, vom Lingenfelder Altrhein eingeschlossen und lange Zeit als absolutes Naturschutzgebiet ins Auge gefaßt, dient der Stadt Germersheim in unmittelbarer Nachbarschaft zu ihrem Rheinhafen als ergänzendes Industriegebiet und soll nach Plänen der Firma Daimler-Benz Standort des zentralen Ersatzteillagers für die Werke am Oberrhein werden. Diese verschiedenartigen Folgenutzungen haben die Rheinaue südlich von Mannheim in den letzten 150 Jahren so grundlegend verändert, daß naturnahe Auwälder nur noch in verschwindend kleinen Arealen anzutreffen sind.

## Abb. 4: Die Rheinauen zwischen Ludwigshafen und Speyer

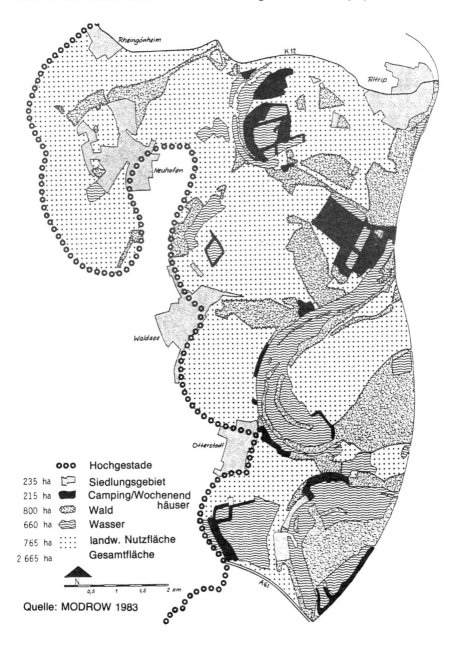

Rheingönheim

K 12

Altrip

Neuhofen

Waldsee

Otterstadt

A 61

| | | |
|---|---|---|
| | ooo | Hochgestade |
| 235 ha | | Siedlungsgebiet |
| 215 ha | | Camping/Wochenend häuser |
| 800 ha | | Wald |
| 660 ha | | Wasser |
| 765 ha | | landw. Nutzfläche |
| 2 665 ha | | Gesamtfläche |

N
0,5    1    1,5    2 km

Quelle: MODROW 1983

227

# III. Exkursionsroute

HP 1   Straße von Ruchheim nach Mutterstadt, nördlich der Auffahrt zur A 65

Zwischen den Ortschaften Ruchheim (3 200 Ew) und Mutterstadt (12 000 Ew) befindet man sich fast im Zentrum des Vorderpfälzer Gemüseanbaugebietes. Beide Siedlungen sind typische Pfälzer Straßendörfer und gehen auf die fränkische Landnahmezeit zurück. Für ein hohes Alter der Besiedlung spricht auch die in östlichen Gemarkungsteilen verlaufende rheinparallele Römerstraße. Beide Dörfer im Vorfeld Ludwigshafens umgeben ihren Ortskern fast allseits mit Eigenheim-Neubaugebieten, so daß sie als Arbeiterwohngemeinden zu klassifizieren sind. Aus Gründen der engen Verflechtung wurde Ruchheim im Jahre 1974 in die Stadt Ludwigshafen eingemeindet. Dennoch hat der 'Stadtteil' Ruchheim mit ca. 800 ha landwirtschaftlicher Nutzfläche die landwirtschaftliche Funktion bewahrt. 1978 wurde Ruchheim an den Beregungsverband angeschlossen und besaß zu dieser Zeit 50 landwirtschaftliche Betriebe. Fast die Hälfte der landwirtschaftlichen Nutzfläche dient dem Gemüseanbau, bei dem Kopfsalat und Blumenkohl beherrschend sind. Nicht weit dahinter steht der Anbau von Frühkartoffeln. Wichtigster Partner im Absatz der Produkte ist der benachbarte *Gemüsegroßmarkt Maxdorf*, der auch nach Gründung des *Pfalzmarktes* selbständig weiter besteht. Anders ist die Orientierung des Gemüseanbaus in Mutterstadt, der über die im Pfalzmarkt aufgegangene Genossenschaft von Schifferstadt vermarktet.

Beide Gemarkungen sind flurbereinigt und weisen mehrere Aussiedlerhöfe auf, die vom Haltepunkt aus gut zu erkennen sind. Zusätzlich sind in der Flur moderne Wirtschaftsgebäude errichtet worden, um Produkte lagern und Maschinen einstellen zu können. Obwohl im Freilandgemüsebau mittlerweile von der Pflanzung bis zur Ernte ein hoher Mechanisierungsgrad erreicht worden ist, müssen die Gemüsebaubetriebe saisonal auf weibliche Kurzzeitarbeitskräfte zurückgreifen. Dies sind vor allem Frauen aus türkischen, in neuester Zeit auch aus polnischen Familien.

HP 2   Pfalzmarkt bei Dannstadt (Informationen dazu: siehe auch Exkursion BEEGER)

An der Bundesstraße 38, unweit der Auffahrt zur Autobahn 65 ist seit 1986 unmittelbar nördlich der Ortschaft Dannstadt das *Vermarktungszentrum des Pfalzmarktes* errichtet worden, das im April 1988 in Betrieb gehen konnte. Voraussetzung war der Zusammenschluß der Großmärkte Schifferstadt und Südpfalz (Landau), um für die Pfalz innerhalb der EG einen zentralen Handelsplatz zu schaffen. Bereits zum Gründungszeitpunkt besaß der Pfalzmarkt 4 500 Mitglieder und rechnete dabei mit einem Jahresumsatz von 50 Millionen Mark. Das gesamte Gemüseanbaugebiet umfaßt 5 200 ha Fläche, von denen 35 ha unter Glas und 1 000 ha jahreszeitlich unter Folien geschützt sind. Das Herzstück des Pfalzmarktes bildet die rund 18 000 qm große Vermarktungshalle, in der gegen Mittag die am Morgen angelieferten Partien versteigert werden. Die Versteigerung erfolgt mit einer rückwärts laufenden Uhr, die vom bietenden Händler angehalten werden kann. Unter den deutschen Gemüseerzeugermärkten ragt der Pfalzmarkt mit den Produkten Radieschen, Zwiebeln, Blumenkohl, Möhren, Sellerie und Kopfsalat deutlich hervor. Neben der günstigen Lage für den Abtransport in der Nachbarschaft der Autobahn wurde auch der Ausbau des landwirtschaftlichen Wegenetzes für die Anlieferung mit öffentlichen Mitteln stark verbessert.

Mit den benachbarten Ortschaften Dannstadt-Schauernheim (6400 Ew) ist der Pfalz-markt durch die dortige Raiffeisengenossenschaft eng verbunden. Auch bei Dannstadt handelt es sich um ein typisches Vorderpfälzer Straßendorf, in dem die Dreiseitgehöfte in geschlossener Bauweise beiderseits der Hauptstraße liegen. In Dannstadt, das man auf dem Weg nach Schifferstadt durchfährt, gibt es noch rund 60 landwirtschaftliche Be-triebe, von denen 40 als Familienbetriebe mit einer durchschnittlichen Betriebsfläche von 20 ha und 20 als Nebenerwerbsbetriebe mit einer durchschnittlichen Fläche von 6 ha einzustufen sind.

Schifferstadt (17500 Ew) liegt ebenfalls in der bereits charakterisierten Siedlungslinie am Rand der Böhler Lößplatte. Seit 1950 wurde der gestiegenen Bedeutung der Siedlung an einem Bahnknotenpunkt und mit unterzentralen Funktionen durch die Stadtrechte Rechnung getragen. Man kann Schifferstadt auch als Innovationszentrum für den Ge-müseanbau bezeichnen, denn hier lassen sich die Spuren des Anbaues und Handels am weitesten zurückverfolgen. Am nördlichen Ortsrand lag bis zur Gründung des Pfalz-marktes das Betriebsgelände eines der bedeutendsten Erzeugermärkte der Vorderpfalz. Trotz großer baulicher Ausweitung umfaßt die landwirtschaftlich genutzte Fläche in Schifferstadt noch nahezu 1200 ha. Auch wenn Schifferstadt Standort verschiedenster gewerblicher Betriebe geworden ist, zählt es heute noch rund 50 landwirtschaftliche Betriebe, von denen allerdings mehr als die Hälfte eine Betriebsfläche von unter 10 ha bewirtschaftet. Bedeutungsvoll für die Landwirtschaft sind in Schifferstadt vor allem die nördlichen und westlichen Gemarkungsteile, da unmittelbar südlich der Ortslage Sand-dünenfelder beginnen, die gänzlich mit Trockenwald bestockt sind.

Vor der Annäherung an Speyer empfiehlt sich die Weiterfahrt über die autobahnmäßig ausgebaute B 9 und die bei Germersheim abzweigende B 35 zur Ausfahrt Industriege-biet Germersheim. Dabei gelangt man nach Passieren des Flugsandgebietes des Speye-rer Stadtwaldes wiederum zunächst auf das Niederterrassenniveau, danach auf die hü-gelige Schwegenheimer Lößplatte. Auch in diesem Bereich hat der Freilandgemüsean-bau noch hohe Anteile der landwirtschaftlichen Nutzfläche inne, besondere Eignung ist aber für den Hackfruchtanbau, namentlich Zuckerrüben mit Verarbeitung im rechtsrhei-nischen Waghäusel, gegeben.

HP 3   Insel Grün zwischen Rheinhafen Germersheim und Industriegelände
        Daimler-Benz

Das beste Beispiel für die gewerbliche Nutzung der Rheinauenlandschaft bilden der Industrie- und Handelshafen Germersheim und die nördlich benachbarte *Insel Grün*, die vom Lingenfelder Altrhein umflossen wird. Pläne, der stagnierenden Festungs- und Garnisonsstadt Germersheim durch einen Hafenbau neue Entwicklungsimpulse zu ver-leihen, gab es schon seit dem 1. Weltkrieg. Die Durchführung scheiterte jedoch unter dem bestehenden Konkurrenzdruck der Häfen in Mannheim und Karlsruhe. Schließlich wurden die Pläne durch die Errichtung einer Schiffswerft im Jahre 1927 endgültig begra-ben. Erst der Raumordnungsplan von 1958 eröffnete diesem Gedanken neue Chancen, als die Auengebiete des Wörth und des Großen Grundes als Standorte für ein größeres Gewerbegebiet vorgesehen wurden. Dabei erfolgte hier die Kiesausbeutung mit dem erklärten Ziel, ein Hafenbecken zu schaffen. Die Kiesgewinnung war 1966 abgeschlos-sen, so daß in zwei Bauabschnitten bis 1975 63 ha Wasserfläche mit 5.4 km Uferlänge für ein Hafenbecken zur Verfügung standen. Zügig wurde die Industrieansiedlung vor-

angetrieben und von den Firmen bis 1972 720 Arbeitsplätze geschaffen. Baustoffbetriebe, aber auch mittelständische produzierende Unternehmen, Handels-, Lager- und Speditionsfirmen beleben heute das Gewerbegebiet um den Hafen.
Das 180 ha große Gelände der Insel Grün wurde vor wenigen Jahren an die Firma Daimler-Benz veräußert, die derzeit ihr zentrales Ersatzteillager für ihre südwestdeutschen Produktionsstätten hier errichtet. Mitte des Jahres 1990 soll das Lager mit 1 500 Beschäftigten in Betrieb gehen. Der Standort Germersheim soll nach mehreren Ausbaustufen das außerordentlich breite Teilesortiment aufnehmen und weltweit von hier aus versenden. Die Möglichkeiten des Containerumschlags im Hafen von Germersheim gewähren darüber hinaus eine große Flexibilität des Versandes.

## HP 4 Rheinaue bei Mechtersheim

An der Siedlungsreihe Berghausen - Heiligenstein - Mechtersheim südwestlich von Speyer ist die Terrassenkante mit einem Abfall von etwa 8 Metern zur Rheinaue besonders gut erkennbar. In diesem Bereich sind bei der Tulla'schen Rheinkorrektion mehrere Durchstiche erfolgt und haben beiderseits des begradigten Stomes eine Reihe von Altrheinarmen hinterlassen. Der Rheinsheimer Durchstich, der die Insel Grün geschaffen hat, erfolgte 1826-1832. In die 30er und 40er Jahre des 19. Jahrhunderts fallen die Begradigungen zwischen Mechtersheim und Philippsburg sowie bei Rheinhausen, wo linksrheinisch die *Insel Flotzgrün* entstanden ist. Als südlichstes Naherholungsgebiet im Landkreis Ludwigshafen wird hier an einem der Landesforstverwaltung gehörigen Baggerweiher von dem Verein »Erholungsgebiet in den Rheinauen« ein 7 ha großes Naherholungsgebiet betrieben, zu dem sich ein privater Campingplatz gesellt. Der Terrassenabfall bei der heutigen Verbandsgemeinde Römerberg zeigt noch bemerkenswerte Reste früher auch auf den Terrassen ausgedehnten Weinbaus, der hier innerhalb der Pfalz am nächsten an den Rhein heranreichte. Die 1969 mit der Verwaltungsgebietsreform gebildete Verbandsgemeinde hat heute über 7 000 Einwohner, die sich gleichmäßig auf die drei Ortschaften verteilen. Hinsichtlich der Arbeitsplätze und der Versorgung ist die Verbandsgemeinde voll auf Speyer hin orientiert.

## HP 5 Speyer - Innenstadt

Ausgangspunkt für einen informativen Stadtrundgang sollte der Parkplatz »Festplatz« südlich des Domes sein (Dauer des Rundgangs ca. 1 1/2 Stunden).

Als wichtigste Stationen werden folgende Objekte empfohlen: [1]

1 Dom zu Speyer, um das Jahr 1030 unter dem salischen Kaiser Konrad II. als Haus- und Grabeskirche des salischen Geschlechts begonnen, gilt als eines der bedeutendsten und größten romanischen Bauwerke Deutschlands (erste Verwendung von Kreuzgratgewölben in einem Mittelschiff); Krypta und Kaisergruft mit Gräbern von acht deutschen Kaisern und Königen; die 1689 teilweise zerstörte Kathedrale des Bistums Speyer wurde 1772-78 wieder aufgebaut, der Westbau 1854-58 nochmals umgestaltet; letzte umfassende Restaurierung 1957-61.

---

[1] Die fortlaufende Nummerierung der Objekte korrespondiert zur Erleichterung der Orientierung mit der nebenstehenden Übersichtsskizze der Innenstadt von Speyer.

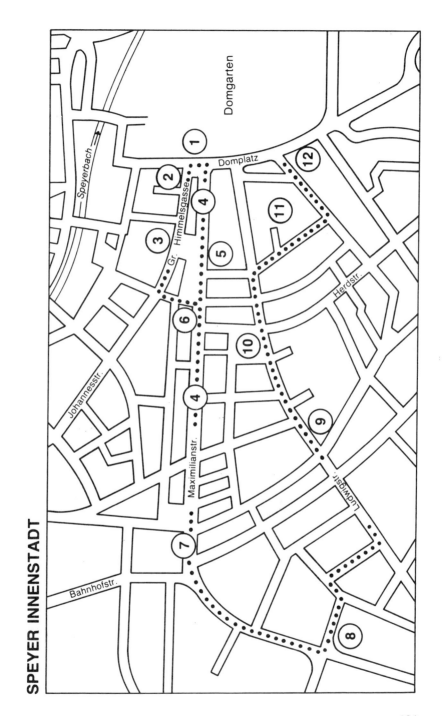

# SPEYER INNENSTADT

Domgarten

Domplatt

Speyerbach

Gr. Himmelsgasse

Herdstr.

Johannesstr.

Maximilianstr.

Ludwigstr.

Bahnhofstr.

2 Ratshof/Bauhof, auf diesem Gelände lag wahrscheinlich schon die Pfalz der salischen Gaugrafen, seit 1340 stand hier das Rathaus, von 1530 bis 1688 wurde hier das Reichskammergericht des Heiligen Römischen Reiches Deutscher Nation untergebracht.

3 Barocke Dreifaltigkeitskirche, als lutherische Kirche 1701-1717 nach dem Vorbild der Frankfurter Katharinenkirche erbaut; der stimmungsvolle Innenraum - noch weitestgehend aus dem 1. Jahrzehnt des 18. Jahrhunderts stammend - wird von einem mit biblischen und historischen Ereignissen bemalten Holzgewölbe überdeckt; sehenswerte Holzschnitzereien an Kanzel, Altar und Empore.

4 Maximilianstraße, seit ihrer Anlage im 11. Jahrhundert die Hauptstraße der Stadt, durchquert Speyer in Ost-West-Richtung.

5 Rathaus, zwischen 1712 und 1726 als repräsentativer Spätbarockbau errichtet; Ratssaal im Stil des frühen Rokoko; Stadtarchiv im Erdgeschoß mit sehenswerter Barock-Innenausstattung.

6 Alte Münze, die seit dem Mittelalter hier stehende Münze (Haus der Münzer - städt. Patriziat) wurde 1689 zerstört; 1748 Bau des 'Neuen Kaufhauses'; das Gebäude war bis ins 19. Jahrhundert Umschlagplatz für den Handel auf dem Rhein.

7 Altpörtel, das bedeutendste Zeugnis der mittelalterlichen Stadtbefestigung (55 m hoch); erbaut zwischen 1230 und 1250; ehemals westliches Hauptor der Stadt; das oberste Turmgeschoß mit spätgotischer Maßwerkbrüstung und Arkadenbögen der Galerie wurde 1512-1514, das steile Dach 1708 hinzugefügt.

8 Neugotische Gedächtniskirche, erbaut in den Jahren 1893-1904 zur Erinnerung an die 1529 auf dem Speyerer Reichstag vollzogene Protestation; Spenden von Protestanten aus der ganzen Welt haben den aufwendigen Bau im Kathedralstil (mit 100 m hohem Turm) ermöglicht.

9 Feuerbachhaus, erbaut um 1800; in diesem Haus wurde 1829 der Maler Anselm Feuerbach geboren; sehenswerte Innenausstattung.

10 Königsplatz, ein wahrscheinlich schon in der Antike als öffentlicher Platz genutzter Bereich; seine heutige Form erhielt der Platz 1806; beachtenswert ist der Handwerksbrunnen mit dem Brezelbub und den Wappen von 16 Zünften.

11 Judenhof mit Judenbad (hebräisch: Mikwe), in den 80er Jahren des 11. Jahrhunderts wurden hier erstmals Juden angesiedelt; 1126 Erwähnung des rituellen Frauenbades; 1354 Errichtung einer Frauensynagoge durch die Stadt, sie wurde unmittelbar an die Männersynagoge angebaut (Ostwände der Synagogen noch erhalten); es handelt sich um die älteste Anlage dieser Art in Deutschland, der Schacht des Bades ist 10 m tief in die Erde eingebaut.

12 Historisches Museum der Pfalz, 1907-1910 erbaut, beherbergt wesentliche Exponate zur Kulturgeschichte der Pfalz sowie kostbare Funde aus den Gräbern der mittelalterlichen Kaiser und Könige im Speyerer Dom, sehenswert ist auch das Weinmuseum; 1990 ist das Museum darüber hinaus Veranstaltungsort für die kulturhistorisch bedeutende Ausstellung »Die Salier«.

Mit dem skizzierten Rundgang durch die Kernstadt des 1990 2000jährigen Speyer wird ein erster Eindruck vermittelt von einer Stadt, die trotz ihrer heutigen Randlage im Verdichtungsraum Rhein-Neckar viele Jahrhunderte hindurch wesentlichen Anteil hatte an der wirtschaftlichen und politischen Entwicklung der vorderpfälzischen Region.

## Das Mittelzentrum Speyer - eine Stadt und ihre Geschichte

Wie schon bei anderen Städten entlang des Rheins, die ihr 2000jähriges Stadtjubiläum feiern konnten, so ist es auch im Falle der Stadt Speyer, daß archäologische Befunde auf eine wesentlich frühere - aber verstreute - Siedlungstätigkeit hinweisen, als die Jahreszahl des Stadtjubiläums es angibt. Vor mehr als 5000 Jahren ließ sich an dieser günstigen und natürlichen Übergangsmöglichkeit (zwischen dem Terrassensporn von Lußheim und Speyer ist die Niederung sehr schmal) eine erste bäuerliche Bevölkerung auf Dauer nieder. Funde aus Stein-, Bronze- und Eisenzeit legen davon Zeugnis ab (zu sehen im Historischen Museum der Pfalz). Die Niederterrasse, auf der sich die spätere römische und frühmittelalterliche Siedlung erstreckte, reichte damals zwar direkt an den Fluß heran, bot aber auch einen natürlichen Schutz vor gefährlichen Hochwassern (BERNHARD 1983, Bd. 1, S. 15). Das heutige reguläre Flußbett verläuft wesentlich weiter östlich, und in der Zwischenzone liegt heute eine ausgedehnte innerstädtische Grünzone (Domgarten), die nur bei extremen Hochwasserständen noch gefährdet ist.

Auf der Grundlage der archäologischen Untersuchungen kann aber auch davon ausgegangen werden, daß um das Jahr 10 v. Chr. - im Rahmen ausgedehnter Grenzsicherungsmaßnahmen am Rhein - zwischen dem bischöflichen Palais und dem heutigen Rathaus das erste römische Militärlager für eine einige hundert Soldaten umfassende Infanterietruppe entstanden ist. Die sich in räumlicher Nähe zu diesem Lager entwickelnde und kontinuierlich besetzte Zivilsiedlung - um 150 n. Chr. als *Noviomagus* ( = Neufeld) in der Weltkarte des Griechen Ptolemäus (BERNHARD 1983, Bd. 1, S. 50) erwähnt (später taucht in den Quellen dann der Name *Civitas Nemetum* auf) - wuchs allmählich zu einer repräsentativen Stadt und wurde sogar ein regionales Verwaltungszentrum (Hauptort im Territorium der germanischen Nemeter). Trotz erheblicher Zerstörung während der Völkerwanderungszeit (so z.B. um 275) bleibt die Siedlung - seit 346 auch Bischofssitz - für die Region von zentraler Bedeutung. In den Urkunden und Quellen findet sich seit dem frühen 6. Jahrhundert zunehmend die Bezeichnung *Spirs* neben 'Cicitas Nemetum'.

Im Laufe der nächsten Jahrhunderte steigen die Speyerer Bischöfe allmählich zum eigentlichen Stadtherrn auf; Güter, umfangreiche Ländereien und die Rheinübergänge bilden die wirtschaftliche Grundlage dieser bischöflichen Stadtherrschaft. Durch die Wahl des aus dem Speyergau stammenden Saliers Konrad II. zum deutschen König (1024) rücken Stadt und Bistum immer mehr in den Mittelpunkt der Reichspolitik.

Entscheidend für die weitere Stadtentwicklung (auch im Hinblick auf den heutigen Stadtgrundriß) wird die Grundsteinlegung zum Bau des Domes um 1030. Schon 1061 erfolgte die Domweihe. Dieser romanische Bau mit seiner großartigen Krypta ist zugleich auch Grablege des salischen Herrscherhauses. Selbst heute erkennt man noch sehr deutlich die städtebaulichen Akzente, die in dieser Phase der Stadtentwicklung gesetzt wurden.

1294 erreicht die aufstrebende Stadt, die seit 1111 eine Reihe von kaiserlichen Privilegien erhalten hat, das Ende der bischöflichen Stadtherrschaft. Der lange Weg zu kommunaler Selbstverwaltung hat begonnen: Speyer wird eine der wenigen *Freien Reichsstädte* des Heiligen Römischen Reiches Deutscher Nation. Speyer kann diese Stellung zwischen Bischof auf der einen und kurpfälzischem Herrscherhaus auf der anderen Seite dank kaiserlicher Schirmherrschaft jahrhundertelang trotz vieler politischer und militärischer Konflikte behaupten. 50 mittelalterliche Reichstage bringen der Stadt nicht nur politische, sondern auch wirtschaftliche Vorteile, so vor allem den vielen ortsansässigen Kaufleuten und Handwerkern.

In der ersten Hälfte des 16. Jahrhunderts steht Speyer einmal mehr im Mittelpunkt des europäischen Interesses: Auf den Speyerer Reichstagen von 1526 und 1529 wird die endgültige Spaltung der römischen Kirche vorbereitet. 1527 schließlich zieht eine für das Rechtsleben im Alten Reich wichtige Institution in Speyer ein: das Reichskammergericht. Diese Einrichtung sowie die günstige Verkehrslage am Schnittpunkt mehrerer Fernhandelsstraßen und auch das Stapelrecht sorgen für einen bescheidenen spätmittelalterlichen-frühneuzeitlichen Wohlstand (OHLER 1983, Bd. 1, S. 582).

Mit der Zerstörung der Stadt im Jahre 1689 wird diese Epoche Speyerer Geschichte abrupt beendet. Auf Befehl Ludwigs XIV. wird Speyer im Pfälzischen Erbfolgekrieg an Pfingsten 1689 niedergebrannt, nur der östliche Teil des Domes (KUBACH 1976, S. 117), das Altpörtel und wenige Gebäude am Stadtrand bleiben erhalten. Erst 1698 können die zurückkehrenden Speyerer Bürger mit dem Wiederaufbau beginnen, erhalten bleibt trotz aller barocken Neubauten (wie Rathaus, Dreifaltigkeitskirche, Alte Münze) der Grundriß der Stadt mit dem auf den Dom ausgerichteten fächerförmigen Straßensystem und der zwischen Dom und Altpörtel (dem ehemaligen westlichen Stadttor) verlaufenden Hauptachse der Stadt: der 'via triumphalis'. Insgesamt jedoch war die Bebauung bis ins 19. Jahrhundert wesentlich bescheidener als vor der Zerstörung.

Im Gefolge der Französischen Revolution wird die Stadt 1797 Frankreich, dann 1816 Bayern zugeordnet und sofort zum Regierungssitz der nun zum Königreich Bayern gehörenden Pfalz erhoben. Das Gesicht der Stadt veränderte sich: der Aufbau eines bayerischen Verwaltungsapparates bringt zahlreiche Behörden und damit aber auch wieder den Zustrom von Menschen in die »immer noch spärlich wiederbesiedelte Stadt« (FENSKE 1983, Bd. 2, S. 126f.). Von 1815 bis 1849 stieg die Einwohnerzahl von 5827 auf 10410 (FENSKE 1983, Bd. 2. S. 128). Trotz vieler Bemühungen blieb die industrielle und gewerbliche Entwicklung im größten Teil des 19. Jahrhunderts hinter den von der Lagegunst her möglichen Chancen zurück (vgl. dazu FENSKE 1983, Bd. 2, S. 140); vor allem die fehlende oder sehr zurückhaltende Investitionsbereitschaft des Bürgertums muß als eine wichtige Ursache angeführt werden. Speyer war um die Mitte des 19. Jahrhunderts vor allem eine Beamten- und Verwaltungsstadt.

Darüber hinaus sind auch überregionale Einflüsse und Entscheidungen mit dafür verantwortlich, daß Speyer innerhalb der Vorderpfalz nicht mehr im Mittelpunkt der Entwicklungen steht. Erwähnt seien an dieser Stelle nur der Aufschwung des Mannheimer Hafens als lange Zeit wichtigstem Umschlagplatz der Schiffahrt am Oberrhein, die Entscheidung Mannheimer Finanzkreise, der direkten Bahnverbindung Rheinschanze (Ludwigshafen) - Neustadt den Vorzug zu geben, so daß Speyer ab 1847 nur mit einer Stichbahn von Schifferstadt aus an das Bahnnetz angeschlossen wurde (FENSKE 1983, Bd. 2, S. 140). Schließlich hat auch das aufstrebende Ludwigshafen mit dazu beigetragen, daß Speyer erst Ende des 19. Jahrhunderts stärker am wirtschaftlichen Aufschwung der Region Anteil hatte. Zu dieser Zeit (Mitte des Jahres 1898) wurden in Speyer 51 Industriebetriebe mit fast 3000 Beschäftigten gezählt (FENSKE 1983, Bd. 2, S. 228). Diese gegenüber anderen Städten phasenverschobene Entwicklung von Industrie, Handel und Gewerbe ist natürlich nicht ohne Einfluß auf die Bevölkerungsbilanz geblieben: Lag die Einwohnerzahl 1871 nur bei 13227, so stieg sie bis 1910 auf 23047 (FENSKE 1983, Bd. 2, S. 220). Auch in den Jahren nach der Jahrhundertwende konnte sich der wirtschaftliche Aufwärtstrend der 80er und 90er Jahre zunächst fortsetzen. Ein guter Indikator für diese Tatsache ist der expandierende Bausektor. Sowohl im privaten wie auch im öffentlichen Bereich wurden erhebliche Investitionen getätigt. Das Stadtbild veränderte und verdichtete sich vor allem zu Beginn des 20. Jahrhunderts ganz erheblich. Erst viele Jahrzehnte später - nämlich in den 60er und 70er Jahren des 20. Jahrhunderts - erlebte die Stadt wieder eine solche lebhafte Bautätigkeit wie im Kaiserreich (ausgenommen die Einrichtung der Siedlerstellen mit Selbstversorgungsmöglichkeiten nach 1932 im heutigen Stadtteil Speyer-Nord). Nicht wenige Pendler nach Ludwigshafen/Mannheim genießen heute die Vorteile des Wohnstandortes Speyer, u.a. mit den günstigen Verkehrsanbindungen (Ausnahme: ÖPNV).

Aber nicht nur der Wohnungsbau erhielt in der Zeit nach dem 2. Weltkrieg wesentliche Impulse. Überaus positive Zuwachsraten konnte auch der industrielle und gewerbliche Sektor aufweisen, neue Industriegebiete im Nordwesten und Süden der Stadt wurden erschlossen. In diese Zeit fällt auch der Aufbau der ELF-Raffinerie auf einem über 160 ha großen Gelände im Süden der Stadt in unmittelbarer Nachbarschaft zum Rhein mit neuem Ölhafen. Leider hat sich diese erfreuliche wirtschaftliche Entwicklung der 70er Jahre nicht sehr lange fortgesetzt. Allein folgende Zahlen zum industriellen Umsatz mögen dies verdeutlichen: Betrug der Industrieumsatz in Speyer 1970 knapp 368 Mio DM, so stieg er bis 1980 auf 2.715 Mrd DM, um danach bis 1985 auf einen Tiefstand von 909 Mio zu fallen. Ursache für diese erheblichen Verluste war vor allem der Rückgang der Zahl von Industrieunternehmen und der Produktionsbetriebe in Speyer. Natürlich spielte dabei die Schließung der ELF-Raffinerie 1984 eine erhebliche Rolle.

## Das Mittelzentrum Speyer heute

Die seit 1948 kreisfreie Stadt Speyer nimmt mit ihren 44034 Einwohnern (VZ 1987) Platz 8 unter den kreisfreien Städten des Bezirkes Rheinhessen-Pfalz ein. Speyer ist heute ein leistungsfähiges Mittelzentrum, dessen wirtschaftliches Verflechtungsgebiet insbesondere die südlich und westlich der Stadt gelegenen Verbands- und Ortsgemeinden der Kreise Ludwigshafen, Bad Dürkheim und Germersheim umfaßt, weniger dagegen die nördlichen Gemeinden. Außerdem bestehen enge wirtschaftliche Verflechtungen mit einer Reihe von nordbadischen Gemeinden im Raum Schwetzingen - Hockenheim - Philippsburg. Allein rund ein Viertel seines Umsatzes fließt dem ortsansässigen Einzelhandel aus diesem skizzierten Umland zu (geschätzter Einzelhandelsumsatz 1987 insgesamt ca. 430 Mio DM). Aber nicht nur das weit über die Stadtgrenzen hinausreichende Einzugsgebiet (ca. 80000 Menschen), sondern vor allem auch die heute noch sehr günstige Verkehrslage mit Autobahnanschlüssen, zwei Rheinhäfen, einem Ölhafen und dem öffentlichen Verkehrslandeplatz (einem Ausbau zum Regionalflughafen - als Ersatz für den Mannheimer Flugplatz - stehen keine technischen Probleme entgegen) bieten der Stadt trotz ihrer Randlage zum Verdichtungsraum Rhein-Neckar gerade auch mit Blick auf den europäischen Binnenmarkt gute Entwicklungschancen.

Trotz der schon erwähnten wirtschaftlichen Einbußen zu Beginn der 1980er Jahre zeigt ein aktueller Vergleich zwischen den Daten der Zählungen von 1970 und 1987: Heute besitzt Speyer 24 % mehr Arbeitsstätten als 1970. Bei den Beschäftigten verzeichnet die Zählung 1987 ein Plus von 6,4 % (Platz 3 aller kreisfreien Städte von Rheinhessen-Pfalz).

Die folgende Tabelle verdeutlicht die Struktur des Wirtschaftsstandortes Speyer.

Arbeitsstätten und Beschäftigte nach Wirtschaftsabteilungen

| | Arbeitsstätten | | Beschäftigte | |
|---|---|---|---|---|
| | Total | in % | Total | in % |
| Land- und Forstwirtschaft | 6 | 0.3 | 13 | 0.06 |
| Energie- und Wasserversorgung | 4 | 0.2 | 153 | 0.66 |
| Verarbeitendes Gewerbe | 243 | 12.3 | 7159 | 31.07 |
| Baugewerbe | 132 | 6.7 | 1314 | 5.70 |
| Handel | 548 | 27.7 | 3119 | 13.54 |
| Verkehr und Nachrichten-übermittlung | 82 | 4.1 | 700 | 3.04 |
| Kreditinstitute und Versicherungsgewerbe | 98 | 4.9 | 645 | 2.80 |
| Dienstleistungen, soweit von Unternehmen und Freien Berufen erbracht | 709 | 35.8 | 3025 | 13.13 |
| Organisationen ohne Erwerbszweck | 75 | 3.8 | 2361 | 10.25 |
| Gebietskörperschaften und Sozialversicherung | 83 | 4.2 | 4549 | 19.75 |
| Insgesamt | 1980 | 100.0 | 23038 | 100.00 |

*Quelle:* Arbeitsstättenzählung 1987 - Gemeindeblatt Speyer, Bad Ems 1989

Eine weitergehende Aufschlüsselung der einzelnen Gruppierungen zeigt, daß im Bereich des Verarbeitenden Gewerbes die Stahl-, Maschinen- und Fahrzeugbauindustrie, die Elektro- und Feinmechanik und das Holz-, Papier- und Druckgewerbe mit 5579 Arbeitsplätzen (= 24 % aller Arbeitsplätze in Speyer) die führenden Zweige sind. In diese Gruppe gehören selbstverständlich die Zweigwerke von Messerschmitt-Bölkow-Blohm oder Siemens. Diese Großbetriebe mit jeweils über 800 Arbeitsplätzen sollten aber nicht darüber hinwegtäuschen, daß 82 % aller Arbeitsstätten der Stadt weniger als 10 Mitarbeiter verzeichnen und nur rund 1,7 % aller Betriebe mehr als 100 Beschäftigte haben. Klein- und Mittelbetriebe beherrschen also das Bild.
Hinzuweisen bleibt noch auf die starke Stellung des Druckgewerbes. Dies muß gesehen werden vor dem Hintergrund, daß dieser Wirtschaftszweig auf eine über 500jährige Standorttradition in Speyer zurückblicken kann. Die Betriebe dieser Branche gelten als äußerst leistungsfähige Unternehmen der Bundesrepublik, insbesondere in der Sparte 'Buchdruck'.
In der Gruppe 'Handel' spielt natürlich der Einzelhandel mit einem Anteil von 10 % an der Gesamtzahl der Arbeitsstätten eine erhebliche Rolle. Der Einzelhandel mit einer überdurchschnittlich guten Sortimentstiefe und -breite prägt ganz erheblich das Image Speyers als Einkaufsstadt.
Ein weiterer wichtiger Imagefaktor läßt sich mit dem Begriff 'Sonstige Dienstleistungen' umschreiben. Bei genauerer Analyse stellt man fest: Speyer verfügt über eine Reihe von Behörden, Institutionen oder Verbänden, die üblicherweise in einem Oberzentrum erwartet werden (z.B. Landesrechnungshof, Landesversicherungsanstalt, Landesarchiv oder Pfälzische Landesbibliothek). Aber auch die Tatsache, daß Speyer Sitz des katholi

schen Bischofs und des Landeskirchenrats der Evangelischen Kirche der Pfalz ist, findet ihren Niederschlag in der Rubrik 'Sonstige Dienstleistungen'. In diesem Zusammenhang sollte auch darauf verwiesen werden, daß die Stadt als Schul- und Bildungsstadt einen überregionalen Ruf hat (z.b. Sitz der Hochschule für Verwaltungswissenschaften - als postuniversitäre Ausbildungsstätte für den höheren Verwaltungsdienst der Bundesrepublik bekannt).

Die Wirtschaftsstruktur dieses am Rande des Verdichtungsraumes gelegenen Mittelzentrums wäre nicht vollständig dargestellt ohne einen Hinweis auf den Städtetourismus, mit dem die Stadt seit vielen Jahrzehnten lebt und der in den vergangenen Jahren durch die veränderten Freizeitgewohnheiten der Bundesbürger noch zugenommen hat. Mit gastronomischen Betrieben ist Speyer keineswegs unterversorgt; im Vergleich zu anderen Städten gleicher Größenordnung drängt sich der Verdacht eines Überangebots auf. Dies gilt allerdings nicht für das Bettenangebot. Die Zahl der Gästeankünfte (1987: 28 255) bzw. die Übernachtungszahlen (1987: 51 245) stehen in keinem Verhältnis zu den täglichen Besucherzahlen in der Stadt. Speyer wird jährlich von einigen hunderttausen Tagesausflüglern aufgesucht, der Besuch des Weltkulturerbes »Dom zu Speyer« steht dabei im Vordergrund des Interesses. Das historisch wertvolle Stadtbild und andere Sehenswürdigkeiten wurden bei einer Umfrage unter den Besuchern wesentlich seltener als Reisemotiv angegeben.

Weniger von Bedeutung ist für die Tagesausflügler im Städtetourismus der hohe Freizeitwert, den die Naherholungsflächen im nordöstlichen Gemarkungsteil besitzen. Entstanden vor allem durch großflächigen Sand- und Kiesabbau besitzen diese Flächen für die Speyerer Bevölkerung einen hohen Wert. Aber auch für die Bewohner des Raumes Ludwigshafen/Mannheim ist das wasserorientierte Erholungsrevier *Binsfeld* von großem Reiz. Die seit Anfang der 70er Jahre einsetzende intensive Rekultivierung der Auskiesungsflächen, die Sorge trägt für die Einbindung der Seen in die Landschaft und für die naturnahe Gestaltung der Ufer, umfaßt auch den differenzierten Wechsel von Flachwasserzonen, Böschungen, Steilufern u.a. Der Kiesabbau wird innerhalb des nächsten Jahres eingestellt werden, da die Lagerstätten erschöpft sind. Für den gesamten Bereich 'Binsfeld' ist deshalb ein neues Nutzungskonzept entwickelt worden, daß den verschiedensten raumplanerischen und ökologischen Ansprüchen genügen soll. Die betroffene Fläche (vgl. Abb. 5) umfaßt derzeit ca. 198 ha, davon sind u.a. 96 ha Wasserfläche (48.3 %), 14.2 ha Wochenendsiedlung, 7.8 ha Strand-Liegewiesen, 4 ha Parkplätze, 1.2 ha Campingplatz, weitere 35.6 ha (17.9 %) werden landwirtschaftlich genutzt (STADTVERWALTUNG SPEYER 1988, S. 75f). Zusammengefaßt ergibt sich eine Uferlänge von 11 300 m, davon 9 000 m in öffentlichem Besitz. Ein Anschluß an die Trinkwasserleitung Speyer ist geplant, die Entsorgung erfolgt über Fäkaliengruben. Der Straßenanschluß ist derzeit nur über Feldwege möglich. Ein Bedarf an Parkplätzen besteht vor allem durch die täglich anfahrenden Badegäste. Unter Berücksichtigung der 1 800 m Uferlinie, die zum Baden freigegeben sind, beträgt der Parkplatzbedarf rund 1 150, vorhanden sind derzeit aber nur 500 Stellplätze im Süden des Geländes.

Insgesamt sieht das Nutzungskonzept u.a. die Errichtung von Zonen unterschiedlicher Nutzungsintensität durch bestehende und geplante Freizeiteinrichtungen vor. Hierzu gehören zum Beispiel Angeln, Baden, Rudern, Surfen. Aber ebenso wird die Anbindung dieses Bereichs an den noch vorhandenen Auwald z.B. durch Aufforstung als wichtiges Ziel erkannt. Anderseits wird man auch die durch die stadtnahe Lage bedingten und ständig wachsenden Nutzungsansprüche, die größeren Freizeitphasen der Bevölkerung und die regionale Bedeutung des Binsfeldes berücksichtigen müssen. Andernfalls lassen sich die im Flächennutzungsplan gesteckte Ziele »Naturnahe Rekultivierung« und »Stadtnahe Erholung« (STADTVERWALUNG SPEYER 1988, S. 92) nicht erreichen.

*Abb. 5:* **Naherholungsgebiet Binsfeld**

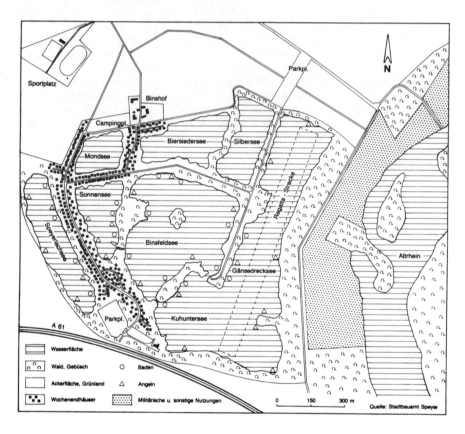

Auf der Weiterfahrt in die Rheinauenlandschaft südlich von Ludwigshafen kann man zunächst das Gewerbegebiet von Speyer-Nord berühren, in dem vor allem das Druckgewerbe anzutreffen ist, dann über kleinere Feldstraßen unter der A 61 durch das Naherholungsgebiet Binsfeld erreichen. Diese Zufahrt ist für Busse nicht geeignet, so daß auf die ausgebaute Landstraße nach Otterstadt und weiter nach Reffenthal ausgewichen werden muß.

## HP 6   Am Angelhofer Altrhein bei Reffenthal und Otterstadter Altrhein

Unterhalb von Speyer haben die Korrekturmaßnahmen am Rhein ebenfalls große Veränderungen hervorgerufen. Hier reihen sich der Angelhofer (1826), der Otterstadter (1833), der Ketscher (1833) und der Altriper Durchstich (1866) aneinander. Bei dieser Gelegenheit wurden auf beiden Seiten die Hochwasserschutzdämme des Rheins geschaffen, die nach späteren Erhöhungen auch heute noch das Hochwasserschutzsystem am Rhein bilden. Dennoch zeigte sich der Hochwasserschutz in der Folgezeit als nicht ausreichend, wie der Hochwasserwinter 1882/83 durch großflächige Überschwemmungen des linksrheinischen Ufers zwischen Mannheim und Worms erwies. Hochwasserschutzumaßnahmen spielen deshalb auch in der aktuellen Raumordnung noch eine Rolle, wobei der Plan zur Schaffung von Überflutungspoldern in Altrheinmäandern zur Diskussion steht. Die vielfältigen Nutzungen der Rheinaue stehen aber diesen Plänen entgegen.

Im Rheinabschnitt zwischen Speyer und Ludwigshafen ist nach Kiesausbeutung vor allem die Nutzung der verbliebenen oder neu entstandenen Wasserflächen für die Naherholung beherrschend, wenn hier auch viele Spuren der ursprünglichen Zielsetzung der Rheinkorrektion, nämlich hochwassersichere landwirtschaftliche Nutzfläche zuzugewinnen, erhalten sind. Beispiele dafür bilden die Kollerinsel mit dem Kollerhof, die noch heute zur badischen Gemeinde Brühl gehört, sowie die Riedhöfe bei Altrip. Heute verbergen sich hinter diesen landwirtschaftlichen Höfen zumeist Pferdehaltungen für den Naherholungsbetrieb.

Das durch den Sportbootbetrieb stark in Anspruch genommene Gebiet von *Reffenthal* (in alten Karten »Rebenthal« genannt!) weist außer dem Clubgelände des Motorsportclubs Speyer auch noch den Übungsplatz der in Speyer stationierten deutschen und französischen Pioniereinheiten auf. Da sämtliche badischen Altrheinarme für den Motorbootverkehr gesperrt sind, müssen die Aufenthalte auswärtiger Bootsbesucher wegen Überlastung des Geländes auf die Tagesstunden beschränkt werden.

Von Otterstadt bis an den Stadtrand von Ludwigshafen erstreckt sich das Hauptarbeitsgebiet des Vereins »Erholungsgebiet in den Rheinauen e.V.«, der 1966 gegründet wurde und dem die Gebietskörperschaften der Anliegerkreise rechts und links des Rheines sowie die Städte Ludwigshafen, Mannheim, Speyer und Frankenthal angehören. Das Arbeitsgebiet des Vereins umfaßt eine Fläche von etwa 90 km², von denen 80 % linksrheinisch gelegen sind. Pro Einwohner haben die Mitglieder einen Betrag von DM 1,– zu entrichten, so daß ein jährlicher Haushalt von fast 800 000 Mark bewirtschaftet werden kann. Von den Besitzern des Landes, zumeist Kommunen, aber auch Baustofffirmen, hat der Verein die Flächen gepachtet, um die notwendigen Infrastruktureinrichtungen wie Parkplätze, Toilettenanlagen und Rettungsstationen für den Badebetrieb zu betreiben. Ein eigenes aufwendiges Betriebssystem bilden die zahlreichen Campingplätze, die in der Hauptsache als Dauerstellplätze für Wohnwagen dienen. Diese und Wochenendhausgebiete werden kommunal oder von privater Seite betrieben und vermehren die Belastung des Rheinauengebietes. Der *Otterstadter Altrhein*, der noch eine offene Verbindung zum Strom hat, dient in großem Maße dem Sportbootbetrieb. Hier befindet sich auch das Hauptpumpwerk des Beregnungsverbandes. Die nördlich benachbarte Gemeinde Waldsee, zu der man auf der an der markanten Hochgestadekante verlaufenden Straße gelangt, hat ein ca. 70 ha großes Campingsondergebiet 'Auf der Au' ausgewiesen, das nahezu 4 000 Campingparzellen aufweist. Hier sind bereits Investitionen in

Millionenhöhe getätigt worden, die durch hohe Pachteinnahmen ausgeglichen werden. Der städtischen Verdichtung am nächsten liegt das alte Fischerdorf *Altrip* (5 900 Ew), das im Mittelalter die einzige Fähre über den Rhein zwischen Speyer und Worms besaß. Auch heute noch ist diese Fährverbindung nach Neckarau von einiger Bedeutung, wie die vorherrschende Pendlerverbindung nach Mannheim, nicht nach Ludwigshafen, erweist. Im westlichen Gamarkungsteil liegt der als Seckenheimer Hinterried bekannte Rheinmäander, der um das Jahr 1585 durch einen spontanen Durchbruch östlich von Altrip außer Kraft gesetzt worden ist. Diese neuzeitliche Laufveränderung hat bei der bedrohten Lage des Ortes in der Aue schon frühzeitig zu Schutzdammbauten Anlaß gegeben, die den Ort an der östlichen Seite einfassen.

## HP 7  Badegebiet *Blaue Adria*, Nähe Strandhotel

Der 2.5 Quadratkilomter große Mäanderbogen des Riedes im Westen von Altrip beherbergt das bekannteste Naherholungsgebiet in den Rheinauen und ist zugleich der größte Problembereich des Vereins, denn wild entstandene Wochenendhaus- und Campinggebiete in den Gewannen 'Karpfenzug' und 'Äußerer Wörth' stellen dem Verein große Ordnungsaufgaben. Für den öffentlich zugänglichen Bereich stehen etwa Liegeflächen für 8 000 Besucher und Parkplätze für 2 000 Pkw zur Verfügung. Auf diesem Naherholungsschwerpunkt von 20 ha Strand und ebenso viel Wasserfläche können sich in Spitzenzeiten der Badesaison bis zu 40 000 Badegäste konzentrieren. So besteht zwischen den privaten Nutzungsflächen und deren Auslastung durch Besucher und den öffentlich zugänglichen Flächen mit ihrem Besucherandrang eine große Diskrepanz. Ein bereits im Jahre 1966 fertiggestellter Landschaftsplan für das Naherholungsgebiet in den Rheinauen hat keine Verbindlichkeit erlangt. Die Wochenendhausgebiete begrenzen das öffentliche Badegebiet im Westen gegen den Neuhofener Altrhein und weisen durchweg einen hohen Ausstattungsgrad auf. Durch die hintereinander gestaffelte Bauweise der Häuser, die zum Teil nur über lange Stichwege zu erreichen sind, wird das alte schmalstreifige Parzellengefüge besonders im äußeren Wörth erkennbar. Besitzer dieser Wochenendhäuser sind Einwohner der Städte Mannheim und Ludwigshafen zu gleichen Teilen.

Der zum Rhein hin offene, nördlich der Straße Rheingönheim - Altrip gelegene *Kiefweiher* befindet sich auf privatem Gelände einer Kiesabbaufirma und ist mit Campingdauerstellplätzen umgeben. Auch an dieser Stelle bietet sich den Sportbootbesitzern des Rhein-Neckar-Raumes die Möglichkeit, ihre Boote einzusetzen.

Ein weiteres Naherholungsgebiet, das nicht unmittelbar an der Route liegt, aber ebenfalls vom Verein betreut wird, ist das Badegebiet *Schlicht* auf der Gemarkung von Neuhofen. Die Kapazitäten am Badestrand sind ähnlich hoch wie die an der Blauen Adria, jedoch bestehen hier erhebliche Mängel in der Zufahrt wie auch an den Parkplätzen, so daß die gewünschte Entlastung für das Naherholungsgebiet Blaue Adria nicht zum Tragen kommt. Die Vereinsversammlung hat 1989 schwerpunktmäßig Investitionen an der Schlicht beschlossen. Da der rechtsrheinische Rhein-Neckar-Kreis zum Ende des Jahres 1988 aus dem Verein ausgeschieden ist, können trotz der damit verbundenen Mindereinnahmen die Erholungsgebiete Binsfeld bei Speyer und die Rheinauen auf Mannheimer Stadtgemarkung stärker berücksichtigt werden. So ist es auch das erklärte Ziel des Vereins, den fortschreitenden Landschaftsverbrauch in den Naherholungsgebieten einzudämmen.

# IV. LITERATUR

ARBEITSSTÄTTENZÄHLUNG 1987, Gemeindeblatt Speyer, Bad Ems 1989 (unveröffentlicht)

BERNHARD, H. (²1983): Speyer in der Vor- und Frühzeit. In: Geschichte der Stadt Speyer, hrsg. v. Stadt Speyer, Stuttgart, S. 1-162.

BORRIES, H.W.v. (1967): Ludwigshafen - Vorderpfalz. Spezieller Landbau im Umland einer expansiven Industriestadt. In: Forschungs- und Sitzgs.-Ber. d. Akademie für Raumforschung und Landespflege Bd. 36, S. 243-260.

DELLWING, H. (1985): Denkmaltopographie Bundesrepublik Deutschland, Kulturdenkmäler in Rheinland-Pfalz Bd. 1: Stadt Speyer, Düsseldorf.

DER SONDERKULTURANBAU IN MAXDORF (1988). Geländepraktikum SS 1987. Geogr. Inst. d. Univ. Mannheim, Arbeitsberichte 1.

DIE RHEINNIEDERUNG BEI SPEYER (1977). In: Topogr. Atlas Bundesrepublik Deutschland, Nr. 55, S. 124-125.

DIE RHEINPFALZ: 23.4.1988: »Neuer Großmarkt für Gemüse gestern eröffnet«
14.1.1989: »Über 700.000 Mark für Badegebiet 'Schlicht'«
6.4.1989: »Daimler holt Ersatzteile aus Germersheim«

FENSKE, H. (²1983): Speyer im 19. Jahrhundert. In: Geschichte der Stadt Speyer, hrsg. v. Stadt Speyer, Bd. 2, Stuttgart, S. 115-290.

GEIGER, M. (1977): Das Geländeklima an der Weinstraße und im vorderpfälzischen Tiefland. In: FEZER, F. u. R. SEITZ (Hrsg.): Klimatologische Untersuchungen im Rhein-Neckar-Raum. Heidelberger Geogr. Arbeiten H. 47.

GERMERSHEIM (1976): Beiträge zur Stadtgeschichte 1900-1975. Hrsg. von der Stadtverwaltung Germersheim.

GLASER, G. (1967): Der Sonderkulturanbau zu beiden Seiten des nördlichen Oberrheins zwischen Karlsruhe und Worms. Heidelberger Geogr. Arb. H. 18.

KUBACH, H.E. (1983): Der Dom zu Speyer. Darmstadt.

LANDKREIS LUDWIGSHAFEN (Hrsg.) (1986): Konzept zur wasserbezogenen Naherholung im Landkreis Ludwigshafen unter besonderer Berücksichtigung ökologischer Belange. Ludwigshafen.

MATTHESS, G. (1958): Das Grundwasser in der östlichen Vorderpfalz zwischen Worms und Speyer. Ein Beitrag zur geohydrologischen Untersuchung der Vorderpfalz. In: Mitt. d. Pollichia 119, S. 7-23.

MINISTERIUM FÜR LANDWIRTSCHAFT, WEINBAU UND FORSTEN RHEINLAND-PFALZ (Hrsg.) (1982): Wasserwirtschaftlicher Rahmenplan Rheinpfalz. Mainz.

MODROW, B. (1983): Naherholung in den Rheinauen - Probleme durch Dauercamper. In: Umweltprobleme im Rhein-Neckar-Raum. Mannheimer Geogr. Arbeiten H. 14, S. 173-182.

MUSALL, H.: Die Rheinniederung zwischen Karlsruhe und Speyer. In: Pfalz-Atlas, Karten 11/12, Textband S. 383-392.

MUSALL, H.: Die Rheinniederung zwischen Speyer und Worms. In: Pfalz-Atlas, Karten 13/14, Textband S. 650-660.

OHLER, N. ($^2$1983): Alltag in einer Zeit des Friedens. In: Geschichte der Stadt Speyer, hrsg. v. Stadt Speyer, Bd. 1, S. 571-655.

SCHMIDT, K.L.: Gemüseanbau in Schifferstadt. In: Luftbildatlas Rheinland-Pfalz, Nr. 48, S. 118-119.

SCHROEDER-LANZ, H. (1972): Insel Grün - Zeugnis eines alten Rheinmäanders. In: Neuer Luftbildatlas Rheinland-Pfalz, Nr. 62, S. 142-143.

STADT SPEYER (1988): Beiträge zur Stadtentwicklung 14, Biotopkartierung und landschaftspflegerische Leitlinien, Teil 1: Nördliche Rheinaue, Stadtverwaltung Speyer, Stadtbauamt.

STRÖHLEIN, G. (1972): Der Wandel der agrarsozialen Verhältnisse in der nördlichen Vorderpfalz. In: Geographische Rundschau, 24. Jg., S. 183-189.

WASSER- UND BODENVERBAND ZUR BEREGNUNG DER NÖRDLICHEN VORDERPFALZ (Hrsg.) (1980): Regen nach Maß. Ludwigshafen.

WERMINGHAUSEN, B. (1976): Frühgemüseanbau unter Folie in der Pfalz. In: Deutscher Gartenbau 4.43, S. 1445-1446.

WILL, H. (1975): Der Gemüseanbau in der Vorderpfalz und seine Besonderheiten. In: Deutscher Gartenbau 4.40, S. 1901-1903.

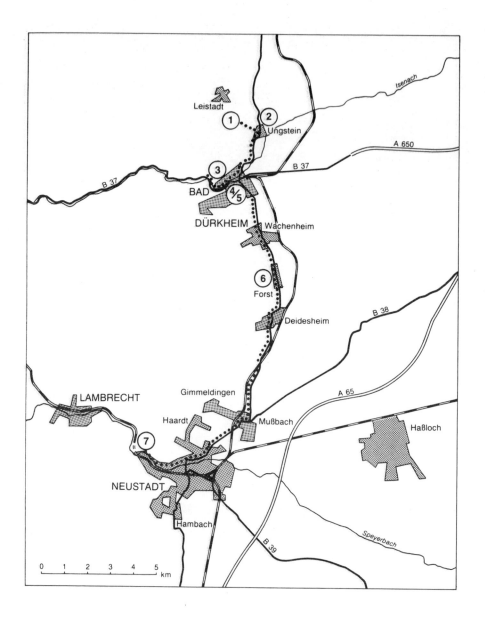

# Die Mittelhaardt

## Geoökologie des Haardtrandes zwischen Bad Dürkheim und Neustadt

von

Peter Frankenberg

## I. Haltepunkte

1. (Leistadt-) Annaberg
2. (Ungstein-) Weilberg
3. (Bad Dürkheim-) Kriemhildenstuhl
4. (Bad Dürkheim-) Limburg
5. (Bad Dürkheim-) Kurpark
6. (Forst a.d.W.-) Hahnenbühl
7. Haardt a.d.W.

## II. Einführung

Der Exkursionsweg führt von Bad Dürkheim nach Neustadt an den Nahtstellen zwischen Oberrheingraben und Haardt entlang. Er folgt gleichsam den Grabenrandverwerfungen zwischen tertiären und jüngeren Grabenfüllungen sowie dem Buntsandstein der Haardt, also jenes Ostabfalls des Pfälzerwaldes, der seinen Namen von der Waldweide der Gemeinden zwischen heutiger Weinstraße und den weiten Waldungen im Westen erhielt. Eine meist tertiäre Vorhügelzone stellt als geologische Randscholle das eigentliche Weinbaugebiet oberhalb der Kaltluftseenbildungen dar. Sie vermittelt zwischen dem vor allem von plio- und pleistozänen Sedimenten bedeckten eigentlichen Rheingraben (Grabenscholle) und den Randschollen des Pfälzerwaldes, die in zwei Hauptverwerfungen mit zahlreichen Staffelbrüchen zum Oberrheingraben bzw. der Vorhügelzone abbrechen. Ein »wohlhabender« Edelweinbau prägt das Bild der Kulturlandschaft. Die an der Weinstraße aufgereihten Orte Bad Dürkheim, Wachenheim, Forst, Deidesheim, Königsbach, Mußbach, Gimmeldingen und Neustadt sind jedem Weinkenner ein Begriff. Heute sind dies auch bevorzugte Wohnsitze für den Industrieraum Mannheim-Ludwigshafen sowie attraktive Fremdenverkehrsorte. An allen Haltepunkten des Exkursionsweges: dem Annaberg sowie dem Weilberg der Vorhügelzone bei Bad Dürkheim, dem Kriemhildenstuhl sowie der Limburg im Buntsandsteinbereich der Haardt, dem Kurzentrum der Badestadt am Austritt der Isenach aus dem Pfälzerwald, dem Waldrand sowie dem südlichsten Steppen-Vorhügel des Hahnenbühls bei Forst, in Deidesheim, sowie vom Weg zwischen der Welsch-Terrasse in Neustadt zum Wolfsberg im Speyerbachtal des Pfälzerwaldes bleibt der Blickkontakt zwischen Haardt und Oberrheinischem Tiefland.

Ihre entscheidende Prägung erhielt die Landschaft mit der Bildung dieses Grabens und der Hebung der Grabenschultern. Vor der Beschreibung der Einzelstandorte mag daher eine kurze geologische Landschaftsgeschichte stehen. Der Oberrheingraben gehört zu einem gewaltigen Grabensystem, welches sich vom Tibesti-Gebirge über den Libyschen Hon-Graben, Sardinien, Korsika, die Rhône- und Bresse-Depression im Norden in zwei Gräben aufspaltet: die Hessische Senke und die Niederrheinische Bucht. Entlang einem alten rheinischen Lineament begann mit der Wende Kreide-Tertiär in einem Schichtstufenland die Grabenbildung (zur Taphrogenese vgl. ILLIES 1971 und 1975 sowie 1981). Mit dem Eindringen eines magmatischen Kissens zwischen Kruste und Mantel unter dem heutigen Oberrheingraben und seinen Flanken setzten Vulkanismus und Aufwölbung im Mittel-Eozän ein. Entlang von zunächst einer, dann zwei Hauptverwerfungslinien begann ein Schweregleiten der Krustenmasse nach außen, die eine Grabenzerrung bedingten. Bald hoben sich die Flanken des sich eintiefenden Grabens stärker, als sich der Graben eintiefte. An den Nahtstellen der Abschiebungen antithetischer Schollenkippungen sind heute noch Staffelbrüche zu erkennen. Die Maxburg bei Neustadt thront auf einer solchen Scholle. Die keilförmige Eintiefung des Grabens mag seine Zerrung verstärkt haben. Sie Sprunghöhe zwischen den am höchsten gehobenen Randpartien des Pfälzerwaldes und dem Grabentiefsten beträgt im Exkursionsbereich nahezu 4000 m. Ein Großteil dieser Höhendifferenz wurde durch Abtrag der Rahmenhöhen und Auffüllung des Grabens ausgeglichen. Heute beträgt die Höhendifferenz Graben - Rahmenhöhen ca. 400-500 m. Infolge der stärksten Hebung der Randgebirge durch die domartige Aufwölbung des Kissens in der Tiefe wurden die Randschollen am stärksten gehoben. Unmittelbar am Grabenrand sitzen daher heute die höchsten Erhebungen wie die Kalmit oder im Exkursionsgebiet Weinbiet, Eckkopf und Peterskopf. Mit ca. 3° Neigung senken sich die Gebirgsflanken des Oberrheingrabens nach außen ab, so der Pfälzerwald gegen das Pariser Becken. Dies bildet die Voraussetzung der Entstehung der Schichtstufenlandschaft. Die Zerrung des Oberrheingrabens hat ihn bis heute ca. 4,8 km breiter werden lassen als vor 45 Mio. Jahren, als im Mittel-Eozän seine Genese begann. Als dritte tektonische Bewegung neben Aufwölbung und Zerrung unterliegt der Oberrheingraben einer Horizontalverschiebung. Die westliche Grabenflanke bewegt sich relativ zur östlichen nach Süden. Noch heute zeugen Heilquellen mit Arsen, wie in Bad Dürkheim, sehr hohe Tiefentemperaturen und Erdbeben von dem andauernden »rifting«. Die Grabenflanken streben heute noch ca. 0,4-0,5 mm pro Jahr nach oben. Auch die Grabenzerrung dauert an. Damit ist der Graben mit seinen Randschollen derzeit tektonisch so aktiv wie kaum je zuvor. Die Grabenbildung hatte Mitte des Eozäns vor allem im Süden begonnen. Mit dem Mittel-Oligozän hatte sich ein schmales Grabenmeer ausgebildet. Die Haardt bildete damals wohl eine Steilküste, bis das Grabenmeer Teil der alpinen Süßwassermolasse wurde. Seit Beginn des Miozän senkte sich der nördliche Graben ab Karlsruhe wesentlich stärker als der südliche; »er holte auf«. Mit dem Mittel-Miozän verlangsamte sich die Absenkung des Grabens. Ein großer Süßwassersee bildete die Gestade des Exkursionsgebietes. Erst im Unter-Pliozän hatte sich ein erster »Rhein« gebildet. Er hinterließ die Dinotheriensande. Mit dem Pliozän begann der Nordgraben wieder verstärkt einzusinken. Die starke Scherung des Grabens führte dabei im Exkursionsbereich des mittleren Grabenabschnittes zu Kompression und Hebung tertiärer Grabensedimente. Damit entstand die Vorhügelzone der Randscholle mit ihren heute herauspräparierten Ablagerungen des Tertiärs im sich senkenden Oberrheingraben. Diese Vorhügelzone ist von Boden und Klima (mittlere Hangzone) die günstigste Weinbaulandschaft am Rande der Haardt. Von der jüngsten Erdgeschichte dieses Raumes hat sich auf ihr als Relikt der Löß teilweise mächtig erhalten können. Er zeugt von einer offenen Steppenlandschaft in den kalttrockenen Phasen des Pleistozäns.

# III. Exkursionsverlauf

## HP 1    Annaberg

Mit dem ersten Haltepunkt, dem Annaberg an der Straße von Bad Dürkheim nach Leistadt, stehen wir auf tertiären Kalken eines markanten Vorhügels mit weitem Blick nach
Norden in Richtung auf das Becken von Eisenberg bzw. das Mainzer Becken, nach Westen auf den unmittelbar unter dem Annaberg liegenden Weinort Kallstadt und über den
Oberrheingraben bis an den Odenwald, in südlicher Richtung auf Ungstein sowie über
die Tertiärvorhügel Spielberg und Michelsberg auf Bad Dürkheim in der Ausräumzone
der Isenach, nach Westen auf den Rand der Buntsandstein-Haardt.
Das Naturdenkmal Annaberg, ein markanter Kalkblock von 242.3 m über NN, stellt ein
kleines Reservat reliktischer Steppenflora eines xerobrometum-nahen Pfriemengras-
Kopflauch-Steppenrasens, wie es für entwaldete Kalkhügel typisch gewesen sein mag.
Ob derartige Kalkhügel von Natur aus seit den Trockenphasen des Pleistozäns, als der
Löß abgelagert wurde, waldfrei waren, ist heute schwierig zu klären. Jedenfalls scheint
die *Stipa-Steppe* auf ihm vor der Ausdehnung des Weinbaus weitflächig Bestand gehabt
zu haben. Am Herxheimer Berg, auf den man nach Norden vom Annaberg aus blickt,
ist ein größeres Steppenrelikt erhalten. Der Annaberg besteht aus einer Kalksteinabfolge
des Miozäns (vgl. HEITELE u.a. 1987 und Geologische Übersichtskarte Blatt Mannheim). Er gewährt damit Einblick in die tertiäre Ablagerungsgeschichte von Oberrheingraben und Mainzer Becken. Es sind wohl vor allem die Hydrobien-Schichten, die hier
sowohl an Spielberg und Michelsberg wie am Annaberg anstehen. In der Senke westlich dieser Vorhügel ist der Untere Meeressand und eventuell der Rupelton teilweise
von Holozän überdeckt. Untere Meeressande und Rupeltone sind marine Strand- bzw.
Beckenablagerungen des beginnenden Mittel-Oligozän. Dagegen repräsentieren die
wesentlich jüngeren Kalke und Mergel der Hydrobien-Schichten zunehmenden Süß-
wassereinfluß der Ablagerungsbedingungen mit Übergang von brackischem zu limni-
schem Milieu. Auf den Kalken hat sich eine geringmächtige Rendzina entwickelt, auf
der am Südrand des kleinen Plateaus *Stipa capillata* die Pflanzenwelt der kontinentalen
Steppen Osteuropas anzeigt. Das Artenspektrum dieses Steppenrasens wird in der nachstehenden Vegetationsaufnahme deutlich (vgl. Tab. 1). Ihr Arealtypenspektrum sowie
die Zeigerwerte der Gefäßpflanzen vermögen den Standort ökologisch anzusprechen
(vgl. zu den Zeigerwerten: ELLENBERG 1971 und zu den Arealtypen: OBERDORFER
1983). *Stipa pulcherrima* vertritt einen mehr mediterran-kontinentalen Einfluß von Stipa
am Annaberg. So repräsentiert der Standort Annaberg eine submediterran-kontinentale
Steppe mit nur wenigen Spezies des zonalen eurasiatisch-subozeanischen Geoelemen-
tes. Auf den flachgründigen Böden des Kalkplateaus der Vorhügel sind die Bodentem-
peraturen im Sommer extrem hoch. Im Winter kühlt der Boden dagegen stark aus, zumal auf diesen windexponierten Plateaus kaum eine schützende Schneedecke liegen
bleibt. So fehlt es gerade am Ende des Winters an Bodenwasservorrat, auch weil die
zur Verkarstung neigenden Kalke das Sickerwasser rasch aus den Wurzelhorizonten ab-
führen. Damit stellen diese Kalkvorhügel kontinental-trockene Sonderstandorte im Oberrheingraben dar. Dank der hohen Sonnenscheindauer im Bereich der Absinkbewegun-
gen des Pfälzerwald-Föhns im Lee der Haardt gegenüber den dominierenden Westwin-
den, die zu häufigen Wolkenlücken führen, sind diese Kalkvorhügel bevorzugte
Weinlagen (S. auch Beitrag GEIGER.1 in diesem Band). Bei Niederschlägen zwischen

Tab. 1: Vegetationsaufnahme Sommer 1987: Bad Dürkheim-Leistadt, ND Annaberg

| Art | Indi-viduen-zahl | Lebens-form | Licht-zahl | Tem-peratur-zahl | Konti-nenta-litäts-zahl | Feuchte-zahl | Reak-tions-zahl | Stick-stoff-zahl | Arealtyp |
|---|---|---|---|---|---|---|---|---|---|
| Alyssum alyssoides | 36 | T | 9 | 6 | 4 | 3 | 8 | 1 | smed |
| Anthericum ramosum | 14 | H | 7 | 5 | 4 | 4 | 7 | 4 | gk |
| Anthyllis vulneraria | 15 | H | 8 | 5 | 3 | 3 | 8 | 3 | smed-sat |
| Campanula rotundifolia | 7 | H | 7 | x | x | 4 | x | 2 | eusub |
| Carex humilis | 2 | H | 7 | 5 | 5 | 3 | 8 | 3 | kont-smed |
| Centaurea scabiosa | 16 | H | 7 | x | 3 | 3 | 8 | 3 | eusub-smed |
| Cerastium arvense | 69 | C | 8 | x | 5 | 4 | 6 | 4 | eusub |
| Daucus carota | 3 | H | 8 | 6 | 5 | 4 | x | 4 | eusub-smed |
| Diplotaxis tenuifolia | 12 | C,H | 8 | 7 | 3 | 3 | x | 4 | med-smed |
| Erophila verna | 31 | T | 8 | 6 | 3 | 4 | x | 2 | euras-med |
| Euphorbia cyparissia | 9 | H,G | 8 | x | 4 | 3 | x | 3 | smed |
| Festuca duvalii | 18 | H | 9 | 8 | 7 | 1 | 8 | 1 | endem. (kont) |
| Fumana procumbens | 37 | C | 9 | 8 | 3 | 2 | 9 | 1 | smed |
| Geranium sanguineum | 10 | H | 7 | 5 | 4 | 3 | 8 | 3 | gk-smed |
| Globularia punctata | 15 | H | 8 | 6 | 5 | 2 | 9 | 1 | smed |
| Helianthemum nummularium ssp. obscurum | 19 | C | 8 | 5 | 4 | 2 | 9 | 1 | mi.eur. |
| Hippocrepis comosa | 41 | H,C | 7 | 5 | 2 | 3 | 7 | 2 | smed |
| Linum tenuifolium | 23 | H,C | 9 | 8 | 4 | 3 | 9 | 2 | smed |
| Minuartia fastigiata | 8 | T | | | | | | | smed |
| Petrorhagia prolifera | 54 | T | 8 | 5 | 3 | 2 | x | 2 | smed-sat |
| Poa bulbosa | 1 | H | 8 | 8 | 7 | 2 | 4 | 1 | smed |
| Potentilla arenaria | 14 | H | 7 | 6 | 6 | 1 | 8 | 1 | gk |
| Reseda lutea | 5 | H | 7 | 6 | 3 | 3 | 8 | 4 | smed-med |
| Ranunculus bulbosus | 8 | G,H | 8 | 6 | 3 | 3 | 7 | 3 | smed-sat |
| Saxifraga tridactylites | 26 | T | 8 | 6 | 2 | 2 | 7 | 1 | med-smed |
| Senecio vernalis | 2 | T,H | 7 | 7 | 6 | 4 | 7 | 5 | osm |
| Stachys recta | 100 | H | 7 | 6 | 4 | 3 | 8 | 2 | smed |
| Stipa capillata | 34 | H | 8 | 7 | 8 | 2 | 8 | 2 | kont |
| Stipa pulcherrima | 11 | H | 9 | 8 | 7 | 1 | 8 | 1 | osmed-kont |
| Teucrium chamaedris | 17 | C | 7 | 6 | 4 | 2 | 8 | 1 | smed-med |
| Thalictrum minus | 2 | H | 6 | x | 7 | 3 | 8 | 3 | euras-smed |
| Thymus serphyllum | 18 | C | 7 | x | 5 | 2 | 5 | 1 | smed |
| Trinia glauca | 17 | H | 9 | 8 | 5 | 1 | 8 | 1 | smed-sat |

nur 300 mm in Trockenjahren und etwas über 600 mm in Feuchtjahren unterliegen allerdings auch die Wingerte häufig einem Wasserstreß. Der Wingert hat die kontinentalsubmediterrane Steppe bis auf wenige Reservate verdrängt. Die hohen Lichtzahlen (L) der Pflanzen am Annaberg belegen die Strahlungsbegünstigung des Standortes, wie die hohen Temperaturzahlen (T = 7.8) für den Sommer bereits submediterrane Temperaturen belegen. Die Kontinentalitätszahl (K) kulminiert bei der Charakterart *Stipa capillata* dieser *Cerastietum pumili*-Gesellschaft. Die hohen Reaktionszahlen (R) weisen auf eine Vielzahl von Kalkzeigern hin, so im Extrem *Helianthemum sp.* und *Hippocrepis comosa.* Die niedrigen Strickstoffzahlen (N) bedeuten den geringen Einfluß der Düngung der benachbarten Wingerte auf das Ökosystem Annaberg, dessen Hemikryptophyten-Steppe damit noch als relativ naturnah gelten kann.

Die sich südlich an den Annaberg anschließende Talung/Ausräumzone zwischen Haardt und Kalk-Vorhügeln von Spielberg und Michelsberg zeigt in der Tiefe, durch Brunnenbohrungen aufgeschlossen, Untere Meeressande, die zeitgleich mit den Rupeltonen der Deckenfazies als Strandsediment am Haardtrand durch das mittel-oligozäne Meer abgelagert wurden. In dieser Talung liegen die Borntal-Brunnen der Wasserversorgung von Bad Dürkheim. Das Wasser strömt der Ausräumzone überwiegend aus den Buntsandsteinschollen der Haardt zu (vgl. HEITELE und HOHBERGER 1987). Bekannte Weinlagen folgen nach Süden auf die Lage Annaberg mit Steinberg und Hochhenn westlich der Straße Bad Dürkheim-Leistadt und Steinacker, Weilberg, Spielberg, Herrenberg, Rittergarten und Michelsberg östlich von ihr. In der Lage Weilberg ist mit den noch gut erhaltenen Resten eines römischen Weingutes der Weinbau seit der Hochzivilisation der Römer belegt.

HP 2   Weilberg

Am Ortsausgang von Ungstein biegt man Richtung Kallstadt in die Weinberglage Weilberg ab und begegnet dort zunächst nahe der Straße dem Hinweisschild auf die jüngste Entwicklung des Rebbaus an der Mittelhaardt: der Flurbereinigung. Insofern schlägt der Haltepunkt Weilberg den Bogen über nahezu 2000 Jahre Rebbau in der Rheinpfalz. Die Kleinkammerung der Parzellen der Wingert-Lagen mit ihren kleinen Stützmauern machte vor 1981 eine mechanische Bearbeitung nahezu unmöglich. Zudem strömte der Oberflächenabfluß dieser Wingerte nach Starkregen über die Straße in den Ort Ungstein. Diese Hochwässer galt es, mit dem Wasserbau der Flurbereinigung zu verhindern. So erkennt man gerade zwischen der Weinstraße und der Lage Weilberg die Entwässerungsrinnen mit ihren Weidegebüschen sowie Wassersammelbecken als eine Baumaßnahme der Flurbereinigung. Weitere Maßnahmen dieses zweiten Abschnitts der Flurbereinigung der Wingerte der Gemarkung Ungstein waren die Zusammenlegung der Parzellen nach Beseitigung der trennenden Mauern, der Wegebau sowie die Ausgrabung der Reste des römischen Kelterhauses wie der dazugehörigen villa rustica. Die erste neue Ernte nach der Flurbereinigung konnte 1983 eingebracht werden. Mit Reben waren 50 ha eingepflanzt worden. Von den 217 000 Stöcken sind 56 % Riesling, 25 % Silvaner, 6 % Müller-Thurgau, 4 % Scheurebe, 3 % Morio-Muskat und 3 % Huxelrebe. Im Mittel kann mit einem Erntevolumen von 300 000 l gerechnet werden. Der Arbeitsaufwand verringerte sich dank der möglichen mechanischen Bearbeitung gegenüber der Zeit vor 1981 um 20-40 %. Unter Einbeziehung der heute möglichen Erntung durch Vollernter fällt die Reduktion noch wesentlich stärker aus (vgl. dazu auch KARST 1986).

Nur kurz ist der Weg von der Hinweistafel auf die Flurbereinigung der Lagen Weilberg und auch Honigsäckel zu den überdachten Ruinen des Kelterhauses des römischen Weingutes (vgl. SCHUMANN 1985). Ähnliche Güter hatten wohl bei Wachenheim und am Annaberg gestanden. Am Annaberg sind Reste einer römischen Wasserzuleitung erhalten. Die Güter waren unbefestigt. Vor dem Kelterhaus am Weilberg deuten

Bitterorange und Feige, die Stützmauern flankierend, die Wärmegunst der Rheinpfalz an, ebenso wie eine junge Paulownie. Von dem ca. 15x30 m großen Kelterhaus, welches zwecks Kühlung in den Berg reichte, sind die beiden Tretbecken noch gut erhalten (vgl. jeweils SCHUMANN 1985). Aus diesen Tretbecken floß der Most in das tiefere Sammelbecken. Die römischen Weingüter, welche sich an der Weinstraße offenbar in Abständen bis 3 km aufreihten, zogen ihre Reben im Kammertbau. Den Weg vom Kelterhaus des ca. 1700 Jahre alten Weingutes zum eigentlichen Herrenhaus säumen heute junge und alte Rebsorten der Rheinpfalz, zunächst die heute gängigen Sorten wie der Weiße Rießling, die Charaktertraube der Mittelhaardt. Der Riesling ist relativ robust, auch gegenüber tiefen Wintertemperaturen. Dafür reifen seine Beeren recht spät. Er bedarf einer hohen Wärmegunst des Mikroklimas mit besonders beständiger Herbstwitterung während seiner relativ langen Spätreifephase. Der Ehrenfelser ist eine Kreuzung aus Riesling und Silvaner. Er ist rieslingähnlich, reift aber früher. Auch die Scheurebe ist eine Neuzüchtung aus Silvaner und Riesling, ähnlich spät reifend wie der Riesling. Sie ergibt einen recht bukettreichen Wein. Der Grüne Silvaner stellte noch vor wenigen Jahrzehnten die Hauptweinsorte der Rheinpfalz. Er nahm noch 1964 nahezu die Hälfte der Wingert-Flächen der Rheinpfalz ein (36,8 % in Bad Dürkheim mit Eingemeindungen, vgl. KARST 1986). Heute nimmt er in der gesamten Gemarkung Bad Dürkheim nur noch 13 % der Wingert-Flächen in Anspruch. Es dominiert heute der Riesling mit ca. 29 % Rebfläche. Der Silvaner gelangte im 18. Jahrhundert aus Österreich über Frankreich in die Rheinpfalz (vgl. FUCHSS und MÜLLER 1981). Er hat den Vorteil, daß er sich auch als Verzehrtraube eignet. Allerdings entsprachen die Silvanerweine nach dem Krieg offenbar nicht mehr dem überwiegenden Konsumenten-Geschmack. An die Stelle des Silvaners trat die Neuzüchtung Kerner. Der Müller-Thurgau stellt die dritte klassische Rebsorte der Rheinpfalz. Sie nimmt heute etwa 14 % der Rebfläche von Bad Dürkheim ein. Im Bereich *Südliche Weinstraße* dominiert diese Rebe. Prof. Müller aus Thurgau kreuzte diese Rebe aus Riesling und Silvaner. Die Sorte reift früh, ist aber relativ frostempfindlich. Der milde Wein paßt hervorragend zum Spargel der Sanddünengebiete des Oberrheingrabens. Der Gewürztraminer erinnert an die alte Edelweinsorte des Traminer, die heute kaum noch angebaut wird. Kenner müssen diese Rebsorte geradezu suchen. Morio-Muskat, Ruländer und Huxelrebe schließen die gängigen Weinsorten entlang dem Weinlehrpfad am römischen Weingut Weilberg ab. Morio-Muskat ist eine echte Bukett-Rebe. Der Ruländer entstammt dem französischen Pinot gris. Die Huxelrebe mutierte aus Gutedel und Courtillier musqué. Es folgen in Richtung auf das Herrenhaus des römischen Weingutes die Reben der gängigen Rotweinsorten Bad Dürkheims: Blauer Spätburgunder, Blauer Portugieser und Dornfelder. Ihre Hauptanbaugebiete liegen östlich des Weilberges vor allem am Feuerberg und um die romantische Stadt Freinsheim. Vor den Weinexoten folgen am Wegesrand des Weinlehrpfades die alten einheimischen und eingeführten Sorten wie »Weißer Rauschling«, Weißer Elbling, Weißer und Roter Gutedel und der Gänßfüßer. Im Mittelalter, ja bis in das 18. Jahrhundert hinein, herrschte ein Mischanbau der Reben und auch eine undifferenzierte Kelterung derselben (vgl. KARST 1986). Man unterschied lediglich den *frentschen* (vinum fracicum) von dem *huntschen* Wein (vinum hunicum), also hochwertigen von geringwertigem Wein. Minderwertige Rebsorten waren etwa die Alben oder Elblinge. Erst mit der Befreiung der Winzer aus ihrer Abhängigkeit von weltlichen und geistigen Herren mit der Französischen Revolution rückte der Qualitätsgesichtspunkt des Weinbaus vor den Quantitätsgesichtspunkt. Gegen Ende des 18. Jahrhunderts begann man den Elbling auszuroden. Mitte des 18. Jahhunderts hatte der Ruländer den Gänßfüßer verdrängt. Vergleichssorten schließen den Rebpfad zum Herrenhaus ab. Derzeit werden die Grundmauern des Herrenhauses des römischen Weinguts am Weilberg weiter ausgegraben und teilweise restauriert. Eine Schautafel zeigt die doppelte U-Form des großzügigen Bauwerkes mit seinen Säulenarkaden in Richtung auf den weiten Blick in die Isenach-Niederung am Austritt der Isenach aus dem Pfälzerwald, also nach Süden. Die *villa rustica* zeugt von der *pax romana*, Wohlstand und hoher Zivilisation. Ihre Bausteine entstammen womöglich dem römischen Steinbruch Kriemhildenstuhl nahe der Sonnenwendstraße in Bad Dürkheim am Rande der Buntsandstein-Haardt.

## HP 3   Kriemhildenstuhl und Heidenmauer in Bad Dürkheim

Das Gelände der Kurklinik Sonnenwende in Bad Dürkheim in ihrem östlichen Teil querend, gelangt man rasch in das seit den 30er Jahren freigelegte Areal des alten römischen Steinbruchs Kriemhildenstuhl. Geologisch bildet der Kriemhildenstuhl Einblick in die feingekörnten Ablagerungen der Rehbergstufe des Mittleren Buntsandsteins. Unterhalb stehen mit der Schäferwarte Schichten der Karlstalstufe an, die oberhalb der Rehbergstufe abgelagert wurden und die oberste Sedimentation des Mittleren Buntsandsteins bilden. Entlang einer Hauptverwerfung des Oberrheingrabens, die unmittelbar östlich des Steinbruchgeländes verläuft, ist die schmale Haardtrandscholle so weit abgesunken, daß die Karlstalschichten auf ihr vor der Abtragung geschützt und damit unterhalb der Rehbergschichten erhalten blieben. Die Hauptverwerfung hatte damit auch die Rehbergschichten für den Steinbruchbetrieb quasi bereits freigelegt. Der Buntsandstein wurde großflächig in einem Festlandbecken abgelagert. Ein Lieferzentrum für die Pfalz könnte das alte Massif Central in Frankreich gewesen sein. Die Ablagerung geschah unter einem trocken-heißen Klima. Daher zum Teil die dünären Strukturen der Gesteinsschichten und die Rotfärbung. Wadis hinterließen gröbere Schüttungen. An Verwerfungslinien des Haardtrandes ist der Sandstein jedoch häufig durch Aufstieg von Wässern hydrothermal gebleicht. Dieser gelbe Sandstein ist als *Haardt-Sandstein* bekannt und ergibt im Wechsel mit seinem roten Ausgangspendant interessante Bausteinmuster, so im Speyerer Dom. Nach WEBER (1985) hat die XXII. Legion, die »primigenia pia fidelis«, die von 43 bis 70 und von 92 bis 370 in Mainz stationiert war, die Steinbrucharbeiten am Kriemhildenstuhl durchgeführt. Abgebaut wurde das Gestein von Linkshändern mit Spitzhacken, wobei die Legionäre hohlkreisförmige Schleifspuren hinterließen, die heute noch im gesamten Steinbruchgelände zu sehen sind. Interessanter erscheinen dem Betrachter Einritzungen von Felszeichnungen sowie kleinere Steinmetzarbeiten, die die Legionäre als Marken, gleichsam als antike Graffiti, hinterließen. Eindrucksvoll etwa ein kleines Pferderelief im nördlichen Teil. Allerdings wurden am Kriemhildenstuhl nur ca. 20000 m$^3$ Stein abgebaut (vgl. ROLLER 1981). Damit konnte man gerade ein halbes Amphitheater einer römischen Mittelstadt erbauen. Der Steinbruch hatte demnach wohl kaum überregionale Bedeutung. Heute zeugt die Ruderalvegetation mit *Robinia pseudacacia* auf dem in den 30er Jahren abgeräumten Schuttmaterial mit Brennnesseln von einer echten »Haldengesellschaft«. Beim kurzen steilen Aufstieg zur Aussichtsplattform und zu den Resten einer keltischen Ringmauer (Heidenmauer) bezeugt *Poa bulbosa* mit seiner Viviparie die Wärme des Haardtrandes mit *Castanea sativa*, der Edelkastanie, während *Deschampsia flexuosa*, die Drahtschmiele, mit *Vaccinium myrtillus* und *Teucrium scorodonia* das saure Milieu der Buntsandstein-Rohböden treffend markiert.

Der keltische Ringwall ist als deutliche Erhebung zu sehen, zum Teil erkennt man Wall und Graben. Er führt uns historisch in die Zeit unmittelbar vor der Eroberung Galliens durch Gajus Julius Caesar. Heute erscheint die Mauer auf der Rehbergstufe des Buntsandsteins als eine Aufschüttung grobblockiger Gesteinstrümmer. Sie erinnert nur noch schwach an ein großes Festungswerk, wie es zum Höhepunkt der Keltenzeit Bestand hatte. Der *Heidenmauer* genannte Ringwall auf dem Kästenberg, der seinen Namen wohl von der Vielzahl der gerade an seiner Südabdachung stehenden Edelkastanien erhalten hat, stammt mit ihren 2.5 km Länge wohl aus der Frühlatène-Zeit (vgl. KAISER 1981). Die Steinholzmauer einer Klientel der Treverer von 8 m Höhe war auf der Angriffsseite von einem tiefen Graben geschützt. Gegen den Oberrheingraben bedeckte eine starke Toranlage, von der noch Reste erhalten sind, das Befestigungswerk, das zum Schutz einer Tal- und einer Höhenstraße sowie als Fliehburg errichtet worden war (vgl. KAISER 1981). Nach ROTHENBERGER (1985) stellte der Ringwall nicht nur eine Sperrfestung, sondern ein Oppidum dar, als politisches, ökonomisches, kulturelles und religiöses Zentrum der keltischen Agrarsiedlungen der nahen Oberrheinebene. Die Gegend um Bad Dürkheim war damals wohl sogar ein keltischer Fürstensitz. Bei dem Eisenbahnbau der Strecke Bad Dürkheim-Neustadt wurde nämlich nördlich von Wachenheim ein Fürstengrab mit kostbarsten Beigaben gefunden, die auf enge Beziehungen der Kelten um Bad Dürkheim zu den Etruskern in Norditalien hinweisen. Konflikte unter den Keltenstämmen ließen ca. 60 v.Chr. die germanischen Sueben in den linksrheinischen Raum vordringen. Caesar besiegte die Sueben 58 v.Chr. unter ihrem Führer Ariovist bei Mulhouse. Später erschienen dann wohl angesiedelt die Germanenstämme der Vagionen, Nemeter und Triboker im linksrheinischen Raum südlich von Worms (vgl. ROLLER 1981). Die folgende römische Zeit der Pfalz dauerte bis Mitte des 5. Jahrhunderts. Sie ist im Exkursionsgebiet durch zahlreiche Spuren, so am Weilberg, am Kriemhildenstuhl, am Annaberg und in Wachenheim durch Gebäudereste wohl dokumentiert. Den historischen Höhepunkt stellte für das Exkursionsgebiet aber zweifellos die salische Epoche des Mittelalters dar, von der die Limburg Stein gewordenes Zeugnis gibt.


## HP 4   Limburg

Die Ruine der Limburg zeigt noch weitgehend erhalten, aus Buntsandstein gefügt, die Umfassungsmauern der ehemaligen dreischiffigen, in ihrem Kern romanischen Säulenbasilika mit Krypta. An die Stellen der Säulen des Langhauses sind inzwischen Platanen getreten. Am höchsten ragt heute noch der bis in den Helm erhaltene gotische Südwestturm auf. Auch Teile der Klostergebäude im Osten des Langhauses mit Refectorium und Kreuzgang sind noch erhalten (vgl. MAYER 1984). Lassen wir die Steine sprechen und von der historischen Hochzeit dieses Raumes berichten (vgl. dazu auch STUBENRAUCH 1988). Das Castrum Limburg war 1024, als der Salier-Herzog Konrad zu Kamba zum König gekürt wurde, Stammsitz ebendieses Geschlechtes. Für ein Jahrhundert wurde damit dieser Pfälzer Raum zu einem Zentrum des Römischen Reiches. Konrad, der 1027 zum Kaiser gekrönt wurde, hatte vorher seinen Stammsitz zur Errichtung einer Abtei gestiftet. Wahrscheinlich wurde 1025 der Grundstein zur Abtei gelegt. Eine Inschrift über dem Westportal der Ruine verquickt legendenhaft die Grundsteinlegung der Abtei Limburg mit der des Speyerer Domes. Popo von Stablo wurde 1034 erster Abt dieses Klosters, das bald eine hohe Blüte erlebte. So wurden hier die Reichsinsignien aufbewahrt. Die heutigen Orte Bad Dürkheim, Wachenheim und Schifferstadt gehörten zum Besitz dieses Klosters. Begraben liegt in der Klosterkirche unmittelbar vor der noch prächtigen Chorruine, die heute als Bühne für Freilichttheater im Sommerhalbjahr genutzt wird, Gunhild, die Tochter Knuts von Dänemark und Gemahlin von Konrads Sohn Heinrich, dem späteren Kaiser Heinrich III. Eine Grabplatte markiert ihre letzte Ruhestätte. Im Jahre 1038 war sie bei Parma verstorben. Um 1042 vollendete Heinrich III. die Klosterkirche, die 1047 als Reliquie einen Teil des Heiligen Kreuzes erhielt. Bald aber wandte sich das Interesse der Salier mehr Speyer zu. Das Hochstift Speyer erhielt alle Rechte des Klosters. In der folgenden Stauferzeit verlagerte sich ein Zentrum der Reichsverwaltung in den Bereich der südlichen Pfalz. Der Trifels nahm stellenweise die Rolle ein, die die Limburg in der Salierzeit gespielt hatte. Die Bedeutung der Limburg reduzierte sich auf eine lokale. Am 30. August 1504 zerstörten die Leininger und plünderten Bauern und Winzer die Klosteranlage. Davon hat sich die Limburg nie mehr erholt. Seit 1843 ist sie Eigentum der Stadt Bad Dürkheim, zu deren Herren die Leininger bald selbst geworden waren. Ihr späteres Schloß stand an der Stelle des heutigen Kurhauses mit seiner Spielbank. Erst die Französische Revolution hat der Herrschaft der Leininger ein Ende gesetzt. Damals wurde auch das Schloß zerstört. Mit der Französischen Revolution war die Vielstaaterei in der Pfalz beendet und bildete sich erstmals so etwas wie ein homogenes Gebilde »Pfalz« heraus.

## HP 5 Kurpark Bad Dürkheim

Vom heutigen Kurhaus Bad Dürkheims fällt der Kurpark der Bade- und Kurstadt bis zu dem Gradierbau der Salinen hin ab. Zahlreiche Exoten in ihm bezeugen die Klimagunst des Haardtrandes auf ihre Weise. Zu erwähnen ist der Gingko-Baum (*Gingko biloba*) unter den Treppen vom Kurhausgarten zum eigentlichen Kurpark. Er gehört zu den Gymnospermen und trägt dennoch eine blattähnliche Belaubung. Phytogenetisch steht er damit am Übergang von den Gymnospermen zu den Angiospermen. Weiter im Südosten steht ein Judasbaum (*Cercis siliquastrum*) mit seinen auffälligen Hülsenfrüchten. Er ist südeuropäischer Provenienz. Auch die Bitterorange fehlt nicht unter den Exoten, ebensowenig wie mächtige Zedern, Sequoien, Rhododendren, Buchsbäume oder sogar Hopfenbuchen. Ein Teil dieser Exoten wurde von den Weingutsbesitzern auf ihren weiten Reisen mit in ihre Heimatstadt gebracht. Vorbei an dem Kurmittelhaus gelangt man an das Gradierwerk der Saline, gleichsam zu dem Ausgangspunkt des Kurbetriebes der Badestadt. Am Ende der Saline steht ein Kongreßhotel, dort beginnen auch die Brühl-Wiesen, das Wurstmarkt-Gelände Bad Dürkheims. Der Kurpark ist auch Ort der Heilwasserbohrungen (vgl. zum folgenden HEITELE u.a. 1987). Nach dem Arsengehalt des Wassers zu urteilen, hängen die Heilwässer Bad Dürkheims mit dem Forster Basaltvulkan Pechsteinkopf zusammen und sind daher an die Tektonik des Rheingrabens gebunden. Die Quellen bilden heute ein Heilquellenschutzgebiet. Ursprünglich dienten sie der Salzgewinnung. Seit 1847 rieselt die Sole über den ca. 330 m langen Gradierbau. Die salzgeschwängerte Luft dient der Behandlung von Atemwegserkrankungen. Da die ursprüngliche Maxquelle einen zu hohen Arsengehalt ihrer Wässer aufwies, erbohrte man zunächst eine Neuquelle und erschloß damit Süßwasserzutritte, die den Arsengehalt der alten Quelle senkten. Nach 1962 wurde das geförderte Wasser jedoch wieder so arsenhaltig, daß südlich des Gradierbaues die Frohnmühlquelle erbohrt werden mußte. Bei 163 m Endteufe fördert sie Wasser aus den miozänen Hydrobienschichten.

Die mit dem Wasser geförderten Salze entstammen also den Ablagerungen der tertiären Meere bzw. Brackwässer des Oberrheingrabens. Kluftwasser löst diese Salze wieder. Mit seiner Förderung gelangen sie an die Oberfläche. Die Luft am Gradierbau entspricht damit in etwa derjenigen an Meeresstränden. Für die Trinkkuren des Heilbades (siehe Brunnenhalle) wurde im stadtwärtigen Teil des Kurparks zwischen 1970 und 1971 die Maxquelle 2 erbohrt. Diese arsenarme Quelle liefert Wasser von ca. 20° C, das als Thermalwasser bezeichnet werden darf und auch Badekuren dient. Nach Mitte der 80er Jahre wurden Entarsenisierungsanlagen gebaut, die die Arsenbelastung der Abwässer tolerabel gestalteten. Die Heilwasserquellen Bad Dürkheims bilden die Basis des Kurbetriebes. Mit dem regen Fremdenverkehr wurde die Badestadt zu einem der Hauptzentren des Tourismus in der Pfalz. Mit dem Wurstmarkt, der sich aus einer Wallfahrt zu einer Kapelle auf dem Michelsberg entwickelt hat, erlebt der Strom der Fremden über nahezu zwei Septemberwochen seinen Höhepunkt. Allerdings ist dieses größte Weinfest der Welt auch ein Fest der Dürkheimer. Der Konsum von im Mittel etwa 250000 l Wein ist ein wesentlicher Faktor für die Winzerbetriebe der Kurstadt. Von Bad Dürkheim begleiten Mandelbäume als Wärmezeiger die Weinstraße nach Süden in das ehemals kurpfälzische Wachenheim. Mit Forst wird das Gebiet der Verbandsgemeinde Deidesheim erreicht. Die geschlossene Front der Buntsandsteinhaardt läßt hier kaum Kaltluft aus dem Gebirge in die Ebene strömen. Basaltische Beimengungen des Vulkans Pechsteinkopf gestalten die Albedo geringer. Dies erhöht die Bodenwärme und damit die thermische Gunst des Mikroklimas.

## HP 6   Wingerte und Waldrand bei Forst

Bei Forst läßt sich sehr gut das Vegetationsmosaik der Stipa-Steppe, von Weinbergbrache sowie des Waldsaumes gegen die Wingerte beobachten. Das Klima bei Forst ist gerade noch so kontinental, daß auf dem »tertiären Kalkzahn« des Hahnenbühler Kreuzes inmitten der Wingerte der südlichste Standort von Stipa in der Rheinpfalz ansteht. Weiter nach Süden wird das Klima maritimer. Der Steppenrasen klingt aus. Am Hahnenbühler Kreuz kam im Frühsommer 1986 *Stipa capillata* mit 18 Individuen vor (vgl. Tab. 2). Seine korkenzieherartig gedrehten Grannen dienen im Stammareal der kontinentalen Steppe der Verbreitung durch Lauftiere. Nahezu 37 % der Spezies des Standortes Hahnenbühler Kreuz gehören dem submediterranen Arealtyp an. Auf dem Annaberg bei Leistadt waren es über 50 %. Ca. 16 % der Spezies sind am Hahnenbühler Kreuz ostsubmediterraner Provenienz. Das eurasiatische Florenelement ist am Südende des kontinentalen Klimaraumes der Rheinpfalz markant vertreten. Auf dem Annaberg konnte es im Sommer 1986 nicht gefunden werden. In das kleine Areal des Hahnenbühler Kreuzes sind jedoch viele zonale Arten der Umgebung eingewandert. Es stellt keinen reinen Standort der Stipa-Steppe dar wie der Annaberg bei Leistadt. Die stark vertretene eurasiatische Kriechende Quecke, *Elymus repens*, macht deutlich, daß Weinbergwildkräuter den Steppenstandort überwuchern. Am Felsen besonders auffällig ist der relativ wärmeliebende Scharfe Mauerpfeffer, *Sedum acre*. Der Trockenrasen des Hahnenbühler Kreuzes erweist gegenüber dem Annaberg mit sehr vielen Therophyten ein relatives Initialstadium. Sein Standort erscheint relativ kurz freigelegt. Relativ hohe Licht- und Temperaturzahlen der Zeigerwerte belegen ein warmes, stark besonntes Milieu. Der zahlreich vertretene *Poa compressa*, dem Flachen Rispengras, eignet als typischem Pioniergewächs sogar das Prädikat Vollichtpflanze. Sie unterstreicht den Charakter der

Tab. 2: Vegetationsaufnahme Sommer 1987: Forst, »Hahnenbühler Kreuz«

| Art | Indi-viduen-zahl | Lebens-form | Licht-zahl | Tem-peratur-zahl | Konti-nenta-litäts-zahl | Feuchte-zahl | Reak-tions-zahl | Stick-stoff-zahl | Arealtyp |
|---|---|---|---|---|---|---|---|---|---|
| Arenaria serpyllifolia | 10 | T | 8 | 5 | x | 4 | x | x | euras-med |
| Calamintha acinos | 19 | T | | | | | | | smed-euras |
| Capsella bursa-pastoris | 40 | T | 7 | x | x | x | x | 5 | smed |
| Elymus repens | 30 | G,H | 7 | x | 7 | 5 | x | 8 | euras |
| Erophila verna | 17 | T | 8 | 6 | 3 | 4 | x | 2 | euras-med |
| Galium aparine | 11 | T | 7 | 5 | 3 | x | 6 | 8 | euras |
| Geranium molle | 5 | T | 7 | 6 | 3 | 3 | 5 | 4 | smed |
| Holosteum umbellatum | 8 | T | 8 | 6 | 5 | 3 | x | | smed |
| Lamium purpureum | 2 | T,H | 7 | x | 3 | 5 | 7 | x | euras-smed |
| Poa angustifolia | 4 | H | 7 | 5 | x | 3 | x | 3 | euras-smed |
| Poa bulbosa | 34 | H | 8 | 8 | 7 | 2 | 4 | 1 | smed |
| Poa compressa | 39 | H | 9 | x | 4 | 2 | 9 | 2 | euras |
| Sambucus nigra (juv.) | 2 | N | 7 | 5 | 3 | 5 | x | 9 | wsme |
| Saxifraga tridactylites | 42 | T | 8 | 6 | 2 | 2 | 7 | 1 | smed |
| Sedum acre | 38 | C | 8 | 5 | 3 | 2 | x | 1 | eusub |
| Senecio vernalis | 1 | T,H | 7 | 7 | 6 | 4 | 7 | 5 | omed-kont |
| Senecio vulgaris | 2 | T,H | 7 | x | x | 5 | x | 8 | smed-euras |
| Stellaria media | 3 | T | 6 | x | x | 4 | 7 | 8 | ges.eu. |
| Stipa capillata | 18 | H | 8 | 7 | 8 | 2 | 8 | 2 | gk |
| Taraxacum officinale | 12 | H | 7 | x | x | 5 | x | 7 | eusub |
| Veronica hederifolia | 16 | T | 6 | 6 | 3 | 5 | 7 | 7 | eusub-smed |

Pflanzengesellschaft als initialen Trockenrasen. Geringe Feuchtezahlen (F) und teilweise sehr hohe Reaktionszahlen (R) lassen auf ein relativ trockenes basisches Milieu schließen, wie es den Kalken entspricht. Die Stickstoffwerte (N) schwanken zwischen 1 bei *Sedum acre*, also stickstoffärmsten Standort anzeigend, und 9 für *Sambucus nigra* für übermäßig stickstoffreiche Standorte. Letztere weist auf den Einfluß der Wingertdüngung an diesem Standort hin, wie sie am Annaberg nicht hat konstatiert werden können. Die hohe Spannbreite der Stickstoffzeigerwerte am Hahnenbühler Kreuz belegen den geringen Entwicklungsgrad der Pflanzengesellschaft. Im Gegensatz zu dem reifen Kalktrockenrasen des Annaberges steht hier ein Kampfgebiet zwischen Trockenrasenspezies und Weinbergwildkräutern vor uns.

Bergwärts des Hahnenbühler Kreuzes sind alte Weinbergterrassen zu erkennen. Die Wingerte sind teilweise aufgegeben und gehen in das sich nördlich anschließende *Carpinion* über, das ein wesentlich älteres Sukzessionsstadium auf Weinbergbrache anzeigt und bereits einen echten Wald-Saum gegen die Wingerte ausgebildet hat. Ein kleiner Aufschluß unterhalb eines Glatthafer-Wiesen-Stadiums der Weinbergbrache (Dominanz von *Arrhenatherum elatius*, vgl. Tab. 3), unmittelbar östlich des Hahnenbühler Kreuzes, gibt mit zahlreichen *Kindln* Einblick in die nach eigenen Bohrungen ca. 6 m mächtigen Lößablagerungen. Besteigt man über einen Trampelpfad die aufgegebenen Weinbergterrassen, so fallen zwischen dem Glatthafer noch Reste von Rebstöcken auf. Dies be-

Tab. 3: Vegetationsaufnahme Sommer 1987: Forst, Lößhügel

| Art | Indi-viduen-zahl | Lebens-form | Licht-zahl | Tem-peratur-zahl | Konti-nenta-litäts-zahl | Feuchte-zahl | Reak-tions-zahl | Stick-stoff-zahl | Arealtyp |
|---|---|---|---|---|---|---|---|---|---|
| Arrhenatherum eliatus | >1000 | H | 8 | 5 | 3 | 5 | 7 | 7 | sat |
| Campanula glomerata | 6 | H | 7 | x | 7 | 4 | 7 | x | euras-smed |
| Dactylis glomerata | 32 | H | 7 | x | 3 | 5 | x | 6 | smed |
| Euphorbia cyparissia | 94 | H | 8 | x | 4 | 3 | x | 3 | smed |
| Falcaria vulgaris | 7 | H | 7 | 7 | 6 | 3 | 9 | 3 | smed-euras |
| Orchis militaris | 11 | G | 7 | 6 | 5 | 3 | 9 | 2 | smed-euras |
| Ranunculus bulbosus | 5 | G | 8 | 6 | 3 | 3 | 7 | 3 | smed |
| Rubus fruticosus agg. | 9 | N | | | | | | | sat |
| Sanguisorba minor | 4 | H | 7 | 6 | 5 | 3 | 8 | 2 | smed |
| Trifolium campestre | 220 | T | 8 | 5 | 3 | 4 | x | 3 | smed-sat |
| Trifolium pratense | 81 | H | 7 | x | 3 | x | x | x | eusub |
| Vicia angustifolia | 11 | T | | | | | | | med-euras |
| Vicia cracca | 49 | H | 7 | x | x | 5 | x | x | euras |
| Viola hirta | 26 | H | 6 | 5 | 5 | 3 | 8 | 2 | euras-smed |

legt ein relatives Frühstadium der Brachegesellschaft auf Löß mit Dominanz von Hemikryptophyten und noch hohen Licht-Zeigerwerten. Die Feuchtekennziffern (F) verschieben sich auf der mächtigen Lößlehmdecke gegenüber den flachen Kalkrohböden der Kalktrockenrasen bis in den mittelfeuchten Bereich. Nach Norden folgt auf dieses Frühstadium der Weinbergbrache die Sukzessionsreihe der strauchreichen Brache und schließlich eine initiale Waldgesellschaft im Übergang zum quasi-natürlichen Waldsaum auf Löß des Haardtrandes zwischen Wald und Wingert. Man könnte diesen Initialwald als Orchideen-Buchen-Wald bezeichen. Carpinus betulus, die Hainbuche, ist die dominierende Baumart. Castanea sativa, die Edelkastanie, sonst häufig den Waldrand dominierend, leitet nach Westen in Castanea-Pinus-Wälder über. Die Edelkastanie ist wahrscheinlich erst durch die Römer mit dem Weinbau eingeschleppt worden und verbreitet sich seitdem spontan. Sie diente der Gewinnung des Holzes für den Kammertbau. Ihre Früchte galten als Reservenahrung der armen Leute. Heute werden sie gerne geröstet mit Neuem Wein verzehrt. Typisch für die Verzahnung von Waldrand mit Wildkräuterrainen ist das Lauchkraut, Alliaria petiolata, das zahlreich in diesem Initialwald vertreten ist. In der Strauchschicht fällt als submediterraner Anzeiger Berberis vulgaris auf, eigentlich charakteristisch für ein präsilvanes Gehölzstadium der Weinbergbrache, das es hier noch dokumentiert. Dactylis glomerata repräsentiert mit noch wenigen Individuen und seiner hohen Lichtzahl das Stadium der Glatthafer-Wiese mit wenigen Individuen. So erweist sich dieser Wald als eine echte Sukzessionsreihe, in der noch Reste des jeweils vorhergehenden Stadiums überdauern. Als Hauptart der Feldschicht hat sich mit Poa nemoralis bereits eine Charakterart lichter Buchenwälder etabliert. Die noch hohen Lichtwerte der Spezies dieser Sukzessionsgesellschaft betonen den offenen Saumcharakter des Waldes. Die Temperaturzeigerwerte (T) belegen das noch warme Milieu am Mittelhangfuß der Haardt mit ausgesprochen mediterranen immergrünen Arten, wie Ligustrum vulgare und sogar frostempfindlichen immergrünen

Tab. 4: Vegetationsaufnahme Sommer 1987: Forst, Wald südl. Margarethental

| Art | Indi- viduen- zahl | Lebens- form | Licht- zahl | Tem- peratur- zahl | Konti- nenta- litäts- zahl | Feuchte- zahl | Reak- tions- zahl | Stick- stoff- zahl | Arealtyp |
|---|---|---|---|---|---|---|---|---|---|
| Acer campestre | 5 | P | 5 | 7 | 4 | 5 | 7 | 6 | smed-sat |
| Acer platanoides | 6 | P | 4 | 6 | 4 | x | x | x | gk |
| Carpinus betulus | 7 | P | 4 | 6 | 4 | x | x | x | gk |
| Castanea sativa | 4 | P | 5 | 8 | 2 | x | 4 | x | smed-sat |
| Sorbus acauparia | 2 | P | 6 | x | x | x | 4 | x | eusub |
| Sorbus domestica | 1 | P | 4 | 7 | 4 | 3 | 8 | 3 | smed |
| Acer campestre | 6 | P | 5 | 7 | 4 | 5 | 7 | 6 | smed-sat |
| Acer platanoides | 2 | P | 4 | 6 | 4 | x | x | x | gk |
| Ajuga reptans | 15 | H | 6 | x | 2 | 6 | x | 6 | sat-smed |
| Alliaria petiolata | 43 | H | 5 | 6 | 3 | 5 | 7 | 9 | eusub-smed |
| Anemone nemerosa | 47 | G | x | x | 3 | x | x | x | eusub |
| Berberis vulgaris | 87 | N | x | 6 | 4 | 4 | 8 | 3 | osmed |
| Carex montana | 9 | H | 5 | 5 | 4 | 4 | 5 | 3 | gk |
| Carpinus betulus | 5 | P | 4 | 6 | 4 | x | x | x | gk |
| Castanea sativa | 3 | P | 5 | 8 | 2 | x | 4 | x | smed-sat |
| Convallaria majalis | 67 | G | 5 | x | 3 | 4 | x | 4 | eusub |
| Coryllus avellana | 5 | N | 6 | 5 | 3 | x | x | x | eusub |
| Dactylis glomerata | 3 | H | 7 | x | 3 | 5 | x | 6 | eusub-smed |
| Galium aparine | 12 | T | 7 | 5 | 3 | x | 6 | 8 | euras |
| Hedera helix | ~ 100 | N | 4 | 5 | 2 | 5 | x | x | sat-smed |
| Hieracium umbellatum | 58 | H | 6 | x | x | 4 | 4 | 2 | eusub |
| Ligustrum vulgare | 28 | N | 7 | 6 | 3 | x | 8 | x | smed |
| Muscari comosum | 2 | G | 7 | 8 | 3 | 3 | 7 | | smed |
| Orchis mascula | 7 | G | 7 | x | 3 | 4 | 8 | 3 | smed-sat |
| Platanthera chlorantha | 5 | G | 6 | x | 3 | 7 | 7 | x | eusub |
| Poa bulbosa | 4 | H | 8 | 8 | 7 | 2 | 4 | 1 | smed |
| Poa nemoralis | ~ 150 | H | 5 | x | 5 | 5 | 5 | 3 | euras |
| Pulmonaria montana | 18 | H | | | | | | | sat |
| Ranunculus bulbosus | 2 | G | 8 | 6 | 3 | 3 | 7 | 3 | smed-sat |
| Sorbus acauparia | 6 | P | 6 | x | x | x | 4 | x | eusub |
| Veronica chamaedrys | 28 | C | 6 | x | 3 | 4 | x | x | eusub |
| Vicia angustifolia | 74 | T | 5 | 5 | 3 | x | x | x | med-euras |
| Vicia sepium | 7 | H | x | x | 5 | 5 | 7 | 5 | eusub |
| Viola reichenbachiana | 71 | H | 4 | 5 | 4 | 5 | 7 | 6 | sat-med |

subatlantisch-submediterranen Arten wie dem Efeu. Teilweise recht hohe N-Zeigerwerte, vor allem von *Alliaria petiolata*, deuten ehemals gedüngte Wingerte als Ausgangspflanzenbedeckung an. Die Sukzessionsstadien der Wingertareale von Forst sind typisch für die Entwicklung aufgelassener Weinbergterrassen zwischen flurbereinigtem Areal, wie bei Forst und dem Waldrand der Haardt auf Lößböden. Bei Forst zeigt sich die Flurbereinigung, gerade um das Hahnenbühler Kreuz, bereits stark durch ökologische Planung geprägt. Unmittelbar an dem Hahnenbühler Kreuz ersetzen Gabionen Trockenmauern und ist eine große Fläche aufgelassen worden, um auf ihr Sukzessionen studieren zu können. Zahlreiche Raine ergeben eine einigermaßen vernetzte naturnahe Saumbiotop-Landschaft. Auch war man bestrebt, Trockenmauern als Standorte von wärmeliebender Fauna in die Planung einzubeziehen. Damit unterscheidet sich die Weinbergflurbereinigung von Forst mit ihren ökologischen Einplanungen bereits stark von der älteren Weinberg-Flurbereinigung am Weilberg bei Ungstein. Die Weinlage Ungeheuer nimmt den größten Teil des Areals zwischen Hahnenbühler Kreuz und Forst ein. Die Lage Herrgottsacker leitet nach Deidesheim über. Die Verbandsgemeinde Deidesheim, zu der neben Forst auch noch Niederkirchen, Ruppertsberg und Meckenheim gehören, hat es verstanden, die oberen Wingertareale siedlungsfrei zu halten. Nur dadurch ist es möglich, so interessante Sukzessionsstadien von Wingert zu *Carpinion* wie bei Forst zu studieren und wurde ein äußerst attraktives Landschaftsbild erhalten. Nicht zuletzt blieben auch Edelweinlagen wie Maushöhle und Kalkofen weitgehend ungeschmälert. In Deidesheim zeugen zahlreiche Bitterorangen und ausreifende Feigen an Mauern und Hauswänden von der Wärmegunst der Lage dieser ehemals speyerischen Stadt. Sie ist in ihren Weinbaubetrieben durch große Güter gekennzeichnet. Bis zu 90 ha Rebfläche gehören einem Betrieb zu. Sie entstammen zumeist ehemals speyerisch-bischöflichem Besitz. So gilt Deidesheim heute als Sitz des »Weinadels«. Das Geißbockfest zu Pfingstdienstag belegt die großen Besitzungen der reichen Weinorte des Haardtrandes auch im Pfälzerwald. Der Geißbock ist eine Art Pacht für die Weidenutzung der Lambrechter in den Wäldern Deidesheims. Traditionell wird er immer noch am Pfingstdienstag überstellt und versteigert. Napoleon Bonaparte hatte diese Pachtzahlung seinerzeit geregelt. Von Deidesheim führt die Weinstraße durch regelrechte Weinfelder nach Mußbach und Neustadt. Von Neustadt-Haardt gelangt man zum Endpunkt der Exkursion an den Wolfsberg und damit in den Pfälzerwald.

## HP 7  Von Neustadt-Haardt zum Wolfsberg

Am Friedhof von Neustadt-Haardt dokumentieren zwei immergrüne Eichen an seiner bergwärtigen Westseite als Exoten besonders markant die Wärmegunst des Haardtrandes, insbesondere seiner Mittelhanglagen oberhalb des potentiellen Kaltluftsees der Oberrheinebene. Die beiden mächtigen *Quercus pseudoturneri* sind wahrscheinlich Hybriden von *Quercus ilex*. Daß sie an der Grenze der Vorkommensmöglichkeit immergrüner Eichen stehen, dokumentierten starke Laubschädigungen des kalten Winters 1986/87 vor allem der west-exponierten Äste. Unmittelbar westlich der Siedlung Haardt, wegen ihres phytischen Exotenreichtums auch »Balkon der Pfalz« genannt, zeigt sich unweit des Friedhofs auf dem Weg zu den Welsch-Terrassen mit ihren zahlreichen Exoten der Buntsandstein der Haardt deutlich in seiner hydrothermal entlang von Klüften gebleichten gelblichen Farbe. Auch hier stehen wie am Kriemhildenstuhl, unmittelbar an einer Hauptverwerfung zum Oberrheingraben, die Rehbergschichten des Mittleren Buntsandsteins an. Die Welsch-Terrassen, eine Stiftung des gleichnamigen Bürgers (Pfarrer) an die Stadt, zeigen die große Fülle überwinternder Exoten, so Bitterorangen als wohl frostempfindlichste Arten. Vorbei an mächtigen Libanonzedern im Park der Hüllsburg führt der unterste Weg zur Wolfsburg in eine tektonische Senke eines mittelgroßen Wingert, der von einer Verwerfungsgabel umsäumt wird. Es steht hier der ursprünglich auf dem Buntsandstein abgelagerte marine Muschelkalk an. Anhand von

Tab. 5: Vegetationsaufnahme Sommer 1987: Wolfsberg nordöstl. des Steinbruchs

| Art | Individuen-zahl | Lebens-form | Licht-zahl | Temperatur-zahl | Kontinentalitäts-zahl | Feuchte-zahl | Reaktions-zahl | Stickstoff-zahl | Arealtyp |
|---|---|---|---|---|---|---|---|---|---|
| Berberis vulgaris | 11 | N | x | 6 | 4 | 4 | 8 | 3 | osm |
| Cornus sanguinea | 8 | N | 7 | 5 | 4 | x | 8 | x | smed |
| Quercus petraea | 5 | P | 6 | 6 | 2 | 5 | x | x | sat-smed |
| Robinia pseudoacacia | 2 | P | 5 | 7 | 4 | 4 | x | 8 | Neophyt |
| Rubus fruticosus agg. | 27 | | | | | | | | sat |
| Sarothamnus scoparius | 3 | N | 8 | 5 | 2 | 4 | 3 | 3 | sat |
| Anthericum liliago | 15 | H | 7 | 5 | 4 | 3 | 5 | 2 | smed |
| Arabidopsis thaliana | 17 | T | 6 | x | 3 | 4 | 4 | 4 | smed-kont |
| Dactylis glomerata | 64 | H | 7 | x | 3 | 5 | x | 6 | eusub-smed |
| Descampsia flexuosa | 48 | H,A | 6 | x | 2 | x | 2 | 3 | no-eusub |
| Dictamnus albus | 12 | H | 7 | 8 | 4 | 2 | 8 | 2 | eur.k.-smed |
| Jasione montana | 16 | H | 7 | 5 | 3 | 3 | 3 | 2 | sat-smed |
| Melica uniflora | 31 | G,H | 3 | 5 | 2 | 5 | 6 | x | sat |
| Moehringia trinerva | 3 | H,T | 4 | 5 | 3 | 5 | 6 | 7 | eusub-smed |
| Rumex acetosella | 200 | G,H | 8 | 5 | 3 | 5 | 2 | 2 | no-euras |
| Silene nutans | 12 | H | 7 | 5 | 5 | 3 | 7 | 3 | euras |
| Stellaria holostea | 42 | H | 5 | 6 | 3 | 5 | 6 | 5 | eusub |
| Teucrium scorodonia | 56 | H | 6 | 5 | 2 | 4 | 2 | 3 | sat |
| Utrica dioica | 23 | H | x | x | x | 6 | 6 | 8 | ges.eu. |

Lesesteinen läßt sich dies im Gegensatz zu den umrahmenden roten Gesteinen des Buntsandsteins leicht festhalten. Die kleine Scholle ist also so früh und so tief abgesunken, daß der Muschelkalk, anders als im übrigen Bereich der Mittelhaardt, hier erhalten blieb. Großflächig findet er sich erst weiter südlich bei Bergzabern und vor allem in der Zaberner Senke des Elsaß am Westrand des Oberrheingrabens erhalten. Bis in die Region des Westrich hat die starke Hebung der Flanken des Grabenbruchs ansonsten den Muschelkalk abtragen lassen. Bei herrlichem Blick auf Neustadt am Ausgang des Speyerbachtales führt der Weg zunächst durch engterrassierte Weinberge alter Kammerung vor jeder Flurbereinigung. Es sind vor allem Feierabendwinzer, die hier unmittelbar oberhalb der Stadt die Weinberge der Lage Mönchgarten bewirtschaften. Ein Teil der Terrassen wurde in Obst- oder Schrebergärten überführt. Zur Wolfsburg, nach Westen hin, extensiviert die Nutzung zusehends. Verschiedene Sukzessionsstadien lassen sich auf den aufgegebenen Weinbergterrassen beobachten. Die Schlehe markiert den Wegrand. Zweigt man nach einem steileren Anstieg unmittelbar vor der Wolfsburg aus einem dichten Kastanienwald talwärts ab, so führen die engen Serpentinen in einen offenen naturnahen Eichen-Trockenwald, wie er als Typus vor der Einwanderung der Kastanie und der Durchforstung mit Kiefern für den Haardtrand als natürlich angenommen werden kann. Talwärts schließt sich an ihn im Bereich alter Weinbergterrassen eine Form der Steppenheide an, die zu einem Robiniengestrüpp »verwilderte«. Der leuchtend gelbe Besenginster (Sarothamnus sp.) markiert diese Gesellschaft augenfällig.

Berberis und Rubus dominieren die Strauchschicht, in der *Quercus petraea* des nahen Trockenwaldes bereits Fuß gefaßt hat. Der Anteil submediterraner Spezies ist hier mit 4 % im Taleingang des Speyerbachtales bereits gering. Die Traubige Graslilie (*Anthericum liliago*) vertritt als Charakterart von Trockenrasen bis Waldsäumen hier dieses Element in der Feldschicht. Sie leitet jedoch auch in das benachbarte wärmeliebende *Quercion* über. Eurasiatische Arten dominieren ansonsten diese sukzessierende Pflanzengesellschaft. Dies liegt eher an dem sauren Bodenmilieu, das die Reaktionszahlen (R) ausweisen, als an einer minderen Klimagunst. Die Wärmezeiger des Haardtrandes sind zumeist auch an das basische Milieu der tertiären Kalke der Vorhügelzone gebunden. Vor allem die Drahtschmiele, *Deschampsia flexuosa*, und der dominierede Ampfer, *Rumex acetosella*, sind markante Säurezeiger der Rohböden auf Buntsandstein. Basische Reaktionszahlen etwa der Berberitze oder von *Dictamus albus*, dem Diptam, belegen den raum-zeitlichen Transitionscharakter der Gesellschaft. Diptam als relativ kontinentaler Wärmezeiger ist eine typische Art des hier benachbarten naturnahen lichten Eichenwaldes. Auch sie belegt das Vordringen der Waldgesellschaft in das offene Milieu. Der säurezeigende Salbeigamander *Teucrium scorodonia* ist eine typische Art des Waldrandes der Kiefern- und Eichenwälder des Übergangs Haardt/Oberrheingraben. Auch an der Heidenmauer bei Bad Dürkheim ist er ebenso anzutreffen gewesen, wie die Drahtschmiele. Das dominierende Gras *Dactylis glomerata*, das Knäuelgras, belegt mit anderen Arten, wie der Brennessel, ein nährstoffreiches Milieu. Das Knäuelgras ist in Unkrautgesellschaften und feuchten Fettwiesen verbreitet. In der Sukzessionsabfolge tritt es häufig als Erstberaser auf (vgl. OBERDORFER 1983). Am südlichen Fuße des Wolfsberges belegen Terrassenreste im Wald ehemaligen Weinbau. Zumeist sind sie jetzt von dichtem Kastanienwald oder Eichen-Trockenwald eingenommen. Der Wolfsberg gibt mit seinem Eichen-Trockenwald Einblick in die naturnahe Vegetation des Haardtrandes mit all ihren anthropogenen Variationen, zu denen auch die Kastanienwälder und hier auch wohl ehemals offene »Steppen-Areale« zu rechnen sind.

## Fazit

Damit ist die Exkursion von Bad Dürkheim bis vor die Tore Neustadts abgeschlossen. An markanten Punkten hat die Ökologie durch ihren Hauptzeiger, die Pflanzengesellschaften, dokumentiert werden können. Da eine Exkursion nur ansprechen sollte, was man sieht bzw. aus dem Gesehenen ableiten kann, wurde die Geschichte in ihren Zügen von der Keltenzeit bis zu den Grafen von Leiningen dokumentiert, Weinbau und Fremdenverkehr haben vor allem in Bad Dürkheim markante Zeugen gefunden. Eine Exkursion kann nur exemplarisch sein. Sie sollte dennoch zur Synthese anregen. Nur durch gewisse Zentrierung, wie hier auf das Pflanzenwelt, kann ein Gang durch Natur und Kultur wissenschaftlich fundiert werden. Gerade in ihrer natürlichen und kultürlichen Pflanzenwelt stellt die Mittelhaardt etwas Besonderes dar. Dies galt es zu betrachten. Wenig typische Wohnvorortbildungen für den Wirtschaftsraum Mannheim-Ludwigshafen, die sich, wie bei Bad Dürkheim, teilweise als Wochenendhäuser »getarnt«, bis in den Wald ausdehnen, gibt es auch anderswo in Deutschland, nicht aber Feigen, Mandeln, Bitterorangen, Steppenreste verquickt mit einer Fülle historischer Zeugen von der Keltenzeit bis in die Französische Revolution und einen Weinbau, der bereits mediterrane Züge in der Lebenskunst der Bewohner verrät. Vorraussetzung für die Ausbildung einer derartigen Landschaft ist neben den eingangs dargestellten geologischen und tektonischen Verhältnissen die ausgesprochene Klimagunst dieses Raumes, der man auf Schritt und Tritt begegnet (vgl. FRANKENBERG 1988 und BRENNECKE/FRANKENBERG 1988). In den trockensten Teilen des Exkursionsgebietes fallen weniger als 600 mm Niederschlag. Die Jahresniederschlagssummen steigen nach Süden Richtung Neustadt auf gegen 700 mm an. Allerdings gibt es zahlreiche Jahre, in denen die Niederschläge kaum 400 mm erreicht haben. So sind die Sommer hier selbst dann noch relativ warm und trocken ausgebildet, wenn das übrige Deutschland unter einem verregneten Sommer stöhnt, wie im Jahr 1987. Die »Mauer« der Haardt gegen die regenbringenden West- und Nordwestwinde ist ein Hauptfaktor der Klimagunst dieses Raumes. Ein zweiter ist die Öffnung des Oberrheingrabens nach Süden über die Burgundische Pforte für das Einströmen mediterraner Warmluft. Nach Norden schirmt selbst noch der hohe Taunus den Oberrheingraben gegen Kaltlufteinbrüche von Skandinavien etwas ab. Somit hat letztlich die Tektonik des Rheingrabens auch die Klimagunst dieses Raumes geprägt, wie sie mit den emporgequetschten Schollen der Vorhügelzone die günstigste Landschaft für den Weinbau gebildet hat.

# IV. Karten und Literatur

Geologische Übersichtskarte 1 : 200000 Blatt CC 7110 Mannheim (1986), Bundesanstalt für Geowissenschaften und Rohstoffe (Hrsg.)


BRENNECKE, J. und P. FRANKENBERG (1988): Historischer Vergleich von Witterungsverläufen in Mannheim. In: FRANKENBERG, P. (Hrsg.): Zu Klima, Boden und Schutzgebieten im Rhein-Neckar-Raum, Beiträge zur Landeskunde des Rhein-Neckar-Raumes II, Mannheimer Geographische Arbeiten 24, Mannheim, S. 95-118

ELLENBERG, H. (1974): Zeigerwerte der Gefäßpflanzen Mitteleuropas, Scripta Geobotanica IX, Göttingen

FUCHSS, P. und K. MÜLLER (1981): Rheinpfalz, Vinothek der deutschen Weinberglagen, Stuttgart

FRANKENBERG, P. (1988): Zum Klima des kurpfälzischen Oberrheingrabens. In: FRANKENBERG, P. (Hrsg.): Zu Klima, Boden und Schutzgebieten im Rhein-Neckar-Raum, Beiträge zur Landeskunde des Rhein-Neckar-Raumes II, Mannheimer Geographische Arbeiten 24, Mannheim, S. 9-93

HEITELE, H., K.E. HEYL, Th. KÄRCHER und STAHMER, G. (1987): Der Oberrheingrabenrand zwischen Bad Dürkheim und Grünstadt. In: Jahresber. u. Mitteil. d. oberrh. geol. Vereins NF 69, S. 43-52

HEITELE, H. und K.-H. HOHBERGER (1987): Hydrogeologie der nördlichen Vorderpfalz. In: Jahresber. u. Mitteil. d. oberrh. geolog. Vereins NF 69, S. 109-119

ILLIES, H. (1971): Der Oberrheingraben, DFG-Forschungsbericht »Unternehmen Erdmantel«, Bonn, S. 35-56

ILLIES, H. (1975): Die großen Gräben: Harmonische Strukturen in einer disharmonisch strukturierten Erdkruste. In: SCHÖNENBERG, R.: Die Entstehung der Kontinente und Ozeane in heutiger Sicht, Wiesbaden, S. 192-214

ILLIES, H. (1981): Der Oberrheingraben - ein Kapitel aus der pfälzischen Erdgeschichte. In: GEIGER, M., G. PREUSS und K.-H. ROTHENBERGER (Hrsg.): Pfälzische Landeskunde Bd. 1, Landau, S. 175-192

KAHNE, A. (1960): Die Vegetation der Steppenheidegebiete bei Bad Dürkheim. In: Mitteil. Pollichia III. Reihe, Bd. 7, S. 151-219

KAISER, K. (1981): Die Pfalz in der Vorzeit. In: GEIGER, M., G. PREUSS und K.-H. ROTHENBERGER (Hrsg.): Pfälzische Landeskunde, Landau, S. 492-525

KARST, K. (1986): Der Weinbau in Bad Dürkheim/Wstr. - Mannheimer Geographische Arbeiten H. 21, Mannheim

LAUER, W. und P. FRANKENBERG (1986): Zur Rekonstruktion des Klimas im Bereich der Rheinpfalz seit Mitte des 16. Jahrhunderts mit Hilfe von Zeitreihen der Weinquantität und Weinqualität. In: FRENZEL, B. (Hrsg.): Paläoklimaforschung Bd. 2, Stuttgart/New York

MAYER, P. ([5]1984): Die Pfalz, DuMont Kunst-Reiseführer, Köln

OBERDORFER, E. ([5]1983): Pflanzensoziologische Exkursionsflora, Stuttgart

ROLLER, O. (1981): Die Pfalz in der Römerzeit. In: GEIGER, M., G. PREUSS und K.-H. ROTHENBERGER (Hrsg.): Pfälzische Landeskunde, Landau, S. 526-544

ROTHENBERGER, K.-H. (1985): Geschichtliche Entwicklung. In: GEIGER, M., G. PREUSS und K.-H. ROTHENBERGER (Hrsg.): Die Weinstraße - Porträt einer Landschaft, Landau, S. 51-74

SCHUMANN, F. (1985): Der Weinbau der Weinstraße. In: GEIGER, M., G. PREUSS und K.-H. ROTHENBERGER (Hrsg.): Die Weinstraße - Porträt einer Landschaft, Landau, S. 185-208

SPUHLER, L. (1957): Geologie der Pfalz, Speyer

STUBENRAUCH, W. (1988): Die Limburg - ein historisches Kleinod vor unserer Haustür, unveröff. Manuskript, Ludwigshafen

WEBER, W. (1985): Bedeutende Baudenkmäler der Weinstraße. In: GEIGER, M., G. PREUSS und K.-H. ROTHENBERGER (Hrsg.): Die Weinstraße - Porträt einer Landschaft, Landau, S. 285-324

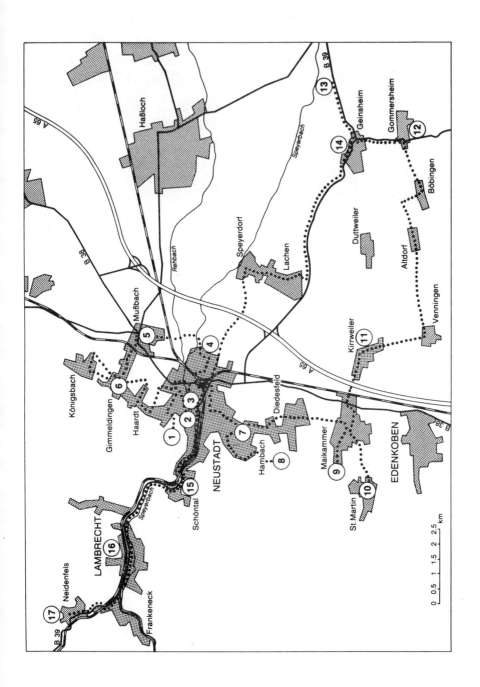

# Neustadt an der Weinstraße und Umland

## Nutzungswandel und Nutzungskonflikte im Grenzbereich von Oberrheinebene und Pfälzerwald

von

Klaus Hünerfauth

## I. Haltepunkte

## II. Der Raum und seine Probleme

Das Exkursionsgebiet ist ein Raum von Gegensätzen. Raumprägendes Element ist die sowohl physisch- als auch kulturgeographisch äußerst scharf ausgeprägte Grenze zwischen dem hier zu 90 % bewaldeten Extensivraum Pfälzerwald und der intensiv genutzten Altsiedellandschaft der Oberrheinebene. Die geologisch-topographische Situation im Grenzbereich dieser Landschaftsräume bildet die Grundlage der klimatischen, landwirtschaftlichen, siedlungs- und verkehrsgeographischen Gunstlage des Raumes (s. Beitrag DÖRRER in diesem Band).

Der Neustadter Raum ist außerordentlich klimabegünstigt (vgl. Beiträge FRANKENBERG und GEIGER in diesem Band). Der Haardtrand bei Neustadt gehört mit ca. 1 °C Januar-Durchschnittstemperatur zu den wintermildesten Gebieten Deutschlands, hier sind die Sommer am wärmsten (Juli-Mittel über 19 °C), die Niederschläge mit 600-

265

700 mm relativ gering. Am niederschlagsärmsten ist der rund 5-10 km vom Haardtrand entfernte, zentrale Teil der Pfälzischen Rheinebene (Neustadt-Geinsheim 554 mm/a). Die Klimagunst führte am Haardtrand und den südostexponierten Hängen des östlichen Pfälzerwaldes zur Ausbildung thermophiler Pflanzengesellschaften mit mediterraner bis kontinentaler Prägung. Daneben sind bereits in der Antike eingeführte Wirtschaftspflanzen (v.a. Edelkastanie und Mandel) sowie die vom aufstrebenden Weinpatriziat des 19. Jahrhunderts angesiedelten Exoten (Feige, Bitterorange, Parkbäume) Wärmezeiger. Nicht zuletzt dank der Klimagunst ist die Weinrebe seit der Römerzeit die wichtigste Agrarkultur in der Vorhügelzone (Abb. 1). Der Weinbau dehnte sich in den vergangenen Jahrzehnten auf Kosten von Acker- und Grünlandflächen weit in die Ebene hinunter aus und ist heute entlang des Haardtrandes auf 70 km Länge und durchschnittlich 5 km Breite monokulturell verbreitet. Bei zunehmender Aufgabe von Steillagen über ca. 10° Hangneigung weitete sich die in Ertrag stehende Rebfläche seit 1960 um rund ein Drittel auf 1987 20537 ha aus. Der Hauptzuwachs fiel dabei in die 70er Jahre. Das Anbaugebiet »Rheinpfalz« ist Deutschlands älteste, ertragreichste und nach Rheinhessen (rd. 21000 ha) zweitgrößte Weinbauregion. Neustadt, die größte deutsche Weinbaugemeinde (Tab. 1) (Landwirtschaft 3,1 % BIP) und nach Wien die größte Europas, ist Sitz

*Tab. 1:* Rebflächenentwicklung 1950-1987 (in ha)

| Ort | 1950 [1,2] | 1960 [1,2] | 1964 [2,3] | 1971 [1,4] | 1979 [4,5] | 1980 [6] | 1983 [4,5] | 1987 [4,5] |
|---|---|---|---|---|---|---|---|---|
| Neustadt, Kernstadt | - | | 179 | | 87 | 155 | | |
| Diedesfeld | | | 258 | | 284 | 401 | | |
| Duttweiler | | | 137 | 187 | 190 | 158 | | |
| Geinsheim | | | 45 | | 99 | 60 | | |
| Gimmeldingen | | | 161 | | 164 | 142 | | |
| Haardt | | | 128 | | 132 | 162 | | |
| Hambach | | | 310 | | 322 | 404 | | |
| Königsbach | | | 132 | | 94 | 99 | | |
| Lachen-Speyerdorf | | | 115 | | 173 | 207 | | |
| Mußbach | | | 290 | | 325 | 415 | | |
| Neustadt-Stadtkreis | 1 558 | 1 966 | 1 755 | 1 983 | 1 829 | 2 203 | 1 856 | 1 816 |
| Kirrweiler | 155 | 300 | 334 | 415 | 451 | | 470 | 469 |
| Maikammer | 623 | 779 | 816 | 875 | 822 | | 807 | 790 |
| St. Martin | 279 | 348 | 299 | 293 | 282 | | 286 | 272 |
| Verbandsgemeinde Maikammer | 1 057 | 1 427 | 1 449 | 1 583 | 1 555 | | 1 563 | 1 531 |

[1] nur Betriebe mit mehr als 0.5 ha erfaßt;
[2] einschließlich nicht genutzter Flächen;
[3] nur Betriebe mit mehr als 0.1 ha erfaßt;
[4] ohne nicht genutzte Flächen;
[5] nur Betriebe mit mehr als 1.0 ha erfaßt;
[6] alle Betriebe, einschl. nicht genutzter Flächen erfaßt (Städt. Erhebung).

*Quelle:* Auskunft des Statist. Landesamtes Rheinl.-Pfalz und der Stadt Neustadt/W. 1989

## Abb. 1: Flächennutzung und Flurbereinigung

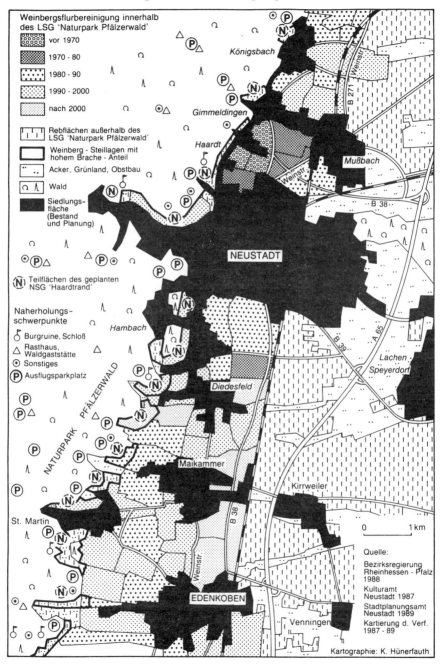

Weinbergsflurbereinigung innerhalb des LSG 'Naturpark Pfälzerwald'
- vor 1970
- 1970 - 80
- 1980 - 90
- 1990 - 2000
- nach 2000

Rebflächen außerhalb des LSG 'Naturpark Pfälzerwald'
Weinberg - Steillagen mit hohem Brache - Anteil
Acker, Grünland, Obstbau
Wald
Siedlungsfläche (Bestand und Planung)

Ⓝ Teilflächen des geplanten NSG 'Haardtrand'

Naherholungsschwerpunkte
- Burgruine, Schloß
- Rasthaus, Waldgaststätte
- Sonstiges
- Ⓟ Ausflugsparkplatz

Königsbach
Gimmeldingen
Haardt
Mußbach
NEUSTADT
Hambach
Diedesfeld
Lachen-Speyerdorf
Maikammer
Kirrweiler
St. Martin
EDENKOBEN
Venningen

0        1 km

Quelle:

Bezirksregierung Rheinhessen - Pfalz 1988
Kulturamt Neustadt 1987
Stadtplanungsamt Neustadt 1989
Kartierung d. Verf. 1987 - 89

Kartographie: K. Hünerfauth

NATURPARK PFÄLZERWALD

267

zahlreicher Behörden, Verbände und Unternehmen der Weinwirtschaft. Maikammer und Kirrweiler gehören ebenfalls zu den 10 größten Weinbaugemeinden der BRD. Von besonderer betriebswirtschaftlicher wie landschaftsprägender Bedeutung ist die Weinbergsflurbereinigung (Abb. 1). Seit 1957 werden im Exkursionsgebiet Rebflächen zusammengelegt. Bis ca. 1980 lag der Schwerpunkt der Maßnahmen im Bereich der Mittelhaardt. Entsprechend niedriger ist gegenwärtig noch der Anteil der bereinigten Rebflächen in den Oberhaardter Weinbaugemeinden. Je nach Standpunkt wird in der Weinbergsflurbereinigung betriebswirtschaftliche Optimierung, Uniformierung traditioneller Kulturlandschaft oder ökologische Verarmung ehemals kleingekammerter Biotopsysteme gesehen.

Seit alters tritt die industriewirtschaftliche Bedeutung des Raumes in den Hintergrund. Das altindustrialisierte Neustadter Tal mit seiner Tuch-, Papier-, Holz- und metallverarbeitenden Industrie zeigt seit Jahrzehnten Auflösungserscheinungen. Trotz verkehrsgünstiger Lage hielt sich nach 1945 die Neuansiedlung zukunftsweisender Industrie in Grenzen. Bis zur Gebietsreform 1969 war Neustadt der flächenmäßig kleinste (1768 ha) und nach Mainz und Ludwigshafen dichtest besiedelte (1773 Ew/km²) Stadtkreis von Rheinland-Pfalz. Wegen des extremen Platzmangels wurde die frühzeitige Bereitstellung von Gewerbeflächen verpaßt. Der geringe Industriebesatz (21.5 % des BIP) des strukturschwachen Mittelzentrums ist neben der aufwendigen Altstadtsanierung Hauptgrund für die Finanzmisere Neustadts. Die Stadt weist mit das niedrigste Gewerbesteueraufkommen und BIP, mit die höchste Pro-Kopf-Verschuldung und die geringste Kaufkraft aller rheinland-pfälzischen Stadtkreise auf. Erst nach der Verzehnfachung des Stadtgebietes (11700 ha) durch Eingemeindungen von neun Vororten 1969 und 1974 konnten, zuletzt 1988, Industrieflächen im S und E der Stadt bereitgestellt werden. Seit 1986 fördert die Stadt gezielt zukunftsorientierte Firmenansiedlungen aus dem High-Tech-Bereich. Nachdem zwischen 1970 und 1985 die Anzahl der Industriebetriebe um ein Drittel auf 28 gesunken war, siedelten sich seit 1985 26 neue Firmen mit zusammen rund 600 Arbeitsplätzen an (nach Auskunft der STADT NEUSTADT 1989). 1988 waren rund 45 meist kleinere und mittlere Unternehmen bis zu 100 Beschäftigte ansässig, darunter rund ein Drittel im Bereich Eisen- und Metallindustrie (nach Auskunft der IHK Pfalz 1989).

Weitere strukturelle Besonderheiten Neustadts sind die bei 34000 Beschäftigten nahezu ausgeglichene Berufspendlerbilanz (jeweils rd. 5500) und der überdurchschnittlich hohe Anteil Beschäftigter im tertiären Sektor (75.4 % des BIP). Die heutige Bedeutung der Stadt liegt in der Verwaltungsfunktion. Hier hat als größter Arbeitgeber die Bezirksregierung Rheinhessen-Pfalz ihren Sitz, weitere Behörden des Bundes- und Landesverwaltung sowie überregionale Berufs- und Interessenverbände. Als voll ausgestattetes Mittelzentrum ist Neustadt zentraler Ort für einen Mittelbereich von rund 110000 Einwohnern. Die »Perle der Pfalz« ist der bedeutendste Fremdenverkehrsort unter den pfälzischen Stadtkreisen (1988: 46790 Gäste; 165938 Übernachtungen). Grundpfeiler sind der hauptsächlich auf die Haardtrand-Stadtteile ausgerichtete Wein(fest)tourismus und die Naherholung im Pfälzerwald (Stadtwald 4900 ha).

Neustadt, die größte Siedlung am Haardtrand (1987: 50120 Ew), ist wegen seiner Gunstlage im Grenzbereich mehrerer Landschaftseinheiten von Nutzungskonflikten geprägt. Die landschaftsästhetisch, landschaftsökologisch und geländeklimatologisch umstrittene »Haardtrandbebauung« im Stadtgebiet hat gegenwärtig eine N-S-Erstreckung von 8 km erreicht. Siedlungsgunst (bevorzugte Wohnlage), Landwirtschaftsgunst (wertvollste Weinlagen) und attraktives Landschaftsbild (Naherholung, Fremdenverkehr) fallen hier räumlich zusammen. Nutzungskonflikte behinderten seit 1945 einerseits das Zusammenwachsen der Stadtteile, führten andererseits jedoch zur bandartigen Zersiedelung des Gebirgsrandes (Abb. 2). Zwar ließ der Flächennutzungsplan von 1979 die in der Wachstumseuphorie der 60er und 70er Jahre ausgewiesenen Erweiterungsflächen in den bewaldeten Hanglagen oberhalb von Haardt und Hambach weitgehend fallen, doch entstehen nach Aufsiedlung der Neubaugebiete in den nördlichen Haardtrand-Stadtteilen (Bevölkerungszunahme 1970-87: Haardt 51.1 %, Gimmeldingen 33.9 %, Königsbach 19.4 %) gegenwärtig weitere Wohngebiete im S und E der Stadt (Zunahme 1970-87: Lachen-Speyerdorf 12.8 %, Duttweiler 9.2 %, Hambach 6.0 %). Ursprünglich sollte durch Erschließung attraktiver Wohngebiete in den Hanglagen nördlich und südlich der Kernstadt die Funktion des Stadtzentrums gestärkt werden. Durch zunächst nur zögernde Erweiterungen in den östlichen Stadtteilen sollte einerseits die Herausbildung eines konkurrierenden Subzentrums im Bereich Winzingen/Branchweilerhof, andererseits die Wahrnehmung zentralörtlicher Funktionen benachbarter Zentren (Haßloch, Speyer, Ludwigshafen, Landau) durch die Bevölkerung der Stadtteile Lachen-Speyerdorf, Duttweiler und Geinsheim verhindert werden (nach Auskunft der STADT NEUSTADT 1989). Raumplanerische Vorgaben und gestiegenes Umweltbewußtsein ließen die Haardtrandbebauung in vollem Umfange nicht mehr zu. Die letzten Baugebiete werden gegenwärtig hier erschlossen. Zum Ausgleich wurden größere Wohnbauflächen auf dem Branchweilerhof, in Lachen-Speyerdorf und Geinsheim ausgewiesen. Die Dimension dieses Bewertungswandels wird auch darin deutlich, daß ehemals geplante Wohnbauflächen heute als Naturschutzgebiete ausgewiesen werden (Abb. 1).

# III. Exkursionsverlauf

## HP 1   Neustadt, Sonnenberg

Der Sonnenweg am Hang nördlich der Altstadt vermittelt einen guten natur- wie kulturräumlichen Überblick über Neustadt und seine nähere Umgebung. Von Westen reicht die durchgehend bewaldete Buntsandsteinplatte des Pfälzerwaldes in das Gebiet hinein. Östlich der Hauptrandverwerfung folgt die vom Weinbau dominierte, überwiegend tertiäre Vorhügelzone der »Weinstraße« (Randschollen-Mosaik), die bereits zum Oberrheingraben gehört. Auf die Vorhügelzone folgt nach Osten das Vorderpfälzer Tiefland, das im NE des Gebietes von der ackerbaulich genutzten Böhler Lößplatte, im Mittelabschnitt vom bewaldeten Speyerbach-Schwemmkegel und im S von der Schwegenheimer Lößplatte geprägt wird. Der Gebirgsrand im Bereich des Sonnenberges zeigt von Störungen begrenzte Schollen unterschiedlichen Alters (Tertiär, Muschelkalk, Buntsandstein) räumlich nebeneinander. Das tief eingeschnittene Tal des Speyerbachs hat westlich der Hauptrandverwerfung an beiden Talflanken die Tonschiefer und Sandsteine des unterkarbonischen Grundgebirges freigelegt. Darüber folgt die gesamte Schichtenfolge des Oberrotliegenden sowie des Unteren und Mittleren Buntsandsteins (Abb. 3). Der südexponierte Sonnenberg gehört mit 10-25° Hangneigung zu den steilsten Weinlagen der Pfalz und den wertvollsten Neustadts (Lage »Mönchgarten«). Zum Ausgleich

## Abb. 2: Die Siedlungsentwicklung im Raum Neustadt

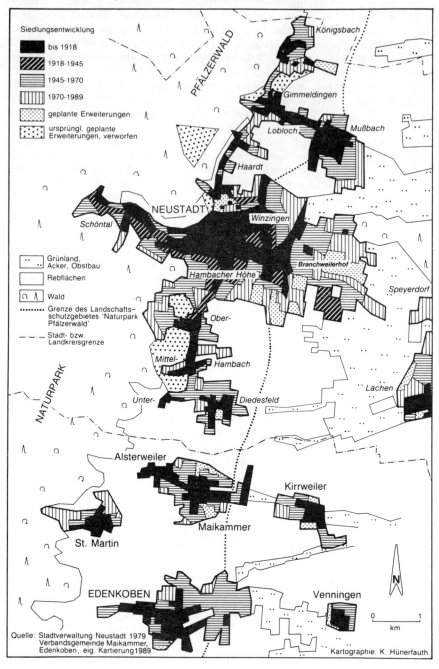

Siedlungsentwicklung

- ■ bis 1918
- ▨ 1918-1945
- ▤ 1945-1970
- ▥ 1970-1989
- ▦ geplante Erweiterungen
- ▦ ursprüngl. geplante Erweiterungen, verworfen

Grünland, Acker, Obstbau

Rebflächen

Wald

Grenze des Landschaftsschutzgebietes 'Naturpark Pfälzerwald'

Stadt- bzw. Landkreisgrenze

PFÄLZERWALD

NATURPARK

Königsbach
Gimmeldingen
Lobloch
Mußbach
Haardt
NEUSTADT
Winzingen
Schöntal
Branchweilerhof
Hambacher Höhe
Speyerdorf
Ober-
Mittel-
Hambach
Lachen
Unter-
Diedesfeld
Alsterweiler
Kirrweiler
Maikammer
St. Martin
EDENKOBEN
Venningen

0 ___ 1
km

N

Quelle: Stadtverwaltung Neustadt 1979
Verbandsgemeinde Maikammer,
Edenkoben, eig. Kartierung 1989

Kartographie: K. Hünerfauth

270

*Abb. 3:* **Geologische Karte Neustadt/W. und Umgebung (vereinfacht)**

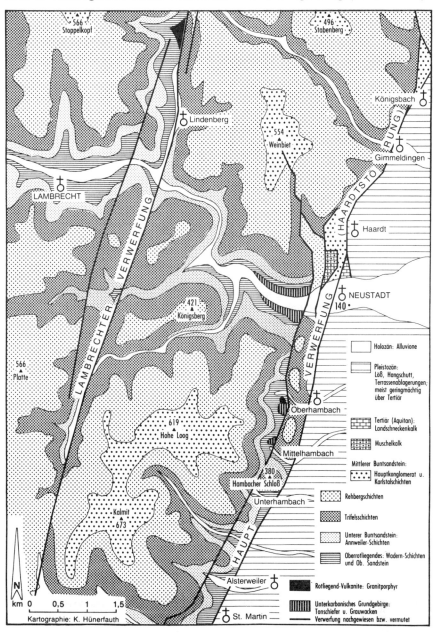

Legend:

- Holozän: Alluvione
- Pleistozän: Löß, Hangschutt, Terrassenablagerungen; meist geringmächtig über Tertiär
- Tertiär (Aquitan): Landschneckenkalk
- Muschelkalk
- Mittlerer Buntsandstein: Hauptkonglomerat u. Karlstalschichten
- Rehbergschichten
- Trifelsschichten
- Unterer Buntsandstein: Annweiler-Schichten
- Oberrotliegendes: Wadern-Schichten und Ob. Sandstein
- Rotliegend-Vulkanite: Granitporphyr
- Unterkarbonisches Grundgebirge: Tonschiefer u. Grauwacken
- Verwerfung nachgewiesen bzw. vermutet

Kartographie: K. Hünerfauth

*Quelle:* FECKER 1971, MAHLSTEDE 1975, SCHMIDT 1962, WINTERHAGEN 1977.

des Gefälles wurde der gesamte Hang besonders seit Beginn des 19. Jahrhunderts mittels Trockenmauern terrassiert. Bis zu 25 übereinandergestaffelte Mauerzüge schufen seinerzeit auf rund 100 m Höhendifferenz schmale, nur wenige Meter breite Schemel, die jedoch heute mangels maschinengerechter Wege nicht mehr rentabel bewirtschaftet werden können. Demzufolge teilt der Sonnenberg das Schicksal aller Steillagen am Haardtrand: Brache greift zunehmend um sich. Von den rund 44 ha Gesamtfläche liegt gegenwärtig über ein Drittel brach. Hierbei ist eine Zunahme des Brachflächenanteils von 21 % im E über 48 % im mittleren Abschnitt auf 76 % im W festzustellen. Der Brachflächenanteil korreliert mit Nutzungsart, Verkehrsanbindung und Lokalklima, teilweise auch mit der Besitzstruktur. Im E dominiert der Weinbau vor dem Obstbau. Hier sind noch größere Winzerbetriebe begütert, die Wegeanbindung ist relativ gut, eine private Zusammenlegung auf einer nur schwach geneigten Teilfläche durchgeführt. Im Mittelabschnitt steht bereits der Obstbau vor den Obst-Wein-Mischflächen und den reinen Wingerten. Hier treten vor allem Hobbywinzer und Freizeitgärtner als Besitzer auf. Im vom Speyerbachtal-Kaltluftstrom beeinflußten W-Teil überwiegt der Obstbau den Weinbau. Bis in die erste Hälfte dieses Jahrhunderts war der Weinbau am gesamten Hang die wichtigste Kultur. Erst später wurde sukzessive auf Obstbau umgestellt, im E als Zwerg- bzw. Spalierobst, im W als Streuobst (eigene Erhebung 1987/88). 1988 wurde ein Landschafts- und Pflegeplan für dieses ebenso ökologisch wertvolle wie landschaftsprägende Gebiet erstellt. Gleichzeitig beantragte die Stadt - bisher landesweit einmalig - die Durchführung eines rein landespflegerischen Flurbereinigungsverfahrens. Ferner ist ein Unterschutzstellungsverfahren als Teilgebiet des Naturschutzgebietes »Haardtrand« anhängig. Diese mit Landeszuschüssen verbundenen Maßnahmen sollen die gegenwärtige Verteilung von Brach- und Nutzflächen als Mosaik vielfältiger Biotope erhalten, einer weiteren Verbrachung vorbeugen, durch die Anlage von Fahrwegen die Bewirtschaftung wieder attraktiver machen und die fortschreitende Umwidmung landwirtschaftlicher und kleingärtnerischer Flächen in Freizeit- und Ziergärten mit ihren Folgeeinrichtungen (Garten- und Wochenendhäuser, Swimming-pools, Zeltplätze, Grillanlagen, standortuntypische Ziergehölze, etc.) verhindern.

Vom Sonnenberg aus ist der regelmäßige Grundriß des relativ kleinen, aber äußerst dicht bebauten Altstadtkerns nur schwer zu erkennen. Die spätmittelalterlichen Vorstädte im W der Altstadt zeigen eine unregelmäßige Straßenführung (Abb. 4). Die Lücken zwischen den Vorstädten wurden seit Mitte des 19. Jahrhunderts geschlossen. Der Rand der südlich gegenüberliegenden Vorhügelscholle wurde seit Ende des 19. Jahrhunderts mit Villen begüterter Bürger bebaut, während auf der N-Seite der Stadt in entsprechender Lage schloßartige Weingüter mit exotischen Parkanlagen inmitten ihrer Weinberge entstanden. Seit 1945 wurde das Plateau der südlichen Randscholle als reines Wohngebiet aufgesiedelt. Der Charakter des Villenviertels am »Klausenberg« wird gegenwärtig durch die Auffüllung der Baulücken nachhaltig verändert (Abb. 2).

HP 2   Neustadt, Altstadt

Neustadt wurde zu Beginn des 13. Jahrhunderts auf der Gemarkung der 774 erstmals erwähnten Muttersiedlung Winzingen als pfalzgräfliche Konkurrenzfestung zum reichsstädtischen Speyer gegründet und 1275 mit dem Speyerer Stadtrecht belehnt. Die Stadt blieb bis Ende des 18. Jahrhunderts kurpfälzisch und war als Oberamtsort zeitweise die wichtigste Stadt der linksrheinischen Kurpfalz. Die kleine, stark bewehrte Festung

## Abb. 4: Neustadt um 1835

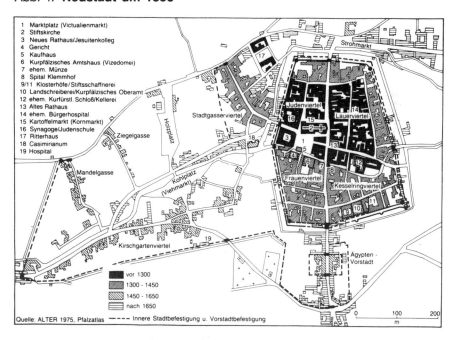

Abb. 4: Neustadt um 1835

1 Marktplatz (Victualienmarkt)
2 Stiftskirche
3 Neues Rathaus/Jesuitenkolleg
4 Gericht
5 Kaufhaus
6 Kurpfälzisches Amtshaus (Vizedomei)
7 ehem. Münze
8 Spital Klemmhof
9/11 Klosterhöfe/Stiftsschaffnerei
10 Landschreiberei/Kurpfälzisches Oberamt
12 ehem. Kurfürstl. Schloß/Kellerei
13 Altes Rathaus
14 ehem. Bürgerhospital
15 Kartoffelmarkt (Kornmarkt)
16 Synagoge/Judenschule
17 Ritterhaus
18 Casimirianum
19 Hospital

vor 1300
1300 - 1450
1450 - 1650
nach 1650

Quelle: ALTER 1975, Pfalzatlas    – – – – Innere Stadtbefestigung u. Vorstadtbefestigung

0    100    200 m

schützte zusammen mit der Wolfsburg und Burg Winzingen den Speyerbachtalausgang und die Kreuzung zweier wichtiger Straßen. Als Ausdruck der räumlichen Enge innerhalb des Mauergevierts entstanden seit dem Spätmittelalter im S und N mehrere Vorstädte, die mit eigenen Befestigungen bewehrt wurden. Die innere Stadt zeigt einen regelmäßigen Grundriß mit vier Stadtvierteln (Abb. 4). Im Schnittpunkt liegt der Marktplatz mit den zentralen Einrichtungen. Im N die Stiftskirche (13./15. Jh.), im W das Neue Rathaus/ehemaliges Jesuitenkolleg (18. Jh.), im S Gericht (16. Jh.), ehemaliges Kaufhaus, kurpfälzisches Amtshaus (18. Jh.) und ehemalige Münze sowie im E das Alte Rathaus (16. Jh.). Im SE der Altstadt lagen Kurfürstliches Stadtschloß (13. Jh.), Oberamtsverwaltung und mehrere Klosterhöfe. In die Blütezeit der Stadt fällt der Bau des Casimirianums westlich des Marktplatzes. Hier bestand um 1578 ein reformierter Ableger der Universität Heidelberg.

Die ersten Baumaßnahmen im Rahmen der *Altstadtsanierung* (vgl. Abb. 5, sowie Beitrag BEEGER in diesem Band) wurden 1969 in Angriff genommen. Die überwiegend dem 16.-18. Jahrhundert entstammende Bausubstanz, die von bescheidenem ackerbürgerlich-kleingewerblichem Wohlstand zeugt, verfiel im 20. Jahrhundert zunehmend. Nach 1945 folgte zudem ein sozioökonomischer Niedergang der Altstadt. Die kommunalen Sanierungsmaßnahmen konzentrierten sich zunächst auf die Flächensanierungsgebiete »Turmstraße« und »Klemmhof«, wo der Bauzustand besonders schlecht war und eine Substanzerhaltung wirtschaftlich nicht tragbar erschien. Im Zeitgeist der frühen 70er Jahre entstanden hier auf rund 15000 m² moderne Großbauten, die sich zu wesentlichen

273

## Abb. 5: Neustadt - Stand der Altstadtsanierung 1989

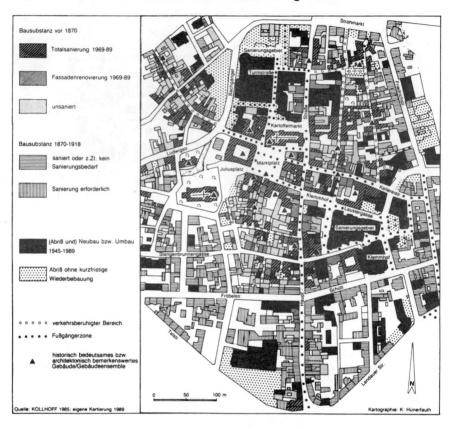

Teilen weder in Wahl der Baumaterialien, noch in Dimensionierung und äußerer Gestaltung in das umgebende historische Stadtbild einpassen. Zwischen 1969 und 1980 wurden von kommunaler Seite rund 81.5 Mio DM und von privater Seite 44.5 Mio DM investiert. Als Folge der Sanierungsmaßnahmen erhöhten sich zwischen 1970 und 1980 die Geschäftsflächen um 17.5 %, die Zahl der Arbeitsplätze um 23.8 % und die Einzelhandelsumsätze um 86 % (STADT NEUSTADT 1980). Durch die Aufwertung der Altstadt konnte eine weitere Verlagerung von Geschäfts- und Dienstleistungsfunktionen in den Bahnhofsbereich unterbunden werden. Die kommunale Flächensanierung hatte ferner einen regelrechten Boom privater Objektsanierungen zur Folge. Diese sind in der Hauptstraße und im Lauerviertel zu rund 80 % abgeschlossen, während im Frauen-, Stadtgasser- und Kirschgartenviertel die unsanierte Bausubstanz noch überwiegt. Neben der Innensanierung fanden diese Maßnahmen vor allem in der Freilegung verputzter Fachwerkfassaden sowie der Entkernung engbebauter Innenhöfe ihren Ausdruck. Allerdings täuschen Fassadenrenovierungen häufig über fehlende Innensanierung hinweg. Die Altstadtsanierung hatte einschneidende Differenzierungen in der Bevölkerungsstruktur zur Folge (KOLLHOFF 1986). So ist die Wohnbevölkerung der Altstadt von 1960-1985 durch selektive Abwanderung jüngerer und sozioökonomisch privilegierterer Bevölkerungsteile um rund 50 % zurückgegangen. Das entstandene Vakuum wurde durch Randgruppen aufgefüllt oder wirtschaftlicher Nutzung zugeführt. In der Phase der Flächensanierung wurde in erster Linie »ökonomisch orientierte Sanierung« betrieben. So hat etwa im Sanierungsgebiet »Turmstraße« die Wohnfunktion nur noch untergeordnete Bedeutung. Die Bevölkerungsdichte in den Flächensanierungsgebieten ging zwischen 1966 und 1985 z.T. auf ein Drittel (100-200 Ew/ha) zurück, während sie in den Objektsanierungsgebieten bei 200-350 Ew/ha liegt. Ausländische und sozial schwache Bevölkerung konzentriert sich im Lauer- und Frauenviertel. Während der ersten Sanierungsphase wichen diese Bevölkerungsschichten aus ihren angestammten Quartieren zunächst in die Viertel mit noch vorhandenem preiswertem, weil überaltertem Wohnungsbestand aus. Die Objektsanierungen hatten besonders im Lauerviertel einen Zuzug begüterter jüngerer Bevölkerung mit hohem Bildungsstand zur Folge, so daß hier Oberschicht und Unterschicht räumlich eng nebeneinander wohnen.

## HP 3   Neustadt, Winzingen

Zwischen der Altstadt und dem Ortskern der bis 1892 selbständigen Gemeinde Winzingen hat sich seit der Gründerzeit die Vorstadt-Ost als Wohn-Gewerbe-Mischgebiet entwickelt. Seit dem Aufstieg zur Bezirkshauptstadt nach 1945 konzentrieren sich hier Behörden und sonstige öffentliche Einrichtungen. Der Ortskern Winzingens um die Kirche St. Ulrich (13./18. Jh.) ist nach Kriegszerstörungen und fortschreitendem Abriß der alten, kleinparzellierten Bausubstanz bereits stark überformt, durch inhomogene Bebauung geprägt und in seiner historischen Ausdehnung nur noch schwer erkennbar.

## HP4   Neustadt, Branchweilerhof

Die Martin Luther-Straße entstand nach 1945 als N-S-Tangente im Zuge der Stadtdurchfahrt B 38. Östlich davon existierten seit Jahrhunderten an den für den Triftbetrieb ausgebauten Bachläufen des Speyer- und Rehbachs Papier- und Getreidemühlen. Um die Jahrhundertwende entstand besonders östlich der Bahnlinie ein gewerblich geprägtes Gebiet mit Betrieben der Maschinenbau- sowie Eisen- und Metallindustrie. In den letzten 20 Jahren gab ein Großteil der Unternehmen auf. Die Betriebsgelände und -gebäude wurden anderen Nutzungen zugeführt oder stehen noch leer. Nach 1945 wurden auf den Freiflächen zwischen den Industriebetrieben großflächige Wohnsiedlungen, z.T. im sozialen Wohnungsbau, erschlossen. Am Image des Branchweilerhofgebietes als Wohnviertel sozial schwächerer Schichten hat sich bis in die Gegenwart nichts geändert, obwohl an der östlichen Peripherie seit einigen Jahren gehobene Neubausiedlungen entstehen. Ebenfalls in die jüngere Zeit fallen Aussiedlungen innerstädtischer Gewerbebetriebe, Ansiedlungen von Einkaufszentren sowie Behördenneubauten. Der eigentliche Branchweilerhof ist bereits völlig von jüngerer Bebauung eingeschlossen. Die fränkische Siedlung des 7. Jahrhunderts wurde 1275 in ein Spital umgewandelt und 1615 Mennoniten in Erbpacht gegeben. 1838 erwarb die Mennonitengemeinde den Hof zu Eigentum. Die rechteckig-geschlossene Anlage ist im Flächennutzungsplan von 1979 als Sanierungsgebiet ausgewiesen, substanzerhaltende Maßnahmen sind jedoch noch nicht erfolgt.

## HP 5   Neustadt-Mußbach

Von besonderer agrarhistorischer Bedeutung ist der Mußbacher »Herrenhof«, das älteste Weingut der Pfalz. Im 7. Jahrhundert Teil eines merowingischen Großgrundbesitzes, gelangte es 774 in Besitz des Klosters Weißenburg. Seit 1311 wurde das Gut durch Arrondierungsmaßnahmen des Johanniterordens auf rund 500 ha ausgedehnt. Der Herrenhof ist heute als Staatsweingut »Johanniterhof« der Landes-Lehr- und Forschungsanstalt für Wein- und Gartenbau angegliedert. Von den Baulichkeiten des ehemals ummauerten Gutes sind ein Treppenturm (1589), die Schaffnerei (1756) und die Johanniterkirche St. Johannes (14. Jh.) erhalten. Mußbach selbst (1987: 3425 Ew) hat sich aus anfänglich 45 Hufen der Frondienstleistenden entwickelt.

## HP 6   Neustadt-Nord

Königsbach (1987: 1237 Ew), Gimmeldingen (2512 Ew) und Haardt (2633 Ew) sind die traditionellen Fremdenverkehrs-Stadtteile Neustadts. Die bekannten, ehemals überwiegend mit Riesling bestockten Qualitätsweinlagen der Mittelhaardt förderten bereits relativ früh einen bescheidenen Tourismus. Heute führen alle drei Dörfer das Prädikat »Erholungsort«. Besonders Haardt und Gimmeldingen zeichnen sich durch ein gepflegtes Ortsbild und eine hochstehende Gastronomie aus. In beiden Orten findet sich als Zeichen frühen Wohlstandes eine Reihe schloßartiger Weingüter mit exotischen Parkanlagen, wie sie der Mittelhaardter Weinadel im 19. Jahrhundert hervorbrachte. Neben dem Wein war früher die Mandel von wirtschaftlicher Bedeutung. Im Mittelalter galt der Haardtrand als Hauptanbaugebiet Deutschlands. Während die Mandelbäume früher mit anderen Obstbäumen verstreut in den Weinbergen standen, werden sie heute aus touristischen Gründen entlang von Straßen gepflanzt. Bis zum Zweiten Weltkrieg besaßen die drei Dörfer eine ansehnliche, auf dem hier in typischer Weise ausgebleichten »Haardtsandstein« basierenden Steinbruchindustrie. In Haardt hat sich einer der beiden letzten Buntsandsteinbrüche des Haardtrandes erhalten. Nach der Eingemeindung 1969 entstanden hier gehobene Wohngebiete in z.T. landschaftlich exponierter Lage (Abb. 2). Die drei Dörfer weisen in den letzten 20 Jahren die höchste Bevölkerungszunahme aller Stadtteile auf.

## Die nördliche Oberhaardt

## HP 7   Neustadt-Hambach

Entlang der alten »Oberlandbahn« Neustadt-Landau hat sich zwischen Stadt und Dorf um 1900 eine lockere Bebauung entwickelt. Seit den 30er Jahren, verstärkt in den 50er und 60er Jahren, füllten sich die bis dato weinbaulich genutzten Flächen zwischen den Siedlungsansätzen zum Wohngebiet »Hambacher Höhe« auf. Gegenwärtig schließen gehobenere Neubaugebiete in den Weinlagen »Kaiserstuhl« und »Erkenbrecht« die verbliebenen Lücken. Damit ist hier bis auf die steilsten Bereiche die gesamte Hanglage unterhalb der Feld-Wald-Grenze besiedelt (Abb. 2). Die ehemals überwiegend weinbaulich genutzten Steillagen im Bereich Hambach weisen heute durchschnittlich 50 %

Brachanteil auf. Das traditionelle Nutzungsprofil Wingert-Obstbau-Kastanienniederwald ist zunehmend in Auflösung begriffen. Auf den noch genutzten Flächen ist zumeist eine Extensivierung über Zwerg- und Streuobstgärten, Pferde- und Kleintierkoppeln bis hin zur reinen Freizeitnutzung und privaten Aufforstung festzustellen. Um Verbrachung und Verwaldung aufzuhalten und die Flächen wieder für den Weinbau wirtschaftlich nutzbar zu machen, sollen hier zwischen 1991 und 1994 Flurbereinigungsverfahren durchgeführt werden (Abb. 1). Für einen Teil der verbliebenen, siedlungsfreien Steillagen läuft gegenwärtig ein Verfahren zur Ausweisung als Schutzgebiet im Rahmen des Naturschutzgebietes »Haardtrand« (nach Auskunft der BEZIERKSREGIERUNG RHEIN-HESSEN-PFALZ 1988).

Hambach (1987: 4633 Ew) besteht aus drei weit voneinander entfernten Ortskernen, die sich als Straßendörfer in kleinen, W-E-verlaufenden Tälchen entwickelten und bis heute jeweils nur durch einen bebauten Straßenzug verbunden sind. Interessant ist dabei die Funktionstrennung der Ortsteile: In Oberhambach steht die Kirche, in Mittelhambach das Rathaus und in Unterhambach befand sich ehemals die Bischöfliche Forstverwaltung. Obwohl das Dorf heute weitgehend durch Neubaugebiete geprägt wird, haben sich die Ortskerne als typische Weindörfer erhalten. Dennoch hat das Ortsbild durch den ausdruckslosen Um- und Neubau ehemaliger Winzerhäuser stellenweise empfindlich gelitten.

## HP 8  Neustadt, Hambacher Schloß

Die Zufahrt zum Hambacher Schloß führt durch ausgedehnte Neubaugebiete der 60er bis 80er Jahre und die Kastanienwälder des historischen »Schloßhaags«. Von hier reicht bei klarer Sicht der Blick bis Worms und zum Odenwald im N, über die gesamte Vorderpfalz bis zum mittleren Schwarzwald und Unterelsaß im S. Der Schloßberg gehört zu einer Kette staffelartig abgesunkener Schollen zwischen der inneren und äußeren Randverwerfung des Oberrheingrabens gegen den Pfälzerwald. Die Randschollen sind der eigentlichen Buntsandsteinmauer des Pfälzerwaldes mit einer Sprunghöhe von 50-100 m vorgelagert. Sie sind in südlicher Richtung entsprechend der geologischen Aufwölbung des Gebirges stärker herausgehoben, so daß nach S hin im selben Niveau zunehmend ältere Folgen von Oberrotliegendem, Unterem und Mittlerem Buntsandstein anstehen. Südlich St. Martin ist zwischen dieser Randscholle und dem Oberrheingraben ein weiterer Span eingeschlossen. Die Randscholle sank nördlich des Schlosses so weit ab, daß zwischen ihr und dem eigentlichen Steilanstieg sogar das unterkarbonische Grundgebirge mit auflagernden Wadern-Fanglomeraten und Oberen Sandsteinen des Oberrotliegenden freigelegt wurde (Naturdenkmal »Schieferkopf«). Ebenfalls ins Rotliegende datiert ein kleiner Vulkanschlot aus Granitporphyr in unmittelbarer Nähe (Abb. 3).

Die ältesten Siedlungsfunde vom Schloßberg datieren in die Eiszeit. Die Existenz keltisch-germanischer bzw. römischer Siedlungen bzw. Kultstätten ist umstritten. Reste einer spätkarolingischen Fliehburg aus der Zeit um 880/920 sind noch sichtbar. Um 1000 wurde innerhalb der karolingischen Anlage eine salische Reichsfeste errichtet, die seit ca. 1100 im Besitz des Hochstifts Speyer war. Der Hauptausbau als staufische Anlage erfolgte im 13./14. Jahrhundert. Bis Mitte des 15. Jahrhunderts war die Kestenburg die Hauptfestung des Hochstifts Speyer und bevorzugter Aufenthaltsort der Bischöfe. Mit dem Bau der bischöflichen Wasserburg Marientraut bei Hanhofen und dem Aufstieg der kurpfälzischen Festung Neustadt in unmittelbarer Nachbarschaft verlor sie an Bedeutung. Die Burg wurde im Pfälzischen Erbfolgekrieg (1688) endgültig zerstört. Am 27. Mai 1832 fand auf dem Schloß die erste politische Volksversammlung der neueren deutschen Geschichte statt, als sich 20000-30000 Personen aus Deutschland und dem angrenzenden Ausland versammelten und erstmals in der deutschen Geschichte die Forderung nach demokratischen Grundrechten erhoben. Seitdem gelten »Hambacher Fest« und Hambacher Schloß als »Wiege der deutschen Demokratie«. Der unter Kronprinz Max 1845/46 geplante Ausbau zu einem bayerischen Königschloß im neugotisch-venezianischen Stil wurde bereits nach wenigen Jahren eingestellt, so daß das Schloß heute als Doppelruine des 9.-16. bzw. 19. Jahrhunderts erscheint.

Das Hambacher Schloß ist seit dem Ausbau zum Museum 1982 die meistbesuchte Burgruine der Pfalz und ein Ausflugszentrum von überregionaler Bedeutung. Der an Sonn- und Feiertagen hoffnungslos überfüllte Parkplatz unterhalb des Schlosses dokumentiert den Zielkonflikt zwischen Fremdenverkehrs- und Landschaftsschutzgebiet. Als größtes geschlossenes Waldgebiet und ausgedehntester Naturpark Südwestdeutschlands ist der Pfälzerwald, besonders im Bereich Neustadt, Ziel eines starken Naherholungstourismus aus den Verdichtungsräumen Rhein-Neckar und Karlsruhe. Allein im näheren Exkursionsgebiet verbindet ein dichtes Wanderwegenetz rund 10 Unterkunftshäuser des Pfälzerwaldvereins und der Naturfreunde. Teilbereiche des Naherholungsgebietes Pfälzerwald haben bereits die Grenze ihrer Kapazität überschritten, weswegen seitens der Naturparkverwaltung Überlegungen im Gange sind, lokal Wanderwege und Parkplätze »rückzubauen«.

Der Pfälzerwald, namentlich sein Ostrand, ist forstgeschichtlich interessant. Im frühen Mittelalter wurden die fränkischen Königswälder im Elsaß und in der Pfalz in selbstverwaltete Genossenschaftswaldungen, sog. *Geraiden*, aufgeteilt, an denen jeweils bis zu 20 Gemeinden uneingeschränkte Nutzungsrechte besaßen. Die hohe Tragfähigkeit des Weinbaus, die damit einhergehende traditionell hohe Bevölkerungsdichte, der Mangel an Dauergrünland und strohliefernden Getreideäckern, die dominierende Fachwerkbauweise sowie die häufige Kriegszerstörung der Gemeinden führten im 17. und 18. Jahrhundert zu einer Übernutzung der Geraidewaldungen. Ausgangs des 18. Jahrhunderts war der Ostrand des Pfälzerwaldes weitgehend abgeholzt, die freiliegenden Böden devastiert. Die verbleibenden Waldreste brachten nur noch einen Bruchteil des möglichen Ertrags. Als sich mit der napoleonischen und der nachfolgenden bayerischen Herrschaft erstmals eine planmäßige Forstwirtschaft etablierte, erschien lediglich die Anlage anspruchsloser Kiefernmonokulturen noch betriebswirtschaftlich sinnvoll. Die natürlichen Waldgesellschaften wurden durch künstliche ersetzt. Als potentielle natürliche Vegetation ist auf den mäßig feuchten bis trockenen Buntsandsteinböden des östlichen Pfälzerwaldes ein thermophiler Traubeneichenwald anzunehmen. Auf den feuchteren Standorten der Nord- und Osthänge stockte ein extrem artenarmer, azidophiler Hainsimsen-Buchenwald, an den lehmigeren Unterhängen ein Eichen-Hainbuchenwald. Lokal treten auf Kalk oder Löß Relikte eines Orchideen-Buchenwaldes auf. Diese Waldgesellschaften sind heute überwiegend durch artenarme Kiefernforste ersetzt. In tieferen Lagen bis rund 400 m über NN tritt die durch den Weinbau geförderte Edelkastanie an die Stelle der Traubeneichenwälder. Zur Gewinnung von Weinbergspfählen wurden die Kastanien in den Gemeinde- und bäuerlichen Privatwäldern teilweise bis zum Zweiten Weltkrieg im Niederwaldbetrieb bewirtschaftet, so daß die heute als Hochwald erscheinenden Waldungen im Grunde aus nicht mehr genutzten Stockausschlägen bestehen. Die durch geringe Niederschläge, hohe Permeabilität der Böden und hohe Sonnenscheindauer geprägten Extremstandorte auf den südexponierten »Sommerseiten« sind heute überwiegend mit einem Kiefernkrüppelwald bestockt. Die teilweise ungünstigen Wuchsbedingungen tragen wohl auch maßgeblich zum schlechten Abschneiden des Wuchsgebietes Pfälzerwald bei der Waldschadenskartierung bei. Hier werden die Spitzenwerte des Landes mit Schadensanteilen von 61 % (1984) bzw. 67 % (1988) erreicht. Reste naturnaher Waldbestände finden sich noch vor allem nördlich von Neustadt auf Steilhängen und Felsstandorten. Durch Brachfallen der Steillagen, Verbuschung sowie Begradigung und Verkürzung der Waldränder infolge Flurbereinigungsmaßnahmen sind auch die für den Haardtrand typischen, wärmeliebenden Blutstorchschnabel-Saumgesellschaften selten geworden. Heute besitzt ein Großteil der Wälder am Haardtrand keine forstwirtschaftliche Bedeutung mehr. Sie sind als Schutz- und Erholungswälder ausgewiesen.

## HP 9   Maikammer-Alsterweiler

Auf der Weinstraße erreichen wir über den Wein- und Wohnvorort Diedesfeld (1987: 1976 Ew) die Marktgemeinde Maikammer (1988: 3656 Ew). Herrschaftliche Weingüter aus der Gründerzeit dokumentieren die frühere Bedeutung des Weinhandels. In jüngster Zeit wurde der Ortskern im Rahmen der Dorferneuerung vorbildlich gestaltet. Die geschlossene Bauweise mit massiven Häusern, darunter einige stattliche Renaissancebauten, verleihen dem Dorf stadtähnliches Gepräge, wie es für viele Orte der Weinstraße typisch ist. Der Ort ist mit einer Rebfläche von rund 900 ha (einschließlich Ausmärker) eine der bedeutendsten deutschen Weinbaugemeinden (vgl. auch Beitrag GEIGER in diesem Band). Der Kern des Ortsteils Alsterweiler wurde 1984 im Rahmen des Flurbereinigungsverfahrens Maikammer I neu gestaltet. Das Verfahren II (1986/87) nordwestlich des Ortes gilt als Modell für eine landschaftsgerechte Bereinigung (Abb. 6). Die agrarstrukturellen Mängel (schlechte, auserodierte, z.T. nicht vorhandene Wegeanbindung, geringe Grundstücksgrößen, ungünstige Parzellenform, zu kurze Rebzeilen, Überschwemmungs- und Staunässegefahr) wurden dabei behoben, der zersplitterte Grundbesitz zusammengelegt, die Landespflegeflächen mehr als verdoppelt. Nach der Flurbereinigung verringerte sich der Arbeitsaufwand in Flachlagen um durchschnittlich 20 % (300 h/ha), in Steillagen um rund 50 % (1700 h/ha). Die Steillage am Wetterkreuzberg (Maikammer III) wird 1989 bereinigt (nach Auskunft des KULTURAMTES NEUSTADT 1987). Seit dem umstrittenen Verfahren Deidesheim-Forst VI (1985) ist in der pfälzischen Weinbergsflurbereinigung, namentlich bei den ökologisch und landschaftsästhetisch äußerst sensiblen Steillagen, eine deutliche Trendwende hin zur landschaftspflegerisch vertretbaren Umlegung zu beobachten. Die Vorstellungen der Beteiligten gehen dabei jedoch nach wie vor weit auseinander. Während die Winzer die rein betriebswirtschaftlich orientierte Umlegung mit befestigter Anbindung optimal dimensionierter Parzellen anstreben, kämpfen Naturschützer um den Erhalt nahezu jedes brachliegenden Weinbergs. Der Kompromiß bringt den Winzern durchschnittlich 8-10 % Landabzug für Wegebau und Landespflegeflächen. Von Seiten des Naturschutzes wird der häufige Ersatz landschaftstypischer Trockenbiotope (Trockenmauern, Lößhohlwege, Böschungen) durch landschaftsuntypische Feuchtbiotope bemängelt. Mögliche Folgen einer »Uniformierung der Landschaf« werden zunehmend auch von den Planungsbehörden und beteiligten Gemeinden erkannt. Teilbereiche terrassierter Steilla-

## Abb. 6: Weinbergsflurbereinigung Maikammer II

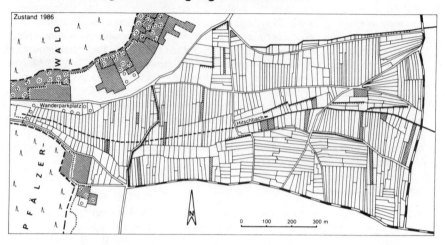

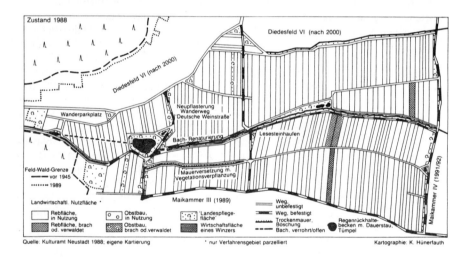

Quelle: Kulturamt Neustadt 1988; eigene Kartierung      * nur Verfahrensgebiet parzelliert      Kartographie: K. Hünerfauth

gen sollen als »kulturlandschaftliche Museen« durch Verpachtung in Form von »Weinbergspatenschaften« erhalten werden. Weinbergsbrachen werden zunehmend als Sukzessionsflächen im Rahmen von Biotopvernetzungssystemen ausgewiesen.

## HP 10   St. Martin

St. Martin (1988: 1809 Ew) entstand als fränkische Siedlung des 7./8. Jahrhunderts um eine Martinskirche. Die Bausubstanz des zum Hochstift Speyer gehörenden Ortes kam in den Kriegen des 17. und 18. Jahrhunderts vergleichsweise glimpflich davon, so daß sich hier besser als anderswo das Straßenbild eines typischen Weindorfes mit Rundbögen, Fachwerkhäusern und Renaissance-Adelshöfen erhalten hat. Doch hinter den herausgeputzten Fassaden verbarg sich nicht selten marode Bausubstanz, weswegen der Ortskern im April 1989 zum Sanierungsgebiet erklärt wurde (vgl. auch Beitrag GEIGER in diesem Band). Das mehrfach preisgekrönte Ortsbild und die waldnahe Lage führten nach 1970, flankiert durch die touristische Vermarktung des umbenannten Landkreises »Südliche Weinstraße«, zu einem starken Anstieg des Tourismus. St. Martin gilt neben dem Staatsbad Bergzabern inzwischen als der bedeutendste Fremdenverkehrsort der Oberhaardt. Wie die anderen Orte der Verbandsgemeinde, so weist auch St. Martin seit Beginn der 70er Jahre einen stetigen Anstieg der Gäste- und Übernachtungszahlen auf. Seit 1974 haben sich die Übernachtungszahlen mehr als verzehnfacht. Besonders hoch ist die Zuwachsrate 1988. Die Verweildauer sank jedoch von durchschnittlich 5 Tagen (1974) auf 2,5 Tage (1988) (Vgl. Tab. 2). Dies verdeutlicht bei insgesamt steigender Attraktivität als Fremdenverkehrszentrum den Trend zum Kurzurlaub. Dabei muß jedoch der Tagungstourismus im »Jugendhaus am Weinberg« berücksichtigt werden.

*Tab. 2:* Gäste und Übernachtungen in der Verbandsgemeinde Maikammer

| Gemeinde | | 1974 | 1982 | 1984 | 1985 | 1986 | 1987 | 1988 |
|----------|---|------|------|------|------|------|------|------|
| Maikammer | G | 2530 | - | 14582 | 22167 | 22909 | 24402 | 25533 |
| | Ü | 13202 | - | 36748 | 60014 | 60385 | 65420 | 70389 |
| | V | 5.2 | - | 2.5 | 2.7 | 2.6 | 2.7 | 2.8 |
| St. Martin | G | 3076 | 17527 | 18996 | 18256 | 19433 | 21463 | 33799 |
| | Ü | 15527 | 60559 | 69609 | 68448 | 70821 | 72649 | 85088 |
| | V | 5.0 | 3.5 | 3.7 | 3.7 | 3.6 | 3.4 | 2.5 |
| Kirrweiler | G | - | - | 1266 | 1477 | 1617 | 1717 | 1911 |
| | Ü | - | - | 3790 | 4046 | 4427 | 5210 | 5572 |
| | V | - | - | 3.0 | 2.7 | 2.7 | 3.0 | 2.9 |

G = Anzahl der Gäste, Ü = Anzahl der Übernachtungen, V = durchschnittliche Verweildauer in Tagen.
*Quelle:* Angaben der VERBANDSGEMEINDE MAIKAMMER 1989

In die 70er Jahre fällt die Schaffung eines »Haus des Gastes« sowie des »Kurparks« mit Freizeiteinrichtungen am westlichen Ortsrand. Parallel dazu entstand im St. Martiner Tal der Sandwiesenweier mit Freizeitsport- und Grillanlage sowie einem Rasthaus des Pfälzerwaldvereins. Ob die im Flächennutzungsplan von 1978/79 hier vorgesehene Hotel- und Ferienhausanlage aus wirtschaftlichen und landespflegerischen Gründen noch durchführbar ist, erscheint zweifelhaft. Das starke Fremdenverkehrsaufkommen erfordert gegenwärtig die sonntägliche Sperrung des engen Ortskerns für den KFZ-Verkehr, die Verlegung der Durchgangsstraße an den östlichen Ortsrand sowie den Bau großflächiger Bus- und PKW-Parkplätze außerhalb des Dorfes.

## HP 11   Kirrweiler

Der Marktflecken Kirrweiler (1988: 1628 Ew) ist ein typisches Beispiel für den Bedeu-
tungsverlust eines ehemals territorialherrschaftlichen Hauptortes hin zur zentralörtlichen wie wirtschaftlichen Bedeutungslosigkeit der Gegenwart. Die fränkische Siedlung
des 8./9. Jahrhunderts war, obgleich nie mit Stadtrechten belehnt, seit dem 15. Jahrhundert Festung und Oberamtsort der linksrheinischen Besitzungen des Hochstifts Speyer.
Nach der Zerstörung Speyers im Pfälzischen Erbfolgekrieg waren Flecken und Wasser-
schloß Sitz des bischöflichen Statthalters. Den Niedergang leiteten die Franzosen ein,
als sie das Schloß zerstörten und 1803 Gerichts- und Kantonsverwaltung nach Edenkoben verlegten. Geblieben ist die Bedeutung des Weinbaus (Tab. 1).

### Abb. 7: Kirrweiler um 1800

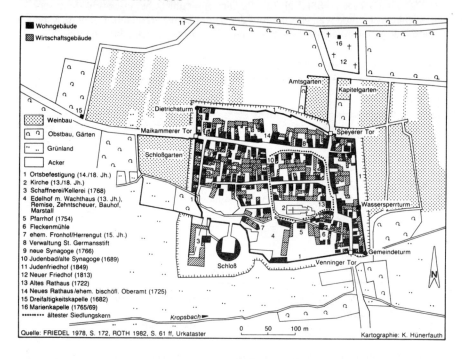

Quelle: FRIEDEL 1978, S. 172, ROTH 1982, S. 61 ff, Urkataster

Kartographie: K. Hünerfauth

Neben der beherrschenden Bedeutung der katholischen Kirche existierte in Kirrweiler
mindestens seit 1635 eine ansehnliche Judengemeinde. Ein vergleichsweise wohlha-
bendes Händlertum ließ die Gemeinde im 17./18. Jahrhundert schnell anwachsen. Die
bayerische Zollpolitik zwischen 1816 und 1851 führte jedoch zur Verarmung der Juden. Erst die völlige bürgerliche Gleichstellung und Gewerbefreiheit besserte ab 1851
ihre materielle Lage. Dennoch wanderte ein großer Teil der Juden in die Städte und in
die USA ab. Die Bevölkerung ging von 1526 Einwohner (1851), darunter 103 Juden,
auf 1240 Einwohner (29 Juden) im Jahre 1907 zurück. Das Judenbad war von 1689 bis
Mitte des 19. Jahrhunderts in Gebrauch. Seit 1766 ist eine Synagoge, zwischen 1844

und 1875 eine jüdische Schule nachgewiesen.

Der 1987 erstellte Dorfentwicklungsplan konstatierte die sozio-ökonomische wie bauliche Auflösung des traditionellen Dorfgefüges. Die bauliche Enge führte einerseits zur verstärkten Aufgabe von Wohn- und Wirtschaftsgebäuden, andererseits durch massive Umbaumaßnahmen zur Zerstörung der historischen Bausubstanz. Die Neubaugebiete der 50er bis 80er Jahre zeichnen sich durch großen Flächenverbrauch und das Fehlen orts- und landschaftstypischer Bauformen aus, ihre weitere Ausdehnung in die Kropsbach-Niederung soll verhindert werden. Die Zersiedelungserscheinungen am südlichen und nordwestlichen Ortsrand sollen durch »Arrondierung« der Baugebiete und bessere Eingliederung in die Landschaft gemindert werden. Dies gilt auch für die wirtschaftlich notwendige Aussiedlung von Winzerbetrieben aus dem Ortskern an die Peripherie. Die Ausführung des Dorfentwicklungsplans ist auch in Hinblick auf den angestrebten Ausbau des bislang unterentwickelten Fremdenverkehrs von grundlegender Bedeutung.

## Das Gäu

Als »Gäu« wurde früher der zum alten fränkischen Speyergau gehörende Teil der Vorderpfalz zwischen Isenach im N und Hagenauer Forst im S bezeichnet. Heute hat sich der Begriff auf den Raum zwischen Speyerbach und Queich reduziert. Das Gäu besitzt stellenweise noch den Charakter einer Parklandschaft mit reliefbedingtem Wechsel von baumbestandenem Grünland (Bachniederungen), Ackerflächen (Getreide, Zuckerrüben, Hackfrüchte, früher Sonderkulturen) und Weinfeldern (Riedel).

### HP 12 Gommersheim

Gommersheim (1988: 1 220 Ew) ist ein typisches Gäudorf. Die fränkische Straßendorfanlage des 8. Jahrhunderts besitzt ein gut erhaltenes Ortsbild mit einigen stattlichen Tabakbauernhäusern. Das Dorf war bis zum Zweiten Weltkrieg Hauptort des pfälzischen Pfefferminzanbaugebietes, dem neben Thüringen einzigen in Deutschland. 1845 wurde die Heilpflanze im Gäu eingeführt. In den Bachniederungen mit ihren lockeren, aber gut durchfeuchteten Sandböden fand die Minze ideale Bedingungen. Die arbeitskraftintensive aber ertragreiche Kultur brachte zwei Ernten im Jahr hervor. Als Tee wurde die Minze ins In- und Ausland verkauft. Um 1925/30 ging der Pfefferminzanbau zugunsten der Tabakkultur zurück. Heute spielt die Minze als Handelspflanze keine Rolle mehr. Auch das »Gäu-« oder »Pfefferminzbähnel« existiert nicht mehr. Diese Schmalspurbahn, die seit 1905/1908 die Gäugemeinden mit Neustadt und Speyer verband, wurde 1956 stillgelegt.

### HP 13 Neustadt-Geinsheim, Naturschutzgebiet »Lochbusch«

Der Lochbusch östlich Geinsheims ist ein vergleichsweise naturnaher Bereich, der sich von Neustadt nach Speyer ziehenden Speyerbach-Niederung. Während sich auf den höheren Terrassenniveaus des mit pleistozänen Flugsanddünen bedeckten Schwemmfächers Stieleichen-Hainbuchen-Eschen-Wälder mit 30 % Kiefernanteil ausgebildet haben, wird die eigentliche Bachniederung von einem Mosaik aus Erlen-Bruchwäldern und feuchten bis wechselfeuchten Wiesen geprägt. Die Wiesen werden mehr oder weniger extensiv genutzt und sind daher im allgemeinen noch wenig überdüngt. Kleinräumiger Wechsel winters überschwemmter bzw. staunässebeeinflußter und sommers ausgetrockneter Standorte lassen den Lochbusch zum floristisch wie faunistisch artenreichsten Gebiet der weiteren Umgebung mit überregionaler biogeographischer Bedeutung werden. Seit der Ausweisung zum Naturschutzgebiet »Lochbusch-Königswiesen« 1983 sind Entwässerungsmaßnahmen, Düngung und Grünlandumbruch genehmigungspflichtig. Neben dem Nutzungskonflikt Landswirtschaft-Naturschutz bestehen weitere mit dem Holiday-Park jenseits des Speyerbachs und besonders mit dem im W angrenzenden Golfplatz. Bei beiden Einrichtungen ist mittelfristig mit Ausdehnungsbestrebungen zu rechnen. Die Biotope auf den ehemaligen Mähwiesen können heute nur durch einen hohen, vom Land bezuschußten Pflegeaufwand stabilisiert werden. Ziel bleibt dabei die weitere Extensivierung von Grünland und die Ausweisung ergänzender Landschafts- und Naturschutzgebiete im S und W (STADT NEUSTADT 1986).

## HP 14   Neustadt-Geinsheim

Das früher ausschließlich landwirtschaftlich geprägte Gäudorf wandelte sich nach 1872 mehr und mehr zur Arbeiterbauerngemeinde. Ein Großteil der Bevölkerung fand in der aufstrebenden BASF Arbeit. Nach dem Zweiten Weltkrieg manifestierte sich der sozioökonomische Wandel auch im Ortsbild. Besonders entlang der Hauptstraße (B 39) wurde die geschlossene Front der Fachwerkhöfe bis in die Gegenwart immer mehr durch ausdruckslose, zweistöckige Wohnhäuser ersetzt. Zwischen 1970 und 1987 nahm die Bevölkerung Geinsheims trotz Ausweisung von Neubaugebieten von 1967 auf 1741 Einwohner ab. Dies ist unter allen Stadtteilen der mit 11.6 % stärkste Bevölkerungsschwund. Ursache mag die periphere Lage, jeweils 12 km von Neustadt und Speyer entfernt, sein. Einen deutlichen Wandel in den letzten Jahrzehnten verzeichnet auch die Landwirtschaft. Mit dem Rückgang der Acker- und Grünlandflächen ging die Zunahme der Waldfläche infolge Aufforstung einher. Die Rebfläche, früher auf die höchsten Riedelpartien des lößbedeckten Trappenberges westlich des Ortes beschränkt, hat sich zwischen 1941 (39 ha) und 1987 (100 ha) nahezu verdreifacht. Die Ausweitung der Wingerte in die vorher als Acker- oder Grünland genutzten, frostgefährdeten Niederungsgebiete ist betriebswirtschaftlich zweifelhaft, da eine zwischen 125 und 140 m liegende Hauptfrostgrenze hier dem Weinbau eine klimatische Untergrenze setzt. Der früher bedeutende Tabakanbau (1941: 60.5 ha) ging auf 19 ha (1987), bei acht Vollerwerbsbetrieben, zurück. Die Kultur von Gemüse, Farbstoff- und Textilfaserpflanzen hat seit 1945 keine Bedeutung mehr.

### Das Neustadter Tal

## HP 15   Neustadt, Schöntal

Das Gebiet der westlichen Vorstädte und des Schöntals war bereits im Mittelalter gewerblich geprägt. Neben mehreren Mühlen lag hier mit dem Holzplatz einer der Holzumschlagplätze der Stadt. Neustadt war seit der frühen Neuzeit Zentrum des Holzhandels im Bereich des Speyerbach-Rehbach-Triftsystems. Das aus dem Zentrum des Pfälzerwaldes herangeflößte Holz wurde hier zwischengelagert und auf den Triftkanälen des Reh- und Speyerbaches weiter nach Speyer, Frankenthal, Mannheim und nach Holland transportiert. Im 19. Jahrhundert entstanden mehrere Tuch- und Papierfabriken, von denen sich nur die »Hofmann & Engelmann AG« als Hersteller von Spezialpapieren und größter industrieller Arbeitgeber Neustadts erhalten hat. Die übrigen Betriebe wur-

den einem Nutzungswandel zugeführt oder wichen in jüngster Zeit größeren Wohnkomplexen. Ein Teil der gründerzeitlichen Arbeiterwohnungen aus rotem Sandstein sowie einige Fabrikantenvillen sind in der »Industriegasse Speyerbachtal« noch erhalten
(Abb. 8).

## *Abb. 8:* **Industriegasse Neustadter Tal**

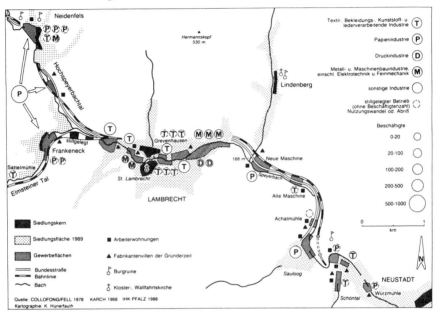

## HP 16   Lambrecht

Vorbei an einer Textilfärberei und einer Papierfabrik, erreichen wir die Stadt Lambrecht.
Am östlichen Stadtrand in Höhe des Lindenberger Tales überqueren wir die *Lambrechter Verwerfung.* Sie durchzieht den östlichen Pfälzerwald zwischen Bad Dürkheim und
Albersweiler in annähernd N-S-Richtung und trennt die um rund 100 m abgesunkene
»Kalmitscholle« vom inneren Pfälzerwald. Der Verlauf dieser Störung wird augenfällig
durch eine Reihe niedriger Pässe und versumpfter Täler (Kombination von Schicht- und
Verwerfungsquellen) nachgezeichnet. Im Speyerbachtal stehen westlich der Verwerfung verwitterungsanfällige Sedimente des Oberrotliegenden und Unteren Buntsandsteins zutage an, was zu einer Ausräumung des Lambrechter Talkessels und damit zu
einer relativen Siedlungsgunst führte. Die ersten Siedlungsansätze nutzten innerhalb
dieser Talweitung die hochwassersicheren Terrassenreste und Schwemmkegel der Seitentäler (vgl. Abb. 3).
Um 980 gegenüber der älteren Siedlung Grevenhausen gegründet, gelangte das Kloster
St. Lambrecht im 15. Jahrhundert an die Kurpfalz, während Grevenhausen bei Speyer

285

verblieb. Dem wirtschaftlichen Niedergang seit Beginn des 16. Jahrhunderts folgte im Zuge der Reformation die Aufhebung. Seit 1568 wurde die Klostersiedlung heimatvertriebenen Wallonen zur Ansiedlung überlassen. Die wallonische Tuchfabrikation sorgte schnell für wirtschaftlichen Aufschwung. Nach dem 30jährigen Krieg siedelten sich Hugenotten und Schweizer an. 1823 wurde die erste Textilfabrik gegründet. Der Bahnanschluß an die Ludwigsbahn sorgte für beschleunigte Industrialisierung. Die Beschäftigtenzahl im Textilgewerbe stieg von 500 (1830) auf 1257 (1871), 1898 existierten 10 Tuchfabriken (COLLOFONG/FELL 1987). Die politischen und wirtschaftlichen Krisen nach dem Ersten Weltkrieg sowie starke inländische Konkurrenz und Billigimporte nach 1945 leiteten den Niedergang ein. 1966 wurde die letzte Tuchfabrik geschlossen, 1974 die Textilfachschule aufgehoben. Als Nachfolgeindustrien sind in Lambrecht Betriebe der Filz- und Schaumstofferzeugung sowie der Bekleidungs- bzw. kunststoff- und lederverarbeitenden Industrie ansässig (Abb. 8).

Aufstieg und Niedergang der Stadt kommen auch in der Entwicklung der Bevölkerungszahlen zum Ausdruck. Bei der Vereinigung von St. Lambrecht und Grevenhausen 1839 wurden 2173 Einwohner gezählt, bei der Stadterhebung 1887 rund 3150. Vom Höchststand 5192 (1958) nahm die Bevölkerung auf 4058 Personen (1987) um 22 % ab. Der Bevölkerungsschwund bei wenig diversifiziertem Arbeitsplatzangebot sowie im Vergleich zur nahen Weinstraße vergleichsweise unattraktiver Wohnlage konnte auch durch Ausweisung relativ preiswerter Neubaugebiete bis in die Gegenwart nicht aufgehalten werden. Unterdessen verödet das Stadtzentrum immer mehr. Für die Altstadt St. Lambrecht um die Klosterkirche (14. Jh.) ist angesichts der angespannten Haushaltslage nach wie vor kein Sanierungskonzept in Sicht. Die zentralen Funktionen hatten sich bereits frühzeitig nach Grevenhausen in das Weichbild von Bundesstraße und Bahnhof verlagert.

## HP 17  Neidenfels

War in Lambrecht die Tuchindustrie wirtschaftliche Grundlage, so ist es in Neidenfels die Papierindustrie (vgl. Abb. 8 und Beitrag EBERLE in diesem Band). Papiermühlen sind im benachbarten Frankeneck seit 1801 nachgewiesen. 1841 existierten dort bereits mehrere Papierfabriken. Die Neidenfelser Papiermühle wurde 1825 gegründet, aber bereits 1831 in eine Tuchfabrik umgewandelt. 1832 und 1856 entstanden zwei weitere Papiermühlen, 1840 eine Papiermaschinenfabrik, deren Produkte weltweit exportiert wurden. Um 1885 siedelte der Fabrikant Glatz eine weitere Papierfabrik an. Glatz ist 1988 mit über 500 Beschäftigten größter Arbeitgeber im Neustadter Tal. Das Dorf Neidenfels (1987: 1050 Ew) entstand um 1200 als Burgsiedlung unterhalb der Burgen Lichtenstein und Neidenfels. Die Siedlung war ein für den Pfälzerwald untypisches Runddorf um einen zentralen Dorfplatz. Seit der ersten Hälfte des 20. Jahrhunderts fiel der alte Ortskern der expandierenden Papierfabrik zum Opfer, so daß heute Arbeitersiedlungen an den Unterhängen und in den Seitentälern das Ortsbild prägen.


# IV. Karten und Literaturauswahl

Topographische Karte 1:25000, Blätter: 6614, 6615, 6714

Geologische Übersichtskarte 1 : 200 000, Blatt Mannheim
Flächennutzungsplan Stadt Neustadt
Flächennutzungsplan Verbandsgemeinde Edenkoben
Flächennutzungsplan Verbandsgemeinde Maikammer

COLLOFONG, E. und H. FELL (Hrsg.) (1978): 1000 Jahre Lambrecht. Chronik einer Stadt, Lambrecht/Pfalz

FRIEDEL, H. (1978): Kirrweiler. Die Geschichte eines pfälzischen Weindorfes, Kirrweiler

GEIGER, M., G. PREUSS und K.-H. ROTHENBERGER (Hrsg.) (1985): Die Weinstraße, Porträt einer Landschaft, Landau/Pfalz

GEIGER, M., G. PREUSS und K.-H. ROTHENBERGER (Hrsg.) (1987): Der Pfälzerwald, Porträt einer Landschaft, Landau/Pfalz

KARCH, Ph. (1968): Neidenfels, Chronik eines Walddorfes, Lambrecht/Pfalz

KOLLHOFF, M. (1986): Stadtkernerneuerung in Neustadt/Wstr., Differenzierung der Bevölkerungsstruktur und der Wohnverhältnisse in sanierten und unsanierten Teilen der Altstadt von Neustadt an der Weinstraße, Materialien zur Geographie H. 6, hrsg. v. Geographischen Institut der Univ. Mannheim, Mannheim

MAHLSTEDE, K. (1975): Geologische Kartierung TK 25, Blatt 6614 Neustadt an der Weinstraße (SE-Quadrant), Diplomkartierung, Heidelberg

STADT NEUSTADT AN DER WEINSTRASSE (Hrsg.) (1975): Neustadt an der Weinstraße, Beiträge zur Geschichte einer pfälzischen Stadt, Neustadt/W.

STADT NEUSTADT AN DER WEINSTRASSE (Hrsg.) ([2]1980): Sanierung Neustadt an der Weinstraße, Ein Baustein zum Wiederaufbau des Saalbaus, Neustadt/W.

STADT NEUSTADT AN DER WEINSTRASSE (Hrsg.) (1986): Umweltbericht, Erster Teil, Die Landschaft, Neustadt/W.

STADT NEUSTADT AN DER WEINSTRASSE (Hrsg.)/WESTRICH, C.-P. (Bearb.) (1988): Geinsheim in der Pfalz. Beiträge aus Vergangenheit und Gegenwart eines Gäudorfes, Neustadt/W.

WINTERHAGEN, E. (1977): Geologische Kartierung TK 25, Blatt 6614 Neustadt an der Weinstraße (N Speyerbach), Diplomkartierung, Heidelberg

ZIEGLER, C. (1984): St. Martin, Geschichte eines Dorfes, Landau/Pfalz

Auskünfte: Bezirksregierung Rheinhessen-Pfalz
Stadt- und Verbandsgemeindeverwaltungen
Kulturamt Neustadt

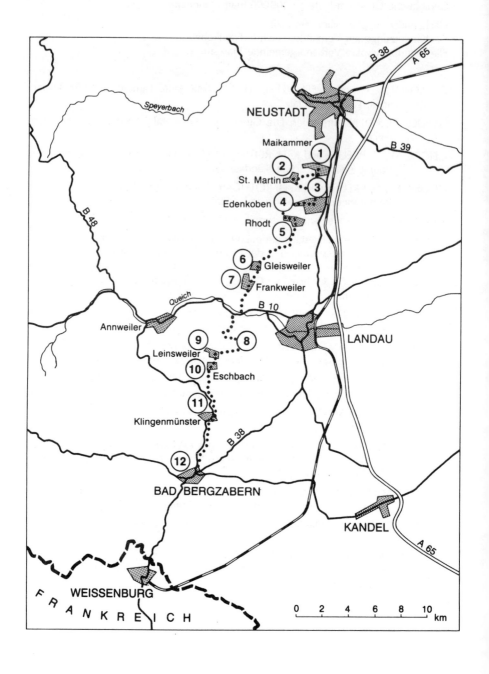

# Südliche Weinstraße

## Deutschlands größtes zusammenhängendes Weinbaugebiet

von

Michael Geiger

## I. Haltepunkte

## II. Die Landschaft der Weinstraße im landeskundlichen Überblick

Über rund 80 Kilometer Länge erstreckt sich der Straßenzug der »Deutschen Weinstraße« von Bockenheim im Norden bis nach Schweigen an der deutsch-französischen Grenze. Beiderseits dieses 1935 so benannten Straßenzuges hat sich das größte zusammenhängende Weinbaugebiet Deutschlands ausgebildet. Deshalb erscheint es sinnvoll, diese Weinbaulandschaft schlechthin als »Weinstraße« zu bezeichnen (siehe GEIGER/ PREUSS/ROTHENBERGER 1985). Ihre *bestimmenden Charakterzüge* erhält die Landschaft der Weinstraße durch das Relief, die hohe Besiedlungsdichte und den Weinbau. Vom Gebirgsfuß des Pfälzerwaldes in 300 m über NN erstreckt sich die Weinstraße über die Vorhügelzone bis auf die höheren Riedelplatten der Rheinebene. Die Pfälzerwaldbäche, die der Erosionsbasis des Rheins in 100 m über NN zustreben, schufen das hügelige Relief dieses zwischen 3 und 10 Kilometer breiten Landstriches. Seine Lage im wärmebegünstigten Oberrheinischen Tiefland, seine Lage im sonnenreichen, niederschlagsarmen Windschatten des Pfälzerwaldes und über der häufig von Kaltluft erfüllten Pfälzischen Rheinebene bedingt die Klimagunst. In den Talzügen driftet die Kaltluft der Rheinebene zu (Abb. 1). Der Weinbau reicht deshalb nicht ganz in die Täler hinab. Dort breitet sich zunehmend der Obstbau aus und wo nicht, findet sich noch Acker- oder Grünland beiderseits der durch Baum- und Strauchreihen begrünten Bachläufe. Innerhalb der Weinstraße häufen sich die Siedlungen so sehr, daß sie nur 1-2 Kilometer voneinander entfernt liegen. Dorf an Dorf reiht sich wie an einer Perlenkette in so dich-

## Abb. 1: Die Klimagunst der Weinstraße

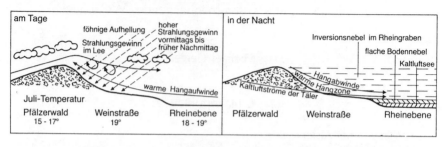

am Tage

föhnige Aufhellung

Strahlungsgewinn im Lee

hoher Strahlungsgewinn vormittags bis früher Nachmittag

warme Hangaufwinde

Juli-Temperatur

| Pfälzerwald | Weinstraße | Rheinebene |
|---|---|---|
| 15 - 17° | 19° | 18 - 19° |

in der Nacht

Inversionsnebel im Rheingraben

flache Bodennebel

Kaltluftsee

Hangabwinde

Hangzone

Kaltluftströme der Täler

| Pfälzerwald | Weinstraße | Rheinebene |
|---|---|---|

An sonnigen Tagen empfängt die Weinstraße einen höheren Strahlungsanteil als die Rheinebene, aus der warme Hangaufwinde aufsteigen. Bei den vorherrschenden Winden aus westlichen Richtungen kommt es über der Weinstraße zu einer föhnartigen Wolkenlücke. Bei nächtlichem Strahlungswetter überragt die Weinstraße die Kaltluftseen und die flachen Bodennebel der Rheinebene. Kaltluftströme aus den Tälern des Pfälzerwaldes durchziehen die Weinstraße. Hochreichende Inversionsnebel hüllen die Weinstraße im Herbst mitunter ganz ein.
(Quelle: GEIGER 1985, S. 39 bzw. 1989, S. 55)

ter Folge auf wie sonst nirgends in Deutschland. Die zahlreichen Dörfer - meist schon bei der fränkischen Landnahme gegründet - sind nicht nur Ausdruck der hohen Tragfähigkeit des traditionsreichen Weinbaulandes, sondern zugleich auch der wechselvollen Geschichte dieses Raumes zu verdanken. Territorial zersplittert in Besitztitel von Grafen, Fürsten, Herzögen, Kirchen und Klöstern versuchten sie alle, sich ein Teilstück an diesem Weingarten zu verschaffen. So war dieser Landstrich schon vor der Industrialisierung eines der am dichtesten besiedelten Gebiete in Mitteleuropa.
Die Rebfläche wurde in den letzten Jahrzehnten ständig ausgeweitet, wobei der Anbau sich von den Steilhängen des Gebirgsfußes und der Pfälzerwaldtäler zurückzog. Die Mechanisierung des Anbaus und die Spezialisierung der Betriebe hatten somit eine räumliche Konzentrierung zu einem monokulturmäßigen Anbau zur Folge. In vielen Dörfern bedeckt der Weinbau nahezu die gesamte Wirtschaftsfläche. Zwar ist das Anbaugebiet Rheinhessen mit 24 800 ha (1987) größer als das Anbaugebiet Rheinpfalz mit 22 600 ha - die sich auf die beiden Bereiche »Mittelhaardt - Deutsche Weinstraße« mit 10 300 ha und »Südliche Weinstraße« mit 12 300 ha verteilen - aber in der Rheinpfalz ist das Weinbauareal zusammenhängend und somit der größte geschlossene Weinbaubereich Deutschlands. Zu Recht sollte man den Namen Weinstraße - von der 1935 ausgerufenen »Deutschen Weinstraße« abgeleitet - auf die gesamte Wirtschaftslandschaft übertragen. Im Volksmund gebräuchlich und von der Weinwirtschaft übernommen sind zwar die Bezeichnungen »Haardt« und diese unterteilt in »Oberhaardt« (von Schweigen bis Neustadt), »Mittelhaardt« (von Neustadt bis Bad Dürkheim) und »Unterhaardt« (von Bad Dürkheim bis Bockenheim). Andererseits wurde in die wissenschaftliche Literatur auch die Bezeichnung »Haardtrand« für die Benennung der geologisch-morphologisch geprägten Vorhügelzone eingeführt. Aber der Name Haardt kann sinngemäß nur für den Ostsaum des Pfälzerwaldes verwendet werden - denn »hart« bedeutete einst Waldweide. Durch Nichtverwendung sollten diese Landschaftsbezeichnungen allmählich ausgemerzt werden. Hingegen entspricht die Bezeichnung Weinstraße dem pysiognomischen Eindruck in der Landschaft genauso, wie das über 70 Kilometer langgestreckte

und im Mittel 6 Kilometer schmale Anbaugebiet den Vergleich mit einer »Straße« zuläßt. Im übrigen sei auch auf die Landschaftsbezeichnung *Bergstraße* am gegenüberliegenden rechten Rand des Oberrheinischen Tieflandes verwiesen. Sinnvoll ist die Bezeichnung Weinstraße nur dort, wo der Weinbau die Physiognomie der Landschaft bestimmt. Folgt man diesem Gedanken konsequent, dann sollte die *Abgrenzung der Weinstraße* aus den statistischen Daten der Bodennutzung abgeleitet werden, wie das GEIGER (1985, S. 44ff) erstmals vorschlug. Als zur Weinstraße gehörig werden jene Weinbauorte gerechnet, die entweder eine entsprechend große Weinbaufläche (über 100 ha) oder einen hohen Anteil der Rebfläche an der gesamten landwirtschaftlichen Nutzfläche (über 20 %) und zugleich mindestens 50 ha Rebfläche haben. Der Weinstraße können auf diese Weise 78 Weinbauorte zugeordnet werden. Weitere 19 ehemals selbständige Weinbauorte sind im Zuge der Verwaltungsreform von den Städten Grünstadt, Bad Dürkheim, Neustadt und Landau eingemeindet worden. Sie erhöhen die Zahl dann auf insgesamt 97 Weinbauorte. Die westliche Abgrenzung der Weinstraße fällt mit der Waldgrenze auf dem Hangfuß des Pfälzerwaldes zusammen. Die östliche Begrenzung des geschlossenen Weinbaugebietes greift zungenförmig auf den Riedeln nach Osten aus. Diese Begrenzungslinie fällt nicht mit der geologisch-morphologisch vorgezeichneten Begrenzung der Vorhügelzone gegen die Rheinebene zusammen. In ihrem nördlichen und mittleren Abschnitt im Windschatten der sich hoch erhebenden Haardt - des Ostrandes des Pfälzerwaldes - reicht die Weinstraße weit über die hier nur schmal entwickelte Vorhügelzone nach Osten auf die Riedelplatten der Rheinebene hinunter. Umgekehrt ist die Situation südlich der Queich bis zur Lauter: hier verbreitert sich die Vorhügelzone nach Osten hin, während der Weinbau sich aus klimatischen Gründen stärker an den windoffenen Gebirgsrand des Wasgaus zurückzieht. Aus diesem Grund ist es unzulässig, die kulturräumlich geprägte Landschaft der Weinstraße unter geologisch-morphologischen Aspekten abzugrenzen.

# III. Die südliche Weinstraße als Exkursionsgebiet

Der Weinbaubereich »Südliche Weinstraße« gehört dem Anbaugebiet Rheinpfalz an und erstreckt sich mit seinen 9 Großlagen von Maikammer bis nach Schweigen. Die Exkursion ist so angelegt, daß sie - von kleinen Abstechern abgesehen - dem Straßenzug der »Deutschen Weinstraße« folgt. Dabei wird ein allgemein landeskundlicher Überblick angestrebt. Dieser ergibt sich erst in der Zusammenschau der verschiedenen im Verlauf der Exkursion angesprochenen Themenaspekte.

Vom Leser wird Verständnis dafür erwartet, daß bei dem in diesem Band vorgegebenen Rahmen und bei der Vielzahl der möglichen Betrachtungsweisen die geschichtsträchtige, reizvolle und vielgestaltige Landschaft und ihre besonders zahlreichen Siedlungen nur in einer knapp gefaßten, punktuell-thematischen »Denkspur« dargestellt wird. Das exkursionsdidaktische Konzept zu einer landeskundlichen Gesamtschau liefert die folgende Übersicht.

Auf die Vielzahl der Weinbauorte und auf die beiderseits der Exkursionsroute gelegenen landschaftlichen Besonderheiten kann auf dem hier zur Verfügung stehenden Raum nicht ausreichend eingegangen werden. Deshalb sei zur weiteren landeskundlichen Orientierung auf GEIGER/PREUSS/ROTHENBERGER (1987) verwiesen, touristische Hinweise finden sich bei HEINZ (1976, 1985) und WITTNER (1981) und einen allgemeinen weinbaulichen Überblick bietet GUTMANN (1985). Zur Orientierung genügt eine Straßenkarte.

Die Exkursion kann an einem Tag nachvollzogen werden. Als beste Jahreszeit ist natürlich der Herbst zu empfehlen, der Frühsommer bietet sich mit seiner Blütenpracht und den frisch austreibenden Reben an, aber auch das Frühjahr eignet sich, um dem einkehrenden Frühling hier früher als in anderen Landschaften Deutschlands schon zu begegnen.

## Exkursionsroute und Themenaspekte

| Haltepunkt | Landschaftsüberblick | geologisch-tektonisch-morphologische Struktur | Klima, Vegetation, Landespflege | Kulturlandschaftsgeschichte | Siedlungsstruktur | Weinbau, Weinwirtschaft | Fremdenverkehr |
|---|---|---|---|---|---|---|---|
| 1 Maikammer-Alsterweiler | | | | X | X | X | |
| 2 St. Martin | | | | | | X | X |
| 3 Edenkoben-Heiligenberg | X | X | | | X | X | |
| 4 Edenkoben-Triefenbachtal | X | | X | X | X | X | |
| 5 Rhodt | | | | X | X | X | |
| 6 Gleisweiler | | | | X | | X | |
| 7 Frankweiler-Geilweilerhof | X | X | X | | | X | |
| 8 Kleine Kalmit | X | X | X | | | X | |
| 9 Leinsweiler | | | | | | X | X |
| 10 Eschbach | | X | X | | | | |
| 11 Klingenmünster | | | | X | | | |
| 12 Bad Bergzabern | | | | X | X | | X |

## HP 1   Maikammer-Alsterweiler

Den Ausgangspunkt - das neue Rathaus in Maikammer - erreicht man von der B 38 kommend über die Bahnhofstraße, der Weinstraße durch Maikammer folgend und indem man an der Immengartenstraße nach links abbiegt. Dort besteht eine Parkmöglichkeit und man beginnt den etwa halbstündigen Rundgang.

Der Rundgang hat das Ziel, die historische *Siedlungsform* und ihre Weiterentwicklung im Rahmen der *Dorferneuerung* zu beobachten. Weiterhin sollten einige der stattlichen *Weingüter* Beachtung finden, die das Ortsbild prägen und einem Vergleich mit denjenigen der bekanntesten pfälzischen Weinbauorte an der mittleren Weinstraße standhalten.

Vom Parkplatz am Frantzplatz wendet man sich nach links in die Marktstraße. Das Gebäudeensemble Haus Nr. 5, 7, 6 und 8 (Haus Rassiga) verdient zunächst Beachtung. Die renaissancezeitlichen Hofanlagen zählen zu den ältesten Gebäuden in Maikammer. Man erreicht den neu gestalteten Marktplatz - hier findet sich auch das neuerbaute Verkehrsamt. Man blickt in die St. Martiner Straße, wendet sich in die nördliche Weinstraße und geht bis zur Abzweigung der Hartmannstraße. Diese eng und geschlossen bebauten Straßenzüge weisen Maikammer-Alsterweiler als *Mehrstraßendorf* aus. Fachwerk und Buntsandstein-Mauerwerk prägen die Fassaden der giebelständigen Häuser, deren Hofanlagen durch die Rundbogentore zu erreichen sind. Man folgt der nördlichen Weinstraße weiter, geht bis zur Bahnhofstraße 5 und kehrt wieder zurück zur Kirche. Dieser Weg führt an stattlichen, mehrgeschossigen *Villen der Gründerzeit* mit ihren reichgeschmückten klassizistischen Fassaden vorbei. Freistehend und von Gärten umgeben - häufig mit südländischen Zedern geschmückt - heben sie sich von der engen Bebauung des alten Dorfkerns ab. Sie demonstrieren regelrecht, daß der Weinbau und -handel zumindest damals recht einträglich gewesen ist. Maikammer gehört zu den bedeutendsten Weinbauorten der Weinstraße, wie es einige Zahlenangaben unterstreichen: Die Rebfläche der Gemarkung Maikammer-Alsterweiler umfaßt 460 ha, weitere 406 ha Ausmärkerfläche vor allem in Kirrweiler, Neustadt und Venningen verdoppeln fast die Weinwirtschaftsfläche der Maikammerer Winzer. 137 Vollerwerbsbetriebe - darunter 40 Selbstvermarkter - bewirtschaften 741 ha und 300 Nebenerwerbsbetriebe die restlichen 165 ha. Der *Weinhandel* hat in Maikammer eine starke Position, denn von 8 % der Weinbergsfläche nimmt er die Traubenernte ab und von 58 % die Faßweine auf. Die Selbstvermarkter bieten die Flaschenweine von 20 % der Rebfläche an. Von der katholischen Pfarrkirche St. Cosmas und Damian - eine barocke Saalkirche (1756/57) mit spätgotischem Turm - folgt man dem Fußgängerweg bis zur Marktstraße und geht dann zum Parkplatz zurück. Im Rahmen der *Dorferneuerung* ist dieser Kirchenvorplatz und der Fußweg entstanden. Ein städtebauliches Entwicklungskonzept, 1975 vom Ortsgemeinderat in Auftrag gegeben und eine Ortsbausatzung, seit 1982 für den Ortskern gültig, geben den Rahmen für die Dorferneuerung. Danach wurde eine Entflechtung des Verkehrs durch die Einbahnstraßen und Fußgängerwege vorgenommen. Dem ruhenden Verkehr dienen rund 500 neue Parkplätze, von denen die Hälfte innerhalb des Ortskerns oder direkt an seinem Rand entstanden sind. Ferner soll der Ortskern durch den Ausbau von Versorgungseinrichtungen weiter gestärkt werden. Der Steigerung der innerörtlichen Attraktivität dienen der Erhalt bestehender Bausubstanz und die Wahrung traditioneller Formen bei Neubaumaßnahmen.

In diesem Sinn achte man auf dem Rundgang unter anderem auf:
- die Anlage des Parkplatzes in der Weinstraße Nord,
- die Gestaltung des Kirchplatzes durch Ankauf und Abriß zweier Häuser,
- die bisherige Anlegung des Fußgängerweges, der einmal über die Marktstraße hinweg über Hofflächen verlängert und dann vom Neubaugebiet »Im Eulbusch« bis zum neuen Rathaus die Ortsmitte queren wird,
- die Neugestaltung des Marktplatzes, einschließlich Abriß des alten Rathauses und Neubau des Verkehrsamtes,
- die Fassadenrenovierung des Hauses Ecke St. Martiner Straße/Weinstraße Nord,
- die Restaurierung des Hauses »Rassiga«, Marktstraße 8,

- die Gestaltung des Frantzplatzes als Grünzone und Parkplatz.

Die bisher ergriffenen Maßnahmen der Dorferneuerung kommen auch der erwünschten Förderung des Fremdenverkehrs zugute, für den im Ortskern auch gastliche Einkehrmöglichkeiten bestehen. So verdoppelte sich die Übernachtungszahl von 1984 zu 1988 auf rund 70 400 (Vgl. auch Beitrag HÜNERFAUTH in diesem Band).

## HP 2   St. Martin

Von Maikammer fährt man auf der Ortsverbindungsstraße zum benachbarten St. Martin und parkt gleich am östlichen Ortsrand beim Winzerverein, um von hier aus einen halbstündigen Rundgang durch den Ort zu unternehmen.

Als *Wein- und Ferienort* bezeichnet sich St. Martin zu Recht, denn diese beiden Funktionen prägen das Ortsbild in besonderer Weise und deshalb ist der Luftkurort einer der meistbesuchten im Bereich der Weinstraße. Der Krebsbach schuf den engen Taltrichter zwischen Hochberg (635 m) und Kalmit (673 m) dort, wo der Pfälzerwald sich am höchsten erhebt. Dicht drängen sich die Häuser beiderseits des tief eingeschnittenen Kerbtales (240 m). Überragt wird der Ort einerseits vom »Jugendhaus am Weinberg« - einer Tagungs- und Einkehrstätte der Jungwinzerschaft - und andererseits von der Kropsburg. Im 7. Jahrhundert gegründet geriet der Ort 1205 in den Besitz des Hochstiftes Speyer. Die Ganerbenburg, im 13. Jahrhundert erbaut, war von 1318-1794 der Sitz der mit ihr und dem Ort belehnten Herren von Dalberg.

Die genossenschaftliche Weinverarbeitung und -vermarktung hat in St. Martin die längste Tradition von allen besuchten Orten. Hervorgegangen ist der Winzerverein aus dem im Jahre 1902 von 45 Mitgliedern gegründeten Winzerverein und der 1927 von 75 Mitgliedern gebildeten Winzergenossenschaft. Im Jahre 1964 fusionierten die beiden Genossenschaften. Der Ortsgenossenschaft sind heute 160 Mitglieder angeschlossen, die 52 ha Weinbaufläche bewirtschaften, dabei wird eine Weinmosternte von rund 0.8 Mio Liter angeliefert. Zur Sicherung einer guten Weinqualität sind die Mitglieder verpflichtet, die gesamte Traubenernte an die Genossenschaft abzuliefern. Die Genossenschaft verarbeitet mit ihren 15 festangestellten Mitarbeitern das Lesegut bei einer Lagerkapazität von 2.2 Mio Liter und bringt 95 % der Weinernte als Flaschenwein zum Verkauf. Etwa 3/4 der Weinbaufläche von St. Martin wird hingegen von den Weingütern bewirtschaftet, von denen einige auf dem Rundgang zu sehen sind.

Vom Winzerverein beginnt der Rundgang, der über die Maikammerer Straße, Tanzstraße, Kirchstraße, Bergstraße, Wooggasse, Mühlstraße und über die Tanzstraße zurückführt. Einige Bauten verdienen eine besondere Beachtung: Altes Schlößchen (1587-1604 erbaut, heute Weingut), Fachwerkbauten in der Ortsmitte, Kirche St. Martin (mit Dalberg-Grabmal) und die Zehnt-Kellerei der Dalbergs. Sichtbar wird dabei das Bemühen, durch den Erhalt alter Bausubstanz, die Ausschmückung des Ortsbildes und das Angebot an gastlichen Einkehrmöglichkeiten den Fremdenverkehr weiter zu steigern (Vgl. Beitrag HÜNERFAUTH in diesem Band).

## HP 3   Edenkoben - Heiligenberg

Vom Parkplatz beim Winzerverein aus verläßt man St. Martin in Richtung Edenkoben. Man versäume es nicht, beim Erreichen des Bildhäuschens anzuhalten, um den Blick noch einmal auf St. Martin zu richten. Nach dem Passieren des Ortsschildes von Edenkoben führt 200 m weiter eine Straße links zum Friedhof. Das Auto wird dort abgestellt, man geht in derselben Richtung auf dem Wirtschaftsweg noch 500 m weiter und erreicht oberhalb eines Weinberg-Pavillons den Haltepunkt auf dem Heiligenberg.

Der Landschaftsüberblick läßt die *morphologische Gliederung* der Weinstraßenlandschaft deutlich werden. Man erblickt mit der Kalmit (673 m) die höchste Erhebung des Pfälzerwaldes, der an seinem Ostrand, der Haardt, am stärksten herausgehoben wurde. Die Gebirgsrandscholle davor ist durch querende Kerbtäler aufgelöst worden. Ihre exponierten Bergkegel boten sich als hervorragende Standorte auf halber Höhe an: So der Haagberg (306 m) mit der Villa Ludwigshöhe, der Werderberg (350 m) mit dem Friedensdenkmal, der Vorberg des Hochberges mit der Kropsburg (334 m), der Wetterkreuzberg mit einer Kapelle (401 m) und der Schloßberg (379 m) mit dem wiederaufgebauten Hambacher Schloß. Vom Gebirgsfuß aus überblickt man die hier 2-3 km breite Vorhügelzone, die durch querende Täler und Dellen ihre hügelige Gestalt erhielt. In den tieferen Taleinschnitten am Gebirgsrand des Pfälzerwaldes tritt das Grundgebirge mit Granit oder paläozoischen Schiefern zutage. Die Vorhügelzone wird dagegen von mesozoischen und tertiären Randschollen (siehe HP 8) gebildet.

Am Heiligenberg (200 m) steht man unmittelbar am *Rand der Vorhügelzone* zum Riedelland der Pfälzischen Rheinebene. Mit 50 m Höhendifferenz ist die Geländestufe markant ausgebildet. Entlang dieser tektonisch angelegten Strukturlinie ist das östlich sich anschließende »innere Tiefland« des Oberrheingrabens tiefer abgesunken als die Randschollen der Hügelzone. Der heutige Höhenunterschied zwischen der Kalmit (673 m) und Maikammer (173 m) von 500 m läßt die tatsächlich stattgefundene Vertikalbewegung der Erdkruste von bis zu 4.5 km nicht ahnen, weil bei der Einsenkung des Grabens tertiäre und quartäre Sedimente mit Mächtigkeiten bis zu 3300 m den Rheingraben auffüllten. Andererseits wurde die Grabenschulter des Pfälzerwaldes um 1200 m emporgehoben und dabei von einer 700 m mächtigen Sedimentdecke (Dogger, Lias, Keuper, Muschelkalk, Oberer Buntsandstein) befreit (siehe HP 10).

Der Weinbau nimmt innerhalb der Vorhügelzone fast die gesamte Wirtschaftsfläche ein. Im Schutz des hohen Gebirgsrandes dehnt er sich aber in der tiefer gelegenen Pfälzischen Rheinebene aus und reicht auf den höheren Riedelplatten wie dem Trappenberg (149 m) um weitere 7 km weit nach Osten. So wird am Heiligenberg besonders deutlich, daß der tektonisch angelegte und morphologisch markante Rand der Vorhügelzone nicht mit dem Ostrand des Weinbaugebietes der Weinstraße zusammenfällt. Im Herbst wird allerdings sichtbar, daß das Geländeklima seinen Einfluß auf den Weinbau hat, denn unterhalb der Geländestufe bringen die ersten Herbstfröste das Weinlaub früher zum Fall als in der Vorhügelzone (GEIGER 1985, S. 27, 34 ff).

Edenkoben, zwischen den beiden kreisfreien Mittelstädten Neustadt und Landau gelegen, hat sich zu einem bedeutenden *Gewerbestandort* entwickelt. Im Osten der Kleinstadt, nahe der Autobahn A 65 und der Bahnlinie Neustadt-Karlsruhe, befindet sich ein ausgedehntes Gewerbe- und Industriegebiet, das man vom Heiligenberg überblickt. Neben Betrieben des Maschinenbaus, des Baugewerbes und der Holzverarbeitung ist hier auch der Standort für den mit 1200 Arbeitsplätzen bedeutendsten Industriebetrieb des Landkreises: die Firma Gillet. 1860 in Bad Bergzabern gegründet, wurde dieses Unternehmen wegen der Grenzlandnähe zu Beginn des 2. Weltkrieges nach Edenkoben umgesiedelt. Das Unternehmen hat sich mit der Herstellung von Schalldämpfern zu einem bedeutenden Zulieferer der Automobilindustrie spezialisiert. Auf dem Rückweg erkennt man unterhalb des Friedhofs das Gebäude der Winzergenossenschaft Edenkoben. Wie in St. Martin ist sie eine örtliche Genossenschaft mit Vollablieferungspflicht ihrer Mitglieder (180 Mitglieder, 170 ha Weinbaufläche, etwa 1/3 der Rebfläche Edenkobens, 7 Mio Liter Lagerkapazität, ca. 3 Mio Liter jährliche Erntemenge, 30 Hauptbeschäftigte).

## HP 4    Edenkoben - Triefenbachtal

Vom Heiligenberg fährt man in den Ort Edenkoben, erreicht die von Maikammer herführende Weinstraße unterhalb der Winzergenossenschaft und fährt auf ihr bis zur ersten Ampelanlage, um auf der Klosterstraße rechts abzuzweigen. Dieser folgt man - möglichst langsam fahrend - an alten Winzerhöfen und am Kloster Heilsbruck vorbei, um am Ortsrand den Woogweg nach links, das Triefenbachtal querend, den Haltepunkt am Kelterpavillon an der Villastraße zu erreichen.

Beim Landschaftsrundblick erfaßt man den Gebirgsrand mit der Villa Ludwigshöhe unterhalb der Rietburg (544 m), zu der eine Sesselbahn hinaufführt. Jenseits des tief eingeschnittenen Triefenbachtales, an dessen Talgrund Gebirgsgranite auftreten, erhebt sich auf der Gebirgsrandscholle des Werderberges das Friedensdenkmal über einem Edelkastanienhain. Inmitten der Vorhügelzone stehend blickt man auf die Stadt Edenkoben (6700 Ew), deren Ortsmitte gerade am Rand dieser Hügelzone liegt, so daß man von hier aus die 50 m tiefer gelegene Pfälzische Rheinebene nicht überblicken kann. Der Zisterzienser-Orden gründete im Jahre 1262 das *Frauenkloster Heilsbruck*, das als land- und weinwirtschaftliches Gut im Mittelalter den Ruf einer bedeutenden Weinbauschule erlangte. Nach der Aufhebung des Klosters 1560 kam es schließlich im Jahre 1648 in weltlichen Besitz. Heute wird das Weingut im Auftrag einer Erbengemeinschaft von einem Verwalter bewirtschaftet. Weithin bekannt ist der große Holzfaßkeller mit 400000 Liter Faßraum im erhaltenen Gewölbe der ehemaligen Klosterkirche aus dem 13. Jahrhundert. Für Gruppen werden dort Besichtigungen mit Weinproben angeboten. Neben dem Kloster erblühte der Ort *Edenkoben*, wovon zahlreiche Winzerhöfe aus dem 15./16. Jahrhundert in der Klosterstraße künden. Nach dem Niedergang des Klosters erlebte Edenkoben im 18. Jahrhundert, vor allem aber erst in der bayerischen Zeit im 19. Jahrhundert einen neuen Aufschwung. Aus dieser Zeit stammen die beiden Kirchtürme, die das Zentrum des »nachklösterlichen« Edenkoben anzeigen. Als nach dem Wiener Kongreß dem Königreich Bayern die Pfalz als Provinz zugesprochen wurde, erhielt Edenkoben im Jahre 1818 die Stadtrechte. König Ludwig I. von Bayern ließ »in des Königreichs mildestem Teile« eine Villa italienischer Art für seine sommerlichen Aufenthalte bauen. Schloß Ludwigshöhe, kurz nur »Villa« genannt, entstand 1845-52 als klassizistischer Flügelbau nach Plänen von Friedrich von Gärtner. Es ist heute im Besitz des Landes Rheinland-Pfalz und enthält eine Sammlung der Werke des an der Weinstraße lebenden Malers Max SLEVOGT. Der *Luftkurort* Edenkoben wird von Fremden gerne aufgesucht (1988: 20400 Gäste mit 77700 Übernachtungen). Edenkoben ist seit 1972 Sitz der Verbandsgemeinde, die 16 Gemeinden mit 19000 Einwohnern verwaltet. Die Villastraße entlang führt ein Weinlehrpfad, 1971 vom Heimatbund Edenkoben eingerichtet und mit seinen Weinbau-, Kelter- und Kellergeräten der reichhaltigste der Pfalz. Am Kelterpavillon ist der »Kammertbau« besonders zu beachten. Zu dieser alten Form der Rebenziehung benötigte man Stangenhölzer der Edelkastanien, die am Gebirgsrand des Pfälzerwaldes die untere Waldstufe bilden. Seitdem im Jahre 1863 der Weingutsbesitzer SCHATTENMANN im benachbarten Rhodt den von einer eisernen Unterstützung getragenen Reihenbau einführte, gab man den Kammertbau auf. Die Villastraße läuft durch die bereits flurbereinigte Gemarkung Edenkobens. In zunehmendem Maße wird die *Flurbereinigung* auch unter größerer Berücksichtigung landespflegerischer Belange durchgeführt. Dies wird an den beiden Flurbereinigungsabschnitten beiderseits der Villastraße deutlich. Im Abschnitt I (Triefenbachtal nördlich der Villastraße, 1979 durchgeführt, 52 ha) beschränkt sich die Landespflegefläche von 1.02 ha ausschließlich auf die Talsohle. Die Fläche zwischen den beiden bachbegleitenden Wirtschaftswegen kam in den Besitz der Stadt, der Altholzbestand und der Bachlauf blieben erhalten, einzelne Feucht- und Trockenbiotope wurden in der Uferzone ergänzend angelegt. Die Rebflächen, die ohnedies nicht in die kaltluftführende Talsohle hinabreichten, wurden jedoch vollständig »bereinigt«. Der Abschnitt II (südlich der Villastraße, 1985 durchgeführt, 58 ha) umfaßt 2.13 ha Landespflegefläche. Diese verteilt sich in der Rebflur. Indem man das frühere Wegenetz teilweise erhielt, wurden die Landschaftselemente - freistehende Bäume, Hecken, Böschungen - auf 0.3 ha beseitigt, auf 0.7 ha aber erhalten und auf 1.3 ha neu angelegt (DENNHARDT/WÜST 1985, S. 105). Als Beispiel einer jüngeren Flubereinigung sei auf diejenige von Maikammer-Alsterweiler hingewiesen (s. Beitrag HÜNERFAUTH, Abb. 6). Gegenwärtig wird der Abschnitt III am oberen nördlichen Talhang des Triefenbachs flurbereinigt. Dort werden bereits der Sukzession überlassene Steilhanglagen in das geplante *Naturschutzgebiet »Haardtrand«* einbezogen (siehe HP 10). In der neu anzulegenden Rebflur sollen mit Drahtgeflecht zusammengehaltene Steinpackungen, sogenannte Gabionen, die Sandsteintrockenmauern an der Terrassenstufe ersetzen.

## HP 5   Rhodt

Vom Weinpavillon aus folgt man der Villastraße bis zum Luitpolddenkmal etwa 700 m weit. Dort führt eine Verbindungsstraße nach Rhodt. Man durchquert Rhodt auf der Theresienstraße, der Weinstraße und auf der Edesheimer Straße bis zur Winzergenossenschaft in einer halben Stunde am besten zu Fuß.

Die *Siedlungsstruktur von Rhodt* ist einerseits typisch für das Baugesicht der Dörfer an der Weinstraße und andererseits einmalig, weil die meisten Siedlungen im Pfälzischen Erbfolgekrieg 1689 von den französischen Truppen gebrandschatzt und verwüstet wurden. Rhodt blieb damals verschont, weil es von 1603 bis 1801 nicht der leidgeprüften Kurpfalz angehörte, sondern der einzige linksrheinische Besitz der Markgrafen von Baden-Durlach war. Nach einem kurzen französischen Interregnum kam Rhodt wie die gesamte Pfalz zu Bayern, die Ludwigstraße und die Theresienstraße erinnern daran, denn die bayerische Königin Therese war evangelisch und besuchte während ihrer Aufenthalte auf der Villa die Kirche in Rhodt. Rhodt ist bereits 772 erstmals urkundlich erwähnt und seine Siedlungsstruktur war bereits im 16./17. Jahrhundert entwickelt. 82 % des gegenwärtigen Baubestandes stammen aus der Zeit vor 1949 (siehe Beitrag BEEGER, Abb. 5 in diesem Band). Man betritt die Theresienstraße in ihrem oberen Teil, dort ist der Straßenraum besonders breit und bietet Platz für eine zum Naturdenkmal erklärte Roßkastanie. In geschlossener Straßenfront stehen die Haus-Hof-Anlagen der Winzergebäude. Zwei Rundbogentore führen in die zwei- oder dreiseitigen fränkischen Gehöfte. Um die sich hinter der Hofreihe anschließenden Bauerngärten oder die dort einsetzende Bauverdichtung durch den modernen Wohnungsbau zu sehen, gehe man in eine der Querstraßen. Behutsam werden die traditionellen Bauten saniert, verschönert und mit Hausreben oder Feigen geschmückt. Auch beim Straßenbelag orientiert man sich am traditionellen Kopfsteinpflaster. Das neue Pflaster in der Theresienstraße ist allerdings mit zu großen und zu flachen Pflastersteinen ausgelegt worden, die beim Befahren leichter ausgehebelt werden. Das neue Straßenpflaster der Weinstraße stört manchen Anlieger, weil der Straßenlärm nun größer ist.

Über die Edesheimer Straße erreicht man die *Gebiets-Winzergenossenschaft Rietburg.* Im Bereich des Kreises Südliche Weinstraße gibt es heutzutage nur noch vier Genossenschaften: die beiden bereits erwähnten Ortsgenossenschaften von St. Martin und Edenkoben und die beiden Gebiets-Winzergenossenschaften Rhodt-Rietburg und Deutsches Weintor bei Ilbesheim (siehe HP 8). Die Gründung von Winzergenossenschaften in der Pfalz war eine Reaktion auf Absatzschwierigkeiten sowohl in ihrer frühesten Gründungsphase um 1900 als auch in den Nachkriegsjahren, als ausländische Billigweine für den einzelnen Winzer eine harte Konkurrenz waren. So fanden sich im Jahre 1958 80 Winzer aus Rhodt, Edesheim, Hainfeld und Weyher zusammen, um die Winzergenossenschaft »Rietburg« zu begründen. In den Jahren 1959-1969 schlossen sich ihr dann die Ortswinzergenossenschaften von Weyher, Burrweiler, Frankweiler, Gleisweiler, Edesheim, Altdorf, Maikammer, Böchingen und schließlich Alsterweiler an. Der GWG Rietburg gehören jetzt 1200 Winzer aus 35 Gemeinden zwischen Neustadt und Landau an. Unter ihnen sind sowohl »Feierabendwinzer« als auch größere Weinbaubetriebe. Die von ihnen bewirtschaftete Rebfläche umfaßt 1600 ha. Während der Weinlese wird das Lesegut auch in den Sammelstellen Böchingen, Altdorf und Maikammer angenommen. Der GWG in Rhodt stehen zur Aufnahme der Weinernte (1988: 13 Mio Liter) eine Kapazität von 31 Mio Liter zur Verarbeitung und Lagerung des Weines zur Verfügung. Neben den 70 festangestellten Mitarbeitern sind in der Lesezeit noch 30 weitere Helfer tätig. Für Gruppen werden Besichtigungen mit Weinprobe angeboten. Gegenüber der Winzergenossenschaft Rietburg achte man auf ein besonderes Naturdenkmal: den »Traminerweinberg«. Diese Rebstöcke wurden bereits 1618 gepflanzt, damit bilden sie den ältesten im Ertrag stehenden Weinberg Deutschlands. Die wirtschaftliche Nutzungsdauer der Rebe liegt aber sonst zwischen dem 4. und 30. Lebensjahr.

## HP 6    Gleisweiler

Von Rhodt folgt man der Deutschen Weinstraße durch Hainfeld in Richtung Burrweiler. Man benutzt dort die Ortsumgehungsstraße und hält nach dem Hainbachtal auf der Riedelhöhe vor Frankweiler an, um von dort aus die durchquerte Landschaft zu überblicken.

Man blickt auf die nah benachbarten Dörfer Frankweiler (224 m), Gleisweiler (284 m) und Burrweiler (284 m), die am oberen Rand der Weinstraßenlandschaft liegen. Auf der Strecke von Rhodt bis Frankweiler fährt man durch das fast vollkommen geschlossene Weinbaugebiet. Lediglich in den Tälern des Modenbaches und des Hainbaches setzt der Weinbau aus, weil in ihnen aus dem Pfälzerwald kommende Kaltluftströme die Vorhügelzone durchziehen. Auf den Talböden breitet sich zunehmend der Obstbau aus. Vor Jahrzehnten herrrschte hier noch eine gemischte Landnutzung vor, wobei der Ackerbau und die Viehzucht den Weinbau ergänzten. Nicht ohne Grund spielt ja »Schweinernes« eine wichtige Rolle in der Pfälzer Küche (Kesselfleisch, Hausmacher Wurst, Saumagen u.a.). Außerdem benötigte man damals Pferde und Ochsen zur Feld- und Weinbergsbestellung. Demgegenüber kam es zu einem Strukturwandel der Weinbaubetriebe, der sich vor dem Hintergrund einer europaweiten Wirtschaftspolitik und einer Technisierung der landwirtschaftlichen Produktion vollzogen hat. Die Weinbaubetriebe sind heute durch Spezialisierung und Mechanisierung stärker monopolisiert. Im Landschaftsüberblick äußern sich diese Vorgänge in der flächenhaften Ausdehnung des »Rebenmeeres«. Beim Durchfahren der Winzerdörfer beobachtet man die Umwandlung der Betriebsstruktur, denn kleinere Betriebe wurden entweder zum Nebenerwerb abgestuft oder zum Mittelbetrieb aufgestuft, in dem dann häufig auch die Selbstvermarktung der Weine übernommen wird. Häufig findet man die Bezeichnung »Weingut« auch an Hofeingängen, wo dies vom Erscheinungsbild (noch) nicht erwartet wird. Die immer höheren Investitionskosten für einen aufwendigen Maschinenpark und für die technische Ausrüstung der Weinverarbeitung zwingt die Betriebe zur Spezialisierung. Mittlerweile können auf den meist flachen »Weinfeldern« die meisten Arbeiten einschließlich der Weinlese mechanisiert durchgeführt werden. Aus diesem Grund fielen die »Weinberge« auf dem steileren Gebirgsfuß inzwischen meist schon brach, weil ihre Bewirtschaftung zu arbeitsintensiv ist. Der Obstbau auf den geländeklimatisch ungünstigen Standorten entspricht am besten dieser Spezialisierung. So kam es in den zurückliegenden Jahren doch zu einem überall sichtbaren Wandel des Flur- und Siedlungsbildes. Die Orte Frankweiler, Gleisweiler und Burrweiler liegen dicht an der *oberen Grenze des Weinbaus* in etwa 300 m Höhe, wo dann meist der Edelkastanienwald einsetzt, dessen Holz für die Stangen beim Kammertbau bzw. für die Stickel beim Reihenbau sehr geschätzt war. Hier herrschen die thermisch günstigsten Bedingungen sowohl für das tägliche als auch für das nächtliche Strahlungswetter (siehe Abb. 1). Gleisweiler nimmt für sich den Ruf des wärmsten Ortes zumindest in der Pfalz - wenn nicht gar in Deutschland - in Anspruch. Tagsüber windgeschützt und sonnenexponiert und nachts in der »warmen Hangzone«, hoch über der kaltlufterfüllten Rheinebene gelegen, ist sein besonders *mildes Klima* zu begründen. Ein sichtbares Zeichen dafür ist der Park des Sanatoriums »Bad Gleisweiler«, der über 80 meist südländische Pflanzenarten enthält. Ein in den Jahren 1843/44 erbautes klassizistisches Gebäude war der Mittelpunkt des vor allem im 19. Jahrhundert bekannten Kurbades.

## HP 7  Frankweiler - Geilweilerhof

Von Gleisweiler folgt man der Deutschen Weinstraße durch Frankweiler. Am Ortsausgang gabelt sich dieser Straßenzug in Richtung Siebeldingen und in Richtung Albersweiler. Man folgt der Straße nach Albersweiler etwa 1 km und hält oberhalb des Geilweilerhofes an.

Von hier hat man einen weiten Landschaftsüberblick. Im Süden sieht man das Queichtal. Innerhalb des Pfälzerwaldes, dessen historischen Mittelpunkt man mit dem Trifels erblickt, kam es zu einer weiten Talausräumung in den Schichten des Buntsandsteins und des Rotliegenden, so daß das Grundgebirge mit seinem Gneis zutage tritt. Innerhalb der Vorhügelzone hat sich die Queich sukzessive eingetieft und es sind verschiedene quartäre Terrassenreste nachzuweisen (siehe STÄBLEIN 1968 und HÖHL/DÖRRER/SCHWEINFURTH 1983). Am Austritt der Queich in die Pfälzische Rheinebene erblickt man Landau (39 500 Ew), die bedeutendste Stadt der Südpfalz. [1]
Die *geologisch-tektonische Struktur* dieses Raumes ist von besonderem Interesse, weil hier alle Erdformationen vom Erdaltertum bis in die geologische Gegenwart auf engem Raum benachbart sind. Die komplizierte Bruchtektonik am Rheingrabenrand schuf diese »klassische Quadratmeile der Geologie« (siehe NOTTMEYER 1954). Am Hübelberg gegenüber dem Geilweilerhof steht Muschelkalk an, am Talgrund bei Birkweiler wurden in einer Ziegelei Lias-Tone verarbeitet und der Rauhberg gegenüber wird von Keuperschichten aufgebaut. Neben diesen mesozoischen Randschollen bilden auch Tertiärschollen die Erdoberfläche, am deutlichsten sichtbar ist diejenige der Kleinen Kalmit (siehe HP 8).
Auf einer Terrassen-Verebnung erblickt man die Bundesforschungsanstalt für Reben-

---

[1] An dieser Stelle sei auf einen Exkursionsführer verwiesen, der sich speziell mit der ehemaligen Festungsstadt beschäftigt: M. GEIGER/K.-H. ROTHENBERGER (1989): Landau in der Pfalz - Stadtführer und Portrait. Landau

züchtung Geilweilerhof. Auf keltischem Kulturboden errichteten die Römer hier ein Hofgut, das in fränkischer Zeit weiterbestand, ab 1184 dem Zisterzienserkloster Eußerthal gehörte und letztendlich im Jahre 1813 durch Versteigerung in Privatbesitz kam. 1895 erwarb es LUDOWICI, der es zu einem Mustergut ausbauen ließ. Mit der Auflage, den Hof zu einer Stätte der Forschung und Züchtung auszubauen, übergab er den Hof im Jahre 1925 der Bezirksregierung Pfalz. Als eines der 13 landwirtschaftlichen Forschungsinstitute des Bundesministeriums für Ernährung, Landwirtschaft und Forsten ist der Geilweilerhof seit 1966 eine Bundesforschungsanstalt mit zwei Dependancen im Rheingau und Unterfranken. Rund 100 Mitarbeiter sind hier mit Aufgaben der Forschung und Züchtung beschäftigt. Winterfrosthärte, Resistenz gegen Trockenheit, Schädlinge, Selektion von ertragreichen Reben, Analyse von Most und Weinen, Züchtung neuer Rebsorten sind einige der Aufgabenfelder der BfA. Auf den zugehörigen Rebzuchtflächen wurden in den zurückliegenden Jahren die Rebsorten Morio-Muskat, Bacchus, Optima und Domina herangezüchtet, die inzwischen einen festen Platz im Anbauprogramm der Weinstraße haben.

Der vielgestaltige Landschaftsaufbau mit dem 80 m tief eingeschnittenen Queichtal hat auch Einfluß auf das *Geländeklima* (siehe GEIGER 1983 und 1988/89) Zwischen den Orten der »warmen Hangzone« und dem Queichtalboden westlich von Albersweiler können bei nächlichem Strahlungswetter Temperaturunterschiede bis zu 10°C auftreten. Aus dem weiträumigen Queichtal driftet ein kräftiger Kaltluftstrom - im Herbst an der Nebelfront gut zu beobachten - weit über das Stadtgebiet von Landau hinweg. Deshalb setzt der Weinbau auf dem Talboden fast ganz aus.

## HP 8   Kleine Kalmit

Auf der Deutschen Weinstraße fährt man weiter in den Ort Albersweiler, von dort nach Birkweiler und erreicht den Rauhberg. Dort empfiehlt sich anzuhalten, um den Landschaftsausblick nach Norden zu beachten. Anschließend fährt man durch das Ranschbachtal mit dem Straßendorf Ranschbach, verläßt dann auf der nächsten Riedelhöhe die Deutsche Weinstraße, um in Richtung Landau-Arzheim und dann in Richtung Ilbesheim zu fahren. Vor dem Erreichen des Ortsrandes Ilbesheim hält man an, denn von hier aus führt linker Hand ein Fußweg zur Kleinen Kalmit.

Die tertiäre Randscholle der Kleinen Kalmit wurde durch Reliefumkehr zur höchsten Erhebung der Weinstraßenlandschaft herauspräpariert (siehe Abb. 2). Vom Gipfel in 270 m genießt man einen der schönsten Landschaftsüberblicke in der Südpfalz. Im Westen erblickt man den stark aufgelösten Gebirgsrand des Wasgaus, der südlichen Teillandschaft des Pfälzerwaldes. Die aus ihm fließenden Bäche des Ranschbaches, des Birnbaches und des Kaiserbaches schufen in den Tertiärmergeln das Ausraumbecken von Ilbesheim zu Füßen der Kleinen Kalmit. Nach Osten blickt man über den Rand der Vorhügelzone auf die Stadt Landau und die Pfälzische Rheinebene. Bei klarer Sicht schließt der rechte Rheingrabenrand vom Melibocus im Odenwald über die Kraichgaumulde bis zur Hornisgrinde im Nordschwarzwald den Horizont ab.

Vor 22 Millionen Jahren war hier zum letzten Mal das Tethysmeer in den Oberrheingraben eingedrungen und hinterließ die 10 m mächtigen Cerithien-Kalke (Miozän), die zusammen mit den Landschneckenkalken (Oligozän) das widerständige Dach der Kalmitscholle bilden. Da Kalkvorkommen in der weiteren Umgebung selten sind, waren die Kalmitkalke zur Herstellung von Branntkalk oder Düngekalk begehrt, zahlreiche Gruben bilden deshalb das unruhige Relief am Westrand. Vermutlich war der Gipfel während der ganzen Nacheiszeit »kahl« geblieben und der Name Kalmit geht auf die

*Abb. 2:* **Tektonisch-geologisches Querprofil durch die Weinstraße**

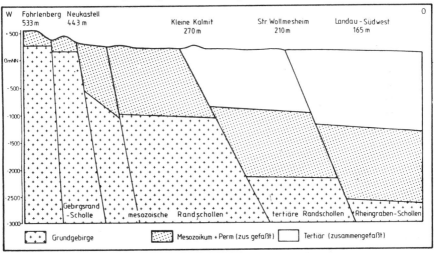

Das Querprofil (vereinfacht nach DOEBL/BADER (1970) und STÄBLEIN (1968) führt vom Pfälzerwald bei Leinsweiler über die Kleine Kalmit nach Landau. Vom Pfälzerwald aus erfolgt der Einbruch des Rheingrabens in Form einer Staffeltreppe: Gebirgsrand-Scholle des Burgberges vom Neukastel - mesozoische Grabenrand-Schollen bei Ilbeshem - tertiäre Grabenrand-Schollen der Kleinen Kalmit - Rheingraben-Schollen bei Landau. Die tiefer abgesunkene Grabenrand-Scholle der Kleinen Kalmit überragt mit ihren widerständigen Kalken die heutige Landschaft (Reliefumkehr) (Quelle: GEIGER 1985, S. 28)

römische Bezeichnung »calvus mons« (»kahler Berg«) zurück. Bodenfunde beweisen eine mittelsteinzeitliche Besiedlung des Steppenheidegipfels. Weil der isoliert aufragende Kalkgipfel eine wärme-, trocken- und kalkliebende Flora trägt, kam es zur Festlegung des Naturschutzgebietes. Allerdings müssen die Trockenrasenflächen vor der Verbuschung durch die Schwarzdornhecke geschützt werden.
Im Dorf *Ilbesheim* erkennt man den alten Ortskern an der engen, ziegelgedeckten Bebauung. Durch die früher bereits durchgeführte Flurbereinigung erfuhr der Ort deutliche Veränderungen: das 100 Baueinheiten umfassende Neubaugebiet, die Ortsumgehungsstraße, die Sportanlage, die Mittelpunktschule, das Dorfgemeinschaftshaus und einige Aussiedlerhöfe sind die baulichen Erweiterungen. Aber auch die Rebflur wurde neu geordnet. Dabei kam es zu einer erheblichen Ausweitung der Rebfläche: von 1964 bis 1979 wurde die bestockte Rebfläche Ilbesheims von 272 ha auf 458 ha erweitert (siehe GEIGER 1985a S. 37). Gegenüber dieser nun weitgehend »bereinigten« Rebflur stellen die begrünten Bachläufe von Birnbach und Ranschbach nicht nur für das menschliche Auge eine wertvolle Abwechslung dar.
Für den Abschnitt der Weinstraße südlich der Queich bis zur französischen Grenze übernimmt die Gebiets-Winzergenossenschaft Deutsches Weintor die genossenschaftliche Herstellung und Vermarktung des Weines. Dem von der Kleinen Kalmit aus gut zu überblickenden Stammsitz sind 1276 Mitglieder aus rund 50 Gemeinden angeschlos-

sen. Als 1955/56 italienische Traubensafteinfuhren bei einer guten Traubenernte in der Pfalz die Weinpreise abstürzen ließen, entschlossen sich 87 Winzer die Genossenschaft »Kleine Kalmit« zu gründen. Durch Angliederung weiterer örtlicher Genossenschaften gehörten der »GWG Kleine Kalmit« bis zum Jahre 1966 bereits 676 Mitglieder mit einer Anlieferungsfläche von 319 ha Rebland an, die über eine Lagerkapazität von 8.23 Mio Liter verfügten. 1967 fand dann die Fusion mit der »Südpfälzischen GWG Weintor« in Schweigen statt. Die fusionierte »GWG Deutsches Weintor« wurde damit zur größten Winzergenossenschaft. Im Jahre 1988 stammten die 15.93 Mio kg Traubenanlieferungen von 1046 ha Rebfläche. Die Lagerkapazität der GWG beträgt 38.28 Mio Liter, davon entfallen 6 Mio auf das Flaschenlager. 61 % der Mitglieder sind Vollablieferer. Die Traubenernte - zu einem guten Viertel bereits mit dem Vollernter maschinell eingebracht - kann außer in Ilbesheim auch an 7 weiteren Annahmestellen im Einzugsgebiet angeliefert werden. Die GWG beschäftigt 78 Mitarbeiter, um die Ernte zum Verkauf zu bringen. Für Gruppen führt die GWG auch Besichtigungen und Weinproben durch. Den Abwärtsweg vom Gipfel wählt man am besten über die östliche Gipfelseite. Von hier aus beobachtet man den in den Jahren 1987/89 umgelegten Abschnitt der Flurbereinigung von Landau-Arzheim. Dabei erkennt man, wie dem landespflegerischen Interesse inzwischen doch mehr Bedeutung zugemessen wird, indem Raum für verschiedene Landschaftselemente neu geschaffen wurde und der Altbaumbestand nicht schonungslos ausgeräumt wurde.

## HP 9   Leinsweiler

Vom Fuß der Kleinen Kalmit fährt man in Richtung Ilbesheim auf der Ortsumgehung und zweigt an der nächsten Kreuzung rechts ab nach Leinsweiler. Dort trifft man in der Ortsmitte wieder auf die Deutsche Weinstraße. Am Rathaus hält man an.

Das Bauensemble um das Rathaus mit der Rundbogenhalle aus dem Jahre 1619 und dem Buntsandstein-Brunnen aus dem Jahre 1581 davor zieht zuerst die Aufmerksamkeit auf sich. An ihm wird sichtbar, was das Baugesicht der Dörfer auch anderswo kennzeichnet. In diesem Landstrich verbinden sich nämlich Bauelemente zweier Landschaften: Bausteine des Buntsandsteins aus dem Pfälzerwald und Baumaterial aus dem Lößlehm der Rheinebene. Das Keller- und Untergeschoß und die tragenden Mauern an Haus und Hof bestehen aus Sandsteinen - nicht selten wurden diese von einstmals als »Steinbruch« freigelegten Burgruinen herbeigeschafft. Die »Wände« im Fachwerkbau waren lehmverschmierte Reisiggeflechte und zur Herstellung der Dachziegelsteine (traditionell der »Biberschwanz«) benötigte man den aus Löß hervorgegangenen tonigen Lehm.

Leinsweiler, bereits im Jahre 760 in Weißenburger Urkunden genannt, liegt im Birnbachtal unterhalb der Burgruine Neukastel. Dorf und Burg kamen später in den Besitz der Herzöge Pfalz-Zweibrücken. Auf halber Höhe des Burgberges erkennt man den »Slevogthof«. Das frühere Neukasteller Schloßgut wählte Max SLEVOGT nach 1900 zu seinem Wohnsitz, auf dem er am 30.09.1932 starb. Im Kastanienwald beim Hof befindet sich seine Grabstätte.

Leinsweiler hat sich zu einem gut besuchten Fremdenverkehrsort der Weinstraße entwickelt. Auf den regen Ausflugsverkehr weisen zahlreiche gastliche Einkehrmöglichkeiten hin. Mit dem »Leinsweilerhof« - in exponierter Lage außerhalb gelegen - entstand noch in der nationalsozialistischen Zeit im Anschluß an die Ausrufung der »Deutschen Weinstraße« im Jahre 1935 nach dem »Deutschen Weintor« in Schweigen ein zweites repräsentatives Bauwerk. Die Übernachtungszahlen im Jahre 1988 lagen mit 39000 Übernachtungen relativ hoch und mit 6000 Gästen relativ niedrig. In diesen Zahlen spiegelt sich damit indirekt die Existenz des Feriendorfes »Sonnenberg« im Birnbachtal von Leinsweiler wider. Die 40 Dachhäuser stellen nämlich allein schon 180 der 220 Gästebetten von Leinsweiler zur Verfügung.

## HP 10   Eschbach

Von Leinsweiler folgt man der Deutschen Weinstraße, passiert den »Leinsweiler Hof« und erreicht den Nachbarort Eschbach. Zu Fuß folgt man dem Madenburgweg, der am Dorfbrunnen links abzweigt bis zum Waldrand und kommt auf ihm wieder zurück.

An den Böschungen beiderseits des Madenburgweges findet man das hellgelbe »Küstenkonglomerat« aufgeschlossen. Beim Erreichen des Waldrandes erkennt man den an den roten Sandsteinen des Oberrotliegenden, daß man die *Rheingraben-Randverwerfung* überschritten hat. Das »Küstenkonglomerat« stammt aus der Zeit des Mitteloligozäns. Wegen seines nur punktuellen Vorkommens am Rheingrabenrand (Birkweiler, Eschbach, Rechtenbach) ist aber nicht gesichert, ob es sich bei ihm um ein verfestigtes Brandungsgeröll vor einer Bruchstufen-Steilküste oder um fluviatil umgelagerte Sedimente handelt (siehe ILLIES 1963 und STÄBLEIN 1968). Der Oberrheingraben wurde im Abschnitt der Weinstraße hauptsächlich im oberen Oligozän und im Miozän vor 37-19 Millionen Jahren mit marinen und terrestrischen Sedimenten aufgefüllt. Die Haifischzähne, die im »Küstenkonglomerat« zu finden sind, beweisen, daß der Rheingraben zeitweise ein Meeresarm des Tethys-Meeres war. Die im »Küstenkonglomerat« enthaltenen Muschelkalk-Gerölle beweisen, daß die Buntsandsteinschichten des Pfälzerwaldes im Oligozän noch vom Muschelkalk bedeckt gewesen sein müssen.

Vom Waldrand aus blickt man auf den nach Süden exponierten Talhang des Hämmelsberges. Einst war der Steilhang vom Talgrund in 250 m bis zum Waldrand in 320 m weinbaulich genutzt. Heute beobachtet man, wie stark mittlerweile *aufgelassene Weinberge* durch die Sukzession sich allmählich wiederbewalden. Die oberste Weinbauzone wird nämlich bei den heute in der Pfalz üblichen technischen Anbaumethoden meist nicht mehr bewirtschaftet. Entlang der Weinstraße zwischen Bockenheim und Schweigen wird - auch unter dem Gesichtspunkt der Vernetzung von Biotopen - das *Naturschutzgebiet »Haardtrand«* in 41 perlschnurartig aufgereihten Teilflächen angestrebt. Dabei sollen die kleinparzellierten, terrassierten und mit naturnahen Landschaftselementen (Gebüschsäumen, Hecken, Weinberg-Trockenmauern) durchsetzten Flächen als wertvolle Lebensräume erhalten bleiben. Dieses raumplanerische Verfahren hat im Norden der Weinstraße bis zum Jahre 1988 bereits zur Unterschutzstellung von 6 Teilflächen geführt.

## HP 11   Klingenmünster

Vom Dorfbrunnen in Eschbach folgt man der Deutschen Weinstraße, die unterhalb der Ruine Madenburg vorbeiführt, das Kaiserbachtal quert und an der Pfalzklinik vorbei nach Klingenmünster führt. In der Ortsmitte biegt man an der Kreuzung links ab und erreicht den Haltepunkt hinter der Kirche bei der Schautafel.

*Klingenmünster* ist aus einem Benediktinerkloster hervorgegangen und wird von der Burgruine Landeck überragt. Kloster und Burg lenken die Gedanken zurück in die kulturlandschaftliche Geschichte des Ortes - aber auch der Weinstraße überhaupt. Die

Chronik und der Plan auf der Schautafel informieren über die Geschichte des Klosterortes. Bemerkenswert ist die Tatsache, daß Klingenmünster - zusammen mit dem nicht weit entfernten Weißenburg - eines der »Urklöster« im Frankenreich war, von denen die Christianisierung des merowingischen Frankenreiches ausging. Vermutlich von König DAGOBERT schon im Jahre 626 gegründet, gehen die heute erhaltenen Bauteile des Klosters aber auf die romanische Zeit um 1100 zurück. Auf den Höhen des benachbarten Treutelsberges finden sich gleich drei mit der Klostersiedlung verbundene Befestigungsanlagen. Der Ringwall auf dem Heidenschuh (457 m) war die frühmittelalterliche Zufluchtsstätte des Klosters. Das »Schlößl« (355 m) entstand als eine der ersten romanischen Turmburgen des 11. Jahrhunderts. Schließlich, zur Zeit als die Weinstraße ein Kernraum salisch-staufischer Kaisermacht war, wurde die »Reichsburg Landeck« mit doppeltem Mauerring und hohem Bergfried im 12./13. Jahrhundert erbaut. Der kaiserlichen Glanzzeit folgten Jahrhunderte der territorialen Aufsplitterung dieser bedeutenden Weinbaulandschaft. Zum Beispiel gehörten Mitte des 16. Jahrhunderts die von Birkweiler bis Klingenmünster durchfahrenen Orte folgenden Herrschaftsgebieten an: Birkweiler zur Kurpfalz, Ranschbach zum Hochstift Speyer, Leinsweiler zum Herzogtum Pfalz-Zweibrücken, Eschbach und Klingenmünster waren im gemeinsamen Besitz der Grafschaft Zweibrücken-Bitsch, der Kurpfalz und des Hochstiftes Speyer. Im 17. Jahrhundert war die Pfalz mehrfach leidtragender Schauplatz der französischen Expansionsbestrebungen in Europa. Nicht nur die Dörfer wurden gebrandschatzt, sondern auch die zahlreichen Burgen, nach Zerstörungen im Bauernkrieg 1525 meist wieder aufgebaut, wurden nun endgültig zerstört und blieben seitdem Ruinen. So auch die Burgruine Landeck. Zur territorialen Einigung kam es in der napoleonischen Zeit, die Pfalz geriet als Departement »Mont Tonnère« erneut in französischen Besitz und 1815 als »Rheinkreis« an das Königreich Bayern. Für die später dann als »Rheinpfalz« bezeichnete Provinz Bayerns war August BECKER einer der bedeutendsten Landeskundler. Sein Geburtshaus und einen Gedenkstein mit Bronzebüste findet man mitten in Klingenmünster.

## HP 12   Bad Bergzabern

Von der Ortsmitte in Klingenmünster fährt man der Deutschen Weinstraße folgend in Richtung Bad Bergzabern weiter. Man beachte den Ausblick auf die erwähnte Burgruine Landeck vom Talhang des Klingbachtales aus. Man passiert das bekannte Winzerdorf Gleiszellen und Gleishorbach, durchfährt den eng bebauten Dorfkern von Pleisweiler und erreicht Bad Bergzabern. Auf der Weinstraße fährt man in die Stadt und hält am Meßplatz.

*Bergzabern* ist aus dem frühmittelalterlichen Zaberna hervorgegangen, dem im Jahre 1286 von Rudolf von Habsburg das Hagenauer Stadtrecht zugesprochen wurde. Das mittelalterliche Bergzabern war durch Stadtmauer mit Türmen und Wall mit Wassergraben befestigt (Abb. 3). 1410 kam es an das Herzogtum Pfalz-Zweibrücken und war als Oberamtstadt Verwaltungsmittelpunkt für den östlichen Teil des Herzogtums. Die mittelalterliche Wasserburg am Erlenbach wurde im 16. Jahrhundert in einen barocken Schloßbau umgewandelt. Von 1792-1816 gehörte Bergzabern zur französischen Republik, danach war es Kreisstadt im bayerischen »Rheinkreis«. 1969 wurde der Landkreis Bergzabern mit dem Landkreis Landau zum Landkreis »Südliche Weinstraße« vereinigt und die Kreisverwaltung nach Landau verlegt. Das Schloß beherbergt heute die Verwaltung der Verbandsgemeinde Bad Bergzabern.
Mit dem Anschluß an das Eisenbahnnetz im Jahre 1870 war eine wichtige Voraussetzung gegeben, Bergzabern zum *Kurort* auszubauen. Der 1875 gegründete »Verschöne-

304

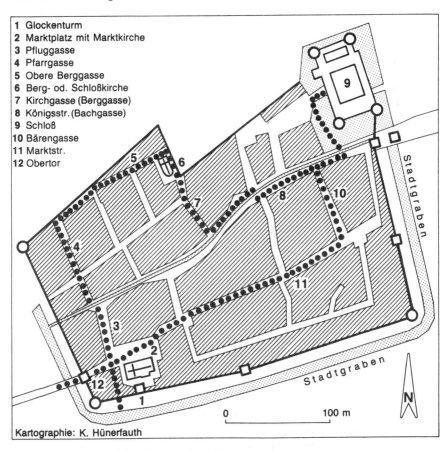

*Abb. 3:* **Bad Bergzabern um 1775**

1 Glockenturm
2 Marktplatz mit Marktkirche
3 Pfluggasse
4 Pfarrgasse
5 Obere Berggasse
6 Berg- od. Schloßkirche
7 Kirchgasse (Berggasse)
8 Königsstr. (Bachgasse)
9 Schloß
10 Bärengasse
11 Marktstr.
12 Obertor

Stadtgraben

Stadtgraben

N

0          100 m

Kartographie: K. Hünerfauth

rungsverein« strebte den Ausbau zum Luftkurort an. Im »Kurtal« entstanden Kurhotels, die insbesondere nach Einführung der Kneipp'schen Kaltwasserkur einen ersten Aufschwung nahmen. Die beiden Weltkriege, Bergzabern war im Zweiten Weltkrieg zeitweise evakuiert, hemmten diese Entwicklung. 1964 wurde die Anerkennung als Kneippheilbad auch im Ortsnamen »Bad Bergzabern« ausgesprochen. Die Wiedererbohrung der Natrium-Chlorid-Therme 1969/70 und der anschließende Bau des Thermalbades mit Kurmittelabteilung 1972/74 förderte die winterliche Auslastung des Kurortes für Kursuchende bei Herz-, Kreislauf- und Rheuma-Erkrankungen. Der nun besser ausgestattete Kurort wurde 1975 als »Staatsbad« anerkannt. Nach Bad Dürkheim hat sich Bad Bergzabern zum zweitwichtigsten Fremdenverkehrsort der Pfalz entwickelt. Die Gäste- und Übernachtungszahlen zeigen diesen Aufschwung an:

| Jahr | 1899 | 1928 | 1936 | 1955 | 1964 | 1975 | 1988 |
|------|------|------|------|------|------|------|------|
| Gäste | 1785 | 4993 | 8803 | 10055 | 14511 | 23039 | 41018 |
| Übernachtungen | - | 40145 | 74868 | 60127 | 122652 | 220368 | 303517 |

Quelle: Angaben der Kurverwaltung

Um die Stadt und den Kurbetrieb zu beobachten, startet man zu einem etwa einstündigen Rundgang am Meßplatz (siehe Abb. 3). Durch ein Portal neben dem Glockenturm erreicht man den Marktplatz, geht der Pfluggasse und Pfarrgasse entlang, folgt der Oberen Berggasse und Kirchgasse, trifft auf die Königstraße (früher Bachgasse) und erreicht im Nordosten der Altstadt den mächtigen Schloßbau. Von dort führt die Bärengasse zur - seit 1978 als Fußgängerzone ausgebauten - Marktstraße. Man kommt zum Marktplatz zurück und verläßt die Altstadt beim ehemaligen Obertor. Von dort folgt man der Markt- und Weinstraße und erreicht auf der Kurtalstraße das Thermalbad am Beginn des Kurtales. Anschließend findet man den Weg zum Ausgangspunkt am Meßplatz wieder zurück. Beim Rundgang achte man insbesondere auf die in Abb. 3 besonders markierten Haltepunkte. Die Altstadt enthält einige recht beachtliche und sorgsam gepflegte Gebäude der Renaissance- und Barockzeit, auf die Bronzetafeln hinweisen. Am Meßplatz findet sich vor dem Gebäude der Sparkasse auch ein Zeugnis moderner Kunst: der »Weinbrunnen« von Gernot RUMPF (1977). Dieser steht mit seiner Deutung am Ende der Exkursion:

*»Als Noah, der Urahn aller Winzer, mit seiner Arche gestrandet war, schenkte ihm der Engel des Herrn eine Weinrebe. Damit die junge Rebe gut gedeihe, sollte er sie mit dem Blut eines Lammes und eines Affen begießen. Der Teufel, der die Szene verfolgt hatte, fügte weiteres hinzu: Blut vom Löwen und vom Schwein. Seit dieser Zeit gilt vom Wein: Wer einen Krug trinkt, wird fromm und zahm wie ein Lamm, wer zwei trinkt, gelehrig und lustig wie ein Affe, wer drei trinkt, stark und brüllend wie ein Löwe, wer aber vier trinkt, der grunzt und wälzt sich wie ein Schwein.«*

# IV. Literatur

ADAMS, K. (1985): Die Weinwirtschaft der Weinstraße, in: GEIGER, M., G. PREUSS und K.H. ROTHENBERGER (Hrsg.): Die Weinstraße - Porträt einer Landschaft, Landau, S. 209-222

DENNHARDT, H. und H.S. WÜST (1985): Ortserneuerung und Landschaftsentwicklung, in: GEIGER, M., G. PREUSS und K.H. ROTHENBERGER (Hrsg.): Die Weinstraße - Porträt einer Landschaft, Landau, S. 95-116

GEIGER, M. (1983): Geländeklima-Untersuchungen für die Landschaftsplanung an der Weinstraße, in: Mannheimer Geographische Arbeiten H. 14, Mannheim, S. 25-42

GEIGER, M. (1985): Die Landschaft der Weinstraße, in: GEIGER, M., G. PREUSS und K.H. ROTHENBERGER (Hrsg.): Die Weinstraße - Porträt einer Landschaft, Landau, S. 9-50

GEIGER, M. (1985a): Die Landschaften der Pfalz im Luftbild (Teil 1), in: Pfälzer Heimat, Jg. 36, H. 1, S. 33-40, sowie Korrektur Jg. 37, H. 2, S. 84

GEIGER, M. (1988/89): Weinstraße - Geländeklima, in: DIERCKE-Weltatlas, Braunschweig, S. 47 und DIERCKE-Handbuch, Braunschweig, S. 54/55

GEIGER, M., G. PREUSS und K.H. ROTHENBERGER (Hrsg.) (1985, [2]1987): Die Weinstraße - Porträt einer Landschaft, Landau

GUTMANN, H. (1985): Weinlandschaft Rheinpfalz, HB-Bildatlas Spezial 16, Norderstedt

HEINZ, K. (1976): Pfalz mit Weinstraße - Landschaft, Geschichte, Kultur, Kunst, Volkstum -, Heroldsberg

HEINZ, K. (1985): Deutsche Weinstraße (Rheinpfalz) - Polyglott-Reiseführer, München

HÖHL, G., I. DÖRRER und W. SCHWEINFURTH (1983): Erläuterungen zur morphologischen Karte 1 : 25000 der Bundesrepublik Deutschland GMK 25 Blatt 12 6741 Edenkoben, Berlin

ILLIES, H. (1963): Der Westrand des Rheingrabens zwischen Edenkoben/Pfalz und Niederbronn/Elsaß, in: Oberrhein. Geolog. Abh., Jg. 12, S. 1-23

NOTTMEYER, D. (1954): Stratigraphische und tektonische Untersuchungen in der rheinischen Vorbergzone bei Siebeldingen - Frankweiler, in: Mitteil. Pollichia III. Reihe, Bd. 2, S. 36-93

PEMÖLLER, A. (1975): Landkreis Landau - Bad Bergzabern - Die Landkreise in Rheinland-Pfalz, Landau/Bad Bergzabern

SCHOPPE, O. (1981): Analyse und Reflektion einer Siedlungsstruktur am Beispiel des südpfälzischen Winzerdorfes Rhodt, in: GEIGER, M., G. PREUSS und K.-H. ROTHENBERGER (Hrsg.): Pfälzische Landeskunde, Bd. 1, Landau, S. 243-271

SCHUMANN, F. (1985): Der Weinbau der Weinstraße, in: GEIGER, M. G. PREUSS und K.-H. ROTHENBERGER (Hrsg.): Die Weinstraße - Porträt einer Landschaft, Landau, S. 185-208

STÄBLEIN, G.(1968): Reliefgenerationen der Vorderpfalz, Würzburger Geographische Arbeiten H. 23, Würzburg

WITTNER, H. (1981): Großer Pfalz-Führer, Stuttgart

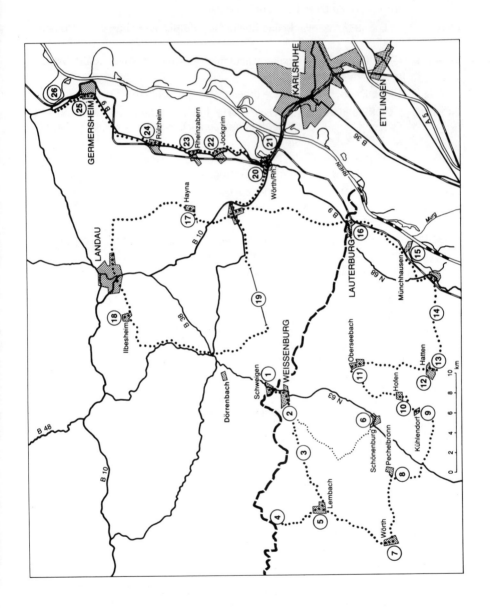

# Nördliches Elsaß - Südliche Vorderpfalz

Ein Grenzraum am Oberrhein im Spannungsfeld zwischen gemeinsamer
Entwicklung und Trennung, Konfrontation und Nachbarschaft

von

Heinz Eggers

## I. Haltepunkte

1. Schweigen
2. Weißenburg
3. Scherhol-(pass)
4. Fleckenstein
5. Lembach
6. Schoenenburg
7. Woerth
8. (Merkwiller-)Pechelbronn
9. Kuhlendorf
10. Hoffen
11. Oberseebach
12. Hatten
13. Hatten - israel. Friedhof
14. (Hagenauer Forst) - Hügelgrab
15. Munchhausen
16. Lauterburg
17. Hayna
18. Kleine Kalmit (bzw. Ilbesheim)
19. »Viehstrich«
20. Wörth am Rhein
21. Hafen Wörth
22. Jockgrim
23. Rheinzabern
24. Rülzheim
25. Germersheim
26. (Germersheim-) Insel Grün

Die vorgeschlagene Exkursionsroute und die Aufenthalte können in zwei Tagen zeitlich etwas
knapp durchgeführt werden, wenn An- und Abfahrt nicht zu lange dauern (z.B. Raum Mannheim
- Karlsruhe - Straßburg - Saarbrücken); Kürzungen sind vorgeschlagen. Falls längere Aufenthalte
oder ausführliche Besichtigungen eingeschaltet werden sollten - Weißenburg, Maginotlinie, Museum Woerth, Daimler-Benz in Wörth und Germersheim -, sind drei Tage günstiger.

# II. Der Raum und seine Probleme

Staats- und ähnliche Grenzen können durch Kontakte, Austausch und Vermittlung Vorteile bringen, wenn das nachbarliche Verhältnis der Anlieger gut ist. Allzu gegensätzliche Zustände auf beiden Seiten sind eher destabilisierend. Häufige Veränderungen des Verlaufes machen Grenzen unsicher. Reines Verteidigungsdenken lähmt das wirtschaftliche Leben oft bei Freund und Feind; Festung und ödes Vorfeld, *limes* und *eremus*, gehören zusammen. Grenzlage bedeutet meist auch Peripherie, fern von den Macht- und Funktionszentralen, Vernachlässigung und ungünstigen Standort.

Im Westteil der nördlichen Oberrheinebene waren auch natürliche Voraussetzungen zur Ausbildung von Grenzen gegeben. Anders als sonst im von Nord nach Süd recht durchgängigen Tiefland liegen hier sperrend mehrere größere Waldgebiete, in unserem Bereich vor allem der Hagenauer Forst und der Bienwald. Sie stocken auf kaltzeitlichen Ablagerungen der Moder, Zinsel und Sauer bzw. der Lauter. Diese Bäche zerschnitten das Vorhügelland in Dreiecksform und bauten ihre flachen Schwemmfächer vorwiegend mit Buntsandsteinmaterial aus dem Gebirge auf. Die feuchten bodensauren Standorte sind für Ackerbau denkbar ungeeignet. So blieben als eigentlicher Siedlungsraum die dazwischen erhaltenen, mit Altschottern und vor allem mit fruchtbarem Löß überdeckten Tertiärplatten und -riedel, ebenfalls in Dreiecksform, nun aber mit der Breitseite am Gebirge angesetzt. Die trennende Wirkung hat im elsässischen Bereich ohne Zweifel ihre Rolle gespielt. Auch heute noch spricht man beim Raum jenseits des Hagenauer Forstes von *überm Wald* oder *unterm Wald* (vgl. Soultz-sous-Forêts) und meint (vor allem aus der Sicht des »eigentlichen« Elsaß) oft »Hinter-dem-Wald«, auch im Doppelsinn. Nur konsequent prägt daher der Straßburger Geograph Henri BAULIG 1946/47 den französischen Ausdruck *Outre-Forêt* (»mangels eines besseren Begriffs«, nach D. LERCH, OUTRE-FORET, H. 13, 1976). Angesichts der weiteren Schranke des Bienwaldes hat G. WACKERMANN (in: Saisons d'Alsace, No 59, 1976) die Bezeichnung *Entre-Forêts* geprägt und die isolierte Stellung des Gebietes noch deutlicher betont. Die erste Benennung hat sich aber gehalten: Der aus lokalen Vorläufern zusammengewachsene und seither sehr aktive Cercle d'Histoire de l'Alsace du Nord gibt seine Revue unter dem Namen L'OUTRE-FORET seit 1973 heraus. Die grenznahe Südpfalz endet nach Süden zwar auch am geschlossenen Bienwaldbereich, aber eine markante natürliche Abtrennung zur übrigen Vorderpfalz besteht nicht; trotzdem machten sich Randlage und Entfernung von den Kernräumen bemerkbar.

Zum Exkursionsthema »Die Wirksamkeit von Grenzen« müssen historisch-politische und administrative Entwicklung und auch militärische Gesichtspunkte beachtet werden.

Schon vor der Römerzeit trennte der Hagenauer Forst die Triboker im südlichen Elsaß von den um Speyer angesiedelten, ebenfalls schon stark germanisch durchmischten Nemetern. In der Völkerwanderung besetzten die Alemannen den ganzen Bereich, wurden aber um 500 von den Franken nach Süden zurückgedrängt und bald politisch abhängig. Seither treffen die Stammesgebiete und damit die Mundarten im Raum zwischen den beiden Wäldern aufeinander; im Laufe der Zeit erfolgte eine deutliche Fixierung etwa entlang dem Lauf der Seltz. Man nennt (z.B. aus Straßburger Perspektive) den nördlichsten Teil gelegentlich noch *L'Alsace Bavaroise* und meint damit eher *L'Alsace Palatine*, wo man redet wie in der Pfalz, die von 1815 bis 1945 zu Bayern gehörte. (So meldet L'OUTRE-FORET in No 18, 1977, daß die in der Pfalz so bekannten Fabelwesen

## Abb. 1: Übersichtskarte

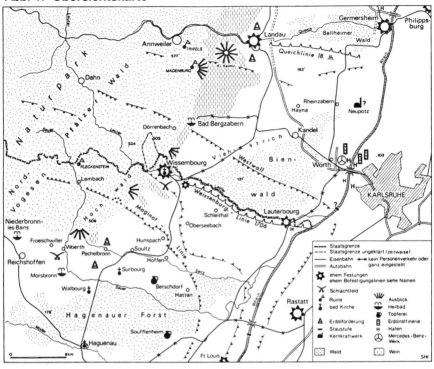

Elwedretsche auch in Soultz-sous-Forêts gejagt werden konnten.)
Die fränkische Besiedlung in der Randzone scheint recht zögernd vorangekommen zu sein. Die frühen Klöster Surburg, Weißenburg und Klingenmünster (6. und 7. Jh.) spielten eine wichtige Rolle, und es ist verständlich, daß die *Fränkische Staatskolonisation* hier ebenfalls angesetzt wurde (näheres bei HP 19). Am Seltzbach war dann auch die Grenze zwischen dem Speyer- und dem elsässischen Nordgau und ebenso die Trennungslinie zwischen den Diözesen Speyer und Straßburg, die bis zur französischen Revolution beide über den Rhein nach Osten reichten. Im Outre-Forêt lag Besitz des Hochstiftes Speyer, der Kurpfalz, von Pfalz-Zweibrücken und der Markgrafschaft Baden. Diese Zwischenzone war aber besonders charakterisiert durch kleinere Territorien wie (Hanau-)Lichtenberg, Fleckenstein, Sickingen mit Burgen im angrenzenden Waldgebirge. Dieses grundherrschaftliche Mosaik spiegelte sich neben anderen Einflüssen vor allem auch in der Konfessionsverteilung nach der Reformation. Die (besonders unter französischem Druck) angestrebte Rekatholisierung brachte vielerorts die Teilung der Kirchengebäude, das *Simultaneum* (wie heute noch in Dörrenbach bei Bad Bergzabern). Im Laufe des 17. und 18. Jahrhunderts kam auf dem Lande die jüdische Bevölkerungs- und Religionsgruppe hinzu.

# Abb. 2: Ortsnamenschichten und Dialektgrenzen

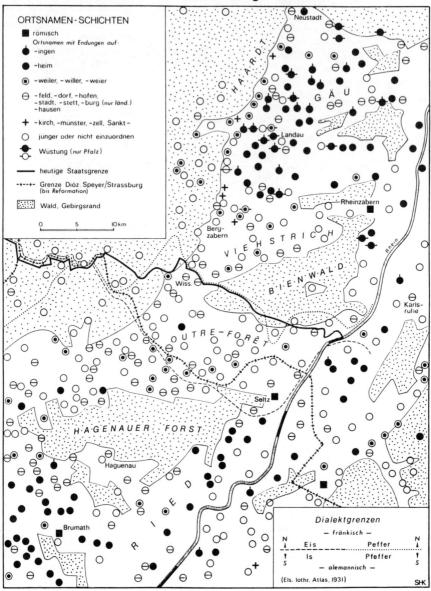

ORTSNAMEN-SCHICHTEN

- ■ römisch
- Ortsnamen mit Endungen auf:
- ● -ingen
- ● -heim
- ◉ -weiler, -willer, -weier
- ⊖ -feld, -dorf, -hofen, -stadt, -stett, -burg (nur länd.) -hausen
- ✛ -kirch, -munster, -zell, Sankt -
- ○ junger oder nicht einzuordnen
- ⬤ Wüstung (nur Pfalz)
- ⬡

— heutige Staatsgrenze

-+-+- Grenze Diöz. Speyer/Strassburg (bis Reformation)

[:::::] Wald, Gebirgsrand

0    5    10 km

Dialektgrenzen
— fränkisch —

|   | N | | N |   |
|---|---|---|---|---|
| Eis | | Peffer |   |
| Is | | Pfeffer |   |
|   | S | | S |   |

— alemannisch —

(Els. lothr. Atlas, 1931)          SHK

Das Vordringen Frankreichs nach 1648 brachte starke Veränderungen bei den politischen Machtverhältnissen weit nach Norden über die Lauterlinie hinaus. Es begann mit den Freien Reichsstädten Weißenburg und Landau mitsamt zugehörigen Dörfern. Als bleibendes Ergebnis der folgenden Reunionspolitik besonders im Bereich des Hochstiftes Speyer und der kleineren Herrschaften wurde (mit ausgesparten Enklaven) das Gebiet bis etwa zur Queich und über Dahn hinaus einbezogen. Es gehörte ab 1790 zum neu geschaffenen Département 'Bas-Rhin' (und nicht etwa zu 'Mont-Tonnère' wie die übrige Vorderpfalz). Damals erst wurden auch schärfere Zollschranken wirksam. All' das ging - wie schon im 30jährigen Krieg - im Zeitalter Ludwig XIV. nicht ohne häufige Kampfhandlungen und Zerstörungen ab, später besonders im kurpfälzischen Gebiet. Um 1700 entstanden zur Sicherung der französischen Ansprüche befestigte Feldstellungen am Speyerbach, an der Queich und Lauter (*Weißenburger Linien*) und Festungen in Landau, Weißenburg, Lauterburg und Fort Louis. Dem standen auf deutscher Seite die Ettlinger Linien und die befestigten Städte Frankenthal, Philippsburg, Mannheim und später Germersheim und Rastatt gegenüber. Erst 1815 wurde im Wiener Kongreß die heutige Staatsgrenze mit geringen späteren Korrekturen an der Lauter festgelegt. Im Jahre 1870 erlebte der Grenzraum kurze, aber sehr blutige Schlachten und im Zweiten Weltkrieg kehrten Zeiten mit Flucht, Evakuierung, Kampf und Verwüstung sowohl 1939/40 als auch 1944/45 wieder, beide Male im Zusammenhang mit den großen Befestigungsanlagen der Vorkriegszeit - Maginotlinie und Westwall -, welche die Grenze vergeblich zu zementieren versuchten. Okkupation, Besetzung und Besatzung verschlechterten zusätzlich das Verhältnis der Nachbarn zueinander.

Outre-Forêt und Südpfälzer Hügelland sind ziemlich agrar geblieben. Neben den Reben, die sich mehr ans Gebirge halten und im Elsaß viel weniger geworden sind, waren Hopfen und Tabak wichtig, nur in der Südpfalz wächst er noch auf größeren Flächen. Für intensiven Gemüsebau fehlt der Markt in größeren Städten wie Straßburg und im Rhein-Neckar-Raum. Die Erwerbs- und Sozialform der Arbeiterbauern war weit verbreitet. Ältere Industrie ist aber nur in den Werken der Familie De DIETRICH um Reichshoffen und Niederbronn am Vogesenrand vertreten. Erdölabbau aus Tertiärschichten und Verarbeitung um Merkwiller-Pechelbronn sind nach längerer Blüte zum Erliegen gekommen, bei Landau laufen noch einige Pumpen. Die allgemeine Tendenz geht zu Neugründungen und Verlagerungen an die Rheinachse, wobei der pfälzische Teil klar voran steht. Im Outre-Forêt gibt es zwar auch einige kleinere Neuanlagen, Ihr Kapital kam aber oft über die Grenze oder über den Atlantik. Ein erheblicher Teil der Berufstätigen pendelt also zur Arbeit und rund 5000 Elsässer sind Grenzgänger nach Karlsruhe, Rastatt, Wörth und anderen Orten. Darunter leiden besonders die Städtchen Weißenburg und Lauterburg, deren Einfluß und Zentralität stark beschränkt blieben. Entsprechend stagnierte die Bevölkerungszahl. Auch höherrangige Zentren haben wenig befruchtende Einflüsse ausgeübt: Straßburg ist weit und Karlruhe kommt höchstens zu gelegentlichem Einkauf, aber nicht als Träger von Verwaltung und sonstiger Versorgung infrage, denn es liegt im Ausland oder anderen Bundesland. Obwohl die europäischen und *speziell die rheinischen* Rahmenbedingungen für Pfalz und Elsaß ähnlich günstig sind, verlief die wirtschaftliche Entwicklung der Pfalz in den letzten 40 Jahren deutlich besser und schneller. Allerdings wäre es unsinnig und vor allem nicht ökologisch zu verantworten, wenn die als natürlicher Standort noch einigermaßen intakte Rheinniederung stärker oder gar überall zu industriellen und anderen Zwecken verplant würde, wie stromauf im Raum Straßburg oder bei Karlruhe/Wörth. Die Trümpfe des weithin noch traditionell geprägten Landes könnten auch in der Erhaltung und Pflege eines vielseitigen Freizeit- und Erholungspotentials liegen. Hier hätte das Elsaß mit seinen vielen Kulturgütern wie Stadt- und Dorfbildern, seinen Ackerfluren, Wäldern und Burgen sogar Vorrang. Die zunehmenden Besucherströme gerade über die Grenzen bestätigen das.

## III. Exkursionsverlauf

### HP 1   Grenzort Schweigen

Eignet sich zum Anfang als Überblick auf die südliche Vorderpfalz und hinüber zur Stadt Weißenburg sowie zur thematischen Einleitung. - Parkplatz beim »Deutschen Weintor« (1937 monumental mit Nebengebäuden errichtet, als demonstrativer Anfang der 1935 konzipierten »Deutschen Weinstraße«; Aktion für den notleidenden Pfälzer Weinbau und touristische Inwertsetzung der Vorderhaardt). Auf dem ersten deutschen Weinlehrpfad in westlicher Richtung den Hang hinauf etwa bis zum Waldrand bzw. bis zum Weinprobepavillon.

*Landschaftsgliederung:* Zonal vom Pfälzer Wald nach Osten über die Gebirgsfußzone, die durch Täler zerschnittenen, lößbedeckten Tertiärriedel und höheren Terrassenflächen bis zur Rheinaue, d.h. Abfolge Wald - Wein - Ackerbau - Wald als Bodennutzung. Siedlungslagen: Gebirgsrand - Ränder der West/Osttäler - Hochgestaderand. Nach S angrenzend der pleistozäne, unfruchtbare und vielfach feuchte Schwemmfächer der Lauter mit Bien- bzw. Unterem Mundatwald (Rodungsinsel Büchelberg auf tertiärer Kalkscholle). Seine Begrenzung nach N ist die Bruch-Otterbachniederung mit der markanten Siedlungsreihe der Straßendörfer am Riedelfuß, dem sogenannten »Viehstrich«. Am Gebirgsrand und Talausgang die Lage von Weißenburg. Dahinter die Hügel des »Outre-Forêt«.

*Politische und wirtschaftliche Randlage:* Nach der germanischen Landnahme offenbar schwach besiedelter Raum (jüngere Ortsnamen, Stammes- bzw. Sprachgrenze zwischen Fränkisch und Alemannisch nördlich des Hagenauer Forstes etwa an der Seltz, entsprechend Grenze Speyer- zu elsässischem Nordgau und alte Diözesangrenze Speyer - Straßburg). Raum für »Fränkische Staatskolonisation« (Näheres HP 19). Später wechselnde Zugehörigkeit zu verschiedenen Territorien und Staaten; die Lauter ist erst seit 1815 echte Grenze geworden, Schweigen wurde nach sehr langer Zugehörigkeit zu Weißenburg erst 1826 abgetrennt. Abseitslage vor allem für das elsässische Gebiet, Weißenburg ohne Hinterland im N. Eisenbahnverbindung Weißenburg-Landau und Weißenburg-Wörth am Rhein eingestellt. Viele Grenzgänger aus dem Elsaß. Die Gefährdung bzw. Entmilitarisierung besonders in der Zeit zwischen den beiden Weltkriegen hat sich im »Glacisbereich« bis heute ausgewirkt (siehe auch allg. Einleitung).

*Militärische Grenzsituation:* »Weißenburger Linien« entlang der Lauter bis Weißenburg und zum Scherholpass hinauf 1706 von Franzosen erbaut. Die Höhen südlich der Stadt am Geisberg und südlich von Woerth an der Sauer Angriffsziel der deutschen Truppen am 4. bzw. 6.8.1870 (schon während der Revolutionskriege 1793 an gleichen Stellen Gefechte). Westwallbefestigung in der Linie Oberotterbach - Niederotterbach - Büchelberg im Bienwald. Räumung der »Roten Zone« 1939, ebenso des elsässischen Grenzraumes, Bevölkerung von hier meist in das Département 'Haute-Vienne' (Limousin im westl. Zentralmassiv) verlegt. Französische Maginot-Linie von der Hochwald-Randscholle über die Hügel des »Outre-Forêt«. Besonders zu Kriegsende 1944/45 schwere Kämpfe mit teilweise beträchtlichen Schäden auf beiden Seiten.

*Weinbau beiderseits der Grenze:* In Südpfalz am Haardtrand geschlossene Zone bis etwa 250/300 m Höhe und weit auf den Riedeln in die Ebene hinab, bis zur Gefährdung durch Kaltluft. Im Elsaß - im Rahmen der inländischen Marktkonkurrenz - nur sehr beschränkt im Raum Cléebourg - Rott - Steinseltz hinter Weißenburg (Winzergenossenschaft siehe HP 5b). Dann große Lücke nach S, stärkerer Anbau erst wieder um die Breuschtalmündung bei Wasselonne (Wasselnheim) und Obernai (Oberehnheim). Die Gebirgsumrahmung der Zaberner Bucht ist besonders niedrig und führt so zu geringen Föhneffekten.

## HP 2   Kloster und Stadt Weißenburg/Wissembourg

Aufenthalt mit ausführlicheren Besichtigungen von Stiftskirche und Museum Westercamp, eventuell anschließende Mittagspause. Sonst kürzer, wenn der Abstecher HP 3 bis 6 in den Gebirgsbereich vor gesehen ist. Zur Anfahrt ab Grenze geradeaus bis zum Bahnhof, dort rechts außerhalb des Stadtkerns entlang dem erhaltenen Mauerzug nach Westen auf D 334 in Richtung Weiler. Am Westende der geschlossenen Bebauung (Schwimmbad, Lauterbrücke) nach rechts (E) zurückbiegen. Bei erster Straße rechts aussteigen zu längerem Rückgang zu Fuß.

Standort in der Lautervorstadt = Bruch beim ehemaligen Bitscher- oder Obertor (Hausgenossenturm). Die folgende Einführung in die Geschichte und Grundrißentwicklung stützt sich vorteilhaft auf Abbildungen (z.b. MERIAN-Stich aus der Topographia Alsatiae, 1653, Rekonstruktionszeichnung F. SCHOLL, 1943, auch in K. GRUBER, Gestalt der deutschen Stadt, 1952, H. SCHWEER, 1964). - Bei östlich gelegenem heutigen Vorort Altenstadt (13. Jh. vetus villa) römische Siedlung und Kastell Concordia (fränk. Name auch Tattestadt). Die Bewohner zogen später zum Teil nach Weißenburg um. Kloster im 7. Jh. (vielleicht 623 von Frankenkönig Dagobert) gestiftet. Von Pippin die Immunität im Bereich der »Mundat« (Muntgewalt, Eigenbesitz besonders in den nahen Wäldern, im heutigen Elsaß und Pfalz) verliehen. Benediktinerabtei beeinflußt von Hlg. Irmina (Echternach) und Pirmin. Zunächst westfränkische Kontakte und Besitzungen, dann mehr im oberrheinischen Raum mit deutlicher Bevorzugung des Altsiedellandes sowie im weiteren Umkreis bis Oberschwaben. Dem Speyergau und der Diözese Speyer zugehörig. Vom Bischof als Reichsabtei später eximiert. In Karolingerzeit berühmte Klosterschule. Im 9. Jh. Mönch Otfried von Weißenburg mit seiner Evangelienharmonie, dem »Krist« (althochdeutsch/südrheinfränkisch; Endreime). Kloster weltliches Kollegiat, 1524 Propstei, wieder unter Speyer. In der französischen Revolution endgültig aufgelöst.

Früh kleine weltliche Siedlung für Handwerker und Händler im Osten angeschlossen. Markt- und Münzrecht wohl im 10./11. Jh. Unter den staufischen Vögten dann Stadtgründung. In Urkunde von Friedrich I. 1179 »oppidum«. 1254 im Rheinischen Städtebund, also weitreichende Handelsbedeutung. Seit 1354 Mitglied der elsässischen Dekapolis, im Zehnstädtebund wie Landau. 1518 endgültig von Abtei unabhängig, Freie Reichsstadt. Von 1648 ab mit Landau immer stärkere Einbeziehung in die französische Herrschaft. Stadt litt vor allem schwer im 17. Jh., geschleifte Mauern, dann neu befestigt, 1870 weniger beschädigt, erheblich aber 1944/45. Vor allem ab 1815 durch Grenzlage zunehmender Rückgang von Verwaltungs- und Wirtschaftsfunktionen, Stagnieren der Bevölkerungszahl, heute um 7000 Einwohner. Sitz des Arrondissements Wissembourg.

## Abb. 3: Weißenburg - Mittelalterliche Stadtentwicklung

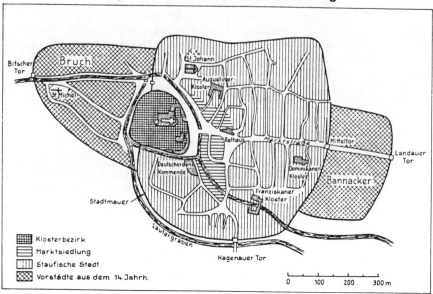

Bitscher Tor · St.Michel · Bruch · St.Johann · Augustiner-Kloster · Rathaus · Marktstraße · Mitteltor · Landauer Tor · Deutschorden Kommende · Dominikaner Kloster · Bannacker · Franziskaner Kloster · Stadtmauer · Lautergraben · Hagenauer Tor

▨ Klosterbezirk
☰ Marktsiedlung
▥ Staufische Stadt
▨ Vorstädte aus dem 14.Jahrh.

0    100    200    300 m

*Quelle:* SCHWEER 1964

*Grundrißmerkmale:* Kloster auf einer (ehem.?) Lauterinsel, wohl schon im 9. Jh. kreisförmig ummauert. Direkt östlich der Lauter zunächst dreieckiger Marktplatz mit Rathaus. Staufische Stadt dann planmäßig angelegt mit West-Ost-Hauptachse, die auch als erweiterter Straßenmarkt diente. Senkrecht dazu rippenartige Seitenstraßen. Bereits im 13. Jh. ummauerte Tore im Osten, Süden und Westen. Bald auch zwei Vorstädte. Im Osten Bannacker Achse verlängert, ab 1311 ummauert, neues Landauer Tor. Etwa gleichzeitig westliche Vorstadt lauteraufwärts = Bruch (Faubourg de Bitche) als Gewerbegebiet am Wasser; ebenfalls bald ummauert mit Obertor. Innerhalb der Mauern allerdings vor allem in den Vorstädten bis heute viele, vorwiegend als Gärten genutzte Freiflächen. Erst im 19. Jh. geringer Ausbau besonders nach Osten in Richtung Bahnhof und Altenstadt. Der Rundgang führt nun die Lauter abwärts durch die geschlossenen Straßenfronten des *Bruchviertels* mit sehr schönem Gesamteindruck. Mehrere Einzelhäuser, vor allem das Eckhaus am linken Ende mit Erker (Inschr. 1550) sehenswert. Steinerne Waschplatten am fließenden Wasser. Vor der Altstadtmauer ein Sperrwehr mit traditionellem Waschhaus, hier die ehemalige Pfister-(= Bäcker)Mühle des Klosters. Nach rechts folgt man dem wohl künstlich vertieften Lindengraben und seiner Promenade und damit der westlichen Klosterummauerung mit Schartenportenturm, biegt nach links in die Stanislasstraße ein und erreicht, nochmals links wendend, mit der Sous-Préfecture erste ehemalige Klostergebäude und schließlich die St. Peter-und-Paul-Kirche. Begonnen 2. Hälfte des 13. Jh., im W wuchtiger romanischer Wehr- und Glockenturm, im E achteckiger Vierungsturm aus mehreren Stilepochen. Große kreuzförmige Pfeilerbasilika mit fünf Schiffen, weitgehend gotisch, schöne Raumwirkung. Glasfenster, Reste vom Lettner, Heiliges Grab, wie andere Skulpturen in der Revolutionszeit beschädigt oder zerstört, riesige

316

Wandmalerei von St. Christophorus Ende 15. Jh. und anderes. Beachtliche Reste des nicht vollendeten Kreuzganges mit schönem Maßwerk auf der Nordseite, angebaut eine kryptaähnliche, romanische Kapelle von etwa 1032. Fortsetzung des Rundgangs nach Osten zu platzartiger Weitung am Anselmannstaden an der Lauter mit schönen Anlagen und einer eindrucksvollen Häuserfront aus dem 16. und 17. Jh., auf der anderen Seite Zehntscheuer (neueres Relief des Mönches Otfried) und an der Brücke das Salzhaus (1450, ursprünglich wohl ein Hospital) mit gewaltigem durchhängenden Dach mit vielen Reihenfenstern. Die Hauptstraße geradeaus zum Marktplatz und zum klassizistischen Rathaus von 1752.

Erweiterung des Rundgangs: Nach Norden zur leider im letzten Krieg beschädigten Johanniskirche (jetzt protestantisch) mit romanischem Turm und zum Haus Westercamp, einem reich verzierten Fachwerkbau (historisches Museum mit Volkskunst, offen 10-12 h und 14-17 h, sonntags 14-17 h außer Mittwoch und Januar). Gleich dahinter Befestigungswälle aus dem 18. Jh. als baumreiche Promenade mit gutem Überblick über die Dächer der alten Stadt. Im S kann man dem Lauf der Lauter weiter folgen zum »Schlupf« mit malerischem Blick auf »Klein-Venedig« und zur ehemaligen Deutschordenskommende (Ordre Teutonique), jetzt Lycée Stanislas (Erinnerung an den Polenkönig St. Leszczynski, der in Weißenburg lebte, bevor er Lothringen erhielt). Im Osten des Städtchens liegt die ehemalige Dominikanerkirche (1288), seit einigen Jahren zum Relais Culturel und damit zu einem regionalen Kulturzentrum ausgebaut. Unweit in der Rue du Bannacker die Librairie Muller, wo die großen Sammlungen Wentzel mit Bilderbogen, Soldaten, Spielzeug und religiöser Bildkunst, meist aus eigenem Druck, aus dem letzten Jahrhundert bis 1940 ausgestellt sind. Ein Abstecher lohnt sich auch nach Altenstadt im Osten, wegen seiner schlichten romanischen Kirche (Schiff ab 10. Jh.) mit altem Bauschmuck.

Bei genügend Zeit empfehlenswert eine Rundfahrt nach Westen in die Sandsteinvogesen, eine Ergänzung die vor allem auch diesen ausgedehnten und zunehmend beliebten Erholungsraum zeigen kann. Der PARC NATUREL REGIONAL ist die Fortsetzung des NATURPARKS PFÄLZER WALD. Die damit verbundenen Maßnahmen und Probleme werden aber in einem anderen Abschnitt des Exkursionsführers behandelt. Hier sollen nur Punkte im Zusammenhang mit Themen des Gebirgsvorlandes aufgegriffen werden.


Vom Straßenkreuz direkt südlich der Innenstadt jenseits der Lauter beginnt die D 3 mit deutlicher Steigung in Richtung Lembach bzw. Rott. Auf der ersten freien Höhe Schlachtfeld vom 4.8.1870 (Erstürmung des Geisberges durch stark überlegene deutsche Truppen gegen hartnäckige Verteidigung einer französischen Division; viele Gedenksteine. Geisberg, Gutleithof und Schafbusch waren Hofgüter seit Beginn des 18. Jh. im Besitz von Mennonitenfamilien, vgl. HP 18). Die D 3 biegt nach rechts mit weiterem Anstieg ab. Nach rechtwinkliger Linkskurve auf rechter Seite eine Baumallee mit Sitzbank.

## HP 3   Guter Ausblick unterhalb des Col du Pigeonnier oder Scherhol

Nördlichstes Ende des Hochwaldrückens, eine tektonisch stärker herausgehobene Randscholle mit starken Befestigungen der Maginot-Linie und Radarstation der französischen Luftverteidigung. Nach N das Lautertal mit Weiler, dicht vor dem Grenzposten. Im Gegenhang Buschbach- und Langental, der nach 1945 zeitweilig für das französische Staatsgebiet beanspruchte Wassereinzugsbereich für die Versorgung von Weißenburg (»Sequesterwald«; Problem staatsrechtlich inzwischen bereinigt). Auf Hügel davor Schloß Langenberg als Jugendgästehaus. Gelegenheit, morphologische Probleme der Zerschneidung und Auflösung der höheren Gebirgsteile und des Haardtrandes zu besprechen (In einem Steinbruchaufschluß im Taleinschnitt tritt das kristalline Grundgebirge zutage). Bei der Weiterfahrt kann man vor der Paßhöhe (432 m) und bei der Abwärtsfahrt nach kaum 2 km »Napoleonsbänke« (Bancs-Reposoir) sehen: Von den Gemeinden im Elsaß (und für 1811 auch in der damals französischen Pfalz) aus Buntsandstein errichtete Rastplätze mit Ablage für die Kopflast meist an markanten Punkten, oft durch Schattenbäume flankiert. Die »Bancs du Roi de Rome« 1811 zur Erinnerung an die Geburt des Sohnes von Napoleon I, die »Bancs de l'Impératrice« 1853 bis 1857 für die Kaiserin und Frau von Napoleon III, nicht immer ohne nachdrückliche Hinweise von oben.

Weiter über Climbach (schöne Gasthausschilder) - Petit Wingen - Wingen (gerodete Zone im »Lembacher Graben«, einer geologischen Tiefscholle westlich des Hochwaldes, in der noch Muschelkalk und Gipskeuper erhalten sind) bis Lembach oder direkt nach Lembach, weiter das Sauertal hinauf, an Straßengabel beim großen Campingplatz in Richtung Grenze-Schönau rechts, und dann zweite Abfahrt rechts zum

## HP 4   Ruine Fleckenstein

Sehr schöne Übersicht über die Grenzregion mit dem Typus des »Dahner Felsenlandes« (siehe Exkursion GEIGER.2). Hochliegende und tiefer gestufte Flächen, teils durch harte Horizonte der »Trifels- und Rehbergschichten« strukturbedingt, teils durch Skulpturvorgänge eingeebnet, wechseln mit Taleinschneidungen und Beckenausräumungen. Charakteristische Tisch-, Pilz- und Blockburgfelsen, Bastionen, Grate und Felstürme. Ursachen oft durch Ausfällung von Quarz- und Eisenlösungen verfestigte und damit standfeste Kluftsysteme (siehe GEIGER 1987). Die Buntsandsteinlandschaft ist weitgehend bewaldet. Naturgegebener Standort für Burgen, aus dem Anstehenden gehauen und durch Mauern aus dem gleichen Material kühn verstärkt und erhöht. Natur (Kreuzschichtung, Wabenverwitterung, Windbröckellöcher) und Architektur manchmal kaum zu unterscheiden. Standorte heute abseits, aber doch an alten Gebirgswegen und Grenzen und evtuell auch bei ehemaligem Bergbau.

Der Fleckenstein Sitz eines 1129 zuerst erwähnten adeligen Ministerialengeschlechtes (Führer von F. EYER,[2] 1975, am Eingang auch auf deutsch erhältlich). Lehensleute der Salier bzw. der Staufer. Besitzungen im Outre-Forêt (um Lembach, Soultz, Niederrödern und Beinheim am Rhein; später protestantisch). Konkurrenten der (Hanau-)Lichtenberger. Freiherren später französische Barone. Burg bzw. Schloß 1680 zerstört. Der letzte Fleckensteiner starb 1720. - Jüngere äußere Bastionen, Tor, Zwinger, Abflußrinnen, Zisterne, Zugbrücke, Treppenturm, Brunnen, nach oben steile Treppe, daneben im Fels parallel zweite versteckte Stiege. Auf oberem Plateau mit herrlichem Rundblick früher noch drei Stockwerke im Palasbereich. In einem tiefer liegenden, in den Fels gehauenen Raum ein kleines Museum mit interessanten Ansichten. Abgesetzter Wachtturm mit in den Fels geschlagener Wendeltreppe.

Im Anschluß bietet sich eine angenehme Waldwanderung an zum 1,5 km nahen Gimbelhof (Bekanntes Ausflugsresturant).
Fahrt das Tal der Sauer abwärts. Großer Campingplatz mit Teich in der feuchten Talsohle, sonst zunehmende Überwucherung oder Aufforstung; Kaltluftstau. Straßenabzweig nach rechts (Bitche)

führt in die bekannten Sommerfrischeorte Nieder- und Obersteinbach mit guter Hotellerie bzw. Gastronomie und vielen Wandermöglichkeiten. Weiter talabwärts viele Sägewerke, dann

## HP 5   Lembach mit Werksgruppe der Maginot-Linie

Schöner, allerdings im letzten Krieg zum Teil zerstörter Ort, Fachwerkhäuser, romanisch-gotische Kirche mit Kanzel als Lebensbaum.

Südlich des Dorfes beschilderte Zufahrt D 65 nach links zum Four à Chaux = Kalkofen (siehe HP 3, Lembacher Graben). Besichtigung (Syndicat d'Initiative de Lembach, Tel. 88-944381) täglich Mai bis 20.November: 8 Blöcke für 200 Soldaten, ab 1938 besetzt und 1940 schwer bombardiert. Hohlgangsystem 662 m lang, 30 m unter dem Erdboden (vgl. auch HP 6, Schoenenbourg, als Alternative). Weiterfahrt zum HP 7, Woerth/Froeschwiller, talab.

HP 5b    Wenn in Weißenburg ein längerer Aufenthalt war, direkt auf D 77 über Geisberg (mit HP 3) am Gebirgsrand mit schönen Ausblicken entlang über Rott (am Nordeingang links ehemals schwedischer Amtshof), vorbei an oder hinein in *Winzergenossenschaft Cléebourg* (nach Verwüstung der Weinberge 1940 und nach dem Krieg Genossenschaftsgründung und Rebwiederaufbau; einziger namhafter Weinbau im Nordelsaß; Dazu: Südpfalz, 1976, Artikel G. RUPP).

Zur D 76, dann Durchfahrt durch das malerische Winzerdorf Cléebourg - Bremmelbach - Richtung Hunsbach. Bei dem auffallenden nach links vorspringenden Straßenknie eventuell

## HP 6   Werksgruppe Schoenenbourg der Maginot-Linie

als Alternative zu HP 5. Besichtigung nur an ersten Sonntagen März - Dezember (Kontakte: C. DAMM, F-67 Reichshoffen, 36 rue du Chemin de Fer, Tel. 88-090385 oder C. DELBEQ, ebenda, 19 rue Pasteur, Tel. 88-091630 bzw. H. MÜHLSCHLEGEL, 75 Karlsruhe, Tel. 0721/591738). Hier Eindruck (ohne Führung im Inneren) auch allein möglich. Vor und hinter der Kurve, jeweils mit Parkgelegenheit, Betonblock mit Scharten bzw. Panzerkuppeln sichtbar. Zum Eingangs-Verteidigungswerk (wo auch Besichtigung statttfindet) kommt man über das kleine Sträßchen, das westlich Oberhof in das Wäldchen hinein- und im Bogen nach Westen wieder hinausführt: Parkmöglichkeit:

Betonblock, Scharten, Kuppeln, Handgranatenröhren, Tor, Gitter und Feldbahngleise. Insgesamt 6 Kampfblocks und 2 Eingangswerke mit 8 Kanonen, 2 Granat- und 2 Minenwerfern, 26 Maschinengewehren, 640 Mann Besatzung. Die unterirdische Besichtigung in 2 Stunden (kühl, Taschenlampen), aber wie bei Four-à-Chaux lohnend. 1940 Übergabe erst nach dem Waffenstillstand, trotz Einsatz von Stukas und schwersten Geschützen. (Techn. Details zu Maginot-Linie und Westwall im Pfalzatlas Nr. 93, 94 bzw. Textband III, 32. u. 33. H., 1981/82 bzw. mehrfach in Révue l'OUTRE-FORET, hier mit Kampfberichten).

Auf der Weiterfahrt über Dorf Schoenenbourg - Soultz eventuell schon einschieben:

## HP 8   Erdölfeld Merkwiller/Pechelbronn;

dann weiter über Preuschdorf nach Woerth-s.S. Aus dieser Fahrtrichtung hat man von den Hügeln davor den Blick über die Sauerniederung zu den Höhen von Froeschwiller/Elsaßhausen und damit in Richtung des deutschen Angriffs. Bei der Variante über die Nordvogesen (Wasgenwald) mit den HP 3, 4 und 5 kommt man durch das Sauertal zum

## HP 7   Schlachtfeld von Woerth/Froeschwiller

Im kleinen Kantonshauptort am alten Rathaus ein römischer Viergötterstein und daneben am Sauerbach ein altes Waschhaus. Im ehemals Hanau-Lichtenbergischen Schloß mit schönem Erker das Museum zur Schlacht vom 6.8.1870 mit Uniformen, Waffen, Dokumenten, Plänen, Zinnfigurendiorama (1.4.-31.10. von 14 - 17 h geöffnet. Zum kurzen Überblick zunächst steile Auffahrt nach W Richtung Elsaßhausen. Zur Linken bald ein modernes französisches Denkmal (Aussteigen zur Plattform). Hier hinter Gärten und ehemaligen Hopfen- und Reblagen die Hauptverteidigungsstellung der Franzosen gegen die deutsche Übermacht vom Talgrund her; sehr schwere Verluste auf beiden Seiten (jeweils über 10000 Tote und - damals oft später gestorbene - Verwundete, dazu um 6000 französische Gefangene). Besonders dramatisch und verlustreich französische Kavalleriemassenattacken zur Entlastung der am Nachmittag wankenden Linien (der »Todesritt der Kürassiere von Reichshoffen« hinein in das verbarrikadierte und verteidigte enge Dorf Morsbronn). Wiedereinstieg weiter oben an der Straße bei einem deutschen Erinnerungsturm (Ausblick möglich). Fahrt durch Elsaßhausen, danach rechts nach Froeschwiller abbiegen, dazwischen überall Gedenksteine (siehe auch topographische Karte). Das letztgenannte, damals stark zerstörte Dorf erlebte den letzten Akt es blutigen Tages (dazu: R. SABATIER/P. STROH 1970, in deutsch in Weißenburg käuflich und Hefte l'OUTRE-FORET).

Von Froeschwiller zurück über Woerth - Preuschdorf nach

## HP 8    Erdölfeld Merkwiller/Pechelbronn

Mitten im Dorf an Straßenkreuz, große und anschauliche Informationstafel in französisch, daneben eine Pferdekopf-Wippförderpumpe (Ein kleines Erdölmuseum am Rathaus an der D 114 Richtung Hoelschloch, offen Sonntags Juli und August 15 - 17 h, sonst Kontakt mit A. MICHEL, 105 Cite de Bel, Merkwiller-Pechelbronn, F-67250 Soultz-sous-Forêts, Tel. 88-805272. Artikel in: l'OUTRE-FORET, H. 61, 1988 u.a.). Ab Ende 15. Jh. Bitumenquelle für Wagenschmiere und Heilzwecke genutzt. Ölhaltige Tertiärsande später in Gruben, Schächten, Sickerstollen und schließlich bergmännisch in bis 500 m Tiefe vorgetriebenen Galerien unter meist gefährlichen Bedingungen gewonnen. Destillation bzw. Raffination durch Erhitzung. 1768 Konzession an Familie LE BEL, im 19. Jh. industrielle Technik und hohe Kapazitäten. 1863 erreichten Bohrungen mit über 1000 m Teufe pumpfähiges oder später durch Wärme mobilisierbares Öl. In deutscher Zeit Gesellschaftsbesitz, nach 1918 französisches Staatseigentum, zeitweise wieder privatisiert. Schwere Bombenangriffe August 1944, nach dem Krieg mit modernsten Mitteln weitergearbeitet bis 1966 wegen mangelnder Wettberwerbsfähigkeit die Einstellung der Förderung kam. Um 1789 60 Bergleute, um 1900 600 Beschäftigte, noch nach dem Zweiten Weltkrieg über 2000 Arbeitsplätze. Schwere Umstellungsprobleme für die bisherigen Arbeiterbauern, heute davon viele Grenzgänger. *Zum Überblick* Abstecher nach N vom Straßenkreuz auf D 314 Richtung Lobsann bis zum Waldrand und zurück: Ehemaliges Verwaltungsgebäude, Kasino, Cité de Bel für gehobene Angestellte aus der Jahrhundertwende, ähnlich wie im oberelsäßischen Kaligebiet (Bergmannssiedlungen gab es keine, da alle ortsansässig), ein alter Schacht im Wald, Abraumhalden in der Ferne, alte Fabrikhallen, Nachfolgeindustrie. Heute zehrt man von der Vergangenheit, die eine Thermalquelle 900 m tief aus Trias-Schichten mit 68 °C erbohrte, kleiner Kurbetrieb in einem Badehotel im Ortskern. An D 114 in Richtung Lampertsloch das Château Le Bel mit Gutshof, jetzt als Ferienwohnungen genutzt (Buerehiesel).

Wenn nicht der HP 6 Schoenenbourg/Maginot-Linie noch aussteht, Weiterfahrt zu den schönsten Dörfern im Herzen der Landschaft OUTRE-FORET.

Näheres besonders bei E. JUILLARD 1953, wo er den vorwiegend konservativen Gesamtcharakter von Bevölkerung und Wirtschaft schildert. Nach beachtlichem agrarem Aufschwung zu Beginn des 19. Jh. stagnierende oder sogar negative Entwicklung bei starkem Fehlen anderer Arbeitsmöglichkeiten. Grenzsituation und Randlage als wichtige Gründe. Vergleiche (wie von R. SCHWAB, J. VOGT und G. WACKERMANN, auch in l'OUTRE-FORET) zum Kochersberggebiet SW Straßburg zeigen, daß dort Großstadtnähe und andere Ursachen viel günstigere allgemeine Verhältnisse bewirkten. Hier blieb das Landleben bis vor kurzem traditionell, aber meist intakt, moderne Innovationen wurden mit Vorsicht übernommen. Auf fruchtbarer Krume bescheidener oder je nach Erbrecht behäbiger bäuerlicher Wohlstand. Durchweg vorherrschender Fachwerkbau, unvergeßliche architektonische Eindrücke weniger durch solitäre Juwelen als aufeinander abgestimmte Ensembles in harmonischer Ortsgestaltung. Bewußte Erhaltung durch vorsichtige Renovation ergänzt. Es gibt noch überkommene Bräuche (Festkalender im Führer OUTRE-FORET), dazu noch gelegentlich Volkstrachten, also berechtigte touristische Anziehungskraft. Die nötigen Infrastrukturen sind seit kürzerem deutlich verbessert. (Interessant der Vergleich mit der Südpfalz: bei den Weindörfern überwiegt Steinbau; wesentlich stärkere Verwüstungen im 17. und 18. Jh.; größere Prosperität in jüngster Zeit brachte meist negative Veränderungen für die Orte: ungebremstes Wachstum, Zersiedelung, Industrie- und Freizeitboom und oft stillose Neu- und Umbauten. Darunter litt die alte Substanz). Hier Beschränkung auf die bemerkenswertesten Punkte auf der *Route des Villages fleuris* oder *Villages pittoresques*.

Von Woerth - Preuschdorf aus direkt (dabei vorbei an einer Abraumhalde des Bergbaus) oder von Merkwiller nach Surbourg (ältestes Kloster des Elsaß, 2. Hälfte 6. Jh. von St. Arbogast, Bischof von Straßburg, gegründet. Er soll vorher Einsiedler im »Heiligen Forst« gewesen sein. Romanische Kirche weitgehend aus dem 11. Jh.). Weitere Fahrt durch die Straßendörfer Schwabwiller und Oberbetschdorf (Töpferei mit lokalen Tonvorkommen, grau-blaue undurchlässige Ware, bei 1250°C gebrannt mit Salzglasur, sogenanntes Steinzeug, Technik im 18. Jh. mit Zuzug aus Kannebäckerland übernommen. Museum geöffnet Mai - September 10 - 12 h und 15 - 18 h, Sonntags 15 - 18 h. Vgl. auch Töpferei von Soufflenheim SE des Hagenauer Forstes: Bei 950°C gebrannte, weniger feste Steingutware, stärker farbige, sehr gefällige Dekors, früher Bleiglasur).

Fortsetzung durch Niederbetschdorf, Abbiegen nach N zum

## HP 9   Kuhlendorf mit Fachwerkkirche

Schlichter, aber hübscher Saalbau mit Dachreiter von 1820, angebaut das ehemalig lutherische Pfarrhaus. An der Straßengabel ein ganz kleines Rathaus unter Bäumen.

Bei Zeitmangel muß der direkte Weg von Woerth bzw. Merkwiller zum

## HP 10   Hoffen (östlich Soultz)   führen.

Schöner angerartiger Dorfplatz mit Linde - Freiheitsbaum von 1848 - und Radbrunnen. Stattliche Hausgiebel, sauberes Fachwerk. Straßenabwärts ein kleines Rathaus auf Holzständern mit offener Laube von Anfang 19. Jh.

Weiterfahrt nach N auf D 76, hinter Eisenbahn- und Schnellstraßenkreuzung rechts Napoleonsbank von 1857 mit 2 Linden (vgl. HP 3), dann das nicht minder stattliche Dorf Hunsbach mit einer Reihe sehenswerter Häuser und verträumter Winkel. Deutlicher Gegensatz zwischen den großen, gut erhaltenen Gehöften der Vollbauern und den kleineren, weniger auffallenden Anwesen der ehemaligen Tagelöhner bzw. Arbeiterbauern.

Nach möglicher Rundfahrt in Hunsbach verläßt man es im NE auf der D 239. Nochmals Überquerung von Schnellstraße und Bahn, dann auf linker Seite wieder Napolonsbank von 1854 (HP 3) zwischen 2 Linden. Es folgt der obligatorische, weil besonders malerische

## HP 11   Oberseebach

Zunächst am besten eine Rundfahrt gegen den Uhrzeigersinn zum Kennenlernen und ersten Überblick. Wir biegen gleich im Ort in die erste lange Straße rechts, folgen ihr bis zum südlichen Ende, halten uns dort nach links über den Bachlauf und drehen bei der folgenden Kirche wieder links, um umgekehrt auf einer zweiten langen Straße wieder zurück nach Norden zu fahren: Die ausgedehnte Siedlung mit etwa 1500 Einwohnern ist ein Zwei-Straßendorf beiderseits einer feuchten Bachniederung, die zumeist von Gärten eingenommen ist. Zwischen den beiden N-S-Achsen sprossenartige Querverbindungen, als Ganzes heute etwa leiterförmiger Grundriss. An der ersten Achse erkennbar, daß die nach außen, d.h. nach W gerichtete Seite stattlichere Gehöfte aufweist als die innen zum Feuchtgelände, wo bescheidenere Bauten liegen. Dies dann spiegelbildlich verkehrt bei der zweiten östlichen Achse genau so: Die nach außen zur Flur angelegten Bauernstellen sind die älteren, damit auch die größeren, die nach innen und wohl auch auf den meisten Querstraßen stellen jüngere Auffüllungen dar. (Quellenberichte lassen übrigens schließen, das das Dorf früher weiter nach Süden gereicht hat, also noch länger war, und dort Kriegszerstörungen oder/und Bränden zum Opfer fiel). Zudem ist auch Anlaß vorhanden anzunehmen, daß die östliche Siedlungs(doppel)reihe die insgesamt ältere und wichtigere ist, denn an ihr liegen die zwei Kirchen und sie trug den Namen »Herregass« (heute Rue des Eglises), während man von der westlichen als »Bettelgass« sprach (heute Rue des Forgerons = Schmiede). Dies weist auf später aufgekommene soziale Schichten, vor allem auch auf die Handwerker hin.
Das Interessanteste am Dorf aber ist seine konfessionelle Zweiteilung mit ebensolchen sozial- und siedlungsgeographischen Folgen. Ziemleich am Südende der »Kirchenstraße«, also auffalend exponiert, liegt die katholische Kirche mit einst befestigtem Friedhof: Der südliche Dorfteil war bischöflich-speyerisch (früher zum Stift Weißenburg). Ziemlich im Nordosten an der gleichen Achse findet sich die reformierte Kirche; die Grundherrschaft der Pfalzgrafen hier im nördlichen Teil reichte bis zur zweiten »Sprosse« von N, wo heute das schöne Rathaus von 1731 und andere kommunale Gebäude angelegt sind. Verschiedene Grundherrschaften, Reformationen und Gegenreformationen der französischen Zeit, die auf hartnäckigen Widerstand der Protestanten stießen, haben bis heute wirksame Unterschiede im Gefolge. Im Nordteil leicht zu beobachten, daß bei den protestantischen Vollbauern besonders große und stattliche Gehöfte überwiegen, vornehmlich einseitig im Osten auf der Kirchenseite, ihnen gegenüber kleinere Hofstätten. (s.o.). Gründe für die äußeren und strukturellen Unterschiede: Zum Teil verschiedenes demographisches Verhalten der protestantischen Bevölkerung mit geringerer Kinderzahl schon seit längerer Zeit und damit auch mit geringerer Parzellierung bei Erbteilungen. Zum anderen Teil wohl auch die geringere Scheu, während der Französischen Revolution ehemaligen Kirchen-, Kloster-, und Adelsbesitz aufzukaufen, zumal das Betriebskapital bereits ansehnlicher war. Die Betriebsflächen sind dadurch größer geblieben bzw. geworden: »Man heiratet ja auch noch die Güter zusammen«.
Eine auf das Nötigste beschränkte *Besichtigung zu Fuß* empfiehlt sich zumindest vom Rathaus aus in den Nordostteil. Gehöfte und die charakteristischen Vorgärten außerordentlich gepflegt, »vraiment fleuris«. Giebelständige, meist zweistöckige Wohnhäuser,

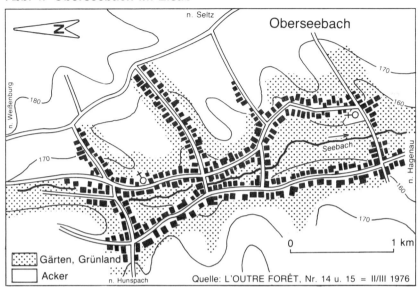

Abb. 4: **Oberseebach im Elsaß**

Oberseebach

n. Seltz

n. Weißenburg

n. Hagenau

Seebach

Gärten, Grünland

Acker

n. Hunspach

0        1 km

Quelle: L'OUTRE FORÊT, Nr. 14 u. 15 = II/III 1976

dahinter Ställe (Pferdehaltung bzw. -zucht ist auch heute noch der Stolz der größeren Bauern), hinten quer Scheune und Schuppen, wieder abgeknickt im Sinne des *Dreiseitgehöfts* gegenüber dem Wohnteil, ebenfalls giebelständig zur Straße, ein kleineres schmales Gebäude, das früher etwa den Schweinestall, aber auch Kammern für Knechte und Mägde und eventuell auch den Altenteil aufnahm. Unter Dachvorsprüngen und speziellen Schutzdächlein (»Vorschüsse« im Hanauer Land) Mais zum Trocknen. Die Hofraite zur Straße meist nur durch Zaun und oft offenes Tor begrenzt, nicht durch Mauern wie im typischen Winzergehöft. Im Wohnhaus charakteristisch ein besonderes Schlafabteil in der großen Stube, der Alkoven mit schön getäfelten Holzwänden, viele wertvolle Möbelstücke, gediegener Wohlstand und Tradition, wie die Erhaltung von Volkstrachten. Manche Häuser inzwischen im Besitz von Nichtlandwirten, also auch von Städtern, die ebenfalls Verständnis und Mittel zur Erhaltung der historischen Bausubstanz aufbringen. (Zweibändige Monographie Seebach, 1983/85; eventuell Kontakt mit reformiertem Pfarrhaus aufnehmen; l'OUTRE-FORET, H. 14/15, 1976, u.a.).

Nach gründlichem Umschauen und verdienter Pause (»Flammkueche« im Gasthaus »La Rose« z.B.) sollte ein Kontrastprogramm folgen: Zerstörung und Wiederaufbau als Ergebnis des letzten Krieges. Fahrt nach S, nochmals durch das fruchtbar-liebliche Hügelland mit viel Mais und Sonnenblumen und etwas Hopfen zum

HP 12   Rittershoffen bzw. Hatten

Nach geringeren Beschädigungen im Jahre 1940 war der Januar 1945 für Teile des Raumes eine Zeit härtester Prüfungen. Nochmals deutscher Vorstoß (»Unternehmen Nordwind«) in Richtung des bereits verlorenen Straßburg. Vor allem um diese beiden Orte

323

schwere Panzergefechte und Straßenkämpfe von Haus zu Haus während fast zwei Wochen. In Rittershofen 23, in Hatten 84 tote Dorfbewohner, die Gebäudeverluste mit 82 bzw. 85 % angegeben. Der überall sichtbare zu frühe und rasche Wiederaufbau steht in hartem Gegensatz zum Bild der intakten Nachbardörfer. Auch die Kirchen im äußerlich nüchternen Betonstil um 1950 errichtet, in der katholischen Kirche von Rittershoffen bemerkenswertes Glasfenster »2. vatikanisches Konzil« (Zu den Kämpfen: l'OUTRE-FORET, Sonderheft, 1985, und Nr. 42,43, 1983).

Vom Dorfausgang Süd auf der D 28. Nach der ersten Linkskurve (Friedhof!) ein größeres Kasemattenwerk der Maginot-Linie, darauf ein USA-Sherman-Panzer, mit Spuren der Kämpfe. Kleines Gewerbegebiet. Fahrt gerade aus weiter, gleich nach dem Abzweig rechts auf rechter Seite

HP 13    Israelitischer Friedhof Hatten

Das Dorf, früher Hauptort des sogenannten Hattgaus, Sitz eines Amtes von Hanau-Lichtenberg, erhielt erst im letzten Jahrhundert stärkeren Zuzug von Juden, seit 1880 mit eigenem Friedhof. Ähnlich beim benachbarten Niederroedern (Geburtsort von Friederike Brion - Sesenheim/Goethe), wo der jüdische Friedhof 1878 eingerichtet wurde, nachdem die Herrschaft Fleckenstein lange Zeit den Zuzug verhindert hatte, indem sie das Zinsnehmen ihrer Untertanen bei Juden verbot (sogenanntes »Judenprivileg« durch den Kaiser). Hatten 1869 mit 209 jüdischen Einwohnern, in Niederroedern, wo die Fleckensteiner Herrschaft längst zu Ende war, 31 Familien mit 159 Seelen im Jahre 1784. Synagoge in Hatten durch Kämpfe zerstört. Bei den massiven Grabsteinen aufschlußreich, daß die hebräischen Inschriften nach Osten gerichtet und die Rückseitentexte bis 1918 auf deutsch, danach französisch verfaßt sind. Auf den jüngsten Platten mehrfach der Vermerk »mort en déportation« oder »...en camp de concentration« bzw. »...par persécution«. Es mußte auch festgestellt werden, daß zwischen zwei Besuchen vor nicht langer Zeit einige Inschriftenplatten beschädigt wurden, die vorher noch intakt waren (siehe auch HP 24).

Die Route führt jetzt durch den *Hagenauer Forst*, die südliche Abgrenzung des so eigenständigen Raumes Outre-Forêt. »Heiliger Forst« genannt, vielleicht in Erinnerung an den Eremiten St. Arbogast, später Bischof von Straßburg, und/oder an die Abteien, die ihn seit merowingischer Zeit umgaben. Möglicherweise trugen dazu auch die zahlreichen Funde aus vorgeschichtlicher Zeit im Waldgebiet bei. Früh Königsforst mit Jagdrechten, dann von der staufischen Kaiserpfalz Hagenau verwaltet, »Forêt Indivisé«, ungeteilt zugleich Reichs- und Städtischer Wald. Heute zeigen Bezeichnungen wie Bois de Seltz, Forêt de Hatten, Bois de l'Hôpital (Bürgerspital von Straßburg), daß Nutzungsrechte bzw. Eigentum teilweise an Randgemeinden und andere übergegangen sind.

Wie bisher auf D 28 Richtung Seltz. Hinter der Kreuzung mit D 297 nach Niederroedern bzw. Forstfeld fast genau noch 1 km weiter (vorbei an der Maison Forestière de l'Hôpital, rechter Hand): Ein Stichweg (zu Fuß) nach links mit sogleich folgender Überquerung einer noch erkennbaren früheren Bahntrasse führt bald zu einem im lichten Wald (besonders im Winter) leicht sichtbaren mittelgroßen

HP 14    Grabhügel

Im Waldbereich sind insgesamt gegen 700 Hügelgräber meist in Gruppen gefunden und ausgegraben. Sie gehören zu den Epochen der Bronzezeit, der Hallstattkultur als Schwerpunkt und dem La-Tène-Kuturkreis. Daß Hügel in nicht beackerten Wäldern leichter bestehen bleiben, ist im Gegensatz zum altbesiedelten Offenland verständlich, die starke Konzentration trotzdem überraschend. War das Waldgebiet für das umliegende, besiedelte Land Begräbnisstätte? War es selbst damals genutzt und zwar als Waldweide in einer Epoche stärkerer Viehhaltung gegenüber vorher und später? Trugen dazu trockenere Klimaverhältnisse bei, welche Einbeziehung auch feuchterer und unfruchtbarerer Standorte möglich und nötig machten? (Im Bienwald fand man erheblich weniger Grabhügel). Ein großer Teil der Funde liegt im Historischen Museum von Hagenau (zur Geomorphologie: W.D. BLÜMEL/K. HAUSER 1974 und H.U. KRAUSE, ebenda, 1974; zur Prähistorie: W. KIMMIG 1979).

Weiter nach Seltz (röm. Saletio, von Kaiserin Adelheid 991 gegründete Abtei; nach Zerstörung im letzten Krieg moderne Kirche mit gotischen Resten). Am nördlichen Ortsende Abbiegen nach rechts auf D 248 Richtung Mothern.

Geomorphologisch deutlich, wie ebene Niederterrassenfläche gegen das lößbedeckte Tertiärhügelland - den Kernbereich von Outre-Forêt - angrenzt. Zur rechten Hand die Rheinniederung mit ehemaligem Prallhang des etwa 10 m hohen Hochgestaderandes. Am schönsten bei

## HP 15   Auenlandschaft bei Munchhausen

Hierzu über die Eisenbahn nach rechts in den Ort, die abfallende Straße hinab und bald nach der Kirche bei Wegweiser »Sauer« oder »Seltz« in rechtem Winkel nach S (rechts), dort Halteplatz mit Wendemöglichkeit kurz vor der Brücke. Guter Einblick in die amphibische Landschaft einer ehemaligen nach W ausbiegenden Rheinschlinge, heute die (auf der Karte gut sichtbar) verschleppte Mündung von Sauer- und Seltzbach. Je nach Wasserstand des Rheins gestaut oder fast trockengefallen. Auenwald, Fischernachen, sehr malerisch (kleiner Spaziergang über Brücke möglich). Gelegenheit zur Besprechung des früheren Zustandes der Rheinniederung und der Arbeiten von TULLA zur Korrektion des vorher ungebändigten Stromes (vgl. auch HP 16 Lauterburg). Im Ort ehemals vor allem Fischerei und Goldwäscherei als Erwerb.

Dies gilt auch im nächsten Dorf *Mothern*. Viele kleine, wenig landwirtschaftlich bestimmte Fachwerkhäuser. Markant die doppelte Siedlungszeile an einem ehemaligen Stichkanal als Verbindung mit dem Fluß. Die Niederung grenzt hier mit hohem Prallhang ohne Niederterrasse an die westlichen Hügel. Gute Aufschlüsse in der mächtigen Lößüberkleidung, teils anstehend, teils als Schwemmlöß umgelagert. Verlehmungs- und Bodenbildungshorizonte, sowie Kies- und Sandeinlagerungen (siehe Geologische Karte 1 : 50000, franz. Blätter 199-169 Selz-Wissembourg). Auch Dünenanwehung (Motorsportgelände westlich der Straße) zu beobachten.

Mit Lauterbourg erreicht man die Landesgrenze. Seit 1254 im Besitz des Hochstiftes Speyer, 1252 Marktrechte, im 30jährigen Krieg und später mehrfach schwer beschädigt. Durch Reunionen annektiert (Speyer verzichtete erst 1771 auf seine Rechte) und 1706 durch Frankreich neu befestigt. 1793 wieder umkämpft. Nach der Entfestigung und starker Zerstörung im Zweiten Weltkrieg kein geschlossenes Stadtbild mehr. Lohnend aber (Wegweiser vor Stadteinfahrt nach Osten)

## HP 16   Hafen Lauterburg

Nach Passieren des Hochwasserdammes bei Gasthaus an der Rheinniederung guter Überblick. An Mauerbögen (ehemaliges Zollhaus für eingestellten Fährbetrieb) eindrucksvoll die Hochwassermarken. Uferbefestigung, Buhnen von Rheinregulierung, Fortsetzung des Themas *Landschaftswandel*: Die nördlichste Staustufe mit Kraftwerk und Schleusen ist derzeit bei Iffezheim-Roppenheim mit Rheinübergang. Ob gegen die Erosionsgefahr im Unterwasser die weitere Stufe bei Neuburg-Neuburgweier gebaut werden muß, ist umstritten; Befestigungen der Sohle und Kieseinbringung genügen vielleicht. Nahebei ausgedehnter Kiesabbau (Gruben bzw. Wasserflächen, lange Förderbänder); deutsche Firmen, besonders aus dem Saarland, vielfach Abbauverträge im Elsaß. Allgemeine Gefahr für das Grundwasser und benachbarte, noch wenig berührte Auenteile. Hafenbecken ebenfalls ausgebaggert. Kleiner Kai. In der Nähe Industrieflächen: Ehemalige kleine Raffinerie, Chemischer Betrieb, Zweigwerk eines Unternehmens in Worms. Maschinenfabrik für schwere Spezialgeräte (Taucherglocken, Brückenbau u.ä.). Großes Automobileinfuhrlager (Grenzstandort!). Zweifellos Entwicklungspol mit positiven Möglichkeiten, aber bei weitem geringer in Ausstattung und derzeitiger Ausnützung im Vergleich mit Wörth a.Rh. (HP 20/21) und auch mit Germersheim (HP 26) in der Südpfalz.

Neuerbauter Grenzübergang für Schnellstraßenverbindung, die auf französischer Seite 1992 und auf deutscher Seite nicht viel später fertig sein soll. Der Personenzugverkehr über die Grenze ist jedoch eingestellt, auf deutscher Seite bis Germersheim nur noch Busverkehr.

Rückfahrt zum Übernachtungsstandort
- im Raum Weißenburg oder Woerth s.S.: durch die Reihe der Straßendörfer südlich des Bienwaldes bis Schleithal; vergleichbar den »Langen Dörfern« nördlich des Bienwaldes (vgl. HP 19), eventuell mit Nachholen von HP 11 Oberseebach, wenn dies Gründe der Gastronomie oder der Fahrtroute nahelegen,
oder
- Raum Herxheim-Hayna-Bergzabern: über die Rodungsinsel Büchelberg (Aufragung tertiärer Kalke aus dem feuchten und unfruchtbaren Schwemmfächer des Bienwaldes; 1692 als Arbeitersiedlung von Picarden für die Steingewinnung zur Errichtung von Fort Louis am Rhein südlich des Hagenauer Forstes gegründet. Im letzten Krieg stark zerstört; Entwicklung eines Naherholungsraumes).


Wenn Übernachtungsstandort um Weißenburg oder Bad Bergzabern, Anfahrt über die *Langen Dörfer - Viehstrich* nördlich des Bienwaldes (siehe HP 19). Bei Übernachtung im Raum Herxheim Beginn mit


HP 17 Tabakdorf Hayna

Sehr geschlossenes, wenig verbautes, gut gepflegtes Straßendorf; Plangewanne, regelhafte Anlage wahrscheinlich (siehe HP 19). Dorferneuerung: Hayna war Bundessieger 1983 im Wettbewerb »Unser Dorf soll schöner werden«. Kerngebiet des Tabakanbaus (mit Hatzenbühl, Herxheim, Rheinzabern und Rülzheim) in der Vorderpfalz. Sehr arbeitsintensiv trotz Maschineneinsatz: Saatbeete, Auspflanzen im Mai, Schädlingsbekämpfung (Blauschimmel), Pflege, abschnittsweises Ernten (von Juli bis September), Auffädeln, Aufhängen, Trocknen. Besonders eindrucksvoll die hier fast ganz geschlossene Reihe der hölzernen Tabakschuppen auf der östlichen Außenseite der Siedlung (Zufahrt und Parkplatz des Hotels »Krone« gut geeignet. Wegen erheblicher Unfallgefahr und aufwendiger Arbeit in den hohen Gebäuden vielfach Übergang zu Plastikzelten. Früher viel in Kleinbetrieben bei Arbeiterbauern, heute Konzentration eher in mittelgroßen Haupterwerbsbetrieben (noch 13). Erzeugung und Abnahme jetzt stabiler (mehr Schnittgut für Zigaretten und Pfeifen als Zigarrengut gegen früher). Auch genossenschaftliche Zusammenschlüsse vor allem wegen Absatzsicherung (siehe SÜDPFALZ 1976; Flurplan in PFALZATLAS, Nr. 39).

Zum Kontakt mit einem anderen Landschaftsraum und als Kontrast soll ein Abstecher zur WEINSTRASSE am Gebirgsrand mit dem HP 18 dienen. An- und Abfahrt werden zur Beobachtung genutzt.

Dazu über Herxheim (großes, stadtähnliches Dorf, starker junger Siedlungsausbau) - Insheim - Mörzheim (davor Höckerhindernisse gegen Panzer) nach Ilbesheim. Kurz vor der Querung der von Landau kommenden Hauptstraße links am Wasserbehälter eine Napoleonsbank von 1811 (siehe HP 3). Im Ort schön restauriertes Rathaus mit offenem Gewölbe im Erdgeschoß. Nach Ortsdurchfahrt nach N zum Überblick auf

## HP 18    Kleine Kalmit (Kapelle 270 m)

Parkplatz an der Straßengabel nördlich des Dorfes Richtung Arzheim - kurzer Fußweg. Markant aufragende Grabenrandscholle aus widerständigem Tertiärkalk, dadurch Reliefumkehr gegenüber Umgebung. Trockenrasengesellschaft mit vielen seltenen Arten, darunter Küchenschelle. Im ehemaligen Steinbruchgelände für den Festungsbau Landau verwilderte Weißdornhecken. Naturdenkmal. Gebirgsrand und Gebirgsfuß mit geomorphologischer und agrargeographischer Thematik.

Mit Hilfe der veröffentlichten Flurpläne zeigt die Gemeinde Ilbesheim gut Probleme im ländlichen Raum und ihre Lösungen (Abb. 5a u. 5b): Reizvoller alter, aber sehr enger Kern mit früher starkem Verkehr. Sehr starke Parzellierung und Kleinbesitz in der Flur. Dorfsanierung, Kanalisation im Altdorf, ausgedehnte Neubaugebiete mit 100 Bauplätzen, Schulzentrum, Kindergarten, Sportplatz, Gewerbeflächen, Umgehungsstraße im Anschluß an den Kern. Draußen Flurbereinigung, Feldwegenetz, Bachregulierung, Drainagen, 8 Aussiedlerhöfe. Jetzt 1200 Einwohner. Starke Veränderung der Erwerbs- und Sozialstruktur auch durch Neubürger, nun sehr viele Pendler, Rückgang der Zahl der agraren Vollerwerbsbetriebe, die größer wurden (mit 90 % der landwirtschaftlichen Nutzfläche). Zunahme der Spezialisierung auf Weinbau. Gastbettenzahl erhöht. Eingemeindung nach Landau (Kontaktadresse Ortsbürgermeister GEILER. Pläne in: SÜDPFALZ 1976).

Die Rückfahrt nach S führt vorbei an der Gebietswinzergenossenschaft *Deutsches Weintor-Kleine Kalmit* neben der Genossenschaft *Rhodt unter Rietburg* die größte in der Bundesrepublik (Durchfahrt durch den Hof möglich). Näheres zum Weinbau: GEIGER u.a. 1985). Die folgende Routenführung Göcklingen - Heuchelheim - Niederhornbach vermeidet absichtlich die stark befahrene Deutsche Weinstraße direkt am Gebirgsrand und die engen Dörfer, vor allem Bad Bergzabern, gibt aber trotzdem den Landschaftseindruck (siehe Exkursion GEIGER.1): Große Bevölkerungsdichte, starke neuzeitliche Veränderung der Ortsbilder durch Neubauten bis zur Zersiedelung der begehrten Hanglagen. Der klar dominierende Weinbau geht weit in die Ebene hinab. Wir queren Riedel und Bachniederungen mit regelhafter Kulturabfolge nach Sonn- und Schattenlage, mit trockenen und feuchten Standortverhältnissen.

Bei genügend Zeit sehr lohnender Abstecher nach *Dörrenbach*: Weinbau- und Erholungsort mit vielen Übernachtungen, bereits im Waldbereich gelegen; früher auch dort größere Rebflächen am Südhang. Schönes Ortsbild, prächtiges Rathaus von 1590/91.

## Abb. 5a: Ilbesheim - Flurbereinigung und Dorfausbau

*Quelle:* nach CONRAD/GRIESSEMER 1976

Steinernes Untergeschoß mit Rundbogen, oben reich geschnitztes Fachwerk, Erker und Freitreppe. Auf anderer Straßenseite befestigter Friedhof (14. Jh.) mit Ecktürmen, im Südteil noch vollständig erhalten. Darin Simultankirche St. Martin, ab 1300. Im Chor frühgotisches Kreuzrippengewölbe, Wandbemalung aus dem 14./15. Jh. (s. GEIGER u.a. 1985).

Um *Drusweiler-Kapellen* früher stärkerer Hopfenanbau, eine Innovation vor allem durch schweizerische *Mennoniten* etwa ab Mitte 19. Jh. Im Zuge der Einwanderungsbewegung vom Elsaß her (siehe HP 3, Geisberg bei Weißenburg) wurden große Höfe wie Deutschhof, Kaplaneihof (nahe an der Route) und Haftelhof ab der Mitte des 18. Jh. übernommen, wie auch sonst in der Pfalz (siehe BENDER 1976). Nach Überquerung

## Abb. 5b: Ilbesheim - Flurbereinigung und Dorfausbau

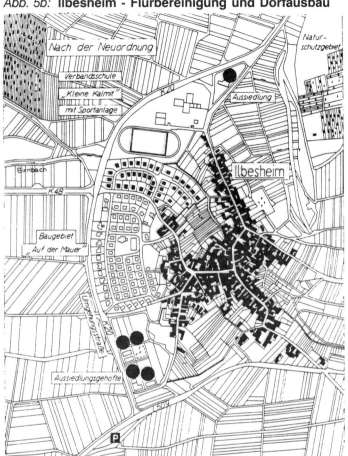

Nach der Neuordnung

Natur-schutzgebiet

Verbandsschule

„Kleine Kalmit"
mit Sportanlage

K20

Aussiedlung

Birnbach

Ilbesheim

K48

Baugebiet
„Auf der Mauer"

Umgehungstraße

K20

Aussiedlungsgehöfte

*Quelle:* nach CONRAD/GRIESSEMER 1976

des Riedels nördlich des Otterbaches mit der Zone der ehemaligen Westwallbunker und -hindernisse erreicht man in Steinfeld den Raum für

HP 19  Die Siedlungsreihe der Sieben Langen Dörfer

auch *Viehstrich* genannt, nördlich des Bienwaldes. Für die etwas ausführlichere Behandlung muß nach der Durchfahrt wenigstens einer Siedlung ein Haltepunkt mit Blick auf die Lage im Gelände gefunden werden, also hinter Schaidt und spätestens vor Kandel. Die Durchgangsstraße ab Weißenburg von Schweighofen bis Kandel bildet für alle sieben recht ausgedehnten, beiderseit dicht bebauten Straßendörfer die ehemalige, heute teilweise umfahrene Entstehungsachse. Keine Vorgärten wie in Oberseebach. Ohne

329

Zweifel im Laufe der Zeit durch Realteilung starke Verdichtung und Verlängerung bzw. Zusammenwachsen. Meist klar zu trennen sind größere Hofstellen (und Betriebe) im Dorfinnern von kleineren Anwesen an den äußeren Wachstumsspitzen, erst recht in den deutlich unterscheidbaren, weniger agrar geprägten jungen Ausbauvierteln, vor allem in der Nähe von Kandel und der Rheinachse. Die nördlich der Straße gelegenen Gehöfte sind häufig größer (und damit älter?) als die südlich gelegenen (Abb. 6). Dies wäre ein Hinweis, daß die Hofreihen zunächst nur einseitig angelegt waren. Obgleich die natürliche Leitlinie zwischen trockenem Riedel im N und feuchter Bachniederung im S deutlich beteiligt ist, weist vieles auf geplante Siedlungsanlage hin. Sie wäre in die Vorgänge im Zuge der Fränkischen Staatskolonisation einzureihen, also zwar vor der Jahrtausenwende, aber nicht schon während der vorangegangenen germanischen Landnahme (Hierzu vor allem H.J. NITZ 1963, und PFALZATLAS, Textheft 3/6; für den elsässischen Bereich E. REINHARD 1970). Dafür sprechen eine Reihe von Argumenten: Späte erste urkundliche Erwähnungen; kaum Reihengräberfunde, die vor der Christianisierung anzusetzen sind; die Tatsache, daß auch die Pfarreien erst relativ spät genannt (und wahrscheinlich auch entstanden) sind; nicht zuletzt das fast völlige Fehlen der für die frühe germanische Siedlungsschicht so typischen Ortsnamensendungen auf -ingen und -heim. Wichtig ist zu betonen, daß dies für einen größeren Raum zutrifft und nicht nur für die hier als besonders gutes Beispiel behandelten Langen Dörfer. Der im späteren Frühmittelalter offenbar weitgehend siedlungsfreie Bereich (obgleich vorgeschichtliche Funde und die Landesnatur in Lößgebieten die Zugehörigkeit zum früheren »Altsiedelland« nahelegen) reichte, grob formuliert, vom Hagenauer Forst im Süden bis zur Klingbachlinie zwischen Rülzheim und Heuchelheim im Norden. Erst außerhalb sind -ingen- und -heim-Siedlungen wieder in der Mehrzahl. Dazwischen findet man mit geringen Ausnahmen nur die Suffixe -weiler (-weier), -feld, -dorf, -hofen, -hausen, -stetten u.ä. sowie -kirch, -münster, -zell und andere Namen, die erst nach der Christianisierung aufgetreten sein können (Vgl. Abb. 2). Mit Ausnahme des Bienwaldes gibt es hier aber kaum physische Unterschiede zu den anderen Hügelgebieten (siehe Kartierung im PFALZATLAS, bei REINHARD 1970 und von EGGERS 1990; bei letzterer sind allerdings nur die heutigen Ortsnamensformen und keine früheren, gelegentlich durchaus anderslautenden verwendet).

Als Grund für den »Leerraum« kann man nur annehmen, daß nach Verdrängung der als erste festgesetzten Alemannen nach Süden durch die militärisch und politisch überlegenen Franken zunächst ein Grenzgürtel als Pufferzone entstand, in dem sich Stammes-, Dialekt-, Gau- und Diözesangrenzen bildeten, bis eine etwas engere Fixierung etwa im Verlauf des Seltzbaches nördlich des Hagenauer Forstes erfolgte. Straßendörfer im beschriebenen Sinne, allerdings meist nicht so lang, finden sich auch noch weit nördlicher in der Pfalz und auch im elsäßischen Teil des Exkursionsraumes »zwischen den Wäldern«, gelegentlich auch darüber hinaus nach Süden, selbst in Bereichen, wo sie -heim-Endungen tragen. Solche späteren Verdichtungen und Auffüllungen auch im dauernd besiedelten Bereich sind die Regel. Dies gilt z.B. für Das Gäu zwischen Landau und Neustadt a.d.W./Speyer.

Daß die Ansiedlung geordnet und vielleicht unter Beteiligung von Kolonisten erfolgte, geht auch aus dem rekonstruierten Flurbild hervor. Schon vor den neuzeitlichen Flurbereinigungen überwogen hier im südpfälzischen Gebiet der Ebene »Großgliedrige Langgewannfluren« mit nur sehr wenigen Gewanneinheiten in langer Erstreckung. Sie waren allerdings zu Beginn des 19. Jh. zum Teil in kleinste Besitzstücke extrem parzelliert,

*Abb. 6:* **Das regelmäßige Straßendorf Schaidt 1825**

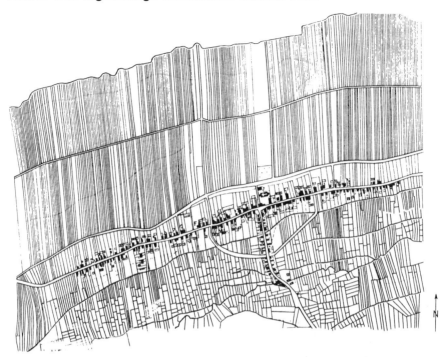

*Quelle:* Pfalzatlas, Bl. 41

dem Erscheinungsbild nach also lange aber sehr schmale »Riemenfluren«. Im Falle von Schaidt und anderen Nachbardörfern zeigt die Karte nur gleichlaufende parallele Parzellengrenzen, die hangab führen, sozusagen ein einziges Großgewann. Ziemlich leicht kann man rückschließen, daß noch zu Beginn des 19. Jh. und erst recht davor wesentlich breitere Besitzstreifen, also »Breitstreifen«, existierten, die senkrecht zur Siedlungsachse (der Straße) in der Ausdehnung des damaligen Straßendorfes den Althöfen zuzuordnen sind. Es waren also eigentlich »Gelängefluren mit Hofanschluß eines Gewannes«, wobei weitere parallele Flureinheiten ohne Hofanschluß nach außen folgten (dazu: H.-J. NITZ 1973, Top.Atl. Rheinland-Pfalz, Nr. 67, »Straßendorf Freimersheim«). Im Falle Hayna (PFALZATLAS, Nr. 39) sind von Anfang an zweiseitige Straßenbebauung und Hofanschluß je eines Gewannes mit späteren äußeren (Neu-)Gewannen, die quer laufen, anzunehmen. Die Flurverhältnisse im Elsaß südlich des Bienwaldes, z.B. in der Dorfreihe von Niederlauterbach bis Schleithal, sind kaum untersucht, könnten aber ähnlich geregelt entstanden sein. Der Flureinteilung und den Geländeverhältnissen entsprechend läßt die Bodennutzung bei der Verteilung der Kulturarten eine deutliche Zonierung erkennen: Vom Wald über die Feuchtwiesen (mit Kleinblockflur) und die

Siedlungsachse hangauf zu den Reben bis zum Ackerland auf den Riedelflächen und wieder hinab bis zum Bachgrund besteht von S nach N eine regelhafte Standortabfolge. Auch das macht eine zunächst einseitige Bebauung der Dorfstraße wahrscheinlich, denn so hatte jeder ursprüngliche Besitzstreifen etwa gleichmäßig Anteil an den verschiedenen Lagequalitäten. Eine spiegelbildliche Entsprechung in den Bienwaldbereich hinein wäre von den Bodenverhältnissen her unsinnig gewesen und ist durch die Besitzgrenzen nicht nachzuweisen. Der Name *Viehstrich* ist wahrscheinlich mit den für die Pfalz ungewöhnlich ausgedehnten, wenn auch extensiven Weidemöglichkeiten im Bienwald und den oft vermoorten Feuchtwiesen entstanden. Als Lagename ist er in der Topographischen Karte im Wald südlich Steinfeld eingetragen.

*Langenkandel* ist mit 3,5 km Ausdehnung durch Zusammenwachsen veschiedener Altkerne ein Extremfall. Als historischer Hauptort und Kleinzentrum, durch Industrie, Eisenbahnanschluß, Rheinnähe und Autobahnverbindung besonders begünstigt, Stadtrecht. Bausubstanz mit vielen Fachwerkhäusern vom Ende 18. und Anfang 19. Jh., zahlreiche Geschäfte um den Mittelpunkt. Sitz der Verbandsgemeinde. Nur Schaidt gehört nicht dazu, sondern zu Wörth, mit dem allerdings über Büchelberg Gebietsanschluß besteht. Das soll parteipolitische Hintergründe haben, hinter denen wiederum ehemalige territoriale und damit konfessionelle Gegensätze stecken.

Nach Durchfahrt Kandel am östlichen Stadtende auf die Autobahn und bald wieder ausbiegen nach Wörth-Dorschberg. Die zentrale Achse erschließt das mit Anfängen 1955, nach umfassender und wohl auch gelungener Planung mit Schwerpunkt zwischen 1965 und 1970 errichtete »Neu-Wörth«. Es vereinigt im Stadtzentrum das neue Rathaus, also Verwaltung, Versorgung, Bildungs- und Kulturfunktionen, Sport- und Freizeiteinrichtungen in der Nachbarschaft zu ausgedehnten Wohnvierteln in Einzelhaus- und Blockbebauung, alles großzügig gruppiert und aufgelockert. Vorn an der Terrassenkante das vorderste Hochhaus zu Anfang der Dorschbergstraße, südlich der Hauptachse, nicht zu übersehen. Vom Flachdach aus umfassender Rundblick (Anfrage bei Wohnbau Wörth GmbH, im Hause, zuvor: Tel. 07211/8041). Es wäre der ideale Überblicksstandort für

## HP 20   Stadt Wörth, Wachstumspol der Südpfalz

Sonst kann die Thematik auch im Bereich des Parkplatzes Marktstraße oder sogar im Rathaus, beide auf dem Dorschberg nördlich der Achse mit Wegweisern, behandelt werden. (In der Stadtverwaltung sehr informatives großformatiges Luftbild im Aufgang. Für Anmeldung und eventuelle Aussprache: Tel. 07211/131-213, Herr WIEBELT, Öffentlichkeitsarbeit).

Starker Funktions- und Strukturwandel vom alten, durch Hochwasser und kriegseinwirkungen oft gefährdeten und zerstörten Fischer- und Schifferdörfchen in der Aue (Wörth = Strominsel; hat Anker im Wappen) zu Neu-Wörth auf der Dorschbergterrasse und zum ausgedehnten Industriegelände. Nach Rheinregulierung durch Tulla ab 1824 Ausdehnung der Landwirtschaft auf mageren Böden. Arbeiterbauern, Auspendler vor allem nach Karlsruhe und Maximiliansau (alter Brückenkopf; früherer Name Pfortz = Portus, Hafen bzw. Furt aus Römerzeit vermutet). Noch um 1960 bei 3500 Einwohnern nur um 150 Einpendler. Dann großflächige Kiesgewinnung, Restseen. Ab 1963 Lastkraftwagenmontagewerk der DAIMLER-BENZ AG, heute über 9000 Beschäftigte, etwa 25 % Ausländer, nur 10 % in Wörth selbst wohnhaft (Werksbesichtigung möglich, Dauer 2 Std., Tel. 07271/71599 oder 713076). In ehemaligem Mäander Landeshafenausbau ab 1967 mit wachsendem Umschlag, auch Containerbetrieb. Ab 1970 Raffinerie der MO-BIL OIL AG (wie die beiden Raffinerien auf der gegenüberliegenden Rheinseite bei

## Abb. 7: Wörth am Rhein

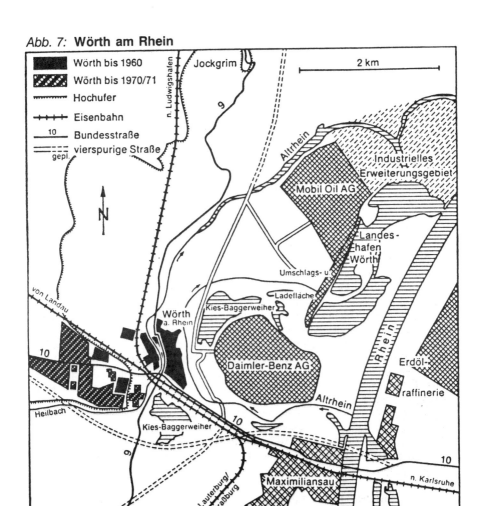

Quelle: PEMÖLLER 1972

Karlsruhe an die transeuropäischen Pipelines von Marseille, Genua und Triest angeschlossen, hoch automatisiert, nur 250 Beschäftigte).

Große Konsequenzen: Einheitsgemeinde (mit Ortsteilen Maximiliansau, Büchelberg und Schaidt) und Stadtrecht ab 1979, rund 18000 Einwohner, über 14000 Arbeitsplätze, etwa 7000 Einpendler (davon etwa 25 % aus dem Nordelsaß). Starke Verbesserung der Infrastruktur (s.o.), sehr gute überregionale Land- und Wasserverkehrsanbindungen mit Werkanschlüssen, wichtiger Rheinübergang. Vergleich mit Lauterbourg (HP 16)

333

und Germersheim (HP26) bietet sich an. (Lit.: ausführliche Ortschronik WÖRTH 1983; Aufsatz und Lageskizze von A. PEMÖLLER in SÜDPFALZ 1976).

Zur Ergänzung muß noch der rheinnahe Bereich angefahren werden. Auf Schnellstraße Richtung Germersheim-Speyer einbiegen, zweite Abfahrt rechts zum Hafen (und Mobil Oil). Bei Gleisen rechts halten bis zum Südrand des Beckens.

## HP 21 Landeshafen Wörth

Westlich sind noch Altrheinreste mit Schilf und Auenvegetation erhalten. Hochwasserschutzdämme, Containerverladung, Anlegeplätze für Erdölübernahme. Südlich das ausgedehnte Gelände des LKW-Werkes. Annäherung an den Rhein leicht möglich; gegenüber die Nachbarraffinerie von Karlsruhe-Maxau.

Die Weiterfahrt führt nach Westen mit Schnellstraßenunterführung bis

## HP 22 Mäandersporn Jockgrim

auf der Kante der Niederterrasse mit über 10 m hohem Hochgestadeabfall. Vor der Auffahrt kurzer Stopp, um die eindrucksvoll im 14. Jh. befestigte Siedlungslage am Prallhang zu sehen (der Ort hieß lange Zeit »Jockum« = -heim). Die Aue davor war noch im letzten Jahrhundert gelegentlich durch Stauwasser überschwemmt. Dann Parkmöglichkeit bei der Kirche oben, z.B. vor Gasthaus »Löwen« (Aussichtsterrasse). Hier erfaßt man erst die Schmalheit des Niederterrassensporns, der von Süden durch einen wesentlich älteren, aber immer noch feuchten Mäanderbogen herausgeschnitten wurde. Hervorragende Schutzlage, durch Backsteinmauern verstärkt (Sonst andere Durchblicke vom südlichen nahen Straßenende an der Spornspitze). Zur Entwicklung der Kulturlandschaft der Rheinniederung siehe H. MUSALL, 1969, auch im PFALZATLAS, Erläuterungen 1969 und 1972, mit vielen Karten.

Am Rande der überschwemmungsfreien Niederterrasse verlief die ehemalige Römerstraße (siehe Karte) von Seltz (Saletio) her über Wörth nach Norden. Am Nordende von Jockgrim ehemaliges Römerbad. Auch die Ziegelherstellung (siehe Ortsbefestigung) war seit damals hier im Gange. Industrielle Betriebe jetzt allerdings eingestellt, in Jockgrim und beim

## HP 23 Rheinzabern (früher Tabernae)

Die Funde aus der Römerzeit mit Terra Sigillata-Fertigung im Museum (Ortszentrum, 1. und 3. Sonntag nachmittags, Tel. 07272/1098 bzw. 2726, derzeit in Umbau). Dazu erhaltene römische Brennöfen in Kindergartengebäude in der Faustinastraße, die von der alten Straße (nicht neue Umfahrung!) nach Kandel abzweigt. (Nur werktags zugänglich, aber immer hinter Scheiben sichtbar).

## HP 24 Rülzheim - ehemalige jüdische Gemeinde

Juden spielten früher eine bedeutende Rolle im ländlichen Bereich der Pfalz und des Elsaß. Ursprünglich eindeutig auf Städte wie Speyer und Worms beschränkt, verteilten sie sich oft unter Druck ab dem 16. Jh. auf einige Landgemeinden, meist in kleineren territorialen Herrschaften, bei Rülzheim jedoch im Bereich des Hochstiftes Speyer, das die Bischofsstadt im 18. Jh. judenfrei machen wollte. Zwangsläufig überwogen Berufe wie »Handelsjud«, Viehhändler, Kaufmann u.ä., weit vor Landwirtschaft oder Handwerk. In Rülzheim bezeichnend der Tabakhandel und die Zigarrenfabrikation, die hier weitgehend in jüdischer Hand waren. Höhepunkt Mitte 19. Jh. mit 457 bei rund 3000 Einwohnern = 15 %. Sie erbrachten mehr als die Hälfte des Gemeindesteuereinkommens. Dann wieder Abwanderung in die Städte. 1938 gab es noch 119 Juden, 1939 noch 37.

Synagoge (1833 erbaut; Einrichtung einer Gedenkstätte geplant) und ehemalige Schule stehen nahe dem Dorfzentrum in der Kuntzengasse, derzeit in mäßigem Zustand. Der jüdische Friedhof liegt 1 km westlich des Dorfes Richtung Herxheim rechts der Straße am sanften Südhang. Eingerichtet um 1826, nachdem zuvor die Begräbnisse in den älteren Judengemeinden Essingen und Ingenheim stattfanden. Gräber, die älteren im oberen Teil, jetzt gut gepflegt. Unweit südlich im Wiesengrund ein großes, aus der Umgebung gern besuchtes Freizeitgelände mit vielfältig ausgestattetem Badezentrum, kuppelförmiger Mehrzweckhalle (»Dampfnudel«) und dem im Sommerhalbjahr stark belegten Campingplatz (Lit.: Ortsgemeinde Rülzheim 1988 und BENDER 1988).

Nun nach E über die Schnellstraße hinweg nach Hördt und hinunter in die Auenniederung, die in Richtung Sondernheim zum Naturschutzgebiet deklariert ist (feucht, bewaldet, früher Malaria, jetzt noch Frösche, Schnaken, Nachtigallen). Auffahrt zum Terrassensporn von Sondernheim, rechts halten, über Hördter, Haupt- und Germersheimer Straße erreicht man ein wieder tief gelegenes ausgedehntes Naherholungsgebiet mit Badeseen, ein größeres Industriegelände (Möbel). Nimmt man noch die häufigen Kiesgruben, Wasserschutzbereiche und landwirtschaftlichen Flächen hinzu, wird klar, daß auch in diesem vor 200 Jahren noch so unberührten Landschaftsraum heute große Flächennutzungskonkurrenz mit fast allseitiger Beeinträchtigung herrscht. Militärischer Raumbedarf (HP 25), Hafenfunktionen, Großindustrie und Kernkraftwerk (HP26) erweitern noch den Problemkomplex.

## HP 25  Germersheim - Garnison und ehemalige Festung

Einfahrt von der Rheinseite an der Südostecke der Stadt zum Weißenburger Tor (Halt außen oder - mit kurzer nördlicher Umfahrung - innen). Geschichte: Germersheim erhielt mit seiner erhöhten, den Flußübergang beherrschenden Lage auf der Ostseite schon im Mittelalter eine kurpfälzische Burg. Bald war auch die Stadt ummauert. In absolutistischer Zeit Endpunkt der durch die Franzosen ab Landau befestigten Queichlinie. Verschanzte Position während und nach den Revolutionskriegen (Frankreich bzw. Bayern). 1834-1861 Ausbau zur Bundesfestung mit bis zu 4000 Arbeitern, gleichzeitig mit Rastatt. Die Festung trat nie in Funktion, bald veraltet, nach Versailler Vertrag unter französischer Besetzung geschleift. Die etwa 3000 Mann starke Garnison, fast so viel wie die Zivilbevölkerung, und die Rayonbestimmungen, d.h. Einschränkungen für Bebauung und Nutzung im Vorfeld, waren schwere Entwicklungshindernisse. Immerhin Amtsstädtchen, heute Sitz der Kreisverwaltung. Nach 1945 wurde die Dolmetscherschule (heute Fachbereich der Universität Mainz) eingerichtet. Auch die militärische Rolle blieb, größerer deutscher und amerikanischer Kasernenstandort, ausgedehnte Depotanlagen. Andere vielversprechende Entwicklung siehe HP 26. Zur Stadtgeschichte: PROBST 1898/1974.

System der Festung nach *Neupreußischer Manier:* Durchgehende, 3200 m lange Wallfronten für die Fernverteidigung mit hohen Stirnmauern zum breiten Hauptgraben. Dort kasemattierte Grabenwehren (die Kaponnieren) für Flankierungsfeuer. Weitere Nahver-

## Abb. 8: Germersheim nach 1945

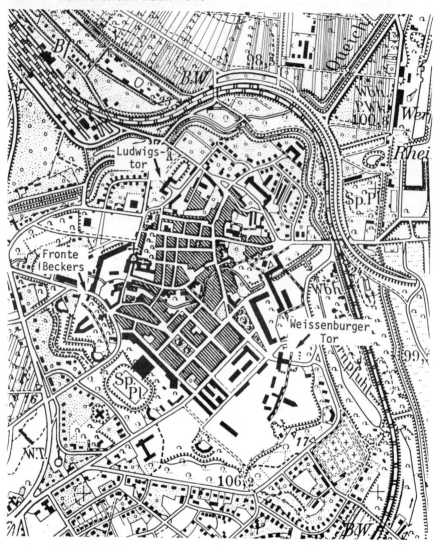

*Quelle:* Unterlagen des Stadtbauamtes

teidigungswerke als Reduits, Deckwälle, Flankenbatterien und Lünetten mit Vorgräben.
Im Vorfeld ausgedehntes Minengangsystem für Sprengladungen. Etwa 700 m weiter

vorgeschobene, sogenannte detachierte Forts (Vesten). Markant und heute meist noch erhalten innerhalb der Hauptwallung die Defensionsbauten (langgestreckte, zur Verteidigung geschützte und armierte Gebäude wie Kriegskasernen und andere Garnisonseinrichtungen). Sie liegen parallel zu den inneren Ringstraßen und dienten mit Flanken- und Frontalfeuer der Bekämpfung des durchgebrochenen Feindes. Bei der Bürgerstadt kann man den älteren Teil mit unregelmäßigerem Grundriß im N von dem nach dem Festungsbau im SE geplant errichteten Teil unterscheiden. Privathäuser fast nur zweistöckig, einige malerische Winkel, viele verkehrsberuhigte Flächen.

Vorschlag zur kurzen *Besichtigung*: Durch den langen Gang im Weißenburger Tor hinaus bis zum Graben und ehemaliger Zugbrücke. Dann Fahrt über Paradeplatz entlang der östlichen Innenseite an Lazarett, Proviantamt und Zeughaus (alles Defensionsbauten) vorbei, im Norden gegen den Uhrzeigersinn weiter umbiegend zum Ludwigstor (Aussteigen bis zur Außenseite lohnt sich. Hier historisches Museum mit großem Relief und anderem Material über die Festung und Stadt; offen 1. Sonntag im Monat, 10-12 h und 14-16 h). Weiter außen an Stengelkaserne vorbei bis zu deren Südende. Hier in der Richthofenstraße Möglichkeit zum Eingang vom Torbau 32 (= Flankenpoterne) aus in *Fronte Beckers*: Nach den Sprengungen einziger intakter Verteidigungskörper der Festung. Fußweg nach außen hinab zu Kinderspielplatz und Park. Man sieht die Hauptverteidigungsmauer, die Flanke der U-förmigen Grabenwehr in den Hauptgraben vorspringen, davor den dreieckigen Deckwall, nach außen den ebenfalls dreieckigen Vorgraben mit Gegenmauer und den dort hineinführenden Minengalerien. Flankierung und Frontalfeuer in allen Werken durch eine Unzahl von Geschütz- und Gewehrscharten. Man kann den ganzen Bereich weiter umrunden oder wieder zurück zum Fahrzeug. (Eine in den Gebäuden sehr lohnende Besichtigung 1. Sonntag im Monat, 11 und 15 h, Beginn vor Mittelpoterne Richthofenstraße. Verabredung: Histor. Verein d. Pfalz, Kreis Germersheim, H.O. KLIPPEL, An der Lünette 6, Tel. 07274/2378, dies auch für Museum und Literatur: Gedruckter Führer und G. BALL 1930/1984). Am Ende der Fronte Beckers beginnt der ausgedehnte Bau der Seyssel-Defensionskaserne, dort jetzt die 'Angewandte Sprachwissenschaft' (Fachbereich 23 der Universität Mainz). Auf der Stadtseite herum kommt man zur Zeppelinstraße, die zur B 9 bzw. Umfahrung und damit aus der Stadt führt.

## HP 26  Insel Grün - Hafen und Industriegelände

erreicht man am besten westlich über die Josef-Probst-Straße, bisher B 9 (bis die Westumfahrung Ende 1989 fertig sein wird). Durch Bauarbeiten kann sich Route noch ändern, also Schildern mit »Hafen« bzw. »DAIMLER-BENZ« folgen.

Die Hafenstraße, die man auf alle Fälle anfährt, führt durch das ehemalige Feuchtgebiet des *Stadt-Wörth*, heute trockengelegte Gewerbefläche, quert Reste des Lingenfelder Altrheins, der in einem großen Mäanderbogen weit nach N ausschwingt, und kommt auf die *Insel Grün*, der durch die Rheinbegradigung abgeschnittene »Kopf« (wie es am Oberrhein heißt) innerhalb der früheren Flußschlinge. Nach Entwässerung, Bau von Deichen und Aufschüttungen wurde hier ein rund 2 km$^2$ großes Industriegelände geschaffen, das zunächst eine weitere Erdölraffinerie aufnehmen sollte, jetzt aber Standort eines großdimensionierten Zentralen Ersatzteillages der DAIMLER-BENZ AG geworden ist. Ein Teil der Hallen und Verwaltungsgebäude ist fertiggestellt, weitläufige Parkflächen, andere Einrichtungen und ausgedehntes Reservegelände deuten die Ausmaße des

Projektes sowie seine zukünftige Bedeutung für Stadt und Raum Germersheim an.Neben dem Hafenanschluß war vor allem die Nähe der Autobahn wichtig, die bereits heute vierspurig auch den Rhein nach Osten überbrückt. Hinzu kommt die Eisenbahnbrücke. Mit einem kleineren Fahrzeug kann man die »Insel Grün« im Uhrzeigersinn umfahren. Man bekommt Kontakt mit dem rheinufernahen Bereich, der den Blick freigibt hinüber zu den hohen Kühltürmen des Kernkraftwerkes Philippsburg auf der Rheinschanzinsel innerhalb eines ähnlichen ehemaligen Mäanderbogens (Philippsburg war vom Fürstbischof von Speyer und im Wechsel von französischer und kaiserlicher Seite als starke Festung während des 17. und 18. Jh. ausgebaut worden und wechselte in vielen Belagerungen mehrfach den Besitzer bis zur Schleifung um 1800). Schließlich kann man noch die ausgebaggerten Hafenbecken sehen mit Kränen und Kais für die bereits zur Stadt hin angesiedelte Industrie. Am Rheinufer südlich der Autobahnbrücke liegt eine kleinere Schiffswerft.

Die abschließenden Eindrücke zeigen nochmals, welche starken Impulse von wirtschaftlichen und militärischen Interessen auf die Umgestaltung der Rheinniederung ausgingen, aber auch wie groß die Gefährdung des natürlichen Lebensraumes geworden ist. (dazu: Luftbildatlas Rheinland-Pfalz II [2]1972, Nr. 62).


# IV. Karten und Literatur

Institut Géographique National (IGN): Carte de France au 50000e, Flle XXXVIII-13 Lembach, XXXVIII-14 Haguenau, XXXIX-13 Wissembourg, XXIX-14 Seltz = 4

Carte Touristique 1:100000, 12 Saarbrücken-Strasbourg

Generalkarte 1:200000: Vogesen/Elsaß

Carte Géologique de la France 1:50000, f. 199-169 Seltz-Wissembourg 1976 (= XXXIX-13-14)

Topographische Karte 1:50000, Blätter: L 6716 Speyer, L 6912 Bad Bergzabern, L 6914 Landau i.d. Pfalz

Übersichtskarte Rheinland-Pfalz 1:100000 Regierungsbezirk Rheinhessen-Pfalz

Generalkarte 1:200000 Bl. 18 Saarbrücken-Stuttgart

Geolog. Landesamt Baden-Württemberg: Geolog. Übersichtskarte 1:600000 Südwestdeutschland

Planungsgemeinschaft Südpfalz u.a. Regionalverbände: Planungsvorstellungen in den Räumen Straßburg, Mittelbaden, Karlsruhe, Südpfalz, Karte 1:75000 mit Erläuterungen (deutsche Fassung)


Grenzüberschreitende Probleme und Untersuchungen

ALBRECHT, V. (1974): Der Einfluß der deutsch-französischen Grenze auf die Gestaltung der Kulturlandschaft im Südlichen Oberrheingebiet, Freiburger Geographische Hefte 14

BAUMANN, K. und P. STROH (1976): 1870 - Diesseits und jenseits der Grenze, Otterbach/Kaiserslautern

BEEGER, H. (1988): Grenzüberschreitende Zusammenarbeit am Oberrhein, in: Stimme der Pfalz, Jg. 39, H. 1, Landau, S. 8-12

Beiträge zu Methodik und Methoden der Geomorphologie mit regionalen Beispielen aus der südlichen Vorderpfalz und aus dem nördlichen Elsaß, Karlsruher Geographische Hefte 6, 1974, mit Aufsätzen von W.-D. BLÜMEL, K. HÜSER und H.-U. KRAUSE

BULLINGER, D. (1980): Grenzüberschreitende Planungs- und Maßnahmen-Koordinierung am Beispiel der Oberrheinlande, in: Freiburger Geographische Mitteilungen 1980/2, S. 74-87

CAYOT, Ph. und R. LEMMEL (1977): Les investissements fonciers étrangers en Alsace, in: Recherches Géographiques à Straßbourg, No. 6, S. 63-95

DEGE, W. (1979): Zentralörtliche Beziehungen über Staatsgrenzen hinweg, untersucht im südlichen Oberrheingebiet, in: Regio Basiliensis, XX/1, S. 149-153

MOHR, B. (1984/1982): Elässische Grenzgänger in der Region Südlicher Oberrhein, in: Mosella t. XIV, Metz, S. 63-75 und bei Industrie- und Handelskammer Südl. Oberrhein, Sitz Freiburg

NEMNICH, E. (1979): Bevölkerungs- und wirtschaftsgeographische Entwicklungen beiderseits der Staatsgrenze zwischen Unterelsaß und Südpfalz, Staatsexamensarbeit Univ. Mainz, Masch. Schr.

NIEDZWETZKI, K. (1976): Das Elsaß - französische Grenzprovinz oder europäisches Kernland? in: Mitt. Geogr. Ges. München, 61, S. 69-94

NUBER, W. (1978): Staatsgrenzen-überschreitende Zusammenarbeit im Raum Südpfalz-Unterelsaß, in: Zusammenarbeit in europäischen Grenzregionen, Schr.-R. Politik, TH Darmstadt, Bd. 2

SÜDPFALZ, Grenzregion im Aufschwung, Min. f. Landw., Weinbau u. Umweltsch. Rheinland-Pfalz/Agrarsoz. Ges. (Hrsg.), Nr. 129, Göttingen 1976

WACKERMANN, G. (1981): Frontières politiques et géographie culturelle - du tracé franco-luxembourgeoise à celui du Rhin Supérieur depuis les années vingt, in: Regio Basiliensis, XXII/2 und 3, S. 182-191

in Vorbereitung:
EGGERS, H.: Alemannisches Jahrbuch 1990, Freiburg


Nördliches Elsaß:

BOEHLER, J.-M. u.a. (Hrsg.) (1983): Histoire de l'Alsace Rural, Strasbourg, darin Aufsätze von C. JÉROME, F. RAPHAËL, J. ROTT, L. SCHMITT, R. SCHWAB, B. VOGLER und G. WACKERMANN

CAISSE MUTUELLE de Dépôts et de Prêts de Seebach - Outre-Forêt (Hrsg.) (1983/1985): Coutumes et traditions..., Strasbourg und La vie d'un village..., Strasbourg

CERCLE D'HISTOIRE DE L'ALSACE DU NORD (Hrsg.) (1973ff): L'OUTRE-FORÊT - Revue d'Histoire de l'Alsace du Nord, No 1ff, Soultz-sous-Forêts

CERCLE D'HISTOIRE DE L'ALSACE DU NORD (Hrsg.) (1984): Connaître et aimer l'Outre-Forêt, Circuits Guides, Reichshoffen

ELLER, J.-P. von (1976): Vosges-Alsace. Guides Géologiques régionaux, Paris

EYER, F. (²1975): Burg Fleckenstein, Syndicat d'Initiative de Lembach

EYER, F. (1980): Wissembourg, Geschichte und Kunst, Wissembourg

FISCHER, F. (1962): Geomorphologische Beobachtungen zwischen dem mittleren Oberrhein und der mittleren Mosel. In: Ann. Univ. Saraviensis, Scientia X-1/2, Saarbrücken, S. 13-48

HOTZ, W. (1965): Handbuch der Kunstdenkmäler im Elsaß und in Lothringen, München/Berlin

JUILLARD, E. (1953): La vie rurale dans la plaine de Basse Alsace, Strasbourg/Paris

JUILLARD, E. (1977): L'Alsace et la Lorraine, atlas et géographie de la France moderne, Paris

KIMMIG, W. (1979): Les tertres funèbres préhistoriques dans la forêt de Haguenau, Prähistor. Zschr., Bd. 54, S. 47-176

NABHOLZ-KARTASCHOFF, M.-L. (Hrsg.) (1973): Töpferei in Soufflenheim (Bas-Rhin), in: Regio Basiliensis, XIV/1, S. 98-163

REINHARD, E. (1970): Zur Besiedelung des Nordelsaß zwischen Zorn und Lauter im frühen Mittelalter. In: Oberrhein. Studien I, Karlsruhe, S. 46-81

RÖHRICH, L. und G. MEINEL (1975): Töpferei im Elsaß (Oberbetschdorf-Soufflenheim), Bühl

SABATIER, R. und P. STROH (1970): Wissembourg-Froeschwiller 1870, Wissembourg (auch in deutsch)

SAISONS D'ALSACE, Revue Strasbourg (1974/1976): Pechelbronn, No 52/1974 (Aufsätze von G. LIVET, A. MICHEL, G. WACKERMANN u.a.) und L'Outre-Forêt, No 59/1976 (Aufsätze von G. LIVET, J. VOGT, J.-L. VONAU, G. WACKERMANN u.a.)

SCHWAB, R. (1980): De la cellule rurale à la région, Alsace 1825-1960, Paris/Strasbourg

SCHWEER, H. (1964): Weißenburg im Elsaß. Eine Stadtgeographie, Speyer, Veröff. Pfälz. Ges. Förd. Wiss., Bd. 46

WOLFRAM, G. und W. GLEY (Hrsg.) (1931): Elsaß-Lothringischer Atlas mit Erläuterungen, Frankfurt


Südliche Vorderpfalz:

ALTER, W. (Hrsg.) (1963ff): PFALZATLAS (Pfälz. Ges. Förd. Wiss.) mit Erläuterungen, Speyer

BADER, M., A. RITTER und A. SCHWARZ (1983): Wörth am Rhein, Ortschronik, 2 Bde., Wörth

BALL, G. (1930/1984): Germersheim, die geschleifte Festung, Speyer, Nachdr. Germersheim

BEEGER, H. u.a. (1987): Atlas Rheinhessen-Pfalz, Braunschweig

BENDER, R.J. (1976): Mennoniteneinwanderung und Entwicklung des Hopfenanbaus in der Südpfalz. In: Ber. z. dt. Landesk., 50, S. 125-139

BENDER, R.J. (Hrsg.) (1988): Pfälzische Juden und ihre Kultuseinrichtungen, Südwestdeutsche Schriften 5, Mannheim

GEIGER, M., G. PREUSS u.a. (Hrsg.) (1981): Pfälzische Landeskunde, 3 Bde., Landau

GEIGER, M., G. PREUSS u.a. (Hrsg.) (1985): Die Weinstraße - Porträt einer Landschaft, Landau

LIEDTKE, H., G. SCHARF und W. SPERLING (Hrsg.) (1973): TOPOGRAPHISCHER ATLAS von Rheinland-Pfalz (Landesvermessungamt), Neumünster

MUSALL, H. (1969): Die Entwicklung der Kulturlandschaft der Rheinniederung..., Heidelberger Geographische Arbeiten 22

MUSALL, H. und A. SCHEUERBRANDT (1974): Die Kriege im Zeitalter Ludwig XIV und ihre Auswirkungen auf...Oberrheinlande, Heidelberger Geographische Schriften 40 (Graul-Festschrift), S. 357-378

NITZ, H.J. (1961/1973): Regelmäßige Langstreifenfluren und fränkische Staatskolonisation. In: Geographische Rundschau, 13, 1961, S. 350-365, auch in: Pfalzatlas, H. 3/6 und TOPOGRAPH. ATLAS Rheinl.-Pfalz, 1973, Nr. 67

ORTSGEMEINDE RÜLZHEIM (Hrsg.) (1988): Zum Gedenken und zur Erinnerung (Treffen früherer jüdischer Bürger Oktober 1988), Rülzheim

PEMÖLLER, A. (1972): Wörth am Rhein. In: Neuer Luftbildatlas Rheinland-Pfalz, Neumünster, S. 132

PEMÖLLER, A. (1975): Landkreis Landau - Bad Bergzabern, Deutsche Landkreise in Rheinland-Pfalz, Bd. 8, Landau

PROBST, J. (1898/1974): Geschichte der Stadt und Festung Germersheim, Speyer, Neudruck Pirmasens

SPERLING, W. und E. STRUNK (Hrsg.) (1970/1972): LUFTBILDATLAS Rheinland-Pfalz, Neumünster, Teil I 1970, Teil II 1972

STEIN, G. (1968/1969/1981): Festungen und befestigte Linien in der Pfalz und im nördlichen Baden. In: Pfälzer Heimat, Jg. 19, 1968, H. 3, S. 91-96 und H. 4, S. 127-133; Jg. 20, 1969, H. 1, S. 8-13 sowie Karten u. Erläuterungen in PFALZATLAS und in: GEIGER, M. u.a. (Hrsg.): Pfälzische Landeskunde, III. Bd., 1981, S. 77-99

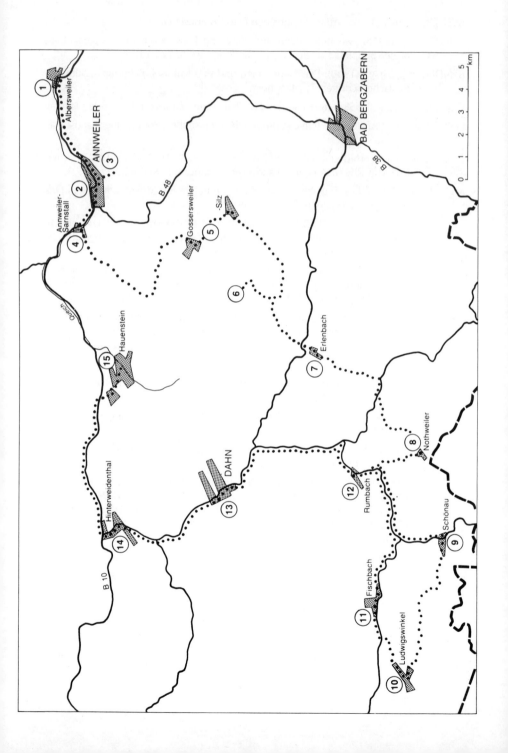

# Das Wasgauer Felsenland
## Eine bizarre Felsenlandschaft als Erholungsraum
von
Michael Geiger

## I. Haltepunkte

## II. Das Wasgauer Felsenland im landeskundlichen Überblick

Der Pfälzerwald - das größte zusammenhängende Waldgebiet Deutschlands - wird von den etwa 500 m mächtigen Schichten des Buntsandsteins aufgebaut (Abb. 1). Der Verbiegung dieser Buntsandsteinschichten in eine Sattel-Mulden-Sattel-Lage verdankt der Pfälzerwald seine Untergliederung in einen nördlichen (Waldbedeckungsgrad 70 %), einen mittleren (90 %) und einen südlichen Teil (80 %, GEIGER 1987). Südlich der Linie, der die B 10 von Albersweiler nach Pirmasens folgt, schließt der Pfälzerwald mit dem *Wasgau* eine in mancher Beziehung ganz andersartige Landschaft ein. Deshalb erhielt sich für diesen südlichen Teil des Pfälzerwaldes bis zur französischen Grenze hin die eigene Landschaftsbezeichnung Wasgau, die durch mundartliche Verballhornung aus dem alten Namen »Wasgen« entstanden ist. Die Bezeichnung »Wasgen« (auch »Wasichen«, »Wasigen«) geht auf den bereits in römischer Zeit geprägten Landschaftsnamen »Vosegus« zurück und lebt im Elsaß im Namen der Vogesen fort. Die Bezeichnung Wasgau geht jedenfalls weder auf ein germanisches Stammesgebiet zurück, noch ist sie - wie in Süddeutschland für altbesiedelte, fruchtbare Landschaften gebräuchlich - als eine Gäu-Benennung zu verstehen. Der Name kann auch nicht von einem einheitlichen politischen Territorium abgeleitet werden.

Von der Schichtenlagerung abhängig ist der Wasgau eigentlich zweigeteilt. Im östlichen Teil - vom Gebirgsrand bis etwa zur Wieslauter hin - herrschen auf Grund der stärkeren

*Abb. 1:* **Gliederung des Buntsandsteins im Pfälzerwald**

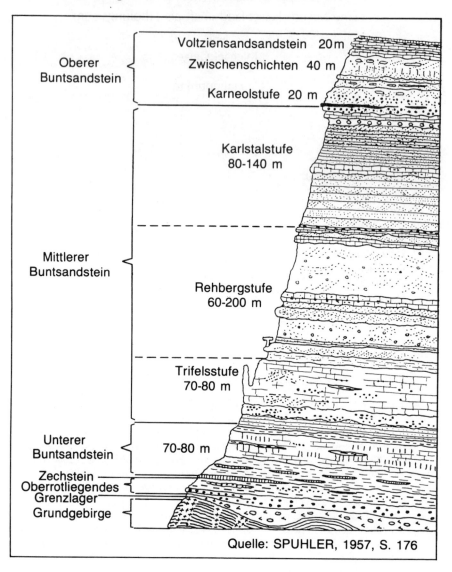

Oberer Buntsandstein
Voltziensandsandstein 20 m
Zwischenschichten 40 m
Karneolstufe 20 m

Karlstalstufe 80-140 m

Mittlerer Buntsandstein
Rehbergstufe 60-200 m

Trifelsstufe 70-80 m

Unterer Buntsandstein
70-80 m

Zechstein
Oberrotliegendes
Grenzlager
Grundgebirge

Quelle: SPUHLER, 1957, S. 176

Heraushebung (Abb. 2 und 3) die Gesteine des Rotliegenden, des Unteren Buntsandteins und der Trifelsschichten vor. Im westlichen Teil bestimmen die Gesteine der Rehberg- und Karlstalschicht und des oberen Buntsandsteins die Landoberfläche. Hier ähnelt der Wasgau mit seiner geschlossenen Bewaldung und seiner geringen Besiedlung dem mittleren Pfälzerwald.

## Abb. 2: West-Ost-Profil durch das Wasgauer Felsenland

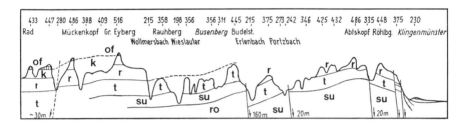

Abkürzungen: Mittlerer Buntsandtstein:   k = Karlstalschichten
r = Rehbergschichten
t = Trifelsschichten

su = Unterer Buntsandstein

ro = Oberrotliegendes

Quelle: LIETDKE 1968, S. 26, vereinfacht und ergänzt

Der östliche Wasgau wird hier als *Wasgauer Felsenland* bezeichnet. Es wird also eine Neubenennung für den Raum des Wasgaus vorgeschlagen, in dem die bizarren Felsbildungen der Trifelsschicht landschaftsbestimmend vorherrschen. Damit wird ein Gebiet umfaßt, das im NO vom Queichtal im Annweilerer Raum über den Dahner Raum bis zur französischen Grenze Schönau im SW reicht. Der südöstliche Teil des Wasgaus mit dem Mundatwald gehört nicht mehr zum Wasgauer Felsenland. In der bisherigen geographischen Literatur aber auch in der Fremdenverkehrswerbung wird vom »Dahner Felsenland« gesprochen. Auf diese Benennung sollte man künftig verzichten, weil man der tatsächlichen Ausdehnung des Felsenlandes, die geologisch und tektonisch bestimmt ist, nicht gerecht wird. Davon abgesehen entspricht man nicht den Interessen der anderen aufstrebenden Fremdenverkehrsorte im Wasgau.

Seinen Reichtum an bizarren Felsbildungen verdankt das Felsenland den harten Trifelsschichten, wie am markanten Burgfels des Trifels bei Annweiler oder am »Jungfernsprung« bei Dahn zu erkennen ist. Die nur auf den Wasgauer Bergkuppen stehenden Felstürme, -rippen und -mauern sind die Reste einer einstmals zusammenhängenden Gesteinsschicht. Gedanklich kann man sämtliche Felsen in einen die ganze Landschaft überspannenden Felshorizont einfügen und sich vorstellen, wie die Flußnetze der Queich, des Klingbachs, des Kaiserbachs, der Wieslauter und des Saarbaches im Laufe der langen geologischen Geschichte sich durch diesen Horizont hindurch nagten und die weicheren Schichten des darunter liegenden Unteren Buntsandsteins ausräumten

345

## Abb. 3: Geologisch-tektonische Übersichtskarte des Wasgaus

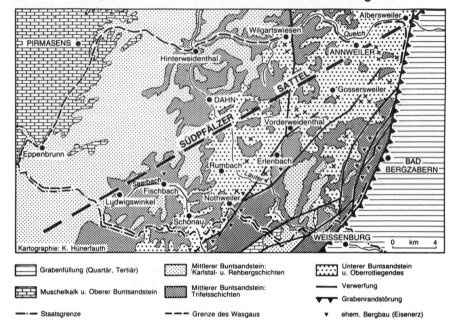

| Symbol | Beschreibung |
|---|---|
| | Grabenfüllung (Quartär, Tertiär) |
| | Muschelkalk u. Oberer Buntsandstein |
| | Mittlerer Buntsandstein: Karlstal- u. Rehbergschichten |
| | Mittlerer Buntsandstein: Trifelsschichten |
| | Unterer Buntsandstein u. Oberrotliegendes |
| | Verwerfung |
| | Grabenrandstörung |
| | Staatsgrenze |
| | Grenze des Wasgaus |
| ▼ | ehem. Bergbau (Eisenerz) |
| ✗ | Einzelberge der Trifelsschicht |

Das Wasgauer Felsenland wird von den Schichten des Oberrotliegenden, des Unteren Buntsandsteins und von den Trifelsschichten aufgebaut (vgl. Abb. 2). Es erstreckt sich vom Schönauer Raum im SW bis in den Annweilerer Raum im NE. Seine Landschaftsformen werden wesentlich von den jeweils die Erdoberfläche bildenden Buntsandsteinschichten bestimmt. Für die Schichtenlagerung waren tektonische Vorgänge maßgebend:
1. Die Schrägstellung der Schichten von der Rheingraben-Aufwölbung nach Westen. Von Ost nach West bilden folglich immer jüngere Schichten die Oberfläche.
2. Die Bruchtektonik hat den östlichen Teil des Pfälzerwaldes noch erfaßt. Entlang einiger landschaftsprägender Verwerfungen sind die Buntsandsteinschichten vertikal versetzt worden.
3. Die weiträumige Verbiegung der Buntsandsteinschichten führte im Wasgau zur Aufwölbung des Südpfälzer Sattels, dessen Achse aus dem Schönauer Raum in den Annweilerer Raum gerichtet ist. Von ihm aus tauchen die Gesteinsschichten nach NW zu Pfälzer Mulde und nach SE in das Zaberner Bruchfeld ab.

und dort die weiten Verebnungen bildeten. Diese Verebnungen mit ihren mineral- und tonreicheren Schichten ließen eine ackerbauliche Nutzung zu, während die fruchtbaren Talauen als Grünland bewirtschaftet wurden. Ergänzend nutzte man den Wald, teils als forstlichen Hochwald, teils als viehwirtschaftlichen Niederungswald. Auf der Basis dieser *Waldbauernwirtschaft* entwickelten sich zahlreiche Siedlungen, die mit wenigen Ausnahmen in den Tälern liegen. So zahlreich diese Siedlungen auch sind, ihre Einwohnerzahlen überschritten in der vorindustriellen Zeit nur selten die Zahl von 500.

Erst mit dem Aufkommen anderer gewerblicher Nutzungformen - insbesondere der Schuhindustrie - waren nicht mehr so viele Menschen zur Auswanderung gezwungen. Aber auch heute sind viele Bewohner der Wasgaudörfer Arbeitspendler zu den Zentren außerhalb des Wasgaus.

Die Armut der Böden mit der nur möglichen Grenzertragslandwirtschaft und die Strukturschwäche des Grenzraumes waren jahrhundertelang eine belastende Hypothek für den Wasgau. In der heutigen Zeit aber haben sich Abgelegenheit, Ruhe, Waldeinsamkeit und geringere Umweltbelastung zusammen mit der Vielgestaltigkeit der Landschaft zu positiven Attributen gewandelt und sind nun das Kapital eines weithin beliebten *Erholungsraumes*. Es kann ohne Übertreibung behauptet werden, daß das Wasgauer Felsenland die vielgestaltigste und eindrucksvollste Buntsandstein-Landschaft in Deutschland ist. Sie ist zugleich ein sehr geschichtsträchtiger Raum, der während des 12. und 13. Jahrhunderts Mittelpunkt des deutschen Kaiserreiches war. War der Wasgau später das Interessengebiet territorialer Kleinstaatlichkeit und dann der »Spielball« europäischer Nationalstaatlichkeit, so hat sich seine heutige raumpolitische Funktion gewandelt. Ein äußeres Zeichen dafür ist die Deutsch-Französische Touristik-Route, die zwei wesensgleiche Landschaften beiderseits der nunmehr grünen Grenze verbindet: Nordvogesen und Wasgau.

*Übersicht:* Exkursionsroute und Themenaspekte

| | Landschaftsüberblick | geologisch-morphologische Struktur | Vegetation, Landespflege | Kulturlandschaftsgeschichte | Siedlungsgeographie | Wirtschaftsgeographie | Fremdenverkehr |
|---|---|---|---|---|---|---|---|
| 1. Albersweiler | | X | | | | X | |
| 2. Annweiler | | | | X | X | | X |
| 3. Trifels | X | X | | X | | | |
| 4. Annweiler-Sarnstall | | | | | | X | |
| 5. »Gossersweilerer Tal« | | X | X | | | | X |
| 6. Lindelbrunn | X | X | | X | | | |
| 7. Erlenbach | | X | | X | | | |
| 8. Nothweiler | | X | | | | X | |
| 9. Schönau | | | X | | | X | X |
| 10. Ludwigswinkel | | | | | X | | X |
| 11. Fischbach | | | X | | | | |
| 12. Rumbach | | | | X | X | X | X |
| 13. Dahn | X | | | | X | | X |
| 14. Hinterweidenthal | X | X | | | | X | |
| 15. Hauenstein | | | | X | X | X | X |

# III. Das Wasgauer Felsenland als Exkursionsgebiet

Die Exkursion strebt inhaltlich einen landeskundlichen Überblick an, wobei je nach Haltepunkt ausgewählte Themenaspekte aus verschiedenen Blickrichtungen schwerpunktmäßig beleuchtet werden. Die beigefügte Übersicht soll dem Leser die Zusammenschau der jeweils angesprochenen Aspekte ermöglichen.
Räumlich erfaßt die Exkursion nur ein Teilgebiet des Wasgaus. Denn das Wasgauer Felsenland, das im Bereich des aufgewölbten »Dahner Sattels« liegt, erstreckt sich in der NE-SW-Richtung beiderseits der Raumdiagonale Annweiler-Schönau.

Die Exkursionsroute von Annweiler nach Hauenstein ist 105 km lang. Es empfiehlt sich, neben der Straßenkarte die Topographischen Wanderkarten 1 : 25000 (die Blätter Annweiler, Dahn und Hauenstein) und die geologische Übersichtskarte 1 : 200000 Blatt Mannheim (vgl. HÜTTNER/KONRAD/ZITZMANN 1986) mitzuführen. Zur landeskundlichen Einführung sei auf BENDER (1979) und GEIGER/PREUSS/ROTHENBERGER (1987) verwiesen. Allgemein touristische Hinweise finden sich bei HEINZ (1976) und WITTNER (1981).

## HP 1    Albersweiler - das Tor zum Wasgau

Den Ausgangspunkt - der Südbruch der Südwestdeutschen Hartsteinwerke am Bahnhof von Albersweiler erreicht man von der B 10 aus. Von Landau kommend benutzt man am besten die Ortsumgehung von Albersweiler, weil man von der Höhe am Talhang aus einen guten Überblick über die beiden Steinbrüche gewinnt. Von Queichhambach fährt man zum Haltepunkt direkt am Bahnübergang und betritt das Gelände des stillgelegten Steinbruches.

Der südliche Steinbruch gehört zu den klassischen und am häufigsten aufgesuchten Aufschlüssen der Pfalz. Die Aufschlußwand zeigt nämlich das variskische Grundgebirge und das diskordant auf der alten variskischen Landoberfläche auflagernde Deckgebirge. Leicht skizziert man sich die Struktur des Aufschlusses selbst. Den Sockel bildet der massige Gneis, der durch Metamorphose aus einem von Granit durchdrungenen Sedimentgestein hervorging. Eine magmatische Imprägnierung füllte die schräg einfallenden Zerrungsklüfte während der variskischen Gebirgsbildung mit den dunkleren Lamprophyr-Ganggesteinen. Über der gewellten alten variskischen Landoberfläche wurden während des Rotliegenden die geröllreichen Sandsteine und Arkosen als flachlagernde Sedimente abgesetzt.
Im Tertiär und Quartär, während der Rheingraben sich absenkte, wurde der Pfälzerwald emporgehoben. Am Rheingrabenrand war diese Hebung stärker als weiter im Westen, so daß die Gesteine des Deckgebirges schräg nach Westen einfallen. Die antezedent sich einschneidenden, grabenwärts gerichteten Bäche haben das Grundgebirge mancherorts angeschnitten. Dies gelang vor allem der Queich, die in einem engen Kerbtal den widerständigen Gneisriegel passierte. Auf diesem Sockel ruhend, ragen die beiden Bergklötze des Orensberges und des Hohenberges in die Höhe. Als hoch aufragende »Pfeiler« flankieren sie die Talweitung der Queich, dem *Tor zum Wasgau* (Abb. 4). Das Hangprofil der beiden Berge ist mehrfach treppenartig gestuft, was durch die unterschiedliche Widerständigkeit der Sedimente des Rotliegenden und des Buntsandsteins hervorgerufen wird. Den Gipfel der beiden Berge bildet die widerständige Trifelsschicht, deren morphologische Härte sich an den Felsbildungen zeigt.

Albersweiler (1871: 2067 Ew; 1988: 1958 Ew) entwickelte sich in dieser Talenge als Straßendorf, durch das auf der alten B 10 ein Großteil des West-Ost-Straßenverkehrs in den Wasgau sich hindurchzwängte. Am nördlichen Talhang befindet sich der heutige

*Abb. 4:* **Geologisches Profil vom Orensberg zum Hohenberg**

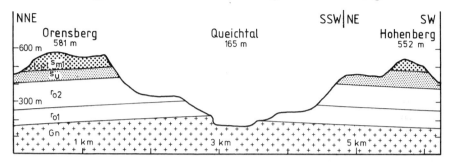

Gn = Gneis; $r_{o1}$, $r_{o2}$ = Oberrotliegendes; $s_u$ = Unterer Buntsandstein; $s_m$ = Mittlerer Buntsandstein.

*Quelle:* GEIGER 1985, S. 36

Steinbruchbetrieb. Die Gewinnung von Hartsteinen in Albersweiler reicht bis in das Jahr 1291 zurück, so daß hier der älteste noch bestehende Steinbruchbetrieb Deutschlands angenommen wird. Besonders bedeutend war der Abbau zur Zeit des Baus der VAUBAN'schen Festung in Landau (1688-1691), wobei damals ein eigener Kanal zum Steintransport angelegt wurde. Auch für die im Jahre 1875 fertiggestellte Eisenbahnstrecke Karlsruhe-Landau-Zweibrücken-Saarbrücken benötigte man die Schotter aus Albersweiler. Heute werden jährlich 700000-800000 t Gestein in zwei Brechanlagen zu Splitt und Schotter für den Straßenbau und den Deichbau am Rhein gewonnen. Auf 5 Abbausohlen (3 im Gneis, 1 im Melaphyr, 1 im Rotliegenden) geht der Abbau vor sich. Der Steinbruchbetrieb mit seinen 26 Beschäftigten ist damit der größte im Gebiet der Pfalz.

HP 2   Annweiler - alte Reichsstadt und heutiges Zentrum im nordöstlichen Wasgau

Vom Albersweilerer Steinbruch folgt man der Straße in das ausgeweitete Queichtal über Queichhambach nach Annweiler. Bei der Ortseinfahrt achte man auf das Gewerbegebiet mit der gründerzeitlichen Arbeiterwohnsiedlung, die zu den Emaillierwerken ASTA gehört und den Meßgerätebetrieb STABILA. Man passiert den Hohenstaufensaal, umfährt auf der B 10 den Ortskern, biegt vor der katholischen Kirche links zum Meßplatz ab und hält an. Zu Fuß geht man durch den Schipkapass und die Wassergasse zur Hauptstraße und erreicht das Rathaus.

Annweiler (1871: 3 786 Ew; 1988: 6 818 Ew) verdankt seine städtische Entwicklung der salisch-staufischen Reichsfeste Trifels. Kaiser Friedrich II. erhob Annweiler bereits im Jahre 1219 zur Reichsstadt - nach Speyer ist Annweiler die zweitälteste Stadt der Pfalz. Am Stadthaus ist der Stadtgründer in überlebensgroßer, sitzender Sandstein-Figur dargestellt. An diesen Höhepunkt der Stadtgeschichte erinnert auch der dreifache Freskenzyklus von A. KESSLER, im Zeitraum von 1937-1957 im Hohenstaufensaal, im Rathaussaal und in der katholischen Pfarrkirche erstellt.

Während der Habsburger Kaiserzeit verlagerte sich der Mittelpunkt des Deutschen Reiches, Annweiler sank schon von 1330 an durch Verpfändung an den Pfalzgrafen in die Provinzialität ab. Später gehörte es zum Herzogtum Pfalz-Zweibrücken, was mit sich brachte, daß sich die Bürgerschaft schon früh zur calvinistisch-reformistischen Lehre bekennen mußte. Niederländische und französische Hugenotten fanden in der Stadt Zuflucht. Ihnen verdankt Annweiler mit dem Aufkommen der Gerber- und Tuchmacherzunft eine wirtschaftliche Blüte am Ende des 16. Jahrhunderts. Die Fachwerkbauten in der Gerbergasse und der Wassergasse entlang der Queich - nach den Zerstörungen während der Kriegsjahre 1944/45 wiederhergestellt - bezeugen diese Phase der Stadtgeschichte.

Die Kriege und Verwüstungen des 17. und 18. Jahrhunderts brachten die Stadt erneut in Not. Erst mit dem Anschluß an die Eisenbahnlinie Saarbrücken-Karlsruhe im Jahre 1875 besserte sich durch Ansiedlung von Betrieben die Lage. Die gute Wasserqualität im Queichtal, verfügbare Arbeitskräfte und der Holzreichtum waren die Voraussetzung für die Ansiedlung einer Meterfabrik im Jahre 1889, der heutigen »STABILA Meßgeräte GmbH« mit 250 Beschäftigten. Es folgten die Emaillier-Werke »ASTA« und die Kartonagenfabrik »Buchmann« im Ortsteil Sarnstall.

Nach dem Zweiten Weltkrieg entwickelte Annweiler sich zum Mittelpunkt des nordöstlichen Wasgaus. Neben den eingemeindeten Orten Bindersbach, Gräfenhausen, Queichhambach und Sarnstall ist es Mittelpunkt der Verbandsgemeinde (1871: 11 890 Ew; 1988: 16 300 Ew), der 12 weitere Gemeinden angehören. Die Stadt erfüllt für diesen Raum die Funktion eines Mittelzentrums mit Teilfunktion.

Der wiederaufgebaute Trifels und die reizvolle Landschaft sind wichtige Anziehungspunkte für den angewachsenen Fremdenverkehr im gesamten Gebiet der Verbandsgemeinde Annweiler (vgl. Tab. 1). Seit dem Jahre 1964 ist Annweiler als Luftkurort anerkannt. Den Fremden steht ein breites Angebot an Privatzimmern und einfachen Gasthöfen zur Verfügung, was auf der Weiterfahrt durch die folgenden Gemeinden immer wieder zu beobachten ist. Dies belegt auch die Aufgliederung der Gästebetten innerhalb der Verbandsgemeinde (1989): von den 1 948 Betten bieten Hotels und Gasthäuser 410 und Pensionen 480 an, weitere 290 sind als Privatzimmer nachgewiesen und in Ferienwohnungen besteht ein Angebot von 762 Betten.

## HP 3    Burg Trifels - des Reiches Mitte

Von Annweiler aus folgt man der ausgeschilderten Trifelsstraße, die aus der Stadt heraus am Kletterfels Asselstein vorbei und um die burggekrönten Bergkegel Münz und Anebos herum zum Parkplatz unterhalb der Burg Trifels führt. Von dort geht man in etwa 15 Minuten zum Burgeingang (Öffnungszeiten: 01.04.-30.09.: 9.00-13.00 Uhr und 14.00-18.00 Uhr/01.10.-31.03.: 9.00-13.00 Uhr und 14.00-17.00 Uhr; Montags geschlossen).

Die aus den Ruinen des 19. Jahrhunderts in den Jahren 1938-1966 neu entstandene Burganlage ist schon allein aus historischen und baugeschichtlichen Gründen sehenswert. Deshalb wird die Burg jährlich von 150 000 Personen besucht. Ein Burgführer informiert ausführlich über die Baugeschichte.

Für den naturgeographisch Interessierten beginnt die Besichtigung schon hinter dem Parkplatz, denn das beachtenswerte, hoch aufstrebende Felsriff, das die Burg trägt, demonstriert bereits anschaulich die Widerständigkeit der untersten Abteilung des Hauptbuntsandsteines - eben der »Trifelsschichten« (Abb. 1). Auf dem Turmdach der Burg angekommen hat man einen der schönsten Landschaftsüberblicke über den Pfälzer-

*Tab. 1:* Fremdenverkehr in den bedeutenderen Fremdenverkehrsgemeinden der Verbandsgemeinden Annweiler, Hauenstein und Dahn

| | 1973 | | 1982 | | 1987 | |
|---|---|---|---|---|---|---|
| | Gäste | Übern. | Gäste | Übern. | Gäste | Übern. |
| Verbandsgemeinde Annweiler | | | | | 38588 | 177169 |
| Annweiler | 12888 | 64500 | 14967 | 75466 | 18853 | 65502 |
| Gossersweiler-Stein | nicht erfaßt | | 9793 | 89991 | 8405 | 54243 |
| Ramberg | 1803 | 10695 | 4606 | 26315 | 6303 | 32348 |
| Silz | nicht erfaßt | | 747 | 6995 | 1333 | 7482 |
| Verbandsgemeinde Hauenstein | | | | | 25333 | 105303 |
| Hauenstein | 3765 | 11018 | 20476 | 83171 | 17631 | 74119 |
| Wilgartswiesen | 3088 | 9894 | 2907 | 17562 | 4550 | 23483 |
| Verbandsgemeinde Dahn | | | | | 58557 | 281994 |
| Dahn | 6633 | 37176 | 25930 | 135807 | 25091 | 115109 |
| Schönau | 3802 | 24059 | 7271 | 40648 | 7662 | 42266 |
| Ludwigswinkel | 1528 | 19266 | 4732 | 29754 | 7124 | 28698 |
| Erftweiler | 504 | 4286 | 2426 | 19146 | 4729 | 28523 |
| Wieslautern | 727 | 4954 | 2279 | 16886 | 3460 | 15401 |

*Quelle:* 1973 und 1982: Statistische Berichte 1974 und 1984 des Statistischen Landesamtes Rheinland-Pfalz, Bad Ems; 1987: Erhebungen der Verbandsgemeindeverwaltungen

wald, die Weinstraße und die Pfälzische Rheinebene. Der Ausblick nach Norden und der nach Südwesten läßt die morphologischen Unterschiede zwischen dem Pfälzerwald und dem Wasgauer Felsenland deutlich hervortreten: Im N die von den Rehbergschichten aufgebauten, hoch aufrangenden und von engen Tälern getrennten Bergklötze, die eine geschlossene Bewaldung tragen, im S die von breiten Tälern gegliederten, offenen Verebnungsflächen mit den meist felsgekrönten Kegelbergen oder Bergrücken. Den Talfluchten folgend reicht der Blick weit in den Wasgau, wobei sich die Silhouetten der Berge kulissenförmig hintereinanderschieben. Man erkennt den beliebten Kletterfelsen Asselstein und weiter entfernt die Burg Lindelbrunn (HP 6) mitten im Wasgauer Felsenland. Man beachte den Rehberg, dem mit 571 m höchsten Berg im Wasgau. Sein Gipfel wird bereits von den nach ihm benannten mittleren Schichten des Hauptbuntsandsteins aufgebaut (Abb. 1). Alle sichtbaren Felsen gehören den Trifelsschichten an, die man sich in Gedanken zusammenhängend vorstellen muß. Man gewinnt dabei ein Bild über das Ausmaß der erosiven Zerschneidung und Ausräumung der Landschaft durch das engständige Talnetz während ihrer Heraushebung.

## HP 4   Annweiler-Sarnstall - alte Papiermühle, moderne Kartonfabrik

Vom Parkplatz unterhalb des Trifels fährt man die Straße zurück nach Annweiler, folgt der B 10 das Queichtal aufwärts und biegt dann in Sarnstall nach links in Richtung Lug bzw. Vorderweidenthal ab. Man quert das Betriebsgelände der Firmen »Buchmann« und »Baumann« und hält dann an.

Die pappe- und papiererzeugende Industrie ist in den Pfälzerwaldtälern des Speyerbachs, der Isenach, der Rodalbe und der Queich bedeutsam geworden und gibt insgesamt 2 000 Beschäftigten Arbeit. Der Wasserreichtum und die Arbeitskräfte waren die wichtigsten Standortvoraussetzungen, nicht die Rohstoffe, wie am Beispiel der Kartonagenfabrik »Buchmann« deutlich wird.

In Sarnstall bestand seit 1811 eine Papiermühle, deren Errichtung der französische Unterpräfekt des damaligen Arrondissements Zweibrücken genehmigte. Handgeschöpfte Schreib- und Aktenpapiere und später auch Pappen für die Schuhindustrie wurden hier hergestellt. Der Dampfsägenbesitzer »Buchmann« aus Rinnthal erwarb die Papiermühle im Jahre 1897. Durch Verbesserung der Kartonmaschinen wurde die Herstellungsleistung von 10 t Pappe pro Tag im Jahre 1910 auf 300 t pro Tag im Jahre 1988 gesteigert. Im 4-Schicht-Betrieb sind insgesamt 480 Arbeiter und Angestellte beschäftigt. Zur Gewinnung der Pappe werden 75 % Altpapier verwendet und auch die restlichen Rohstoffe (5 % Zellstoff, 15 % Holzschliff, 5 % Zusatzstoffe) werden eingeführt. Ein dem Betrieb angeschlossenes Sägewerk verarbeitet heimisches Holz zu Paletten und Holzverpackungen.

## HP 5   »Gossersweiler Tal« - Verebnungsfläche, Sozialbrache, Fremdenverkehr

Von der Kartonagenfabrik aus folgt man dem engen Rimbachtal aufwärts, dessen ehemalige Wässerwiesen brach liegen. Man kommt an der »Kaiser-Mühle« vorbei, deren außer Kraft gesetztes Wasserrad auf die frühere Nutzung als Mahl- und Sägemühle hinweist. Man passiert das Wasgaudorf Lug, das zur Verbandsgemeinde Hauenstein und damit bereits zum Landkreis Pirmasens gehört. Hinter Lug benutzt man die Straße nach Völkersweiler-Gossersweiler. Nach dem Passieren der Felsgruppe der »Geiersteine« erreicht man die als »Gossersweilerer Tal« bezeichnete Hochebene.

Man überquert eine leicht gewellte, durch Dellen gegliederte *Verebnung* in etwa 300 m Höhe, die die benachbarten Täler um etwa 100 m überragt. Von hier nehmen verschiedene Wasgaubäche ihren Ausgang: nach N und W Zuflüsse zur Queich und nach E der Kaiserbach und der Klingbach. LIEDTKE (1968) schreibt die Entstehung dieser »intramontanen Fläche« einer Heraushebung am Ende des Oberpliozäns zu, die in der Folgezeit vom Gewässernetz zerschnitten wurde. Die weitgespannte Hochebene ist in den Schichten des Unteren Buntsandsteins (Annweilerer Schichten) angelegt, deren bindigere, mineralreichere Böden die ackerbauliche Nutzung zulassen.

Die Bezeichnung »Gossersweilerer Tal« meint nicht ein Bachtal, sondern geht auf eine frühere Verwaltungseinheit zurück. Ihr gehörten an: Gossersweiler-Stein (1871: 993 Ew; 1988: 1 305 Ew), Völkersweiler (1871: 279 Ew; 1988: 521 Ew), Silz (1871: 501 Ew; 1988: 809 Ew), Lug (1871: 218 Ew; 1988: 604 Ew) und Schwanheim (1871: 510 Ew; 1988: 609 Ew). Beim Durchfahren dieser Ortschaften bemerkt man allenthalben, wie die einstmals intensiv genutzten Landwirtschaftsflächen sich in verschiedenen Stadien der Extensivierung bis hin zur völligen Sozialbrache befinden (Abb. 5). Besonders sind es die Talräume und die steileren Talhänge, die nun meist völlig brach liegen. Der spezielle Landschaftsreiz des Wasgauer Felsenlandes mit seinen offenen Talräumen und

## Abb. 5: Brachlandanteil an der Landwirtschaftlichen Nutzfläche

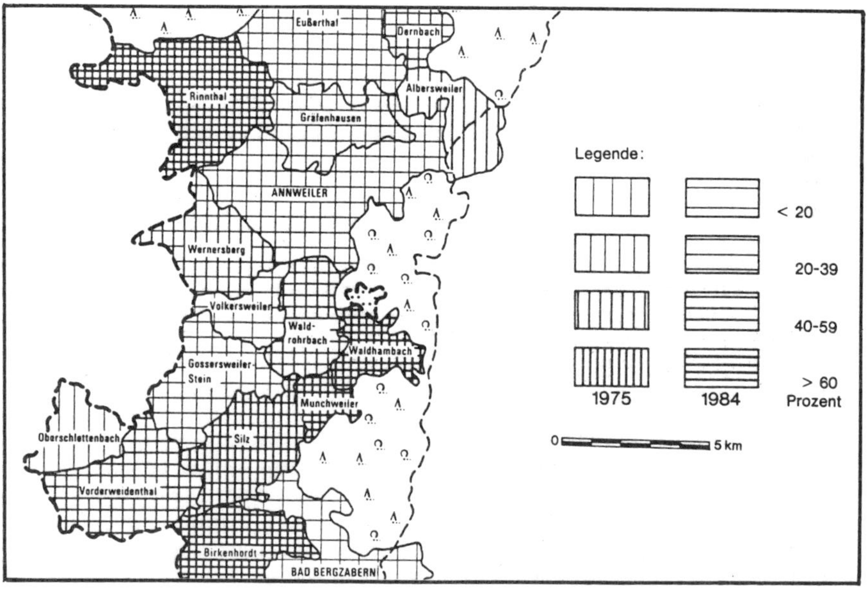

*Quelle:* JOB 1987, S. 41, Kartenausschnitt

natürlichen Bachläufen, den weiten Ausblicken auf burg- oder felsengekrönte Bergkegel, dem Wechsel von Wald und Offenland zieht Besucher an. Deshalb fördert die Brache-Entwicklungsplanung auch den Fremdenverkehr, worauf JOB (1987) besonders hinweist.

Der Fremdenverkehr hat in den verschiedenen Gemeinden Fortschritte gemacht (Tab. 1). Neben den vielen privaten Übernachtungsmöglichkeiten ist das Feriendorf Eichwald bei Gossersweiler-Stein ein wichtiger Anziehungspunkt für den Tourismus. Mit seinen 150 Dachhäusern besteht das Feriendorf seit 1973 und wird besonders von Deutschen, Engländern und Niederländern besucht. Der Wild- und Wanderpark Silz dagegen dient mit seinen weitläufigen Wildgehegen besonders dem Naherholungsverkehr. Für diesen Zweck ist auch der Silzer See als Badeweiher angelegt worden.

HP 6  Lindelbrunn - Mittelpunkt des Wasgauer Felsenlandes

Von Silz aus folgt man der Straße in Richtung Vorderweidenthal. Diese folgt zunächst dem oberen Klingbachtal und erreicht in 288 m Höhe die Wasserscheide zum Nachbartal des Portzbaches, der nach S zur Lauter hin entwässert. Eine schmale Fahrstraße folgt dem Oberlauf des Portzbaches und führt zum Parkplatz beim Forsthaus Lindelbrunn.

Der »Parkplatz Lindelbrunn« ist einer der 88 Parkplätze mit Rundwanderwegen des Naturparks Pfälzerwald. In einem etwa 15-minütigen Fußweg erreicht man den Burgfels

353

in 438 m Höhe. Hier achte man besonders auf die Vorgänge und Formen der *Kleinver-witterung* und insbesondere auf das hier schön ausgebildete Filigrannetz der Wabenver-witterung. Weiße Salzausblühungen und schwarze Eisen-Mangan-Krusten verfärben die Felsoberfläche. An der Wetterseite des Felsens läßt sich gut beobachten, wie der Regen, die Sonne, der Wind, der Frost und die Pflanzen gemeinsam an dem Gestein arbeiten. Das eindringende Regenwasser löst nach und nach das Gesteinsbindemittel. Die Beson-nung der nackten Felswände läßt diese Lösung verdunsten. Schwarze Eisen- und Man-ganoxide scheiden sich an der Felsoberfläche als harte Krusten ab, hinter denen der Sandstein mürbe wird. Die hellen Salzausblühungen bestehen aus Chloriden und Sulfa-ten, wie Gips, Alaun, Sylvin u.a. (FRENZEL 1964). Bei der Kristallisation dieser Minera-lien lockert sich das Gesteinsgefüge durch Salzsprengung. Der Wind bläst die gelocker-ten Sandkörner weg, das abrinnende Regenwasser schwemmt sie fort und formt dabei feine Felsrippen. Gefriert das Wasser in den Rippen und Spalten der Felsen, so lockert die Frostsprengung den Gesteinsverband zusätzlich. Gesteinsrinden, -schalen oder -blöcke platzen ab. Hinter solchen abgeplatzten Krusten kommt in manchen Gesteinsho-rizonten das Wabennetz zum Vorschein, wie es beispielhaft am Burgfelsen zu sehen ist.

Betritt man die Burgruine, so wird man mit einem Rundblick über das Wasgauer Felsen-land belohnt, weil Lindelbrunn sich etwa in seinem geographischen Mittelpunkt befin-det. Beim Ausblick nach Osten achte man auf den bisher durchfahrenen Raum: Trifels, Rehberg und das o.g. Feriendorf Eichwald sind zum Beispiel gut zu sehen. Der Blick nach Süden und Westen läßt die weiter zu durchfahrende Landschaft schon erkennen. Beim Ausblick nach Nordwesten achte man darauf, wie auf der Verebnungsfläche un-terhalb der Burg ehemalige Äcker des Ortes Oberschlettenbach bereits wieder bewaldet sind.

*Abb. 6:* **Burg Lindelbrunn - Aufbaustudie und Ruine von Osten**

*Quelle:* umgezeichnet nach HARTUNG, aus BRAUNER 1975

Über die *Burggeschichte* informiert ein kleiner Führer, der im Gasthaus beim Parkplatz erhältlich ist. Im 12. Jahrhundert entstand »Lindelbol« als Reichsburg, gehörte dem Burgensystem rund um den Trifels an und war von einem Ministerialengeschlecht bewohnt. Später war sie im Gemeinschaftsbesitz von Leiningen und Zweibrücken-Bitsch. Die Ganerbenburg war im 15. Jahrhundert zeitweise der Sitz von Raubrittern, ehe sie dann im Bauernkrieg 1525 zerstört wurde. Die Aufbaustudie von HARTUNG soll eine Vorstellung dieser Burg als Beispiel einer der zahlreichen Stauferburgen im Wasgau vermitteln (Abb. 6).

## HP 7   Erlenbach - das Tal folgt einer Verwerfung

Vom Parkplatz Lindelbrunn fährt man zurück und erreicht nach Überquerung der Wasserscheide zum Erlenbachtal Vorderweidenthal (1871: 517 Ew; 1988: 642 Ew). Man durchquert den Ort und erreicht den nächsten: Erlenbach unter dem Berwartstein. Außerhalb des Ortes hält man an.

Erlenbach (1871: 447 Ew; 1988: 370 Ew) am gleichnamigen Bach in 205 m Höhe gelegen, gehört zur Verbandsgemeinde Dahn. Das Bachtal verläuft in rheinischer Richtung und folgt der landschaftsprägenden *Wilgartswiesener Verwerfung*, die auch als »Elmsteiner Verwerfung« bezeichnet wird, weil sie den gesamten Pfälzerwald durchzieht (vgl. Abb. 2 und 3). Ihr ist die große Ausdehnung des Wasgauer Felsenlandes zu verdanken, denn auf der Ostseite des Erlenbaches überragen die felsbildenden Trifelsschichten wegen ihres Schichtfallens nach W das Tal nicht mehr sehr hoch - dies zeigt der nur 268 m hoch gelegenen Burgfels des Berwartsteins - und sie würden bei ungestörter Schichtlagerung westlich des Erlenbachs bald von den Rehbergschichten überdeckt sein. Westlich dieser Verwerfung liegen die Buntsandsteinschichten jedoch bis zu 150 m höher, die Trifelsschichten bilden das »Dahner Felsenland«. Zu diesem gehört auch der 448 m hohe Puhlstein (auch Budelstein, oder im Volksmund »Eisenbähnchen« genannt) östlich von Erlenbach.

Südöstlich von Erlenbach liegt der Seehof an einem Weiher. Dort befand sich das ergiebigste Bleibergwerk der Pfalz. Die Entstehung der Erze ist auf die selben bruchtektonischen Vorgänge zurückzuführen wie in Nothweiler (vgl. HP 8).

Der *Berwartstein* ist - wie viele weitere Burgen im Wasgau - eine Felsenburg; er wurde auf ein nur 15 m breites und 50 m langes Felsenriff gebaut. Die aus dem 12. Jahrhundert stammende Reichsburg wurde 1591 durch Brand zerstört.Der preußische Hauptmann BAGIENSKI ließ die Burg in den Jahren 1895-1900 wieder aufbauen, und sie diente ihm 30 Jahre als Wohnsitz. Berwartstein ist die einzige wiederhergestellte Burg im Pfälzerwald. Über den Bau der Felsenburg und über ihre Geschichte erfährt man während einer Besichtigung mehr. Dabei wird auch die Fehde zwischen dem berüchtigten Raubritter Hans von Trott und der Stadt Weißenburg im 15. Jahrhundert ausführlich dargestellt.

## HP 8   Nothweiler - Gewinnung von Eisenerz im Wasgau

Dem Erlenbach, der bei Niederschlettenbach (1871: 281 Ew; 1988: 365 Ew) in die Lauter (Wieslauter) einmündet, folgt man talwärts. Beim Forsthaus Erzgrube zweigt man in das Litschtal in Richtung Nothweiler ab.

Nothweiler (1871: 236 Ew; 1988: 181 Ew), unterhalb der Wegelnburg, liegt unmittelbar an der deutsch-französischen Grenze. Östlich des Ortes befindet sich die St. Anna-

Stollen, der 1977 als Schaubergwerk hergerichtet wurde und von April bis Oktober (Mo-Sa: 14-18 Uhr; So: 12-18 Uhr) besichtigt werden kann. Über vier Jahrhunderte hinweg ist bis zum Jahre 1893 der *Eisenbergbau* betrieben worden. Der St. Anna-Stollen folgt einem Spaltenerzgang 420 m weit in den Berg. Man kann hier beispielhaft beobachten wie auch an anderen Orten des Wasgaus Spaltenerze ausgebeutet wurden: so bei Bad Bergzabern, bei Erlenbach, bei Niederschlettenbach.

Im Zusammenhang mit der Einsenkung des Rheingrabens und der Heraushebung des Pfälzerwaldes bildeten sich grabenrandparallele Verwerfungen, die sich in der Verlängerung des Zaberner Bruchfeldes in der Südpfalz besonders eng scharen (vgl. ILLIES 1964). Dabei bildeten sich Spalten von 1-20 m Breite, die sich mit Buntsandstein-Trümmern füllten. Auf diesen Spalten drangen zunächst kohlensäurehaltige Wässer aus der Tiefe auf und bleichten den Buntsandstein, indem sie die roten Eisenoxide des Sandsteins wegführten. Später drangen Lösungen auf, die zur Vererzung dieser Spalten führten. Die mit Eisen-, Blei-, Silber- und Zink-Erzen gefüllten Spalten beginnen im nördlichen Elsaß und reichen in verschiedenen Gängen in das Gebiet des Wasgaus (s. SPUHLER 1966). Nachdem schon seit dem Ende des 16. Jahrhunderts der Erzabbau an verschiedenen Orten im Gange war (am Petronell bei Bad Bergzabern, am Kolbenberg bei Nothweiler, am Bremmelsberg bei Niederschlettenbach), war vor allem der Erzabbau im 19. Jahrhundert bedeutend. Am Forsthaus Erzgrube in Niederschlettenbach ließ L. v. GIENANTH im Jahre 1835 einen tiefen Stollen auffahren und im Jahre 1838 den St. Anna-Stollen in Nothweiler. Ende der 1830er Jahre lieferten diese beiden Gruben 28000 Zentner Erze, die 80 % des Bedarfs im Eisenhüttenwerk in Schönau deckten (CLOER/KAISER-CLOER 1984). Bis zum Jahre 1883 betrieb man den Erzabbau, der dann wie andernorts auch zum Erliegen kam.

## HP 9   Schönau - Wasgausee oder Königsbruch?

Den Nachbarort Schönau erreicht man von Nothweiler aus über Rumbach. Man wendet sich am Ortseingang ohne nach Rumbach hineinzufahren in Richtung Schönau gleich in das Muldental des Rumbachs, überquert die 278 m hohe Wasserscheide zwischen der Wieslauter und dem Saarbach. Am Königsbruch erreicht man das breite Kastental des Saarbaches. Hier hält man an, ehe man nach Schönau weiterfährt.

Schönau (1871: 766 Ew; 1988: 565 Ew) ist innerhalb der Verbandsgemeinde Dahn das zweitwichtigste *Zentrum des Fremdenverkehrs* - allerdings mit deutlichem Abstand zu Dahn (Tab. 1). Der Ort, in einem Talknoten gelegen, bietet sich als Ausgangpunkt für Wanderungen in die felsen- und burgenreiche Landschaft diesseits und jenseits der offenen Staatsgrenze an. Der Königsweiher mit Campingplatz und Möglichkeiten zum Bootfahren und Angeln, die Gaststätten in der Ortsmitte und - vorwiegend private - Gästezimmer und Ferienwohnungen kommen den Bedürfnissen der Besucher entgegen. Der heutige Erholungsort Schönau hatte im vorigen Jahrhundert rund 200 Einwohner mehr als heute, womit die Bedeutung der Eisenhüttenwerke unterstrichen wird. Die gußeisernen Erzeugnisse (Herdplatten, Öfen, Töpfe und Häfen) der Gienanth'schen Eisenwerke fanden ein größeres Absatzgebiet. Berg- und Hüttenarbeiter, Fuhrleute und Köhler fanden hier Verdienstmöglichkeiten (CLOER/KAISER-CLOER 1984). Das stattliche Gienanth'sche Palais erinnert an diese Zeit genauso wie die zwei gußeisernen Brunnentröge im Ort.

Da mittlerweile die einst intensiv betriebene Landwirtschaft kaum noch eine Rolle spielt, wird der Weiterentwicklung des Fremdenverkehrs hoffnungsvoll entgegengesehen. Während die höhergelegenen Verebnungsflächen ackerbaulich genutzt wurden (vgl. HP 5), nutzte man die Talböden im Wasgau durch die arbeitsintensive Form des *Wiesenrückenbaues*. Senkrecht zum Bach wurden Gräben ausgehoben und der Aushub auf die 5-10 m breiten Parzellen dazwischen ausgebreitet. Mit Hilfe von Staustufen im Bach und über angeschlossene Wiesenhanggräben konnten die Wiesen bewässert und gedüngt werden. Damit dieses Be- und Entwässerungssystem funktionstüchtig blieb, wurden die dem Bach zustrebenden Gräben jährlich neu ausgehoben, wobei die gewölbten Wiesenrücken sich ständig erhöhten. Trotz dieser sehr arbeitsintensiven Bewirtschaftung blieben die Talauen Grenzertragsstandorte und wurden im Zuge der sozioökonomischen Umstrukturierung im Wasgau zuerst aufgelassen. Nur wenige Flächen wurden trocken gelegt und eingeebnet, um heute als Mähwiesen oder meist als Viehweide zu dienen. In der Nähe von Ortschaften beobachtet man verstärkt die Einrichtung von Pferdekoppeln, während die weiter entfernt liegenden Wiesen von Schafherden beweidet werden. Die meisten Talböden allerdings fielen brach, wie man dies in allen Tälern auf der Fahrt beobachten kann. Verschiedenste Formen einer veränderten Nutzung solcher brachgefallenen Talauen finden sich: Fichtenanpflanzungen, Weihnachtsbaumkulturen, Rasenflächen, Erholungsgrundstücke, Teiche zur Fischzucht, Stauweiher, Badeseen oder Gehege zur Haltung von Rehwild. Mit Blick auf die Weiterentwicklung des Fremdenverkehrs kam der Plan auf, das breite Kastental des Saarbaches zwischen Fischbach und Schönau im Bereich des Königsbruches in einen 63.7 ha großen »Wasgausee« zu verwandeln. Dieses touristische Großprojekt mit weiteren geplanten Einrichtungen (Hotels, Ferienhäuser, Campingplatz, Segelclub, Warmwasserschwimmbad, Sessellift, Wildgehege u.ä.) sollte auf einen Besucherstrom von 20000 Personen pro Wochenende ausgerichtet werden (vgl. BENDER 1981c). Diese Pläne sollen nun doch nicht verwirklicht werden und es besteht somit die Möglichkeit, das Königsbruch als wertvolles Biotopsystem zu erhalten. ROWECK et al. (1987) kommen in ihrer Studie zu dem Ergebnis, daß sich seit dem Bestehen der Grünlandbrache ein überregional bedeutendes, ein besonders vielfältiges und komplexes, andernorts nicht herstellbares, stabiles Biotopsystem entwickelt habe. Die Größe des Areals und die wechselnden Standortvoraussetzungen ließen die verschiedensten Biotope entstehen: Großseggen-, Binsen-, Schilf-, Waldsimsen-, Sumpfreitgras-, Rohrglanz- und Pfeifengraswiesen, limnische Biotope u.a.

Am Königsbruch wird die Ambivalenz raumpolitischer Entscheidungen sichtbar: folgt man mit dem »Wasgausee« einer (fremdenverkehrs-)wirtschaftlichen »Inwertsetzungs«-Denkrichtung oder mit dem Erhalt des Naturschutzgebietes »Königsbruch« einer ökologisch orientierten Denkrichtung, die den Eigenwert der Natur anerkennt?

## HP 10    Ludwigswinkel - vom Kolonistendorf zum Ferienwohnort

Von Schönau folgt man der Straße nach Petersbächel, das genauso wie das benachbarte Gebüg zum Dorf Fischbach gehört. Auf dem Weiterweg nach Ludwigswinkel durchquert man staatsforstliche Wälder, die zur französischen Grenze hin vom US-amerikanischen Militär als Waffen-, Munitions- und Gerätelager genutzt werden. Am Sägemühlweiher erreicht man Ludwigswinkel. Von dort unternimmt man einen kurzen Rundgang durch den Ort und das nördlich sich anschließende Freizeitwohngebiet.

Ludwigswinkel (1871: 368 Ew; 1988: 739 Ew) ist das jüngste Dorf in der Pfalz. Es wurde durch den Erlaß vom 23. Juni 1783 des Landgrafen Ludwig IX von Hessen-Darmstadt - dem Stadtgründer von Pirmasens (1763) - begründet. Es dauerte dann bis zum Jahre 1789, bis die geplanten 16 Hofstellen in »Ludwigs Winkel« tatsächlich auch bewohnt und bewirtschaftet waren. Karge Ernten ließen die anfängliche Euphorie in dem Kolonistendorf nüchternen Erkenntnissen um die geringe Fruchtbarkeit der Sandböden des Mittleren Buntsandsteins weichen.

Aus dem früheren Kolonistendorf entwickelte sich ein beliebter Erholungsort (Tab. 1). Aus den früheren Bauernhäusern sind Eigenheime mit Privatzimmmern geworden. Ein ausgedehntes Areal mit Wochenendhäusern liegt im Bereich der ehemaligen Äcker. Campingplätze, Pensionen und Gasthäuser nehmen Erholungssuchende auf. Den Hauptteil des heutigen Ortes bildet das ausgedehnte Freizeitwohngebiet mit zahlreichen Zweitwohnsitzen. Wanderwege in die Wiesen-, Wald- und Felsenlandschaft und Wassersport auf den alten Stauweihern ziehen Touristen an. Einige der früheren Wooge (vgl. HP 11) in der Umgebung von Ludwigswinkel und in der Nähe der Staatsgrenze blieben dem Naturschutz vorbehalten: das Naturschutzgebiet »Rohrweiher-Rösselsweiher« mit Verlandungs- und Hochmoorbiotopen und das Naturschutzgebiet »Faunertal«, ein Wiesental mit Weiherkette.

## HP 11   Fischbach - Woogtäler im Wasgau

Von Ludwigswinkel fährt man am Saarbacherhammer vorbei, folgt dem breiten Kastental des Saarbaches durch Fischbach und hält kurz nach Verlassen des Ortes an.

Bei Fischbach (1871: 761 Ew; 1988: 1 508 Ew) ist die Talsohle des Saarbaches besonders breit. Der ebene und etwa 215 m hoch gelegene Talboden des Kastentales wird von den begleitenden Bergen mit Höhen von 280-380 m nicht allzusehr überragt. Diese besondere Talform wird als »Woogtal« bezeichnet (vgl. AHNERT 1955). Sie leitet sich ab von der im Wasgau üblichen Bezeichnung »Woog« für Teich. Die breite Talsohle nutzte man in der Vergangenheit zur Anlage von Teichen für die Fischzucht oder zur Umsetzung der Wasserkraft (Saarbacherhammer und Sägmühlweiher bei Ludwigswinkel).

Die kastenförmige Sohle liegt im Bereich der Trifels-Rehberg-Zwischenschichten. Sie entstand durch »Zurückdrängen« der »weicheren« Rehbergschichten (rückschreitende Erosion) (vgl. Abb. 1). Da die Schichtneigung des Buntsandsteins hier geringer ist als am Rheingrabenrand, umfaßt der Woogtalabschnitt des Saarbaches eine längere Talstrecke: vom Königsbruch bei Schönau bis hinter Schöntal bei Ludwigswinkel. Mit dem Einschneiden des Saarbaches in die unterlagernde, harte Trifelsschicht ändert sich die Talform vom Kastental zum Kerbtal. Entlang der Talstrecke vom Königsbruch bis zur Landesgrenze bei Hirschthal kann man diesen Wechsel gut beobachten. Dieses Beispiel verdeutlicht den engen Zusammenhang von Schichtenlagerung und Gesteinsbeschaffenheit und der Oberflächenformung.

## HP 12   Rumbach - Strukturwandel eines Waldbauerndorfes

Man fährt von Fischbach weiter in Richtung Dahn. Die Straße führt am Talrand des Königsbruches vorbei. Man blickt auf die Felsgruppe »Adelsnadel«, kommt durch das Rumbachtal nach Rumbach und hält im Ort an.

In Rumbach (1871: 475 Ew; 1988: 497 Ew) verlief die Entwicklung des Dorfes in mancher Beziehung anders als in den umliegenden Gemeinden. Der Ort liegt abseits des Haupttales der Wieslauter im Seitental des Rumbaches. Man beobachtet die ackerbaulich genutzte Flur auf den Verebnungen im oberen Talabschnitt und die Grünlandnutzung mit noch relativ geringer Verbrachung im unteren Talabschnitt. Im Ortsbild kartierte BENDER (1979) noch 13 landwirtschaftliche Betriebe. Weiterhin stellte er im geschlossenen Dorfkern einen hohen Anteil von ca. 50, zum Teil stattlichen Fachwerkbauten fest. Überdies sei erwähnt, daß die Bevölkerung von Rumbach zu rund 90 % evangelisch ist, während die Nachbargemeinden überwiegend von Katholiken bewohnt sind. Aus der Geschichte des Dorfes werden diese Beobachtungen verständlich. Die *Besiedlung* des Wasgaus schritt anfangs vor allem den größeren Tälern der Queich und der Wieslauter entlang. Die meisten Wasgaudörfer wurden während des Landausbaus unter den Saliern und Staufern gegründet. Bis zum 13. Jahrhundert entstanden zahlreiche Siedlungen - ganz im Gegensatz zum mittleren Pfälzerwald. In folgenden Jahrhunderten kam es zu territorialen Zersplitterungen des Raumes. Die drei bedeutendsten Landesherren waren das Bistum Speyer, das Herzogtum Pfalz-Zweibrücken und die Grafen von Hessen-Darmstadt. Die Landesherren bestimmten auch über die Religionszugehörigkeit ihrer Untertanen. So erklärt sich die Situation in Rumbach, das als territoriale Exklave des früh reformierten Herzogtums Pfalz-Zweibrücken im Gebiet des Bistums Speyer lag. Nach dem 30-jährigen Krieg waren große Teile des Wasgaus verwüstet, in Dahn lebten 1651 nur noch 8 Familien und Rumbach war völlig verlassen. Die Repeuplierungspolitik des Landesherren führte in Rumbach zur Ansiedlung von calvinistischen Protestanten aus den Schweizer Kantonen Bern und Zürich. Erst im 18. und 19. Jahrhundert hatte sich die Bevölkerungszahl im Wasgau wieder so erhöht, daß ein Großteil der Einwohner sogar zur Auswanderung gezwungen war.

Rumbach gehörte mit seinem großen Waldbesitz zu den wohlhabenderen Orten im Wasgau und der Landbesitz war gleichmäßig verteilt. Im Jahre 1859 verfügten in diesem *Waldbauerndorf* 490 Einwohner über 343 ha Ackerland und 150 ha Wilderungen; in Hauenstein dagegen mußten sich 624 Einwohner mit 325 ha Ackerland und nur 65 ha Wilderungen begnügen (GREINER 1859, zitiert bei BENDER 1979). Die relative Wohlhabenheit und der große Waldbesitz äußern sich im Ortsbild von Rumbach in der großen Zahl von stattlichen Fachwerkhäusern.

Die Landnutzung im Wasgau war nicht nur auf die Landwirtschaft beschränkt, sondern bezog die Wälder mit ein. Das Ackerland nutzte man in Form der Dreifelderwirtschaft in Rumbach wie folgt (GREINER 1859 zitiert in BENDER 1979): 73 ha Roggen, 2 ha Gerste, 10 ha Hafer, 110 ha Kartoffeln, 15 ha Klee, 26 ha Spelz, Raps, Tabak, Flachs. Zu diesen 236 ha bestelltem Ackeland kamen das Brachland, 102 ha Wiesen und 150 ha Wilderungen. Letztere dienten als völlig gerodetes oder mit Niederwald bedecktes Weideland der Viehzucht. Schließlich gehörte auch der Hochwald in die bäuerliche Nutzung. Deshalb nehmen die bäuerlichen Privatwälder und Gemeindewälder (in Rumbach 1975: 132 ha Privatwald und 100 ha Gemeindewald) gerade im Wasgau noch heute einen hohen Anteil ein, während im mittleren Pfälzerwald der Staatswald vorherrscht.

Die napoleonische Zeit - der Wasgau gehörte in seinem östlichen Teil mit Dahn zum Département Niederrhein/Bas Rhin und der westliche Teil zum Département Mosel/Moselle - brachte mit der Abgabefreiheit, der Gewerbefreiheit und der Freizügigkeit wichtige Umwälzungen, die die spätere Industrialisierung ermöglichten (s. HP 15), mit der Realteilung jedoch auch die landwirtschaftliche Besitzzersplitterung. In der bayerischen Zeit gab man die Nutzung der Wilderungen zugunsten neuer Aufforstungen auf. Die Haltung des Rindviehs erfolgte nun in Ställen, den anfallenden Mist benötigte man dringend zur Düngung des Ackerlandes. Zur Steigerung der Futtergewinnung bildete man Bewässerungsgenossenschaften. Den Schafherden diente das Ödland im Sommer und das brachliegende Ackerland im Winter als Weide. Gegenüber diesen traditionellen Formen der Land- und Waldnutzung ergaben sich seither mehrfache Änderungen bis zum heutigen Stand, die vor allem dem *sozio-ökonomischen Strukturwandel* nach dem Zweiten Weltkrieg zu verdanken sind (Im einzelnen s. BENDER 1979 u. 1981a-c). In Rumbach weist die Anbaustatistik im Jahre 1974 nur noch 107 ha Ackerland und 59 ha Grünland aus. Für das Brachfallen der ehemals intensiv genutzten Flur - das andernorts noch umfassender erfolgte - nennt BENDER (1979, S. 160) einen größeren Ursachenkomplex: überalterte Bevölkerung, geringe Bodengüte, Geländeneigung, Flurzersplitterung, gewerbliche Überprägung, Auspendleranteil, Fremdenverkehrsentwicklung, arbeitsintensiver Bewässerungswiesenanteil und Bauerwartungsland. Da die Landwirtschaft im Wasgau schon immer auf Grenzertragsböden stattfand, ist es sinnvoll, je nach den verursachenden Faktoren des Brachfallens zwischen *Sozial-* und *Strukturbrache* zu unterscheiden. Diese Vorgänge drücken sich auch gegenwärtig im Ortsbild von Rumbach aus: Neubauten am Ortsausgang dienen Auspendlern als Wohnung. Freiwerdende Häuser weisen auf die Bereitschaft der jüngeren Bevölkerungsschicht zum Wegzug hin. Die Ausschmückung des Dorfensembles belegt die steigende Bedeutung des Fremdenverkehrs. Der Ankauf von Häusern durch städtische Interessenten zeigt die Beliebtheit des Ortes als Erst- oder Zweitwohnsitz an.

## HP 13   Dahn - Mittelpunkt im östlichen Wasgau

Von Rumbach folgt man der Straße nach Wieslautern (1871: 1349 Ew; 1988: 2738 Ew), das die ehemaligen Dörfer Bruchweiler, Bärenbach und Bundenthal umfaßt. Dem Lautertal folgt man aufwärts bis zur Kreuzung der B 427. Ehe man nach Dahn fährt, empfiehlt es sich einen kleinen Umweg zu machen, um einen Einblick in die vielgestaltige Landschaft um Dahn zu gewinnen. Deshalb fährt man in Richtung Busenberg, dabei achte man auf die Aussicht zu den »Dahner Schlössern« und danach auf die Felsgruppe des »Eilöchelfelsens« und der Burgruine Drachenfels. Man folgt der Straße nach Schindhard (1871: 256 Ew; 1988: 517 Ew) und kommt von dort zur B 427 zurück. Unterhalb des »Hochsteins« fährt man - am nicht voll belegten Gewerbegebiet Dahn vorbei - auf der Weißenburger Straße in Dahn ein. Man achte auf das Hotel »Pfalzblick« auf der gegenüberliegenden Seite des Lautertales. Man durchfährt Dahn auf seiner Hauptgeschäftsstraße, der Marktstraße mit katholischer Pfarrkirche St. Laurentius und Kriegerdenkmal. Auf der Pirmasenser Straße fährt man am »Junfernsprung« vorbei und hält am Bahnhof (neuerbaut 1959, stillgelegt 1967). Von dort geht man zu Fuß auf den »Jungfernsprung«, um die Stadt Dahn und die umgebende Landschaft zu überblicken.

Das heutige Dahn (1871: 1390 Ew; 1988: 4826 Ew) hat sich erheblich ausgeweitet. Der alte Stadtkern liegt um die katholische Pfarrkirche. Die Bebauung nach Osten in Richtung Erftweiler ist gößtenteils nach den beiden Weltkriegen entstanden. Dort findet sich auch der Neubau der Verbandsgemeindeverwaltung mit dem Rathaus und das Schulzentrum (Grund- und Hauptschule, Sonderschule, Realschule, Gymnasium) für 2300 Schüler. Nördlich vom »Jungfernsprung« liegt das Neubaugebiet »Im Gerstel« für 1000 Einwohner mit Freizeit- und Erholungsanlage. Hier stand bei Kriegsende noch kein Haus.

Die Entwicklung von Dahn ist eng mit dem Rittergeschlecht verbunden, aus dem im Jahre 1127 ein Anshelmus de Tannicka erwähnt wird. Die ältere Reichsritterburg Altdahn wurde in den Jahren 1287 und 1328 durch zwei weitere Burgen Grafendahn und Tanstein auf den anschließenden Felsen erweitert. Das Reichsritterlehen ging ab 1236 in ein Lehen des Bistums Speyer über, das nach Aussterben des Rittergeschlechts 1603 den Besitz zu 2/3 selbst übernahm. Hatte Dahn im Mittelalter als Burgdorf eine größere Bedeutung, so wurde der Ort im Dreißigjährigen Krieg stark verwüstet und seine Bevölkerung von einstmals rund 500 auf etwa 60 dezimiert. Erst nach dem Spanischen Erbfolgekrieg konnte sich Dahn aufwärtsentwickeln und es entstanden zu Beginn des 18. Jahrhunderts bürgerliche und fürstbischöfliche Neubauten im durch neue Straßen erweiterten Dorfkern. Am Ende dieses Abschnittes steht 1787/88 der Neubau der katholischen Pfarrkirche. Als Dahn in der Zeit der französischen Revolution Kantonshauptort wurde, zählte man 706 Einwohner. Ein kantonales Zentrum blieb Dahn auch in der nachfolgenden bayerischen Zeit, was sich im Bau stattlicher Verwaltungsgebäude (Gemeindehaus, Kantonsgefängnis) dokumentierte. Die Bevölkerungszahlen spiegeln die Entwicklung Dahns zum heutigen Mittelpunkt des östlichen Wasgaus wider:

| 1823 | 1835 | 1871 | 1905 | 1939 | 1950 | 1970 | 1988 |
|------|------|------|------|------|------|------|------|
| 942  | 1 295 | 1 390 | 1 654 | 1 718 | 2 834 | 4 476 | 4 826 |

Wichtige Wachstumsimpulse gingen von der Ansiedlung von Schuhfabriken - die erste im Jahre 1898 - und vom Anschluß an das Eisenbahnnetz aus. Im Jahre 1911 wurde die Bahnlinie Hinterweidenthal-Dahn-Bundenthal eröffnet, die im Jahre 1966 allerdings wieder stillgelegt wurde. Hemmte früher die Grenzrandlage die weitere industrielle Entwicklung, so sind es heute unter anderem die mangelnden Verkehrsanbindungen des peripheren Raumes. Dahn ist heute Standort für 3 Schuhfabriken, 2 Sägewerke, 1 Spankorbfabrik und 1 Werk der Verpackungsindustrie. Weiterhin ist der Ort - seit 1962 Stadt - Mittelpunkt der *Verbandsgemeinde Dahn*, deren 15 300 Einwohner (1871: 8 129 Ew) sich auf 14 Gemeinden verteilen. 1 700 Einpendler wohnen im Einzugsgebiet, so daß die Frage einer besseren Verkehrsanbindung zwecks Erhöhung des Standortvorteils oder besserer Erreichbarkeit der anzufahrenden Pendlerziele konträr diskutiert wird. Der Ausbau der B 427 oder die Weiterführung der Autobahn A 8 durch den Wasgau wird jedenfalls ein Kapital mindern, auf dem ein Teil des Wirtschaftslebens in Dahn ruht: die einzigartige Landschaft. Von allen Fremdenverkehrsgemeinden im Pfälzerwald ist Dahn der meistbesuchte Ort (vgl. Tab. 1). Seit 1973 bezeichnet sich Dahn als Luftkurort und Zentrum des »Dahner Felsenlandes im Pfälzer Wasgau«. Vom »Jungfernsprung« aus überblickt man, wie hier die Trifelsschichten des mittleren Buntsandsteins noch einmal zu bizarrem Formenreichtum beitragen, ehe sie sich westlich des Lautertales von den Rehbergschichten überdeckt werden.

## HP 14 Hinterweidenthal - der Teufelstisch über dem Talknoten

Man fährt vom Bahnhof in Dahn auf der B 427 in den nördlichen Nachbarort Hinterweidenthal. Unterhalb der Burgruine Neudahn nimmt die Lauter den Moosbach auf, dessen Tal in ungewöhnlich stumpfem Winkel gegen die Flußrichtung der Lauter gerichtet ist. Am östlichen Rand des breiten Kastentales der Lauter wird durch die Anlage von militärischen Sperrgebieten erneut bewußt gemacht, welche Rolle dem Pfälzerwald im Rahmen des NATO-Bündnisses zugedacht ist. Hinterweidenthal durchfährt man bis in den nördlichsten Ortsbereich, wo man den Hinweisschildern zum Teufelstisch folgt. Über die Bahnlinie und am Betrieb der Westpfälzischen Holzindustrie Hinterweidenthal vorbei kommt man zum Parkplatz am Teufelstisch. Diesen erreicht man in einem etwa 15-minütigen Aufstieg.

Der Teufelstisch erhebt sich über dem Talknoten von Hinterweidenthal (1871: 580 Ew; 1988: 1688 Ew), an dem sich 6 Täler vereinigen. Dieser Lagegunst verdankt der Ort seine frühe Gründung, weshalb er bereits im Jahre 828 erwähnt wird. Die den Pfälzerwald querende Bundesstraße B 10 von Karlsruhe nach Saarbrücken führt am Ort vorbei und die B 427 zweigt hier in Richtung Bad Bergzabern ab. Die Eisenbahnlinie Karlsruhe-Saarbrücken verläuft etwa parallel zur B 10.

An diesem Standort hat sich die »Westpfälzische Holzindustrie Hinterweidenthal« angesiedelt, die als Zweigbetrieb der Firma »Gerstner-Riewer« in Bous an der Saar angehört. Im Zweigwerk sind 40 Beschäftigte angestellt. Im Sägewerk werden jährlich 30000 Festmeter Eichen- und Buchenholz zugerichtet. Weil dieses Schnittholz trockengelagert wird - pro Zentimeter Holzdicke beträgt die Lagerung 1 Jahr, bevor es an die Möbelhersteller geliefert wird - dehnt sich der Lagerplatz entsprechend in den Tälern aus.

Der Teufelstisch bei Hinterweidenthal ist ohne Zweifel der markanteste Tischfels. Er wird bereits von den Rehbergschichten gebildet (vgl. Abb. 1). In diesen wechseln sogenannte Dünnschichten und hart verkieselte Felsbänke miteinander ab (vgl. KONRAD 1975 u. 1979). Die leichten verwitterbaren und absandenden Fußschichten und der hart verkieselte Tischfels demonstrieren diesen Wechsel in auffälliger Form. Einige bereits früher zu Fall gebrachte Tischfelsbrocken, die vor dem Teufelstisch liegen, kann man mit einer Lupe beobachten, um die verkieselten Sandkörner im Gestein zu sehen.

Von Norden nach Süden betrachtet, liegen die Bunstsandsteinschichten nicht eben. Sie senken sich zum mittleren Pfälzerwald zur *Pfälzer Mulde* ab und sind im Wasgauer Felsenland zum *Dahner Sattel* aufgebogen. Im Raum von Hinterweidenthal tauchen die Trifelsschichten nach Norden unter die Rehbergschichten. Dies äußert sich im Landschaftsbild dadurch, daß höhere, felsenärmere Bergklötze vorherrschen, die durch enge, tief eingeschnittene Kerbtäler voneinander getrennt sind.

In dem Talknoten selbst fließt die noch junge Wieslauter von N durch Hinterweidenthal weiter nach Süden. Ihr streben der von E kommende Horbach und von NW der Kaltenbach zu. Weiterhin nimmt die Wieslauter den Salzbach aus SW auf, in den kurz zuvor der Walmersbach einmündet. An dieser Stelle zeigt sich, daß sich das Gewässernetz im Laufe der Zeit wandelte. Der Salzbach floß nämlich einst über das heutige Kaltenbachtal nach NW der Rodalbe zu und entwässerte den westlichen Wasgau über Rodalbe, Schwarzbach und Blies zur Saar hin. Weil die Wieslauter den kürzeren Weg zum Rhein hat, hatte sie sich etwa 30 m tiefer eingeschnitten als der Salzbach. Während der Mindel-Kaltzeit kam es zur Umlenkung des Salzbaches (vgl. LIEDTKE 1968). Bei einer bereits früher erfolgten Anzapfung ist der Moosbach dem rheinischen Flußsystem zu- und dem Gewässersystem der Saar abgewonnen worden.

## HP 15   Hauenstein - ein Zentrum der Schuhindustrie

Vom Parkplatz am Teufelstisch folgt man der B 10 in Richtung Annweiler. Man erreicht die Talwasserscheide zwischen dem Horbach und der Queich. Dort führt bezeichnenderweise die *Deutsche Schuhstraße* nach Hauenstein. Von der Pirmasenser Straße kommend fährt man eine Schleife durch das Neubaugebiet »Hinter dem Fels«, dann auf der Bahnhofstraße zum Marktplatz in die Ortsmitte, verläßt auf der Landauer Straße den Ort in Richtung Wilgartswiesen und erreicht den Haltepunkt am Wasgauhotel, indem man vor Verlassen des Ortes nach links in die Speyerer Straße einbiegt. Von hier kann man Hauenstein überblicken.

Vom armen Wasgaudorf hat Hauenstein innerhalb von 100 Jahren im Zusammenhang mit der Ausbreitung der Schuhindustrie eine erstaunliche und im Wasgau einmalige Entwicklung genommen. Seit der Gründung der ersten Schuhfabrik im Jahre 1886 ist die Einwohnerzahl von 673 auf 4175 auf das 7-fache und die Gebäudezahl von 118 kleinen Häusern auf 1262 Gebäude fast auf das 11-fache angestiegen.

Wie die Lebensverhältnisse im 19. Jahrhundert in Hauenstein - und damit exemplarisch auch in den anderen Wasgaudörfern - waren, schildert KLEIN (1986, S. 9, gekürzt): »Vor Einführung der Schuhindustrie im Jahre 1886 wohnten in Hauenstein 673 Menschen, größtenteils kleine Bauern und Tagelöhner. Alles, was sie zum Leben brauchten, stellten sie selbst her. Ihre Nahrung bestand vorwiegend aus Pellkartoffeln, Weißkäse und Sauermilchsuppe. Nur einige Bauern, der Pfarrer und der Lehrer konnten sich am Sonntag Fleisch leisten. Aus Flachs und Hanf, den die Frauen an Winterabenden verspannen, fertigten sie ihre gesamte Kleidung und Wäsche. Von dem geringen Erlös, den sie aus dem Verkauf von Vieh, Butter und der Schnapsbrennerei erzielten, kauften sie sich fast ausschließlich Bohnenkaffee, den 'Trinkwein der Waldbauern'.

Da die Landwirtschaft, besonders während der Wintermonate, keine ausreichende Ernährungsgrundlage bieten konnte, gingen viele Hauensteiner als Erntearbeiter nach Elsaß-Lothringen, zum Hopfenpflücken an die Haardt oder als Wanderarbeiter (Pflasterer, Maurer) nach Frankreich, besonders nach Paris. Auch beschäftigten sie sich mit Waldarbeiten; sie bauten Windmühlen und schnitzten Küchengeräte aus Holz. Eine bedeutende Rolle spielten im pfälzischen Wasgau die Bilderhändler, die im Winter nach Altbayern, Baden und ins Elsaß zogen und neben verschiedenen Hausierartikeln besonders Heiligenbilder vertrieben. Lange Zeit waren auch die Köhlerhütten eine einträgliche Einnahmequelle, denn Holzkohle konnte in den Eisen- und Bleihütten des benachbarten Lautertales wie auch in den Kupferschmieden von Landau und Zweibrücken leicht abgesetzt werden. Jedoch verlor der Köhlerberuf mit dem Aufkommen der modernen Koksöfen seine Bedeutung.

Hauenstein war um die Mitte des 19. Jahrhunderts völlig verarmt, übervölkert und hatte keinerlei Gewerbe, das die überschüssigen Arbeitskräfte hätte aufnehmen können. Ein großer Teil der Einwohner wanderte daher nach Amerika, Rußland und Polen aus; allein in Pittsburgh (Pennsylvanien) lebten zeitweise mehr Hauensteiner als in der deutschen Heimat.«

Über die Entwicklung der *Schuhindustrie* im Pirmasenser Raum wird anderswo ausführlicher berichtet (z.B. MÄDRICH 1987). Von dort kam der Impuls, auch in den umliegenden Gemeinden von Pirmasens Schuhfabriken zu gründen, um die Herstellung am Wohnort der Arbeiter zu betreiben. In Hauenstein gründeten die Brüder SEIBEL im Jahre 1886 die erste Schuhfabrik außerhalb von Pirmasens. Rasch nahm dieser Industriezweig auch in Hauenstein seinen Aufschwung (vgl. Tab. 2). Im Jahre 1958 kulminierte diese Entwicklung, damals fanden 1888 Einpendler aus den Wasgaudörfern - insgesamt 53 Orten - in Hauenstein Arbeit in den Schuhfabriken oder in ihren Zulieferbetrieben. Von Beginn der 60er Jahre an geriet die pfälzische Schuhindustrie zunehmend unter europäischen Konkurrenzdruck, was sich in den Beschäftigtenzahlen ausdrückt: 1963 waren es beim Höchststand 32253 und im Jahre 1986 lediglich noch 15866 (vgl. MÄDRICH 1987). In Hauenstein ging die Beschäftigtenzahl in der Schuhindustrie sogar auf 1/6 zurück (Tab. 2). Im Jahre 1988 stellten 11 Zulieferbetriebe noch weitere 202 Arbeitsplätze. Frühere Schuhfabriken wurden inzwischen stillgelegt und werden für eine neue Nutzung angeboten (Abb. 7).

## Abb. 7: Schuhfabriken und Zulieferbetriebe in Hauenstein 1986

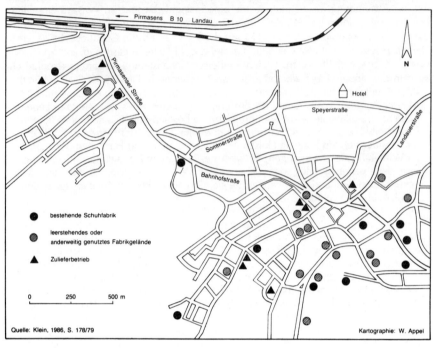

Quelle: Klein, 1986, S. 178/79  Kartographie: W. Appel

Tab. 2: Entwicklung der Schuhindustrie in Hauenstein (ohne Zulieferbetriebe)

| Jahr | 1886 | 1900 | 1914 | 1925 | 1939 | 1950 | 1958 | 1963 | 1986 | 1988 |
|---|---|---|---|---|---|---|---|---|---|---|
| Betriebe | 1 | 11 | 15 | 32 | 27 | 27 | 29 | 34 | 10 | 7 |
| Beschäftigte | 5 | 401 | 1140 | 1195 | 2200 | 2300 | 3014 | 2563 | 623 | 503 |

Quelle: KLEIN (1986) und Ortsgemeinde Hauenstein

Hauenstein ist Mittelpunkt der Verbandsgemeinde Hauenstein (1871: 3710 Ew; 1988: 9160 Ew) und hat den früher größeren Ort Wilgartswiesen überholt.
Im Wirtschaftsleben von Hauenstein hat der Fremdenverkehr mittlerweile eine wichtige Rolle übernommen. Seit 1984 bezeichnet sich der Ort als Luftkurort und nach Dahn ist Hauenstein - bezogen auf die Übernachtungszahlen - das zweitbedeutendste Zentrum des Fremdenverkehrs im Wasgauer Felsenland. Um dem erwarteten höheren Fremdenverkehrsaufkommen gewachsen zu sein, soll - wie in Dahn das Hotel »Pfalzblick« - die Hotelanlage »Wasgauland« mit 246 Betten das bisherige Angebot ergänzen.

Es entspricht der besonderen Geschichte des Ortes, daß hier als weitere attraktive Sehenswürdigkeit das *Erste deutsche Museum der Schuhfabrikation* eröffnet werden wird. Damit erfährt auch die »Deutsche Schuhstraße« eine weitere touristische Aufwertung.

# IV. Literatur

AHNERT, F. (1955): Die Oberflächenformen des Dahner Felsenlandes. In: Mitt. d. Pollichia, III. Reihe, 3. Bd., Bad Dürkheim, S. 3-105.

BENDER, R.J. (1979): Wasgau/Pfalz. - Mannheimer Geogr. Arb. H. 5, Mannheim.

BENDER, R.J. (1981a): Sozioökonomischer Wandel im südlichen Pfälzerwald seit 1945. In: Pfälzische Landeskunde, hrsg. v. M. GEIGER et al., Bd. 1, Landau, S. 437-446.

BENDER, R.J. (1981b): Wirtschaftliche Aktiv- und Passivräume in der Süd- und Südwestpfalz. In: - Mannheimer Geogr. Arb. H. 9, Mannheim, S. 181-199.

BENDER, R.J. (1981c): Die Südpfalz - Eignungspotential und Nutzung eines peripheren Erholungsraumes. In: - Mannheimer Geogr. Arb. H. 10, Mannheim, S. 329-342.

BRAUNER, A. (1975): Burg Lindelbrunn. Bad Bergzabern.

CLOER, B. und U. KAISER-CLOER (1984): Eisengewinnung und Eisenverarbeitung in der Pfalz im 18. und 19. Jahrhundert. - Mannheimer Geogr. Arb. H. 18, Mannheim.

CZIESLA, E. (1986): Bericht über die Grabungen 1980 und 1983 in der Weidenthalhöhe bei Wilgartswiesen, Pfälzerwald. In: Mitt. d. hist. Vereins d. Pfalz, Jg. 84, S. 5-57.

DACHROTH, W. (1980): Rehbergschichten. In: Mainzer Geowiss. Mitt., Jg. 9, S. 7-40.

EBERLE, I. (1976): Der Pfälzer Wald als Erholungsgebiet unter besonderer Berücksichtigung des Naherholungsverkehrs. - Arb. a. d. Geogr. Inst. d. Univ. d. Saarlandes Bd. 22, Saarbrücken.

FRENZEL, G. (1964): Im Buntsandstein des Pfälzer Waldes. In: Der Aufschluß, Nr. 7/8, S. 175-200.

GEIGER, M. (1983): Vom Buntsandstein geprägte Landschaft: Bizarre Felsen mitten im Wald. In: HB-Naturmagazin »draußen« H. 24, Naturpark Pfälzerwald, Norderstedt, S. 18-29.

GEIGER, M. (1985): Die Landschaften der Pfalz im Luftbild, Teil 1 u. 2. In: Pfälzer Heimat, Jg. 36, H. 1, S. 33-40 und H. 2, S. 68-76.

GEIGER, M. (1987): Der Pfälzerwald im geographischen Überblick. In: Der Pfälzerwald - Porträt einer Landschaft, hrsg. v. M. GEIGER et al., Landau, S. 9-58.

GEMEINDE HAUENSTEIN (1986): 100 Jahre Schuhindustrie in Hauenstein, Hauenstein.

HÄBERLE, D. (1911): Der Pfälzerwald, Kaiserslautern.

HARTUNG, W. (1973): Pfälzer Burgenbrevier, Landau.

HEINZ, K. (1976): Pfalz - mit Weinstraße, Heroldsberg.

HÜTTNER, R., KONRAD, H.J. und A. ZITZMANN (1986): Geologische Übersichtskarte 1:200000 Blatt CC 7110 Mannheim, Hannover.

ILLIES, H. (1964): Bau- und Formengeschichte des Dahner Felsenlandes. In: Jahresber. u. Mitt. d. oberrh. geol. Vereins, Bl. 46, Karlsruhe, S. 57-67.

JOB, H. (1987): Der Einfluß des Brachlandes auf die Erholungslandschaft Pfälzerwald: Untersuchungen zum Freizeit- und Erholungswert der Brachflächen und ihre Sukzession in den Wiesentälern des südöstlichen Pfälzerwaldes. - Pollichia-Buch Nr. 11, Bad Dürkheim.

KONRAD, H.J. (1975, 1979): Geologische Karte von Rheinland-Pfalz 1 : 25000 mit Erläuterungen: Blatt 6711 Pirmasens-Nord, Mainz und Blatt 6811 Pirmasens-Süd, Mainz.

LESER, H. (1965): Geomorphologische Übersichtskarte. In: Pfalzatlas, hrsg. v. W. ALTER, Karte und Erläuterungen, 3. Heft, Speyer, S. 69-104.

LIEDTKE, H. (1968): Die geomorphologische Entwicklung der Oberflächenformen des Pfälzer Waldes und seiner Randgebiete. - Arb. a. d. Geogr. Inst. d. Univ. d. Saarlandes, Sonderband 1, Saarbrücken.

LÖFFLER, E. (1929): Die Oberflächengestaltung des Pfälzer Stufenlandes. In: - Forsch. z. dt. Landes- u. Volkskunde, 27, H. 1, Stuttgart.

MÄDRICH, H. (1987): Die Schuhindustrie. In: Der Pfälzerwald - Porträt einer Landschaft, hrsg. v. M. GEIGER et al., Landau, S. 207-214.

PEMÖLLER, A. (1969): Die naturräumlichen Einheiten auf Blatt 160 Landau i.d. Pfalz. MEYNEN, E. (Hrsg.): Handb. d. Naturräumlichen Gliederung Deutschlands - Geogr. Landesaufnahme 1 : 200000, Bad Godesberg.

PLANUNGSGEMEINSCHAFT WESTPFALZ (Hrsg.) (1983): Fremdenverkehr und Naherholung in der Region Westpfalz. Kaiserslautern.

REH, K. (1972): Der Pfälzer Wald und seine forstwirtschaftliche Nutzung. In: Geogr. Rundsch., 24. Jg., H. 5, S. 169-177.

REH, K. (1981): Der Pfälzerwald - eine Einführung in Landschaft und Namensgebung. In: Pfälzische Landeskunde, hrsg. v. M. GEIGER et al., Bd. 1, Landau, S. 379-387.

ROWECK, H. (Hrsg.) (1987): Grünlandbrachen im Südlichen Pfälzerwald. - Pollichia-Buch Nr. 12, Bad Dürkheim.

SPUHLER, L. (1957): Einführung in die Geologie der Pfalz. Speyer.

SPUHLER, L. (1966): Der Bergbau in der Pfalz. In: Pfalzatlas, hrsg. v. W. ALTER, Karte und Erläuterungen, Bd. 1, H. 4, Speyer, S. 117-148.

STÄBLEIN, G. (1968): Reliefgenerationen der Vorderpfalz - geomorphologische Untersuchungen im Oberrheingraben zwischen Rhein und Pfälzer Wald. - Würzburger Geogr. Arb. H. 23, Würzburg.

WITTNER, H. (1981): Großer Pfalz-Führer. - Kompaß-Wanderführer, Stuttgart.

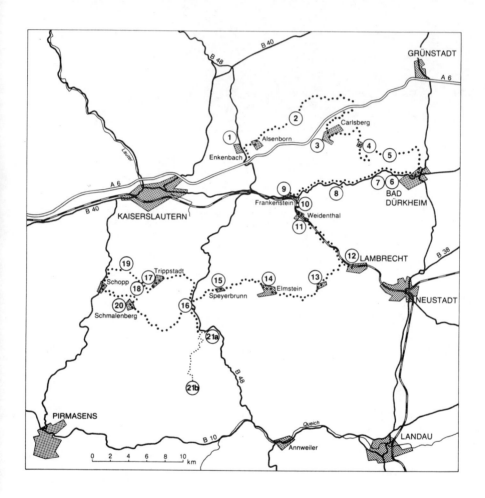

# Nördlicher und Mittlerer Pfälzerwald

## Von der Waldwirtschaft zum Naherholungsverkehr

von

Ingo Eberle

## I. Haltepunkte

## II. Der Pfälzerwald im landeskundlichen Überblick

Der Pfälzerwald bildet als waldreiches Buntsandsteingebirge die nördliche Fortsetzung der Vogesen und erstreckt sich von der französischen Grenze im Süden rheingrabenparallel bis in den Raum Kaiserslautern - Enkenbach-Alsenborn - Eisenberg - Grünstadt; hier geht das geschlossene Waldgebiet allmählich in die offenere Landschaft des Nordpfälzer Berglandes und das gänzlich gerodete Rheinhessische Tafel- und Hügelland über. Das Kaiserslauterer Becken mit der gleichnamigen Stadt - eine Senkenzone in östlicher Verlängerung des Landstuhler Gebrüchs - soll wegen seiner natur- und kulturlandschaftlichen Sonderstellung nicht dem Pfälzerwald zugerechnet werden (vgl. PE-MÖLLER 1969). Dadurch zeigt sich die Nordabgrenzung des Pfälzerwaldes als ein stark zerlappter Grenzsaum, in dem Otterberger Wald und Stumpfwald nördlich der BAB-Trasse Kaiserslautern - Mannheim weit ausgreifen. Im Westen bilden die stark zerschnittenen Muschelkalkflächen des Westrich und die Sickinger Höhe eine deutlich kontrastierende, gering bewaldete Gäulandschaft. Eine vermittelnde Postition zwischen Wald- und Gäuland nimmt die 400 m hoch gelegene Stadt Pirmasens ein. Lediglich im Osten wird der Pfälzerwald durch eine markante orographische Grenze vom sich anschließenden Oberrheingraben getrennt, weshalb nur in diesem Gebirgsrandbereich mit Weinstraße und Haardt eine ausgeprägte und reizvolle Übergangslandschaft anzutreffen ist. Der nördliche und mittlere Teil des Gebirges hebt sich mit seiner nahezu geschlossenen Waldbedeckung als insgesamt ruhiges Sandsteinplateau deutlich vom südlichen Pfälzerwald ab, der mit dem Sammelnamen *Wasgau* für eine offenere, stärker ausgeräumte und gegliederte, felsenreiche Landschaft steht (Vgl. Exkursion GEIGER.2 in diesem Band). Die Grenze zwischen den beiden Gebirgsteilen läßt sich in etwa mit der Linie Primasens - Landau beschreiben; in ihrem östlichen Teil deckt sie sich mit dem Queichtal, insgesamt wird sie vom Verlauf der Bundesstraße 10 nachgezeichnet. Das Queichtal selbst mit der Stadt Annweiler soll hier nicht mehr dem mittleren Pfälzerwald zugeschrieben werden, da es bereits durch die für den Wasgau charakteristischen Felsformationen geprägt wird. Mit einer Größe von etwa 1 150 - 1 200 km² übertrifft der nördliche und mittlere Pfälzerwald den Wasgau um mehr als das Doppelte. Selbst ausgesprochen siedlungsarm, wird das Exkursionsgebiet von einer größeren Zahl von Städten gesäumt: Pirmasens, Kaiserslautern, Grünstadt, Bad Dürkheim, Deidesheim, Neustadt a.d.W., Edenkoben und Landau. In größerer Entfernung schließen sich inmitten dicht besiedelter Gebiete die Ballungsräume Saar im Westen sowie Rhein-Neckar und Karlsruhe im Osten an.

Bislang hat sich der Pfälzerwald einer geographisch-landeskundlichen Beschreibung weitgehend entzogen. Nachdem in der Vergangenheit nur einige kürzere landeskundliche Beschreibungen entstanden waren (etwa von HÄBERLE 1911, 1913 u. 1928; KÜNKELE 1954; FABER 1959; später auch in EBERLE 1976, S. 34-63; REH 1981), konnte kürzlich erstmals ein umfangreiches und thematisch breit aufgefächertes Sammelwerk über Deutschlands größtes zusammenhängendes Waldgebiet vorgelegt werden (hrsg. v. GEIGER, PREUSS u. ROTHENBERGER 1987), das allerdings keine Landeskunde aus einem Guß darstellt. Eine solche fehlt nach wie vor, insbesondere der hier interessierende nördliche und mittlere Teil des Pfälzerwaldes erscheint landeskundlich nur unzureichend dokumentiert. Die umliegenden Städte und dicht besiedelten Landschaften haben indessen stets verstärkt zu geographischer Betrachtung angeregt (vgl. etwa das dreibändige Sammelwerk 'Pfälzische Landeskunde', hrsg. v. GEIGER, PREUSS u. ROTHENBERGER 1981, mit 79 Beiträgen)

## 1. Physisch-geographische Grundlagen (Vgl. auch Beitrag DÖRRER.1 in diesem Band)

Die bis zu 450 Meter mächtigen Ablagerungen des Buntsandsteins (SPUHLER 1957) bestimmen den Aufbau des gesamten Pfälzerwaldes wie auch den der südlich anschließenden Sandsteinvogesen. Aufgrund seiner petrographischen Ausbildung wird der Pfälzer Buntsandstein untergliedert: während im Unteren ($s_u$) und Oberen ($s_o$) Buntsandstein tonreiche Sandsteine und Schiefertone vorherrschen, wird der Aufbau des Mittleren Buntsandstein ($s_m$) durch »kieselig gebundene, wenig Ton führende Sandsteine« geprägt (ATZBACH 1970, S. 548). Der nördliche Pfälzerwald erscheint infolge seines einheitlichen Aufbaus aus Schichten des Hauptbuntsandstein (s$_m$) einigermaßen eintönig. Zahlreiche dicht gestaffelte, flache Kuppen, langgestreckte breite Höhenzüge und sargdeckelähnliche Rücken wechseln mit tief eingeschnittenen, steilhängigen Tälern. Im mittleren Pfälzerwald, etwa ab dem Hochspeyerbachtal, nimmt der Formenreichtum zu. Landstufen und Ausliegerberge, die durch die rheingrabenparallel verlaufende Elmsteiner Verwerfungslinie gestört sind, prägen das Bild (LIEDTKE 1968, S. 93). Hier befinden sich die höchsten Erhebungen des Gebirges mit den zentral gelegenen Gipfeln des Eschkopfes (608 m) und Weißenbergs (607 m) und den noch höheren Bergen unmittelbar am Oberrheingrabenrand, wo die Kalmit bis auf 673 m ansteigt.

Das ozeanisch getönte Klima des Pfälzerwaldes bestimmen ausgesprochen ausgeglichene Niederschlagsverhältnisse, die ein leichtes Sommermaximum aufweisen und von 800 mm in den Randgebieten auf 950 mm Jahresdurchschnitt im Hohen Pfälzerwald ansteigen (Deutscher Wetterdienst 1957). Auch der jährliche Temperaturgang zeigt einen relativ ausgewogenen Verlauf; bei einer Jahresamplitude von etwa 17 °C erweist sich der Winter als mild, der Sommer als gemäßigt warm (Julimittel: 16-17 °C). Die mittlere Jahrestemperatur liegt bei 8 °C. Das so charakterisierte milde Klima des Pfälzerwaldes beruht auf der Offenheit des Gebirges nach Westen und der Abschirmung durch das Rheinische Schiefergebirge nach Norden, was den Einfluß atlantischer Luftmassen verstärkt, den Negativeinfluß kalter Nordwinde jedoch bremst. Dazu kommt die geringe Höhe des Gebirges, die überwiegend 400-500 Meter beträgt.

Das Gewässernetz ist weitverzweigt, dennoch gilt das Exkursionsgebiet als talarm. Die relativ hohen Niederschläge lassen Wasserreichtum erwarten; durch den besonders wasserdurchlässigen Hauptbuntsandstein wird dieser aber insofern abgeschwächt, als Niederschlagswasser überwiegend versickert. An einzelnen Quellhorizonten erfolgt starker Wasseraustritt, durch den zahlreiche Bäche gespeist werden. Demgegenüber sind die Hochflächen und oberen Hangpartien meist ausgesprochen wasserarm, die Talenden sogar häufig als Trockentäler ausgeprägt.

Die natürliche Pflanzengesellschaft des Pfälzerwaldes ist der Hainsimsen-Buchenwald, den an flachgründigen Sonnenhängen Buchen-Eichenwälder und an tiefgründigen Schattenhängen Perlgras-Buchenwälder ablösen können (HAILER 1971, S. 641). Intensive forstwirtschaftliche Nutzung hat jedoch zu starken Abwandlungen dieser Pflanzengesellschaften geführt, wobei vor allem die anpruchslose Kiefer auf den ärmeren Böden und die für Schweinemast und Hausbau früher sehr gesuchte Eiche stark überrepräsentiert sind. Die größte Verbreitung haben Kiefer mit 43 % und Buche mit 28 % (REH 1972, S. 171), sie bestimmen weitgehend das Bild der Wälder. Im Hohen Pfälzerwald sind außerdem größere Eichenbestände anzutreffen.

Trotz seiner vermeintlichen, durch das geschlossene Waldkleid hervorgerufenen Einheitlichkeit bzw. Monotonie läßt sich der nördliche und mittlere Pfälzerwald in mehrere naturräumliche Einheiten untergliedern (PEMÖLLER 1969):
- *Unterer Pfälzerwald*, der den nördlichsten Teil des Gebirges mit Otterberger Wald und Stumpfwald umfaßt;
- *Westlicher Pfälzerwald*, das nach Westen zur Blies und Saar entwässernde Gebiet zwischen Kaiserslautern und Pirmasens;
- *Hoher Pfälzerwald* mit dem zentral gelegenen Hochflächengebiet um Eschkopf, Weißenberg und Johanniskreuz;
- *Tal-Pfälzerwald* mit dem weitverzweigten Talsystem von Speyerbach und Hochspey-

erbach sowie den Tälern von Isenach und Wellbach; diese sind sämtlich auf die tief-
liegende Erosionsbasis des Oberrheingrabens ausgerichtet und haben zu entsprechend starker Zertalung geführt;
- *Neustädter Gebirgsrand,* etwa von Bad Dürkheim bis Annweiler reichend.

## 2. Kulturlandschaftliche Ausprägung

Der nördliche und mittlere Pfälzerwald zählt innerhalb der Bundesrepublik Deutschland zu den Gebieten mit besonders geringer Bevölkerungsdichte (nur etwa 65 Einwoh-
ner/km$^2$). Die kulturlandschaftliche Bedeutung von Siedlung und Flur erscheint
demnach gegenüber der Weitläufigkeit und Geschlossenheit des Wirtschaftswaldes (fast
ausschließlich Staats- und Körperschaftswald) auch vergleichsweise gering. Entsprechend stark war die Prägekraft des Waldes, der seit jeher die wirtschaftliche Grundlage
für die siedlungsräumliche Erschließung bildete, während Rodungstätigkeit und Landwirtschaft weitestgehend auf Eigenversorgungsniveau verharrten. Daneben besaßen die
wasserreichen Bachläufe große Bedeutung als Energielieferant für den Antrieb von
Mühlen- und Hammerwerken.

Die Besiedlung erfolgte überwiegend im Hohen Mittelalter, als der Pfälzerwald in der
Salier- und Stauferzeit durch den Bau von Schutzburgen, die Kaiserpfalz in Kaiserslautern und die Einrichtung der Zisterzienserklöster Otterberg (1144) und Eußerthal (1148)
erstmals erschlossen wurde und Bevölkerungsüberschüsse des umliegenden Altsiedellandes aufnehmen konnte (vgl. KEDDIGKEIT 1987). Als bevorzugte Siedlungsstandorte
galten Täler und Mulden mit Ausnahme des westlichen Pfälzerwaldes, wo außerdem
Höhensiedlungen als Rodungsinseln auf Hochflächen und Riedeln angelegt wurden;
die Entstehung dieser Siedlungen ist an das Vorhandensein von Höhenlehmen oder
Oberem Buntsandstein gebunden. Die meisten Siedlungen entstanden jedoch in Tallagen, wo eine ackerbauliche Nutzung zum Teil nur auf schmalen Terrassen möglich war.
Geringe Bodenfruchtbarkeit und Reliefungunst ließen eine stärkere Siedlungsverdichtung nicht zu, die Landwirtschaft gewährleistete ohnehin keine ausreichende Existenz-
grundlage. Städtische Siedlungen entwickelten sich zunächst überhaupt nicht, erst später erhielten Otterberg (1581), Lambrecht (1887) und Rodalben (1963) Stadtrechte.

Mit der Entwicklung territorialer Strukturen und externer städtischer Wirtschaft wuchs
allmählich das Interesse an den Ressourcen des Waldgebirges, besonders an Erzen,
Holz und Wasserkraft, so daß typische Wald- und Mittelgebirgsberufe in den Vordergrund traten: Förster, Holzhauer, Flößer, Köhler, Bordschnitter, Bergleute, Eisenschmel-
zer, Schmiede, Pottaschbrenner, Harzbrenner, Glasmacher, Holzschuhmacher, Besen-
binder, Bürsten- und Schindelmacher (PAUL 1987). Im nördlichen und mittleren Pfälzerwald waren es vor allem die Wirtschaftsinteressen der Grafen von Leiningen und der
Kurfürsten von der Pfalz, die zur frühneuzeitlichen Fortentwicklung des Siedlungsraumes beitrugen, im 17. Jahrhundert allerdings nachhaltig unterbrochen durch den Dreißigjährigen und den Pfälzischen Erbfolgekrieg. Wichtige Impulse waren in der zweiten
Hälfte des 16. Jahrhunderts von der kurpfälzischen Ansiedlung wallonischer Glaubens-
flüchtlinge in Lambrecht, Otterberg und Eußerthal ausgegangen (vgl. KALLER 1975). Im
18. Jahrhundert folgte die Gründung von Neusiedlungen wie das leiningische Hausie-
rerdorf Carlsberg oder die Waldarbeiter- und Flößersiedlungen Dansenberg, Waldleiningen und Frankeneck. Das 19. Jahrhundert brachte mit der systematischen Entwicklung des Forstwesens und dem Ausbau der Triftgewässer, später der Eisenbahn Ludwigshafen - Kaiserslautern (1849) eine allgemeine Aufwertung der Waldwirtschaft, aber

gleichzeitig den allmählichen Niedergang traditioneller Waldgewerbe (s.o.). Auch die seit dem 18. Jahrhundert florierende Eisengewinnung und -verarbeitung, die auf lokalen Erzvorkommen (besonders Brauneisenstein), Kohlholzvorräten und Wasserkraft basierte, verlor im folgenden Jahrhundert an Bedeutung und wurde aufgegeben (CLOER/KAISER-CLOER 1984). Zahlreiche Relikte und die Veränderung im topographischen Namensgut (z.b. Harzofen, Alte Schmelz, Oberhammer) zeugen von der Vielfalt und früheren Allgegenwart traditioneller Wald- und Mittelgebirgsgewerbe.

Bescheidene Industrialisierung, die jedoch lokal von großer Bedeutung sein kann, setzte gegen Ende des 19. Jahrhunderts und danach neue Akzente. Papierindustrie und holzverarbeitende Betriebe in den Tälern von Isenach, Speyerbach und Queich, Textilindustrie in Lambrecht und im Westlichen Pfälzerwald sowie die von Pirmasens ausgehende

*Tab. 1:* Bevölkerungsveränderung im nördl. und mittleren Pfälzerwald 1950 - 1987/88

| Teilgebiet | Bevölkerungsstand | | | Veränderung in % | | |
|---|---|---|---|---|---|---|
| | 1950 | 1970 | 1987/88 | 1950-1970 | 1970-1987/88 | 1950-1987/88 |
| Nordosten (Carlsberg, Altleiningen, Ramsen) | 4644 | 5916 | 6785 | + 27.4 | + 14.7 | + 46.1 |
| Verbandsgemeinde (VG) Lambrecht | 14563 | 16237 | 13649 | + 11.5 | - 15.9 | - 6.3 |
| VG Annweiler (nur Dernbach, Ramberg u. Eußerthal) | 2549 | 2801 | 2290 | + 9.9 | - 18.2 | - 10.2 |
| Otterberg/ Otterbach | 6354 | 8104 | 7418 | + 27.5 | - 8.5 | + 16.7 |
| VG Enkenbach-Alsenborn | 7560 | 10859 | 10937 | + 43.6 | + 0.7 | + 44.7 |
| VG Hochspeyer | 5519 | 6705 | 6273 | + 21..5 | - 6.4 | + 13.7 |
| VG Kaiserslautern Süd (nur Schopp, Stelzenberg, Trippstadt) | 3216 | 4372 | 4933 | + 35.9 | + 12.8 | + 53.4 |
| VG Waldfischbach-Burgalben (nur Waldf.-B., Steinalben, Schmalenberg, Geiselberg, Heltersberg | 8053 | 9888 | 8706 | + 22.8 | - 12.0 | + 8.1 |
| VG Rodalben | 12561 | 16311 | 14698 | + 29.9 | - 9.9 | + 17.0 |
| zusammen | 65019 | 81193 | 75689 | + 24.9 | - 6.8 | + 16.4 |

Schuhindustrie prägen seither das Bild zahlreicher Ortschaften, in denen das bäuerliche Element zusehends zum baulichen Relikt geworden ist. Die Fluren werden von wenigen Höfen weiterbewirtschaftet (vor allem im Westlichen Pfälzerwald) oder verbrachen ganz bzw. teilweise; so besonders bei Tal- und Hanglagen. Natürliche Verwaldung und

Aufforstung sind die Folge. Aber auch die industrielle Expansion hat sich längst wieder in einen anhaltenden Schrumpfungsprozeß verkehrt, was große Teile der Erwerbsbevölkerung zum Auspendeln zwingt.

Nach dem Zweiten Weltkrieg rückte der Pfälzerwald zusehends ins Blickfeld militärischer Interessen (WÜNSCHEL 1987), die in krassem Widerspruch zur aufgekommenen Fremdenverkehrswirtschaft stehen und eine unbelastete Expansion der Freizeitnutzung lediglich an Wochenenden zulassen. Dennoch wird die Erholungsfunktion eines der wenigen Entwicklungspotentiale des 1958 zum Naturpark erklärten Pfälzerwaldes bleiben und sollte entsprechend gefördert werden.

Daß der nördliche und mittlere Pfälzerwald nach wie vor als Peripherraum zu gelten hat, verdeutlicht die Bevölkerungsentwicklung sei dem Zweiten Weltkrieg (Tab. 1). Während die dem Oberrheingraben zugewandten Gemeinden des Nordostens und die Pendlergemeinden im näheren Umland Kaiserslauterns (insbesondere die Verbandsgemeinden Enkenbach-Alsenborn und Kaiserslautern-Süd) starke Wachstumsimpulse erhielten, nahm die Bevölkerung in anderen Gebieten nur moderat zu, stagnierte oder schrumpfte sogar (VG Lambrecht). Konnten zwischen 1950 und 1970 noch sämtliche Teilgebiete - zum Teil erhebliche - Bevölkerungszuwächse verzeichnen, setzte danach ein noch anhaltender Schrumpungsprozeß ein, der mit dem Rückgang von Landwirtschaft und gewerblichem Arbeitsplatzangebot einherging. Nachteilig wirkt sich auch das Fehlen höherwertiger zentraler Orte im Inneren des Exkursionsgebietes aus. Lediglich vier Unterzentren (Lambrecht, Enkenbach-Alsenborn, Waldfischbach-Burgalben, Rodalben) und zwei Kleinzentren (Otterberg, Hochspeyer) stehen der ansonsten nach außen orientierten Bevölkerung zur Verfügung und unterstreichen den 'Hinterlandcharakter' des nördlichen und mittleren Pfälzerwaldes.

## III. Exkursionsroute

Das Exkursionsgebiet läßt sich im Norden am besten über die A 6 (Mannheim - Saarbrücken) erreichen, wobei sowohl die Abfahrt Enkenbach-Hochspeyer im Westen als auch Wattenheim im Osten benutzt werden kann. Will man den Stumpfwald nördlich der Autobahn in die Fahrt einbeziehen, ist ein Beginn in Enkenbach angebracht. Für die Gesamtstrecke empfiehlt sich ein Zeitrahmen von zwei Tagen, als Übenachtungsquartier bieten sich wahlweise der Fremdenverkehrsort Elmstein oder Trippstadt an.

### HP 1   Enkenbach-Alsenborn

Enkenbach-Alsenborn (6 500 Ew), ein aus zwei Haufendörfern zusammengewachsenes, verkehrsgünstig in einer nach Norden offenen Mulde gelegenes Unterzentrum, hat sich aus bäuerlicher Struktur heraus längst zu einer stattlichen Auspendlergemeinde mit mittelständischem Gewerbe weiterentwickelt (Metallverarbeitung und Autozubehör, Bauindustrie, Kartonage). Zahlreiche Fachwerk- und rote Sandsteinhäuser verleihen den teilweise sanierten Ortskernen ein ansprechendes Gepräge; in Enkenbach ist die ehemalige Klosterkirche St. Norbert aus dem 13. Jahrhundert hervorzuheben, in Alsenborn das Brunnenhaus mit Waschbänken an der Alsenzquelle.

### HP 2   Stumpfwald mit Eiswoog

Vom Ortsteil Alsenborn in Richtung Grünstadt fahrend durchquert man den Stumpfwald, ein fast siedlungsfreies, durch häufigen Wechsel von Kiefern- und Buchenbestän-

den geprägtes Waldgebiet. Ein wenig bewegtes Relief, in das sich das Tal des nach Eisenberg und Grünstadt entwässernden Eisbaches ('Eisen'-Bach) eingetieft hat, unterstreicht die Weitläufigkeit der Waldungen des Unteren Pfälzerwaldes. Zentrum des Stumpfwaldes ist der Eiswoog, ein Stauweiher, der bereits im 18. Jahrhundert für den Wasserbedarf der Hammerwerke von Ramsen und Eisenberg angelegt worden war. Heute dient er zusammen mit Zuchtteichen unterhalb des Weiherdammes als Fischgewässer und bildet den Kern eines bedeutenden Naherholungszentrums mit großer Ausflugsgaststätte, lokalem Rundwanderwegenetz, Bootsverleih und Badegelegenheit, Kiosk und Imbißstand. Zwei ausgedehnte Parkplätze nehmen an Spitzentagen mehrere hundert PKW gleichzeitig auf. Das Ausflügler-Einzugsgebiet ist sehr kompakt entwickelt (Entfernungen bis etwa 50 km) und umfaßt die nördliche Vorderpfalz mit Ludwigshafen und Frankenthal, das südliche Rheinhessen mit Worms und die unmittelbar angrenzenden Kreise Bad Dürkheim, Kaiserslautern und den Donnersbergkreis. Die am Eiswoog auf einer 35 Meter hohen Stahlgitterbrücke querende Eisenbahn Enkenbach-Grünstadt, die hier über einen eigenen Haltepunkt verfügte, wurde 1976 nach nur 54-jähriger Betriebszeit für den Personenverkehr geschlossen.
(Lit: REH 1970, EBERLE 1976).

## HP 3  Carlsberg

Über Ramsen führt die Fahrt weiter in das sogenannte Leiningerland; zunächst am Neuhammer unterhalb Ramsen abzweigend durch ein ausgedehntes Kiefernforstgebiet nach Hettenleidelheim und Wattenheim (BAB-Anschlußstelle), die bereits außerhalb des Pfälzerwaldes liegen. Schießlich nach Carlsberg (2900 Ew), dessen Name an den Sohn Carl des Ortsgründers Graf Georg II. von Leiningen erinnert. Seit Beginn des 18. Jahrhunderts war hier im Zuge leiningischer Peuplierungspolitik auf dem Höhenrücken des Matzenberges neben dem bereits vorhandenen Dorf Hertlingshausen eine Siedlung entstanden, die dem zuvor wohl für Bergwerkstätigkeit und Holzkohlegewinnung abgeholzten Wald nachgefolgt war. Die geringe Größe der Siedlerstellen von unter einem bis wenige Hektar Nutzfläche und die Sterilität der Böden des unteren Hauptbuntsandsteins ($s_{m1}$) vereitelten von vorneherein das Erreichen der Ackernahrung. Die in Einödlage errichteten Kleinbauernstellen führten zu einer dichten Streusiedlung, die im Laufe der Zeit eine lockere Aufsiedlung des gesamten Höhenrückens und angrenzender Tälchen nach sich zog. Damit steht Carlsberg auch heute noch in starkem Gegensatz zu den geschlossenen Haufendörfern der Umgebung. Lediglich im Bereich zwischen den beiden Kirchen hat sich in jüngerer Zeit eine verdichtete Ortsmitte entwickelt; vor wenigen Jahren ist hier auf ehemals freiem Feld ein rustikal anmutendes Einkaufszentrum mit mehrstöckigen Wohngebäuden im Fachwerkstil entstanden.
Lebensgrundlage der Carlsberger war stets das Fremdhausierertum. A. BECKER berichtet 1858 von den Carlsberger Schnurranten (Bettelmusikanten), Komödianten und Hausierern: »Sie ziehen mit ihren Orgeln und 'Moritaten' durch alle Welt; man hört sie auf allen Märkten schreien und singen, trifft sie in allen Dörfern der Pfalz als Knochensammler, Rötelverkäufer, als Händler mit irdenem Geschirr, Wagenschmiere, Stiefelwichse, Feuerzeug, Flechtwerk« (1961, S. 156). Die dadurch erzwungene, oft Monate währende Abwesenheit eines Großteils der Bevölkerung führte zu höchster Mobilitätsbereitschaft, die sich noch heute in der Funktion als Auspendlergemeinde mit Ausrichtung in die Vorderpfalz widerspiegelt. Die geringen landwirtschaftlichen Erträge erleich-

terten nach dem 2. Weltkrieg die Einrichtung von neun Wochenendhausgebieten in Carlsberg, da die Bevölkerung gerne zum Landverkauf bereit war. Begünstigt wurde diese Entwicklung durch die günstige Verkehrslage, die reizvolle Landschaftsumrahmung des Ortes und wachsendem Erholungsdruck aus dem Rhein-Neckar-Raum. Bis Mitte der siebziger Jahre hatten rund 150 für Freizeitzwecke genutzte Gebäude den Zersiedlungseffekt in der Carlsberger Gemarkung weiter verstärkt. (Lit.: SCHWENDER 1965; SCHMIDT 1970; GRABER 1979)

Auf der Weiterfahrt zum HP 4 Höningen liegt auf halbem Wege Altleiningen, das von der noch heute eindrucksvollen Burgruine überragt wird (teilweise wiederaufgebaut und als Jugendherberge genutzt). Sie ist die älteste der drei großen, als Ruinen erhaltenen Leiningerburgen (Anfang 12. Jh.), von denen Altleiningen sowie das von der Autobahn gut zu sehende Neuleiningen (13. Jh.) im Pfälzischen Erbfolgekrieg ganz und Hardenburg (vgl. HP 6) teilweise gesprengt wurden. Bis 1789 waren die Leininger in vier Linien zersplittert, die sämtlich über Territorialbesitz im Leiningerland verfügten. Die ehemaligen Residenzstädte Grünstadt und Bad Dürkheim zeugen von der früheren Bedeutung der Grafen von Leiningen (die Hardenburger Linie wurde 1779 in den Fürstenstand erhoben) für den nordöstlichen Pfälzerwald und sein Vorland.

## HP 4   Höningen

Höningen (270 Ew) wurde in einem stillen Waldtal bereits 1120 als Augustinerchorherrenstift und Grablege der Grafen von Leiningen gegründet. Nach Aufhebung des Klosters (1569), Brand und Wiederaufbau diente es 1573-1626 als bekannte Lateinschule, bevor es allmählich verfiel. Heute vermittelt die im Ortskern geschlossene Bebauung mit ihren in Teilen erhaltenen mittelalterlichen Gebäuden und dem Klostertor aus dem 13. Jahrhundert noch etwas von der ursprünglichen Stiftsatmosphäre. Gaststätte und Wanderparkplätze - auch in der Umgebung - betonen die heutige Funktion als Erholungsort.

## HP 5   Forsthaus Lindemannsruh

Über eine schmale Waldstraße (L 518, nach Leistadt 13 km) steigt die Route von 300 auf 460 Meter an und erreicht das ehemalige Forsthaus Lindemannsruh, das sich wie zahlreiche andere längst zum beliebten Ausflugsort mit Gaststätte, Wanderwegen und großem Parkplatz gewandelt hat. Unweit befindet sich ein 1903 erbauter Bismarckturm, der eine gute Fernsicht über den Oberrheingraben mit Ludwigshafen und Mannheim und den nördlichen Pfälzerwald ermöglicht. Die am Steilabfall des Gebirges bestandsbildende Edelkastanie ist bis in diese Höhe vorgedrungen und untermischt den im östlichen Pfälzerwald weit verbreiteten lichten Kiefernwald (auch Eichen, Buchen und Douglasienbestände). Zahlen von bis zu 2000 Tagesbesucher alleine in Lindemannsruh unterstreichen die Bedeutung des östlichen Gebirgsrandes für die Naherholung; weit mehr als die Hälfte der Besucher kommt aus dem nahegelegenen Rhein-Neckar-Raum, ein weiteres Viertel aus Bad Dürkheim und Neustadt.

## HP 6   Hardenburg

Anschließend senkt sich die Straße zum Oberrheingraben ab; bei 300 Meter Höhe tritt man unvermittelt in die Rebzone der Weinstraße ein, der Blick öffnet sich über Leistadt,

die Vorhügelzone und die häufig im Dunst verschwindende Rheinebene. Am Ortseingang Leistadt rechts abbiegend (L 517) erreicht man Bad Dürkheim, durchfährt es auf
einer neuen Umgehungsstraße (B 37 Richtung Kaiserslautern) und gelangt zu dem heute eingemeindeten Burgflecken Hardenburg (750 Ew). Zur gleichnamigen Burg hinauf
führt ein Fußweg von fünf Minuten (Ausgangspunkt am Gasthof Waldschlöss'l). Die auf
einem flachen Sporn 60 bis 90 Meter über dem Isenachtal an einer Engstelle gelegene
Hardenburg reicht mit ihrem Ursprung bis zum Beginn des 13. Jahrhunderts zurück. Bis
zu ihrer weitgehenden Zerstörung durch französische Revolutionstruppen am 29. März
1794 ist sie mit dem Adelsgeschlecht der Leininger verbunden, die sich an dieser strate-
gisch bedeutsamen Stelle an einer der wenigen Ost-West-Verbindungen durch den Pfälzerwald niederließen und über Jahrhunderte hier ihren Wohnsitz nahmen. Die Burg
(von Hart = Wald) beeindruckt vor allem durch die Ausdehnung von 90 x 180 Metern
und die Wuchtigkeit ihrer frühneuzeitlichen Wehranlagen. Aus staufischer Zeit sind nur
noch wenige Buckelquadermauern und der alte Halsgraben erhalten. Im 16. Jahrhundert war die Anlage nämlich zu einer eindrucksvollen Renaissance-Residenz um- und
ausgebaut worden, die - halb Burg, halb Schloß - eine Mittlerstellung zwischen der
Wehrhaftigkeit mittelalterlicher Herrensitze und der Leichtigkeit sowie repräsentativen
Großzügigkeit neuzeitlicher Residenzen einnimmt. So gehören Rundtürme mit Mauer-
stärken von über fünf Metern ebenso zur Anlage wie anspruchsvolle Renaissance-Orna-
mentik oder ein 'Lustgarten'. Die Hardenburg befindet sich im Staatsbesitz. Auch als
Ruine ist sie noch gut erhalten, hervorragend gesichert und gepflegt. 1988 besichtigten
29 000 Besucher die in sämtlichen Bauteilen zugänglich gemachte Burganlage.
(Lit.: STEIN 1982).


## HP 7   Isenachtal

In westlicher Richtung begleitet die Bundesstraße 37 die Isenach talauf in den Pfälzerwald hinein und überwindet in 350 Metern Höhe die Wasserscheide zum Speyerbachsystem. Der Name des Passes - Auf der Steig - und die an der Westrampe nördlich der
heutigen Straße erhaltenen, parallel laufenden Hohlwege weisen auf die Bedeutung des
alten Verkehrsweges hin. Das Isenachtal selbst, auch als 'Dürkheimer Tal' bezeichnet,
war bereits in vorindustrieller Zeit intensiv genutzt, was die Namen 'Alte Schmelz' (heute ein Gasthaus) im mittleren Talabschnitt oder 'Alte Glashütte' und 'Glastal' am oberen
Talende (südlicher Quellbach) erahnen lassen. Lokale Rohstoffvorkommen, Quarz,
Brauneisenstein und Kohlholz ermöglichten die Erschließung im Zuge merkantilistischer Wirtschaftspolitik. Besondere Bedeutung kam der Wasserkraft und -fülle der Isenach zu, die Standortfaktor ist für die in diesem stillen Waldtal unerwartet anzutreffenden *Papierfabriken* Schleipen (kurz oberhalb von Hardenburg) und Cordier (3.5 km tal-
aufwärts). Beide befinden sich heute in gemeinsamem Besitz der Cordier-Gruppe, der
auch die Papierfabrik Knoeckel, Schmidt & Cie in Lambrecht (vgl. HP 12) und zwei
weitere gehören. Nicht etwa der Holzreichtum des Pfälzerwaldes ließ diese Industriestandorte entstehen und persistieren, sondern das in großen Mengen benötigte Wasser,
etwa zum Antrieb des Lumpenstampfwerkes und zur Herstellung des Papierbreis. Als
Rohstoff wurden vor der Erfindung des Holzschliffs im späten 19. Jahrhundert Lumpen
(Hadern) eingesetzt, für deren Sammeln bereits 1737 dem Begründer der ersten Papiermühle im Dürkheimer Tal ein Privileg von Graf Friedrich Magnus von Leiningen-
Dagsburg erteilt wurde. Aus dieser ersten Industrieansiedlung ist die heutige Papierfa-

brik Schleipen (125 Mitarbeiter) hervorgegangen; durch Spezialisierung auf hochwertige Buchdruckpapiere (Werkdruckpapier) konnte sie den eisenbahnlosen Standort ebenso halten wie die benachbarte Papierfabrik Cordier, in der von ca. 80 Beschäftigten technische Papiere hergestellt werden. Als Rohstoff bezieht Schleipen Sulfatzellstoff aus zahlreichen Ländern (Sowjetunion, Skandinavien, Tunesien, Brasilien und Mittelamerika, USA, Spanien und Portugal); nur 5 % (!) des Zellstoffs stammen aus der Bundesrepublik Deutschland. Zusätzlich kommen etwa 25 % unbedrucktes Altpapier, bis zu 15 % Kaolin als Füllstoff sowie Leimstoffe (Kartoffelstärke u.a.) zum Einsatz (50 % der bundesdeutschen Werkdruckpapierproduktion). Die Betriebsanlagen ziehen sich über 350-400 Meter im Talgrund hin, ein eigenes Kleinkraftwerk liefert die Hälfte der benötigten Energie und eigene Quellen sichern den Brauchwasserbedarf. Das weiche Wasser des Buntsandsteins besitzt besondere Eignung für die Papierherstellung. Die Abwässer schließlich werden gemeinsam mit denjenigen der Papierfabrik Cordier in einer dreistufigen Kläranlage gereinigt. Die sich über zwei Kilometer oberhalb des Werkes hinziehenden ehemaligen Bleichwiesen liegen brach und sind verbuscht.
Neben gewerblichen Zwecken diente das Isenachtal seit jeher auch dem Freizeitvergnügen bzw. adliger Lustbarkeit, sei es daß die umliegenden Wälder als Jagdgebiete genutzt wurden, sei es daß ein leiningisches Jagdschloß des 18. Jahrhunderts mit einem dem Schweizer Idyllen-Dichter Salomon Geßner geweihten Tempelchen von der 'Schäferspiel-Idylle' der Rokokozeit zeugte. An diese 1794 niedergebrannte Anlage erinnert neben Grundmauern noch ein Schilderhäuschen aus Buntsandstein in der Siedlung Jägertal westlich der Papierfabrik Cordier. Heute dient das Tal mit seinem Seitentälchen und angrenzenden Höhengebieten vornehmlich dem Naherholungsverkehr aus dem ca. 30 km entfernten Rhein-Neckar-Gebiet, besonders aber aus dem über die B 37 unmittelbar angeschlossenen Ludwigshafen.
(Lit.: EBERLE 1976; BAYERL/PICHOL 1986)


## HP 8    Stüterhof

Eine große Zahl von Wüstungen kennzeichnet die in der Vergangenheit flächenhafter entwickelte Sidlungslandschaft des Pfälzerwaldes, die sich gerade im 19. Jahrhundert auf ausgedünnte lineare Anordnungsmuster reduzierte. Wüst fielen vor allem Standorte der alten Wald- und Mittelgebirgsgewerbe sowie zahlreiche Einzelhöfe und Weiler in Abseitslage; nicht selten wurden sie Opfer staatsforstlicher Arrondierungsbestrebungen. Für das Exkursionsgebiet führt MERTEL (1979) gut 200 Wüstungen auf, von denen ca. 75 Gewerbestättenwüstungen (Mühlen, Schmieden, Ziegeleien, Glashütten, Eisenschmelzen, Harzöfen) rund 90 Einzelhof- und ca. 50 Ortswüstungen sind. Ein gutes Beispiel für eine Ortswüstung ist der *Stüterhof*, der wohl im 15. Jahrhundert als Hirtenunterkunft entstanden war, lange Zeit als leiningisches Gestüt diente, im 18. Jahrhundert zu fast dorfartiger Dimension mit einer Bauern- und Waldarbeiterbevölkerung heranwuchs und schließlich 1818 abgesiedelt wurde. Grundmauern und Kellergewölbe einiger Gebäude, darunter das 29 x 9 Meter messende Haupthaus des leiningischen Hofgutes, sowie ein drei Meter breiter und 1 km langer Steinwall mit davorliegendem Graben - wohl als Wildschutzmauer angelegt - sind gut erhalten und zugänglich. Der Besuch dieser Wüstung, am Fuße des Stüterkopfes auf einem flachen Sattel (357 m) gelegen und in der Top. Karte 1:25000 verzeichnet, erfordert einen Spaziergang vom Wanderparkplatz an der Einmündung des Stütertales in das Isenachtal (Abzweig zum

Gasthaus Saupferch). Über einen ständig steigenden Forstwirtschaftsweg erreicht man nach ca. 1.5 km die 150 Meter über der Isenach am Ende eines Trockentales liegende Wüstung unter lichtem Eichen-Buchen-Hochwald. Neben der Höhenlage und den Purifikationsbestrebungen der bayerischen Staatsfortsverwaltung haben sicherlich auch Isoliertheit, Bodenungunst und Wassermangel zur Auflösung des Stüterhofes beigetragen.

## HP 9   Frankenstein

In Frankenstein (1050 Ew) wird das Hochspeyerbachtal erreicht. Auch diesen Ort überragt eine Burgruine aus staufischer Zeit (Anfang 13. Jh.), eine zweite - Diemerstein - liegt abseits in einem Seitental. Eisenbahntrasse und die Bundesstraße, die sich von Kaiserslautern kommend hier nach Bad Dürkheim (B 37) und Neustadt (B 39) gabelt, belasten das enge Tal, in dem ohnehin nur wenig Platz für Siedlung und Flur vorhanden war und Orte wie Frankenstein, Weidenthal und Neidenfels zu langgestreckten Straßendörfern werden ließ. Ihr Wandel zu Industrie- und Wohngemeinden wird sichtbar in aktiven und stillgelegten Fabrikanlagen sowie sich lang hinziehenden, die ehemalige Flur einnehmende und weit in die Nebentäler hineinreichende Siedlungszeilen. In Frankensteins verkehrsbelastetem Zentrum deutet nur noch wenig auf eine waldbäuerliche Vergangenheit hin. Einige der kleinen Hausstätten lassen als gestelzte Quereinhäuser ihren bäuerlichen Ursprung noch erahnen, doch zeigt sich der Ort heute als buntes Gemisch verschiedenartigster, oft aus- und umgebauter Wohnhäuser, die noch aus Sandsteinmauerwerk oder aus modernen Baumaterialien errichtet, meist verputzt oder verkleidet sind. Zusammen mit den wenigen Dienstleistungseinrichtungen verleihen sie dem Ortsbild ein abwechslungsreiches, doch kaum harmonisches Gepräge. An den Hängen ziehen sich ehemalige Ackerterrassen entlang, die - wie etwa am Burgberg - teilweise wieder unter Wald liegen. Nördlich des Ortes hat sich an der ehemaligen Rußhütte ein kleiner Betrieb zur Herstellung von Holzbänken und Spielplatzgeräten eingerichtet, ansonsten zeugen nur noch überwiegend stillgelegte Kleinsägewerke am Ortsrand und in der Umgebung von der Nutzung lokaler Ressourcen. Einen guten Überblick über Frankenstein erhält man vor der Burgruine aus, die von einem etwa 200 m östlich des Bahnhofs gelegenen Parkplatz aus in wenigen Minuten zu erreichen ist.

## HP 10   Schliertal

Am Ortsausgang von Frankenstein in Richtung Neustadt zweigt an der Kläranlage ein schmaler Pflasterweg in westlicher Richtung ab, der teilweise als Hohlweg angelegt in das aus zwei Trockentälern bestehende Schliertal hineinführt. Diese Rodungsinsel mit relativ flachen Unterhängen (240-310 m) umfaßt die Wüstungsflur eines abgegangenen Ortes, die von Frankensteiner Kleinbauern bewirtschaftet und nach dem 2. Weltkrieg vollständig aufgelassen wurde. Die Gewannflur mit ihrer vom Talgrund hangaufwärts ziehenden schmalstreifigen Parzellierung ist noch gut erhalten und wird betont durch den Wechsel unterschiedlicher Nutzungsformen einzelner Parzellen und Parzellengruppen. Teils verbuscht, teils mit Fichten aufgeforstet, größtenteils jedoch durch Freizeitwohnsitze folgegenutzt, vermitteln sie ein Bild ungeordneter Entwicklung, wie sie nur in 'versteckter' Lage vor sich gehen kann. Bedingt durch hohe Verkaufsbereitschaft der Grundbesitzer und starke Nachfrage nach Freizeitgrundstücken durch vorderpfälzische Stadtbewohner ist hier eine wilde, im Nachhinein teilweise legalisierte Wochenendhaussiedlung entwickelt. 1973 umfaßte sie etwa 50, mittlerweile schon nahe 100

Objekte, ohne daß eine vorherige Planung die Parzellierung und wegemäßige Erschließung gesichert oder die bauliche Entwicklung geordnet hätte. Andererseits wurde die fortschreitende Bebauung behördlicherseits nicht nachhaltig unterbunden. So stehen heute kleine, rohgezimmerte Blockhäuser neben stattlichen Landhäusern, schwere Betonbauten in engster Nachbarschaft zu Häusern im Schweizerstil oder spitzgiebelige Sommerhäuser nach skandinavischem Vorbild einträchtig neben festinstallierten Wohnwagen. Auch Größe und Form der Grundstücke lassen jegliche Einheitlichkeit vermissen. Sie richten sich entweder nach der jeweiligen Finanzkraft des Käufers oder nach der Verkaufsbereitschaft und nicht zuletzt nach der Besitzverteilung der ehemaligen Nebenerwerbslandwirte, was unweigerlich zu einem Gemisch von streifen- und blockförmigen, großen wie kleinen, vor allem aber oft unproportionierten Besitzparzellen geführt hat. Das Ausmaß der so verursachten Zersiedlung eines ganzen Tales (inmitten eines Naturparks!) ist leicht vorstellbar und bedarf keiner weiteren Erläuterung.

## HP 11   Weidenthal

Über die Bordmühle (ehem. Sägewerk) mit der Mündung des als Triftgewässer früher bedeutsamen Leinbaches und den 'Fast-Umlaufberg' an der Siedlung Eisenkehl gelangt man nach Weidenthalt (2 100 EW), das sich im Haupttal auf über zwei Kilomter Länge erstreckt und sich stärker noch als Frankenstein in viele Siedlungszeilen gliedert. Vom Kriegerdenkmal für den Ersten Weltkrieg, das man vom Spielplatz am Kindergarten aus in einigen Minuten erreicht (Köpfl), hat man einen guten Überblick über den windungsreichen Verlauf des Speyerbachtales, die Talweitung von Weidenthal und einen Teil der zahlreichen, fingerartig gerodeten und jetzt aufgesiedelten Nebentälchen. Die Erosion hat hier den Gebirgskörper bis in das Niveau des leicht ausräumbaren Unteren Buntsandstein aufgeschlitzt, wodurch rodungswürdige Verebnungen entstanden, die allerdings begrenzt sind und randlich von sterilem Hauptbuntsandstein überlagert werden. Ein Großteil des Weidenthaler Gewerbes gehört bereits der Vergangenheit an (Bausandsteinbruch, Tuchfabrik, Sägewerk), so daß der Ort seit 1970 über 18 % seines Einwohnerbestandes verlor. Von der früher stärker entwickelten Holzindustrie ist noch die talab in Richtung Neustadt gelegene Parkettfabrik (über 100000 m²/Jahr) erhalten, in der ca. 40 Leute beschäftigt sind. Das erforderliche Eichenholz wird größtenteils bei den umliegenden Forstämtern erworben, 20 % aus Frankreich importiert. In jüngster Zeit gelangt wegen steigender Nachfrage verstärkt Eschenholz zur Verarbeitung.

## HP 12   Lambrechter Tal

Im weiteren Verlauf des Lambrechter Tales tritt der industrieörtliche Charakter der Gemeinden stärker in den Vordergrund, wobei zwischen Neidenfels und dem Stadtrand von Neustadt die Papierindustrie dominiert. Mit Ausnahme der von der Cordier-Gruppe bestimmten Knoeckel, Schmidt & Cie. in Lambrecht gehören mittlerweile sämtliche Fabriken zur Firma Julius Glatz GmbH, deren Firmensitz seit der Gründung 1885 Neidenfels (1 000 Ew) ist. Dort bestimmt die Fabrikationsstätte das gesamte Ortsbild und stellt gleichsam den Kern der Siedlung zu beiden Seiten der B 39, während sich die Bebauung an den Hängen hinaufzieht. Einen Kilometer südlich schließt sich die seit 1909 zur Firma gehörende Papiergarnspinnerei an, ein ebenfalls aus dem 19. Jahrhundert stammender Betrieb mit wilhelminischer Fabrikantenvilla aus dem Jahr 1895. Noch einen

Kilometer weiter folgt der 1917 erworbene Zweigbetrieb in Frankeneck (900 Ew; Papierfabrik seit 1805) und unweit Neustadt schließlich die von der Hoechst AG erworbene Papierfabrik Hoffmann und Engelmann. Insgesamt sind etwa 1000 Mitarbeiter in den Glatz'schen Produktionsstätten beschäftigt. Von Anfang an hat sich die Firma auf die Herstellung dünner Papiersorten spezialisiert und damit den eisenbahnorientierten Industriesandort Lambrechter Tal gesichert. Zum Produktionsprogramm gehören besonders Feinpapiere für die Elektro- und Zigarettenindustrie, aber auch technische Roh- und Spezialpapiere, Landkartenpapiere, Papiere für die Lederveredelung, für Vervielfältigungszwecke, Verpackung und Dekoration sowie für den Büro- und Schreibbedarf. Demgegenüber hat sich das Tuchmachergewerbe in Lambrecht nach 400 Jahren vollständig aufgelöst (vgl. Exkursion HÜNERFAUTH in diesem Band).

## HP 13 Elmsteiner Tal

Westlich Lambrecht vereinigen sich bei Frankeneck Hochspeyerbach und Speyerbach, von denen letzterer das siedlungs- und verkehrsarme Elmsteiner Tal durchfließt. Diesem folgt die Route auf 23 Kilometer bis zum hydrologischen Knoten des Pfälzerwaldes um Johanniskreuz und den Eschkopf. Einzige Industrie des Tales sind mehrere Sägewerke (Breitenstein, Helmbach, Appenthal, Mückenwiese), ein kleiner Betrieb zur Herstellung von Gartenmöbeln in Mückenwiese sowie ein Textilbetrieb in Erfenstein. Steile, bewaldete Talhänge, die häufig von Mündungen kleinerer Seitentäler unterbrochen werden, eine wechselnd breite Talaue und weit geschwungene Talmäander verleihen dem Tal ein abwechslungsreiches Gepräge. Vier Burgruinen begleiten den Talverlauf: die gegenüberliegenden Erfenstein und Spangenberg, Breitenstein und Elmstein. Die ehemaligen Bewässerungswiesen (HP 19), für die das enge Sohlenkerbtal ohnehin nur wenig Raum läßt sind aufgeforstet, verbuscht und mit Sauergräsern verwildert. Die winzigen und teils terrassierten ehemaligen Ackerflächen legen nahe, daß die Lebensgrundlage der Talbewohner wohl kaum der Landwirtschaft entstammte, sondern der Nutzung des allesumschließenden Waldes. Einzelne Wehre aus Sandstein (besonders gut erhaltenes Exemplar in Breitenstein) deuten noch auf die Nutzung des Speyerbaches als Triftgewässer hin (HP 15). BECKER skizzierte das Elmsteiner Tal 1858 besonders treffend:
»Es zieht durch eine beinahe menschenleere Gegend, denn in diesem ganzen weiten Gewälde zwischen der vorderen Haardt und der Wasserscheide trifft man nur hie und da ein Forsthaus, eine Harzhütte, einen Holzhauerhof oder an den raschen Felsbächen eine Sägmühle. Einige Holzhauerdörfer verstecken sich tief in die Ausläufer des Tales, fern von aller Nachbarschaft in die Waldeinsamkeit der inneren Haardt...« (1961, S. 120).
Später wurde eine Sticheisenbahn von Lambrecht nach Elmstein durch das Tal gelegt, die von 1909 bis 1960 regulär verkehrte und seit 1984 als Museumsbahn wiederbetrieben wird. Die Talstrecke ist wesentlich belebter als zu BECKER's Zeit und nimmt vor allem am Wochenende den Erholungsverkehr auf, dem sich in unerträglicher Weise zunehmend Motorradverkehr zugesellt hat. Die kurvenreiche Fahrt zum zentralen Motorradtreff in Johanniskreuz muß eine besondere Attrakitvität darstellen. Insgesamt hat sich der Erholungsverkehr recht positiv entwickelt, wobei die Talstraße, etwa 15 Ausflugsgaststätten und bewirtschaftete Wanderhütten, Seitentäler - darunter das Helmbachtal mit zwei Badeweihern -, Burgruinen und die Museumsbahn eine gute Grundlage für einen entwicklungsfähigen Ausflugsverkehr bilden. Elmstein mit Iggelbach hat sich als

Sommerfrische herausgemacht, deren Übernachtungszahlen allerdings bei einer Größenordung zwischen 35000 und 40000 stagnieren.
(Lit.: EBERLE 1976(a); KUCKUCKS-BÄHNEL 1984)

## HP 14   Elmstein

Elmstein (2700 Ew) hat sich zum einzigen bedeutenderen Talort entwickelt und verdeutlicht mit seinen 14 weit verstreuten Ortsteilen die dünne Besiedlung des Speyerbachtales. Neben dem Hauptort haben lediglich das stattliche Iggelbach mit zahlreichen waldbäuerlichen Fachwerkbauten des 18. und 19. Jahrhunderts sowie Appenthal mit seinem charakteristischen spätgotischen Chorturm einer zerfallenen Wallfahrtskirche dörfliche Dimensionen erreicht. Andere Annexe sind Weiler geblieben, wie die im Speyerbachtal selbst gelegenen Helmbach, Mückenwiese, Speyerbrunn und Schwarzbach oder aus abseitigen Waldsiedlungen hervorgegangen (Harzofen, Schwabenbach, Erlenbach, Röderthal). Der Ortskern Elmsteins wird beherrscht von rotem Bruchsteinmauerwerk und einem Gemisch aus älteren und kleinen Holzhauer- und Flößerhäusern, Bürger- und Amtsgebäuden der wilhelminischen Zeit sowie das Ortsbild prägenden Zweckbauten der Nachkriegszeit (Schulgebäude). Aus dem 18. Jahrhundert stammen noch die katholische Kirche und ein kurpfälzisches Jagdhaus. Entlang des als Triftgewässer kanalisierten Speyerbaches verläuft ein Fußweg, der reizvolle Einblicke erlaubt. Wie die kleineren Talorte ist auch Elmstein von Stagnation und Auszehrung betroffen; die Gemeinde hat seit 1970 etwa 16 % ihres Bevölkerungsbestandes verloren.
(Lit.: WEINTZ 1926)

## HP 15   Speyerbrunn und das Erlenbachtal

Oberhalb Elmstein passiert die Straßean der Einmündung des Legelbachtales (Abzweigung der Straße nach Waldleiningen) die *Alte Schmelz*, einen Hüttenstandort des späten 18. und frühen 19. Jahrhunderts, an den nur noch der ehemalige Schmelzweiher erinnert. Im weiteren Talverlauf fällt vereinzelt stärkeres Rauschen am ansonsten ruhig fließenden und durchweg von Bruchsteinmauerwerk gefaßten Speyerbach auf. Folgt man solchen Geräuschen, trifft man bald auf eine kleine, leicht angeschrägte Stufe im kanalisierten Bachbett, über die der Bach einen halben bis einen Meter hinunterrauscht. Mit solchen 'Wasserstürzen' wurde im 19. Jahrhundert das natürliche Talgefälle reduziert, um die Fließgeschwindigkeit des Triftgewässers zur Erhöhung der Transportfähigkeit möglichst gering zu halten. Im Weiler Speyerbrunn (um 1765 entstanden) wird ein weiteres Relikt der Holztrift sichtbar: ein regional als 'Woog' bezeichnetes Staugewässer, das als Wasserlieferant für die Regulierung des Triftgewässers und als Parkraum für schwimmendes Holz diente. Der Speyerbrunner Woog wird von einer starken Talrandquelle gespeist, die dem Ort seinen Namen gibt. Die Holztrift auf dem Speyerbach geht bis in das späte Mittelalter zurück, erlebte jedoch ihren systematischen Ausbau unter staatlicher Regie in bayrischer Zeit, als zwischen 1816 und 1880 große Mengen Brennholz über das Speyerbachsystem in die Vorderpfalz getriftet wurden. Danach beschränkte sich die Trift auf den Speyerbach oberhalb von Frankeneck und einige Nebentäler (Breitenbach, Helmbach, Legelbach, Erlenbach), wo sie noch bis 1906 weiterbetrieben wurde. In diesem Refugialgebiet finden sich die am besten erhaltenen Anlagen dieses Transportsystems, das ausschließlich Scheitholz von etwa 1.20 m Länge

(vier bayrische Fuß) betraf und besonders in den wasserarmen Seitentäleren zu einem vollständigen Umbau der Bäche zu Triftkanälen führte. Ein solches Tal ist das *Erlenbachtal*, das über 4.5 km von Speyerbrunn an talauf bis zum Fuß des Eschkopfs ausgebaut wurde und dadurch die Erschließung der Holzressourcen bis tief in die Einschlaggebiete des Staatsforstes hinein ermöglichte. Neben der bereits erwähnten Kanalisierung sowie der Anlage von Wasserstürzen und von Wooganlagen waren zusätzliche Stauanlagen am Ende des Tales oder an der Einmündung wasserführender Seitentälchen erforderlich, um das gesamte verfügbare Oberflächenwasser konzentrieren zu können und bei Bedarf schwallartig dem gut zwei Meter breiten Triftkanal zuführen zu können (Schwallflößerei). Solche kleinen Stauanlagen werden im Pfälzerwald als »Klause« bezeichnet. Das Erlenbachtal weist bei einem Höhenunterschied von 120 m nicht weniger als 40 Wasserstürze mit einer summierten Fallhöhe von knapp 50 Metern auf, die das ursprüngliche Gefälle von 2.74 % auf 1.64 % reduzieren. Vier erhaltene Wooge und fünf Klausen begleiten den Kanal, am oberen Ende erstreckt sich eine Waldwiese auf der das herangebrachte Scheitholz aufgeklaftert wurde (Bollerplatz), bevor man es im Frühjahr in den Kanal warf. Dort befinden sich drei weitere ehemalige Klausen. Von Speyerbrunn aus kann der zwei Kilometer oberhalb gelegene Weiler Erlenbach mit dem PKW erreicht werden, die lezten 2.5 km sind durch zwei an beiden Talseiten verlaufende Forstwirtschaftswege erschlossen.
(Lit.: WEBER 1975)


## HP 16    Johanniskreuz

Der in 470 Metern Höhe gelegene Weiler Johanniskreuz ist zugleich Verkehrsknotenpunkt, Erholungsort und forstwirtschaftliches Zentrum im nördlichen und mittleren Pfälzerwald. Aus sieben Richtungen (Hochspeyer, Kaiserslautern, Trippstadt, Heltersberg, Leimen, Annweiler, Elmstein) stoßen im Bereich Eschkopf/Johanniskreuz Verkehrswege aufeinander, die teils den Höhenzügen und Plateaus, teils den von hier ausgehenden Tälern folgen. Im 19. Jahrhundert wurde Johanniskreuz zunächst Standort eines Forsthauses, dann eines Forstamtes. Gegen Ende des Jahrhunderts entwickelte sich der Sommerfrischenverkehr mit dem 1898 eröffneten und mittlerweile erweiterten Waldkurhaus, das seinerzeit speziell für längere Erholungsaufenthalte gebaut wurde. Ein zweiter Gasthof sowie ein Cafe haben sich seither dazugesellt und große Parkflächen deuten auf den Stoßverkehr an Sonn- und Feiertagen hin, der sich an diesem zentralen Punkt aus allen Himmelsrichtungen kommend konzentriert. Ambulantes Gewerbe (z.B. Schuhhändler aus dem Pirmasenser Raum) und die sonntägliche Motorradfahrer-Armada unterstreichen die Ausflugszentralität dieses Ortes. Neben der Einkehr zu jeder Tageszeit steht der Spaziergang im Mittelpunkt des Erholungsgeschehens, wofür die wenig reliefierten Höhengebiete der Umgebung mit ihren abwechslungsreichen Hochwäldern einen idealen Aktionsraum bieten. Hier treffen sämtliche sieben mit einem Kreuz gekennzeichneten Wanderwege des Pfälzerwald-Vereins aufeinander; ein Rundwanderwegenetz mit zehn Wegen kommt noch hinzu.

Die im Hohen Pfälzerwald vorrangig betriebene Laubholzwirtschaft konzentriert sich auf Eichen-Buchen-Mischkulturen, wobei der Furnier-Eichen-Wirtschaft besondere Bedeutung zukommt, obwohl die Eiche (bes. Traubeneiche, *Quercus sessiliflora*) am Staatswald mit nur 12 % beteiligt ist, erzielt sie 28 % des Verkaufserlöses. Neben dem Großparkpatz schließt sich der Holzlagerplatz des Forstamtes Johanniskreuz an, auf dem, die Furniereichenstämme gelagert und versteigert werden. Spitzenerlöse zwischen 10000 und 13000 DM pro Festmeter bedeuten 40000 bis 50000 DM für einzelne Eichen-Spitzenstämme. Der durchschnittliche Versteigerungserlös pro Festmeter Furnierholz liegt allerdings bei 1000 bis 2000 DM. Die Verarbeitung zu Furnier erfolgt ausschließlich außerhalb von Rheinland-Pfalz mit Schwerpunkt in Unterfranken. (Lit.: EBERLE 1976; EHRGOTT 1981; JANSON 1987)

## HP 17  Trippstadt

Die Weiterfahrt nach Trippstadt (2500 Ew) ist möglich über die reizvollere, aber schmale Straße in das Moosalbtal (keine Busse) oder über die Straße in Richtung Kaiserslautern (B 48, dann L 503) mit Abzweig am Forsthaus Antonihof (K 50).

Trippstadt, das eigentlich einen klassischen Rodungsnamen besitzt (Dribenscheit, 1307 erwähnt), entwickelte sich als langgestreckte Höhensiedlung über fast zwei Kilometer entlang der *Triebscheide* zwischen den beiderseitigen Weidegebieten der oberen und der unteren Burg Wilenstein, die - teilweise wiedererrichtet - heute als Schullandheim dient. Vielleicht hängt der Name auch mit dem Holzabtrieb zusammen ('Trieb' = abgeholzter Hang oder Bergrücken). Lange Zeit ein unscheinbares Wäldler- und Köhlerdorf erhielt es im 18. Jahrhundert Bedeutung, nachdem der kurpfälzische Obristjägermeister Freiherr von Hacke 1716/19 in den Besitz der waldreichen Wilensteiner Herrschaft gelangt war. Seit etwa 1727 begann er mit dem Auf- und Ausbau der Eisenwerke im Karlstal (HP 18); 1764/67 errichteten die Hacke's einen einflügeligen Schloßbau mit Schloßgarten im französischen Stil. Diese Anlage akzentuiert bis heute noch das Trippstadter Ortsbild, auch wenn einige die Harmonie störende und dorffremde 'Bausünden' der jüngsten Vergangenheit (Schulgebäude neben dem Schloß, Schwesternhaus, Wohnstift am Waldrand mit zwei neungeschossigen Hochhäusern) die Dominanz des Schlosses in Frage stellen. Es steht in deutlichem Gegensatz zu den im ursprünglichen Straßendorf noch zahlreich anzutreffenden giebelständigen, kleinen Quereinhäusern (meist um- oder ausgebaut) und Kleingehöftanlagen aus waldbäuerlicher Zeit. Ebenfalls im 18. Jahrhundert entstanden - wohl im Auftrag der Familie von Hacke - die Trippstadter Brunnenstollen, nach Einschätzung des Bergamtes Bad Kreuznach kulturhistorisch und technikgeschichtlich von höchstem Rang. Zur Sicherstellung der Wasserversorgung von Schloß und Dorf auf der wasserarmen Hochfläche wurden sie um 1767 angelegt, indem ein 290 m langer Hauptstollen und zwei zusammen 75 Meter lange Seitenstollen flach in den Berg nördlich der Ortslage vorangetrieben wurden. Das auf diese Weise gesammelte Wasser stand an fünf Entnahmestelllen in Trippstadt zur Verfügung. Seit einigen Jahren sind die Stollen für einen beschränkten Besucherverkehr zugänglich. Im 19. Jahrhundert setzt die Bedeutung Trippstadts als pfälzisches Forstwirtschaftszentrum ein: 1865 Kauf von Schloß und Wald durch den bayerischen Staat, 1885 staatliches Forstamt im Schloß, 1888 Eröffnung einer Waldbauschule für die Ausbildung pfälzischer Revierförster, 1960 Sitz der Landesforstschule, 1980 Sitz der Ausbildungs- und Fortbildungsanstalt, 1984 Einrichtung der forstlichen Versuchsanstalt Rheinland-Pfalz im Schloß. Insgesamt bietet der Forstsektor etwa 70 Arbeitsplätze in Trippstadt an, was für eine Gemeinde ohne Industrie und sonstige Zentralität durchaus beachtlich ist, da sich Trippstadt ansonsten nach dem Zweiten Weltkrieg zusehends zum Pendlervorort des 12 km entfernten Kaiserslautern entwickelt hat. 1950-87/88 betrug der Bevölkerungszuwachs 52 % (1970-1987/88: 16 %), so daß sich die Bebauung auf der Hochfläche weiter ausdehnte. Im Unterschied zu den Orten des Tal-Pfälzerwaldes hat sich jedoch die Landwirtschaft auf Höhenlehmböden erhalten, wenn auch auf wenige Betriebe reduziert; sie bewirtschaften nahezu die gesamte Flur weiter, wobei der Ackerbau dominiert (Acker-Grünland-Verhältnis von 1 : 0.5).

Eine weitere Funktion hat Trippstadt als Erholungsort übernommen und ist 1986 zum Luftkurort avanciert. Gut 20 gastronomische Betriebe, davon ein Dutzend Beherbergungsbetriebe, und Privatvermieter sorgen dafür, daß der Fremdenverkehr eine günstige Entwicklungsbasis erhält, wobei allerdings der werktägliche militärische Fluglärm eine limitierende Raumnutzungskonkurrenz für den Tourismus darstellt. Die Übernachtungszahlen, die von 20-30000 in den 60er Jahren auf weit über 60000 in den Siebzigern angestiegen waren, sind seither stark zurückgegangen und scheinen sich derzeit bei über 40000 einzupendeln. Unberücksichtigt bleibt hierbei der Campingtourismus (drei Plätze im Neuhöfer Tal) sowei das Freizeitwohnen, das ein erhebliches Ausmaß angenommen hat. Etwa 250 Dauercamper, vorwiegend aus Kaiserslautern, der Vorderpfalz und dem Saarland, sowie ca. 100 Wochenendhausbesitzer insbesondere aus Kaiserslautern unterstreichen den Wohn- und Freizeitwert der Gemeinde. Gezielte Werbung, ein eigenes Verkehrsamt und lokale Veranstaltungen wie Brunnenstollenfest und Kohlenbrennerfest (Köhlerfest) sollen die Fremdenverkehrsfunktion sichern helfen. (Lit.: EBERLE 1976; BENDER 1987)

## HP 18   Karlstal

Das Tal der Moosalbe, das südwestlich an Trippstadt vorbeizieht, ist heute gleich in dreifacher Hinsicht interessant: zum einen bildet es zusammen mit dem Neuhöfer Tal ein wichtiges Erholungsgebiet im mittleren Pfälzerwald, zum anderen ist es eine Reliktlandschaft frühindustriellen Eisenhüttengewerbes par excellence. Und schließich stellt das Karlstal (benannt nach Karl Theodor von Hacke) zwischen Ober- und Mittelhammer eine naturhistorische Besonderheit dar. Diese kam dadurch zustande, daß die im Bereich des Oberen Hauptbuntsandsteins ($s_{m3}$) angelegte Moosalb am Oberhammer auf die bis 15 Meter mächtige sog. *Karlstalfelszone* trifft, deren Sandsteinbänke sie durchschneidet und dabei auf einem Kilometer Länge ein hochwaldbestandenes Engtal ausgebildet hat. Etwas übertrieben wird es als Karlstalschlucht bezeichnet. Durch seitliche Unterschneidung der Karlstalfelszone sind große Felsblöcke abgebrochen und wohl während des Pleistozän solifluidal hangabwärts transportiert worden. Das so entstandene 'Felsenchaos' schafft zusammen mit dem Rauschen und Hüpfen der Moosalb sowie dem geschlossenen Baumkronendach eine einzigartige Atmosphäre, die dem Karlstal bereits im 19. Jahrhundert zu besonderer Reputation verhalf. Ein Fußweg mit 13 Bachbrücken erschließt den Talgrund. Schon LEHMANN erwähnte 1857 dieses »Karlsthal, das, durch kleine Nachhülfe der sinnig ordnenden Menschenhand, in einen lieblichen Park mit Gängen, Felsensitzen, Grotten, kleinen Wasserfällen usw., welche die durchrauschende Moosalb bildet, verwandelt ist« (S. 88/89). Und BECKER weist 1858 auf die hierher kommenden Kaiserslauterer Sonntagsausflügler hin, »welche sich die Erfrischungen mit aus der Stadt nehmen, um hier, auf moosige Felsen gelagert, beim lustigen Geplauder des Baches ihr Mahl zu verzehren« (1961, S. 425).

Daß das Karlstal zum damaligen Zeitpunkt bereits einen hohen Bekanntheitsgrad besaß, hängt sicher mit der oberhalb (Hütten-Tal) und unterhalb (Hammer-Tal) entwickelten Hüttenindustrie auf Holzkohlenbasis zusammen. Sie hatte mit ihrer Roheisenerzeugung

bis 1863 Bestand, bevor sie aufgrund der Entwicklung 'moderner' Montanindustrie-standorte weichen mußte. 1771 waren von der Industriellenfamilie von Gienanth die Trippstadter Werke übernommen und in der Folgezeit beständig ausgebaut und moder-nisiert worden. Eisenerze wurden im Kaiserslauterer Reichswald, am Donnersberg und in Rheinhessen abgebaut, die benötigte Holzkohle lieferten die umliegenden Waldun-gen. Obwohl ein Großteil der Baulichkeiten verschwunden ist, erschließt sich dem auf-merksamen Beobachter das Ausmaß der Industrielandschaft des 19. Jahrhunderts. Am Oberhammer weisen noch ein Arbeiterhaus und der dazugehörige Weiher auf den ehe-maligen Standort hin, der Mittelhammer besteht noch aus Grundmauern und dem frü-heren Weiherdamm, nur der 1.3 km talab gelegene Unterhammer mit seinem klassizi-stischen Herrenhaus (1821), seinen Stallungen, seinem Magazin und dem Weiher läßt noch die Dimension der gesamten Industrieanlage erkennen. Das hier betriebene Puddel-Walzwerk, die Frischhütte und das Luppenhammerwerk sind allerdings weitge-hend verschwunden. Weitere 1.3 km talwärts schließt sich die Eisenschmelz an, von der noch einige Arbeiterhäuser zeugen. Zwei Kilometer westwärts schließlich trifft man auf die erhaltenen Gebäude des von 1825 bis 1892 betriebenen Walzwerkes mit sei-nem über einen Kilometer langen Weiher, der durch einen Kanal aus dem Moosalbtal mitgespeist wurde. Das ehemalige Werk beherbergt heute unter anderem einen Zulie-ferbetrieb (15 Mitarbeiter) zur Herstellung von Präzisionsdrehteilen für den Nähmaschi-nen-Hersteller Pfaff in Kaiserslautern. Weitere Relikte sind im oberen Moosalbtal und an den Seitenbächen die zahlreichen Weiheranlagen, die der Wasserregulierung und dem Wasserbedarf der Hüttengebläse und Hammerwerke dienten. Über die befestigten Wege erfolgte der Rohstofftransport sowie die Verbindung der Produktionsstätten unter-einander. Schließlich müssen die vielen Meilerplätze genannt werden, die allenthalben an den Talhängen auszumachen sind.
(Lit.: CLOER/KAISER-CLOER 1984; KAISER-CLOER 1987)

HP 19  Moosalbtal

Ein weiteres Kulturlandschaftsrelikt stellen die zahlreichen Wässerwiesen des unteren Talabschnitts dar (Hammer-Tal), die auf der Höhe des Naturfreundehauses Finsterbrun-nertal wieder kleinräumig gepflegt werden und einen Eindruck von der früher bedeutsa-men Wiesenkultur in den Talauen vermitteln. Im Zuge der angewandten Rückenbewäs-serung (FIEDLER 1968) erfolgte die Einteilung der Wiesen in zahlreiche gewölbte, paral-lel verlaufende Betriebsparzellen quer zum Bachlauf. Mit Hilfe von Wehren wurden Ka-näle abgeleitet, die - am Rande der Talaue verlaufend - die Wiesenrücken mit Wasser versorgten, das an den Seiten herabrieselnd an der tiefsten Stelle zwischen den Rücken von Abflußrinnen aufgenommen und dem Bach wieder zugeleitet wurde. Die Aufgabe dieser Nutzungsart und der damit in Verbindung stehende Verfall der Bewässerungsan-lagen seit dem Zweiten Weltkrieg, verstärkt jedoch erst seit Beginn der 60er Jahre, brachte eine Verwilderung fast sämtlicher Talwiesen mit sich. Unmittelbar westlich des Unterhammers sind noch zwei Wehre in Folge gut erhalten, von denen ein Kanal zum linken und ein Kanal zum rechten Talrand abzweigt. Kurz vor der Bahnunterführung am ehemaligen Walzwerk führt ein Weg nach links über den Bach hinweg, wo auf dem südlichen Ufer gut begehbare Rückenparzellen und ein bereits halb zusedimentierter Zuleitungskanal am Hangfuß - teilweise durch Stützmauerwerk gegen den Hang gesi-chert - erreicht werden können.

Das gesamte Moosalbtal vom Hütten-Tal bis zum ehemaligen Walzwerk empfiehlt sich dringend zur Unterschutzstellung, Pflege und behutsamen Erschließung als natur- und kulturhistorisch bedeutsames Ensemble.

## HP 20   Schmalenberg

Am ehemaligen Walzwerk wird die B 270 erreicht, der man in Richtung Pirmasens bis Schopp folgt. Von dort aus führt eine acht Kilometer lange Straße (K 77) nach Schmalenberg (620 Ew), einen im Kern über 440 Meter hoch gelegenen reizvollen Ort im sogenannten *Holzland,* dem auch die südlich anschließenden Höhendörfer wie Geiselberg und Heltersberg angehören. Mit dem Begriff Holzland verbindet sich das vom Kloster Hornbach bei Zweibrücken aus besiedelte große Waldgebiet des Westlichen Pfälzerwaldes bis hin nach Waldfischbach-Burgalben.
Schmalenberg zieht sich auf einem relativ schmalen Höhenrücken hin, wobei die Rodungsinsel selbst auf zahlreiche Riedel ausgreift, die sich zwischen mehreren an den Ort heranreichenden Tälchen erstrecken. Das schmucke Dorf macht einen sehr gepflegten Eindruck und wird nachhaltig durch seine ehemaligen kleinbäuerlichen Anwesen geprägt. Ebenso wie in Trippstadt sind sie überwiegend als Quereinhäuser angelegt, daneben auch als Zwei- und Dreiseithöfe, von denen wohl noch drei in nennenswertem Umfang bewirtschaftet werden. Das rote Bruchsteinmauerwerk sticht auf angenehme Weise hervor. Vor den Häusern trifft man noch auf den andernorts längst von 'exotischen' Koniferen verdrängten Nußbaum und andere Laubbäume, die zusammen mit gepflegten Hof- und Gartenflächen eine beschauliche und harmonisch Atmosphäre entstehen lassen. Im Ortskern sind mehrere Gebäude restauriert, der Kirchplatz wurde um 1980 neu gestaltet. Ein alter Wasserturm von 1904 aus Sandstein, teilweise schindelverkleidet und von einer zwiebelartigen Haube gekrönt, ist baulich hervorragend ins Ortsbild integriert. Von seinem überdimensionalen, kastig wirkenden, 'jüngeren Kollegen', einem modernen Beton-Wasserturm, läßt sich das freilich nicht behaupten. Mit Gasthof, Post, Bank und Lebensmittelladen scheint sich in dem peripheren Ort gerade noch ein gewisse Basisinfrastruktur halten zu können, konzentriert sich doch die Grundversorgung zusehends im benachbarten Heltersberg bzw. im Unterzentrum Waldfischbach-Burgalben.
Mit Schmalenberg ist das Ausbreitungsgebiet der Pirmasenser Schuhindustrie erreicht, die im mittleren Pfälzerwald vor allem in den Kleinstädten Waldfischbach-Burgalben und Rodalben bedeutende Standorte entwickelte, aber auch in jedem Dorf mit zumindest einer Fabrikationsstätte vertreten war. Die seit den sechziger Jahren anhaltende Dauerkrise hat jedoch zur Schließung fast sämtlicher Betriebe in den Landgemeinden geführt, so auch in Schmalenberg, dessen Schuhfabrik 1984 ihre Produktion einstellen mußte.
(Lit.: SCHNEIDER 1971).

## HP 21   Eschkopf/Weißenberg

Vom Schmalenberg führt eine Höhenstraße zunächst durch die langgestreckte Flur, dann durch Laubhochwald nach Johanniskreuz, wo die B 48 erreicht wird. Über diese Bundesstraße läßt sich das Exkursionsgebiet sowohl nach Norden über Hochspeyer als auch nach Süden über das Wellbachtal (Wässerwiesen am Unterlauf) und die B 10 verlassen. Wählt man den Weg nach Süden, sollte einer der beiden zentralen Gipfel des Hohen Pfälzerwaldes aufgesucht werden, der Eschkopf (21a) oder der Weißenberg (21b). Beide Gipfel überragen ihre Umgebung um 50 bis 100 Meter, krönen den Oberen Hauptbuntsandstein ($s_{m3}$) und wurden mit Aussichtstürmen ausgestattet. Den Eschkopf, dessen Name von der in den Wäldern betriebenen Pottaschegewinnung herrührt, erreicht man von der bis auf 550 m Höhe ansteigenden B 48 in kurzem Anstieg durch stattlichen Eichen- und Buchenhochwald, doch läßt der 1902 erbaute Ludwigsturm wegen geringer Höhe (oder besser: zu hoher Bäume, von denen einige gefällt werden müßten) nur noch ein Blickfeld in westlicher und nordwestlicher Richtung zu. Demgegenüber ragt der 1909 entstandene Luitpoldturm auf dem Weißenberg höher auf, ist insgesamt stattlicher und läßt uneingeschränkte Rundumsichten zu. Allerdings ist er von Norden nur über eine schmale Waldstraße (Geschwindigkeitsbeschränkung), die von der L 496 nach Leimen abzweigt, zu erreichen.

Von beiden Gipfeln erschließt sich dem Betrachter sowohl die Weite und Geschlossenheit der Bewaldung als auch der Flächencharakter des Gebirges, das durch einzelne Stufen und Auslieger differenziert wird. Militäreinrichtungen auf benachbarten Gipfeln symbolisieren die schwere Last, die dieses siedlungsarme Buntsandsteingebirge und seine Bewohner zu tragen haben. Dem Weißenberg zu Füßen liegt die kleine Rodungsinsel des Weilers Hermersbergerhof, Standort einer Fachklinik für Alkoholkranke. Außer zwei Ausflugsgaststätten befinden sich am Ort auch eine Rodelbahn und ein Skilift, die zwar oft vergeblich auf reichlich Schnee warten, aber dennoch die Höhenlage (550 m) dieser höchstgelegenen Siedlung der Pfalz unterstreichen.

# IV. Karten und Literatur

Großformatige Naturparkkarten 1:25000 (Zusammendrucke aus dem amtlichen Kartenwerk der Topographischen Karte (TK) 1:25000), Landesvermessungsamt Koblenz, Blätter: Kaiserslautern-Süd; Leininger Land, Stumpfwald; Lambrecht, Elmstein; Neustadt/W., Maikammer, ...; Rodalben, Waldfischbach u. Umgebung

Topographische Karte (TK) 1:50000, Blätter: L 6512 Kaiserslautern, L 6514 Bad Dürkheim, L 6710 Pirmasens-Nord, L 6712 Annweiler, L 6714 Neustadt a.d.W.

Topographische Karte (TK) 1:100000, Blätter: C 6710 Kaiserslautern, C 6714 Mannheim

Übersichtskarten: Topographische Übersichtskarte (TÜK) 1:200000 CC 7110 Mannheim; Deutsche Generalkarte 1:200000, Blatt 18; Carte Michelin 1:200, Blatt 57

ATZBACH, O. (1970): Geologische Übersichtskarte der Pfalz. In: Pfalzatlas, Karte Nr. 57, Textband H. 15, S. 545-552, Speyer

BAYERL, G. u. K. PICHOL (1986): Papier. Produkt aus Lumpen, Holz und Wasser. Reinbek (Sonderausgabe 250 Jahre Papierherstellung in Hardenburg mit einer Chronik der Papierfabrik Schleipen GmbH)

BECKER, A. (1961): Die Pfalz und die Pfälzer.- bearb. v. O. Bischoff, Neustadt (Original-ausgabe von 1858)

BENDER, R.J. (1987): Die Landwirtschaft in Vergangenheit und Gegenwart. In: Der Pfäl-zerwald. Porträt einer Landschaft, Landau, S. 183-194

CLOER, B. u. U. KAISER-CLOER (1984): Eisengewinnung und Eisenverarbeitung in der Pfalz im 18. und 19. Jahrhundert. Mannheimer Geographische Arbeiten H. 18

DEUTSCHER WETTERDIENST (1957): Klima-Atlas von Rheinland-Pfalz. Bad Kissingen

EBERLE, I. (1976): Der Pfälzer Wald als Erholungsgebiet unter besonderer Berücksichti-gung des Naherholungsverkehrs. Arbeiten aus dem Geographischen Institut der Universität des Saarlandes Bd. 22

EBERLE, I. (1976a): Die Bedeutung kleinerer Mittelgebirgstäler für den Naherholungs-verkehr - mit Beispielen aus Hessen und Rheinland-Pfalz. In: Berichte zur deutschen Landeskunde Bd. 50, S. 153-174

EBERLE, I. (1987): Erholungsraum Pfälzerwald. In: Der Pfälzerwald. Porträt einer Land-schaft, Landau, S. 215-228

EHRGOTT, H. (1981): Die Furnier-Eichen und ihre waldbauliche Behandlung im Inne-ren Pfälzerwald. In: Pfälzische Landeskunde, Bd. 2, Landau, S. 339-351

FABER, K.-G. (1959): Das Landschaftsbild des Pfälzerwaldes und seiner Randgebiete. In: Berichte zur deutschen Landeskunde Bd. 22, S. 161-177

FIEDEL, K.H. (1968): Die Wiesenbewässerung im Saarland und in der Pfalz. Diss. Saar-brücken

GEIGER, M.; PREUSS, G. u. K.-H. ROTHENBERGER (Hrsg.) (1981): Pfälzische Landes-kunde. 3 Bde., Landau

GEIGER, M.; PREUSS, G. u. K.-H. ROTHENBERGER (Hrsg.) (1987): Der Pfälzerwald. Porträt einer Landschaft. Landau

GRABER, R. (1979): Die Wochenendhaussiedlungen in Carlsberg/Pfalz. In: Mannhei-mer Geographische Arbeiten H. 2, S. 139-164

HÄBERLE, D. (1911): Der Pfälzerwald.- Sonderabdruck aus dem Wanderbüchlein des Pfälzerwald-Vereins 1911, Kaiserslautern

HÄBERLE, D. (1913): Der Pfälzerwald.- Die Rheinlande in naturwissenschaftlichen und geographischen Einzeldarstellungen, Nr. 3, Braunschweig/Berlin

HÄBERLE, D. (1928): Berg und Tal im Pfälzerwald. In: Wanderbuch des Pfälzerwald-Vereins von 1928, S. 177-171

HAILER, N. (1971): Die natürlichen Vegetationsgebiete. In: Pfalzatlas, Karte Nr. 65, Textband H. 17, Speyer, S. 638-644

JANSON, K. (1987): Die Holzwirtschaft. In: Der Pfälzerwald. Porträt einer Landschaft, Landau, S. 195-206

KAISER-CLOER, U. (1987): Eisengewinnung und Eisenverarbeitung in früherer Zeit. In: Der Pfälzerwald. Porträt einer Landschaft, Landau, S. 229-238

KALLER, G. (1975): Wallonische und niederländische Exulantensiedlungen in der Pfalz im 16. Jahrhundert. In: Oberrheinische Studien, Bd. III, Karlsruhe, S. 327-351

KEDDIGKEIT, J. (1987): Der Pfälzerwald als historisch-politischer Raum. In: Der Pfälzerwald. Porträt einer Landschaft, Landau, S. 63-92

KUCKUCKS-BÄHNEL (1984): Festschrift zur Wiederinbetriebnahme der Bahnstrecke Neustadt - Lambrecht - Elmstein als Museumsbahn. Lambrecht

KÜNKELE, Th. (1954): Der Pfälzerwald. In: Geographische Rundschau, 6. Jg., S. 166-169

LEHMANN, J.G. (1857): Wegweiser durch die Pfalz oder kurze Anweisung für Fremde und Einheimische, die merkwürdigsten Stellen des bayerischen Pfalzkreises auf die angenehmste und genußreichste Art zu bereisen, o.O.

LIEDTKE, H. (1968): Die geomorphologische Entwicklung der Oberflächenformen des Pfälzer Waldes und seiner Randgebiete. Arbeiten aus dem Geographischen Institut der Universität des Saarlandes, Sonderband 1

MERTEL, D. (1979): Wüstungen im Pfälzerwald. Das Beispiel Stüterhof. In: Mannheimer Geographische Arbeiten H. 2, S. 85-115

PAUL, R. (1987): Von alten Berufen im Pfälzerwald. In: Der Pfälzerwald. Porträt einer Landschaft, Landau, S. 239-252

PEMÖLLER, A. (1969): Die naturräumlichen Einheiten auf Blatt 160 Landau i.d.Pfalz. Geographische Landesaufnahme 1:200000, Naturräumliche Gliederung Deutschlands, Bad Godesberg

REH, K. (1970): Der Eiswoog bei Ramsen. In: Luftbildatlas Rheinland-Pfalz, S. 160-161, Neumünster

REH, K. (1972): Der Pfälzer Wald und seine forstwirtschaftliche Nutzung. In: Geographische Rundschau, Jg. 24, S. 169-177

REH, K. (1981): Der Pfälzerwald - eine Einführung in Landschaft und Namengebung. In: Pfälzische Landeskunde, Bd. 1, Landau, S. 379-387

SCHMIDT, K.L. (1970): Agrargeographie der Sickinger Höhe und des Holzlandes. Beiträge zur Landespflege in Rheinland-Pfalz, Beiheft 2, Kaiserslautern

SCHMIDT, K.L. (1972): Hausierergemeinde Carlsberg. In: Neuer Luftbildatlas Rheinland-Pfalz, Neumünster, S. 130-131

SCHNEIDER, H. (1971): Das Baugesicht in sechs Dörfern der Pfalz. Marburger Geographische Schriften H. 49

SCHWENDER, J. (1965): Carlsberg. Beiträge zur Entstehungs- und Entwicklungsgeschichte der Gemeinde Carlsberg. Frankenthal

SPUHLER, L. (1957): Einführung in die Geologie der Pfalz. Speyer

STEIN, G. (1982): Burgruine Hardenburg. Landesamt f. Denkmalpflege, Führungsheft 3, Mainz

WEBER, R. (1975): Die Flößerei (Trift) auf dem Speyerbach. In: Neustadt a.d.W., Beiträge zur Geschichte einer pfälzischen Stadt, Neustadt, S. 637-650

WEINTZ, H. (1926, [2]1963): Elmstein im Naturpark Pfälzerwald und seine Umgebung

WÜNSCHEL, H.-J. (1987): Der Pfälzerwald. Porträt einer Landschaft, Landau, S. 93-100

Gute landeskundliche Informationen enthalten der Kompass-Wanderführer 'Großer Pfalz-Führer' (Stuttgart 1981) sowie W. EITELMANN ([3]1986): Rittersteine im Pfälzerwald. Gedenksteine und Inschriften. Eine steinerne Geschichtsschreibung. Neustadt

## VI. Hinweise auf Öffnungszeiten und Kontaktpersonen

1. Burgruine Hardenburg: Öffnungszeiten: April-September 9-12.30, 14-17.30, Oktober-März 9-12.30, 14-16.30; geschlossen im Dezember und an jedem ersten Werktag der Woche

2. Museumseisenbahn Lambrecht-Elmstein »Kuckucks-Bähnel«: Verkehrt von Mai bis Anfang Oktober an jedem 2. Sonntag und an zusätzlichen Verkehrstagen drei Mal in jeder Richtung und hält zusätzlich in Frankeneck, Erfenstein, Breitenstein und Helmbach. Der jeweils genaue Fahrplan kann dem amtlichen Kursbuch der Deutschen Bundesbahn entnommen werden (Strecke 669).

3. Brunnenstollen in Trippstadt: Führungen sind auf Anfrage während des Sommerhalbjahres in kleinen Gruppen möglich. Zuständig: Verkehrsamt Trippstadt, Leiter: Herr Karl Heinz Neudecker, Tel.: 06306/341

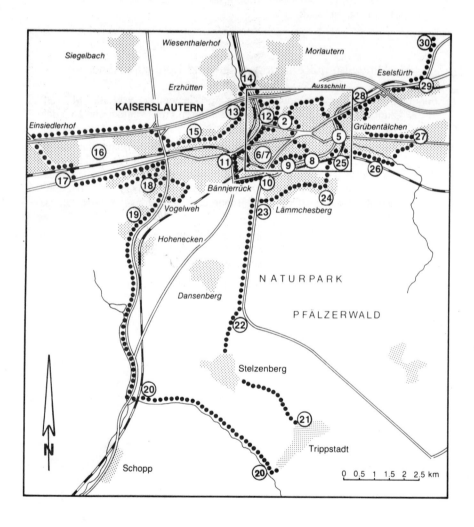

# KAISERSLAUTERN UND SEIN UMLAND

## Großstadt am Rande des Pfälzerwaldes

von

Kurt Reh

## I. Haltepunkte

## II. Der Raum Kaiserslautern und seine Probleme

Kaiserslautern, das ziemlich genau in der Mitte der westlichen Pfalz liegt und fast gleiche Entfernung von einer Autostunde zu den nächstgelegenen Verdichtungsräumen des Saarlandes, Rhein-Main-Gebietes und Rhein-Neckar-Raumes aufweist, hat sich am östlichen Ende der Westricher Niederung dort entwickelt, wo im Bereich des Lauterer Beckens der alte, vom Saar-Mosel-Raum herkommende Fernverkehrsweg sich in mehrere Äste aufgliederte, um über die nach Osten anschließende Paßregion im nördlichen Pfälzerwald zum Oberrheingebiet weiterzuführen.

Auf trockenen Felsplatten, die nur wenig über einer versumpften Niederung aufragen, entstanden im frühen Mittelalter Burg und fränkischer Königshof, neben den Resten der Burg später eine Kaiserpfalz Barbarossas. An die ältesten Siedlungskerne der Stadt - Burgfelsen und Altenhof - gliederten sich die ersten Siedlungen an. Von der Kaiserpfalz erstreckte sich ostwärts der Rittersberg mit den Wohnungen der Burgmannen und Ministerialen, vom Altenhof aus wuchs die eigentliche Stadt entlang der Marktstraße und dem Kloster mit der Pfarrkirche und einem Hospital bis zur Lauterfurt und von hier weiter in die damalige Oberstadt hinein mit Steinstraße, Franziskanerkloster (Martinskirche) und dem Gautor, der Ausgangspforte nach Mainz, Worms und Neustadt. In der Unterstadt gelangte die Hauptstraße durch das Fackeltor hinaus auf den alten Geleitweg, der in den Westrich und nach Metz führte. - Etwas später entstand die sogenannte Kerstvorstadt mit dem Kersttor.

Die im Jahre 1276 von Rudolf von Habsburg mit Speyerer Stadtrecht ausgestattete Freie Reichsstadt fiel bereits 100 Jahre später an die Kurpfalz, in deren Verband ihr zunächst nur die Funktion einer Amtsstadt, später auch einer Oberamtsstadt verblieb. Von ihren frühen Bauwerken sind nach dem Kroatensturm (1635) im Dreißigjährigen Krieg nur die hochgotische Stiftskirche, eine der frühesten und größten Hallenkirchen Südwestdeutschlands, und die Martinskirche, eine um 1300 errichtete ehemalige Klosterkirche der Minoriten, erhalten geblieben. - Ein freigelegter Rest des vom Pfalzgrafen Johann Casimir im 16. Jahrhundert neben den Ruinen der ehemaligen Kaiserpfalz errichteten Schlosses ist 1936 zum Saale ausgebaut worden, der heute als 'gute Stube' der Stadt bei Empfängen genutzt wird. Nach Schleifung der Stadtbefestigung zu Beginn des 19. Jahrhunderts setzte mit den Anfängen der Industrialisierung in dem kleinen Landstädtchen, in dem damals nur knapp 3 000 Einwohner lebten, eine Siedlungserweiterung vornehmlich in zwei Richtungen ein. Vom Gautor und Mainzer Tor aus begann in östlicher Richtung entlang der Mannheimer Straße, wenig später vom Fackelrondell aus nach Westen die Bebauung der Mühlstraße und Pariser Straße sowie des dazwischen gelegenen Arbeiterwohnviertels Kotten. Nach der Jahrhundertmitte kam es dann, ausgelöst durch die Eröffnung der Eisenbahnlinie Bexbach - Rheinschanze, dem heutigen Ludwigshafen, zu einer Siedlungserweiterung in südlicher Richtung entlang der neu entstehenden Eisenbahnstraße. Die damals einsetzende wirtschaftliche Aufwärtsentwicklung führte zu einem raschen Bevölkerungsanstieg in der Stadt (1830: 7000 Ew - 1860: 11700 Ew - 1880: 26000 Ew - 1900: 48000 Ew). Die nach 1870/71 aufblühende Industrie bezog ihre Standorte draußen an der in einem weiten Halbkreis um die Stadt herumführenden Bahnlinie. Die dazwischen gelegene Niederung mit ihren Wögen und Gebrüchen wurde nach und nach durch Kanalisation entwässert, aufgefüllt und mit Wohn- und Geschäftshäusern bebaut. Die letzten tiefgelegenen Gartengrundstücke innerhalb des Eisenbahnrings sind erst nach dem letzten Krieg der Bebauung gewichen. Das Gelände des heutigen Messeplatzes wurde damals mit dem Trümmerschutt der im Krieg zu zwei Dritteln zerstörten Stadt aufgefüllt. Seit 1930 hat sich Kaiserslautern nach Osten und Westen über seinen Eisenbahnring hinaus entwickelt und nach und nach auch die bewaldeten Randhöhen, auf denen heute die bevorzugten Wohngebiete liegen, in die Bebauung einbezogen. So ist noch vor dem Krieg der Lämmchesberg mit

seinen Einzelhäusern bebaut worden, während man nach 1950 auf dem Bännjerrück
- bedingt durch die damls einsetzende Bevölkerungszunahme (1950: 63000 Ew - 1960:
86000 Ew) - eine Durchmischung mit Reihenhäusern, Wohnblöcken und sogar einigen
Hochhäusern vorgenommen hat. Gegen Ende der sechziger Jahre kam es dann auf dem
Betzenberg zu einer weiteren baulichen Verdichtung; neben den Einfamilienhäusern im
Randbezirk entstanden zahlreiche große Wohnanlagen, im Zentrum des modernen
Wohngebietes außerdem mehrere Hochhäuser. Mit den damals eingemeindeten Dörfern der näheren Umgebung (Morlautern, Erlenbach, Erfenbach, Siegelbach, Hohenecken, Dansenberg, Mölschbach) hat Kaiserslautern die Bevölkerungszahl einer Groß-
stadt erreicht, zumal gleichzeitig von der Ansiedlung eines Opel-Zweigwerks und der
Gründung der Universität zusätzliche Wachstumsimpulse ausgingen. Zum Aufbau des
Universitätsviertels wie auch zur Anlage eines Industrie- und Gewerbegebietes hat seinerzeit die am Rande des Pfälzerwaldes gelegene Stadt weitere große Teile ihres Naherholungswaldes opfern müssen.

Mit der Möglichkeit, räumlich beengte Unternehmen aus der Innenstadt in das neue gewerbliche Baugebiet auf dem Fischerrück auszulagern, ergab sich die Möglichkeit, die
sogenannte Altstadt, bei der es sich nicht - wie diese Bezeichnung vermuten lassen
könnte - um den ältesten Siedlungskern der Stadt, sondern um die ehemalige Oberstadt
mit ihrem vernachlässigten Baubestand handelte, zu sanieren, und zwar in vereinzelter
Objekt- und überwiegender Flächensanierung. Sie hat dabei mit ihren neu entstandenen modernen Wohnanlagen in erster Linie als Wohnbereich an Attraktivität gewonnen, die Steinstraße als ihre Hauptachse ist durch die Einrichtung als Fußgängerstraße
andererseits auch zum Standort zahlreicher kleiner Spezialgeschäfte und Gastronomie-
betriebe geworden und hat mit dem Theodor-Zink-Museum, dem Kaiserbrunnen und
dem schön gestalteten Martinsplatz sehr an Anziehungskraft gewonnen. In dem sich
westwärts anschließenden Bereich zwischen dem Rathaus, das mit seinen 22 Stockwerken in den sechziger Jahren auf dem Gelände der ehemaligen Kaiserpfalz errichtet worden ist, und der Fruchthalle, dem mittlerweile zu klein gewordenen Fest- und Konzertsaal der Stadt, wird außerdem in den nächsten Jahren ein modernes Kulturzentrum entstehen, das in einer Ensemble-Lösung neben einem Neubau für das Pfalztheater auch
einen größeren Konzertsaal bekommen soll, womit sich die bisher schon vorhandene
kulturelle Monopolstellung Kaiserslauterns in der westpfälzischen Region noch weiter
festigen wird.

Die Kasernen im Osten der Stadt, die großenteils erst kurz vor dem letzten Krieg mit
dem erneuten Aufbau einer Garnison in Kaiserslautern entstanden sind, ließen die Stadt
nach 1945 zum Standort einer französischen und nach 1950 auch einer amerikanischen Garnison werden. Der anschließend vorgenommene Ausbau der Militärbasen im
Großraum Kaiserslautern führte zu einer Flächenbeanspruchung von insgesamt 18000
Hektar, was allenthalben unübersehbare Spuren hinterlassen hat. Die auffallendsten
Beispiele sind neben den in der Nachbarschaft der Stadt entstandenen großen Flugplät-
zen in Ramstein und Sembach und den ihnen unmittelbar angegliederten Wohnsiedlungen, die Trabantenstadt Vogelweh, in der etwa 10000 Amerikaner leben, das größte
europäische Nato-Waffendepot im Osten der Stadt, in der weiteren Umgebung das
1000-Betten-Hospital auf dem Kirchberg bei Landstuhl sowie die auf einer Fläche von
zusammen 2000 Hektar angelegten amerikanischen Waffen- und Munitionslager in der
Westricher Niederung bei Weilersbach und Miesau.Mit der militärischen Raumbean-
spruchung sind zahlreiche ökologische Probleme verbunden. So steuern z.B. die ameri-

kanischen Streitkräfte zu dem in Stadt und Landkreis anfallenden Müll, der jährlich eine Menge von rund 500 000 Kubikmetern ausmacht und der zentral im Kapiteltal, einem nordöstlich von Kaiserslautern gelegenen Trockental abgelagert wird, einen großen Teil bei, wobei der im militärischen Bereich entstehende Abfall - ähnlich dem der Industrie - einen erhöhten Anteil schwer abbaubarer und toxischer Stoffe aufweist, was dazu führt, daß das im Einzugsbereich dieser Deponie vorkommende Grundwasser auf Dauer jeglicher Nutzung entzogen bleiben muß. Eine weit größere Gefährdung der wertvollen Wasserreserven in der Westricher Niederung geht jedoch von den militärischen Anlagen selbst aus, die sich allenthalben über dem Grundwasser befinden und zwar in den wasserhöffigsten Gebieten der Westpfalz. Aus diesem Grunde mußte das Wasserwirtschaftsamt Kaiserslautern auf ein ergiebiges Wasserschutzgebiet im westlichen Teil der Niederung verzichten, weil seine engere Schutzzone in das Munitionslager Miesau hineingereicht hätte. Ähnliche Nutzungskonkurrenzen bestehen auch für das sehr wasserhöffige Schutzgebiet bei Rodenbach durch das Munitionsdepot Weilerbach sowie im Wasserschutzgebiet bei den Enkenbacher Schwarzweihern, die einer Bedrohung durch den Flugplatz Sembach ausgesetzt sind. Die Nähe des großen Ramsteiner Nato-Flughafens verursacht außerdem eine sehr große Lärmbelastung insbesondere im Raum Ramstein-Landstuhl bei den Starts der düsengetriebenen Flugzeuge und im Bereich der nördlichen Stadtteile Kaiserslauterns bei ihren Landeanflügen, weil hier die Einflugschneise verläuft.

Die mit schwerwiegenden Eingriffen in die westpfälzische Landschaft verbundenen ökologischen Belastungen versucht man zu mildern durch ein hohes Maß an landespflegerischen Aktivitäten, durch die große Anzahl und den Umfang der ausgewiesenen und geplanten Natur- und Landschaftsschutzgebiete im Raum Kaiserslautern. Außer dem 'Naturpark Pfälzerwald', der das gesamte Waldgebiet südlich und östlich der Stadt mit einschließt, sind als weitere Landschaftsschutzgebiete von der Stadt selbst das Eselsbach- und das obere Hammerbachtal unter Schutz gestellt worden.

Insgesamt hat die Entwicklung in der Nachkriegszeit Kaiserslautern zum Oberzentrum der Region Westpfalz werden lassen, mit der sie - bei einer eigenen Einwohnerzahl von 104 000 (1988) - einen Verflechtungsbereich von 520 000 Personen darstellt. Der Anteil der hier lebenden Gastarbeiter und ihrer Familien - vorwiegend Portugiesen, Jugoslawen, Türken und Italiener - beträgt seit den siebziger Jahren gleichbleibend etwa 7 Prozent. Die schätzungsweise 60 000 amerikanischen Militärpersonen und ihre Angehörigen, die in der Region leben und für die keine Meldepflicht besteht, sind in dieser Statistik nicht miterfaßt, gleichwohl müssen sie als raumwirksamer Bevölkerungsanteil beachtet werden.

Seine zentralörtlichen Funktionen übt Kaiserslautern, der dominante Arbeitsort und Wachstumspol der Region, augenfällig mit den rund 60 000 Arbeitsplätzen aus, die zu mehr als einem Drittel für nicht in der Stadt wohnende Arbeitskräfte bereitgestellt werden und die dazu führen, daß fast der gesamte Pendlerstrom des näheren Umlandes hier aufgefangen wird. Obwohl in seiner Wirtschaft der Anteil des Produzierenden Gewerbes im Verlauf der siebziger Jahre immer weiter zugunsten des Tertiären Sektors gesunken ist und beide nunmehr im Verhältnis 40:60 zueinander stehen, ist hier immer noch ein Viertel der Erwerbsbevölkerung in der Industrie beschäftigt. Deren Branchen-Spektrum ist zwar weitgefächert und reicht über Maschinen- und Fahrzeugbau, Gießerei, Eisen- und Stahlverarbeitung, Elektrotechnik, Textil-, Keramik- und Getränkeindustrie bis hin zur Chemiefaserherstellung, von der Arbeitsplatzverteilung her gesehen, muß jedoch festgestellt werden, daß sich nach Schließung einer großen Kammgarnspinnerei (1981) eine in Kaiserslautern schon immer durch Metallverarbeitung geprägte Monostruktur noch weiter verstärkt hat. Die größten und umsatzstärksten Betriebe dieser Art sind Opel-Fahrzeugteilebau, Pfaff-Nähmaschinenfabrik, Göppner-Eisenwerke, Pfeiffer-Maschinenbau sowie das Guß- und Armaturwerk; sie bieten zusammen über 12 000 Arbeitsplätze an. Im neuen Industriegebiet haben sich allerdings - außer Opel - in den letzten Jahren einige weitere renommierte Betriebe anderer Industriezweige angesiedelt, wie beispielsweise Lutravil (Spinnvlieserzeugung), Corning (Karamikträger für Katalysatoren) und Keiper-Recaro (Bau von Fahrzeugsitzen), die in den nächsten Jahren eine Expansion im Umsatz und Arbeitsplatzangebot erwarten lassen. - Größter Arbeitgeber im Raum ist übrigens die US-Armee. Aus der militärischen Präsenz der Amerikaner und der Einrichtung des Nato-Stützpunktes ergibt sich in der gesamten Region Westpfalz das beachtliche Angebot von fast 10 000 Arbeitsplätzen für deutsche Zivilbedienstete, die meisten davon im Raum Kaiserslautern. Zu einem bedeutenden Wirtschaftsfaktor in der Stadt hat sich in den letzten Jahren auch die 1970 gegründete Universität entwickelt, an der außer ihren 132 Professoren mittlerweile rund 1 200 Mitarbeiter tätig sind. Mit einer 'Kontaktstelle für Innovations- und Technologieberatung' und der Einrichtung eines Technologiezentrums im Gewerbgebiet Siegelbach versucht sie überdies - gestützt auf ihre verschiedenen wissenschaftlichen Erfahrungsbereiche und Forschungsssschwerpunkte, u.a. Biotechnologie, Materialwissenschaften, Mikroelektronik und Informationstechnik - vor allem kleine und mittlere Betriebe durch Technologietransfer zu beraten und zu fördern. Gleichwohl ist festzustellen, daß die Arbeitslosenquote im Arbeitsbezirk Kaiserslautern mit über 10 % (1988) weit höher liegt als im gesamten Land Rheinland-Pfalz (7 %).

Im Dienstleistungsbereich nimmt Kaiserslautern mit einer Reihe zentraler Einrichtungen eine Sonderstellung in der Region Westpfalz, zum Teil darüber hinaus in der ganzen Pfalz ein. Sie ist Sitz eines Schwerpunktkrankenhauses mit einer Abteilung für Herz- und Gefäßchirurgie und beherbergt zahlreiche Dienststellen höherer Verwaltungsstufe und zentraler Verbandsorgane (Bundesvermögensamt, Industrie- und Handelskammer Pfalz, Pfälzischer Baugewerbeverband, Fachverband Pfälzisches Kraftfahrzeuggewerbe u.a.). Die besondere Stellung der Stad im Bildungswesen ergibt sich v.a. aus ihrer Universität und einer großen Fachhochschule. Der Einzugsbereich der hier ansässigen Pfälzischen Meisterschule für Handwerker reicht ebenfalls über die Region der Pfalz hinaus. Weitere Institutionen des Pfälzischen Bezirksverbandes, eines auf Wurzeln aus napoleonischer Zeit zurückreichenden Lokalparlaments, sind außerdem das Pfalztheater, die Pfalzgalerie, die Pfalzbibliothek sowie das Institut für pfälzische Geschichte und Volkskunde.- Die 'Schulstadt' Kaiserslautern besitzt schließlich neben ihren sechs allgemeinbildenden Gymnasien eine große Integrierte Gesamtschule, zwei Realschulen, zwei große Berufsschulen und verschiedene Fachoberschulzweige, außerdem ist die Stadt Sitz von Studienseminaren für alle Schultypen. Eine Zentralität eigener Art ist auf kulturellem Gebiet ferner mit der Einrichtung eines großen Südwestfunk-Studios gegeben, an dem auch das Große SWF-Unterhaltungsorchester beheimatet ist.

Im Handelswesen ist Kaiserslautern in der Nachkriegszeit zum zentralen Einkaufsort nahezu der gesamten westlichen Pfalz geworden. Dabei haben sich die Hauptgeschäftsstraßen der Innenstadt, v.a. die Fackel-, Riesen-, Kerst- und Markstraße mehr und mehr city-artig entwickelt, insbesondere nach ihrer Umwandlung in einen Fußgängerbereich. Im Geschäftsviertel der Stadt dominieren neben zwei großen Kaufhäusern die Bekleidungs- und Schuhgeschäfte sowie Modeboutiquen. Geschäfte mit hochwertigen Gebrauchsgütern sind immer noch unterrepräsentiert; in diesem Einkaufsbereich ist die Westpfalz zum Teil auf Saarbrücken und Mannheim hin orientiert. Von großer Bedeutung sind andererseits für die ganze Region die großen Einkaufszentren, die im Sog eines großen Massa-Marktes auf dem im Westen der Stadt in Autobahnnähe erschlossenen Gewerbegebiet entstanden sind und sowohl durch ihr differenziertes Angebot wie auch ihre Parkmöglichkeiten attraktiv sind. Gleichwertige Unternehmen findet man erst wieder im Saarland und in der östlichen Pfalz.

## III. Exkursionsverlauf

**Übersichtsskizze Innenstadt**

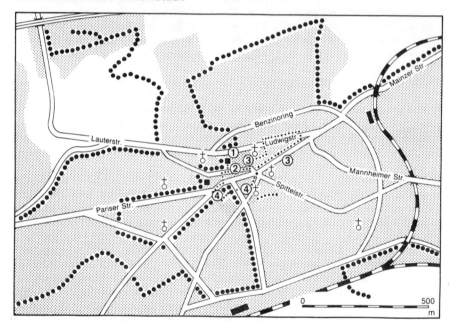

HP 1   Kaiserslautern und Umgebung im Überblick von der Rathausterrasse

Topographischer Aufbau des Lauterer Beckens und seiner Umgebung:
- Innenstadt mit Lauterniederung und Felskernen der Trifelsstufe des Mittleren Buntsandsteins,
- Schichtstufen des nördlichen Pfälzerwald-Randes mit der Rehbergstufe des Mittleren Buntsandsteins (Erbsenberg, Betzenberg, Bännjerrück) und der Karlstalstufe des Mittleren Buntsandsteins (Humberg, Dansenberg, Kirchberg),
- Umgebung: Nördlicher Pfälzerwaldrand, nach Osten hin als 'Paßregion' ausgebildet, Westricher Niederung, Pfälzer Bergland.

Siedlungsgenetische Gliederung der Innenstadt:
- Ausdehnung der mittelalterlichen Stadt
- Siedlungskerne Kaiserburg-Rittersberg und Altenhof
- Mittelalterliche Stadtteile Unterstadt, Oberstadt, Kerstvorstadt
- Erste Stadterweiterungen im 19. Jahrhundert ('Mannheimer Vorstadt', Arbeiterwohn-
  viertel Kotten, 'Eisenbahnvorstadt')
- Weitere Entwicklungsachsen (Altenwoogstraße, Königstraße)

Funktionale Gliederung der Innenstadt:
- Behördenviertel (Rathaus, Kreisverwaltung, Gerichte/ Gefängnis, Hauptzollamt)
- Schulviertel (Burggymnasium, Sonderschule, Rittersberggymnasium, Berufsschule
  Wirtschaft, Albert-Schweitzer-Gymnasium, Pfälz. Meisterschule)
- Geschäftsviertel der Innenstadt

Funktionale Gliederung der Außenbezirke:
- Eisenbahnring mit ältesten Industrieansiedlungen
- Gewerbegebiet Fischerrück und Industriegebiet Einsiedlerhof im Westen
- Universitätsviertel im Südwesten
- Kasernenviertel im Osten
- Wohnviertel auf südlichen Randhöfen (Lämmchesberg, Bännjerrück, Betzenberg)
- Schulzentrum Nord und Fachhochschule auf nördlichen Randhöhen

Hauptverkehrszüge im Stadtbereich:
- Eisenbahnlinien
- Ost-West-Achse, Nordtangente, Südtangente
- Querspangen im Osten und Westen (Donnersbergstraße, Berliner Straße)
- Ausfallstraßen/'Paßregionen'

## HP 2    Rathausplatz - Siedlungskern Kaiserburg

Das Gelände der ehemaligen Kaiserpfalz Barbarossas, einer der beiden ältesten Siedlungskerne der Stadt, wird heute vom Rathausplatz und seinen Gebäuden eingenommen, dem 1964/68 erbauten 84 m hohen Rathaus mit seinen 22 Stockwerken, in dem
rund 700 städtische Angestellte ihren Arbeitsplatz haben, und dem Gebäude des Pfalz-
grafen-Saales, eines 1936 wiederaufgebauten Teils des von Pfalzgraf Johann Casimir um
1569 auf Grundmauern der Kaiserpfalz-Ruine errichteten Renaissanceschlosses, das
1635 beim Kroatensturm zusammen mit der mittelalterlichen Stadt niedergebrannt worden ist. An der Ostseite des Gebäudes steht die Trifelsstufe des Mittleren Buntsandsteins
an, die allenthalben im Lauterer Becken die flachen Felskerne über der Niederung bildet. An der Westseite des Gebäudes sind Ruinenreste der ehemaligen Kaiserpfalz zu
sehen.
Die Palastanlage, die Friedrich I. Barbarossa im Zuge des staufischen Landesausbaues
hier im ehemaligen salischen Kernland zwischen 1152 und 1158 errichten ließ, wurde
in zeitgenössischen Berichten wegen ihrer Größe und Pracht gefeiert. Unmittelbar südlich anschließend an das Gelände der ehemaligen Kaiserburg - wie die Kaiserpfalz Barbarossas in Kaiserslautern genannt wird - verläuft dort, wo früher die Lauter geflossen
ist, die heutige Burgstraße als ein Zweig der verkehrsreichen Ost-West-Verkehrsachse
der Innenstadt. An ihr erkennt man rings um den Rathausplatz neben dem nüchternen
Bau des Pfalztheaters das Burggymnasium, das größte Gymnasium der Stadt, und die

Fruchthalle, ein 1843/46 im florentinischen Palazzo-Stil errichteter Saalbau mit dem mittlerweile zu klein gewordenen Fest- und Konzertsaal der Stadt. Sein Untergeschoß war urprünglich zur Abhaltung des Getreide(Frucht-)marktes vorgesehen. Während der badisch-pfälzischen Revolution im Jahre 1849 war die Fruchthalle, die damals den größten Versammlungssaal der Pfalz aufzuweisen hatte, für kurze Zeit Sitz der 'provisorischen Regierung der Pfalz'.

## HP 3 Sanierungsgebiete 'Rittersberg' und 'Altstadt'

(Begehung auf folgender Route: Rathausplatz - Burgstraße - Martin-Luther-Straße - Rittersberg - Seminargasse - Salzstraße - Ludwigstraße - Mainzer Tor-Platz - Steinstraße - Martinsplatz)

Auf dem durch Abriß ehemaliger Wohnhäuser teilweise bereits freigelegten Gelände des westlichen Rittersbergviertels, das bei der zentralen Omnibus-Haltestelle an der Fruchthalle jetzt noch als Parkplatz genutzt wird, soll in den nächsten Jahren ein großes Kulturzentrum mit Theatergebäude und Konzertsaal errichtet werden. Für das Projekt sind Baukosten in Höhe von 86 Mio. DM veranschlagt, an denen sich das Land Rheinland-Pfalz zur Hälfte und der Bezirksverband Pfalz wegen seiner Mitträgerschaft beim Pfalztheater mit 25 % beteiligen wird. Um dieses Kulturzentrum zusammen mit dem Rathaus besser an die City anzubinden, sieht das innerstädtische Verkehrskonzept der Stadt vor, die Ost-West-Achse im Bereich der Fruchthalle zu schließen und ihren Verkehr nördlich um diesen Rittersberg-Komplex herumzulenken. Auf diese Weise möchte man eine Boulevard-Zone zwischen Fackelrondell und Fruchthalle schaffen.
Die Martin-Luther-Straße gibt über die Ludwigstraße hinweg den Durchblick frei in das Schul- und Museumsviertel, in dem sich der auf der Anhöhe querstehende Bau der Pfalzgalerie besonders hervorhebt. In der Seminargasse ist neben dem Rittersberggymnasium - das am Platz des früheren Pfälzischen Lehrerseminars (gegr. 1818) steht - als erste Maßnahme der 'Altstadtsanierung' bereits in den siebziger Jahren ein großer Parkhauskomplex mit mehreren Geschäften errichtet worden. Auf der benachbarten Freifläche, die durch den Abriß der 'Alten Eintracht' entstanden ist, wird neben der Lutherkirche ein neues evangelisches Gemeindezentrum aufgebaut werden. Am Nordrand des Sanierungsgebietes verläuft im Zuge des mittelalterlichen nördlichen Stadtgrabens die Ludwigstraße, deren nördliche Bauzeile bereits großenteils niedergelegt und durch einen Lärmschutzwall ersetzt worden ist. Die Ludwigstraße leitet als stark befahrener Abschnitt der Nordtangente den Durchgangsverkehr der B 40 (Mainz-Saarbrücken) um die Innenstadt herum, durchschneidet dabei jedoch das Schul- und Behördenviertel in diesem Bereich. Sie soll in absehbarer Zeit vierspurig ausgebaut werden.
Am Platz vor dem ehemaligen Mainzer Tor ist mit dem 1987 von Prof. Gernot Rumpf geschaffenen Kaiserbrunnen, der in diesem gelungenen Werk die Geschichte der Stadt sich widerspiegeln läßt, ein vielbesuchter, attraktiver Zugang in das sanierte und als Fußgängerzone eingerichtete Altstadtviertel entstanden. Nahe dabei steht der durch anerkennenswerte Objektsanierung gerettete Wadgasser Hof, der ehemalige Wirtschaftshof des Klosters Wadgassen an der Saar, dem schon im Jahre 1216 Kaiser Friedrich II. die Zollfreiheit im 'Patrimonium lutra' bestätigt hat. Auf der gegenüberliegenden Straßenseite ist das frühere 'Haus Rheinkreis', das an dieser Stelle als Gasthaus gestanden hat, restauriert und als Theodor-Zink-Museum mit dem Kommunikationszentrum der 'Scheune' ausgebaut worden. In den Räumen dieses Volkskundemuseums, das wechselnde Ausstellungen durchführt, ist ein aufschlußreiches Modell zu besichtigen, das

den Aufbau des mittelalterlichen Kaiserslauterns in Anlehnung an die Stadtansicht Merians vom Jahre 1619 wiedergibt. Im Zentum des rund 17 Hektar umfassenden Sanierungsgebietes 'Altstadt' ist als größte Baumaßnahme am neu entstandenen Stockhausplatz nach Flächensanierung in einem umfangreichen Abschnitt nicht erhaltenswerter Bausubstanz eine Wohnanlage mit 66 Wohnungen, mehreren Geschäften und gastronomischen Betrieben sowie einer zweigeschoßigen Tiefgarage entstanden. Durch einige weitere Wohnhausbauten hat sich die Wohnbevölkerung in der ehemaligen Oberstadt mittlerweile von vorher 1 500 auf über 2 000 erhöht. Der zwischen die Neubauten eingeplante Stockhausplatz wird alljährlich im Sommer zum gut besuchten Mittelpunkt des Altstadtfestes, das die Bevölkerung hier im Fußgängerbereich der Steinstraße zusammenführt. Noch größere Anziehungskraft geht in der Altstadt vom Martinsplatz mit seiner anheimelnden Atmosphäre und seinen herausgeputzten Sehenswürdigkeiten aus. Es sind dies im einzelnen:

- Die um 1300 erbaute Martinskirche, eine ehemalige Konventskirche der Franziskaner, (älteste und größte der wenigen erhaltenen Bettelordenkirchen in der Pfalz)
- Die Statue des Heiligen Nepomuk aus dem 18. Jahrhundert, die jetzt vor der Kirche steht.
- Die aus dem 18. Jahrhundert stammenden traditionsreichen Häuser an der Westseite des Platzes, das Alte Stadthaus (Rathaus) und die Rettigschen Häuser (Steinstraße 7 und 9), wo im einstigen Hotel 'Zum Donnersberg' auch Napoleon mehrmals übernachtet hat.
- Die Spoliensäule, die Architekturteile - teilweise in Rekonstruktion - aus sechs Jahrhunderten Stadtgeschichte zeigt.

In der Klosterstraße ist - der Martinskirche benachbart - zwischen dem erhaltenswerten Häuserbestand das Edith-Stein-Haus eingefügt worden, ein modernes Gemeindezentrum der katholischen Gesamtkirchengemeinde.

## HP 4   Fußgängerbereich des Geschäftsviertels (City)

(Begehung auf folgender Route: Marktstraße - Stiftsplatz - Schillerstraße - Am Altenhof - Fakelstraße - Fackelrondell - Fruchthallstraße - Burgstraße - Rathausplatz)

Beim Gang durch das city-artig entwickelte Geschäftsviertel, das im Bereich der mittelalterlichen Unterstadt entstanden ist, nehmen folgende Objekte und Erscheinungen Aufmerksamkeit für sich in Anspruch:

Die *Stiftskirche*, eine ehemalige Prämonstratenserkirche, deren Chor um 1260 zu datieren ist; ihr dreischiffiges Langhaus wird als eine der frühesten Hallenkirchen des deutschen Südwestens der zweiten Hälfte des 13. Jahrhunderts zugeordnet. In der seit der Reformation evangelischen Pfarrkirche erinnert ein Denkmal an die Union der Reformierten und Lutheraner der Pfalz an diesem Ort im Jahre 1818.

Vor der Kirche der *ehemalige Marktplatz* der Stadt mit dem 'Schönen Marktbrunnen', den seit 1724 eine allegorische Plastik mit Reichsadler, Kurpfalzlöwe und den Wappen von Reich, Kurpfalz und Stadt zieren.

An die Stiftskirche angebaut, die unter Denkmalschutz stehende *Adler-Apotheke*, die in napoleonischer Zeit (1809), als Kaiserslautern von 1802-1815 zu Frankreich gehörte, vom damaligen Apotheker und 'Maire' der Stadt erbaut und mit dem Kaiseradler verziert worden ist.

Hinter der Kirche im Bereich des ehemaligen Stiftswoogs der *Stiftsplatz*, der heutige

Marktplatz und Standort einer Tiefgarage. In seinem Umkreis mehrere Banken und ein neues, durch Umbau des hier aufgegebenen Kaufhauses Wertheim entstandenes Geschäftszentrum mit Lebensmittelmarkt, Verkaufsläden, Büros und Arztpraxen.

In der Schillerstraße das um 1740 erbaute *Fachwerkhaus* der Weinstube 'Zum Spinnrädel' und an der Abzweigung der Glasergasse - am früheren Eingang in das kleine Judenviertel - ein renoviertes Fachwerkhaus von 1550.

Der *Schillerplatz* an der Stelle des ehemaligen Fruchtmarktes der Stadt ermöglicht den Durchblick zur Fruchthalle und dem daneben plazierten Kriegerdenkmal des ehemaligen 23er Infantrieregiments.

Die *Schneiderstraße*, die als wichtigste Nord-Süd-Verbindung zwischen Ost-West-Achse und dem südlichen Randbereich dient und dementsprechend nicht als Fußgängerstraße angelegt werden konnte.

Der *Altenhof*, der vermutlich älteste Siedlungskern der Stadt, auf dem der 882 erstmals erwähnte Königshof Lutra stand. Er ist heute Standort von Geschäften, Behörden und einer großen, expandierenden Sparkasse, die in naher Zukunft die Nordseite des Altenhofes mit Erweiterungsbauten umgestalten will.

Die *Fackelstraße*, die Hauptgeschäftsstraße der Stadt, läßt in ihrem Baubestand erkennen, daß bei dem hastigen Wiederaufbau des im Krieg total zerstörten Stadtkerns hier die vorhandenen Baulinien der ehemaligen Mittelstadt unveränderte Planvorgaben geblieben waren. Zahlreiche Fachgeschäfte, auch solche des gehobenen Bedarfs sind aneinandergereiht, zwischen dem Kaufhaus Hertie am Rieseneck - dem alten Zentrum der City - und dem Kaufhaus Karstadt, das mit dem Pfalztheater zusammen wie auf einer Insel zwischen den beiden hier getrennt verlaufenden Fahrbahnen im Bereich des früheren Verkehrssterns Fackelrondell liegt und nur über Fußgängertunnels und Rolltreppen zu erreichen ist. Gleichwohl hat Karstadt seine Umgebung, insbesondere die von hier ausgehende Mühlstraße als Teil des Geschäftsviertels, aufgewertet.

Das dem Kaufhaus benachbarte Pfalztheater ist seit den frühen fünfziger Jahren hier als Provisorium in einem ehemaligen großen Filmtheater untergebracht.

Zwischen Fruchthallstraße und Burgstraße auf einer Grünanlage zwischen beiden Fahrbahnen der Ost-West-Achse bei der mächtigen Stadtplatane der *Fackelbrunnen*, der beim Umbau des Fackelrondells hierher versetzt worden ist.

Am Rande des Rathausplatzes die staufischen Buckelquader von *Grundmauern der Kaiserpfalz*.


HP 5    Frühe Entwicklungsachsen der östlichen Innenstadt

Im Zusammenhang mit den Anfängen der Industrialisierung entwickelte sich im frühen 19. Jahrhundert als erste größere Erweiterung über die niedergelegten Stadtmauern hinaus vom Mainzer Tor und vom Gautor aus entlang der Mannheimer Chaussee das älteste Arbeiter-Wohnviertel der Stadt, dessen kleine einstöckige Häuschen z.T. den Krieg überstanden haben und heute noch in der Mannheimer Straße und der daneben gelegenen 'Krimm' zu sehen sind. Im südlich anschließenden Niederungsgelände entstand dann zu Anfang des 20. Jahrhunderts mit der Fischer- und Altenwoogstraße eine moderne Entwicklungsachse, die nach den Plänen von Stadtbaumeister Hussong in den zwanziger Jahren mit großzügigen Wohnanlagen (Wohnkomplex Fischerstraße und Grüner Block) bebaut wurden. Leider sind Hussongs ausgezeichnete Vorstellungen von städtebaulicher Ordnung und Gestaltung von seinen Nachfolgern nicht fortgesetzt worden.

## HP 6   Frühe Entwicklungsachsen der westlichen Innenstadt

Vom Fackelrondell aus, das am Platz des ehemaligen Fackeltores angelegt wurde, entstand nach 1830 entlang der Entwicklungsachse Pariser Straße das Arbeiterwohnviertel Kotten mit seinen regelmäßig angelegten, sich rechtwinklig kreuzenden schmalen Straßen und ursprünglich kleinen, eingeschoßigen Reihenhäusern. Benannt wurde es nach dem sogenannten Koden, dem Feldsiechenhaus, das im Mittelalter am Platze der erst 1901 in diesem Stadtteil errichteten evangelischen Apostelkirche stand. Nach Zerstörung großer Teile des Kotten in der Bombennacht vom 28. September 1944 hat man sehr bald in der Nachkriegszeit entlang früherer Baulinien in den schmalen Straßenzeilen mehrgeschoßige Häuser errichtet, was zu einer übermäßigen Verdichtung geführt hat. Bei der Einrichtung der Ost-West-Achse verhinderten finanzielle Gründe den Vollausbau im Bereich des östlichen Kotten. Sie dient in diesem Abschnitt als Geschäftsstraße zur Versorgung der westlichen Innenstadt mit Gütern des täglichen und mittelfristigen Bedarfs. Schon seit Jahren haben sich auch einige Lebensmittelläden etabliert, die in erster Linie auf die Bedürfnisse von Gastarbeiter-Familien ausgerichtet sind.

Vergleichbar der Siedlungserweiterung im Osten der Stadt, ist auch hier zunächst auf gutem Baugrund einer die Niederungsflächen überragenden flachen Felsplatte eine Vorstadt entstanden, bevor sich im südlich anschließenden ehemaligen Bruchgelände dann im 20. Jahrhundert eine zweite Siedlungsachse entwickelt hat. Ebenfalls vom Fackelrondell ausgehend wurden, entlang der Königstraße schon um die Jahrhundertwende größere, private Wohnhausbauten errichtet und in diese Achse hineingesetzt die große katholische Marienkirche innerhalb einer Platzanlage, die in unseren Tagen geopfert werden mußte, um Parkraum und v.a. Raum für einen Zweig der Ost-West-Achse zu gewinnen. In den zwanziger Jahren hat Hussong mit dem Ausbau der westlichen Königstraße diese Achse weitergeführt und hier - ähnlich wie mit seinen Entwürfen für die Fischer- und Altenwoogstraße - eine städtebaulich interessante Lösung verwirklicht. Unter den großen Wohnkomplexen ist besonders beachtenswert der sogenannte Rundbau, von dem der an der Universität lehrende Städtplaner SPEER (S. 151f.) schreibt. »Der im Geist der 'Zwanziger Jahre' entstandene Rundbau ... zeigt die auf menschliche Maßstäbe bezogene städtebauliche Einstellung. Platz und Stadtraum mit gärtnerischen Anlagen und Kinderspielbereichen bestimmen die Konzeption. Der Rundbau blieb leider eine städtebauliche Sonderform, die keine Nachfolge gefunden hat. Er enthält 164 Wohnungen und ist noch heute sehenswert.«

## HP 7   Der Krankenhauskomplex

Im Sektor zwischen den beiden Hauptentwicklungsachsen der westlichen Innenstadt ist schon im vorigen Jahrhundert auf einer für die damalige Zeit groß bemessenen Grundstücksfläche das Kreiskrankenhaus errichtet worden, so daß in der Folgezeit an diesem Standort mehrere moderne Erweiterungsbauten des heutigen Städtischen Krankenhauses möglich wurden, an einem mittlerweile ungünstigen Platz allerdings, unweit der Einflugschneise des Flughafens Ramstein mit ihrem störenden Lärm. Das modern eingerichtete Krankenhaus ist mit 900 Betten das drittgrößte des Landes Rheinland-Pfalz und als Schwerpunktkrankenhaus für Kardiologie und Onkologie u.a. mit einer Abteilung für Herz- und Gefäßchirurgie ausgestattet. Ein Neubau am Stadtrand auf dem Waldgelände südl. der Universität, den der Krankenhauszielplan des Landes vorsieht, wird aus finanziellen Gründen erst im nächsten Jahrhundert in Erwägung gezogen werden können.

## HP 8   Entwicklungsachse der südlichen Innenstadt/Problembereich Südtangente

Mit der Verbreiterung der ehemals schmalen Schneiderstraße hat man beim Wiederaufbau des zerstörten Stadtkerns nach dem Krieg eine Querverbindung von der Ost-West-Achse zur Eisenbahnstraße und damit zum Bahnhof und zu den südlichen Außenvierteln auf den Randhöhen geschaffen. In der Eisenbahnstraße, die seit dem Bahnbau nach 1850 als Haupterschließungsachse der 'Eisenbahnvorstadt' in Erscheinung getreten ist und als frühere Fußgängerverbindung zum Bahnhof sich vom Stadtkern her als Geschäftsstraße entwickelt hat, leidet heute nun in dieser Funktion unter ihrem hohen Verkehrsaufkommen. Ein PFAFF-Haus steht an jenem Ort, an dem die Produktion der heutigen Weltfirma im Jahre 1862 in einem Handwerksbetrieb der Innenstadt begonnen hat. Das nahegelegene Bekleidungskaufhaus von C&A, das auf ehemaligem Privatgelände der Familie Pfaff entstanden ist, hat sich für die Entwicklung der südlichen Eisenbahnstraße zur reinen Geschäftsstraße ebenso als Zugpferd erwiesen wie die hier neuerdings angesiedelten Lebensmittelmärkte.

Die Steigerung des Verkehrsaufkommens im Verlaufe der Nachkriegszeit macht auch im südlichen Stadtbereich die Einrichtung einer leistungsfähigen Ost-West-Verbindung erforderlich. Eine im Zuge der Barbarossastraße weiter östlich angelegte vierspurige Südtangente konnte bislang nicht fertiggestellt werden. Sie verengte sich von Osten her vor ihrer Kreuzung mit der Eisenbahnstraße und beim Übergang in die Logenstraße, weil hier die wertvolle Bausubstanz der aus Buntsandstein errichteten Gebäude (Polizeidirektion und nördliche Randbebauung der Logenstraße) aus denkmalpflegerischen Gründen einer Straßenverbreiterung durch Abriß entgegenstehen. Eine ins Auge gefaßte Lösung durch Untertunnelung des engeren Bahnhofbezirks scheiterte bisher an der Kostenfrage und die städtebaulich bessere Lösung mit der Südtangente südlich der Bahnlinie ist nach dem Krieg versäumt worden.

## HP 9   Der Stadtpark und seine Randbebauung

Mit der Ausweitung der Eisenbahnvorstadt nach Westen hin ist um 1880 entlang der Ausfallstraße nach Pirmasens ein Stadtpark als 'grüne Lunge' zwischen dem neuen Wohngebiet und dem Industriegelände im Südwesten der Stadt angelegt worden. Die Umrahmung des Parkes entwickelte sich damals zu einem attraktiven Wohnbezirk, der heute noch in seiner Randbebauung zahlreiche Beispiele von bildhauerisch bearbeitetem Sandstein-Mauerwerk aufzuweisen hat, z.B. bei der Villa Kröckel, die sich hier ein wohlhabender Steinbruchbesitzer errichten ließ oder bei der Villa Meilchen und einigen anderen Bürgerhäusern in der Parkstraße. An der Primasenser Straße ist in einer ehemaligen Gartenanlage, die der Industriellenfamilie Pfaff gehörte, im Jahre 1964 das Städtische Hallenbad eröffnet worden.

## HP 10   Industriestandort Pfaff/Guß- und Armaturwerk/Gaswerk

Die Nähmaschinenfabrik Pfaff, die 1862 in der Eisenbahnstraße begründet wurde, ist im Jahre 1900 zum Eisenbahnring draußen an der ehemaligen Hohenecker Straße umgezogen, wo sie mittlerweile das Werksgelände von 22 ha Größe ganz ausfüllt. Jenseits der Königstraße mußte auf weiterem Gelände der für die Belegschaft notwendig gewordene Parkraum zusätzlich erschlossen werden. Heute gehören zu dem Unternehmen außer dem Kaiserslauterer Stammwerk mit dem Industrienähmaschinenbereich, das

Haushaltsnähmaschinenwerk in Karlsruhe-Durlach und mehr als 30 Tochtergesellschaften in aller Welt. Von ihren rund 10 000 Mitarbeitern sind fast 5 000 (1988) hier beschäftigt. Der weltweite Jahresumsatz beträgt etwa 1 Mrd DM (1986/87). Ungefähr zwei Drittel der Verkaufserlöse wurden im Industriemaschinenbereich erwirtschaftet. Der Auslandsanteil von fast 70 % (1986) zeigt die sehr hohe Abhängigkeit vom Exportgeschäft. Jenseits der Bahnlinie hat die Firma Pfaff in den fünfziger Jahren werkseigenes Gelände an Betriebsangehörige zur Errichtung von Eigenheimen abgegeben und auf der Höhe des benachbarten Galgenberges steht mit den sogenannten Pfaff-Häusern in der Herzog-von-Weimar-Straße eine bereits nach 1921 erbaute Wohnanlage, die - ebenfalls von Stadtbaurat Hussong konzipiert - als Werkssiedlung in Betriebsnähe und 'grüner Umgebung' erbaut wurde (Gartenstadtkonzept).

Das Guß- und Armaturwerk nimmt jenseits der Bahnlinie an der Pirmasenser Straße, die früher mitten durch das Werk führte und erst in der Nachkriegszeit an seinen Nordrand verlegt worden ist, eine bebaute Fläche von 17 ha ein. Es stellt außer Kanalgußartikeln für Haus-, Hof- und Straßenentwässerung gußeiserne Abflußrohre sowie Pumpen aller Art, auch Grauguß nach fremden Modellen her. Durch Rationalisierungsmaßnahmen ist die Beschäftigtenzahl von rund 1 000 (1974) auf 570 im Jahre 1988 zurückgegangen; der Ausländeranteil ist - wie in den meisten Gußwerken - relativ hoch und beträgt rund 20 Prozent.

Das Gelände des ehemaligen Gaswerks der Stadt, das mit seiner Gasbereitungsanlage im Jahre 1887 von der Gasstraße in der Innenstadt hierher verlegt worden war, ist heute nur noch Standort der Gasspeicherbehälter. Die eigene Gasdestillation aus Saarkohle, die hierher unmittelbar angeliefert werden konnte, ist kurz vor dem 2. Weltkrieg mit dem Bezug von Saarferngas eingestellt worden. Die Gebäude der früheren Werksanlagen sind teilweise als 'Industriefreilichtmuseum' hergerichtet worden.

### HP 11    Örtliche Hauptverkehrszüge im westlichen Stadtbereich

Von der Pfaffbrücke ergibt sich eine Überblicksmöglichkeit. Die Brücke überspannt die Eisenbahnlinie Kaiserslautern - Saarbrücken, die als Fernverkehrslinie relativ stark befahren ist. Neben dem Bahnkörper entsteht z.Zt. die neue Querspange 'Triftstraße', die nach vierspurigem Ausbau als Teil des Tangentenrings künftig die Pariser Straße (Ost-West-Achse) mit der Südtangente und der Pirmasenser Straße verbinden soll. An der vierspurig ausgebauten Pariser Straße ist vor wenigen Jahren die moderne Städtische Feuerwache plaziert worden, mit eigenem Straßenanschluß und in der Nähe aller Hauptverkehrszüge und der Gewerbe- und Industriegebiete im westlichen Stadtbereich. Vom Verkehrsknoten am Lothringer Eck, der in den Hauptverkehrszeiten zum Engpaß der Ost-West-Achse wird, zweigt außer einer Zufahrt zum Gewerbegebiet Fischerrück auch die Berliner Straße ab, die als Querspange zur Nordtangene hin dient. Sie vereinigt und verteilt bei der Berliner Brücke in einem kreuzungsfreien Dreiecksanschluß den Verkehr der B 40 und B 270. Bei der Fahrt über die Brücke ergibt sich ein guter Einblick in das ehemalige Bahngelände beim aufgelassenen Westbahnhof, mit einer Reihe von Anlagen, die ursprünglich hier verkehrsorientiert entstanden sind, u.a. Lagerflächen für Baustoffe, Treibstoffe, - den Städtischen Schlachthof, - das Gebäude der 1981 stillgelegten Kammgarnspinnerei, die heute in ihrem ehemaligen Kraftwerk ein Kulturzentrum beherbergt, in ihren Lagerhallen ein amerikanisches Depot und in weiteren Teilen nach einem Umbau von der nahen Fachhochschule genutzt werden soll.

Die jenseits des Verkehrsanschlußdreiecks aufragende Sandsteinwand stammt vom Steinbruch Kröckel, dem ehemals größten der insgesamt 25 Sandsteinbrüche, die noch um die Jahrhundertwende in der Stadt in Betrieb waren. Er ist in der harten Trifelsstufe des Mittleren Buntsandsteins angelegt und vor wenigen Jahren als vorletzter der Steinbrüche am Ort stillgelegt worden.

## HP 12    Schulzentrum Nord auf dem Kaiserberg

Das hier auf der von Lößlehm bedeckten Fläche des Kaiserbergs errichtete und zu Beginn der achtziger Jahre eröffnete Schulzentrum-Nord beherbergt die größte Schule der Stadt, die Berufsschule I (Technik), in der neben den verschiedenen gewerblich-technischen Berufsbildungsgängen auch eine Berufsaufbauschule, mehrere Fachoberschulzweige, ein Technisches Gymnasium sowie eine Höhere Berufsfachschule für Informatik organisatorisch zusammengefaßt sind, so daß hier im Jahre 1989 insgesamt 4830 Schüler unterrichtet werden. Die Schule ist aus dem Schulviertel der Innenstadt hierher verlagert worden; dort befindet sich weiterhin die Berufsschule II (Wirtschaft), die von weiteren 2900 Berufsschülern aus der Westpfalz besucht wird. Der südlich des Schulzentrums gelegene große Parkplatz liegt zwischen den Schulgebäuden und einer unbebauten Ackerfläche, die hier als eine wichtige Frischluftquelle der Innenstadt über der Abflußschneise des Burggrabens freigehalten wird. Sie gewährt einen guten Einblick in die verschiedenen Stadtteile Kaiserslauterns und in die benachbart liegende Fachhochschule, in deren sechs Fachbereichen (Architektur, Bauingenieurwesen, Elektrotechnik, Innenarchitektur, Maschinenbau und Textiltechnik) gegenwärtig (1989) insgesamt 2525 Studierende eingeschrieben sind.

## HP 13    Wohngebiete im nordwestlichen Randbereich der Stadt

Ein attraktives Wohngebiet mit Einzelhäusern und einer größen Wohnanlage mit Eigentumswohnungen ist bereits in den sechziger Jahren auf der an das Schulzentrum in nördlicher Richtung anschließenden Fläche des Kaiserberges nahe beim ehemaligen Naherholungsgebiet des Caesarparks errichtet worden, der hier gegen die nahe, in einem Einschnitt verlaufende Autobahn zusätzlichen Lärmschutz gewährt. Das benachbarte, am Abhang gegen das Lautertal hin gelegene Wohngebiet am Sonnenberg ist mit seinen zahlreichen Wohnblöcken jedoch so an die hier von der Lautertal-Brücke heraufziehende Steigungsstrecke der Autobahn plaziert worden, daß es unter enormer Lärmbelastung leidet.
Unten im Lautertal liegt beim Engelshof direkt unter der Lautertal-Brücke der Autobahn eine hier schon 1932/33 für damals Arbeitslose erbaute Kleinsiedlung, deren Häuser auf Kleinstparzellen in Einzelbauweise errichtet worden sind. Man hat die sehr kleinen Siedlungshäuschen in der Zeit der Wohnungsnot nach 1950 auf recht unterschiedliche Weise aufgestockt und erweitert, so daß sie heute ein buntes Bild individueller Baugestaltung bieten. Durch die Autobahn und v.a. die hier vorbeiziehende verkehrsreiche B 270 leidet die Siedlung ebenfalls unter Verkehrslärm. Zur städtischen Kläranlage hin schließt sich an dieses Wohnviertel außerdem ein Komplex städtischer Schlichtwohnungen an.
Weiter westlich ist das gegen Ende der fünfziger Jahre unterhalb des Stadtteils Erzhütten entstandene Wohngebiet 'Kaisermühler Feld' mit seinen Einfamilienhäusern zwar in ru-

higer Wohnlage gebaut, jedoch durch den fast gleichzeitig vorgenommenen Ausbau der Städtischen Kläranlage in der Nachbarschaft und die damit verbundene Geruchsbelästigung von Zeit zu Zeit ebenfalls in Mitleidenschaft gezogen. Das Wohngebiet auf dem benachbarten Fischerrück, das mit seinem jünsten Abschnitt im Westen, der zahlreiche Wohnblöcke aufzuweisen hat, erst in den siebziger Jahren erbaut wurde, liegt schließlich dort, wo die nach Westen hin immer tiefer absinkende Einflugschneise des Flughafens Ramstein ihre geringste Höhe über einem städtischen Wohnbereich aufweist. Gleiches gilt für den sich südwärts anschließenden großen Wohnbereich Pfeifertälchen, der im Anschluß an eine 1933 errichtete »vorstädtische Kleinsiedlung für erwerbslose Familienväter« in den fünfziger Jahren entstanden ist. In diesem Gebiet waren die einzelnen Siedlerstellen so groß bemessen, daß nach dem Krieg in den langgestreckten Hausgärten weitere Häuserreihen eingeplant werden konnten.

## HP 14   Die Zentralkläranlage

Die in den fünfziger Jahren vom Engelshof hierher verlegte und fortlaufend erweiterte Zentralkläranlage der Stadt ist so dimensioniert, daß sie das Abwasser für einen Gleichwert von 300000 Einwohnern mechanisch und vollbiologisch verarbeiten kann. Diese Zahl steht für die 100000 Einwohner der Stadt und 200000 Gleichwerte für die hier stationierten Nato-Streitkräfte und die Industrie. Der Klärschlamm-Anfall von täglich 300 m$^3$ wird durch eine Entwässerungsanlage auf 60 m$^3$ reduziert und in einer erdgasbetriebenen Schlammverbrennungsanlage verascht, so daß nur 6 m$^3$ Asche übrigbleiben.

## HP 15   Gewerbegebiet Fischerrück/Naherholungsgebiet Vogelwoog

Auf einer Fläche von fast 70 ha ist auf dem westlichen Fischerrück in den sechziger Jahren ein Gewerbegebiet entstanden, das sich auf eine Länge von 2 km über den ehemals bewaldeten flachen Buntsandsteinrücken erstreckt. Im Norden grenzt es unmittelbar an den hinteren, wertvollsten Teil des Landschaftsschutzgebietes 'Hammerbachtal', das mit dem hier reizvoll eingebetteten 'Vogelwoog' als Naherholungsgebiet der westlichen Stadtteile erhalten geblieben ist. Vom westlichen Ende des Gewerbegebietes führt die Vogelwoogstraße zu einem großen Parkplatz, von dem aus der Weiher etwa 100 m entfernt liegt. In das Gewerbegebiet sind zahlreiche Handwerksbetriebe und sonstige Unternehmen, die in der Innenstadt keine Ausdehnungsmöglichkeiten hatten, umgezogen. Außer Großhandlungen, Autohäusern, Baulagern und sonstigen Unternehmungen mit großem Flächenbedarf haben sich auffallend viele Selbstbedienungsmärkte der verschiedensten Sparten hier neu angesiedelt, zum Teil im Gefolge eines großen Massa-Marktes, der mit seiner großen Angebots- und Parkfläche Kunden in großer Zahl aus allen Teilen der Westpfalz anlockt. Eine im Bereich des Gewerbegebietes entstandene Werbegemeinschaft »Service und Einkauf«, in der sich rund 70 der hier ansäßigen Unternehmen zusammengeschlossen haben, versucht durch gemeinsame Werbemaßnahmen und Sonderveranstaltungen seine Attraktivität weiter zu steigern.

## HP 16   Industriegebiet Vogelweh - Einsiedlerhof

Dieses große Industriegebiet, das sich westwärts an das Gewerbegebiet Fischerrück anschließt und zwischen Autobahn und Verschiebebahnhof Einsiedlerhof einfügt, nimmt

bei einer West-Ost-Ausdehnung von fast 4 Kilometern eine Flächengröße von annähernd 300 ha ein. In seinem stadtnahen Abschnitt bei der Vogelweh hat die Stadt dem General-Motors-Konzern die respektable Fläche von 160 ha zur Ansiedlung des Opel-Zweigwerkes überlassen, in dem 1966 mit 2200 Mitarbeitern die Produktion aufgenommen wurde, zunächst mit der Fertigung von Zulieferteilen für die Automobil-Produktion in Rüsselsheim und Bochum. Nach Errichtung einer Pressenstraße (1973) und eines Motorenwerks (1979-81) ist das Produktprogramm erheblich erweitert worden. Man liefert nun - u.a. über den Container-Umschlagplatz, den die Bundesbahn neben dem Opel-Werk errichtet hat - Autoteile auch nach Spanien, Österreich, England und den Niederlanden. Die Produktionspalette umfaßt gegenwärtig neben der kompletten Fertigung von vier Motortypen aus dem Opel-Programm auch Karosserie-, Motoren- und Kunststoffteile für verschiedene Modelle. Im Jahre 1988 betrug die Beschäftigtenzahl nach einem leichten Rückgang im Vorjahr wieder rund 6000.
Eine Reihe von Industriebetrieben hat sich nach Opel weiter im Westen beim Einsiedlerhof angesiedelt, u.a. die Unternehmen - Lutravil-Spinnvliesproduktion aus Kunststoffaser mit rund 500 Mitarbeitern, - Corning-Keramikwerk, das mit zunächst 350 Beschäftigten Keramikträger zur Herstellung von Abgaskatalysatoren für ganz Europa produziert, - Keiper-Dynacit und Keiper-Recaro, Ergometer- und Fahrzeugsitz-Produktion mit zunächst 180 Beschäftigten, - Pfälzische Getränke GmbH, von der Innenstadt hierher verlagert, Coca Cola-Konzessionär für die Verkaufsregion Westpfalz, der dem Pro-Kopf-Absatz nach führende Konzessionär in Europa mit 160 Beschäftigten, - Alpla-Werke, die mit rund 100 Beschäftigten Kunststoff-Flaschen herstellen.

## HP 17  Verkehrswege und -anlagen rings um das Industriegebiet

Eine Umfahrung des ringsum von gut ausgebauten Verkehrswegen eingefaßten Industriegebietes ermöglicht Einblicke in das Industriegebiet, den Bundesbahnverschiebebahnhof Einsiedlerhof sowie in die Landschaft der Westricher Niederung mit einem Teil der in sie eingefügten militärischen Anlagen.
Der Opel-Kreisel bei der Vogelweh bindet neben dem Opel-Werk auch militärische Anlagen der Amerikaner sowie das Gewerbegebiet Fischerrück an die Querspange zwischen der Autobahn und der B 40 an. Der nahe Autobahnanschluß Kaiserslautern-Mitte ist vor einigen Jahren kleeblattartig ausgebaut worden. Von der Autobahn A 6 (E 12) zwischen den Anschlüssen KL-Mitte und KL-West lassen sich gut erkennen:
- der Schichtstufenverlauf zwischen Pfälzerwald und Westricher Niederung,
- das amerikanische Panzer- und Fahrzeuglager zwischen Autobahn und OPEL-Werk,
- das Industriegebiet Vogelweh-Einsiedlerhof mit den ausgedehnten Anlagen des OPEL-Werks und weiteren neu angesiedelten Betrieben,
- die mit der Errichtung des Flughafens Ramstein vorgenommene Verlagerung der Autobahn nach Süden, nachdem die ursprüngliche Trasse zur ersten Rollbahn umfunktioniert worden war.
Die Weilerbacher Straße als westliche Begrenzung des Industriegebietes dient als Autobahnzubringer zur Anschlußstelle KL-West und als Verbindung zur B 40. Sie gewährt Einblick in den Bereich der neu geschaffenen Industrieanlagen im westlichen Abschnitt des großen gewerblichen Baugebietes und, am Einsiedlerhof, in den dortigen großen Verschiebebahnhof der Bundesbahn. Die Kaiserstraße (B 40) ist im Stadtteil Einsiedlerhof, einer ehemaligen Eisenbahnersiedlung - die ihren Namen von einer um 1250 ge-

gründeten Deutschordenskommende Einsiedel herleitet - von zahlreichen, auf amerikanische Kundschaft ausgerichteten Autohandelsgeschäften, Versicherungsagenturen und gastronomischen Betrieben gesäumt. Bei der Vogelweh ragen neben dem Opel-Werk die Anlagen eines Container-Umschlagplatzes der Bundesbahn auf, der auch bei Bahntransporten des Militärs eine Rolle spielt. Die B 40 ist schon seit den fünfziger Jahren kreuzungsfrei mit dem Autozubringer Siegelbacher Straße verbunden.

## HP 18    Amerikanische Wohnstadt Vogelweh

(Durchfahrt im Bereich westlich der B 270: Washington Square - Fifth Avenue und zurück, im Bereich östlich der B 270: Third Ave. - California Ave. - Fourth Ave.)

Die Trabantenwohnsiedlung Vogelweh ist seit 1951 als Campusstadt für amerikanische Soldaten, Zivilbedienstete und ihre Angehörigen zu beiden Seiten einer damals erst entstandenen Straßenverbindung Vogelweh - Hohenecken (B 270), gebaut worden. Sie bietet ihrem Wohnraumangebot nach Platz für etwa 10000 Menschen, die hier wie in Amerika wohnen und leben. Es gibt außer auf der das Wohngebiet durchschneidenden Hauptachse keinen Durchgangsverkehr, alle Ringstraßen führen zu den wenigen Eingängen ins Quartier zurück. Neben den zahlreichen Wohnblöcken mit ihren Parkständen und Spielplätzen stehen alle erforderlichen Versorgungs- und Dienstleistungseinrichtungen zur Verfügung, u.a. Kindergärten, Grundschule, Postamt, Kirchen, Sportplätze und sonstige Kommunikationszentren speziell amerikanischen Zuschnitts. Supermarkt und Schulzentrum mit Höherer Schule werden auch von jenem Teil der amerikanischen Bevölkerung in Anspruch genommen, der nicht unmittelbar in der Wohnstadt ansässig ist.

## HP 19    Stadtteil KL-Hohenecken und Naherholungsgebiet Gelterswoog

Der 1969 zusammen mit fünf weiteren Dörfern zu Kaiserslautern eingemeindete Stadtteil Hohenecken ist bereits in der frühen Nachkriegszeit als Wohnvorort der Stadt stark angewachsen; er hat nunmehr 4012 Einwohner. Überragt wird der reizvoll gelegene Ort von der gleichnamigen Burg, die Friedrich Barbarossa im 12. Jahrhundert hier im Reichsland zum Schutz seiner Kaiserpfalz errichten ließ und die seit 1688 Ruine ist. Auf der nach Pirmasens führenden B 270 gelangen wir am Ortsende über eine Talwasserscheide aus dem Einzugsbereich der Lauter und damit der Nahe in den des Schwarzbachs, der über Blies und Saar der Mosel tributär ist. Das jüngere Lautersystem hat bei stärkerem Gefälle hier vom Schichtstufenrand her einen ehemaligen Oberlauf des Schwarzbachs angezapft. Der zum Stadtteil Hohenecken gehörende Gelterswoog ist mit Strandbad und Spazierwegen, die rings um den See führen, eines der meistbesuchten Naherholungsgebiete der Umgebung; Camping-Anlage und Seeterrassen-Hotel bringen auch zahlreiche Feriengäste hierher.

## HP 20    Das Karlstal - ehemliger Stadtort einer Mittelgebirgs-Eisenindustrie

Die ehemalige Industrieanlage 'Walzwerk' mit dem zugehörigen 'Walzweiher' stellt eine Investitionsruine der ehemaligen Trippstadter Eisenwerke dar, die schon im frühen 18. Jahrhundert hier im Karlstal auf der Basis der holzkohlenliefernden Buchenwälder, der mageren Buntsandsteinerze in der Umgebung sowie der im Moosalb- und Aschbachtal vorhandenen Wasserkraft errichtet wurde. Die pfälzische Produktion von Roheisen, Gußplatten, Stahl und Blech geriet mit dem Aufkommen der Koksverhüttung an Saar und Ruhr um die Mitte des vorigen Jahrhunderts in eine Krise, die auch nicht mit dem Bau dieses für die damalige Zeit modernen Walzwerks gemeistert werden konnte. Wenige Jahre nach seiner Inbetriebnahme wurde es 1863 stillgelegt, zusammen mit den übrigen Anlagen der *Trippstadter Eisenindustrie*, die weiter oberhalb im Karlstal standen, in dem zu ihrer Blütezeit das Wasser der Moosalb insgesamt 15 Wasserräder bewegt hat, die zum Antrieb der Hüttengebläse und Hammerwerke dienten. Bei der Eisenschmelz nimmt heute ein Forsthaus den Platz ein, an dem der ehemalige Schmelzofen gestanden hat, und beim Unteren Hammer sind Reste von Hammerwerken und das sogenannte Herrenhaus zu sehen, von dem aus die Hüttenherrenfamilie von Gienanth ihre Trippstadter Werke geleitet hat. Der frühere Stauweiher wurde in der Nachkriegszeit zum Ansatzpunkt einer Forellenzuchtanlage. Von den Anlagen des Mittleren Hammers sind oberhalb der Wilensteiner Mühle - am Eingang zur Karlsschlucht - nur noch Grundmauerreste zu sehen. Der Obere Hammer, der sich oberhalb der Schlucht befunden hat, ist völlig abgetragen worden. Im Aschbachtal markiert der Weiler Alte Schmelz den Ort, an dem um 1730 die Trippstadter Eisenerzeugung ihren Anfang genommen hat, bevor sie etwa zwei Jahrzehnte später schon ins Moosalbtal, das heutige Karlstal, verlegt und damals die Alte Schmelz zu einem Waldbauernhof wurde.

Die Karlstalschlucht, der Locus typicus der (obersten) Karlstalstufe des Mittleren Buntsandsteins, dessen Felsriegel die Moosalb hier in zahlreiche Blöcke zerlegt hat, ist - zusammen mit der nahegelegenen Wilensteiner Mühle - der Hauptanziehungspunkt des Tagesfremdenverkehrs im Raume Trippstadt. Die Schlucht, die zu einem naturhaften Waldpark ausgestaltet ist, kann auf einem bequemen Weg in knapp 30 Minuten durchwandert werden.

## HP 21    Trippstadt - Erholungsort und forstwirtschaftliches Zentrum

Das auf der Höhe über dem Karlstal gelegene Trippstadt ist auf einer der wenigen Lößlehminseln des nördlichen Pfälzerwaldes entstanden. Das Dorf, das seinem ursprünglichen Siedlungsbestand nach ein reines Straßendorf von fast 2 km Länge war, verdankt diese Siedlungsanlage wie auch seinen Namen der Entstehung auf der Grenze zwischen den beiden Lehensländereien der Doppelburg Wilenstein. Die Grenze, bis zu der hin die Hirten beider Burgherren ihre Tiere treiben und weiden lassen durften, wurde zum Ansatzpunkt einer Siedlung. Man wies den Hirten und den im Wald tätigen Köhlern und Aschenbrennern Hausplätze mit Garten- und Wiesengeländ beiderseits der 'Triebscheide' an und so entstand auf der flachen Scheitellinie der Hochfläche die einzige Dorfstraße. Der erstmals urkundlich erwähnte Ortsname Dribescheit (1307) schwächte sich allmählich zu Dribscht ab, und als man die ursprüngliche Bedeutung längst nicht mehr kannte, machte man daraus Dribstatt (1650), aus dem später Trippstadt wurde. In der Nachkriegszeit ist das Dorf mit mehreren Neubaugebieten erheblich über die ursprüngliche Siedlungslinie hinausgewachsen; mittlerweile hat es 2800 Einwohner. »Im Kranze seiner Wälder« - so sein eigener Werbeslogan - hat es sich zu einem Zentrum des Fremdenverkehrs im nördlichen Pfälzerwald entwickelt, mit zahlreichen Pensionen, gut geführten Gaststätten und einem eigenen Verkehrs- und Informationsamt, das in den Räumen der ehemaligen Bürgermeisterei eingerichtet worden ist. Sein kleines Schloß, der ehemalige Landsitz des kurpfälzischen Obristenjägermeisters von Hacke, der als der Begründer der Trippstadter Eisenindustrie anzusehen ist, wurde bei den Kämpfen um Trippstadt 1792/93 teilweise zerstört. In bayerischer Zeit wiederaufgebaut, wurde es ab 1888 zu einem Zentrum der pfälzischen Forstwirtschaft. Als Bayerische Waldbauschule war es Ausbildungsstätte der pfälzischen Förster, in der Nachkriegszeit bis zum Beginn der achtziger Jahre Landesforstschule von ganz Rheinland-Pfalz. Als damals die Ausbildungsstätte nach Baden-Württemberg verlegt und mit der dortigen Institution zusammengefaßt wurde, richtete man im Trippstadter Schloß die forstliche Versuchsanstalt des Landes ein, die sich in vier Abteilungen u.a. mit Fragen der forstlichen Ökologie, der Arbeitswirtschaft und des Waldschutzes beschäftigt und sich dabei schwerpunktmäßig auch mit der Aufnahme der Waldschäden befaßt.

## HP 22    Aschbachtal/Rote Hohl - Wassergewinnungsgebiet Süd

Zur Deckung des Wasserbedarfs der Stadt hat man nach 1960 in den zur städtischen Gemarkung gehörenden nördlichen Seitentälchen des Aschbachtals (Wiener-, Letzbach- und Weidental) Tiefbrunnen und Pumpstationen eingerichtet, mit denen man Grundwasser gewinnt und dem neuen Wasserwerk II an der Roten Hohl zuleitet. Die Trinkwasserförderung in diesem Gebiet, die bis zu 186 Liter/Sek. betragen kann, macht etwa ein Drittel der Gesamtförderung der Stadt aus. Im Weidenthal, durch das vom Aschbachtal her die Trippstadter Straße stadteinwärts verläuft, läßt ein umfangreicher Fichtenbestand rechts der Straße auf gute Wasserzügigkeit des Untergrundes in diesem Trockentälchen schließen; unmittelbar an der Straße ist eine kleine Pumpstation errichtet, die von hier aus das Wasser hochpumpt zum Wasserwerk, das hinter dem Paß der Roten Hohl rechterhand im Wald zu erkennen ist. Es ist hier am Abhang des Pfaffenbergs hoch über der Innenstadt plaziert und dient in erster Linie der Versorgung der sogenannten Hochzone, die den Stadtteil Dansenberg und die übrigen auf den südlichen Randhöhen liegenden Wohngebiete umfaßt.

## HP 23    Universitätsviertel

Seit ihrer Gründung im Jahre 1969 ist die Universität östlich der Trippstadter Straße mit zahlreichen Neubauten in einen breiten Sektor des Kaiserslauterer Naherholungswaldes hineingewachsen. Sie befindet sich mit ihren elf naturwissenschaftlich-technischen Fachbereichen, in denen im Wintersemester 1988/89 insgesamt fast 8 500 Studierende immatrikuliert waren, immer noch in einer Phase der Expansion. Die Räumlichkeiten der ehemaligen Pädagogischen Hochschule in der Pfaffenbergstraße ergänzen zwar das knappe Angebot an Lehr- und Forschungsräumen, dennoch bedarf die sehr forschungsintensive Universität des weiteren Ausbaus. Auf dem nach Westen anschließenden Waldgelände ist gleichzeitig ein neues Wohnviertel entstanden. Die Trippstadter Straße, die zwischen Universität und Uni-Wohnviertel - von einer hölzernen Fußgängerbrücke überspannt - bereits vierspurig ausgebaut ist, soll künftig stadteinwärts ebenfalls verbreitert und in ihrer Randbebauung mit Gewerbebetrieben und Lagerflächen neu gestaltet werden, um sie als Hauptzubringer zur Universität leistungsfähiger und attraktiver zu machen. Im Zuge dieser Neuordnung wurden an ihrer Südseite bereits einige Hochhäuser mit Studentenwohnheimen errichtet, die den Mangel an Studentenzimmern in der Stadt mindern sollen.

## HP 24 Südliche Randhöhen - Standort von Wohngebieten, Sportstätten und Schulen

Die südlichen Randhöhen der Stadt hatten sich bald nach der Jahrhundertwende zum Standort zahlreicher Sportplätze entwickelt, die hier - wie Perlen auf einer Schnur angereiht - damals auf dem billigen Gelände vor der Stadt für die Bedürfnisse der einzelnen Rasensport-, Leichtathletik- und Turnvereine, etwas später auch Tennisclubs eingerichtet werden durften. Später, meist erst nach 1950, wurden in ihrer Nähe auch Wohngebiete angelegt, an die sich dann in ruhiger Waldrandlage Schulen und Hochschulen anfügten. So bildete das Wohngebiet Lämmchesberg/Pfaffenberg, das als einziges bereits vor dem letzten Krieg erbaut worden ist und nach dem Krieg dann im Buchenloch und Dunkeltälchen eine Erweiterung erfahren hat, ein Ensemble einerseits mit den Sportstätten Buchenloch, Barbarossa- und Uni-Sporthalle sowie der Tennisanlage im Jungwald und andererseits mit einem Schulviertel, bestehend aus den eng benachbarten Einrichtungen der Grundschule, der ehemaligen Pädagogischen Hochschule - jetzt Teil der Universität - und dem Heinrich-Heine-Gymnasium, bei dem die Nähe zu den Sportanlagen der Umgebung mit ausschlaggebend war, daß hier durch die Einrichtung eines Sportzuges, in dem junge Leistungssportler in den Sportarten Tennis, Judo und Radfahren gleichzeitig schulisch und sportlich gefördert werden, das einzige Sportgymnasium des Landes entstanden ist.

Auf dem benachbarten Betzenberg, wo seit 1966 in einer gut aufeinander abgestimmten Kombination von Einzelhaus-, Wohnblock- und Hochhausbebauung ebenfalls eine 'Waldstadt' konzipiert wurde, befindet sich bekanntlich das große Fritz-Walter-Stadion des 1. FC Kaiserslautern mit mehreren Nebenplätzen und einem benachbarten Reitsportgelände. Mit seinem Nordostrand reicht das Wohngebiet außerdem an das Sportgelände auf dem Erbsenberg heran. In unmittelbarer Nähe des Betzenbergviertels liegt mitten im Wald das gleichalte Schulzentrum Süd, in dem eine Integrierte Gesamtschule mit rund 1 200 Schülern und eine Realschule mit 535 Schülern zusammengefaßt sind und über eine eigene ausgedehnte Schulsportfläche verfügen. Im Schulzentrum befinden sich außerdem ein Ausbildungszentrum der pfälzischen Handwerkskammer sowie eine für ganz Rheinland-Pfalz eingerichtete Fachschule für das Schornsteinfegerhandwerk.

## HP 25 Industriestandort Barbarossastraße

Zu den ältesten Industriebetrieben der Stadt gehören das Eisenwerk und die Gebr. Pfeiffer AG, die beide im Jahre 1864 an der schon um die Jahrhundertmitte eröffneten Bahnlinie ansässig geworden sind. Die Eisenwerke-Göppner, die ursprünglich v.a. im Stahl- und Brückenbau tätig waren, sind jetzt auf die Produktion von Wehrtechnitk (Pioniergerät) sowie auf den Bau von Kühl- und Filteranlagen spezialisiert, bei ca. 900 Beschäftigten. Die Firma Pfeiffer ist mit ihren rund 300 Beschäftigten ein erfolgreiches Unternehmen des Schwermaschinenbaues und stellt Maschinen und Anlagen für die Zement-, Kalk- und Gipsindustrie her. Die Bayerische Brauerei, die oberhalb des Pfeifferschen Werkes, jenseits der Bahnlinie ihre Produktionsstätte hat, ist in Kaiserslautern die einzig übriggebliebene von insgesamt 24 Braustätten, die noch um die Jahrhundertwende in der Stadt beheimatet waren. Begünstigende Faktoren für diese ehemalige Massierung des Braugewerbes waren neben dem guten Brauwasser die hier reichlich vorhandenen Weiher und Felsenkeller, die man zur Erzeugung und Aufbewahrung von Natureis benötigte, daneben auch die günstigen Absatzverhältnisse am Ort einer wachsenden Industriearbeiterschaft, wobei damals die rund 1 000 Steinbrecher und Steinhauer in den 25 Steinbrüchen der Stadt den relativ höchsten Konsum gehabt haben sollen. Eine größere Freifläche im östlichen Abschnitt der Barbarossastraße ist am Standort der früheren Nähmaschinen- und Fahrradfabrik Kayser zu finden, die hier bis nach dem Ersten Weltkrieg bestanden hat und den Ruf Kaiserslauterns als Stadt der Nähmaschinen mit begründen half. Westlich daneben ein Einkaufsmarkt, der sich in den verlassenen Werkhallen einer Fahrzeugfabrik etabliert hat.

Am östlichen Ende der Barbarossastraße befindet sich seit 1888 das Wasserwerk I. Es dient - inzwischen mehrmals modernisiert - der Aufbereitung und Einspeisung der ergiebigen Quelle der Lauter (Lauterspring) sowie mehrerer Grundwasser-Tiefbrunnen im oberen Lautertal in die Wasserleitungen der Innenstadt. Über ihre beiden Wasserwerke stehen der Stadt zusammen 520 Liter/Sek. an bestem Trinkwasser zur Verfügung, was ihre Versorgung, auch bei weiterhin steigendem Bedarf, gewährleistet.

## HP 26   Naherholungsbereich Volkspark/Entersweiler Straße

Das ehemalige Ausstellungsgelände, das mit seinen Messehallen und Parkanlagen - von Stadtplaner Hussong konzipiert - in den zwanziger Jahren entstanden war, wurde nach der Zerstörung seiner Gebäude im Krieg nicht wieder aufgebaut, sondern teilweise zum Standort der Städtischen Verkehrsbetriebe und zur Errichtung von Wohnblöcken herangezogen. Ein kleiner Abschnitt entlang der Entersweiler Straße blieb als Volkspark erhalten und wurde im östlichen Teil mit dem Warmfreibad und einer Kunsteisbahn ausgestattet.

Mehrere Schrebergärten- und Freizeitkolonien fügen sich nach Osten und in den Zwischenbereich zwischen Entersweiler Straße und Bahnlinie ein, dort auch untermischt mit Sportplätzen und einer privaten Tennisanlage. Im südlich anschließenden Stadtwald ist außerdem ein Wildpark angelegt worden, der zum attraktivsten Anziehungspunkt im Naherholungsbereich des südöstlichen Stadtrandes geworden ist.

## HP 27   Kasernenviertel im Osten der Stadt

Die älteste Kaserne der Stadt, die 23er-Kaserne, die noch vor dem Ersten Weltkrieg erbaut worden ist, erinnert mit ihrem Namen an das 23. Bayerische Infanterie-Regiment und an die Tradition Kaiserslauterns als ehemalige bayerische Garnisonsstadt. Kurz vor Beginn des 2. Weltkrieges sind die beiden benachbarten Komplexe der Daenner- und Panzerabwehrkaserne hinzugekommen. Alle drei Kasernen an der Mannheimer Straße sind heute von amerikanischem Militär belegt, das umgebende Gelände ist - durch hohe Schutzzäune abgetrennt - zu umfangreichen Stellflächen für militärische Kraftfahrzeuge, Panzer und sonstiges mobiles Kriegsgerät geworden. Zwischen Daenner-Kaserne und Autobahn hat als weitere militärische Einrichtung das Kaiserslautern Army Depot (KAD) seinen Platz gefunden. Es wurde nach 1951 hier aufgebaut und hat sich zum größten Militärdepot der Amerikaner außerhalb der USA entwickelt. In diesem für mehr als 100 Mio DM Baukosten errichteten Lager ist militärisches Material mit einem Wert von mehr als 1 Mrd DM eingelagert. Mit seiner Magazinierung, Reinigung, Konservierung und mit dem Versand in die verschiedenen Natoländer Europas sind hier neben dem amerikanischen Personal etwa 1 500 deutsche Zivilangestellte beschäftigt. Es werden monatlich mehr als 5 000 Tonnen Material eingelagert und verschickt.

Im Nordosten der Stadt befindet sich in der Holtzendorff-Kaserne, einer ebenfalls vor dem letzten Weltkrieg erbauten Anlage, auch eine französische Garnison. Hier ist mit 1100 Soldaten das Panzerregiment »Royal Pologne« untergebracht, das seinen Traditionsnamen als ehemaliges Kürrassier-Regiment von seinem früheren Kommandeur, dem polnischen Exilkönig Stanislas Leszczynski, herleitet. Im östlichen Stadtbereich ist für die Familien der Offiziere und Unteroffiziere eine französische Wohnsiedlung mit einer eigenen Grundschule entstanden.

## HP 28   Hauptverkehrszüge im östlichen Stadtbereich

Zwischen den im Stadtrandbereich vierspurig ausgebauten Ausfallstraßen Mannheimer Straße (B 37) und Mainzer Straße (B 40) ist die Verbindungsspange Donnersbergstraße bislang nur zweispurig angelegt. Wenn sie künftig als östlicher Abschnitt eines Tangentenringes dienen soll, bedarf es in naher Zukunft ihres vierspurigen Ausbaues. Am Autobahnanschluß KL-Ost entsteht zur Zeit eine Kleeblatt-Anbindung der B 40 an die Autobahn A 6. Das künftige Autobahndreieck der A 6 mit der neu anzulegenden Autobahnverbindung nach Mainz (A 63) wird dicht daneben weitere aufwendige Baumaßnahmen auf dem bisher landwirtschaftlich genutzen Gelände zwischen der B 40 und der Autobahn verursachen. In der Nähe dieser sich entwickelnden Verkehrslandschaft ist von der Stadt das Gewerbegebiet am 'Baalborner Weg' ausgewiesen worden, auf dem jetzt bereits als erster Betrieb die technologische Entwicklungsabteilung der Firma Keiper-Recaro errichtet wird. Mit der Anlage dieses Gewerbegebietes wird versucht, das Arbeitsplatzdefizit im Osten der Stadt zu verkleinern. Die im Außenbereich vierspurige Mainzer Straße verengt sich stadteinwärts bei der Nordbahnbrücke; die Beseitigung dieses Engpasses, die Voraussetzung für die Schaffung einer leistungsfähigen Nordtangente ist, dürfte in nächster Zeit zusammen mit dem Ausbau der Ludwigstraße erfolgen.

## HP 29   Steinbruch und Steinschneiderei Eselsfürth

Als letzter der ehemals 25 Sandsteinbrüche, die noch um die Jahrhundertwende im Randbezirk der Stadt zur Gewinnung von Bausteinen, Fenster- und Türeinfassungen, Grab- und Schmucksteinen genutzt wurden, war in den letzten Jahren der Steinbruch beim Weiler Eselsfürth in Betrieb. Auch hier ist nun die Gewinnung von Steinquadern eingestellt worden, da das Gelände auf der Trasse der künftigen Autobahn A 63 liegt. Die zugehörige Steinschneiderei kann dagegen an ihrem Standort verbleiben. Sie bezieht ihr Rohmaterial nunmehr von außerhalb, und zwar rote Quader aus einem Buntsandsteinbruch im Schweinstal bei Krickenbach und gelbe Quader aus einem Steinbruch in Obersulzbach im mittleren Lautertal, wo Rotliegend-Sandstein ansteht. Auf diese Weise verfügt man über genügend hartes Material und größere Farbauswahl bei der Erzeugung von Schmuck- und Verblendsteinen für das Bauhandwerk. Die tonnenschweren Blöcke werden auf einem Spezial-Tieflader antransportiert, in stundenlanger Arbeit mit einer besonders gehärteten Kreissäge zu Platten zerlegt und anschließend von Steinmetzen zu Verblend- und Ziersteinen zurechtgehauen.

## HP 30   Zentraldeponie Kapiteltal

Von der B 40 aus über einen eigenen Straßenanschluß erreichbar, liegt nördlich von der Eselsfürth in einem Trockental die Zentraldeponie, die mit ihren Einrichtungen zu den modernsten Anlagen dieser Art gehört und seit Ende 1977 der Müllentsorgung von Stadt und Landkreis Kaiserslautern, einschließlich der amerikanischen Bevölkerungsanteile also für mehr als 250000 Personen dient. Da im Durchschnitt jährlich etwa 500000 m³ Müll und Bauschutt angeliefert werden, schätzt man die Gesamtnutzungsdauer auf 50-60 Jahre. In der Deponie findet eine Separierung und Wiederverwertung des Metalls statt, teilweise wird der Müll zerkleinert und - mit Klärschlamm vermischt - kompostiert und zur Abdeckung und Rekultivierung der Deponie benutzt. Das bei der biologischen Zersetzung entstehende Deponiegas (Methan, Kohlenoxide) wird gereinigt und in einer Gasverstromungsanlage genutzt. Gegenwärtig prüft man gemeinsam mit den Stadtwerken, wie die in den nächsten Jahren anfallenden großen Gasmengen (3.000 - 4.000 m³/Std.) großtechnisch genutzt werden können.

## IV. Karten und Literatur

Stadtplan Kaiserslautern mit allen Stadtteilen (Maßstab 1 : 18000) mit Stadtkernvergrößerung (Maßstab 1:10000) und Umgebungskarte (Maßstab 1:75000).

Kreiskarte 1:50000 von Stadt- und Landkreis Kaiserslautern (sechsfarbig), hrsg. vom Landesvermessungsamt Rheinland-Pfalz.

Topographische Karte 1:50000, Bl. L 6612 Kaiserslautern

Topographische Karte 1:25000, Blätter 6511 Landstuhl, 6512 Kaiserslautern, 6612 Trippstadt

Geologische Karte von Rheinland-Pfalz 1:25000, Blatt 6512 Kaiserslautern, hrsg. vom Geologischen Landesamt Rheinland-Pfalz, Mainz 1985.

BEEGER, H. (1988): Kaiserslautern - Stadtplanung (Maßstab 1:50000) - In: DIERCKE WELTATLAS, S. 63, Braunschweig

CLOER, B. u. U. KAISER-CLOER (1984): Eisengewinnung und Eisenverarbeitung in der Pfalz im 18. und 19. Jahrhundert. - Mannheimer Geogr. Arbeiten, Bd. 18, Mannheim

DRIESENBERG, U. (1981): Nutzungskonkurrenzen im Stadt- und Landkreis Kaiserslautern. In: GEIGER M. u.a. (Hrsg.): Pfälzische Landeskunde, Bd. 1, Landau, S. 421-436

FISCHER, K. (1976): Wirtschaftliche Gegebenheiten und strukturpolitische Konsequenzen. Welche Entwicklungschancen hat Kaiserslautern wirklich? In: MACK, D. (Hrsg.): Kaiserslautern - Aspekte und Perspektiven einer Stadt. Kaiserslautern.

FRENZEL, M. (1976): Ein Standort im Goldenen Westen? Kaiserslautern als Garnisonsstadt. In: MACK, D. (Hrsg.): Kaiserslautern - Aspekte und Perspektiven einer Stadt. Kaiserslautern.

LIEDTKE, H. (1973): Das Kaiserslauterer Becken Zentrum der Westpfalz. In: LIEDTKE/ SCHARF/SPERLING (Hrsg.): Topographischer Atlas Rheinland-Pfalz. Neumünster, S. 122f.

INDUSTRIE- u. HANDELSKAMMER DER PFALZ (Hrsg.) (1988): Das produzierende Gewerbe der Pfalz. Ludwigshafen am Rhein.

MACK, D. (1976): Kaiserslautern - Aspekte und Perspektiven einer Stadt. Kaiserslautern.

MÜNCH, O. (1951): Kaiserslautern 1276/1951. Festschrift zum 675-jährigen Jubiläum der Stadterhebung. Kaiserslautern.

MÜNCH, O. (1964): Kaiserslautern. In: KEYSER, E. (Hrsg.): Städtebuch Rheinland-Pfalz und Saarland. Stuttgart, S. 165-176.

MUNZINGER, A. (1921): Die Entwicklung der Industrie von Kaiserslautern. Kaiserslautern

POSTIUS, J. (1951): Einflüsse geographischer Faktoren auf die Entwicklung der Stadt Kaiserslautern. In: MÜNCH, O. (Hrsg.): Kaiserslautern 1276/1951. Kaiserslautern, S. 107-114.

REH, K./WAGNER, F.L./WESTRICH, K.P. (1968): Landkreis Kaiserslautern. Bonn.

REH, K. (1970): Trippstadt. In: SPERLING, W./STRUNK, E.: Luftbildatlas Rheinland-Pfalz. Neumünster, S. 100f.

REH, K. (1972): Kaiserslautern. In: SPERLING, W./STRUNK, E.: Neuer Luftbildatlas Rheinland-Pfalz. Neumünster, S. 118f.

REH, K. ( 1982): Kaiserslautern und sein Umland. In: Tagungsführer zum 31. Deutschen Kartographentag in Kaiserslautern. Kaiserslautern, S. 37-62.

SCHERER, K. (1987): Kaiserslautern. In: GEIGER/PREUSS/ROTHENBERGER (Hrsg.): Der Pfälzerwald. Porträt einer Landschaft. Landau, S. 393-400.

SCHÖTTLER, H. (1982): Die Stadtentwicklung Kaiserslauterns - eine Siedlungsgenetische Analyse. In: Tagungsführer zum 31. Deutschen Kartographentag in Kaiserslautern. Kaiserslautern, S. 65-83.

SPEER, A. (1976): Vom Königshof zur Universitätsstadt - Städtebauliche Entwicklung. In: MACK, D. (Hrsg.): Kaiserslautern - Aspekte und Perspektiven einer Stadt. Kaiserslautern, S. 135-164.

STADTVERWALTUNG KAISERSLAUTERN (Hrsg.) (1984): Flächenutzungsplan 1990 der Universitätsstadt Kaiserslautern - Erläuterungsbericht (überarbeitete und ergänzte Kurzfassung). Kaiserslautern.

STADTVERWALTUNG KAISERSLAUTERN (Hrsg.)(1988): Kaiserslautern - Information für Industrie, Handel und Gewerbe. Kaiserslautern.

TRAUTH, G. (1964): Kaiserslautern. In: Die Städte von Rheinland-Pfalz. Berichte zur Deutschen Landeskunde Bd. 33. Bonn-Bad Godesberg, S. 59-61.

TUCKERMANN, W. (1937): Das Lauterer Becken und der topographische Aufbau der Stadt Kaiserslautern. In: Abhandlung zur Saarpfälzischen Landes- und Volksforschung Bd. 1, Kaiserslautern, S. 81-108.

VERKEHRSAMT KAISERSLAUTERN (Hrsg.) (1988): Leben in Kaiserslautern '88/'89 - Städtische Informationsbroschüre. Kaiserslautern.

WEIDMANN, W. (1976): Streiflichter durch die Wirtschaftsgeschichte von Stadt- und Landkreis Kaiserslautern und Umgebung. Otterbach-Kaiserslautern.

WIEHN, E.R. (1982): Kaiserslautern. Leben in der Stadt. Neustadt a.d. Weinstraße.

ZINK, T. (1914): Kaiserslautern in Vergangenheit und Gegenwart. - Eine Ortskunde auf geschichtlicher Grundlage. Kaiserslautern.

# VI. BESICHTIGUNGSMÖGLICHKEITEN

Rathausterrasse im 22. Stockwerk des Rathauses, zugänglich für Gruppen Mo-Fr von 8-12 und 14-16 Uhr - Voranmeldung über Städtisches Verkehrs- und Informationsamt (Tel. 0631/852-2317). Für Gäste des Rathausrestaurants besteht ein Zugang täglich, außer montags, ab 11 Uhr (Tel. 0631/68971)

Theodor-Zink-Museum, Steinstr. 48 (Tel. 0631/2327).
Öffunungszeiten: Di-Fr 9-17 Uhr, Sa, So 10-18 Uhr, Mo geschlossen (Leitung: Dr. Peter F. Dunkel).

Stiftskirche (evang.)
Vorherige Anmeldung bei Kirchendiener Theisinger, Stiftsstr. 2 (Tel. 0631/63174)

Zentralkläranlage (Voranmeldung über Tel. 0631/852-3119, ein- oder zweistündige Führung) Mo-fr 9-12 und 13-16 Uhr.

Forstliche Versuchsanstalt in 6751 Trippstadt, Schloß
Besichtigung nach Voranmeldung möglich (Tel. 06306/8311).

Natursandsteinwerk Müller Eselsfürth 2, 6750 Kaiserslautern
Besichtigung nach Voranmeldung möglich (Tel. 0631/40105).

Zentraldeponie Kapiteltal (Tel. 0631/43035)
Besichtigung (Dauer eine Stunde) nach Voranmeldung möglich Mo-Fr 8-17 Uhr / Beschilderte Zufahrt von B 40 hinter der Eselsfürth.

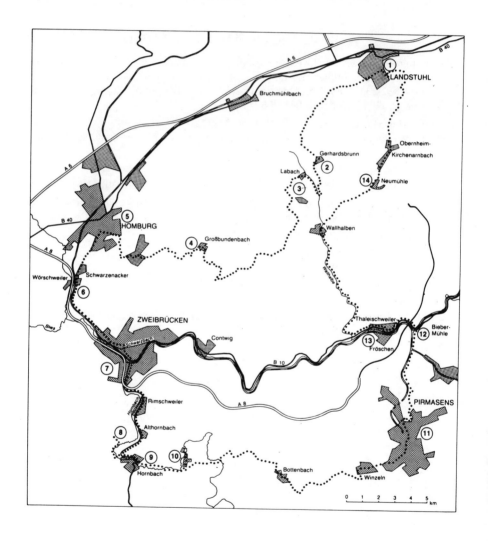

LANDSTUHL

Bruchmühlbach

Obernheim-
Kirchenarnbach

Gerhardsbrunn

② ⑭ Neumühle

Labach

③

Wallhalben

⑤ HOMBURG

④ Großbundenbach

Wörschweiler

Schwarzenacker

⑥

Thaleischweiler

Bieber-
Mühle

ZWEIBRÜCKEN

Contwig

⑫

⑬ Fröschen

Bles

Schwarzbach

B 10

⑦

PIRMASENS

Rimschweiler

A 8

⑪

⑧ Althornbach

⑨ ⑩

Bottenbach

Hornbach

Winzeln

0  1  2  3  4  5 km

# Die Westricher Hochfläche

## Verkehrsentlegener Agrarraum im Grenzland

von

Rainer Joha Bender

## I. Haltepunkte

1. Landstuhl (Burgruine Nanstein)
2. Gerhardsbrunn
3. Knopp-Labach
4. Großbundenbach
5. Homburg/Saar
6. Schwarzenacker/Wörschweiler
7. Zweibrücken
8. Stuppacherhof
9. Hornbach
10. (Dietrichingen-) Monbijou
11. Pirmasens
12. Biebermühle
13. Thaleischweiler-Fröschen
14. (Kirchenarnbach-) Neumühle

## II. Die Westricher Hochfläche im landeskundlichen Überblick

Zwischen den dicht besiedelten Kernräumen an Rhein und Neckar sowie der Saar liegen abseits der Hauptverkehrslinien der Pfälzer Wald und die Südwestpfälzische Hochfläche, die hier mit dem Landschaftsbegriff *Westricher Hochfläche* bezeichnet wird. Während der Pfälzerwald als größtes deutsches Waldgebiet der Forstnutzung dient und heute immer größere Bedeutung als Naherholungs- und Urlaubsgebiet gewinnt, ist die Westricher Hochfläche, bedingt durch ihre geologische Struktur, weitgehend eine agrarisch bestimmte Landschaft geblieben.

Die charakteristische Verteilung von Wald- und Offenland ist in diesem Raum eng mit seinem geologischen Aufbau verknüpft. Die weitgehend waldfreien Hochflächen werden vom Oberen Buntsandstein und Unteren Muschelkalk gebildet, wobei westwärts immer stärker der Charakter der reinen Muschelkalkplatte bestimmend wird. Durch die tiefe Zertalung der Fläche sind an den Talhängen die Schichten des Mittleren Buntsandsteins freigelegt, die waldbestanden sind. Das Intensivnutzland beschränkt sich auf die Hochflächen. Der Wechsel zwischen Hochflächen und steilwandigen Tälern bedingt die Verkehrsungunst, die noch heute landschaftsprägend ist. Schon zur fränkischen Landnahmezeit lag dieser Raum zwischen den Altsiedellandschaften des Bliesgaus und der Rheinebene und wurde erst durch die Kolonisationstätigkeit des Klosters Hornbach erschlossen. Städte entwickelten sich nur am Rande der Hochflächen, wobei Pirmasens und Homburg erst durch die Industrialisierung zu urbanen Zentren herangewachsen sind. Seit dem Ende des Zweiten Weltkriegs hat sich die Westricher Hochfläche nach zwei Richtungen hin strukturell verändert. Zum einen wandelte sich die Agrarstruktur des Gebietes. Die in den 50er Jahren vorherrschenden landwirtschaftlichen Kleinbetriebe sind verschwunden. In den noch existenzfähigen Mittelbetrieben wurde der Anbau von Roggen und Hafer zugunsten von Weizen und Gerste aufgegeben. Nur der Kartoffelanbau blieb konstant, bedingt durch die Kombination von Alkoholbrennerei und Schlempefütterung. Die Westricher Hochfläche ist heute die Landschaft in der Pfalz mit dem höchsten Besatz an Viehweiden, die Milchvieh-Rindermast-Wirtschaft ist zum dominanten Erwerbszweig der landwirtschaftlichen Betriebe geworden.

Neben diesen agrarstrukturellen Veränderungen üben zum anderen die randlich gelegenen Städte Kaiserslautern, Homburg, Zweibrücken und Pirmasens einen großen Sog auf die Westricher Hochfläche aus. Abwanderung der Bevölkerung, hohes Pendleraufkommen, städtische Bauweise und das Eindringen von Industriebetrieben prägen die in der Nachbarschaft der Städte gelegenen Dörfer, so daß das Bauernland des Westrichs sich nur noch in den abseits gelegenen Gemeinden dieser Landschaft erhalten hat.

Der folgende Exkursionsverlauf umfaßt sowohl die Westricher Hochfläche, als auch die randlich gelegenen städtischen Zentren, die stets einen großen Einfluß auf diesen Teilraum des Pfälzer Stufenlandes hatten.

# III. Exkursionsverlauf

## HP 1   Landstuhl

Die Stadt Landstuhl verdankt ihre Entstehung der günstigen Verkehrslage am Schnittpunkt einer alten Heerstraße von der Saar zum Rhein (*via regia*) und einer S-N-gerichteten Verbindung, die von der Westricher Hochfläche über die nördlich der Stadt gelegene Westpfälzische Moorniederung in das Nordpfälzer Bergland führt. In der fränkischen Landnahmezeit entstand der Königshof »Nannenstuol«, der im Lorscher Reichsurbar erwähnt wird. Im 12. Jahrhundert wurde unter Kaiser Friedrich I. zum Schutze der Heerstraße und des umliegenden Reichslandes die Burg Nanstein errichtet. Unterhalb der Burg entstand ein befestigter Marktflecken. Mit der Übernahme der Burg durch den Ritter Franz von Sickingen (*1481 +1523) im Jahre 1518 wird das Geschlecht der Sickinger für drei Jahrhunderte zum entscheidenden Träger kulturlandschaftlicher Entwicklung für die südlich der Stadt liegende *Sickinger Höhe*.

Infolge mehrerer kriegerischer Auseinandersetzungen und Zerstörungen im 17. Jahrhundert ist das Stadtbild im wesentlichen durch die Architektur des 19. Jahrhunderts geprägt. Mit Einführung der französischen Verwaltung im Jahre 1798 wird Landstuhl (687 Ew) Hauptort des gleichnamigen Kantons, der sich aus 37 ehemals sickingischen und kurpfälzischen Orten zusammensetzt. Auf diese Verwaltungseinteilung geht heute noch der Amtsgerichtsbezirk Landstuhl zurück. Heute zählt Landstuhl knapp 8000 Ew. Es liegt einerseits im Pendlereinzugsbereich der Industriestadt Kaiserslautern, andererseits bieten die Einrichtungen der US-Armee in der Stadt und den umliegenden Gemeinden vielfältige Erwerbsmöglichkeiten.

Empfehlenswert ist der Blick von der Aussichtsterrasse der Burg Nanstein, die 1689 während der Réunionskriege zerstört wurde. Erkennbar wird die eingeengte Lage der frühneuzeitlichen Stadt, die mit zwei parallelen Straßenzügen den Taltrichter des Heubaches ausfüllte. Erweiterungsmöglichkeiten gab es nur in nördlicher Richtung. Hier erstreckte sich jedoch bis ins 18. Jahrhundert die siedlungsfeindliche Moorniederung des Landstuhler Bruches. Die ehemalige Moorlandschaft, die heute nur noch zu einem Prozent erhalten ist, stellt einen Teil der Westpfälzischen Niederung dar. Dabei handelt es sich um eine Ausräumungsmulde, die sich über eine Länge von ca. 30 km bis nach Homburg/Saar zieht. Wegen ihrer hier geringen Widerstandsfähigkeit wurden in diesem Bereich nach Süden einfallende Buntsandsteinschichten während der letzten Kaltzeit abgetragen. Mit dem Ende der letzten Eiszeit setzte die Moorbildung ein, die erst zu Beginn des 18. Jahrhunderts durch Entwässerungsmaßnahmen ihr Ende fand. Ab 1775 wurde die Torfgewinnung eingestellt, 1969 schloß das 1896 gegründete Moorbad Landstuhl seine Tore. Heute vermittelt nur noch der unter Naturschutz stehende Hochmoorrest *Geißweiher* ein Bild von der ehemaligen Naturlandschaft des Landstuhler Bruches. Das neugeschaffene Landschaftsschutzgebiet *Landstuhler Bruch - Oberes Glantal* mit neun unter Naturschutz gestellten Kernzonen soll zur Erhaltung des Naturhaushaltes beitragen.

Nach dem steilen Anstieg zur Burgruine Nanstein führt die Straße an der neueren Siedlung Atzel vorbei nach Mittelbrunn, und folgt dann dem Stuhlbachtal bis zur Scharrmühle. Von der Mühle zweigt eine Straße ab, die auf die Höhe nach Gerhardsbrunn führt. Im weiteren Verlauf der Exkursion muß man sich wieder talwärts bewegen, um den Ort Labach zu erreichen. Das ständig wechselnde Gefüge von Tal- und Höhensiedlungen hat eine komplizierte Verkehrsführung zur Folge, die auf die generelle Verkehrsungunst der Westricher Hochfläche verweist, gleichzeitig aber auch als ein Zeichen mangelnder sozialer Beziehungen zwischen den beiden Siedlungstypen verstanden werden kann.

## HP 2 Gerhardsbrunn

Gerhardsbrunn (1987: 149 Ew) ist ein abgelegenes Höhendorf, das einerseits typische Merkmale der Sickinger Agrarlandschaft aufweist, andererseits schon im 19. Jahrhundert als Sonderfall einer geschlossenen Dorfgemeinschaft wissenschaftliche Aufmerksamkeit auf sich zog (u.a. MAYER 1899). Im durchweg von der Realerbteilung geprägten Raum der Pfalz stellt Gerhardsbrunn den seltenen Fall einer Gemeinde mit Anerbenrecht dar, das ansonsten nur für die vorwiegend von Mennoniten bewirtschafteten, weilerartigen Einzelhöfe der Pfalz charakteristisch ist. Die verschiedenen Siedlungsvorgänge auf der Westricher Hochfläche lassen sich am Falle von Gerhardsbrunn gut belegen. Der Anlage einer fränkischen Höhensiedlung folgten mit der Gründung des Klosters Hornbach im 8. Jahrhundert umfangreiche Rodungsmaßnahmen in den Buntsandstein-Tälern. Aus machtpolitischen Gründen entstanden Siedlungskonzentrationen in Lagen, die von der Natur benachteiligt sind. Eine solche Gründung stellte Obersumbach dar, das, auf Gerhardsbrunner Gemarkung gelegen, im 30-jährigen Krieg wüstfiel. Um 1400 ist dieser Siedlungsprozeß weitgehend abgeschlossen. Nach 1500 erfolgt eine Höhenwanderung der Siedlungen auf die flachen, von je her ackerbaulich genutzten Muschelkalkhöhen. Dieser neuerliche Umsiedlungsvorgang beschränkt sich auf das Territorium der Sickinger, einem Adelsgeschlecht, das aus steuerlichen Gründen an einer Intensivierung der Landwirtschaft interessiert war. Im Falle von Gerhardsbrunn fällt mit der Verlegung des Dorfes die Talsiedlung wüst, andere Orte wie Knopp und

## Abb. 1: **Gerhardsbrunn**

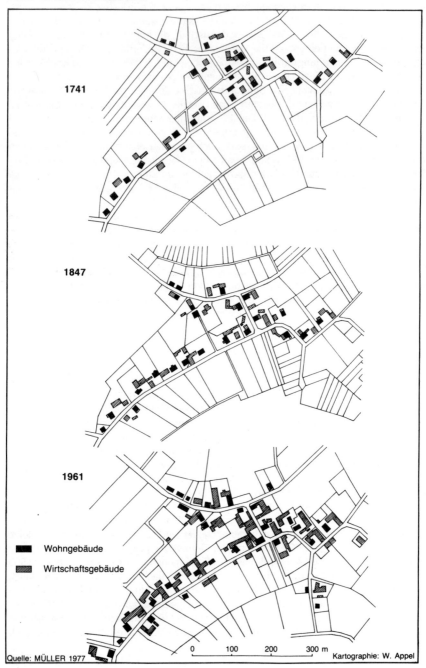

1741

1847

1961

■ Wohngebäude

▨ Wirtschaftsgebäude

Quelle: MÜLLER 1977

0    100    200    300 m

Kartographie: W. Appel

422

Labach bleiben als Tal- und Höhensiedlung bis heute erhalten. Nach POSTIUS (1938, S. 79f.) erfolgt mit der Trennung der Siedlungen auch eine soziale Differenzierung, d.h. in den relativ unfruchtbaren Taldörfern verbleiben die Kätner und Hintersassen, während sich wohlhabende Bauern in den Höhendörfern ansiedeln. Nach dem 30-jährigen Krieg zieht die fast menschenleer gewordene Landschaft Einwanderer aus der Schweiz und dem Elsaß an, darunter befinden sich viele besitzlose Fahrende. In der Talsiedlung Neumühle (HP 14) stellte diese Sozialgruppe bis zur Mitte dieses Jahrhunderts große Teile der Bevölkerung.

1635 wurde Gerhardsbrunn niedergebrannt. Bei der *Renovation* des Dorfes um 1700 wurden an sechs Familien fünfzehn *Losgüter* verteilt. Diese besondere Eigentumsform war in den sickingischen Dörfern weit verbreitet. In Gerhardsbrunn war nur das Dungland, das fruchtbare Ackerland auf den Muschelkalkhöhen, Privatbesitz der Bauern. Es umfaßte ein Viertel der Gemarkung. Der Rest wurde als »ungeteiltes, gemeines Feld« jährlich unter den berechtigten Bauern verlost. Die einzelnen Lose bestanden aus Ackerland, Wilderungsland und Wald und umfaßten Flurteile verschiedener Bodengüte. Erst mit der Aufteilung der Wilderungen zu Anfang des 19. Jahrhunderts wurden die Losgüter in Gerhardsbrunn aufgelöst, Reste dieser Besitzform erhielten sich auf Ödland allerdings bis in unser Jahrhundert.

Eine weitere Besonderheit des Dorfes ist die relativ konstante Bevölkerungsentwicklung. Oft wurde dies dem *Anerbenrecht* zugeordnet, MÜLLER (1977, S. 138f.) konnte jedoch belegen, daß die Erbsitte erst seit 1850 in Gerhardsbrunn praktiziert wird, wobei das Majorat nicht zwingend vorgeschrieben war. Vielmehr war man bestrebt, die Lose ungeteilt zu vererben. Aus diesem Grunde hat sich das Dorf in den letzten 200 Jahren kaum verändert. Auf 17 Höfen lebten stets 140-150 Personen. Uneheliche Geburten kamen in Gerhardsbrunn kaum vor, ebenso war die Kindersterblichkeit niedriger als in den benachbarten Dörfern. Eine geringe Zahl von Heiraten und Geburten charakterisiert die Bevölkerungsentwicklung ebenso, wie hohe Auswanderungszahlen. Durchschnittlich wurden zwischen 1847 und 1897 jährlich nur vier Kinder in 22 bäuerlichen Haushalten geboren sowie 56 Ehen im genannten Zeitraum geschlossen (MÜLLER 1977, S. 150f.).

Entsprechend dem Wohlstand der Gerhardsbrunner 'Manschettenbauern' überwiegt hier das Viereckgehöft, das sich aus dem auf der Westricher Hochfläche üblichen quergeteilten Einhaus entwickelt hat. Der Ausbau zum *Sickinger Gehöft* war auch bedingt durch die Notwendigkeit eines eigenen Brennhauses. Zu Beginn des 19. Jahrhunderts wird auf der Sickinger Höhe die Kartoffelbrennerei eingeführt, die in der Kombination von Kartoffelanbau - Brennerei - Mastviehhaltung (Verfütterung der Schlempe) zu einem bestimmenden Element der Agrarstruktur wurde. Dieses Gebiet weist 1970 eine in der BRD beispiellose Dichte landwirtschaftlicher Kartoffelbrennereien auf, was unter anderem auf die ungünstige Verkehrslage des Raumes hinweist (SCHMIDT 1970, S. 122). Im Gegensatz dazu stellten sich die Agrargemeinden im Umland von Homburg, Zweibrücken und Pirmasens bereits um die Jahrhundertwende auf die Erzeugung von Speisekartoffeln um.

Von Gerhardsbrunn führt der weitere Weg nach Knopp-Labach, wobei zunächst der im Tal liegende Ortsteil Labach angesteuert wird und im weiteren Verlauf der Ortsteil Knopp.

## HP 3    Knopp-Labach

Labach bildet heute zusammen mit Knopp eine Gemeinde (1987: 460 Ew). Historisch betrachtet ist dies durchaus sinnvoll, denn es handelt sich hierbei um eine Mutter- und eine Tochtersiedlung, wobei letztere während der Repeuplierungszeit im 18. Jahrhundert entstanden ist.

Das ältere Labach wird 1264 erstmals genannt. Im Gefolge der vom Kloster Hornbach ausgehenden Konzentrationsbewegung wird Labach zu einem wichtigen kirchlichen Mittelpunkt ausgebaut, dessen augenfälligstes Kennzeichen die gotische Pfarrkirche ist. Die gegen Ende des 17. Jahrhunderts beginnende Inwertsetzung der Hochflächen hatte im Sickinger Territorium vielerorts die erwähnte Höhenwanderung der Siedlungen zur Folge. Dabei werden die Tallagen oft zu Wüstungen wie im Falle von Gerhardsbrunn. Aus Labach wandert dagegen nicht die gesamte Bevölkerung auf die Höhe ab, unter Umständen wegen der hier verorteten wichtigen Pfarrei und des sickingischen Kleingerichts. Die neugegründete Tochtersiedlung Knopp entwickelte sich trotzdem im Laufe der Zeit zum eigentlichen Bevölkerungsschwerpunkt. Die Umsiedlungsprozesse lassen sich erkennen an den wenigen in Labach verbliebenen Bauernstellen mit mittelalterlicher Kirche und der Vielzahl von z.T. stattlichen Bauernhöfen in Knopp mit seiner neuzeitlichen Filialkirche (jetziger Bau allerdings von 1912!).

In Labach lohnt sich ein Besuch der im 14. Jahrhundert erbauten Wallfahrtskirche Mariae Himmelfahrt. Die Kirche mit oktogonalem Turm steht in erhöhter Lage inmitten eines befestigten Friedhofs, der über ein spätgotisches Torhäuschen (sog. *Totenrast*) zugänglich ist. Knopp stellt ein gutes Bespiel dar für die auf der Westricher Hochfläche vertretenen Bauernhaustypen. Die überwiegend aus dem 19. Jahrhundert stammenden Einfirstanlagen mit zweigeschossigem Wohnteil stehen abwechselnd in Trauf- und Giebelstellung zur Hauptstraße. Je nach der wirtschaftlichen Lage ihrer Besitzer sind sie in ursprünglicher Form erhalten oder durch abgesetzte Wirtschaftsgebäude zu Haken- oder Dreiseitgehöften verändert worden.

Von Knopp führt der weitere Weg über die Orte Krähenberg (Höhensiedlung) und Wiesbach (Talsiedlung) nach Großbundenbach.

## HP 4    Großbundenbach

Das auf der Hochfläche gelegene regellose Haufendorf Großbundenbach fällt auf Grund seiner territorialen Geschichte aus dem Rahmen des weitgehend durch die Sickinger Ritter und Zweibrücker Herzöge geprägten Raumes der Westricher Hochfläche. Ein niederes Adelsgeschlecht, das sich nach Bundenbach benannte, errichtete westlich des Dorfes eine Burg, die 1329 erstmals urkundlich erwähnt wurde. Die kleine Herrschaft Bundenbach umfaßte neben dem namengebenden Ort jeweils die Hälfte der Dörfer Käshofen und Mörsbach. Die Landeshoheit wurde bereits früh von den Zweibrücker Grafen und Herzögen beansprucht. Nach dem Aussterben der Bundenbacher gelangte die Herrschaft an den Zweibrücker Burgmann Hugo Slump und im Jahre 1426 an die Herren von Stein-Callenfels. Ihnen gelingt es 1478, die Lehenshoheit der Zweibrücker Herzöge abzuschütteln, so daß sich Bundenbach als eigenständiges Territorium inmitten des Zweibrücker Herzogtums behaupten kann. Nach dem 30-jährigen Krieg heiratet Friedrich Ludwig von Stein-Callenfels die reiche Witwe des aus Schottland stammenden Jacob von Cathcart zu Carbiston. Seither tragen die Bundenbacher Herren den schottischen Adelsnamen. Erst 1777 wird der Hoheitsstreit beigelegt, durch Tausch mit einigen Bliesdörfern wird Bundenbach mit dem Herzogtum Zweibrücken vereinigt. Der letzte Cathcart von Carbiston verstarb kinderlos im Jahre 1836 in Zweibrücken. Von der Burg sind nur bescheidene Reste erhalten, da sie 1813 auf Abbruch von einem Bundenbacher Bürger ersteigert wurde. Dagegen ist die protestantische Pfarrkirche (ehemals St. Martin) aus mehreren Gründen sehenswert. Sie stellt ein gutes Beispiel für den mittelalterlichen Kirchenbau auf der Westricher Hochfläche dar, besitzt beachtenswerte Wandmalereien und eine Reihe von Grabplatten der herrschaftlichen Familien von Bundenbach [1]. Die Pfarrkirche von Großbundenbach liegt in der Dorfmitte, umgeben vom ehemaligen Friedhof, der von einer Mauer umschlossen wird. Die Kirche wurde 1206 erstmals erwähnt, ihre heutige Gestalt erhielt sie jedoch erst im 14. Jahrhundert durch einen Umbau in gotischer Form. Lediglich der romanische Chorturm stammt noch aus dem 12. Jahrhundert. Das niedrige Langhaus umschließt eine dreischiffige Staffelhalle. Im Chorraum wurden 1907-1909 figürliche Wandmalereien freigelegt, die in das 14. Jahrhundert zu datieren sind. Die meisten mittelalterlichen Kirchen auf der Westricher Hochfläche besaßen eine Ausmalung, jedoch ist diese nur in Großbundenbach erhalten geblieben. Einige der Heiligendarstellungen wurden im Laufe der Jahrhunderte durch die Aufstellung der herrschaftlichen Grabplatten zerstört. Die 14 Grabplatten stammen aus der Zeit zwischen 1583 und 1773. Die älteren Epitaphien der Familie Stein-Callenfels sind abgetreten, da sie erst in jüngerer Zeit vom Fußboden abgenommen und im Kirchenraum aufgestellt wurden. Die barocken Steine sind Wandgrabmäler der Familie Cathcart von Carbiston, die ursprünglich eine 1878 abgebrochene Familiengruft an der Außenwand der Kirche besaß. (Schlüssel zur Pfarrkirche im protestantischen Pfarrhaus, Kirchstraße 3).

Von Großbundenbach gelangt man über Mörsbach und Kirrberg nach Homburg/Saar, vorbei an den weitläufigen Anlagen der saarländischen Universitätskliniken.


## HP 5   Homburg/Saar

Die saarpfälzische Industriestadt Homburg (1987: 43 000 Ew) verdankt ihre Bedeutung vor allem der verkehrsgünstigen Lage am Schnittpunkt zweier Straßen, die bereits in römischer Zeit wichtige Verbindungen darstellten. Die in West-Ost-Richtung verlaufende *via regia* wird hier gekreuzt von einer aus dem Bliesgau in den Saarkohlenwald führenden Straße. Die Anlage einer römischen Handelsniederlassung im heutigen Homburger Stadtteil Schwarzenacker belegt die überregionale Bedeutung dieser N-S-verlaufenden Straßenverbindung.
Östlich der Stadt fallen die Karlstalschichten des Mittleren Buntsandsteins in einer markanten Stufe gegen die Westpfälzische Niederung ab. Zum Schutze der Verkehrswege wurde hier auf dem gegen die Niederung vorspringenden Schloßberg im 12. Jahrhundert eine Burg errichtet. Die Grafen von Nassau-Saarbrücken bauten diese Burg, die für den Ort namengebend war, im 16. Jahrhundert festungsmäßig aus. Der Renaissanceburg war talwärts eine Burgsiedlung angeschlossen, die 1558 Stadtrechte erhielt. In den Jahren 1679-97 besetzten französische Truppen die Festung. Der Festungsbaumeister

---

[1]   Weitere mittelalterliche Kirchenbauten, von denen meist nur die romanischen Türme erhalten sind, befinden sich in Bottenbach, Dellfeld, Massweiler und Winterbach

Vauban legte einen Befestigungsgürtel um Stadt und Burg. Nachdem 1697 die Franzosen die Stadt verlassen mußten, wurden 1714 (Friedensverträge von Rastatt und Baden) die Zitadelle gesprengt und die Befestigungsanlagen geschleift. Während eines kurzen Zeitraums konnte die bedeutungslos gewordene Stadt als Residenz nochmals eine wichtige Rolle spielen. Nachdem Homburg 1775 zum Herzogtum Pfalz-Zweibrücken gelangte, wurde 1778 unter Karl II. August auf dem nahegelegenen Karlsberg ein barockes Prachtschloß errichtet, das als größte Landresidenz Europas galt. Es wurde bereits 1793 niedergebrannt, so daß heute nur noch einige Grundmauern auf dem wiederbewaldeten Karlsberg erhalten sind.

Der Bau der Ludwigsbahn durch die Pfalz brachte Homburg im Jahre 1848 den Bahnanschluß. Weitere Bahnlinien nach Neunkirchen, Zweibrücken und ins Nahetal legten den Grundstock für die weitere Entwicklung der Stadt. Übte sie im 19. Jahrhundert noch vorwiegend Verkehrs- und Verwaltungsfunktionen (Kreisverwaltung) aus, so wurde mit der Einrichtung eines Zweigwerkes des Neunkirchener Eisenwerkes im Jahre 1912 auf dem 1908 erschlossenen Industriegelände die eisen- und stahlverarbeitende Industrie zum bestimmenden Wirtschaftsfaktor der Stadt. Heute spielt diese Branche mit ihren acht Betrieben infolge diversifizierter Industrieansiedlung und der Krise in der Stahlindustrie keine dominante Rolle mehr. 1988 entfielen auf die beiden größten Arbeitgeber, die Universitätskliniken und die Firma Bosch, je 4000 der 28000 Arbeitsplätze in Homburg.

Infolge der Zerstörungen in Homburg in den Jahren 1714, 1793 und 1944-45 sind fast keine historischen Gebäude mehr erhalten. Das von 1684-99 bestehende Franziskanerkloster, im 19. Jahrhundert zur Synagoge umgestaltet, wurde während des Novemberpogroms 1938 zerstört. Die Ruine soll restauriert werden und in Zukunft ein Museum zur Stadtgeschichte aufnehmen.

Obwohl von der Burg und der Zitadelle keine baulichen Reste mehr existieren, lohnt ein Blick von der Aussichtsterrasse des Restaurants auf dem Schloßberg. Von hier aus erschließt sich dem Betrachter am besten die bauliche Entwicklung der Stadt mit ihren Industriegebieten entlang der Bahnlinie westlich und östlich des Stadtkerns. Jenseits der Stadt liegen die Anhöhen des Saarkohlenwaldes, dazwischen das zum großen Teil bewaldete Homburger Bruch, das erst im 19. Jahrhundert kultiviert wurde. Sehenswert sind die Schloßberghöhlen, ein System von acht Höhlengruppen im Buntsandstein. In den wahrscheinlich künstlich angelegten Kavernen wurde im Mittelalter *Silbersand* gewonnen. Heute dienen die Höhlen z.T. dem zivilen Selbstschutz. Sie können auf einer Strecke von 3 km in drei Stockwerken besichtigt werden, nachdem sie 1930 wiederentdeckt wurden.

Öffnungszeiten: 1. Mai-30. September, Mo-Fr 16.30 Uhr (Führung), Sa 14.00-18.00 Uhr, So 10.00-12.00 und 14.00-18.00 Uhr; 1. Oktober-30. April, Sa 15.00-18.00 Uhr, So 11.00-12.00 und 14.00-18.00 Uhr.

## HP 6  Schwarzenacker/Wörschweiler

Südlich von Homburg hat sich die Blies etwa 150 m in den Buntsandstein eingetieft und ein 250 m breites antezedentes Durchbruchstal geschaffen. Dadurch entstand zwischen Wörschweiler und Schwarzenacker eine Pforte, die einen verkehrsgeographisch wichtigen Durchlaß darstellt, den heute eine Bundesstraße, eine Autobahn und eine Bahnlinie benutzen. An dieser Stelle entstanden bereits früh zwei wichtige kulturelle Zentren.

## Abb. 2: **Der römische Vicus Schwarzenacker**

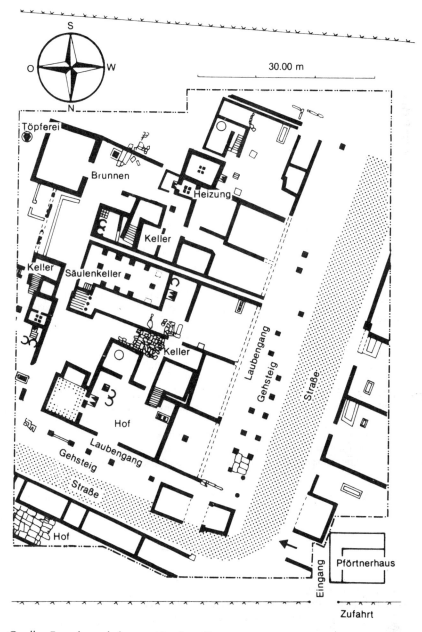

S

O W

N

30.00 m

Töpferei

Brunnen

Heizung

Keller

Keller Säulenkeller

Keller

Laubengang

Gehsteig

Straße

Hof

Laubengang

Gehsteig

Straße

Hof

Eingang

Pförtnerhaus

Zufahrt

*Quelle:* Fremdenverkehrsamt Homburg/Saar

427

Auf der östlichen Seite der Blies bestand schon vor der cäsarischen Eroberung im Jahre 52-58 v. Chr. eine Handwerker- und Bauernsiedlung der Mediomatriker. Der sich in der Folgezeit entwickelnde römische *vicus*, dessen Name unbekannt ist, lag an einer wichtigen Straßenverbindung zwischen Trier und Straßburg. Die stadtähnliche Niederlassung hatte ungefähr die Ausmaße des mittelalterlichen Worms. Grundlage der wohlhabenden, aber unbefestigten römischen Siedlung war die Vermarktung landwirtschaftlicher Produkte der umliegenden *villae rusticae*.

Obwohl schon der Zweibrücker Herzog Karl II. August in Schwarzenacker graben ließ, wurde das Ausmaß der römischen Siedlung erst durch die Tätigkeit saarländischer Archäologen nach 1965 bekannt. Die Siedlung wurde beim Einfall der Germanen um 260 in Schutt und Asche gelegt. Eine Siedlungskontinuität läßt sich nicht feststellen, Schwarzenacker ist lediglich eine durch die Brandspuren bedingte Flurbezeichnung. Die umfangreichen Grabungen waren notwendig geworden, nachdem die weitere Ausdehnung der Stadt Homburg nach 1945 die wertvollen Überreste endgültig zu zerstören drohte. Auf dem Gelände der römischen Siedlung, die erst teilweise freigelegt ist, befindet sich heute ein Freilichtmuseum, das von der Stiftung »Römerhaus Schwarzenacker in Einöd« getragen wird. Die Stiftung hat es sich zur Aufgabe gemacht, nicht nur die ausgegrabenen Mauerreste zu erhalten, sondern auch verschiedene Häuser originalgetreu wiederaufzubauen. Inzwischen sind das *Haus des Augenarztes* und das *Säulenkellerhaus*, das wohl kultischen Zwecken diente, rekonstruiert. Im letzten Gebäude fanden sich bedeutende Plastiken, die von der Wohlhabenheit der gallo-römischen Handwerker und Händler von Schwarzenacker zeugen.

Öffnungszeiten des Freilichtmuseums: 01.04.-30.11.: Di-So 9.00-12.00 und 14.00-17.30 Uhr; 01.12.-31.03.: Mi 9.00-16.30 Uhr, Sa 12.00-16.00 Uhr. Führungen vermittelt das Verkehrsamt Homburg/Saar (Tel.: 06841/2066).

Auf der gegenüberliegenden Seite bei Wöschweiler wurde auf einem Plateau 130 m über dem Westufer der Blies 1130 ein Priorat der Benediktiner von Hornbach gegründet. 1171 siedelten sich hier Zisterzienser aus Weilerbettnach bei Metz an. Sie begannen kurz danach mit dem Bau des Klosters Wörschweiler, angelehnt an das Schema der burgundischen Abtei Fontenay. Das prosperierende Kloster besaß neun Wirtschaftshöfe, wirkte jedoch kaum kolonisatorisch. Unter Umständen bewirkte die Häufung der Klosterhöfe sogar eine Reihe von Siedlungswüstungen im näheren Umland. 1614 brannte das Kloster ab, so daß heute nur noch geringe Reste der zwischen 1180 und 1235 errichteten Klosterkirche und der Abteigebäude vorhanden sind. Vom Klostergebäude hat man einen ausgezeichneten Ausblick auf das Bliestal und die Höhen der Westricher Hochfläche.

Über Schwarzenacker, Einöd und das ehemals selbständige Dorf Ernstweiler führt die Exkursion in das Zentrum der Stadt Zweibrücken.

## HP 7   Zweibrücken

Zweibrücken verdankt seine Entstehung einer Wasserburg, die Graf Simon I. von Saarbrücken zur Sicherung der von Düß (Dieuze) kommenden Salzstraße um 1150 im Mündungsgebiet der beiden Bäche Hornbach und Schwarzbach anlegte. Der Zugang zur Burg mittels zweier Brücken gab der Siedlung ihren Namen. Durch die Teilung der Saarbrücker Besitzungen entstand 1185 die Grafschaft Zweibrücken. Die Burgsiedlung erhielt zeitgleich mit Hornbach im Jahre 1352 Hagenauer Stadtrecht, die Grafschaft

*Abb. 3:* **Zweibrücken 1835**

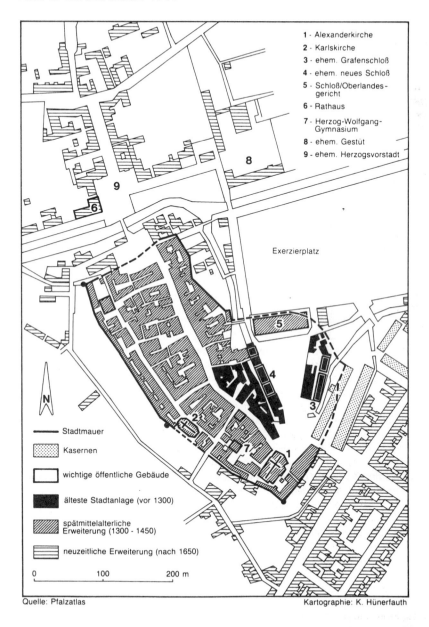

1 - Alexanderkirche
2 - Karlskirche
3 - ehem. Grafenschloß
4 - ehem. neues Schloß
5 - Schloß/Oberlandes-gericht
6 - Rathaus
7 - Herzog-Wolfgang-Gymnasium
8 - ehem. Gestüt
9 - ehem. Herzogsvorstadt

Exerzierplatz

Stadtmauer
Kasernen
wichtige öffentliche Gebäude
älteste Stadtanlage (vor 1300)
spätmittelalterliche Erweiterung (1300 - 1450)
neuzeitliche Erweiterung (nach 1650)

0          100          200 m

Quelle: Pfalzatlas                    Kartographie: K. Hünerfauth

*Quelle:* Pfalzatlas, Bl. 44

wurde 1410 zum Herzogtum erhoben. Bereits 1470 wurden große Teile der mittelalterlichen Stadt durch einen Brand vernichtet. Für die weitere Stadtentwicklung hatte nach dem Aussterben des Herzogsgeschlechtes gegen Ende des 17. Jahrhunderts der Übergang des Zweibrücker Territoriums an eine schwedische Seitenlinie entscheidende Bedeutung. Nach 1697 wurde die Stadt unter dem schwedischen Baumeister Sundahl ausgebaut. Herzogliches Schloß, Schloßgarten, Orangerie, Archiv, Hoftheater und eine Herzogsvorstadt für die Hofbeamten geben Zweibrücken das Gepräge einer echten Residenzstadt. Nach der schwedischen Regierungszeit erlebte Zweibrücken unter Herzog Christian IV. eine weitere Blütezeit. Druckereien, Textil- und Porzellanmanufakturen, eine Achatschleiferei, ein Stahlmagazin und das berühmte Pferdegestüt, das erst 1960 aufgelöst wurde, zeugen von der wirtschaftlichen Prosperität. Zudem war Zweibrücken ein kulturelles Zentrum, in dem Literatur, Musik und Malerei gepflegt wurden. Im Verlauf der kriegerischen Handlungen während der Französischen Revolution endete die Residenzfunktion der Stadt Zweibrücken, die Schlösser der Herzöge wurden ein Raub der Flammen. Seiner Residenz beraubt, sank es zur Bedeutungslosigkeit einer bayerischen Kreisstadt herab. Daran konnte auch die Verlegung des höchsten pfälzischen Gerichts nach Zweibrücken nichts ändern. Die Grenzlage der Stadt erschwerte ihre wirtschaftliche Entwicklung. Dennoch konnte Zweibrücken, das während seiner Zeit als Residenzstadt von einem vorindustriellen »Gewerbegeist« geprägt war, den Anschluß an das Industriezeitalter finden. 1834 wird die Dinglersche Maschinenfabrik gegründet, weitere eisenverarbeitende Betriebe werden in der Folgezeit in der Stadt ansässig. Heute wird die Palette der Betriebe durch Firmen der Textil-, Nahrungsmittel-, Schuh- und der chemischen Industrie vervollständigt. Die diversifizierte Branchenstruktur hat zur Folge, daß Zweibrücken weit weniger als ihre monoindustrielle Nachbarin Pirmasens mit wirtschaftlichen Strukturproblemen zu kämpfen hat. Im Gefolge der Industrialisierung erhöhte sich die Einwohnerzahl von Zweibrücken seit der Jahrhundertwende um das Dreifache. Zur Erweiterung der Bebauungsflächen wurden bereits vor dem Zweiten Weltkrieg die Orte Ernstweiler, Bubenhausen, Ixheim und Niederauerbach eingemeindet. Die Krisen in der Textil- und Schuhindustrie sowie die Auflösung der Kreisverwaltung haben in den vergangenen zwei Jahrzehnten ihre Spuren hinterlassen. Seit 1970 hat Zweibrücken über 10 % seiner Einwohner verloren, so daß die Stadt 1987 nur noch 33 373 Personen zählte.

Ein Rundgang durch die Stadt Zweibrücken wird den Liebhaber barocker Residenzarchitektur enttäuschen. 1945 wurde die Innenstadt zu 82 % zerstört. Von den herrschaftlichen Gebäuden wurde nur das herzogliche Schloß in vereinfachter Form wiederaufgebaut. Die restaurierte Alexanderkirche, ehemals der bedeutendste spätgotische Kirchenbau der Pfalz, hat ihr Maßwerk und Kreuzrippengewölbe verloren. Lediglich die Herzogsvorstadt kann noch in Ansätzen das Bild planvoller barocker Stadtgestaltung vermitteln. Außerhalb der Innenstadt waren die Kriegszerstörungen weniger drastisch, so daß in den Stadterweiterungsgebieten des 19. und 20. Jahrhunderts interessante Beispiele großbürgerlichen Wohnungsbaus erhalten blieben. Vornehme Villen der Zweibrücker Industriellenfamilien stehen in der Gutenbergstraße (Neo-Renaissance), Himmelsbergstraße (Neo-Barock) und Steinhauserstraße (Jugendstil). Sehenswert ist auch die Wohnanlage am Mannlichplatz, die in barocker Platzmanier errichtet wurde und ein gutes Beispiel des expressionistischen Baustils der 20er Jahre darstellt (Abb. 4). Zum Abschluß eines Stadtrundgangs sei ein Besuch des Rosengartens empfohlen, der 1914 eröffnet wurde und sich auf dem Gelände des bereits 1793 zerstörten Schloßgartens befindet.

## Abb. 4: Bauensemble Mannlichplatz - Zweibrücken

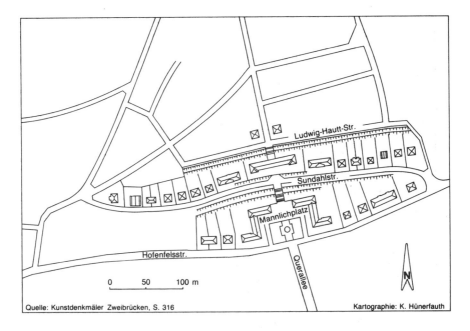

Quelle: Kunstdenkmäler Zweibrücken, S. 316

Kartographie: K. Hünerfauth

0  50  100 m

## HP 8  Stuppacherhof

Nach den Verwüstungen des 30-jährigen Krieges lagen weite Teile der Pfalz brach. Im Herzogtum Zweibrücken bemühte man sich nicht nur um eine Wiederbesiedlung der Dörfer, sondern auch um die Modernisierung der Landwirtschaft und Inkulturnahme wüstgefallener, abseits gelegener Fluren. Unter Herzog Christian IV. und seinem Kammerdirektor Karl Balthasar Schimper wurden im Amt Zweibrücken während des 18. Jahrhunderts 32 neue Höfe in Einödlage gegründet, auf denen meist höfische Beamte als Erbbeständer eingesetzt wurden. Nachdem in einer ersten Phase verarmte Schweizer Einwanderer die neuen Höfe herabwirtschafteten, setzten sich auf ihnen nach und nach ihre mennonitischen Landsleute fest, die unter französischer Regierung dann Eigentümer der Höfe wurden. Nirgends in der Pfalz kam es zu einer derartigen Höfedichte wie im Zweibrücker Raum. Dabei ist festzustellen, daß sich die Höfe genetisch in drei Gruppen einteilen lassen. Neben den bereits angesprochenen 32 Neugründungen existierten im Zweibrücker Land 9 Höfe, die als Reste mittelalterlicher Dörfer anzusehen sind. Ihre Fluren wurden ab 1650 wieder unter den Pflug genommen. Lediglich der Truppacherhof läßt sich als reine Hofsiedlung bis ins Mittelalter zurückverfolgen. PÖHLMANN (1938, S. 81) führt die Höfedichte darauf zurück, daß »im 17. Jahrhundert ja Zweibrücken bereits ein städtischer Absatzmarkt war, der in seiner Ernährung auf die landwirtschaftliche Umgebung angewiesen war«. 1759 erhielten die Mennoniten im

431

## Abb. 5: Hofgründungen des 18. Jahrhunderts im Zweibrücker Westrich

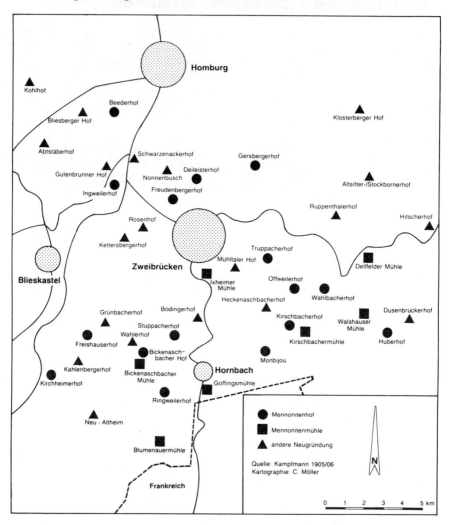

Herzogtum Zweibrücken offiziell das Niederlassungsrecht, in den folgenden Jahren wurden sie bevorzugt als Träger einer innovativen Landwirtschaft im Herzogtum Zweibrücken, aber auch in anderen Teilen der Pfalz tätig. Um 1835 lebten in den kleinen Kantonen Zweibrücken und Hornbach bereits 279 Mennoniten. Im Gegensatz zur bodenständigen Bevölkerung nahmen sie die »modernen« Ideen Schimpers bereitwillig auf. Großflächige Dreifelderwirtschaft, Stallfütterung, Gipsdüngung, Wiesenbewässerung, Branntweinbrennerei (Schlempewirtschaft) und starker Weizenanbau charakterisieren die mennonitische Landwirtschaft, die sich bis heute in der Pfalz erhalten hat. Ein Besuch des auf Hornbacher Gemarkung gelegenen Stuppacherhofs (Kartierung siehe Pfalzatlas, Blatt 40) verdeutlicht zugleich den ideologischen Anspruch mennonitischer Lebensweise, die in den beiden letzten Jahrhunderten von bewußter Weltabgeschiedenheit und landwirtschaftlicher Betätigung als urchristlicher Aufgabe geprägt war. Da die Höfe im Zweibrücker Land von Hofbeamten und Adeligen gegründet wurden, sind die Wohnbauten oft in spätbarocker Manier gehalten mit z.T. aufwendigen Treppentürmen, wappenverzierten Türstürzen und repräsentativen Auffahrten (z.b. Offweilerhof nördlich Contwig). Die Höfe wurden nach einem einheitlichen Bauschema konzipiert. Meist wird das Wohnhaus beiderseits von Wirtschaftsgebäuden (oft auch Brennhaus) flankiert. Die repräsentative architektonische Gestaltung wurde von den Mennoniten, die mangels Kapital niemals als Hofgründer auftraten, aber im Zuge ihrer wirtschaftlichen Aktivitäten zu Wohlstand gelangten, übernommen. Der 1766 von dem Hornbacher Stadtschultheiß Rothenbühler gegründete Stuppacherhof gelangte später in den Besitz der Mennonitenfamilie Dettweiler, die 1779 hier einen fast schloßartigen Putzbau mit 12 Fensterachsen als Wohnhaus errichtete.

Heute lassen sich auf den Mennonitenhöfen Abwanderungstendenzen feststellen. Jüngere Gemeindemitglieder wenden sich oft sowohl von der Landwirtschaft als auch von den Einödhöfen ab.

Im Zweibrücker Gebiet gibt es auf den Höfen keine Kirchenbauten, die beiden mennonitischen Gruppierungen der *Häftler* und der *Knöpfler* unterhielten Betstuben in Ixheim bzw. Ernstweiler (heute Stadtgebiet von Zweibrücken), bis es im 19. Jahrhundert zu einer Vereinigung der beiden Gemeinden kam. In Ixheim (Kirchbergstr. 5) ist die ehemalige Mennonitenkirche als einfacher Walmdachbau noch erhalten.

HP 9   Hornbach

Von Zweibrücken kommend durchfährt man in südlicher Richtung das Dorf Althornbach, das nach DRUMM (1952, S. 4) als Vorläufersiedlung des Städtchens Hornbach gelten kann. Der Ort Hornbach verdankt seine Entstehung dem vom heiligen Pirminius am Zusammenfluß von Trualb und Sualb um 740 gegründeten Kloster Gamundias. Vermutlich ist die spätere Stadtentwicklung auf Wallfahrten zu den Grabstätten von Bischof Pirminius und Papst Fabian zurückzuführen. Hornbach erhält gleichzeitig mit Zweibrücken im Jahre 1352 das Hagenauer Stadtrecht. Die Errichtung der Grafenburg und einer Stadtmauer können nicht darüber hinwegtäuschen, daß Hornbach kaum städtische Funktionen ausübte. Die Vogtei über den Klosterbesitz durch die Zweibrücker Grafen verhinderte größere kolonisatorische Leistungen des Klosters, letzlich auch seine große Verschuldung. Nachdem 1545 nur noch ein Mönch im Kloster lebte, hob Herzog Wolfgang es 1558 auf. 1559 eröffnete man in den Klostergebäuden eine Lateinschule zur Ausbildung von Geistlichen und herzoglichen Beamten, verlegte sie aber 1631 nach Zweibrücken. 1625 gab es nur noch 75 bewohnte Häuser in Hornbach. Während der Kriege im 17. Jahrhundert erlitt die Stadt starke Zerstörungen. Von der Grafenburg sind keine Reste mehr vorhanden, die Klostergebäude einschließlich der Kirche zerfielen zwischen 1677 und 1825.

Die Zwergstadt Hornbach entwickelte sich um das Benediktinerkloster auf einem Bergvorsprung. Schon im Mittelalter gab es eine Berg- und eine nördlich gelegene Talsied-

## Abb. 6: Die ehemalige Benediktinerabteil Hornbach

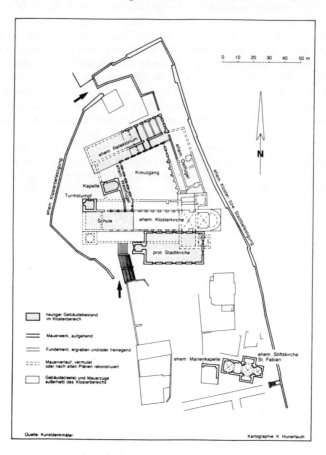

Quelle: Kunstdenkmäler                                   Kartographie: K. Hunerfauth

lung. Beide Stadtbezirke waren ummauert, wie auch der klösterliche Immunitätsbezirk. Infolge der bis zum Zweiten Weltkrieg anhaltenden Zerstörungen ist die historische Bausubstanz der ehemaligen Handwerker- und Ackerbürgersiedlung nur in Form von Ruinen erhalten, das Grafenschloß und die Stadttürme mit Ausnahme der Oberpforte wurden vollkommen abgetragen. Die verbliebenen baulichen Reste vermitteln jedoch immer noch einen guten Eindruck von der ehemaligen Bedeutung der Klostersiedlung Hornbach. Folgende Baulichkeiten lohnen eine Besichtigung:

1. ehemaliges Benediktinerkloster
Die im Ortszentrum gelegenen Überreste des Klosters und seiner Kirche St. Pirminius erstrecken sich auf ca. 50 m Länge nordwestlich der 1785 erbauten protestantischen Kirche. Diese wurde z.T. auf den Fundamenten der Klosterkirche errichtet, die bis ins

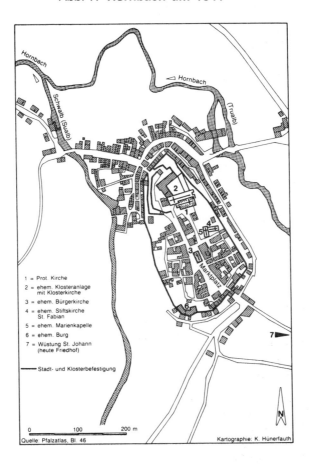

Abb. 7: **Hornbach um 1841**

1 = Prot. Kirche
2 = ehem. Klosteranlage mit Klosterkirche
3 = ehem. Bürgerkirche
4 = ehem. Stiftskirche St. Fabian
5 = ehem. Marienkapelle
6 = ehem. Burg
7 = Wüstung St. Johann (heute Friedhof)

Stadt- und Klosterbefestigung

0    100    200 m

Quelle: Pfalzatlas, Bl. 46    Kartographie: K. Hünerfauth

18. Jahrhundert als romanische Pfeilerbasilika erhalten war. Von der Kirche ist nur der Unterbau des Nordwestturms erhalten. Innerhalb des romanischen Chorgevierts wurde 1955/56 eine Gedächtnisstätte für Pirmin über dessen Grab errrichtet, die auch an die Pfälzer Glaubensboten Remigius und Disibodus erinnert. Nördlich der Klosterkirche sind wesentliche Teile des spätgotischen Kreuzganges erhalten, ebenso in Wohnhäusern verbaute Teile der Klostergebäude.

2. ehemalige Stiftskirche St. Fabian
Südlich der Klosteranlage befinden sich die Überreste der Stiftskirche St. Fabian, die nach Auflösung des Stiftes im Jahre 1559 zum Wohnhaus umfunktioniert wurde. Nachdem bereits für das Jahr 865 eine Grablegung des Märtyrers Fabianus in Hornbach bezeugt ist, kann von einer vorromanischen Kirche ausgegangen werden. Der bestehen-

435

de Bau ist jedoch im wesentlichen in der zweiten Hälfte des 12. Jahrhunderts entstanden. Seit der Reformation ist der Verbleib der Fabian-Reliquien unbekannt. Nach 1962 wurden die ursprünglichen Gewölbe und romanischen Fenster z.T. wiederhergestellt. Westlich der Kirchenruine befinden sich reichhaltig gegliederte Fragmente einer Kapelle aus dem 12. Jahrhundert, die wie viele Teile des Klosters lange Zeit als landwirtschaftliches Wirtschaftsgebäude genutzt wurde.

### 3. Friedhofskapelle St. Johann

Östlich der Stadt liegt am Hang des Trualbtales die ehemalige Pfarrkirche St. Johann. Sie gehörte zu einem im 15. Jahrhundert wüstgefallenen Dorf. 1560 wurde der Hornbacher Friedhof, ehemals bei der Stiftskirche St. Fabian gelegen, nach St. Johann verlegt. Von der aus dem 13. Jahrhundert stammenden Kirche ist der romanische Turm erhalten, die sich anschließende Friedhofskapelle wurde 1960 erbaut.

Von Hornbach empfiehlt sich eine Weiterfahrt über Dietrichingen, Bottenbach und Winzeln nach Pirmasens. Die auf dieser grenznahen Landstraße gelegenen Dörfer haben noch weitgehend ihren ländlichen Charakter bewahrt. Eine der Ursachen ist darin zu suchen, daß in diesen Orten im Gegensatz zu den nördlichen und östlichen Umlandgemeinden von Pirmasens die Schuhindustrie völlig fehlt. Vielmehr siedelte sie sich vorwiegend in den kleinbäuerlichen Dörfern des unfruchtbaren Pfälzerwaldes an. Die westlich der Stadt gelegenen Muschelkalkflächen wurden von der Dispersion der Schuhindustrie aufgrund der damals noch günstigen Agrarstruktur nicht erfaßt.

### HP 10 (Dietrichingen-) Hof Monbijou

Nördlich des Ortes Dietrichingen liegt der Hof Monbijou, auf dem Gebiet der wüstgefallenen mittelalterlichen Siedlung Leichelbingen. Um 1700 erhielten zwei Gemeinsleute die Erlaubnis, die verwilderte Flur in Ackerland umzuwandeln. 1728 verbietet eine herzogliche Waldkommission die weitere Rekultivierung, so daß der heutige Sandwald und ein Drittel des Klosterwaldes auf die forstliche Hege verwilderten Ackerlandes zurückzuführen ist. 1782 kaufte der herzogliche Minister v. Kreutzer das halbe Hofgut auf, setzte die mennonitische Familie Hauter als Hofbeständer ein und errichtete zwei Jahre später hier ein Jagdschlößchen mit Orangerie und Lustgarten. 1785 erwarb der Zweibrücker Herzog den Besitz und nannte ihn im Sinne höfischer, französisch geprägter Geisteshaltung *Monbijou*. 1793 steckten die Franzosen das Schloß in Brand. Von den herrschaftlichen Gebäuden ist nichts mehr erhalten, die Orangerie brannte 1971 aus.

Neben diesen siedlungsgeographischen Aspekten lohnt ein Besuch von Monbijou wegen seines 25 ha großen, westlich der Hofgebäude gelegenen Naturschutzgebietes. Es ist nach HARD (1964, S. 133) ein beliebter Wallfahrtsort Pfälzer Floristen. Mitte des 19. Jahrhunderts entwickelte sich infolge erhöhten Bodenabtrags auf dem erst nach 1804 angelegten Weideland Halbtrockenrasen. Große Teile der »badlandartigen« Ödländer wurden vor dem ersten Weltkrieg mit Kiefern aufgeforstet. In schattigen Arealen hat sich eine artenreiche Variante des *Mesobrometum* (Zwenkenrasen) erhalten.

### HP 11 Pirmasens

Die Stadt Pirmasens liegt im Grenzbereich von zwei Naturräumen: dem östlich der Stadt gelegenen Buntsandsteingebirge des Pfälzerwaldes und dem sich westlich anschließenden Westrich. Infolge zahlreicher in das Stadtgebiet hineinreichender Tälchen ist der Siedlungsgrundriß zerlappt, die Stadt ist von zahlreichen Brücken und Treppen geprägt. Innerhalb des bebauten Gebietes treten Niveauunterschiede von maximal 300 m auf.

Das Dorf Pirmasens wurde als Hirtensiedlung des Klosters Hornbach um 740 gegründet und trägt den Namen des Klostergründers. Das spätere Pfarrdorf gehörte den Grafen von Zweibrücken und gelangte 1570 an die Grafen von Hanau-Lichtenberg. Oberhalb des Dorfes hatte der letzte Hanauer Graf 1720 ein Jagdschloß errichtet. Durch Heiratsverbindungen kam Pirmasens 1736 an die Landgrafen von Hessen-Darmstadt mit der Auflage, daß das Amt Hanau-Lichtenberg als selbständiges Territorium zu verwalten sei. Landgraf Ludwig IX. macht 1740 Pirmasens zu seiner Residenz, die sich weniger durch höfische Bauten auszeichnete als vielmehr durch ihre Garnison. 1763 wurde Pirmasens zur Stadt erhoben, die zur gleichen Zeit entstandene Stadtmauer diente nur bedingt Verteidigungszwecken, vielmehr sollte sie die Flucht der Grenadiere aus der Stadt verhindern. Die Garnisonsstadt war geprägt von militärischen Zweckbauten, umfassenden Gartenarealen, den kleinen Grenadierhäuschen und einem 4 ha großen Exerzierplatz. 6800 Einwohner zählten zum Militär. Nachdem Ludwig IX. 1790 verstorben war, verließen 1792 mit der Auflösung der Residenz die letzten Grenadiere die Stadt. Die zurückgebliebene Bevölkerung mußte sich neue Erwerbsquellen erschließen. Gerberei, Hausierhandel mit Bildern und in Heimarbeit hergestellte Woll- und Lederschuhe boten einen Ausweg aus der wirtschaftlichen Misere der bedeutungslos gewordenen Stadt. 1830 gab es bereits 100 Schuhmacher mit 50 Gesellen. Mit der Umstellung auf maschinelle Produktion im Jahre 1857 (Einführung der Stepp- und Stanzmaschine) nimmt die Schuhproduktion einen raschen Aufschwung. Im Jahre 1882 überwog erstmals die Leder- die Stoffschuhproduktion, 1886 wurde die erste Schuhfabrik im ländlichen Umland in Hauenstein gegründet. Im Jahre 1913 gab es im Pirmasenser Raum 305 Schuhfabriken mit 17907 Arbeitern (davon 3829 Heimarbeiter). Die Hälfte der Betriebe beschäftigte unter 20 Arbeiter, ein für die weitere Entwicklung der Schuhindustrie und das funktionale Gefüge der Stadt Pirmasens entscheidender Faktor. 1910 hatte die Stadt bereits 38500 Einwohner, 1939 48700 Einwohner und 1972 lebten 56214 Personen in der Stadt. 1973 waren in der Schuhindustrie 72.6 % aller Industriebeschäftigten im Stadt- und Landkreis Pirmasens tätig. Der Raum Primasens hatte sich seit Beginn des Jahrhunderts zu einer monoindustriellen Agglomeration entwickelt. Nach wie vor ist er zwar das unbestrittene Zentrum der deutschen Schuhindustrie mit einer internationalen Schuhmesse und der »Deutschen Schuhfachschule«, doch seit Mitte der 60er Jahre befindet sich die Schuhindustrie in einer anhaltenden Krise. Im Zeitraum zwischen 1963 und 1973 gingen allein der Pirmasenser Schuhindustrie 178 Arbeitsstätten mit 7226 Arbeitsplätzen verloren. Ersatzweise wurden lediglich 842 Stellen neu geschaffen. Von den Betriebsschließungen waren vor allem die Klein- und Zulieferbetriebe betroffen, so daß der Schrumpfungsprozeß in den ländlichen Umlandgemeinden des Pfälzerwaldes besonders drastisch verlief.

Seit 1970 hat sich in der deutschen Schuhindustrie die Zahl der Arbeitsplätze halbiert, ein Prozeß, der nachhaltige Auswirkungen auf die monoindustriell geprägte Stadt Pirmasens hatte. Die Einwohnerzahl schrumpft seit 1973 kontinuierlich, trotz Eingemeindungen zählt die Stadt laut Volkszählung 1987 nur noch 47997 Einwohner. Von ehemals 70 Schuhfabriken werden nur noch 35 betrieben, die 4471 Personen beschäftigen.

## Abb. 8: Pirmasens um 1788

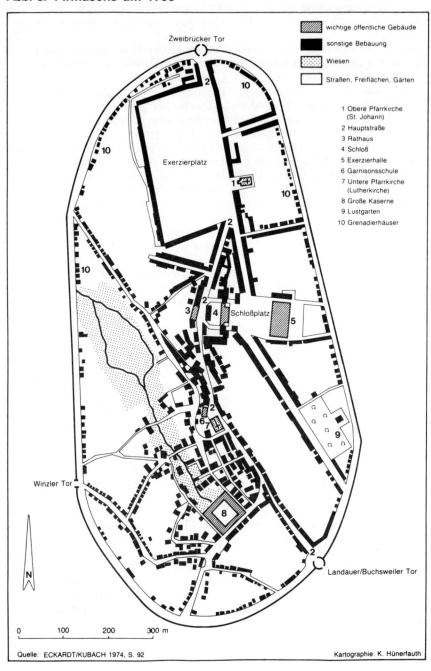

Zweibrücker Tor

wichtige öffentliche Gebäude

sonstige Bebauung

Wiesen

Straßen, Freiflächen, Gärten

1 Obere Pfarrkirche
  (St. Johann)
2 Hauptstraße
3 Rathaus
4 Schloß
5 Exerzierhalle
6 Garnisonsschule
7 Untere Pfarrkirche
  (Lutherkirche)
8 Große Kaserne
9 Lustgarten
10 Grenadierhäuser

Exerzierplatz

Schloßplatz

Winzler Tor

N

Landauer/Buchsweiler Tor

0    100    200    300 m

Quelle: ECKARDT/KUBACH 1974, S. 92

Kartographie: K. Hünerfauth

438

Bei einem Besuch der Stadt Pirmasens treten zwei Phänomene besonders deutlich hervor. Zum einen sucht man vergeblich nach Baulichkeiten aus der Landgrafenzeit, zum anderen begegnet man überall im Stadtgebiet den dispers verteilten 70 Fabrikgebäuden der Schuhindustrie. Die Bauwerke des 18. Jahrhunderts einschließlich der Stadtmauer sind nahezu vollständig verschwunden. Schloß und Stadtmauer wurden zu Beginn des 19. Jahrhunderts niedergelegt, die herrschaftlichen Gebäude wurden bei der National-güterversteigerung verkauft und für bürgerliche Zwecke umgebaut und abgerissen. Durch einen vernichtenden Bombenangriff im Jahre 1945 wurde die Stadt schwer getroffen, so daß selbst die Kirchen heute als Kopien anzusehen sind. Erhalten ist der alte Exerzierplatz im Zentrum der Stadt, er wurde allerdings nach Auflösung der Garnison um ein Drittel verkleinert. Seine Funktion als Parkfläche und die ihn umgebende konzeptionslose Architektur der 50er Jahre verdeutlichen das städtebauliche Dilemma einer kriegszerstörten Mittelstadt. Mit der Umgestaltung des Geländes am Alten Rathaus (Kaskadenbrunnen) hat Pirmasens sich in den letzten Jahren allerdings einen beachtenswerten Akzent gesetzt.

Betriebsbesichtigungen in den Schuhfabriken sind nach telefonischer Anmeldung möglich. Empfohlen wird die älteste Firma in Pirmasens, die Peter Kaiser GmbH in der Lemberger Straße 46 (Tel.: 06331/73021), die als älteste deutsche Schuhfabrik ihre Produktion bereits im Jahre 1838 begonnen hat und im Gegensatz zu vielen Zuliefer- und Teilbetrieben die gesamte Schuhfertigung betreibt. Zudem sollte man einen Rundgang durch das Deutsche Schuhmuseum im Alten Rathaus einplanen. Hier wird die Schuhherstellung in ihrer historischen Entwicklung anschaulich demonstriert (geöffnet: Do 15.00-18.00 Uhr, So 10.00-13.00 Uhr und nach telefonischer Vereinbarung. Tel.: 06331/84208).

## HP 12   Biebermühle

Auf der vierspurig ausgebauten Bundesstraße 270 gelangt man nach ca. 5 km zur Biebermühle. Die ehemalige Mühle im Rodalbtal (historischer Bau rechts der Straße/Ausflugslokal) wurde 1875 als Standort eines Bahnhofs ausgewählt, von dem aus die Stadt Pirmasens mittels einer Stichbahn an das Bahnnetz angeschlossen wurde. 1875 wurde die Bahnlinie Zweibrücken-Landau entlang der Täler des Schwarzbaches, der Rodalbe und der Queich angelegt. Um die Baukosten in Grenzen zu halten, umging die Haupttrasse die Stadt Pirmasens weitläufig. Weder der Stadtrat von Pirmasens noch die Pfälzische Eisenbahndirektion konnten sich für die Streckenführung über Pirmasens entscheiden, wobei die ungünstigen Geländeverhältnisse als maßgeblicher Grund angegeben wurden. Die später gebaute 6.7 km lange Nebenstrecke nach Pirmasens liegt zur Hälfte in Kurven und führt durch einen 900 m langen Tunnel, zudem liegt Pirmasens 123 m über dem Talniveau bei Rodalben. Über diese Nebenstrecke erhielt Pirmasens 1913 eine Bahnverbindung nach Kaiserslautern.

Der Bahnknoten Biebermühle wurde zu einer Zeit geplant, als noch nicht abzusehen war, welchen rasanten Aufschwung die Pirmasenser Schuhindustrie nehmen würde. Im Verlauf der Industrialisierung im Wasgau läßt sich feststellen, daß vor allem die an Bahnlinien gelegenen Orte Thaleischweiler, Rodalben, Münchweiler, Hinterweidenthal und Hauenstein (später auch Dahn) sich zu größeren Standorten der Schuhindustrie entwickelten. Bereits in den 20er Jahren überwog in Pirmasens der Transport von Schuhfertigprodukten per LKW, auch von den Pendlern benutzen nur 10.8 % die Bahn aufgrund ihrer streckenmäßig bedingten hohen Tarife.

Die durch den Schwarzbach getrennten und bis 1969 selbständigen Dörfer Thaleischweiler und (Thal-) Fröschen sind zwei Straßensiedlungen, die durch ihre Lage an der Eisenbahnlinie Zweibrücken-Landau und die Nachbarschaft zum Industriestandort Pirmasens geprägt wurden. Beide Siedlungen waren nach dem 30-jährigen Krieg verwüstet und wurden zu einem großen Teil von Schweizer Glaubensflüchtlingen und Hugenotten wieder besiedelt. Entsprechende Familiennamen (Ludy, Gurtner, Traxel, Toussaint, Dubois) sind noch heute in der Einwohnerschaft vertreten. Zur gleichen Zeit wurden hier auch Losgütergemeinschaften gebildet, die zu Beginn des 19. Jahrhunderts aufgelöst wurden.

Mit dem Bau der Eisenbahnlinie im Jahre 1875 ergab sich die Möglichkeit, die Lederverarbeitung in größerem Umfang in Thaleischweiler zu installieren. 1888 wurde die erste Schuhfabrik gegründet, 1905 gab es bereits acht Betriebe mit 167 Arbeitern. Ein Höchststand wurde 1910 mit 15 Schuhfabriken und 342 Arbeitskräften erzielt. Nach verschiedenen Krisen in der Schuhindustrie gab es im Ort 1949 wieder 15 Schuhfabriken, die jedoch nach und nach ihre Tore schlossen, so daß es heute in der Doppelgemeinde nur noch einen expandierenden Betrieb gibt, der vorwiegend im Versandhandel tätig ist.

In Thaleischweiler und den vier benachbarten Gemeinden Höheinöd, Herschberg, Wallhalben und Oberhausen fällt eine historische Besonderheit auf, die Erwähnung verdient. In den genannten Dörfern existierten seit dem 17. Jahrhundert größere jüdische Gemeinden. Obwohl die verkehrsentlegenen Agrargemeinden der Westricher Hochfläche ein ideales Betätigungsfeld für jüdische Land- und Viehhändler geboten hätten, gab es im Zweibrücker und Sickinger Territorium keine jüdische Landgemeinden. Diese Situation ist unter anderem auf das 1569 eröffnete Testament des Herzogs Wolfgang (1526-1569) von Pfalz-Zweibrücken zurückzuführen, der seine Erben dazu verpflichtete, keine Juden und Mennoniten in ihrem Gebiet zu dulden. Die zuvor genannten Gemeinden gehörten mit Ausnahme von Oberhausen zu Territorien der religionstoleranten Hanauer und Leininger. Die Existenz zweier jüdischer Gemeinden in den eng benachbarten Dörfern Oberhausen und Wallhalben erklärt sich aus der Grenzlage beider Siedlungen. So befand sich im zweibrückischen Oberhausen eine Synagoge und im leiningischen Wallhalben ein israelitischer Friedhof. In der Nähe von Territorialgrenzen, fernab von den regionalen Machtzentren und mit der Möglichkeit zur Flucht in das benachbarte Gebiet, siedelten sich bevorzugt Minderheiten an (Ansiedlung von Vaganten im südlichsten Zipfel des Sickinger Gebietes, siehe HP 14).

*Tab. 1:* Anzahl der Juden auf der Westricher Hochfläche

|      | Herschberg | Höheinöd | Oberhausen | Thaleischweiler | Wallhalben |
|------|-----------|----------|------------|-----------------|------------|
| 1823 | 138       | 33       | 44         | 99              | 43         |
| 1848 | 170       | 67       | 40         | 143             | 42         |
| 1875 | 101       | 44       | 42         | 101             | 59         |
| 1900 | 18        | 52       | 16         | 37              | 27         |
| 1936 | -         | 19       | -          | 8               | 38         |

*Quelle:* KNOPP, S. 69f.; ARNOLD 1983, S. 181f.

Die Juden versorgten die Dörfer nördlich des Schwarzbaches mit allen Waren, die man auf den Bauernhöfen benötigte, zudem betrieben sie wie in vielen pfälzischen Dörfern monopolartig den Viehhandel.

Im Zuge der Judenemanzipation und veränderter Erwerbsmöglichkeiten lösten sich viele israelitische Kultusgemeinden auf. So mußte auch die Gemeinde von Thaleischweiler ihr 1825 als Wohnhaus erworbenes und zur Synagoge umgebautes Gebäude im Jahre 1912 veräußern. Die ehemaligen Synagogen von Herschberg, Höheinöd und Thaleischweiler (Klostergasse 4) existieren zwar noch, sie sind jedoch infolge ihrer Umsetzung zu Wohnhäusern kaum noch als ehemalige Kultusgebäude zu erkennen. An die untergegangenen Gemeinden erinnern heute nur noch die jüdischen Friedhöfe.

Man verläßt Thaleischweiler-Fröschen in westlicher Richtung und biegt am Ortsende nach Norden ab in das Tal der Wallhalbe. Entlang dieses mäandrierenden Wasserlaufes häuften sich in dem ansonsten gewässerarmen Gebiet der Westricher Hochfläche die Mühlen, die Getreide und Ölfrüchte dieses bedeutsamen Agrarraumes verarbeiteten. An verschiedenen Stellen ist die Talaue mit ausgewachsenen Christbaum- und Pappelkulturen verbaut, ein Relikt der Nachkriegsjahrzehnte, in denen man infolge Aufgabe der Grünlandwirtschaft die Brachflächen z.T. aufforstete. Bei Wallhalben-Oberhausen kreuzen sich verschiedene Straßen, die von den Höhendörfern kommend entlang der Wallhalbe und des Wiesbaches nach Zweibrücken und Pirmasens führen. In Wallhalben, das genau im Zentrum der Westricher Hochfläche liegt, befand sich im 19. Jahrhundert ein wichtiger regionaler Viehmarkt, auf dem vor allem die jüdischen Viehhändler aus den Dörfern zwischen Oberhausen und Thaleischweiler tätig waren.

Von Wallhalben führt die Landstraße zurück nach Landstuhl. Nach ca. 4 km liegt rechter Hand die Siedlung Neumühle.

## HP 14   (Kirchenarnbach-) Neumühle

Im Speckbachtal liegt auf der Gemarkung von Kirchenarnbach die weilerartige Siedlung Neumühle. Im Zuge der Repeuplierungs- und Umsiedlungsmaßnahmen im Sickinger Gebiet entwickelte sich nach 1700 eine soziale Differenzierung zwischen Tal- und Höhensiedlung, auf die PÖHLMANN schon 1938 hingewiesen hat. Seiner Auffassung nach zogen die wohlhabenden Bauern auf die Hochflächen, während in den Tälern Tagelöhner, Vaganten und besitzlose Einwanderer verblieben (vgl. HP 2). Dieser Personenkreis wurde in der Talsiedlung Wiesbach mit den Begriffen »Kreter« und »Araber« bezeichnet, womit ohne konkreten geographischen Bezug eine Abgrenzung zur bodenständigen Bevölkerung vorgenommen wurde, die den fremdartigen Charakter der Talbewohner beschreiben sollte (PÖHLMANN 1938, S. 80).

Die Ursprünge der Siedlung Neumühle können bis zum Beginn des 19. Jahrhunderts zurückverfolgt werden. Nach ARNOLD dienten Felshöhlen in der Umgebung der Neumühle um die Wende vom 18. zum 19. Jahrhundert Sintifamilien als Unterschlupf. In den Kirchenbüchern von Kirchenarnbach tauchen zwischen 1800 und 1830 drei Bevölkerungselemente auf, die durch Vermischung den Grundstock zum sozialen Isolat der Neumühler legten: Tagelöhner aus den umliegenden Dörfern, pfälzische Sinti und Jenische [1]. Bis 1944 wurde in Neumühle Romanes verstanden und bis in die 60er Jahre

---

[1] Nichtseßhafte Vaganten, die nach Art der Sinti leben, sich teilweise mit ihnen vermischen, jedoch rassisch und sprachlich nicht den Sinti und Roma zuzurechnen sind.

sprachen viele Einwohner ein Rotwelsch mit starkem Romanes-Substrat. MAY, der 1951 eine kriminalsoziologische Dissertation über die Neumühler anfertigte, bemühte sich, einen Zusammenhang zwischen sozialer Lage, gesellschaftlicher Diskriminierung und kriminellem Verhalten der Neumühler Bevölkerung herzustellen. Nachweislich lebten die Neumühler noch in den 70er Jahren des 19. Jahrhunderts in abgedeckten Erdlöchern. MAY berichtet 1950, daß auf der Neumühle einräumige Katen ganze Familien mit Kleinvieh beherbergten. Unter diesen Umständen wird verständlich, daß die Neumühler eine hohe Kriminalitätsrate aufwiesen. Die zwischen 1945 und 1947 tätige »Neumühler Bande« wurde 1949 in einem spektakulären Prozeß in Zweibrücken abgeurteilt. Von 32 Bandenmitgliedern stammten 26 von der Neumühle. Acht Morde gingen auf das Konto der Angeklagten. Durch die Medien wurde damals erstmals auf die katastrophale Lage der Neumühler Bevölkerung aufmerksam gemacht. Der 1949 erfolgte Anschluß an das Strom-, Telefon- und Wassernetz, materielle Hilfe und erhöhte Fürsorgeleistungen haben die Situation der Neumühler Randgruppe in der Folgezeit erheblich verbessert, so daß ARNOLD berichten konnte: »Die meisten Männer verdienen als Bauarbeiter gutes Geld, so daß ihre Familien nicht mehr Aas essen oder stehlen müssen« (ARNOLD 1967, S. 91).

Bei einem Rundgang durch die Siedlung fallen nur noch vereinzelt Tagelöhnerkaten auf (u.a. in der Bergstraße), die nach einem planlosen Schema angelegt wurden und über einem felsigen Abhang verstreut liegen. Auffallend ist die geringe Anzahl von landwirtschaftlichen Anwesen (1900: vier Bauernhöfe). Waren um ca. 1950 die Verhältnisse in Neumühle noch auffallend desolat, so kann man heute in dem ca. 600 Einwohner zählenden Ort zwar noch erkennen, daß die Siedlung im Gegensatz zum nahegelegenen Gerhardsbrunn kaum von der Landwirtschaft geprägt ist, ein »Räubernest« wird man jedoch vergeblich suchen. Es läßt sich im Gegenteil feststellen, daß heute umfangreiche Neubautätigkeiten mit z.T. aufwendig gestalteten Wohnhäusern die Siedlung prägen. Die räumliche Isolation des Ortes wird bald der Vergangenheit angehören, da sich die Wachstumsspitzen von Neumühle und Kirchenarnbach demnächst begegnen werden.

Mit der Weiterfahrt nach Landstuhl schließt sich die Rundfahrt über die Westricher Hochfläche.

In ihrem Kernraum wird diese Landschaft vorwiegend von der Agrarwirtschaft geprägt. Der geologisch bedingte Unterschied zwischen fruchtbaren Hochflächen und in den Mittleren Buntsandstein eingeschnittenen bewaldeten Tälern ist sowohl ein entscheidenes Kriterium für die verkehrsmäßige Erschließung des Raumes als auch für die unterschiedlichen Sozialstrukturen in den Höhen- und Talsiedlungen. Die Abgeschiedenheit des Raumes hat die Entstehung von Städten verhindert, die Agrarfunktion weitgehend konserviert und an seinen inneren Grenzen die Ansiedlung von Minderheiten ermöglicht. Erst nach dem Zweiten Weltkrieg haben sich diese Strukturen durch den Einfluß der randlich gelegenen Zentren verändert.

# IV. Karten und Literatur

Topographische Karte 1 : 50000, Blätter L 6710 Pirmasens-Nord, L 6910 Pirmasens-Süd, L 6708 Saarbrücken-Ost

Kreis- und Freizeitkarte Pirmasens 1 : 75 000

Geologische Karte von Rheinland-Pfalz 1 : 25 000, Blätter 6710 Zweibrücken, 6611 Hermersberg, 6711 Pirmasens-Nord, 6511 Landstuhl, 6810 Wolmünster, Hornbach, 6610 Homburg

ARNOLD, H. (1967): Die Neumühler, Beschreibung einer sozial isolierten Bevölkerungsgruppe, Mitteil. Pollichia III. Reihe, 14. Bd., S. 56-93

ARNOLD, H. ($^2$1988): Juden in der Pfalz, Vom Leben pfälzischer Juden, Landau

BONKHOFF, B.H. (1977): Die Geschichte von Großbundenbach, in: Heimatkalender für das Pirmasenser und Zweibrücker Land 1977, S. 141-150

DAHL, J. u.a. (1952): Zweibrücken 600 Jahre Stadt (1352-1952), Festschrift zur 600-Jahrfeier, Zweibrücken

DELLWING, H. und H.E. KUBACH (1981): Die Kunstdenkmäler der Stadt und des ehemaligen Landkreises Zweibrücken, 2 Teile, in: Kunstdenkmäler von Rheinland-Pfalz, Bd. 7, Mainz

DRUMM, E. (1952): Geschichte der Stadt Hornbach, Hornbach

DRUMM, E. (1962): Die Geschichte der Mennoniten im Herzogtum Pfalz-Zweibrücken, Zweibrücken

ECKARDT, A. und H.E. KUBACH (1974): Die Kunstdenkmäler der Stadt und des Landkreises Pirmasens, Mainz

HÄBERLE, D. (1919): Das Zweibrücker Land, Ein Beitrag zur Heimatkunde der Südwestpfälzischen Hochfläche, Kaiserslautern

HARD, G. (1963): Die Mennoniten und die Agrarrevolution, Die Rolle der Wiedertäufer in der Agrargeschichte des Westrichs, in: Saarbrücker Hefte, H. 18, S. 28-46

HARD, G. (1964): Kalktriften zwischen Westrich und Metzer Land, Geographische Untersuchungen an Trocken- und Halbtrockenrasen, Trockenwäldern und Trockengebüsch, Ann. Univ. Saraviensis, Bd. 2

HOPPSTÄDTER, K. und K. MATHIAS (1957): Siedlungskunde des Saarlandes, Eine geographische Darstellung der Siedlungsgeschichte und der Haus- und Siedlungsformen, Wiebelskirchen

KAMPFMANN, L. (1905/1906): Neue Hofsiedlungen zu Beginn und Mitte des 18. Jahrhunderts im Herzogtum Zweibrücken, in: Westpfälzische Geschichtsblätter, 9. und 10. Jg.

KNOCKE, Th. (1979): Chronik der Stadt Landstuhl, Landstuhl

KNOPP, W. (1972): Statistische Übersichten zur Geschichte der jüdischen Bevölkerung, in: Dokumentation zur Geschichte der jüdischen Bevölkerung in Rheinland-Pfalz und im Saarland 1800-1945, Bd. 5, Koblenz

KOLLING, A. (1974): Führer durch das Freilichtmuseum Römerhaus Schwarzenacker in Homburg-Saar, Homburg/Saar

KREIS- UND UNIVERSITÄTSSTADT HOMBURG/SAAR (Hrsg.) (1980): Homburg, 650 Jahre Stadt (1330-1980), Homburg/Saar

LAUTENSACH-LÖFFLER, E. (1946): Das Sonderklima des Pfälzer Gebrüchs, in: Mitteil. Pollichia, Bd. 8, S. 90-124

LEHNUNG, J.B. (1978-1985): Geliebtes Pirmasens, Bd. I-VII, Pirmasens

LÖFFLER, E. (1938): 200 Jahre Monokultur und Torfwirtschaft im Reichswaldgebrüch bei Kaiserslautern, in: Saarpfälz. Abh. z. Landes- und Volksforschung, Bd. 2, S. 334-379

MANG, L. und T. ZINK (1913): Das Wirtschaftsleben der Pfalz in Vergangenheit und Gegenwart, München

MAY, K.-H. (1951): Die Neumühle bei Landstuhl, Kriminalsoziologische Studie in einem jenischen Dorf, Masch. Diss., Freiburg

MAYER, W. (1899): Anerben- und Teilungssystem, dargestellt an den zwei pfälzischen Gemeinden Gerhardsbrunn und Martinshöhe, Wirtschafts- und Verwaltungsstudien, H. 5

MOLITOR, L. (1885, ² Nachdr. 1989): Geschichte einer deutschen Fürstenstadt. Vollständige Geschichte der ehemals pfalz-bayerischen Residenzstadt Zweibrücken von ihren ältesten Zeiten bis zur Vereinigung des Herzogthums Zweibrücken mit der Bayerischen Krone, Zweibrücken.

MÜLLER, O. (1977): Gerhardsbrunn, ein Dorf der Sickinger Höhe, Ortschroniken des Landkreises Kaiserslautern, Bd. 5

ORTSGEMEINDE THALEISCHWEILER-FRÖSCHEN (Hrsg.) (1987): Festbuch zur 750-Jahrfeier der Ortsgemeinde Thaleischweiler-Fröschen, Pirmasens

POSTIUS, J. (1937): Zusammenhänge zwischen kulturgeographischen, wirtschaftlichen, rechtlichen und sozialen Verhältnissen auf der Südwestpfälzischen Hochfläche im 18. Jahrhundert, in: Saarpfälz. Abh. z. Landes- und Volksforschung Bd. 1, S. 122-128

POSTIUS, J. (1938): Untersuchungen zur Kulturgeographie der Südwestpfälzischen Hochfläche, Veröff. Pfälz. Ges. Förd. Wiss., Bd. 27

REH, K., F.L. WAGNER und K.P. WESTRICH (1968): Landkreis Kaiserlautern, Heimatführer der deutschen Landkreise Bd. 1, Bonn

SCHMITT, K.L. (1970): Agrargeographie der Sickinger Höhe und des Holzlandes, Beiträge zur Landespflege in Rheinland-Pfalz, Beiheft 2

WALLESCH, W. (1966): Das Landstuhler Bruch, Veröff. Pfälz. Ges. Förd. Wiss., Bd. 25

ZWICK, A. (1918): Die Pirmasenser Schuhindustrie, Volkwirtsch. Abh. der badischen Hochschulen, NF 38

# Landschaftsnamen und -grenzen im Regierungsbezirk Rheinhessen-Pfalz

*Westricher Hochfläche*    **Einheit 2. Ordnung**

*Zweibrücker Hügelland*    **Einheit 3. Ordnung**

— **Grenze der Landschaftsräume 2. Ordnung**

— **Grenze des Regierungsbezirks**

●●● **Exkursionsroute**

02 /1989 Beeger/Steier

MAINZ

*Rhein- hessische*

*Rheinhessisches*

*Tafel- und*

*Hügelland*

Alzey

*Alzeyer*

*Hügelland*

Nord-

pfälzer

Berg-

land

Kirchheim-bolanden

Worms

*Pfäl-*

Frankenthal (Pfalz)

LUDWIGSHAFEN a Rh

*Westricher*

*Pfälzer*

*Bergland*

*Bergland*

Kusel

Bad Dürkheim

*Haardtstraße*

*zische*

⑤ *Westricher Niederung* ④ KAISERSLAUTERN

② 

*Sickinger Höhe*

③ Neustadt a d Weinstraße

*Westricher*

*Hochfläche*

*Pfälzer-*

Speyer

*Rhein*

①

Zweibrücken

*Zweibrücker*

⑥ *Hügelland*

*wald*

⑧

*Rhein-niederung*

Pirmasens ●⑦●●●

Landau i d Pfalz

Germersheim

*Wasgau*

*ebene*

*Weinstraße*

*Pfälzische Rheinebene*

# Planungsraum Pfalz

von

Helmut Beeger

## I. Haltepunkte

1. Die Rheinaue bei Speyer (Tulla und Folgen)
2. Der Pfalzmarkt bei Dannstadt (Vermarktung von Intensivkulturen)
3. Neustadt a.d.Weinstraße (Stadtsanierung)
4. Kaiserslautern (Stadtplanung)
5. Hütschenhausen (Nutzungsüberlagerungen im ländlichen Raum)
6. Höheischweiler
7. Hinterweidenthal (Strukturprobleme der Westpfalz im Spiegel neuer Planungen)
8. Rhodt unter Rietburg (Dorferneuerung)

## II. Die Landschaftsräume als Grundlage der Planung

Die pfälzischen Landschaften, auf deren spezifische Planungsprobleme die Exkursion eingeht, wurden bereits im einführenden Teil des Exkursionsführers vorgestellt (siehe Beitrag DÖRRER.1). An dieser Stelle sei daher nur darauf verwiesen, daß den vom Verfasser (1985/1989) eingeführten Landschaftsnamen der Vorzug gegeben wird. Dies gilt vor allem für die am Übergang von der Rheinebene zu den Randhöhen des Pfälzerwaldes liegende Vorbergzone, deren durchgehende Prägung durch den Weinbau es rechtfertigt, ihr in Übernahme eines schon seit Jahren gebrauchten Begriffes den Namen Weinstraße zu geben.

Abhängig von geologischem Untergrund, Reliefgestalt, Höhenlage Exposition, Böden, Niederschlägen und der Sonneneinstrahlung variiert in den genannten Landschaftsräumen die wirtschaftliche Nutzung ganz erheblich. Dank günstiger Klimaverhältnisse dominieren in den Gebieten am Rhein intensiver Ackerbau und Sonderkulturen, zum Teil auf der Grundlage künstlicher Bewässerung mit bis zu drei Ernten im Jahr, sowie Weinbau entlang der Sonnenterrasse am Ostrand des Pfälzerwaldes. Wesentlich weniger günstig sind die Voraussetzungen für die Landwirtschaft in der Westpfalz, wo die Betriebe aufgrund des hohen Grünlandanteils mehr als die Hälfte ihrer Einkünfte aus der Viehhaltung erwirtschaften. Selbst das ehemals reiche Bauernland der Westricher Hochfläche leidet zunehmend unter der Krise der Landwirtschaft.

Auch bei Darstellung der Industriestruktur wird das Ost-West-Gefälle sichtbar. In der Vorderpfalz förderte die günstige Verkehrslage schon früh die Ansiedlung von Industrieunternehmen, so daß der Rhein zur heute bedeutendsten Entwicklungsachse Europas geworden ist. In der Westpfalz fehlen diese Impulse.

Grenzlage und Verkehrsferne haben eine mit dem Rhein vergleichbare Entwicklung verhindert. Nachdem die für das Waldland klassischen Berufe wie Köhler, Harzbrenner, Flößer, Holzhauer und Bürstenbinder ebenso wie die Mackenbacher Musikanten der Vergangenheit angehören, die von Glaubensflüchtlingen begründete Tuchindustrie im Niedergang begriffen ist, die als 'Saargängerei' bezeichnete Pendelwanderung ins Saarland an Bedeutung verlor, hat von den traditionellen Industriezweigen allein noch die Schuhindustrie Bestand, die freilich - von ausländischen Billigimporten bedrängt - mit dem Rücken zur Wand steht und allein zwischen 1971 und 1985 knapp die Hälfte ihrer Arbeitskräfte einbüßte.

Der Unterschied zwischen Weinland und Waldland, zwischen Vorderpfalz und 'Hinter'pfalz, der sich wie ein roter Faden durch die Ausführungen zieht, steht für Strukturstärke östlich des Pfälzerwaldes und für Strukturschwäche westlich bzw. nördlich davon (vgl. Abb. 1). Unterschiede in Bevölkerungsdichte und -entwicklung, Industriedichte und Bruttosozialprodukt - um nur einige Strukturmerkmale zu nennen - sprechen eine deutliche Sprache. Auch wenn es Aufgabe der Raumordnung ist, zur Schaffung wertgleicher Lebensverhältnisse die strukturschwache Westpfalz durch eine Verbesserung ihrer Ausstattung an die allgemeine Entwicklung heranzuführen und die Folgen der alten Grenzlage durch eine planmäßige Strukturpolitik zu beheben, die räumlichen Disparitäten zwischen dem begünstigten Tiefland am Oberrhein und den eher benachteiligten Gebieten im Westen der Pfalz lassen sich mit den traditionellen Mitteln der Planung nicht verringern, geschweige denn beseitigen. Weder ist eine Zunahme der gewerblichen Arbeitsplätze noch eine durchgreifende Verbesserung der Verkehrsverhältnisse zu erwarten, und auch Maßnahmen der Stadt- und Dorfsanierung sind nur bedingt in der Lage, die Attraktivität der durch Funktionsverlust und Entvölkerung bedrohten Siedlungskerne wiederherzustellen.

Eine Neubestimmung im Verhältnis unterschiedlich strukturierter Räume wäre notwendig. Sie sollte vor dem Hintergrund zunehmenden Umweltbewußtseins erfolgen und sich an ordnungspolitischen Vorstellungen orientieren, die den ländlichen Raum (worunter in diesem Zusammenhang auch der Pfälzerwald fällt) von der Rolle des 'Hinterlanddaseins' befreien und ihn für Leistungen entschädigen, die er für die Erhaltung und Pflege der Landschaft und für die Bereitstellung von Flächen für eine Vielzahl von Nutzungen erbringt.

## III. EXKURSIONSVERLAUF

### HP 1   Die Rheinaue bei Speyer (Tulla und die Folgen)

Kernstück des Oberrheinischen Tieflandes ist die Rheinniederung. Sie wird vom sogenannten Hochgestade begrenzt, das - im pfälzischen Stromabschnitt als bis zu 20 m mächtiger Erosionsrand ausgebildet - zu den Niederterrassenflächen der eigentlichen Rheinebene überleitet. Einstmals war die Rheinaue das natürliche Überschwemmungsbett des im Südteil des Rheingrabens in zahlreiche Erosionsrinnen aufgespaltenen, in seinem Nordteil frei zwischen den Hochufern mäandrierenden Stromes. Bei jedem Hochwasser waren Schäden an Haus und Hof, die Vernichtung der Ernte und die Zerstörung ganzer Dörfer gleichsam vorprogrammiert. Zur Behebung dieser Mißstände wurde nach dem Entwurf des badischen Strombaumeisters Tulla vor etwa 150 Jahren mit der sogenannten Rheinkorrektion begonnen, die eine Zusammenfassung bestehen-

## Abb. 1: Strukturräume und Zentrale Orte

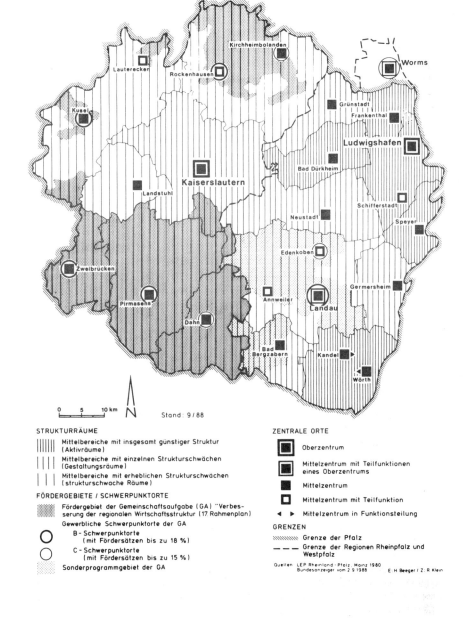

Stand: 9/88

**STRUKTURRÄUME**

|||||| Mittelbereiche mit insgesamt günstiger Struktur (Aktivräume)

|||| Mittelbereiche mit einzelnen Strukturschwächen (Gestaltungsräume)

||| Mittelbereiche mit erheblichen Strukturschwächen (strukturschwache Räume)

**FÖRDERGEBIETE / SCHWERPUNKTORTE**

Fördergebiet der Gemeinschaftsaufgabe (GA) "Verbesserung der regionalen Wirtschaftsstruktur (17. Rahmenplan)

Gewerbliche Schwerpunktorte der GA

○ B - Schwerpunktorte (mit Fördersätzen bis zu 18 %)

◯ C - Schwerpunktorte (mit Fördersätzen bis zu 15 %)

Sonderprogrammgebiet der GA

**ZENTRALE ORTE**

◼ Oberzentrum

◼ Mittelzentrum mit Teilfunktionen eines Oberzentrums

◼ Mittelzentrum

◻ Mittelzentrum mit Teilfunktion

◄ ► Mittelzentrum in Funktionsteilung

**GRENZEN**

〰〰〰 Grenze der Pfalz

— — — Grenze der Regionen Rheinpfalz und Westpfalz

Quellen: LEP Rheinland - Pfalz, Mainz 1980
Bundesanzeiger vom 2.9.1988      E: H. Beeger / Z: R. Klein

449

der Rheinarme und -schleifen innerhalb befestigter Ufer in einem geschlossenen Ge-
wässerbett vorsah, das bei einer Breite von 200 m - 250 m für eine mittlere Wasserführung von 2000 m$^3$/s bemessen war. Während Tulla vornehmlich drei Ziele verfolgte,
nämlich
- die Hochwassergefahr zu beseitigen,
- den Auenbereich trockenzulegen,
- die Grenze mit Frankreich festzusetzen,
diente die in diesem Jahrhundert von Honsell durchgeführte Rheinregulierung in erster
Linie der Verbesserung der Schiffahrtsverhältnisse. Mit dem Bau von Buhnen, Leitwer-
ken und Grundschwellen wurde eine bis 92 m breite und - bei Niedrigwasserstand -
mindestens 1.70 m tiefe Schiffahrtsrinne geschaffen. Infolge der Verkürzung der Tal-
weglinie (von 350 km auf 270 km im Abschnitt zwischen Basel und Mannheim) kam
es im begradigten Rheinbett zu einem erhöhten Sohlengefälle und damit zu höheren
Fließgeschwindigkeiten, die durch die Rheinregulierung zusätzlich vergrößert wurden.
Die nun verstärkt einsetzende Sohlenerosion hielt sich freilich in Grenzen, solange die
Geschiebezufuhr aus dem Gebirge anhielt. Erst mit dem Bau des Rheinseitenkanals zwischen Kembs und Breisach und der Errichtung von Staustufen wurde der Geschiebe-
transport unterbrochen, so daß nun stromabwärts die Sohlenerosion zunahm. Um ihr
zu begegnen und um weitere Absenkungen des Rhein- und Grundwasserspiegels zu
verhindern, wurden in der Folgezeit weitere wasserbauliche Maßnahmen notwendig,
die - wie im deutsch-französischen Vertrag über den Ausbau des Rheins zwischen Kehl/
Straßburg und Neuburgweier/Lauterburg vom 4.7.1969 beschlossen - zur Errichtung der
Staustufen bei Gambsheim und Iffezheim führten. Der in einem Zusatzabkommen vom
16.7.1975 vereinbarte Bau einer weiteren Staustufe in Höhe von Au/Neuburg wurde
zurückgestellt, weil die Zugabe von Geschiebe (Kies/Grobsand) sich zumindest vorläu-
fig als wirksames Mittel gegen die fortschreitende Tiefenerosion erwies. Vorbehaltlich
zufriedenstellender Ergebnisse hat Frankreich sich in der Vereinbarung vom 6.12.1982
mit dem 'Aufschub' einverstanden erklärt.
Die damaligen Eingriffe in die Naturlandschaft, auch zur Sicherung des Lebensraumes
vor Hochwasser vorgenommen, hatten entlang des Oberrheins gewaltige, nicht nur er-
wünschte und bis auf den heutigen Tag unbewältigte Auswirkungen. Waren vor der Begradigung Grasländer und Auewälder als Viehweide bzw. für die Holzwirtschaft
genutzt worden, boten sich nach ihrer Trockenlegung andere Möglichkeiten. Insbesondere in der Zeit nach dem Zweiten Weltkrieg fanden die wachsenden Raumansprüche
in der Rheinaue ausgedehnte Flächen, die sich für Wohnbebauung, Gewerbezwecke
und Freizeiteinrichtungen zu eignen schienen.
Die Nähe zum Fluß ließ in der Rheinhäuser Weide, durch den Bau eines Hafens begünstigt, das Industriegebiet der Stadt Speyer mit einem Werk der Dämmstoffproduktion
und Anlagen zur Lagerung und Verarbeitung von Mineralölprodukten entstehen und
war der BASF Anlaß, auf der Insel Flotzgrün eine Deponie für Industriemüll zu errichten. Die Abfälle werden mit dem Schiff angeliefert. Die Auffüllung schreitet nach Süden
fort und wird mit 80 ha insgesamt ein Drittel der Insel einnehmen, wobei Endhöhen
bis zu 55 m geplant sind.
Die Auelandschaften am Rhein zählen heute zu den gefährdetsten Lebensräumen in
Mitteleuropa. Die vielfältigen Nutzungen und Maßnahmen, deren Ausmaß die neben-
stehende Skizze (Abb. 2) nur unvollständig spiegelt, haben nicht nur zur Zerstörung
wertvoller Waldbestände beigetragen, sondern auch - Ironie der Geschichte - die durch

## Abb. 2: Flächennutzung im Altrheingebiet Flotzgrün

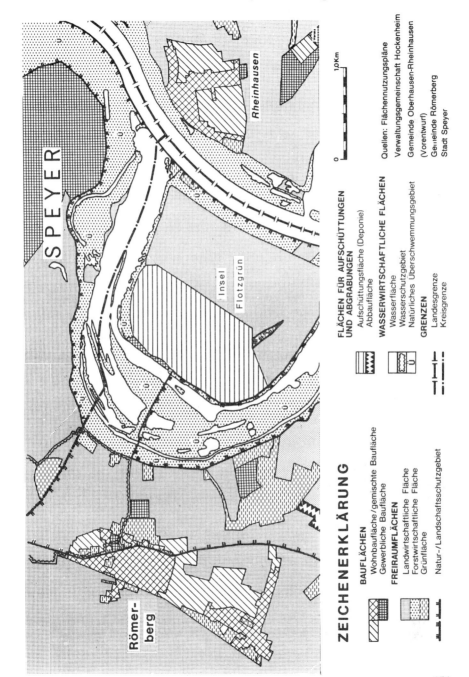

ZEICHENERKLÄRUNG

**BAUFLÄCHEN**
Wohnbaufläche/gemischte Baufläche
Gewerbliche Baufläche
**FREIRAUMFLÄCHEN**
Landwirtschaftliche Fläche
Forstwirtschaftliche Fläche
Grünfläche

Natur-/Landschaftsschutzgebiet

**FLÄCHEN FÜR AUFSCHÜTTUNGEN
UND ABGRABUNGEN**
Aufschüttungsfläche (Deponie)
Abbaufläche
**WASSERWIRTSCHAFTLICHE FLÄCHEN**
Wasserfläche
Wasserschutzgebiet
Natürliches Überschwemmungsgebiet
**GRENZEN**
Landesgrenze
Kreisgrenze

Quellen: Flächennutzungspläne
Verwaltungsgemeinschaft Hockenheim
Gemeinde Oberhausen-Rheinhausen
(Vorentwurf)
Gemeinde Römerberg
Stadt Speyer

451

die Rheinkorrektion verringerte Hochwassergefahr gleichsam durch die Hintertür wieder eingeführt. Angesichts dieser Bedrohung gewinnt der Gedanke an Boden, frühere Überschwemmungsflächen zu reaktivieren. Nachteil dieses naturnahen Hochwasserschutzes ist der enorme Flächenbedarf. Rheinland-Pfalz plant daher, das vertraglich festgelegte Retentionsvolumen durch flächensparende Taschenpolder zu schaffen. Zu diesen nur im Bedarfsfall zu flutenden Bereichen gehört nach den Planungen des Landes auch die Insel *Flotzgrün*. Um etwaige schädliche Auswirkungen der Deponie bei Flutungen des Polders auszuschalten, soll der notwendige Vordeich nicht direkt an den Deponiekörper angeschüttet, sondern von diesem durch einen Sickergraben räumlich getrennt werden. Die landwirtschaftliche Nutzung der Insel bliebe damit auch in Zukunft möglich, obwohl aus ökologischen - und wohl auch ökonomischen - Gründen eine Stillegung dieser Flächen zu wünschen wäre.

HP 2   Der Obst- und Gemüsegroßmarkt (Pfalzmarkt) bei Dannstadt
(Vermarktung von Intensivkulturen)

Hohe Siedlungsdichte (mit bis zu 750 Ew/km$^2$), ein dichtes Verkehrsnetz und landwirtschaftliche Intensivnutzung bestimmen den Charakter der Pfälzischen Rheinebene. Gute Böden und die sprichwörtliche Klimagunst dieses Raumes, die im Jahresmittel von rund 10 °C ebenso zum Ausdruck kommt wie in der jährlichen Sonnenscheindauer von über 1800 Stunden, ließen in enger Nachbarschaft zu den Weinbaugebieten Pfalz und Rheinhessen Deutschlands größten Obst- und Gemüsegarten entstehen. 30 % der Obstflächen und 90 % der Freilandgemüseflächen des Landes Rheinland-Pfalz liegen in der Vorderpfalz, davon über 50 % im Bereich des Landkreises Ludwigshafen. Mengenmäßig dominieren bei den Obstarten Sauerkirschen, Pflaumen und Äpfel, bei den Gemüsearten Kopfsalat (mit 20 % Anteil am Erlös), Blumenkohl (15 %) sowie Möhren und Spargel (jeweils 10 %). Daneben werden Zwiebeln und Frühkartoffeln angebaut. Innerhalb des gesamten Gebietes bestanden fünf Erzeugergroßmärkte, die nach der Statistik der Landwirtschaftskammer Rheinland-Pfalz 1983 folgende Erlöse erzielten:

*Tab. 1:* Umsatz der vorderpfälzischen Erzeugergroßmärkte 1983

| Großmarkt | Gemüse | | Obst | | Gesamt | |
| --- | --- | --- | --- | --- | --- | --- |
| | Menge in dt | Erlös in DM | Menge in dt | Erlös in DM | Menge in dt | Erlös in DM |
| Südpfalz (Landau) | 120369 | 13337838 | 12936 | 1219388 | 133305 | 14557226 |
| Maxdorf/Lambsheim | 329859 | 26654340 | 4974 | 708863 | 334833 | 27358203 |
| Meckenheim | 169 | 41278 | 10360 | 1266505 | 10529 | 1307783 |
| Schifferstadt | 229444 | 20391656 | 4682 | 1103923 | 234126 | 21495579 |
| Weisenheim a.S. | 1219 | 710447 | 89773 | 10445745 | 90992 | 11156192 |
| Gesamt | 681060 | 61135559 | 122725 | 14739424 | 803785 | 75874983 |

Zwischenzeitlich hat die vom Landesentwicklungsprogramm geforderte Verbesserung der landwirtschaftlichen Vermarktungseinrichtungen zu einer Fusion der Erzeugermärkte Schifferstadt und Landau sowie zur Errichtung eines zentralen Obst- und Gemüsemarktes auf Mutterstadter Gemarkung geführt. Mit dem Bau des 'Pfalzmarktes' im Kreuzungsbereich der Autobahnen A 61 und A 65 sollte nicht nur die zentrale Vermarktung gestärkt, sondern auch der Spezialanbau gefördert werden. Auf dem knapp 40 ha messenden Gelände entstanden in einem ersten Bauabschnitt eine Ausstellungs- und Lagerhalle, Kühlhäuser und ein Verwaltungsgebäude. Die Standortfindung, der ein raumplanerisches Verfahren vorausgegangen war, wurde durch die unmittelbare Nachbarschaft zum bestehenden Genossenschaftsmarkt (auf Dannstadter Gemarkung) erleichtert. Ebenso wichtig war die Existenz eines gut ausgebauten Feldwegenetzes zur Anlieferung der Waren. Von den inzwischen 4 400 Mitgliedern, die das neue Agrarzentrum zählt, erreichen 2 600 einen Umsatz von weniger als 1 000 DM pro Jahr. Nur 150 Betriebe, deren Anteil am Gesamtumsatz 1987 bei 72 % lag, kommen auf einen Jahresumsatz von mehr als 50 000 DM.

Die in den frühen Morgenstunden geerntete Ware wird von den Landwirten selbst zum Großmarkt gefahren, dort von einem staatlichen Kontrolleur qualitativ überprüft, um die Mittagszeit versteigert und anschließend von Großhändlern abtransportiert. Sie erreicht die Einzelhändler am nächsten Morgen.

Absatzgebiet ist nicht nur das Ballungsgebiet Rhein-Neckar mit den Großstädten Mannheim, Ludwigshafen und Heidelberg, sondern der gesamte süddeutsche Raum. Die ausgezeichnete Verkehrslage im Schnittpunkt mehrerer Autobahnen ermöglicht innerhalb der angegebenen Fristen sogar die Belieferung des Ruhrgebiets und der norddeutschen Großstädte einschließlich Berlins. Einen festen Kundenstamm besitzt der Vertragsanbau, der auf der Erzeugung von Kartoffeln (zur Herstellung von Chips) sowie von Spinat, Erbsen und Möhren (für die Konservenindustrie) basiert.

Um dem Konkurrenzdruck anderer bedeutender Anbaugebiete innerhalb der EG zu begegnen, wurde 1962 ein »Generalplan für die Beregnung der Vorderpfalz« erstellt. 600 mm Niederschlag pro Jahr reichen für eine intensive Gemüseproduktion nicht aus. Das zusätzlich benötigte Naß (etwa 30 mm/Woche in der Vegetationszeit) wird, um die Grundwasservorräte zu schonen, Altrheinarmen entnommen. Bis 1980 waren Flächen in einer Größenordnung von rund 10 000 ha durch ein 350 km langes Leitungsnetz an das zentrale Pumpwerk am Otterstadter Altrhein angeschlossen. Die im Südteil gesammelten positiven Erfahrungen führten zu einer Ausdehnung der Beregnungsflächen auf den Raum nördlich von Ludwigshafen, wo der Silbersee bei Roxheim »Regen nach Maß« liefert.

In den letzten Jahren hat der Folienanbau stark zugenommen, der den Landwirten einen zusätzlichen Vegetationsvorsprung von zwei bis drei Wochen sichert. Der Unterglasanbau hingegen spielt in der Vorderpfalz kaum eine Rolle - anders als bei der holländischen Gemüseproduktion -, die in vielerlei Hinsicht als Vorbild diente.


## HP 3   Neustadt a.d. Weinstraße (Stadtsanierung)

Neustadt liegt zu Füßen des Pfälzerwaldes im Mittelpunkt der Weinstraße. Seine planmäßige Gründung am Austritt des Speyerbachs aus dem Gebirge läßt die Absicht der pfälzischen Landesherren erkennen, den Einflußbereich der Speyerer Bischöfe einzudämmen.

1235 erstmals erwähnt, erhielt die 'nova civitas' 1275 das Stadtrecht, das ihr wegen ihrer Haltung im Bauernkrieg 1525 vorübergehend entzogen wurde. Ihre Geschichte verläuft vergleichsweise ruhig. Brüche im Stadtbild, wie sie andernorts Brände, Kriegszerstörungen oder ein unsachgemäßer Wiederaufbau entstehen ließen, blieben der 'Nuwenstat' weitgehend erspart. Innerhalb der Stadtmauern entwickelte sich ein Gemeinwesen von bescheidenem Wohlstand. Die Gliederung in vier Stadtviertel, die sich um das Achsenkreuz Hauptstraße/Kellerei- bzw. Marktstraße legen, hat sich im Grundriß erhalten. Städtebauliche Akzente setzen die Stiftskirche als bedeutendstes gotisches Bauwerk der vorderen Pfalz und das Casimirianum, dessen Bau kurzfristig Hoffnungen auf Ansiedlung einer Universität nährte.

Aufgrund der Impulse, die vom Anschluß an die 1849 fertiggestelle Ludwigsbahn (Bexbach - Rheinschanze) ausgingen, dehnte sich die Stadt über den mittelalterlichen Befestigungsring aus. Während die Wallanlagen und die umliegenden Höhen zu begehrtem Bauland wurden, verkümmerte die Altstadt (siehe Exkursion HÜNERFAUTH in diesem Band). Nach dem Zweiten Weltkrieg ließ der zunehmende Verkehr die Situation unerträglich werden. Vor die Frage gestellt, den verfallenden Stadtkern zu retten oder einen neuen zu entwickeln, entschieden sich die Stadtväter für eine umfassende *Sanierung der Altstadt*. Grundlage der Durchführung waren zwei 1964 bzw. 1965 in Auftrag gegebene Gutachten: der Generalverkehrsplan und der Sanierungsplan.

Bei der Entwicklung von Leitbildern für das ca. 50 ha messende Untersuchungsgebiet ging man von folgenden Zielvorstellungen aus:
- Erhaltung des Stadtbildes/Stadtgrundrisses,
- Verbesserung der Wohnsituation/des Sozialklimas,
- Neuordnung des fließenden Verkehrs,
- Schaffung von Fußgängerzonen zur Erhaltung und Stärkung der Altstadt als Einkaufszone.

Die Umsetzung dieser Ziele wurde nach längeren Diskussionen in Öffentlichkeit und Stadtrat durch Beschluß vom 29.06.1970 eingeleitet. Die Anerkennung der Altstadtsanierung als Modellfall des Bundes bereits im Jahre 1967 begünstigte diese Entscheidung der Stadt, die den auf sie zukommenden Aufgaben alleine nicht gewachsen gewesen wäre. Noch vor Inkrafttreten des Städtebauförderungsgesetzes 1971 konnten somit die ersten Maßnahmen in den Sanierungsgebieten 'Turmstraße' und 'Klemmhof', in denen überalterte Bausubstanz großflächig abzureißen war, in Angriff genommen werden. Durch Ankauf von über 20000 m² Grund und durch Bereitstellung von Ersatzwohnraum für die dort lebenden Familien hat die Stadt die Voraussetzungen für einen zeitgemäßen Wiederaufbau des Stadtkerns geschaffen.

Auch wenn die in beiden Gebieten aufgestellten Bebauungspläne eine Anpassung der Neubauten an die engere Umgebung in Maßstab, Material und Farbe forderten, passen sich die Ergebnisse nur bedingt in das historische Stadtbild ein. Die Diskussion darüber darf freilich nicht außer acht lassen, daß es offenbar dieser großräumig angelegten Flächensanierungen bedurfte, um privates Interesse zu wecken. Entsprechende Initiativen führten seitdem zur Renovierung, häufig auch zum Neubau zahlreicher Gebäude im Umkreis der Stiftskirche. Es muß nicht erwähnt werden, daß die - auch von der Stadt unterstützte - Objektsanierung in der Regel mit einer maßstabsgerechteren Gestaltung verbunden war (und ist).

Mit dem Ausbau der Fußgängerzone, die heute große Teile der Altstadt durchzieht (vgl. HÜNERFAUTH, Abb. 5), kam es zu der gewünschten Schaffung zusätzlicher Geschäftsflächen. Aufgabe der Stadtväter muß es freilich sein, die Attraktivität des 'Herzstückl' nicht dadurch zu gefährden, daß einer Großzahl von Fach- und Verbrauchermärkten die Ansiedlung im Außenbereich ermöglicht wird.

Zusammenfassend ist zu sagen, daß die gewaltigen Eigenleistungen der Stadt, die durch Finanzhilfen von Bund und Land ergänzt wurden, sich - wenn auch um den Preis einer beträchtlichen Verschuldung - bezahlt gemacht haben. Wenn die »Perle der Pfalz« sich Bewohnern und Besuchern heute als eine lebens- und liebenswerte Stadt darstellt, dann nicht zuletzt deswegen, weil die vielfach angezweifelte, häufig für unmöglich gehaltene Verjüngungskur über Erwarten gut und schnell gelang.

## HP 4   Kaiserslautern

Mit knapp 100000 Einwohnern (ohne Angehörige der Stationierungsstreitkräfte) ist Kaiserslautern nach Mainz, Ludwigshafen und Koblenz die viertgrößte Stadt in Rheinland-Pfalz. Während die letztgenannten Städte ihre Gründung der Nähe zum Rhein verdanken, entwickelte sich 'villa Luthra' am Übergang der bereits von den Römern angelegten Heerstraße Paris - Metz - Mainz/Worms über das Flüßchen Lauter. Neben den Resten eines fränkischen Königshofes ließ Kaiser Friedrich I. Barbarossa eine stattliche Kaiserpfalz errichten, deren Standort im Nordwesten der Altstadt das heutige Rathaus aufgreift. In ihrem Umkreis entwickelte sich eine blühende Siedlung, der Rudolf von Habsburg 1276 die Rechte einer freien Reichsstadt verlieh. Mehrfach verpfändet, fiel 'Keyserslutern' 1375 an die Kurpfalz, in deren wechselvolle Geschichte es bis zum Untergang des alten Reiches als Amts- bzw. Oberamtsstadt eingebunden blieb. Von den Zerstörungen des Dreißigjährigen Krieges erholte sich die Stadt nur zögernd; es dauerte rund 200 Jahre, ehe mit dem Anschluß an die Bahnlinie Bexbach - Rheinschanze (heutiges Ludwigshafen) 1849 die Entwicklung zu einem Industriezentrum einsetzte. Binnen weniger Jahrzehnte wandelte sich das Gesicht der Siedlung. Waren um 1820 knapp 6000 Einwohner zu verzeichnen, so betrug deren Zahl um die Jahrhundertwende an die 55000 und 1960 - nach Überwindung der Kriegsfolgen - rund 100000.

### Abb. 3: Stadtentwicklung Kaiserslautern

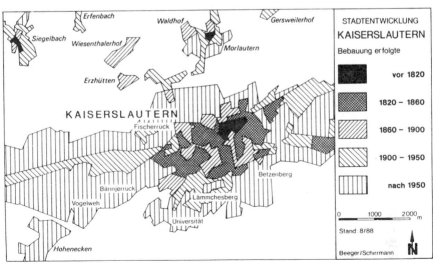

455

Die Entwicklung zur Großstadt sowie deren vielfältige zentralörtliche Funktionen lassen sich aus dem Grundriß erschließen. Beidseitig der alten Königsstraße, deren Verlauf die zur Fußgängerzone umgestaltete Markt- bzw. Steinstraße nachzeichnet, hat sich aus der ursprünglich ummauerten Altstadt die City entwickelt, der zahlreiche Einkaufsstätten des gehobenen Bedarfs sowie Dienstleistungen öffentlicher und privater Art das Gepräge geben. Nach Schleifung der Stadtmauern zu Beginn des vorigen Jahrhunderts entstanden östlich wie westlich der Altstadt - durch regelhafte Straßenführung von derselben abgehoben - neue Wohnviertel, und nach dem Bau der Ludwigsbahn, die am Südrand des Lauterer Beckens entlanggeführt wurde, entwickelte sich zwischen Altstadt und Bahnlinie die sogenannte Eisenbahnvorstadt. Die Überbauung mit Wohn- und Geschäftshäusern sowie kleineren Gewerbebetrieben war um 1900 weitgehend abgeschlossen. Das Nebeneinander unterschiedlicher Nutzungen hat die Stadtväter bewogen, hier Mischbauflächen auszuweisen. Die Industriebetriebe, darunter Pfaff und Opel als die größten gewerblichen Arbeitgeber, siedelten sich entlang der Bahntrasse an, zunächst im Süden der Stadt und nach dem Zweiten Weltkrieg in großflächigen Gewerbegebieten auch im Westen derselben (vgl. auch Exkursion REH in diesem Band).

Mit zunehmender Einwohnerzahl drängte die Besiedlung auf die Randhöhen des Lauterer Beckens. Bevorzugte Wohnlagen bot der Stufenrand des Pfälzerwaldes. Bereits ab 1930 wurde südlich der Bahngleise der Lämmchesberg als Wohngebiet mit Eigenheimbebauung erschlossen. Der ab 1950 überbaute Bännjerrück zeigt mit seiner Mischung von Eigenheimen und Wohnblöcken bereits erste Kompromisse zwischen der wachsenden Nachfrage nach Wohnraum und dem begrenzten Grundstücksangebot im Bereich der Kernstadt. Noch deutlicher wird diese Entwicklung auf dem Betzenberg, wo südlich des Fritz-Walter-Stadions eine dichte Bebauung, zum Teil mit Hochhauscharakter, zur Ausführung kam. Von den 1969 eingemeindeten Orten sind einige, wie Hohenecken, inzwischen von den Ausbauspitzen der Kernstadt erreicht, andere, wie Siegelbach, Siedlungsinseln geblieben.

Zusätzliche Wachstumsimpulse erhielt die Stadt durch die 1970 gegründete Universität, die - unabhängig von ihrer Ausstrahlung als Bildungs- und Forschungszentrum - auch durch die Kaufkraft ihrer Mitarbeiter und Studenten zu einem wichtigen Wirtschaftsfaktor geworden ist. Der Erweiterung in den Pfälzerwald hinein sind durch die Erholungsansprüche der Bevölkerung wie durch die Belange des Natur- und Wasserschutzes freilich enge Grenzen gesetzt. Auch aus diesem Grund wird die Stadt von dem dort geplanten Krankenhaus-Standort voraussichtlich Abstand nehmen.

Städtebauliche Probleme wirft vor allem die Anwesenheit des Militärs auf, nachdem die Barbarossastadt in den 50er Jahren zu einem Standort für Nato-Streitkräfte ausgebaut wurde und zudem in der Einflugschneise des benachbarten US-Flughafens Ramstein liegt. Die im Flächennutzungsplan als Sondergebiete ausgewiesenen militärischen Einrichtungen schränken die Planungshoheit der Stadt ganz erheblich ein. Die amerikanische Militärgemeinde im Großraum Kaiserslautern, zu der etwa 60000 Soldaten, Zivilisten und deren Angehörige zu zählen sind, gilt als die größte außerhalb der USA. Vor- und Nachteile dieser Entwicklung stehen sich gegenüber. Mit über 10000 deutschen Zivilangestellten ist die US-Armee der größte Arbeitgeber vor Ort. Über die ausgezahlten Lohn- und Gehaltssummen hinaus fließen Gelder in erheblichem Umfang in die Wirtschaft der Stadt bzw. der Region, sei es durch Aufträge an deutsche Firmen, sei es durch die Ausgaben der Amerikaner selbst. Andererseits beanspruchen die Streitkräfte riesige Flächen, die für andere Nutzungen, z.B. Fremdenverkehr, nicht zur Verfügung stehen. Eine weitere Folge der Militärpräsenz ist die häufige Belastung der Bevölkerung durch Fluglärm.

Auch in anderen Bereichen (z.B. Umgestaltung eines Gewerbebetriebes am östlichen Stadtrand in ein Einkaufszentrum trotz der damit verbundenen Schwächung des Zentrums) wird deutlich, daß die Stadtplanung viele Interessen zu berücksichtigen und gegeneinander abzuwägen hat. Sie bedient sich dabei des Baurechts, das - seit 1986 im Baugesetzbuch verankert - die Gemeinden verpflichtet, Bauleitpläne aufzustellen, sobald und soweit es für die städtebauliche Entwicklung und Ordnung erforderlich ist. Der mit der Aufstellung von Flächennutzungs- bzw. Bebauungsplänen angestrebte Interessenausgleich mag vom Ergebnis her nicht immer befriedigen, muß aber in einer pluralistischen Gesellschaft als der einzige Weg akzeptiert werden, die aus unterschiedlichen Nutzungsansprüchen und -vorstellungen erwachsenden Gegensätze zu überbrücken.

HP 5  Hütschenhausen (Nutzungsüberlagerungen im ländlichen Raum)

Eine orographische Sonderstellung nimmt die Westricher Niederung ein, die - der Sickinger Höhe vorgelagert - sich in 2-4 km Breite und knapp 40 km Länge von der Blies bis zur Lauter erstreckt. Ihren Mittelteil nimmt der Landstuhler Bruch ein, den PEMÖLLER (1969) als eine »Ebenheit aus pleistozänen und holozänen Lockersedimenten mit einzelnen kuppenförmigen Durchragungen (Schachen) der Rehberg- und Trifelsschichten« beschreibt.

Nachdem die Ausraumzone noch im vergangenen Jahrhundert die sie umgebenden Landschaften wegen ihrer Moorbedeckung stärker trennte als verband, hat sie sich mittlerweile aufgrund von Entwässerungsarbeiten (seit 1745), Torfstich und anderen planmäßigen Kultivierungsmaßnahmen zu einer Durchgangslandschaft entwickelt, deren Bedeutung für den Ost-West-Verkehr die Bundesautobahn A 6, die Bundesstraße B 40 (im Volksmund 'Kaiserstraße' genannt), die elektrifizierte Bahnlinie Mannheim - Saarbrücken sowie eine Reihe von Erd- und Freileitungen bezeugen. Außerdem ist der Militärflugplatz bei Ramstein zu erwähnen, mit dessen Anlage sich jedoch nicht nur Arbeitsplätze, sondern auch Immissionen und Beschränkungen verbinden.

Die von der Verkehrsgunst ausgehenden Impulse vermochten die gewerbliche Entwicklung des Raumes freilich kaum zu befruchten. Wie die wenigen im Bereich der Niederung ausgewiesenen Gewerbeflächen und die zahlreichen Ausbauspitzen am Rand der Siedlungslagen verdeutlichen, war es stärker die Wohn- als die Gewerbefunktion, welche den Gemeinden neue Züge aufprägte und im Laufe deren Umwandlung zu Wohnvororten nicht nur zur Ausweisung ausgedehnter Neubaugebiete, sondern auch zu einer Umgestaltung von Gebäuden im Kernbereich der Dörfer führte, wo ehemals agrarischen Zwecken vorbehaltene Bauten entweder völlig abgerissen oder durch Umbaumaßnahmen erneuert wurden.

Mit der Bedeutung, welche die zwischen dem Pfälzerwald und dem Pfälzer Bergland eingelassene Niederung für den großräumigen Ost-West-Verkehr besitzt, wachsen die sich hieraus für die Raumordnung ergebenden Schwierigkeiten bei der Abwägung gegenläufiger Interessen, die zum einen auf die Erhaltung gesunder Lebens- und Arbeitsbedingungen, zum anderen auf die Freihaltung der Niederung für künftige Planungen gerichtet sind, wobei in diesem Zusammenhang beispielhaft der inzwischen aufgegebene Plan eines Saar-Pfalz-Kanals und das Projekt einer Schienenverbindung zwischen

Paris und dem Rhein-Main-Raum zu erwähnen sind. Erschwert wird die planerische Aufgabe durch militärische Einrichtungen, von denen der Flugplatz Ramstein besondere Erwähnung verdient. An seinem Beispiel läßt sich der Unterschied zwischen Objekt- und Bevölkerungsschutz verdeutlichen: Während der in ost-westlicher Richtung verlaufende Bauschutzbereich den Schutz des Fluggeländes und damit des Flugverkehrs vor beeinträchtigenden Einwirkungen (in diesem Fall baulicher Art) sicherzustellen hat, dient der aufgrund des Gesetzes zum Schutz gegen Fluglärm im Jahre 1971 festgelegte und zwei Intensitätszonen unterscheidende Lärmschutzbereich dem Schutz der Bevölkerung vor den Auswirkungen des Flugbetriebes (vgl. Abb. 4).

Neben den militärisch bedingten Schutzbereichen, die eine Fläche von 3 337 ha einnehmen, sind es - wie der in Abb. 4 gewählte Ausschnitt stellvertretend für den Raum verdeutlicht - Natur- und Landschaftsschutzgebiete (343 bzw. 1 025 ha), Wasserschutz- und -schongebiete (123 bzw. 480 ha), zwei Autobahnen (225 ha) und nicht zuletzt die am Rande der Niederung sich drängenden Siedlungsflächen (189 ha), die großräumig in Erscheinunge treten. Die übrigen Nutzungsansprüche sind, zumindest flächenmäßig, von geringerer Bedeutung. Werden, wie in der nachstehenden Tabelle geschehen, die Überlagerungen der einzelnen Nutzungen flächenmäßig erfaßt und in ihrem Verhältnis zur Gesamtgröße einer Nutzungsart dargestellt, dann zeigt sich, daß die Überlagerungsintensität am größten ist bei Naturschutzgebieten, gefolgt von Wasserschutz- und -schongebieten.

Auch wenn die Überlagerung von Nutzungsansprüchen nicht automatisch zu Konflikten führt, vielmehr häufig den angestrebten Schutzzweck verstärkt, hat ihre Intensität im Landstuhler Bruch - wie Karte und Tabelle belegen - ein besorgniserregendes Ausmaß angenommen.

*Tab. 2:* Nutzungsüberlagerungen im Landstuhler Bruch

| NUTZUNGSARTEN UND SCHUTZBEREICHE | Flächengröße der Nutzungsarten und Schutzbereiche (in ha) | (in %) | Überlagerung der Nutzungsarten und Schutzbereiche (in % ihrer Größe) | | | | | | | | Überlagerungsintensität (Summe der Überlagerungen einer Nutzungsart in % ihrer Größe) |
|---|---|---|---|---|---|---|---|---|---|---|---|
| | | | Siedlungsfläche | Landschaftsschutzgebiet | Naturschutzgebiet | Wasserschutzgebiet | Wasserschongebiet | Lärmschutzbereich | Bauschutzbereich | Bundesautobahn | |
| Siedlungsfläche | 189 | 6.1 | | 0.3 | 1.6 | 3.7 | - | 34.4 | 65.1 | 1.7 | 106.2 |
| Landschaftsschutzgebiet | 881 | 28.2 | 0.1 | | 38.9 | 8.7 | 49.4 | 11.9 | 42.7 | 11.4 | 163.1 |
| Naturschutzgebiet | 343 | 11.0 | 0.9 | 100.0 | | 9.0 | 79.3 | 2.9 | 32.6 | 2.0 | 226.7 |
| Wasserschutzgebiet | 128 | 4.1 | 5.5 | 60.2 | 24.2 | | - | 18.8 | 100.0 | - | 208.7 |
| Wasserschongebiet | 480 | 15.4 | - | 90.6 | 56.7 | - | | 1.0 | 32.9 | 1.7 | 182.9 |
| Lärmschutzbereich | 1 150 | 36.8 | 5.7 | 9.1 | 0.9 | 2.1 | 0.4 | | 100.0 | 7.7 | 125.9 |
| Bauschutzbereich | 2 187 | 70.0 | 5.6 | 17.2 | 5.1 | 5.9 | 7.2 | 52.6 | | 4.8 | 98.4 |
| Bundesautobahn | 225 | 7.2 | 0.9 | 44.4 | 3.1 | - | 3.6 | 39.1 | 47.1 | | 138.2 |

## Abb. 4: Schutzbereiche im Landstuhler Bruch

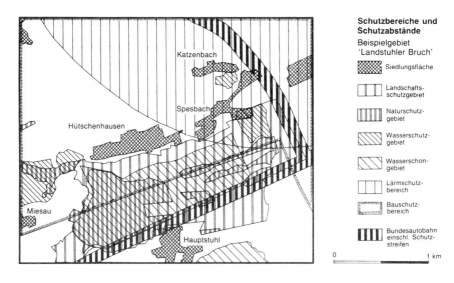

**Schutzbereiche und Schutzabstände**
Beispielgebiet
'Landstuhler Bruch'

- Siedlungsfläche
- Landschaftsschutzgebiet
- Naturschutzgebiet
- Wasserschutzgebiet
- Wasserschongebiet
- Lärmschutzbereich
- Bauschutzbereich
- Bundesautobahn einschl. Schutzstreifen

0        1 km

Aufgabe der Raumordnung muß es sein, die daraus resultierenden Gegensätze zu mildern und bei einem Minimum an Flächenbeanspruchung ein Maximum an Schutz vor Beeinträchtigungen herbeizuführen. Schutzbereiche und Schutzabstände dienen diesem Ziel.

HP 6/7   Höheischweiler/Hinterweidenthal
         (Strukturprobleme der Westpfalz im Spiegel neuer Planungen)

Der Pfälzerwald gehört - anders als der Harz und der Schwarzwald - nicht zu den ganz großen Fremdenverkehrsgebieten in der Bundesrepublik Deutschland. Seine zweifellos vorhandenen Reize sind häufig nur Eingeweihten bekannt, seine Schönheiten ein Geheimtip unter Naturfreunden geblieben. Für einen höheren Bekanntheitsgrad sorgte in den vergangenen Jahren mitunter die überregionale Presse, die mit dunklen Pinselstrichen das Bild eines Waldes entwarf, dem die »Hinrichtung« droht (DIE ZEIT Nr. 47 vom 16.11.79). Vom Waldsterben ist freilich nicht die Rede. Vielmehr geht die befürchtete »Beschädigung« (FAZ Nr. 277 vom 29.11.1986) von zwei Planungen aus, die - der Öffentlichkeit unter wechselnden Bezeichnungen bekannt - einmal den Bau einer Fernstraße von Pirmasens nach Karlsruhe und zum anderen die Errichtung einer Starkstromleitung von Homburg (Saarland) an den Rhein zum Inhalt haben.
Die Gründe, die das Waldland für Straßen- und Stromplaner so attraktiv machen, sind in der Lage des Pfälzerwaldes zwischen den Verdichtungsräumen Rhein-Neckar, Karlsruhe und Saarbrücken zu sehen. Keilförmig schiebt sich das Gebirge als weitgehend bewaldeter und siedlungsleerer Komplex zwischen die intensiv genutzten Tiefländer an Rhein und Saar. Die Haupttrassen der Infrastruktur umgehen den Wald im Norden, fol-

gen der Westricher Niederung, auf deren Bedeutung für den Ost-West-Verkehr bereits hingewiesen wurde. Angesichts der Tatsache, daß auch die Verkehrsbeziehung Saarland - Süddeutschland sich dieser Durchgangslandschaft bedient, kann es nicht überraschen, wenn der Gedanke an eine Direktverbindung quer durch den Pfälzerwald - vom Geist der Zeit beflügelt - in den sechziger Jahren beinahe von selbst entstand.

Die Fernstraße, die als A 8 die Gemüter erregen sollte, ist als Ziel der Raumordnung sowohl im ersten rheinland-pfälzischen Landesentwicklungsprogramm (noch als A 76) wie auch in der derzeit gültigen Fassung aus dem Jahre 1980 enthalten.

Zur Erhöhung der Standortgunst im strukturell benachteiligten Südwesten der Pfalz (vgl. Abb. 1) hält das Planwerk die Weiterführung der bei Pirmasens endenden Autobahn in Richtung Karlsruhe für erforderlich. Diese Auffassung hat freilich nur geteilte Zustimmung gefunden. Während sich die Anhänger der Autobahn vom Weiterbau an den Rhein eine Verringerung der Fahrzeiten, Entlastungen auf dem Arbeitsmarkt und eine Umkehrung der nun schon seit Jahren anhaltenden und weit über dem Landesschnitt liegenden Abwanderungstendenzen, kurzum: eine Stabilisierung der Region erhoffen, sprechen die Kritiker von der Zerstörung des größten zusammenhängenden Waldgebietes in Deutschland, die sie im drohenden Flächenverlust, in der Zerschneidung wertvoller Biotope und in der Zunahme der Emissionen ausmachen. Das vielzitierte »Ausbluten der Region« - so ihre Befürchtung - werde nach Fertigstellung der 'Rennstrecke' erst richtig einsetzen, die Hoffnung auf eine Zunahme des Fremdenverkehrs sich ins Gegenteil verkehren.

Es kann nicht den geringsten Zweifel daran geben, daß die geplante Verbindung, für die mehrere Trassenvarianten in der Diskussion (und im Verfahren) waren, den Pfälzerwald beeinträchtigt. Ebenso wenig kann bestritten werden, daß die Verkehrswege zwischen dem Raum Pirmasens und den süddeutschen Wirtschaftszentren zu verbessern sind, zumal demnächst zwei Autobahnen - die von Westen kommende A 8 und die von Norden kommende A 62 - vor den Toren der Schuhstadt enden. Kann die 'Blechlawine' - darauf konzentrierte sich zunehmend die Frage - nur mittels einer neu zu bauenden Autobahn nach Osten abgeleitet werden? Diese Frage wollte zunächst auch die Bundesregierung nicht eindeutig beantworten. Der 1980 vom Bundestag verabschiedete Bedarfsplan für die Bundesfernstraßen, der in fünfjährigem Abstand die Prioritäten im Straßenbau neu bestimmt, stufte die A 8 in die Reihe jener 'noch nicht entscheidungsreifen Projekte' ein, für die bis 1985 zu untersuchen war, ob alternativ zu einer Neuplanung das vorhandene Straßennetz ausgebaut werden könne. Die daraufhin in Auftrag gegebenen verkehrlichen, raumstrukturellen und ökologischen Untersuchungen kamen in Verbindung mit einer Kosten-Nutzen-Analyse zu dem Ergebnis, daß für die Direktverbindung Pirmasens - Karlsruhe eine Autobahn nicht erforderlich sei. Demzufolge sieht der 1986 neu aufgestellte Bedarfsplan als vordringliche Maßnahme 'nur' noch den Bau von Ortsumgehungen im Zuge der B 10 (u.a. Pirmasens und Hinterweidenthal) und im Zuge der B 427 (Dahn, Busenberg, Bad Bergzabern) vor. Aus der Autobahn ist somit eine Fernstraßenverbindung geworden, und auch die Frage, ob die Hauptlast des Verkehrs einmal von der dem Queichtal folgenden B 10 oder von der das Dahner Felsenland querenden B 427 zu tragen sein wird, ist inzwischen entschieden. Das Anfang 1989 abgeschlossene raumplanerische Verfahren sieht den vierstreifigen Ausbau der B 10 vor und läßt von der insbesondere in Pirmasens befürworteten 'großen' Umgehung nur ein Teilstück zur Erschließung von Gewerbegebieten im Westen der Stadt übrig.

Es ist kein Zufall, daß nicht nur für die großräumige Straßenverbindung, sondern auch für die eingangs erwähnte Stromleitung - trotz erheblicher Reduzierung der einst gewaltigen Planungsvorstellungen - die Chancen auf Realisierung geschwunden sind bzw. zunehmend dahinschwinden. Hier zeigt sich nämlich, daß der Leistungsaustausch zwischen Verdichtungsräumen und unverdichteten, in der Regel strukturschwachen Gebieten dort seine Grenzen hat, wo die Eigenart und Leistung des schwächeren Raumes nicht ausreichend anerkannt werden. Fehlt diese Anerkennung, nimmt sich die Raumordnung die Möglichkeit, das vorhandene Kapital - in diesem Fall weite, unberührte Wälder - sinnvoll und zukunftsgerecht zu nutzen.

## HP 8    Rhodt unter Rietburg (Dorferneuerung)

Die nach dem Kriege erfolgten Wandlungen im Sozialgefüge rein landwirtschaftlich geprägter Gemeinden lassen sich nicht nur an der Bevölkerungsstruktur, sondern auch im Ortsbild ablesen. Am auffälligsten ist ihr physiognomischer Niederschlag in den stadtnah gelegenen Auspendlergemeinden, in denen es im Laufe ihrer Umwandlung zu Wohnorten nicht nur zur Entstehung ausgedehnter Neubaugebiete, sondern auch, mit dem Auslaufen vieler landwirtschaftlicher Haupt- und Nebenerwerbsbetriebe, zu einer Umgestaltung von Gebäuden im Kernbereich des Dorfes kam, wo ehemals agraren Zwecken vorbehaltene Bauten entweder völlig abgerissen oder durch Umbaumaßnahmen erneuert wurden.
Aus verschiedenen Gründen blieben den Winzerdörfern entlang der Weinstraße drastische Eingriffe in die historische Bausubstanz weitgehend erspart. Auch wenn die Fehlentwicklungen der Nachkriegszeit an der Gemeinde Rhodt unter Rietburg nicht spurlos vorbeigegangen sind, hat sich die charakteristische Grundrißgestaltung des Straßendorfes mit zwei in ost-westlicher Richtung verlaufenden Hauptstraßenzügen (Beispiel Theresienstraße) und einer zentralen Querspange erhalten (Abb. 5). Die geschlossene Straßenrandbebauung setzt sich, von wenigen Ausnahmen abgesehen, aus Haus-Hof-Einheiten zusammen, die dem fränkischen Zweiseithof zuzuordnen sind. Einige herrschaftlich geprägte Gebäude (darunter das sogenannte Schlößl, Edenkobener Straße 87) runden das Bild ab.
Wenn der über 1200 Jahre alte Weinort, dessen frühere Zugehörigkeit zu Württemberg bzw. Baden-Durlach in Wappen und Beschriftungen zum Ausdruck kommt, durch sein geschlossenes Ortsbild, seinen alten Baubestand und dessen reizvolle Fassadengestaltung besticht, dann auch deswegen, weil eine umfassende Dorferneuerungsplanung vergleichsweise früh erstellt und mit ihren Vorschlägen
- zur Ortserweiterung,
- zum Ausbau der Straßenräume und Plätze in der Ortsmitte,
- zur Modernisierung der Haus-Hof-Anlagen
Eingang in die Bauleitplanung gefunden hat. Fehlentwicklungen, die als Folge des allzu raschen Strukturwandels hier wie anderswo durch Verwendung ungeeigneter Baustoffe bzw. durch verfehlte Form- und Farbgebung auftraten (und noch immer auftreten), konnten durch Unterschutzstellung des Ortskerns als Denkmalzone im Jahre 1981 zumindest abgeschwächt werden. Eine Korrektur der in Unkenntnis bzw. ohne Beachtung denkmalpflegerischer Gesichtspunkte vorgenommenen 'Verbesserungen' dürfte freilich nur langfristig möglich sein. Erleichtert wird das notwendige Umdenken durch die Tat-

*Abb. 5:* **Rhodt unter Rietburg**

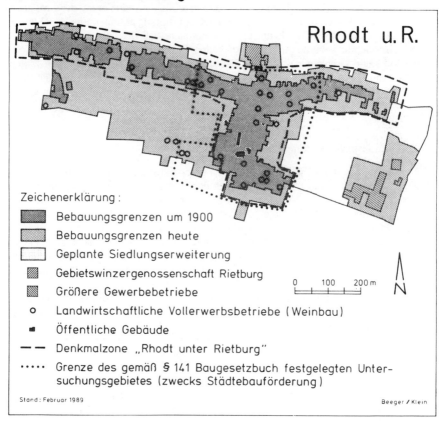

# Rhodt u. R.

Zeichenerklärung :

▨ Bebauungsgrenzen um 1900

▨ Bebauungsgrenzen heute

▢ Geplante Siedlungserweiterung

▨ Gebietswinzergenossenschaft Rietburg

▨ Größere Gewerbebetriebe

o Landwirtschaftliche Vollerwerbsbetriebe (Weinbau)

■ Öffentliche Gebäude

— — Denkmalzone „Rhodt unter Rietburg"

····· Grenze des gemäß § 141 Baugesetzbuch festgelegten Untersuchungsgebietes (zwecks Städtebauförderung)

0    100    200 m

N

Stand: Februar 1989

Beeger / Klein

---

sache, daß Rhodt unter Rietburg bei den zwei Wettbewerben 'Bürger, es geht um Deine Gemeinde' bzw. 'Unser Dorf soll schöner werden' jeweils die höchste Auszeichnung, eine Goldplakette, erhielt.

Die in Wettbewerben, in Forschungsaufträgen und in Investitionsprogrammen zum Ausdruck kommende Hinwendung zum Dorf darf freilich nicht zum Anlegen unbrauchbarer Maßstäbe führen. Weder soll eine Verstädterung erreicht noch eine Rückkehr in die verklärte dörfliche Idylle vergangener Zeiten angestrebt werden. Die Bewahrung ererbter Formen ist, speziell in Fremdenverkehrsgebieten, ein wichtiger Beitrag zur Attraktivitätssteigerung. Jedoch darf sie den Blick nicht verstellen für die Notwendigkeit, die bestehenden Strukturprobleme (Überalterung der Bevölkerung, Entleerung der Ortskerne u.a.) zu lösen. Verschönerungsmaßnahmen (mit häufig musealer Färbung) allein sind nur bedingt in der Lage, der *Lebens- und Siedlungsform Dorf* ihre Eigenart und ihren Selbstwert zurückzugeben.

# IV. Karten und Literatur

Übersichtskarte Regierungsbezirk Rheinhessen-Pfalz 1: 100000

Topographische Karte 1:50000, Blätter L 6510 Landstuhl, L 6710 Pirmasens-Nord, L 6716 Speyer

Atlas Rheinhessen-Pfalz, Braunschweig 1987 (S. 21: Kaiserslautern; S. 22: Neustadt a.d.Weinstraße)

AKADEMIE FÜR RAUMFORSCHUNG UND LANDESPLANUNG (1982): Schutzbereiche und Schutzabstände in der Raumordnung. - Forschungs- und Sitzungsberichte der Akad. f. Raumforsch. und Landesplanung Bd. 141, Hannover

BEEGER, H. und R. ANSCHÜTZ (1985): Die unfügsamen Pfälzer Landschaftsnamen, Vorschläge zur Neugestaltung. In: Pfälzer Heimat 36, S. 62-67

BEEGER, H. (Bearb.) (1987): Atlas Rheinhessen-Pfalz, Braunschweig.

BEEGER, H. (1989): Geographische Grundzüge des rheinhessisch-pfälzischen Raumes. In: KREMB/LAUTZAS (Hrsg.) Landesgeschichtlicher Exkursionsführer Rheinland-Pfalz Bd. 1, Otterbach, S. 16-29

GEIGER, M., PREUSS, G. und K.-H. ROTHENBERGER (Hrsg.) (1981): Pfälzische Landeskunde. Beiträge zu Geographie, Biologie, Volkskunde und Geschichte Bd. 1, Landau

GEIGER, M., PREUSS, G. und K.-H. ROTHENBERGER (Hrsg.) (1985): Die Weinstraße. Porträt einer Landschaft. Landau

GEIGER, M., PREUSS, G. und K.-H. ROTHENBERGER (Hrsg.) (1987): Der Pfälzerwald. Porträt einer Landschaft. Landau

KISTENMACHER, H./Th. GEYER (Bearb.) (1984): Handreichung zur Ortsentwicklung ländlicher Gemeinden. Mainz

MACK, D. (Hrsg.) (1976): Kaiserslautern. Aspekte und Perspektiven einer Stadt. Kaiserslautern

MINISTERIUM DER FINANZEN (Hrsg.) (1988): Stadterneuerung, 2 Bände. Mainz

MINISTERIUM FÜR WIRTSCHAFT UND VERKEHR (Hrsg.) (1988): Regionale Strukturpolitik im ländlichen Raum. Mainz

PLANUNGSGEMEINSCHAFT RHEINPFALZ (Hrsg.) (1987): Regionaler Raumordnungsplan Rheinpfalz (Genehmigungsfassung). Mannheim

PLANUNGSGEMEINSCHAFT WESTPFALZ (Hrsg.) (1987): Regionaler Raumordnungsplan Westpfalz (Genehmigungsfassung. Kaiserslautern

RAUMORDNUNGSVERBAND RHEIN-NECKAR u.a. (Hrsg.) (1986): Raumnutzungskonzept für die Rheinniederung von Iffezheim bis zur Mainmündung. o.O.

STAATSKANZLEI RHEINLAND-PFALZ (Hrsg.) (1980): Landesentwicklungsprogramm Rheinland-Pfalz. Mainz.

STADTVERWALTUNG NEUSTADT a.d.WEINSTRASSE (Hrsg.) (²1980): Sanierung Neustadt a.d.Weinstraße. Neustadt a.d.Weinstraße

# V. Hinweise

Die Rheinauenproblematik läßt sich anschaulich im Umkreis der Firma Grünzweig & Hartmann erörtern, die - über die Abfahrt Speyer-Süd zu erreichen - unweit der Anlegestelle der stillgelegten Fährverbindung Speyer - Rheinhausen gelegen ist.

Der Pfalzmarkt ist über die Landesstraße 530 (Dannstadt - Mutterstadt) zu erreichen. Auskünfte zum Aufbau und Betrieb des Großmarktes erteilt nach Anmeldung der Geschäftsführer.

In Neustadt a.d.Weinstraße eignet sich als Standort der 'Elwedritschebrunnen' im Sanierungsgebiet Klemmhof, in Kaiserslautern das Rathaus mit einer Besucherterrasse im 20. Stock. Es empfiehlt sich, den Besuch mit dem Verkehrsamt der Stadt im EG des Rathauses abzustimmen.

Einen guten Überblick über Nutzungsformen und -überlagerungen im Landstuhler Bruch erhält man am östlichen Ortsrand von Hütschenhausen; das Problem einer Fernstraßenverbindung Primasens - Karlsruhe läßt sich sowohl im Kreuzungsbereich A 62/ B 10 (östl. Ortsrand von Höheischweiler) wie auch am Ortseingang von Hinterweidenthal (Kreuzung B 10/B 427) aufzeigen.

In Rhodt u.R. werden die Möglichkeiten und Grenzen der Dorferneuerung bei einem Gang durch Weinstraße und Theresienstraße sichtbar.

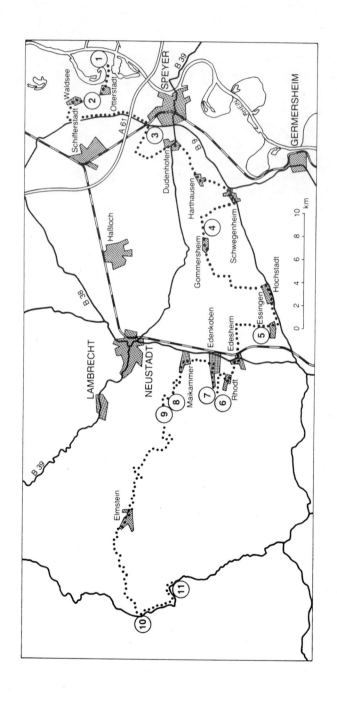

# Geomorphologisches Querprofil
# vom Rhein zum Mittleren Pfälzerwald

von

Ingrid Dörrer

## I. Haltepunkte

1. Otterstädter Rheindurchstich
2. Hochgestade zwischen Otterstadt und Waldsee
3. Ameisenberge am Ostrand des Speyerbach-Schwemmfächers
4. Birken-Höhe bei Gommersheim
5. Südlicher Ortsrand von Essingen
6. Rietburg bei Edenkoben
7. Steinbrüche am südlichen Talhang des Triefenbaches bei Edenkoben
8. Kalmit-Gipfel
9. Hüttenberg
10. Johanniskreuz
11. Eschkopf

## II. Einführung

Am Rhein beginnend und hinaufsteigend zu der größten Höhen des Pfälzerwaldes, verfolgt die Exkursion das Ziel, alle wesentlichen Reliefeinheiten zwischen der Rheinniederung und den Höhen des Mittleren Pfälzerwaldes vorzustellen (vgl. Abb. 1). Hierbei wird auch die Unterschiedlichkeit der tektonischen und morphologischen Entwicklung zwischen westlichem und östlichem Rheingrabenabschnitt eine Rolle spielen. Durch den asymmetrischen Bau des Grabens und die dadurch bedingte Abdrängung des Rheins nach Osten unterscheiden sich Vorderpfälzer Tiefland und Badische Rheinebene in ihrem Formenschatz erheblich, wird aber gerade die Deutung des linksrheinischen Formenschatzes problematisch. Es ist ein Gebiet, in dem die Tektovarianz die klimatisch geprägte Formenentwicklung regional und zeitlich mehrfach variiert und kompliziert. Dreh- und Angelpunkt der Entwicklung ist zu allen Zeiten die Bilanz zwischen aufsteigender Grabenschulter und absinkendem Graben. Hierdurch werden Abtragung und Ablagerung gesteuert, hierdurch werden Formen geschaffen und wieder zerstört. Die Abtragungsprodukte der aufsteigenden Grabenschulter finden sich als korrelate Ablagerungen in der Grabenfüllung, werden zu Anhaltspunkten für die morphologische und tektonische Interpretation. Der Mangel an aussagekräftigen Aufschlußprofilen im Tiefland und die Problematik der Übertragbarkeit gewonnener Ergebnisse selbst auf nahegelegene Räume sowie fehlende Relikte älterer klimamorphologischer Phasen im Gebirge erschweren die Arbeit, konzentrieren die Untersuchungen - neben immer detaillierterer Geländeaufnahme - immer wieder auf dieselben Aufschlüsse (vgl. z.B. PLEWE 1938, NOTTMEYER 1954, STÄBLEIN 1968, MAQSUD 1982).

Da sich diese Exkursion aber nicht allein an den morphologischen Spezialisten, sondern vielmehr allgemein an den morphologisch Interessierten wendet, wurde bewußt darauf

**Abb. 1: Morphologische Großformen des Exkursionsgebietes**

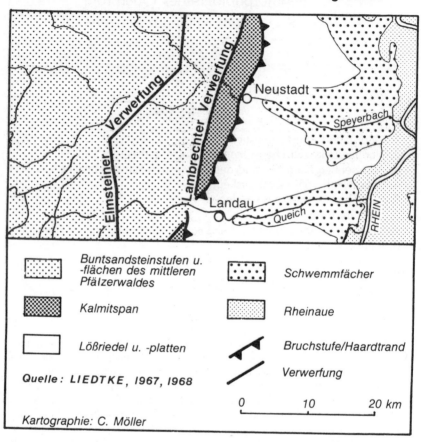

Buntsandsteinstufen u. -flächen des mittleren Pfälzerwaldes

Kalmitspan

Lößriedel u. -platten

Quelle: LIEDTKE, 1967, 1968

Schwemmfächer

Rheinaue

Bruchstufe/Haardtrand

Verwerfung

0     10     20 km

Kartographie: C. Möller

verzichtet, diese in der Literatur immer wieder beschriebenen Gruben (z.B. Dammheim) in den Mittelpunkt der Betrachtung zu stellen. Es wird vielmehr versucht, die raumspezifischen Reliefeinheiten in ihrem Erscheinungsbild vorzustellen und in die Diskussion um deren Erscheinungsbild einzuführen. So sind die Haltepunkte HP 1 und HP 2 den Problemen der Rheinaue und des Rheins gewidmet. Die Haltepunkte HP 3 bis HP 5 erfassen die Probleme der Ausgliederung quartärer Terrassen im Vorderpfälzer Tiefland, dessen charakteristischer Formenwechsel von Schwemmfächern und Riedelplatten eine Besonderheit im Oberrheingraben darstellt. Die Haltepunkte HP 6 und HP 7 sind dazu gedacht, in die Taphrogenese des Rheingrabens im Bereich der westlichen Grabenschulter einzuführen. Der wesentliche Formenschatz des Mittleren Pfälzerwaldes und die Frage nach dessen Genese im Spiel wachsender Morphodynamik sollen an den Haltepunkten HP 8 bis HP 11 diskutiert werden.

# III. Exkursionsverlauf

## HP 1    Otterstädter Rheindurchstich: Otterstädter Altrhein

Die Exkursion beginnt an der Anlegestelle der Koller-Fähre (östl. von Otterstadt). Um alle zu besprechenden Probleme gut erfassen zu können, geht man am besten zu Fuß über den Damm gegen das Auwaldgebiet Böllenwörth bis zur Verbindungsstraße Fähre - Otterstadt und auf dieser weiter bis zum südöstlichen Ende des Otterstädter Altrheins und zu den Auskiesungsgebieten. Für Eiligere gibt es auch die Möglichkeit, den Waldparkplatz Böllenwörth zu benutzen und von dort aus zum Altrhein zu gelangen.

Vor der Rektifikation gehörte unser Flußabschnitt zu der sogenannten Mäanderzone, d.h. dem Stromabschnitt, der durch den geschlossenen Stromlauf mit weiten Mäandern sowie zahlreiche Altwasser und verlassene Stromschlingen gekennzeichnet war. Einen Einblick in diese Situation vor der Rheinkorrektion vermittelt Abb. 2b. Wie diese Abbildung zeigt, aber auch die im Pfalzatlas wiedergegebene Rekonstruktion des Rheinlaufes seit 1600 (PFALZATLAS 1963, Karten 13 und 14) erkennen lassen, hatte sich der Rhein im linksrheinischen Bereich zumindest teilweise schon von dem Hochgestade zurückgezogen, der Mäandergürtel war bereits enger geworden. Diese »innere« Mäanderzone soll zunächst Gegenstand der Betrachtung sein.
Der durch die Rheinkorrektion von TULLA begradigte, stark verkürzte und zwischen Dämmen gezügelte Strom verläuft nur noch streckenweise in seinem alten Bett (vgl. Abb. 2a). Vor der Korrektion hatte der Strom zwischen Philippsburg und Mannheim eine Länge von ca. 54 km und überwand einen absoluten Höhenunterschied von 5.49 m. Nach den Baumaßnahmen war die Laufstrecke auf 36.27 km reduziert, der absolute Höhenunterschied auf 6.09 m angestiegen. Somit erhöhte sich das relative Gefälle von 0.01 % auf 0.0169 % (vgl. DÖRRER 1984, S. 111). Diese Laufverkürzungen wurden durch Mäanderdurchstiche erreicht (vgl. Abb 2a u. b). So wurde z.B. die Laufstrecke im Bereich des Otterstädter Rheinbogens um knapp die Hälfte reduziert (vgl. Tab. 1, in der auch die auf den Abb. 2a u. 2b erfaßten Flußschlingen zum Vergleich aufgeführt sind).

*Tab. 1:* Laufverkürzungen des Rheins durch Mäanderdurchstiche

| Durchstich | Länge d. Stromschlinge in m (= a) | Länge d. Durchstichs in m (= b) | Verhältnis b : a | Aufnahme des Talwegs |
|---|---|---|---|---|
| Angelhofer | 4 380 | 3 000 | 1 : 1.46 | 1876 |
| Otterstädter | 5 400 | 2 850 | 1 : 1.90 | 1845 |
| Ketscher | 8 370 | 1 710 | 1 : 4.90 | 1839 |
| Altriper | 1 725 | 795 | 1 : 2.17 | 1866 |

*Quelle:* DÖRRER 1984, S. 110

Diese Laufverkürzung hatte gravierenden Einfluß auf das Fließverhalten des Stroms. Eine erhebliche Tiefenerosion, die bis heute anhält, führte zu stetiger Tieferschaltung der Stromsohle und zu ständigen Verlagerungen des Geschiebematerials.

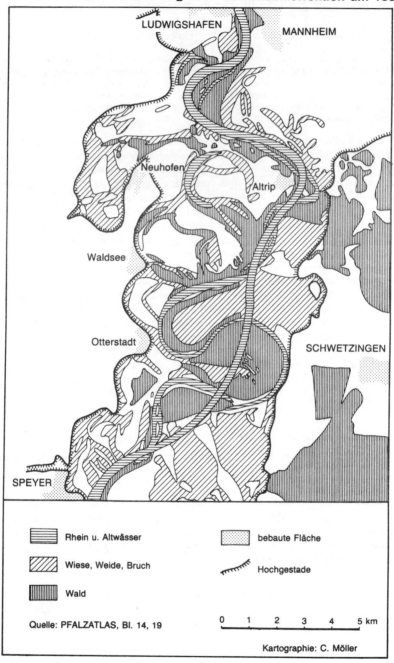

LUDWIGSHAFEN

MANNHEIM

Neuhofen

Altrip

Waldsee

Otterstadt

SCHWETZINGEN

SPEYER

Rhein u. Altwässer

bebaute Fläche

Wiese, Weide, Bruch

Hochgestade

Wald

Quelle: PFALZATLAS, Bl. 14, 19

0    1    2    3    4    5 km

Kartographie: C. Möller

*Abb. 2a:* **Hydrologisch-morphologische Veränderungen seit 1880**

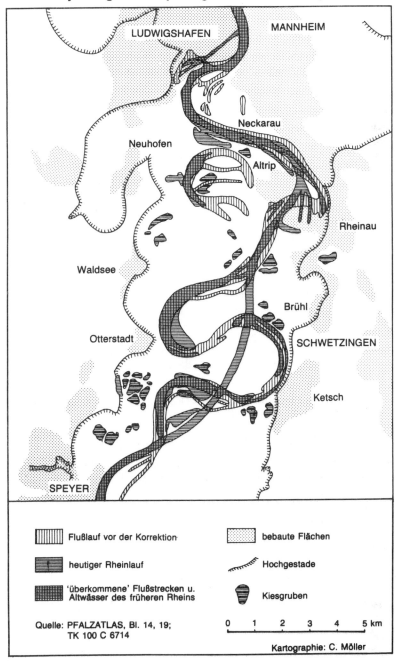

LUDWIGSHAFEN    MANNHEIM

Neckarau

Neuhofen

Altrip

Rheinau

Waldsee

Brühl

Otterstadt

SCHWETZINGEN

Ketsch

SPEYER

| | Flußlauf vor der Korrektion | | bebaute Flächen |
| --- | --- | --- | --- |
| | heutiger Rheinlauf | | Hochgestade |
| | 'überkommene' Flußstrecken u. Altwässer des früheren Rheins | | Kiesgruben |

Quelle: PFALZATLAS, Bl. 14, 19;
TK 100 C 6714

0    1    2    3    4    5 km

Kartographie: C. Möller

471

Mit dem Otterstädter Altrhein, der ehemals (vgl. Abb. 2) die Kollerinsel umschloß, ist das Augenmerk auf die morphologische Weiterentwicklung der abgeschnittenen Flußschlingen gerichtet. Ganz allgemein gilt, daß die noch wasserführenden Altrheinarme nach der Rheinbegradigung keine Tiefenerosion mehr aufwiesen und daher mit ihrer Sohle höher zu liegen kamen als der sich stetig eintiefende Rheinstrom. Soweit sie nicht, wie z.B. der Otterstädter Altrhein am Nordende, einen Zugang zum Rhein hatten, erhielten sie auch kein Flußwasser mehr. Im Laufe der Zeit setzte so zwangsläufig ein Verlandungsprozeß ein, da sie wegen der zunehmenden Differenz zwischen Hauptstromlage, Altrheinlage und Grundwasserlage zunächst bei Niedrigwasser, später auch bei Mittelwasser trockenfielen. Da der Otterstädter Altrhein an seinem Nordende durch eine direkte Verbindung zum Hauptstrom mit dem Rheinwasser korrespondiert, ist er weitgehend vor Austrocknung geschützt. Verlandet ist allerdings der südliche Schenkel der Mäanderschleife, der Gleituferbereich der ehemaligen Ketscher und Otterstädter Schlinge, der heute durch den Böllernwörth-Wald eingenommen wird. Die Verlandung endet am südlichen Pralluferbereich der ehemaligen Flußschlinge. Hier war der Otterstädter Mäander, den Schwingungsgesetzen entsprechend, in der Zeit zwischen 1600 und 1845 nach Süden ausschwingend weitergewachsen (vgl. Karten 13 u. 14 im Pfalzatlas). Die im Vergleich von Abb. 2a und 2b zu erkennende größere Breite des heutigen Otterstädter Altrheins beruht, wie auch die Beobachtungen am angegebenen Standort beweisen, auf intensiven anthropogenen Eingriffen in die Flußlandschaft in jüngster Zeit. Durch mehrere Kieswerke im inneren Schlingenbereich, aber auch zwischen Otterstädter und Angelhofer Altrhein werden die jüngstquartären und holozänen Kieslager [1] durch Naßbaggerung genutzt und dadurch die Flußlandschaft stellenweise zu einer »Seenplatte« umgewandelt. Daß Auskiesung in dem vorgestellten Umfang nicht ohne landschaftliche und ökologische Folgen bleibt, versteht sich von selbst. Im Fall des Otterstädter Rheinbogens handelt es sich noch um »aktive« Baggerseen. In anderen Gebieten sind die ausgekiesten Seen meist zu Badeseen umfunktioniert worden (vgl. Altrip, Waldsee).

Weiterfahrt entlang des Otterstädter Altrheins bis Otterstadt in Richtung Waldsee. Halt zwischen beiden Orten am Rand des Hochgestades.


HP 2   Hochgestade zwischen Otterstadt und Waldsee

Otterstadt und Waldsee weisen, wie viele Orte entlang des Rheins, eine Terrassenspornlage auf. Die Straße zwischen Otterstadt und Waldsee verläuft am äußersten Rand des hier 5-6 m hohen Erosionsrandes des Hochgestades, der die maximal 4-5 km breite linksrheinische Alluvialebene des Rheins begrenzt. Deutlich zeigt die Folge von Prallhangbögen (Abb. 2) der flußabwärts wandernden Mäanderschlingen die fluviatilerosive Entstehung des Hochufers. Als weiteres Kennzeichen werden die merklich tieferliegenden Randrinnen unmittelbar am Abfall des Hochgestades zur ehemaligen Überschwemmungsaue sichtbar (vgl. Abb. 2). Sie sind heute durch Gräben und Feuchtwiesen markiert. Im Innern des 'äußeren Otterstädter Mäanderbogens', der bereits vor 1600 trockengefallen war (Vgl. PFALZATLAS Karte 13), lassen Feuchtwiesen und Drainagegräben noch einen kleineren Altwasserarm hervortreten, der um 1817 verlandet

---

[1] Die Rheinschotter der Alluvialebene weisen stark wechselnde Mächtigkeiten auf. Von JÄGER (1964) werden für Jockgrim 16 m, von PLEWE (1938) für Ludwigshafen 12.5 m angegeben.

war. Das Bruchwaldgebiet Wörth am Nordrand des Altrheinarmes ist ein Hinweis darauf, daß auch in hinter den Hochwasserdämmen gelegenen Teilen der Rheinaue - obwohl hier keine Hochwässer mehr auftreten - ein gewisser Einfluß der Auendynamik zu verzeichnen ist. Dies geschieht in der Regel durch Überstauung mit Druckwasser zu den Hochwasserzeiten des Rheins, wobei die in der Altrheinschlinge zu konstatierenden geringen Reliefunterschiede von 1-2 m wirksam werden. Im Landschaftsbild erweisen sich unterschiedliche Böden und unterschiedliche Bodennutzung bzw. Vegetationsdifferenzierungen als Hilfsmittel, diese kleinräumigen Reliefunterschiede zu erfassen.

Weiterfahrt über Waldsee zur B 9 (Anschlußstelle Limburgerhof-Rehhütte). Richtung Speyer bis zur Abfahrt Speyer-West/Böhl-Iggelheim. Dort nur wenige hundert Meter in Richtung Böhl-Iggelheim. Parken beim Schützenhaus; zu Fuß zu den Ameisenbergen (südlich der Straße im Wald).

## HP 3   Ameisenberge am Ostrand des Speyerbach-Schwemmfächers

Dieser Haltepunkt am Ostrand des 64 km² großen Speyerbach-Schwemmfächers beinhaltet als Schwerpunkt die nächst ältere Formengeneration, nämlich die der jungpleistozänen (würmeiszeitlichen) Aufschotterungen und die der Flugsand- und Dünenbildung. Der am Gebirgsrand bei Neustadt ansetzende, von 130 m auf 104 m im O sich absenkende, sanft gewölbte Speyerbach-Schwemmfächer wird im N durch den aus der beim Gebirgsaustritt stattfindenden Gabelung des Speyerbaches entstandenen Rehbach und im S durch den Speyerbach begrenzt. Die sich nach Osten verbreiternden Talmulden der Haardtrandbäche werden als würmeiszeitliche Niederterrassen, die durch die im Vorland verwildernden Bäche gebildet wurden, gedeutet. Das zur Bildungszeit herrschende relativ geringe Gefälle bewirkte vorwiegend Seitenerosion, was (nach STÄBLEIN 1968) zu den charakteristischen Randrinnenbildungen führte. Die Schwemmfächer sind also hauptsächlich Erosionsterrassen (nach BLÜMEL/HÜSER 1974, S. 32 allerdings echte Akkumulaitonsterrassen), die vorwiegend am östlichen Rand von Flugsandfeldern und Dünen überlagert und heute von rezenten Bächen zerschnitten werden. Die Ameisenberge (bis 109 m NN) sind Teil des größten und ausgeprägtesten dieser Dünenfelder, das sich NW von Speyer befindet, bis zu 2 km breit ist und sich nach N bis zu den Rinkenberger Höfen und nach SW bis in den Dudenhofer Stadtwald (also über ca. 6 km Längserstreckung) verfolgen läßt. Es handelt sich um nach NE gerichtete Parabeldünen, deren lange Parabelschweife nach SW ausgezogen sind und die im Innenbogen nur sanft ansteigen. Die größten Einzelformen sind bis zu 100 m lang, weisen bis zu 200 m lange Parabelschenkel auf und überragen die Niederterrasse um 6 m. Solche klar ausgeprägten Einzeldünen sind allerdings selten. Durch Überschneidung mehrerer Parabeln und Durchsetzung mit kleineren Formen ist ein Gewirr von Sandhügeln entstanden, das nur schwer zu entziffern ist. Vielleicht erklärt sich daraus die unterschiedliche Interpretation der vorherrschenden Windrichtung, die für die Entstehung der Dünen angenommen wird. Da aber die Steilheit nach NE auch bei den Mischformen festzustellen ist, sind sicherlich, wie bereits LÖFFLER (1929, S. 62) postulierte, SW-Winde für die Entstehung verantwortlich. Diskussionen gibt es auch um das Alter der Dünen. Nach STÄBLEIN (1968, S. 18) gibt es keine Anzeichen von rezent überwanderten Böden auf den Dünen. Dies bedeutet, daß die Dünen in jüngerer Zeit nicht mehr bewegt wurden. Allerdings sind teilweise bronzezeitliche Kulturrelikte (SPITZ 1910, zitiert nach STÄBLEIN 1968) in verschiedenen oberrheinischen Dünen überweht worden. Im Gegensatz zu JÄGER (1964, S. 148), der die Dünen wegen der geringen Boden-

bildung als postglaziale Bildungen ansieht, erscheint es gesichert, daß die oberrheinischen Dünen eine spätglaziale Bildung sein müssen (vgl. HÄBERLE 1930, STÄBLEIN 1968, BLÜMEL/HÜSER 1974 u.a.). Ihre Ablagerung erfolgte auf den durch die erosive Tieferschaltung des Rheins trockengefallenen Niederterrassenflächen. Eine gelegentliche Umlagerung von Dünensand während trocken-kalter Perioden im Postglazial kann aufgetreten sein, führte aber nicht zu erneuter Dünenbildung.
Bei einem Gang durch das Dünenfeld sind gelegentlich als weitere Formen Deflationswannen und vernäßte und versumpfte Hohlformen anzutreffen. Bei der Weiterfahrt sind die für die Schwemmfächer charakteristischen Versumpfungsgebiete und Randrinnen (Woogbach, Speyerbach) zu beobachten.

Weiterfahrt zunächst Richtung Iggelheim, dann über Dudenhofen und Hanhofen nach Schwegenheim (Schwegenheimer Lößplatte) und von dort zur Birken-Höhe südöstlich von Gommersheim.

## HP 4   Birken-Höhe bei Gommersheim: Terrassenprobleme
(Talweg-Terrassen-Rest nach STÄBLEIN 1968)

STÄBLEIN (1968, S. 22) spricht die lößbedeckte Birken-Höhe (114 m NN), die 5 m relativen Höhenunterschied zum Speyerbach-Schwemmfächer aufweist, als den Rest eines flachen Randniveaus an, das die Schwemmfächer vor allem im südlichen inneren Tiefland begleitet, niemals aber die Höhenlage der zentralen Riedelflächen erreicht. Diesem Randniveau am Südrand des Speyerbach-Schwemmfächers gehören danach auch schmale Leisten bei Lachen (125-120 m NN), die Terrassen von Heiligenstein (120 m NN) und Berghausen (117 m NN) an. Zeitlich und genetisch ordnet STÄBLEIN diese »Flächen« als rißzeitliche Talweg-Terrassen ein. Es sei daher an dieser Stelle die Diskussion um die Frage der Terrassengliederung im Vorderpfälzer Tiefland kurz umrissen.
Seit GÜMBEL (1894) finden sich die Bezeichnungen Niederterrasse für die Schwemmfächer und Hochterrasse für die Riedelplatten, obwohl mit letzterer keine exakte zeitliche Einordnung verbunden war. PLEWE (1953-62) vermerkt zwar, daß eine einfache Zuordnung der Tieflandsformen zu zwei Stockwerken einer genetischen Betrachtung nicht gerecht würde, wendet sich aber generell gegen eine Terrassengliederung. Er vertrat bereits 1938 (S. 9) die Auffassung, daß »Terrassen, die zu einer weiteren morphologischen Gliederung führen könnten, trotz gegenteiliger Behauptung (er spricht damit die Terrassengliederung von SCHWEGLER 1936 an) nicht zu finden sind... und bei dem geringen Höhenspielraum auch nicht viel besagen« würden. Das Problem läßt sich also auf die Frage reduzieren, ob die bis zu 100 m mächtigen quartären Ablagerungen im Rheingraben infolge des stetigen Absinkens der Grabensohle und der gleichzeitigen Heraushebung des Gebirgsrandes übereinandergelagert wurden und sich deshalb kein wirkliches Terrassensystem herausbilden konnte oder ob durch unterschiedliche Reliefenergie am Grabenrand und im Grabeninnern, verbunden mit dem Wechsel von fluviatiler Aufschüttung und Zerschneidung eine, wenn auch flache Terrassentreppe entstand. STÄBLEIN (1968, S. 151ff.) kommt zu der Überzeugung, daß die höheren Riedelplatten des inneren Teiflandes (siehe auch später) Reste einer einheitlichen, aus flachen Fächern geschütteten »Hoch-Terrassen-Schwemmebene« sind und damit das mindelzeitliche Terrassenniveau darstellen. Die Terrassenschüttungen der nachfolgenden Kaltzeiten waren dagegen auf eine fortschreitend tiefer liegende Erosionbasis im E eingestellt. Daher kam es zur Ausbildung flachgründiger, breiter Schwemmfächer, die sich, am Gebirgsaustritt ansetzend, in die bis zur Hochterrassenzeit übereinanderliegende Sediment-

folge eingeschachtelt haben. Die würmeiszeitlichen Niederterrassenschwemmfächer haben dabei nur schmale, wenig höher gelegene Reste der rißzeitlichen Schwemmfächer übrig gelassen, die von STÄBLEIN als Talweg-Terrassen bezeichnet werden. Auch in weiteren Arbeiten (vgl. MAQSUD 1982, BLÜMEL/HÜSER 1974, KRAUSE 1974) wird die Auffassung von mindestens drei, jeweils dreieckförmigen, in- und übereinandergreifenden Hauptterrassenniveaus, die durch fluviatile Aufschüttung und periglazial-fluviatile Abtragung bzw. Zerschneidung entstanden sind, untermauert.

Das Beispiel der Birken-Höhe zeigt die Problematik der Zuordnung der zwar relativ breitflächigen, aber höhenmäßig wenig differenzierten Niveaus, auch wenn STÄBLEIN (1968, S. 27) betont, daß die Talweg-Terrasse »morphographisch eine wirkliche Terrasse mit Terrassenkante und sie überragendem Talhang zur Hochterrasse« darstellt, dieser Übergang aber durch eine Lößdecke verschleiert wird. Zudem werden die Terrassenkanten, wie auch im Fall der Birken-Höhe durch Kurzdellen gegliedert und dadurch der Übergang verwaschen.

Bei der Weiterfahrt sind folgende Beobachtungen zu machen: Der Hochterrassen-Riedel zwischen Queich und Speyerbach (Schwegenheimer Lößplatte) ist durch zahlreiche Talmulden zerschnitten und durch in etwa W-E verlaufende Langdellen und ungefähr N-S ziehende Kurzdellen gegliedert. Kennzeichnend ist weiterhin (siehe Straßenböschungen und Baugruben) eine mehr oder weniger mächtige Lößüberdeckung.

Weiterfahrt nach Gommersheim - Freisbach - Freimersheim/Pf. - Hochstadt/Pf. zur B 272; dort Richtung Landau. Nach rechts Richtung Essingen einbiegen. Unmittelbar am Ortsrand halten.

## HP 5   Südlicher Ortsrand von Essingen: Aufschluß in Terrassensedimenten

Unmittelbar vor den ersten Häusern am südlichen Ortsrand von Essingen finden sich links und rechts der Straße am Abhang des Worm-Berges zum Hainbach-Tal Aufschlüsse in jüngeren Terrassensedimenten, die allerdings zum Teil schon stark verwachsen sind und zudem auf Privatgrund liegen. Der relative Höhenunterschied zwischen der ca. 150 m hohen Riedelfläche (Worm-Berg) und dem in 139 m NN liegenden Hainbachtal ist gering, im Gelände z.B. durch den Abfall der Straße aber deutlich nachzuvollziehen. Der Aufschluß auf der rechten Straßenseite, der uns nunmehr interessieren soll, liegt in etwa 140 m NN, also mit seiner Basis nur knapp über dem Niveau der Talaue. In der 7-8 m hohen Aufschlußwand sind über einem (älteren) Löß, dessen Basis nicht aufgeschlossen ist, zunächst 50-60 cm gelber Lehm und ca. 20 cm hellroter, stark verfestigter Sand zu erkennen. Darüber befindet sich ein ca. 20 cm mächtiger, zum Tal hin einfallender weißer Verlehmungshorizont mit leicht verwürgten rostroten Streifen, der eventuell als Rest eines (staunassen) B-Horizontes gedeutet werden kann. Danach folgt nach oben ein 120 cm mächtiges Band geschichteten und verfestigten roten Sandes (z.T. mit kleinräumiger Kreuzschichtung), das nach oben in eine ca. 80 cm breite Zone übergeht, in der gelber Lehm und kleine Kiesel dem Sand kryoturbat eingelagert sind. Am Übergang zu der diskordant darüberlagernden und das Profil abschließenden ca. 2 m mächtigen Lößschicht treten Lößkonkretionen auf.

Auch wenn infolge fehlender Untersuchungen und damit fehlender konkreter Hinweise auf eine zeitliche Einordnung der hier aufgeschlossenen Terrassensedimente keine exakten Aussagen gemacht werden können, so ist doch folgendes festzuhalten: Von den zwei altersmäßig unterschiedlichen Lößhorizonten ist der untere, d.h. ältere, der sich unter eindeutig fluviatilen Sandablagerungen befindet, sicherlich älter als würmzeitlich.

Da die Sandablagerungen im oberen Teil kryoturbat verformt und zudem stark verfestigt sind, dürften sie älter als jungwürm sein. Im Vergleich mit den Beschreibungen aus anderen Aufschlüssen (vgl. u.a. NOTTMEYER 1954, STÄBLEIN 1968), dürfte es sich um Terrassensedimente der Talweg-Terrasse (d.h. rißzeitliche Ablagerungen) handeln. Dies würde sich auch aus den Ausführungen von STÄBLEIN (1968) ergeben, der in der der Arbeit beigegebenen morphologischen Karte der Vorderpfalz die Sedimente am Talhang des Hainbaches als rißzeitlich einstuft.

Es sei jedoch darauf hingewiesen, daß es sich um eine »rein optische« Profilauswertung handelt und daß genauere Untersuchungen der Horizonte im Labor ausstehen.

Weiterfahrt über Großfischlingen und Edesheim nach Rhodt unter Rietburg. Von dort den Verbindungsweg zur Ludwigshöhe wählen. Von der Ludwigshöhe aus entweder zu Fuß oder mit der Sesselbahn zur Ruine Rietburg. Dort zur Aussichtsplattform.


HP 6    Rietburg bei Edenkoben: Landschaftsnaht zwischen Tiefland und Pfälzerwald.
        Vorhügelzone, Grabentektonik

Es sei nicht verwehrt, zunächst den bei gutem Wetter prächtigen Ausblick von der »Aussichtsterrasse der Pfalz« zu genießen, zumal dieser die Möglichkeit einräumt, Gesehenes nochmals zu überdenken und auf Kommendes hinzuweisen.

Aus ca. 540 m Höhe (Rietburg 544 m NN) erfaßt das Auge in der Ferne die Höhen von Odenwald und Nördlichem Schwarzwald, erkennt an den Kühltürmen der Kernkraftwerke von Biblis und Philippsburg und an den Schornsteinen der BASF den Rheinverlauf. Schon greifbarer entfaltet sich davor das schon bekannte Landschaftsmuster des inneren Tieflandes. Die waldbestandenen großen Niederterrassenfelder von Speyerbach im N, von Queich im S und - bereits im Dunst - von Lauter/Wieslauter ganz im Süden treten als gliedernde Elemente besonder hervor. Die Terrassenfolge der Riedelflächen reduziert sich dagegen von hier oben wieder auf das oft beschriebene Erscheinungsbild der sanft nach E einfallenden, leicht gewellten, waldfreien Riedelplatten. Fast schon zum Greifen nah, zwischen der Reihe der Weinbauorte entlang der Weinstraße (zu unseren Füßen durch Edesheim, Edenkoben und Maikammer markiert) und dem Gebirgsanstieg, höher gelegene, leicht nach E abfallende Verebnungen, die durch die aus dem Gebirge austretenden Flüsse zerschnitten werden, sich aber nördlich von Edenkoben zu einer ziemlich einheitlichen, gebirgsrandparallelen Fläche zusammenschließen. Mit deutlichem Geländeknick abgesetzt, erhebt sich darüber eine Reihe unterschiedlich hoher, oft burgengekrönter Vorhügel (z.B. Hambacher Schloß, Kropsburg, Bismarckturm) als weiteres Formenelement, ehe der mauergleiche Anstieg des Buntsandsteingebirges des Blick begrenzt. Gleichsam im Rücken des Betrachters die Höhen des Pfälzerwaldes, deren unterschiedliche Niveaus man, über das Hambacher Schloß in Richtung Kalmit hinwegblickend, noch erahnen kann.

An dieser bedeutenden Landschaftsnaht zwischen Oberrheinischem Tiefland und Randgebirge stehend, erhebt sich ganz automatisch die Frage nach dem raumwirksamen morphotektonischen Entwicklungsgang, nach dem Zusammenspiel von Graben- und Gebirgsentstehung. Schon bei der Reliefanalyse des inneren Tieflandes wurde offenkundig, daß die quartären (und tertiären) Füllsedimente des Grabeninnern in Zusammensetzung und Gefüge der jeweiligen Bilanz zwischen sinkendem Graben und aufsteigender Grabenschulter entsprechen. Noch bestimmender wird diese Bilanz für die Formengestalt und Formengenese in unmittelbarer Nähe des Bruchstufenrandes.

Der Oberrheingraben ist ein Teil der großen euro-afrikanischen Geofraktur, die bereits im Paläozoikum als linkshändige Blattverschiebung angelegt war. An den durch Scherspannungen aufgerissenen Fugen konnten variskische Intrusionen vorwiegend granitischen Charakters (vgl. HP 7) aufdringen. Während des Mesozoikums trat der Graben nicht in Erscheinung. Die Taphrogenese begann im Mitteleozän und vollzog sich in Phasen, wobei die aktiven Phasen der Grabenbildung zeitlich mit den bedeutenden tektonischen Phasen der alpinen Gebirgsbildung übereinstimmen (ILLIES 1975). Durch Zerrungen in einer Größenordnung von insgesamt 4-5 km (ILLIES 1962) rissen die alten Lineamente wieder auf, der Graben begann sich ab dem Oligozän, zunächst verstärkt im Südabschnitt, einzusenken. Auch das Zentrum der Aufwölbung lag zu dieser Zeit im Gebiet des Kaiserstuhls. Erst im Jungtertiär war das Zentrum der Senkung in den Nordabschnitt verlagert. Nach einer Verlangsamung der Absenkung im Miozän, kam es im Pliozän und fortgesetzt im Pleistozän zu verstärkter Heraushebung der Grabenschulter und Einsenkung des Grabens selbst. Durch die Entlastung von tangentialer Spannung nach dem Untermiozän (Änderung des regionalen Spannungsfeldes: Druck kam nicht meht von SSW sondern von SE; TRUNKO 1984) zerfiel die Grabenscholle selbst in ein Mosaik antithetischer Kippschollen. Diese Kippschollen glichen das durch das Auseinandergleiten der Rahmenschollen aufgetretene Zuviel an Raum aus. Der Absenkung im Graben entspricht ein isostatischer Aufstieg der Grabenränder zunächst mit grabenparallelen Verwerfungen (Elmsteiner und Lambrechter Verwerfung; u.a. STÄBLEIN 1968, LIEDTKE 1968), später (ab dem Pliozän) mehr als en bloc-Hebung.

Es gilt nun, die morphotektonische Raumeinheit der Vorhügelzone zu erfassen, die sich rein morphographisch aus Randhügeln verschiedener Höhe und aus den eingangs erwähnten höheren Verebnungsresten zusammensetzt. Der Gebirgsrand bei Edenkoben hat den Charakter einer an einer steilen Bruchstufe auftauchenden Kippscholle (ILLIES 1963, S. 13), weiter südlich den einer antithetischen Schollentreppe. Entsprechend unterschiedlich ist auch die Vorbergzone ausgebildet. Der Raum Frankweiler-Siebeldingen ist durch eine für die Vorderpfälzer Schollenregion einmalige Verbreitung mesozoischer Gesteine charakterisiert. Sie füllen ein saxonisches Trümmerfeld aus, das nach NOTTMEYER (1954) durch die Überlagerung zweier Hauptstörungssysteme (äußerer und innerer Hauptverwerfung) zustandegekommen ist. Im einzelnen wird die gebirgsrandnahe Vorbergzone in diesem Bereich von W nach E in eine Grabenzone (Lias und Steinmergelkeuper), eine Horstscholle (Unterer Keuper und Oberer Muschelkalk) und eine stark gestörte Zwischenzone gegliedert, grabenwärts folgt dann noch eine vornehmlich aus Aquitan-Kalken aufgebaute Vorscholle (vgl. u.a. HÖHL/DÖRRER/SCHWEINFURTH 1983). Die Vorbergzone verschmälert sich im Raum Edenkoben zunehmend und reduziert sich auf die gebirgsrandnahen Buntsandsteinschollen (z.B. Werderberg 349 m, Heidelberg 338 m, Kropsburg-Berg 334 m, Kästenberg (Hambacher Schloß) 379 m) und die grabenwärts folgenden tertiären Ablagerungen. Diese im Abschnitt zwischen St. Martin und Neustadt ausgebildeten niedrigen Randberge lassen sich durch dem Gebirgsrand zugehörige Bruchstaffeln erklären (vgl. auch Abb. 4)

Im Gegensatz zum Pfälzerwald (vgl. HP 7 und HP 11) war die vorderpfälzer Vorhügelzone während des Tertiärs vorwiegend Akkumulationsbereich. Die morphologisch eigenständige Entwicklung beginnt erst mit der rhodanischen Phase (vgl. HÖHL/DÖRRER/SCHWEINFURTH 1983, S. 49) durch eine gegenüber dem Grabeninnern erfolgte relative Heraushebung en bloc. Während PLEWE (1938, S. 39) und ILLIES (1962b, S. 106) eine sowohl das Dahner Felsenland als auch die Randhügelzone überspannende pliozäne Rumpffläche annehmen, sieht STÄBLEIN (1968, 1972) in dem bereits erwähnten höheren Verebnungsniveau (das etwa bei 270 m NN ansetzt) die Reste einer oberpliozänen Gebirgsfußfläche, die unter semiariden Bedingungen entstanden und daher als echte Glacisbildung anzusprechen sei. Als Beweis führt er die Grobschuttdecken an (nach STÄBLEIN »Fanger« genannt; vgl. auch PLEWE 1938: pleistozäne Grobschuttmassen, die am Gebirgsfuß abgelagert wurden), mit denen die Fußfläche diskordant über Grabenrandschollen und Grabensedimente einschließlich Pliozänsande (1968, S. 149) hinweggreift. Unterhalb des Glacis-Niveaus scheidet STÄBLEIN im Randhügelbereich noch ein ältestpleistozänes Hauptterrassen-Niveau aus. Auch MAQSUD (1982) erkennt am Haardtrand eine Fußfläche von oberpliozän-ältestpleistozänem Alter und ein Hauptterrassen-Niveau. Zur besseren Übesicht sind in Tab. 2 Höhendifferenzierung und Datierung der einzelnen Terrassen zusammengestellt.

*Tab. 2* Parallelisierung von Vorderpfälzer Terrassen nach relativen Höhenlagen zur Talaue (nach MAQSUD 1982, S. 16 und STÄBLEIN 1968, S. 43)

| Terrasse | Randhügel- und Plattenzone (relative Höhenlage zur Niederterrasse) | | Inneres Tiefland | zeitliche Einordnung | |
|---|---|---|---|---|---|
| | Queichtal | Klingbachtal | | n. MAQSUD | n. STÄBLEIN |
| Fußfläche | 110-120 m | 65-85 m | - | Oberpliozän-Ältestpleistozän | Oberpliozän |
| Hauptterrasse | 70-80 m | 55m | - | Alt-Ältest-Pleistozän | Ältest-Pleistozän |
| Hochterrasse | 30-60 m | 20-40 m | 15-30 m | Mittel-(Alt-)Pleistozän | Alt-Pleistozän |
| Talweg-Terrasse | 10-20 m | 10-15 m | 4-10 m | Mittel-Pleistozän | Mittel-Pleistozän |
| Niederterrasse | 0 m | 0-2 m | 0-5 m | Jung-Pleistozän | Jung-Pleistozän |

Die Herauspräparierung der härteren Gesteinsschollen zu den heutigen Randhügeln und Schollenklippen erfolgte ebenfalls im Zusammenhang mit der Heraushebung der Grabenschulter. Durch die hierdurch entstandene Reliefenergie wurden durch Hangabtragungsprozesse die sie überlagernden und umgebenden weicheren Sedimentpakete abgetragen und die härteren Gesteinspartien freigelegt.

Von der Rietburg zurück zur Ludwigshöhe (entweder zu Fuß oder mit der Sesselbahn), dann Richtung Edenkoben. Unmittelbar nach der Einmündung der Verbindungsstraße auf die Hauptstraße nach Edenkoben links zur »Siegfried-Schmiede« abbiegen. Am südlichen Talhang des Triefenbach-Tales unterhalb der Tennisplätze parken. Den Landwirtschaftsweg am südlichen Talhang weitergehen bis zur Abzweigung (links) eines schmalen Lehrpfades (ca. 200 m); am besten diesen schmalen Pfad benutzen. Nach ca. 200 m und nochmals nach ca. 300 m trifft man auf alte verwachsene Steinbrüche.

HP 7   Steinbrüche am südlichen Talhang des Triefenbaches bei Edenkoben

In Gegensatz zum Ostrand des Oberrheingrabens, an dem das Grundgebirge von S nach N untertaucht, ist die westliche Grabenschulter des Pfälzerwaldes so stark angehoben, daß die Grundgebirgsoberkante die Erosionsbasis am Grabenrand übersteigt (ILLIES 1963). Die Flüsse haben fensterartige Einblicke geschaffen, die das Baumuster von variskischem Sockel und auflagerndem Perm und Mesozoikum erkennen lassen. Ein solches »Erosionsfenster« hat der Triefenbach bei seinem Austritt aus dem Pfälzerwald freigelegt. In zwei, allerdings stark verwachsenen Steinbrüchen am südlichen Talhang steht z.T. schon im Oberrotliegenden stark verwitterter, homogener, grobkörniger Granit an, der von ILLIES (1963) als Biotitgranit, von TRUNKO (1984) als Granodiorit angesprochen wird. Variskische Granitintrusionen stellen das jüngste Stockwerk paläozoischer Gesteine im pfälzischen Rheingrabenrand dar. Älter sind die altpaläozoischen Gneise von Albersweiler und die paläozoischen Knotenschiefer z.b. von Burrweiler, Weyer und Neustadt. Das variskische Grundgebirge, am Ende des Paläozoikums weitgehend eingeebnet, wurde durch eine wechselnd mächtige Gesteinsfolge des Perms (vor allem Oberrotliegendes) verfüllt, ehe dann die gesamte Folge des Buntsandsteins zur Ablagerung kam (Vgl. Abb. 3). Die für die weitere Exkursion wichtige, aber auch landschaftlich und morphologisch dominante Abteilung des Buntsandsteins ist der Mittlere oder Hauptbuntsandstein, der durch THÜRACH und REIS eine Dreiteilung in Tri-

*Abb. 3:* **Geologischer Aufbau des mittleren Pfälzerwaldes**

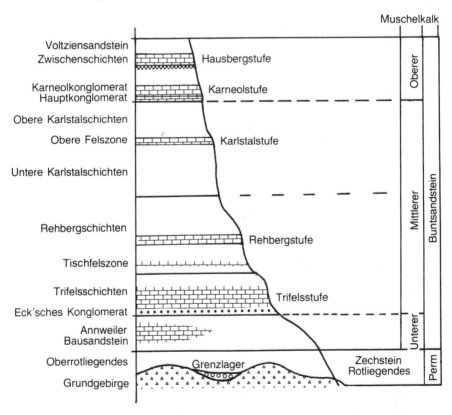

nach LIEDTKE 1968, S. 19, Abb. 2

fels-, Rehberg- und Karlstasschichten erfahren hat. Für die Exkursion von Bedeutung ist auch noch das zum Oberen Buntsandstein gehörende Karneolkonglomerat. Die mächtigen, meist roten Sandsteine sind durch verschiedene Bindemittel unterschiedlich verfestigt. Morphologisch besonders bedeutsam sind die markant der Abtragung widerstehenden Tischfelszonen (Trifels-, Rehberg- und Karlstal-Felszone sowie der Karneolhorizont; in Abb. 3 und 4 besonders hervorgehoben). Ihre Bedeutung als stufenbildende Horizonte wird im weiteren Verlauf der Exkursion zu diskutieren sein.

### *Abb. 4:* **West-Ost-Profil durch den mittleren Pfälzerwald**

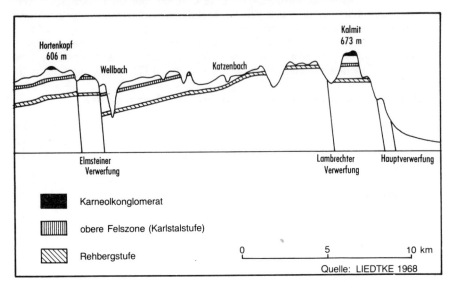

Quelle: LIEDTKE 1968

Weiterfahrt über Edenkoben nach Maikammer, von dort zur Großen Kalmit. Parkplatz unterhalb des Gipfelfelsens benutzen. Zu Fuß zum Gipfel.

HP 8   Kalmit-Gipfel

Die Kalmit, mit 673 m NN der höchste Berg des Pfälzerwaldes, ordnet sich in eine Reihe von Bergipfeln über 600 m Höhe, in denen der Pfälzerwald am Ostrand, unmittelbar vor dem Gebirgsabfall, kulminiert. Sie liegen alle im Bereich des durch die äußere Hauptverwerfung und die Lambrechter Verwerfung (innere Randverwerfung) begrenzten, sich keilförmig nach N öffnenden Gebirgsausschnitts, der von LIEDTKE (1967, 1968) als Kalmit-Span bezeichnet wurde und den östlichen Teil des Mittleren Pfälzerwaldes ausmacht (vgl. Abb. 5). Alle diese höheren Gipfel (z.B. Hohe Loog, Taubenkopf, Hochberg) sind, wie Abb. 5 zeigt, an den Schichtausbiß der morphologisch harten Oberen Felszone der Karlstalschichten gebunden, allein die Kalmit ragt orographisch und geologisch höher hinauf, nämlich zum Karneolkonglomerat des Oberen Buntsandsteins.

Für LÖFFLER (1929, S. 28) ist es »verständlich, daß sich hier über dem an sich schon hoch gewölbten Untergrund die allerhöchsten Höhen erheben. Denn über die fast schon 600 m hohe Verebnung der Rehbergterrasse erheben sich mit den Karlstalzeugen die widerständigsten des ganzen Stufenlandes«. Zudem nimmt sie an, daß die Kalmit sich als Zeugenbergrest der Karneolstufe - im Sinne der damals aktuellen Schichtstufentheorie - in einem tektonischen Graben erhalten habe. Die geologisch-tektonische Situation zeichnet allerdings ein anderes Bild (vgl. Abb. 4). Während auf der Kuppe der Kalmit noch Karneolkonglomerat erhalten ist, stehen westlich der Lambrechter Verwerfung nur untere, mittlere und obere Rehbergschichten an. Die gesamte, ca. 110 m mächtige Karlstalfolge fehlt (LIEDTKE 1968, S. 111). Das bedeutet, daß der Kalmit-Span von Anfang an weniger stark herausgehoben war als der westlich anschließende Hauptteil des Mittleren Pfälzerwaldes. Bei gleichstarker Heraushebung wären Karneoldecke und Karlstalschichten zwangsläufig abgetragen worden. Der Kalmit-Span ist an der Lambrechter Verwerfung 90-120 m staffelbruchartig abgesetzt (LIEDTKE 1968) und daher immer ein randlicher Teil des staffelförmig absinkenden Rheingrabens gewesen. Erst die jüngere plio-pleistozäne en bloc-Hebung dürfte den gesamten Mittleren Pfälzerwald einschließlich Kalmit-Span gleichmäßig erfaßt haben. Auf dem Kalmit-Span wurden also Karlstalschichten und Karneolkonglomerat wegen der ursprünglich tieferen Absenkung vor der Abtragung bewahrt. Nach der Heraushebung der Grabenschulter konnten dann die Schichtköpfe der Oberen Felszone und des Karneolkonglomerats als Härtlinge herauspräpariert werden. Die Kalmit ist demnach kein Zeugenberg und liegt auch nicht an einem tektonischen Graben. Sie ist ein Härtling (vgl. LIEDTKE 1968), obwohl das Karneolkonglomerat nicht besonder stark verfestigt ist. Unter periglazialen und jetztzeitigen Bedingungen jedoch ist es aufgrund seiner Wasserdurchlässigkeit sehr abtragungsresistent. Zudem fehlt an den Hängen eine tonige Gleitsubstanz, die solifluidale Prozesse verstärkt hätte.

Am Osthang der Kalmit, entlang dem Pfad zwischen Gipfel und Kalmitstraße, sind mehrere Schüssel- und Kugelbildungen zu sehen (vgl. auch GÖDEL 1972). Etwas nördlich des Ehrenmals des Pfälzerwaldvereins steckt in einer Felsschüssel eine, für den Kugelhorizont charakteristische, Sandsteinkugel von ca. 20 cm Durchmesser; an der Felswand unterhalb des Gipfels sind große schalige Absonderungen zu beobachten.

Der Blick vom Turm der Kalmit ist hervorragend, eine Erlaubnis zur Besteigung allerdings kaum zu erhalten.

Wieder zurück zum Parkplatz. Am besten weiter zu Fuß auf dem Wanderweg über den Denkstein zum Hüttenberg/Felsenmeer (Weg geht vom Westende des Parkplatzes aus).

## HP 9   Hüttenberg (591 m): Felsenmeer

Am Hüttenberg ist eines der für den Buntsandstein des Pfälzerwaldes typischen Felsenmeere ausgebildet. Der nach E schauende Trauf des Hüttenberges wird von der Oberen Felszone, jener besonders stark verkieselten, weitständig geklüfteten harten Sandsteinschicht gebildet, die die Leitstufe des Pfälzer Stufenlandes (vgl. LÖFFLER 1929) bewirkt. Dem Schichtfallen entsprechend ist der Westhang des Berges vorwiegend an die harte Gesteinsschicht gebunden, während am Osthang der »Stufenhang« durch die weicheren Sandsteine der unteren Karlstal- und oberen Rehbergschichten aufgebaut und vom Blockmeer überzogen ist.

Ein Besuch lohnt sich schon allein der Formenvielfalt wegen. Neben den charakteristischen, leicht überhängenden Felspartien und Felsblöcken an der Trauf und der Ansammlung von mehr oder minder kantigen Blöcken verschiedener Größenordnung, imponieren die zahlreichen Verwitterungskleinformen. Imposant sind die Felsendächer und Felshöhlen (vgl. HÄBERLE et al. 1933; WEBER/WEBER 1985/86), die zumindest teilweise durch Herauswittern weicherer Sandsteinschichten unter dem harten »Dach« entstanden sind. Als Beispiele mögen die von WEBER/WEBER (1985/86, S. 137 und 139) angeführten Felsenmeerhöhlen II (unterhalb der Aussichtsplattform) und IV (Felsdach wenige Meter unterhalb der Hangkante, TK 25, Bl. 6614 Neustadt/W.: R 32 470, H 64 570) gelten. Bei letzterer ist nach WEBER/WEBER im Frühjahr 1977 das Dach teilweise abgebrochen. Napf- und Schüsselformen treten ebenso auf wie Gitter- und Wabenstrukturen und das Absanden lose gewordenere Quarzteilchen ist allenthalben zu beobachten.

Obwohl bereits SALOMON (zitiert nach SCHOTT 1931) die Felsenmeere im Buntsandstein, die mit deutlichem Gehängeknick in großer Breite an der harten Gesteinsschicht ansetzen und in den Hangpartien der weicheren Schichten eine geringere Neigung aufweisen, als Überreste diluvialer Solifluktion erkannt hat, sieht LÖFFLER (1929, S. 33ff.) die Felsmeerbildung als charakteristische (rezente) Abtragungsform am Stufenrand. Felsmeere sind nach ihrer Auffassung »das Produkt meist sehr kräftiger Schichtquellen«, was allerdings für den Hüttenberg keinesfalls zutreffen kann. Der Vorstellung, daß Blockmeere im Buntsandstein der Pfalz durch das Zusammenwirken von Quellerosion, Unterminierung und Nachbrechen der harten Schicht zu erklären sei, schließt sich SCHOTT (1931, S. 49) an. Seine Ausführungen gipfeln in der Feststellung, daß »besonders bei den Buntsandsteinblockmeeren keine Veranlassung vorliegt, an diluviale Verhältnisse zu denken«.

Trotz des hin und wieder zu beobachtenden Nachbrechens von Felsdächern erscheint es aber gesichert, daß die Felsenmeere im Buntsandstein ihre Entstehung den Wirkungsgesetzen periglazialer Abtragung verdanken. (vgl. u.a. FEZER 1953, GEIGER 1974, WILHELMY 1974). Durch Frostsprengung an den freigelegten harten Gesteinspartien entstanden im quarzitischen, durch weitständige Klüftung ausgezeichneten Sandstein der oberen Felszone Gesteinsblöcke, die dann, eingebettet in Feinmaterial aus den unterliegenden weicheren Schichten, als Solifluktionsdecke hangabwärts bewegt wurden. Durch postglaziale flächenhafte Ausspülung des Feinmaterials (in Zeiten noch fehlender Vegetationsdecke) kam es dann zum heutigen Erscheinungsbild der Felsenmeere.

Am Hüttenberg wählt man am besten einen Rundweg der über den Kamm des Berges zum südlichen Ende und dann zurück unmittelbar unterhalb des Kammes verläuft.
Zurück zum Parkplatz an der Kalmit. Weiterfahrt über die Kalmitstraße nach Westen bis zur Kreuzung Hüttenhohl, dann auf der Totenkopf-Höhenstraße weiter in Richtung Breitenstein (Fahrt durch das tief eingeschnittene Argenbachtal). In Breitenbach Richtung Elmstein-Johanniskreuz abbiegen. Fahrt durch das vom Speyerbach durchflossene, landschaftlcih reizvolle Elmsteiner Tal.

## HP 10 Johanniskreuz (534 m), Wasserscheide: Hydrographie des Mittleren Pfälzerwaldes

Ein kurzer Halt am Johanniskreuz dient der Erörterung hydrographischer Fragen im Mittleren Pfälzerwald. Das Johanniskreuz, oft als Mittelpunkt des Pfälzerwaldes bezeichnet, stellt auch dessen zentralen hydrographischen Knoten dar. Die von der flachgewellten, der Karlstalstufe zugehörenden Wasserscheidenregion in ca. 530 m Höhe wegfließenden Bäche und Flüsse streben alle zwei Hauptsammeladern - Saar und Rhein - zu. Ihr Weg dorthin verläuft allerdings unterschiedlich. Mehr oder minder zeigen sie dabei alle eine gewisse Adaption an die geologisch-tektonischen Strukturen [1]. In diesem Zusammenhang ist zunächst auf die geologisch-tektonische Sattel-Mulden-Struktur des Pfälzerwaldes zu verweisen. Für den Bereich des Mittleren Pfälzerwaldes wird die variskisch streichende Zweibrücker Mulde (Muldenachse Zweibrücken-Grünstadt) hydrographisch wirksam. Westlich der Wasserscheide haben wir es mit einer konkordanten Muldenhydrographie zu tun. Die Hauptsammelader dieses hydrographischen Systems ist der Schwarzbach, der in Richtung der Muldenachse verläuft und dessen Nebenbäche von den Muldenflügeln herunter ihm zustreben. Dieses konkordante Entwässerungssystem wird von Osten her gestört durch das diskordante Rheinsystem, das hier am Johanniskreuz durch die Quellbereiche von Speyerbach und Wellbach (dieser zur Queich) aufgrund der höheren Erosionskraft durch Zurückverlegung der Wasserscheide in das 'Muldensystem' eingegriffen hat. Die entgegen dem Schichtfallen dem Rhein zustrebenen Flüsse haben sich tiefe, enge Täler geschaffen, während die der Abdachung folgenden Flüsse reifere Talformen aufweisen. Auch eine Anlehnung des Gewässernetzes an die tektonischen Störungslinien wird sichtbar. So greift z.B. der Speyerbach bei Elmstein in einer unbedeutenden geologischen Mulde (LIEDTKE 1968, S. 102) in einer Länge von etwa 5 km in die Karlstalstufe bis zum Johanniskreuz ein. Auch der Verlauf des nach SSE abströmenden Wellbaches ist zumindest in seiner Laufrichtung an die Elmsteiner Verwerfung angelehnt, ehe er im Queichtal die Ausräumungszone des Dahner Sattels erreicht.

Selbst die Schichtlagerung spielt für das hydrographische Geschehen eine nicht unbedeutende Rolle. Auf einer kurzen Wanderung zu den Quellgebieten der nach W und E abfließenden Bäche zeigt sich folgendes: Die Quellzirken der rheintributären Bäche sind steilwandig und tief eingeschnitten. Der Quellaustritt erfolt erst am 'Boden' der Quellnische in ca. 400 m (vgl. Speyerbach). Die an Schichtquellen entspringenden Bäche der Mulde (z.B. Schwarzbach) haben zwar auch tief eingeschnittene Täler. Der Talquerschnitt ist aber weiter, die Quellen treten um ca. 20 m höher an der Wand der Quellmulde aus. Die Schüttung ist in der Regel größer, die Erosionskraft aber geringer als bei den rheinischen Antagonisten.

Dem aufmerksamen Beobachter entgeht nicht, daß auch am Johanniskreuz der Kampf um die Wasserscheide durch das Ineinandergreifen von steileren (östlichen) und flacheren (westlichen) Dellen zu erkennen ist.

Weiterfahrt auf der B 48 Richtung Annweiler. An der Abzweigung nach Iggelbach vorbei, dann nach einer großen Rechtskurve rechts in einer Waldweggabelung parken. Von hier zu Fuß zum Eschkopf.

[1] Mit der Anpassung des Gewässernetzes an die geologisch-tektonischen Strukturen und den wesentlichen jüngeren Veränderungen im hydrographischen Systems haben sich LÖFFLER (1929), BUCH (1938) und LIEDTKE (1968) ausführlich auseinandergesetzt. Es sei daher auf diese Arbeiten verwiesen. An dieser Stelle sollen nur einige wesentliche Gesichtspunkte angesprochen werden.

*Abb. 5:* **Schichtstufen im Mittleren Pfälzerwald**

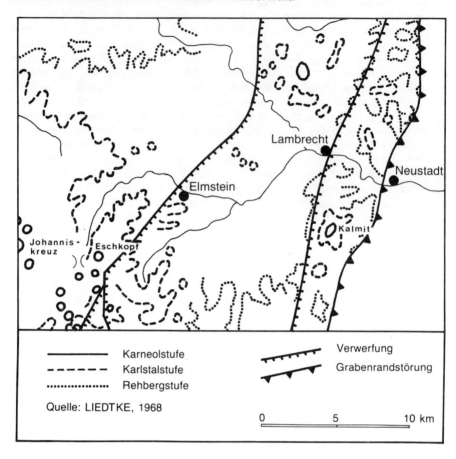

| | |
|---|---|
| ——————— Karneolstufe | ⊥⊥⊥ Verwerfung |
| – – – – – – Karlstalstufe | ▼▼▼ Grabenrandstörung |
| ·············· Rehbergstufe | |

Quelle: LIEDTKE, 1968

0        5        10 km

HP 11   Eschkopf (609 m): Morphogenese des Mittleren Pfälzerwaldes

Dieser letzte Halt im orographischen Zentrum des inneren Pfälzerwaldes soll die Diskussion um die Morphogenese des Raumes zum Inhalt haben, zumal man, trotz teilweise eingeschränkter Sicht, vom Aussichtsturm des Eschkopfes aus ein Bild der größeren Zusammenhänge entwerfen kann.

Der Eschkopf (609 m) gehört (vgl. Abb. 5) zu einer Reihe von 'Karneol-'Bergen, die sich nur wenige 10er von Metern über die in ca. 540 m NN liegende Karlstal-Landterrasse erheben und - im Sinne der Schichtstufennomenklatur - als Zeugenberge der weiter im W verlaufenden Karneolstufe angesprochen werden können (vgl. u.a. LIEDTKE 1968,

LÖFFLER 1929). LIEDTKE (S. 105) beschreibt die Karneolstufe als 20-50 m hohe, stark zerlappte, häufig unterbrochene und in Zeugenberge aufgelöste Stufe in ca. 450 m Höhe, deren östliche und südliche Auslieger aber wesentlich größere Höhen erreichen (um 600 m). Die Karlstal-Landterrasse sei im Eschkopfgebiet nur sporadisch zu erkennen, sei aber östlich der Elmsteiner Verwerfung deutlicher entwickelt. Aus dem Verlauf der Stufen rekonstruiert LIEDTKE, daß die Elmsteiner Verwerfung jünger sein muß als die Karlstalstufe. Er schreibt ihr folglich ein wahrscheinlich altpliozänes, der die Stufen überziehenden Schnittfläche ein jungmiozänes Alter zu.

Wie Abb. 5 zeigt, umgeben die verschiedenen Stufen das kulminierende Eschkopfgebiet in einem weiten halbkreisförmigen Bogen. Das Eschkopfgebiet stellt demnach eine beulenförmige Aufwölbung dar, in der die Auflösung der Stufe in Zeugenberge nach LIEDTKE bereits während der Aufwölbung begonnen habe, zumal der Verfestigungsgrad des Karneolkonglomerats hier relativ gering ist (vgl. Kalmit). SALOMON (1919, zitiert nach LIEDTKE 1968) sieht östlich und südlich von Johanniskreuz »eine flachwellige Hochfläche von etwa 470-520 mm NN«, die den Charakter einer toten Landschaft hat. Auch wenn diese Fläche nach Meinung LIEDTKEs nicht existiert und nur ein Teil der schräggestellten Schnittfläche ist, so bringt uns diese Meinung mitten hinein in die Diskussion um die Morphogenese des pfälzischen Buntsandsteingebirges.

In älteren Arbeiten (z.B. HÄBERLE 1909, SALOMON 1919, KREBS 1924; zitiert nach LIEDTKE 1968 und LÖFFLER 1929) wird der Pfälzerwald als Teil einer oder mehrerer, altersmäßig unterschiedlicher Rumpfflächen gedeutet. Gegen diese Auffassungen wendet sich LÖFFLER, unter dem Eindruck der von SCHMITTHENNER gerade herausgebrachten Schichtstufentheorie, dezidiert. Sie sah den Pfälzerwald als Teil »der ganzen mitteleuropäischen Schichtstufenlandschaft« (S. 70) und erkannte fünf gesteinsbedingte Geländestufen (Staufer-, Trifels-, Rehberg-, Karlstal- und Karneolstufe). Die Zahl der Stufen wurde durch SCHUPP (1962) und LIEDTKE (1967, 1968) noch erweitert. PLEWE (1938) und ILLIES (1962) haben den Gedanken einer den Pfälzerwald überspannenden Peneplain bzw. Rumpffläche erneut zur Diskussion gestellt. Auch STÄBLEIN (1968, S. 4) wendet sich gegen die »veraltete Schichtstufentheorie« für den Pfälzerwald. Er ordnet die verschiedenen Flächen des Pfälzerwaldes einem »oberen und einem unteren Pfälzerwaldniveau« zu. Reste der oligozän-miozänen Rumpffläche sind danach (S. 144ff) im nachträglich aufgebogenen oberen Pfälzerwald-Niveau der höheren Rücken und Kuppen erhalten, während er den niedrigeren Dahner Flächen (um 300 m) pliozänes Alter zuschreibt. LIEDTKE (1967, 1968) greift zur gleichen Zeit den Gedanken, den Pfälzerwald als Schichtstufenlandschaft zu definieren, wieder auf, indem er feststellt (1968, S. 18), daß im Pfälzerwald die Großformen eine weitgehende Abhängigkeit von Schichtenfolge und tektonischem Gefüge aufweisen und klimamorphologische Prozesse nur lokal eine entscheidende Rolle spielen würden. Nach eingehenden Untersuchungen kommt er zu der Auffassung einer den gesamten Pfälzerwald überspannenden sarmatischen Ausgangsrumpffläche, die schätzungsweise 100-200 m über dem Meeresspiegel gelegen habe (S. 218ff). Nach der Heraushebung in der attischen Phase kam es im Unterpliozän zur Zerschneidung der Fläche und zur Herausbildung der Schichtstufen. Zugleich bildeten sich Landterrassen und kleinere Flächen aus, die heute in ca. 400 m Höhe liegen und als Stelzenberg-Niveau bezeichnet werden. »Abnehmende Tendenz zu noch klimatisch bedingter Flächenspülung und gesteinsbedingte Tendenz zur Stufenbildung, zur Schnittflächenentstehung (Landterrassen) und gelegentlicher Adaption durchdrangen sich. Es entstand eine Austauschlandschaft auf engstem Raum« (S. 220).

Nach einer en bloc-Hebung im Mittelmiozän kam es zu einer regional beschränkten oberpliozänen Flächenbildung in 300-320 m Höhe (= Dahner Flächen), während in den übrigen Bereichen die Schichtstufen weiter herauspräpariert wurden. So reliefbestimmend die gesteinsbedingten Stufen und Bergkuppen auch in einzelnen Landschaftsteilen des Pfälzerwaldes sein mögen, im großen Überblick erscheinen sie mehr als Zieselierungen denn als markante Geländestufen. Sie ordnen sich beim Blick über die 'Pfälzerwaldfläche' ein in das dominante Bild der weitflächigen, in einzelne Bergrücken zertalte Verebnungen die die Vorstellung einer einstmals das Gesamtgebiet überziehenden Rumpffläche nachvollziehbar macht. Vergeblich sucht das Auge beim Blick vom Aussichtsturm des Eschkopfes die im Westen liegende Karneolstufe (vgl. Abb. 5). Sie taucht unter in dem weiten Meer der geschlossenen Waldbedeckung, wird im theoretischen Modell wirksamer als in der landschaftlichen Wirklichkeit (vgl. LIEDT-KE 1968, S. 110). Trotz aller Akkordanz der Geländestufen an härtere Gesteinsschichten und trotz aller landterrassenähnlichen Verebnungen zwischen den Stufen ist der Pfälzerwald mit Sicherheit nicht als typisches Beispiel einer Schichtstufenlandschaft anzusehen. Es handelt sich vielmehr um den Sonderfall einer Landschaft mit schichtstufenhaften Zügen, die ihre heutige Erscheinungsform dem Zusammenwirken von wechselnden klimamorphologischen Bedingungen, Tektovarianz und Petrovarianz verdankt. Eine Landschaft, in der man - je nach wissenschaftlichem Standort - mehr das flächenhaft-denudative oder das strukturelle Formenelement als Dominante zu erkennen vermag.

Der Blick vom Aussichtsturm des Eschkopfes bis zu den Höhen des Donnersberges im Norden und den waldfreien Hochflächen des Westrichs im Westen mag als Abschluß der Exkursion dienen. Er ordnet den Pfälzerwald in das Gesamtlandschaftsgefüge der Pfalz ein und führt zugleich zurück zu der engeren Raumeinheit des Mittleren Pfälzerwaldes, einer Landschaft, vielfältig im Detail, fast stereotyp im Großen, Aufmerksamkeit erheischend und beruhigend zugleich.

# IV. Karten und Literatur

Geologische Übersichtskarte 1:200000 Bundesrepublik Deutschland, CC 7110 Mannheim, bearb. v. R. HÜTTNER, H.J. KONRAD u. A. ZITZMANN

Topographische Karte 1:25000 Rheinland-Pfalz, Blätter: 6612 Elmstein, 6613 Trippstadt, 6614 Neustadt a.d.Weinstraße, 6616 Speyer, 6714 Edenkoben, 6715 Zeiskam

AHNERT, F. (1955): Die Oberflächenformen des Dahner Felsenlandes. - Mitt. Pollichia III. Reihe, Bd. 3, Grünstadt

BARTZ, J. (1959): Zur Gliederung des Pleistozäns im Oberrheingebiet. In: Z. dt. geol. Ges. 111, S. 653-661

BARTZ, J. (1982): Quartär und Jungtertiär II im Oberrheingraben im Raum Karlsruhe. In: Geol.Jb., Bd. 63, Hannover, S. 3-237

BLÜMEL, W.D. u. K. HÜSER (1974): Jüngere Sedimente in der südlichen Vorderpfalz. Ein weiterer Beitrag zur Pleistozänstratigraphie des Oberrheingrabens. In: Karlsruher Geogr. Hefte, Bd. 6, S. 29-69

BRUCKER, A. (1974): Korrektion des Oberrheins. Braunschweig

BUCH, W. (1938): Junge Krustenbewegungen im Landschaftsbild der Buntsandstein-Pfalz. - Frankfurter Geographische Hefte, 12. Jg., H. 1, Würzburg

DÖRRER, I. (1981): Die Landschaften der Pfalz - eine Einführung in das natur-, kultur- und wirtschaftsräumliche Gefügemuster. In: Pfälz. Landeskunde, hrsg. v. M. GEIGER et al., Bd. 1, Landau, S. 17-32

DÖRRER, I. (1984): Kulturgeographische und landschaftsökologische Auswirkungen der Rheinkorrektion am Mittleren und Südlichen Oberrhein. In: Südwestdeutsche Schriften Bd. 1, Mannheim, S. 105-124

FABER, K.-G. (1959): Das Landschaftsbild des Pfälzerwaldes und seiner Randgebiete. In: Berichte zur dt. Landeskunde Bd. 22, S. 161-177

FELKEL, K. (1972): Die Wechselbeziehungen zwischen der Morphogenese und dem Ausbau des Oberrheins. In: Jahresberichte und Mitteilungen oberrhein. geol. Vereins NF 54, S. 23-44

FEZER, F. (1953): Schuttmassen, Blockdecken und Talformen im nördlichen Schwarzwald. - Göttinger Geogr. Arb., Bd. 14

GEIGER, M. (1974): Blockströme und Blockmeere am Königstuhl und Katzenbuckel im Odenwald. In: Heidelberger Geogr. Arb., Bd. 40, (GRAUL-Festschr.), Heidelberg, S. 185-200

GÖDEL, O. (1972): Wasser-, Schüssel-, Kessel-, Pfannen-, Schalen- und Opfersteine im Buntsandsteingebiet der Pfalz. In: Mitt. Pollichia, III. Reihe, Bd. 19, Bad Dürkheim, S. 97-112

HÄBERLE, D. (1911): Kleinformen der Verwitterung im Hauptbuntsandstein des Pfälzer Waldes. - Verh. d. Nat.-Med. Ver. Heidelberg, Bd. 11, H. 2, Heidelberg

HÄBERLE, D. (1930): Über Flugsandbildungen in der Rheinpfalz. - Verh. Nat.-Med. Heidelberg, NF Bd. 17, H. 2, Heidelberg

HÄBERLE, D. (1933): Wannen-, schüssel-, napf- und kesselförmige Verwitterungserscheinungen im Buntsandsteingebiet des Pfälzerwaldes. In: Geol. Rundschau, Sonderband, S. 167-185 (Festschrift f. Salomon-Calvi)

HÖHL, G., I. DÖRRER u. W. SCHWEINFURTH (1983): Erläuterungen zur geomorphologischen Karte 1:25000 der Bundesrepublik Deutschland, GMK 25 Blatt 12, 6714 Edenkoben. Mit Karte. - Geomorph. Detailkartierung i.d. Bundesrepublik Deutschland, GMK-Schwerpunktprogramm, Berlin

ILLIES, H. (1962a): Oberrheinisches Grundgebirge und Rheingraben. In: Geol. Rundschau Bd. 52, S. 317-332

ILLIES, H. (1962b): Prinzipien der Entwicklung des Rheingrabens, dargestellt am Grabenabschnitt von Karlsruhe. In: Mitt. geol. Staatsinst. Hamburg H. 31, Hamburg, S. 58-121

ILLIES, H. (1962c): Bauplan und Baugeschichte des Oberrheingrabens. In: Oberrhein. geol. Abh. Bd. 14, Karlsruhe, S. 1-54

ILLIES, H. (1963): Der Westrand des Rheingrabens zwischen Edenkoben (Pfalz) und Niederbronn (Elsaß). In: Oberrhein. geol. Abh. Bd. 12, Karlsruhe, S. 1-23

ILLIES, H. (1964): Bau und Formengeschichte des Dahner Felsenlandes. In: Jber. u. Mitt. oberrhein. geol. Ver. Bd. 46, Karlsruhe, S. 57-67

ILLIES, H. (1975): Rheingraben und Alpen: Wechselwirkung zwischen Taphrogenese und Orogenese. In: Mitt. Geol. Paläont. Inst. Univ. Hamburg Bd. 44, Hamburg, S. 403-409

JÄGER, H. (1964): Geologische und bodenkundliche Untersuchungen im Raume Wörth am Rhein. In: Mitt. Pollichia III. Reihe, H. 11, Bad Dürkheim, S. 141-162

KRAUSE, H.-U. (1974): Geomorphologische Untersuchungen im nördlichen Elsaß unter besonderer Berücksichtigung des 'Haguenauer Forstes'. In: Karlsruher Geogr. Hefte Bd. 6, Karlsruhe, S. 71-107

LESER, H. (1964): Geomorphologische Übersichtskarte. In: Pfalz-Atlas, hrsg. v. W. ALTER, Karte 4 und Textband I, Speyer, S. 69-104

LIEDTKE, H. (1967): Die Grundzüge der geomorphologischen Entwicklung im pfälzischen Schichtstufenland. In: Z.f. Geomorph. NF Bd. 11, S. 332-351

LIEDTKE, H. (1968): Die geomorphologische Entwicklung der Oberflächenformen des Pfälzer Waldes und seiner Randgebiete. In: Arb. a. d. Geogr. Inst. d. Univ. d. Saarlandes, Sonderband 1, Saarbrücken

LÖFFLER, E. (1929): Die Oberflächengestaltung des Pfälzer Stufenlandes. In: Forsch. z. dt. Landes- und Volkskunde Bd. 27, H. 1,

MAQSUD, N. (1982): Sedimentpetrographisch-geomorphologische und pedologische Untersuchungen pleistozäner Sedimente der ehemaligen Sandgrube Dammheim bei Landau/Pfalz. In: Mitt. Pollichia Bd. 70, Bad Dürkheim, S. 87-124

MUSALL, H. (1964): Die Rheinniederung zwischen Speyer und Worms. In: Pfalzatlas, hrsg. v. W. ALTER, Karten 13 + 14 und Textband I, Speyer, S. 650-660

NOTTMEYER, D. (1954): Stratigraphische und tektonische Untersuchungen in der rheinischen Vorbergzone bei Siebeldingen und Frankenweiler. In: Mitt. Pollichia III. Reihe, Bd. 2, Bad Dürkheim, S. 36-93

PEMÖLLER, A. (1969): Die naturräumlichen Einheiten auf Blatt 160 Landau i.d.Pfalz. In: Geogr. Landesaufnahme 1:200000, Naturräuml. Gliederung Deutschlands, Bad Godesberg

PETERS, J. (1965): Zur Alterstellung der Torfe und Gyttjen von Herxheim, Jockgrim und Rheinzabern in der Vorderpfalz. In: Eiszeitalter und Gegenwart Bd. 16, S. 121-131

PLEWE, E. (1938): Geomorphologische Studien am pfälzischen Rheingrabenrand. - Bad. Geogr. Abh. Bd. 19, Freiburg i.Br.

PLEWE, E. (1953-62): Haardtrand, Vorderpfälzer Tiefland. In: Handbuch d. naturräuml. Gliederung Deutschlands, hrsg. v. E. MEYNEN, Bd. 1, Bad Godesberg, S. 318-332

SCHOTT, C. (1931): Die Blockmeere in den deutschen Mittelgebirgen. In: Forsch. z. dt. Landes- und Volkskunde, Bd. 29, H. 1, Stuttgart

SCHUPP, H. (1962): Zur Morphologie des mittleren Westrichs. In: Mitt. Pollichia Bd. 123, Grünstadt, S. 75-197

SCHWEGLER, O. (1953): Das Diluvium von Jockgrim in der Rheinpfalz und seine Stellung innerhalb des oberrheinischen Diluviums. - Schr. Geol. Paläont. Inst. Univ. Kiel H. 3, Kiel

SPUHLER, L. (1957): Einführung in die Geologie der Pfalz. Speyer

STÄBLEIN, G. (1968): Reliefgenerationen der Vorderpfalz. - Würzburger Geogr. Arb. Bd. 23, Würzburg

STÄBLEIN, G. (1972): Zur Frage geomorphologischer Spuren arider Klimaphasen im Oberrheingebiet. In: Z.f. Geomorph. NF 15, S. 66-86

TRUNKO, L. (1984): Karlsruhe und Umgebung. Nördlicher Schwarzwald, südlicher Kraichgau, Rheinebene, Ostrand des Pfälzer Waldes und der Nordvogesen. - Samml. Geol. Führer Bd. 78, Stuttgart

WEBER, D. u. H. WEBER (1985/86): Höhlen, Felsdächer und künstliche Hohlräume im Gebiet des Kartenblattes Neustadt a.d.Weinstraße (TK 25, Bl. 6614 Neustadt a.d.Weinstraße). In: Mitt. Pollichia Bd. 73, Bad Dürkheim, S. 103-177

WITTMANN, H. (1927): Der Einfluß der Korrektion des Rheins zwischen Basel und Mannheim auf die Geschiebebewegung des Rheins. Diss. Karlsruhe, Stuttgart

WILHELMY, H. (1974): Zur Genese der Blockmeere, Blockströme und Felsburgen in deutschen Mittelgebirgen. In: Ber.z.dt. Landeskunde Bd. 48, S. 17-41

# Autorenverzeichnis

Dipl. Geogr. Hans Beeger
Regierungsdirektor; Bezirksregierung Rheinhessen-Pfalz
Postfach 100262
6730 NEUSTADT

Dr. Rainer Joha Bender
Geographisches Institut der Universität Mannheim
Schloß, Postfach 103462
6800 MANNHEIM 1

Bruno Cloer
Sachgebietsleiter;
Im Ehrlich 117
6720 SPEYER

Prof. Dr. Ingrid Dörrer
Geographisches Institut der Universität Mannheim
Schloß, Postfach 103462
6800 MANNHEIM 1

Priv. Doz. Dr. Ingo Eberle
Geographisches Institut der Johannes Gutenberg-Universität Mainz
Postfach 3980
6500 MAINZ

Prof. em. Dr. Heinz Eggers
Weidmannstr. 22
6500 MAINZ

Prof. Dr. Peter Frankenberg
Geographisches Institut der Universität Mannheim
Schloß, Postfach 103462
6800 MANNHEIM 1

Prof. Dr. Wolf Gaebe
Geographisches Institut der Universität Mannheim
Schloß, Postfach 103462
6800 MANNHEIM 1

Dr. Michael Geiger
Akademischer Direktor; EWH Rheinland-Pfalz, Abt. Landau, Seminar für Geographie
Im Fort 7
6740 LANDAU

Dr. Barbara Hahn
Geographisches Institut der Universität Mannheim
Schloß, Postfach 103462
6800 MANNHEIM 1

Dr. Eberhard Hasenfratz, M.A.
Lehrbeauftragter; Geographisches Institut der Universität Mannheim
Schloß, Postfach 10 34 62
6800 MANNHEIM 1

Prof. em. Dr. Gudrun Höhl
Im Lohr 22
6800 MANNHEIM 1

cand. phil. Klaus Hünerfauth
Geographisches Institut der Universität Mannheim
Schloß, Postfach 10 34 62
6800 MANNHEIM 1

Prof. Dr. Christoph Jentsch
Geographisches Institut der Universität Mannheim
Schloß, Postfach 10 34 62
6800 MANNHEIM 1

Dr. Klaus Kremb
Studiendirektor
Neugasse 23
6719 KIRCHHEIMBOLANDEN

Dr. habil Rainer Loose
Regierungsdirektor; Staatsarchiv Sigmaringen, Abteilung Landesbeschreibung
Kurze Straße 9
7400 TÜBINGEN

cand. phil. Jürgen Münch
Geographisches Institut der Universität Mannheim
Schloß, Postfach 10 34 62
6800 MANNHEIM 1

Prof. Dr. Kurt Reh
EWH Rheinland-Pfalz, Abt. Landau, Seminar für Geographie
Im Fort 7
6740 LANDAU

cand. phil. Hans Skarke
Geographisches Institut der Universität Mannheim
Schloß, Postfach 10 34 62
6800 MANNHEIM 1

# Mannheimer Geographische Arbeiten

| | | |
|---|---|---|
| Heft 1: | Beiträge zur geographischen Landeskunde. Festgabe für Gudrun Höhl. - 473 S., 44 Abb., 1977 | DM 27.— |
| Heft 2: | Beiträge zur Landeskunde des Rhein-Neckar-Raumes I - 197 S., 36 Tab., 25 Abb., 4 Fotos, 1979 | DM 19.50 |
| Heft 3: | INGRID DÖRRER: Morphologische Untersuchungen zum zentralen Limousin (Französisches Zentralmassiv). Ein Beitrag zur Reliefentwicklung einer Rumpfflächenlandschaft durch tertiäre, periglazialglaziale und rezente Formungsvorgänge. - 342 S., 11 Karten, 50 Textabb., 1980 | DM 30.— |
| Heft 4: | JÜRGEN BÄHR: Santiago de Chile. Eine faktorenanalytische Untersuchung zur inneren Differenzierung einer lateinamerikanischen Millionenstadt. - 100 S., 20 Abb., 1978 | DM 12.50 |
| Heft 5: | RAINER JOHA BENDER: Wasgau/Pfalz. Untersuchungen zum wirtschaftlichen und sozialen Wandel eines verkehrsfernen Raumes monoindustrieller Prägung. - 312 S., 32 Abb., 20 Fotos, 1979 | DM 29.— (vergriffen) |
| Heft 6: | CHRISTOPH JENTSCH/RAINER LOOSE: Ländliche Siedlungen in Afghanistan. - 130 S., 2 Abb., 70 Fotos, 2 Farbkarten, 1980 | DM 16.50 (vergriffen) |
| Heft 7: | WOLF GAEBE und KARL-HEINZ HOTTES (Hg.): Methoden und Feldforschung in der Industriegeographie. - 212 S., 53 Abb., 1980 | DM 20.— |
| Heft 8: | KARL F. GLENZ: Binnen-Nachbarhäfen als geographisch-ökonomisches Phänomen. Versuch einer funktionell-genetischen Typisierung am Beispiel von Mannheim und Ludwigshafen sowie Mainz und Wiesbaden. - 205 S., 24 Tab., 21 Abb., 1 Farbkarte, 1981 | DM 25.— |
| Heft 9: | Exkursionen zum 43. Deutschen Geographentag Mannheim 1981. - 236 S., 32 Abb.,1981 | DM 20.— (vergriffen) |
| Heft 10: | INGRID DÖRRER (Hg.): Mannheim und der Rhein-Neckar-Raum. Festschrift zum 43. Deutschen Geographentag Mannheim 1981. - 434 S., 48 Tab., 73 Abb., 11 Karten, 9 Farbkarten, 6 Fotos, 1981 | DM 40.— (vergriffen) |
| Heft 11: | VOLKER KAMINSKE: Der Naherholungsraum im Raum Nordschleswig. Wahrnehmungs- und entscheidungstheoretische Ansätze. - 210 S., 63 Tab., 18 Abb., 1981 | DM 26.— |
| Heft 12: | KURT BECKER-MARX/WOLF GAEBE (Hg.): Beiträge zur Raumplanung. Perspektiven und Instrumente. - 132 S., 1 Farbkarte, 1981 | DM 15.— |
| Heft 13: | WOLF GAEBE: Zur Bedeutung von Agglomerationswirkungen für industrielle Standortentscheidungen. - 132 S., 34 Tab., 16 Abb., 1981 | DM 15.— |
| Heft 14: | INGRID DÖRRER und FRITZ FEZER (Hg.): Umweltprobleme im Rhein-Neckar-Raum. Beiträge zum 43. Deutschen Geographentag Mannheim 1981. - 202 S., 17 Tab., 58 Abb., 6 Fotos, 1983 | DM 27.— |
| Heft 15: | INGO STÖPPLER: Funktionale und soziale Wandlungen im ländlichen Raum Nordhessens. - 194 S., 20 Abb., 1982 | DM 25.— |
| Heft 16: | Carl Ritter. Neuere Forschungen von Ernst Plewe. - 81 S., 4 Abb., 1982 | DM 10.— |
| Heft 17: | RAINER JOHA BENDER (Hg.): Neuere Forschungen zur Sozialgeographie von Irland - New Research on the Social Geography of Ireland. - 292 S., 42 Tab., 50 Abb., 15 Fotos, 1984 | DM 29.— |

| Heft 18: | BRUNO CLOER/ULRIKE KAISER-CLOER: Eisengewinnung und Eisenverarbeitung in der Pfalz im 18. und 19. Jahrhundert. - 542 S., 66 Tab., 28 Abb., 38 Fotos, 1984 | DM 32.— |
|---|---|---|
| Heft 19: | WOLFGANG MIODEK: Innerstädtische Umzüge und Stadtentwicklung in Mannheim 1977 - 1983. Ein verhaltensbezogener Analyseansatz des Wohnstandortwahlverhaltens mobiler Haushalte. - 244 S., 34 Tab., 27 Abb., 1986 | DM 28.— |
| Heft 20: | EBERHARD HASENFRATZ: Gemeindetypen der Pfalz. Empirischer Versuch auf bevölkerungs- und sozialgeographischer Basis. - 202 S., 36 Tab., 36 Abb., 1986 | DM 27.— |
| Heft 21: | KLAUS KARST: Der Weinbau in Bad Dürkheim/Wstr. Strukturwandel in Vergangenheit und Gegenwart. - 251 S., 47 Tab., 19 Abb., 1986 | DM 28.— |
| Heft 22: | REINER SCHWARZ (Hg.): Informationsverarbeitung in Geographie und Raumplanung. - 166 S., 10 Tab., 25 Abb., 1987 | DM 19.— |
| Heft 23: | GUDRUN HÖHL: Gesamtinhaltsverzeichnis der Verhandlungen des 35.-43. Geographentages 1965 - 1981 und der aus Anlaß der Geographentage erschienenen Festschriften. - 245 S., 3 Tab., 1987 | DM 28.— |
| Heft 24: | PETER FRANKENBERG (Hg.): Zu Klima, Boden und Schutzgebieten im Rhein-Neckar-Raum. Beiträge zur Landeskunde des Rhein-Neckar-Raumes II - 325 S., 47 Tab., 42 Abb., 1988 | DM 30.— |
| Heft 25: | RAINER JOHA BENDER (Hg.): Landeskundlicher Exkursionsführer Pfalz. - 495 S., 105 Abb., 24 Tab., 1989 | DM 35.— |
| Heft 26: | WILFRIED SCHWEINFURTH: Zur Geographie anthropogener Eingriffe in das Murgsystem. - ca. 325 S., in Vorbereitung | DM 30.— |
| Heft 27: | JULIA BRENNECKE: Raummuster der bayerischen Viehwirtschaft 1971 - 1983 und ihrer Bestimmungsgründe. - ca. 450 S., in Vorbereitung | DM 35.— |
| Heft 28: | SEBASTIAN LENTZ: Agrargeographie der Val Müstair und der Val Poschiavo. - ca. 325 S., 66 Abb., 50 Tab., in Vorbereitung | DM 30.— |

# MATERIALIEN ZUR GEOGRAPHIE

| Heft 1: | R.J. BENDER/M. KOLLHOFF: Stadtsanierung Freinsheim. - 72 S., 10 Abb., 14 Fotos, 1985 | DM 8.— |
|---|---|---|
| Heft 2: | FINNLAND-EXKURSION des Geographischen Instituts der Universität Mannheim 13.07 - 04.08.1984 | DM 15.— |
| Heft 3: | TUNESIEN-EXKURSION des Geographischen Instituts der Universität Mannheim 10.04 - 22.04.1985 - 232 S., 1985 | DM 15.— |
| Heft 4: | GABRIELE HANSTEIN: Das Programm DIGIT zur Digitalisierung von geographischen Karten. - 159 S., 41 Abb., 1986 | DM 10.— |
| Heft 5: | RUTHILD KLEINHANS: Das Programm PASTRI zur Schraffur von thematischen Karten. - 214 S., 50 Abb., 1986 | DM 15.— |
| Heft 6: | MANFRED KOLLHOFF: Stadtkernerneuerung in Neustadt/Weinstraße. - 157 S., 36 Abb., 1986 | DM 10.— |

| | | |
|---|---|---|
| Heft 7: | MATTHIAS WERNER: Bau- und Nutzflächenentwicklung in Heidelberg-Nord. - 171 S., 45 Abb., 1986 | DM 10.— |
| Heft 8: | POLEN-EXKURSION des Geographischen Instituts der Universität Mannheim 21.07 - 08.08.1986. - 396 S., 96 Abb., 1987 | DM 20.— |
| Heft 9: | HANS SKARKE: Die Entwicklung des Industriestandortes Mannheim. - 114 S., 13 Abb., 1987 | DM 10.— |
| Heft 10: | INDIEN-EXKURSION des Geographischen Instituts der Universität Mannheim 08.02. - 08.03.1987. - 300 S., 86 Abb., 32 Fotos, 1987 | DM 20.— |
| Heft 11: | BARBARA HAHN/ANDREAS KÖNNECKE: Wohnanlage Mannheim-Herzogenried. - 67 S., 2 Abb., 14 Fotos, 1987 | DM 8.— |
| Heft 12: | JAN PHILIPP BÖHMER: Die »new town« Crawley. - 111 S., 17 Abb., 14 Fotos, 1988 | DM 10.— |
| Heft 13: | BIRGIT RAUPP: Mannheim Schönau-Nord. Freiflächen im Geschoß-wohnungsbau der 50er Jahre. - 148 S., 12 Abb., 15 Fotos, 1988 | DM 10.— |

# ARBEITSBERICHTE

| | | |
|---|---|---|
| Heft 1: | Maxdorf - Sonderkulturanbau, Geländepraktikum SS 1987 (hrsg. von R.J. Bender). - 92 S., 7 Abb., 17 Tab., 1988 | DM 9.— |
| Heft 2: | SPANIEN-PORTUGAL-EXKURSION des Geographischen Instituts der Universität Mannheim 1988. - 258 S., 48 Abb., 1989 | DM 20.— |

# SÜDWESTDEUTSCHE SCHRIFTEN

| | | |
|---|---|---|
| Heft 1: | Rhein-Neckar-Raum an der Schwelle des Industrie-Zeitalters - 348 S., zahlr. Abb., 1984 | DM 32.— |
| Heft 2: | IRMTRAUT GENSEWICH: Die Tabakarbeiterin in Baden - 1870-1914. - 497 S., 1 Abb. 1986 | DM 34.— |
| Heft 3: | BARBARA HAHN: Der geförderte Wohnungsbau in Mannheim 1850-1985. - 238 S., 33 Abb., 16 Fotos, 1986 | DM 27.— |
| Heft 4: | DOROTHEA HAALAND: Der Luftschiffbau Schütte-Lanz - Mann-heim-Rheinau (1909-1925). - 281 S., 28 Abb., 1987 | DM 30.— |
| Heft 5: | RAINER JOHA BENDER (Hg.): Pfälzische Juden und ihre Kultusein-richtungen. - 165 S., 13 Abb., 20 Fotos, 1988 | DM 20.— |
| Heft 6: | THOMAS WIRTH: Adelbert Düringer - Jurist zwischen Kaiserreich und Republik. - 259 S., 3 Fotos, 1989 | DM 27.— |
| Heft 7: | KURT BECKER-MARX/GOTTFRIED SCHMITZ: Raumplanung im Dienst neuer gesellschaftspolitischer Aufgaben. - 74 S., 3 Abb., 1989 | DM 10.— |

# SONDERVERÖFFENTLICHUNGEN

Ch. JENTSCH, K. KULINAT und P. MOLL (Hg.): Beiträge zur Angewandten - Geographie. An Beispielen aus dem südwestdeutschen Raum. - Professor Dr. Ch. Borcherdt zum 60. Geburtstag von seinen Schülern. - 430 S., zahlreiche Abb., Tab. und Fotos, Mannheim 1985

DM 30.—

Multikulturalismus in Kanada. Symposium am 28. und 29. Oktober 1981 an der Universität Mannheim. - 89 S., 3 Abb., Mannheim 1982

DM 10.—

RAINER LOOSE (Hg.): Zeitschriftennachweis zur Allgemeinen Geographie und zur Landeskunde des Rhein-Neckar-Raumes. - 157 S., Mannheim 1976

DM 5.—

PAUL BUCHERER und CHRISTOPH JENTSCH (Hg.): Afghanistan - Ländermonographie. - 492 S., zahlreiche Abb., Liestal 1986

DM 35.—

HANS-GEORG BALZER: Struktur und Funktion der Stadt Zweibrücken - Jüngere Entwicklung unter dem wechselnden Einfluß der Nachbarräume. - 311 S., zahlreiche Abb., Überherrn-Berus 1985

DM 25.—

ANDRÄAS HASPINGER: Der Fremdenverkehr als raumprägende Kraft im Pustertal. - 171 S., Bozen 1985

DM 20.—

CHRISTOPH JENTSCH (Hg.) Fremdenverkehrsanalyse Pfalz 1987/88 - 363 S., 42 Abb., 2 Faltkarten, 1988

DM 39.—

Bezug aller Schriften über:

Mannheimer Geographische Arbeiten
Geographisches Institut der Universität Mannheim
Schloß, Postfach 10 34 62
6800 MANNHEIM 1